Kulturelle Identität im Wandel

Beiträge zum Verhältnis von Bildung, Entwicklung und Religion

Herausgegeben von

Gerhard Grohs
Johannes Schwerdtfeger
Theodor Strohm

Unter redaktioneller Mitarbeit von
Brigitte Frank

Klett-Cotta

CIP-Kurztitelaufnahme der Deutschen Bibliothek

Kulturelle Identität im Wandel: Beitrag zum Verhältnis von Bildung, Entwicklung u. Religion; (Dietrich Goldschmidt zum 65. Geburtstag)/ hrsg. von Gerhard Grohs — 1. Aufl. — Stuttgart: Klett-Cotta, 1980.
ISBN 3-12-932820-3

NE: Grohs, Gerhard (Hrsg.); Goldschmidt, Dietrich: Festschrift

1. Auflage 1980
Verlagsgemeinschaft Ernst Klett – J. G. Cotta'sche Buchhandlung Nachfolger GmbH

Printed in Germany
Einbandgestaltung: Heinz Edelmann
Satz: Alwin Maisch, Gerlingen
Druck: VD-Druck, Gerlingen

Dietrich Goldschmidt zum 65. Geburtstag

Inhalt

Dritter Teil
Institutionalisierte Bildung im Wandel

Vierter Teil
Bedrohung und Bewahrung kultureller Identität

Fünfter Teil

Kulturbeziehungen im Nord-Süd-Dialog

Gerhard Grohs, Johannes Schwerdtfeger, Theodor Strohm

Vorwort

Dieses Buch ist aus einer Festschrift entstanden, die Dietrich Goldschmidt zu seinem 65. Geburtstag übergeben wurde.

Im Mittelpunkt steht das Problem der kulturellen Identität, die durch die stürmischen wirtschaftlichen, technischen und politischen Veränderungen der letzten Jahrzehnte in der ganzen Welt herausgefordert wird.

Allenthalben stellt sich heute die Frage nach der kulturellen Selbstidentifikation der wirtschaftlich unterentwickelten Kulturen. Ebenso wird gegenüber der Blindheit und Irrationalität der gegenwärtigen technischen Zivilisation nach dem Gegengewicht der kulturellen Rationalität gesucht. Hier meldet sich im allgemeinen nicht ein Verständnis von Kultur, das aus der ohnmächtigen Beschwörung von Gütern lebt, die als Bestätigung einer gehobenen Innenausstattung der abendländischen Welt dienen. Die tiefengeschichtliche Analyse der abendländischen Kultur und ganz gewiß auch anderer Kulturen zeigt, daß viele Aspekte der Zivilisation, an denen wir heute leiden, schon im Keim jener Kulturen enthalten waren.

Nicht die Rückbesinnung auf Kultur und die Rückgewinnung von Kultur könnten hier vorrangig intendiert werden, sie würden doch nur die Spaltung der rein inneren Wesenskräfte von der äußeren Wirklichkeit wieder bestätigen und die Ratlosigkeit angesichts der Materialität der Lebensverhältnisse verstärken. Menschliche Kultur hätte es vielmehr zu tun mit der zielgerichteten Verarbeitung des Wissens, des Könnens, der Einrichtungen, die uns zur Verfügung stehen unter einem allgemein menschlichen – einem menschheitlichen – Interesse. Kulturelle Identität hat etwas mit der Anstrengung zu tun, durch die die technische Zivilisation positiv über sich hinausgetrieben wird im Sinne einer besseren Ermöglichung von Humanität.

Es ist selbstverständlich, daß der Zuordnung von Religion, Bildung und Entwicklung im Horizont dieser Fragestellung elementare, wenn auch keineswegs ausschließliche Bedeutung zukommt. Es ist von grundsätzlicher Bedeutung, zu erfahren, welche Sinnelemente in der Religion heute zur Geltung gebracht werden, wenn es darum geht, destruktive, inhumane Züge der Zivilisationsentwicklung, ihre Bedrohung für die geistigen Bestrebungen der Völker, ja für den materiellen Fortbestand der Menschheit aufzudecken und an der schöpferischen Entwicklung von Lebensmöglichkeiten mitzuwirken. Neben dem eigenständigen Sinnangebot einer Religion interessiert heute angesichts der sich vollendenden Interdependenz der Menschheit das übereinstimmend Verbindliche der Sinngehalte und Normen. Ist von hier nicht auch die Basis vorbestimmt, von der her die Entwicklungsziele überall in der Welt im Allgemeinen und im wirtschaftlich Besonderen formuliert und operationalisiert werden müssen? Liegt nicht auch das Verständnis von Bildung und die Organisation der Bildungseinrichtungen im elementaren Horizont der Frage nach der Wahrheit? Wir übersetzen mit „Bildung" das griechische Wort „paideia", das die Römer mit „humanitas" übersetzten. Sind wir uns der umfassenden Verpflichtung dieses Bildungsauftrages bewußt? Was bedeutet er heute in der Verarbeitung unserer Vergangenheit, der Vorbereitung der Zukunft, der komplementären Zuordnung von binnenkultureller Aneignung und kosmopolitischer Freiheit?

In diesem Band werden solche Fragestellungen ansatzweise aufgeworfen – bezogen auf die jeweiligen Arbeitsbereiche der Autoren. Eine deutliche Differenzierung und damit auch innere Gliederung dieses Buches ergibt sich aus der Bestimmung der unterschiedlichen Ebenen, auf denen das Problem der kulturellen Identität sich aktualisiert. Einige Hinweise mögen dies deutlich machen:

1. Auf *individueller Ebene* muß überhaupt erst geklärt werden, was „Identität" meinen kann. Lothar Krappmann sieht darin kein Konzept, das gegenüber heute existierenden Sozialsystemen und Bildungsinstitutionen neutral ist, da es „die Eigenarten der sozialen Beziehungsgeflechte, in denen dieser Mensch lebt, in sich aufsaugt und die jeweils angebotenen Handlungschancen reflektiert". Diese Reflexion kann aber nicht, worauf Freya Dittmann-Kohli hinweist, nur auf Wissensbestände bezogen werden, sondern muß mehr als bisher „Humankompetenz" einbeziehen, das heißt die Fähigkeit, die Beziehungen zu sich selbst und anderen sinnvoll zu gestalten.

Daß diese Bemühungen nicht auf individueller Ebene verbleiben können, sondern zugleich in *sozialen Gruppen* vollzogen werden, kommt besonders in den Überlegungen von Eva Senghaas-Knobloch, Hans Bernhard Kaufmann sowie Heinz Becker und Hans Kratzert zum Ausdruck.

Eva Senghaas-Knobloch zeigt an der Geschichte der Beziehungen der Frauenbewegung zum Frieden, wie sehr die Rollenzuschreibungen durch die Gesellschaft das Verhalten der Frauen immer wieder beeinflußt und in ihren ursprünglichen Intentionen gehindert hat.

Ähnlich wie in der Friedensforschung stehen in der Frauenbewegung am Wissen orientierte pädagogisch-didaktische Ansätze neben solchen, die Selbsterfahrung in Gruppen betonen.

Dieser Gegensatz zwischen kognitivem und affektivem experimentellem Lernen durchzieht auch die Diskussion um mögliche Reformen und Therapien. Hans Bernhard Kaufmann weist auf die sich mehrenden Beobachtungen hin, „daß wir selbst und die von uns geschaffenen Lebensverhältnisse das Problem der Erziehung sind“ (K. E. Nipkow), also nicht einfach die gestörten Jugendlichen und Kinder „reintegriert“ werden können. „Eltern, Erzieher, Lehrer, Theologen, Bildungspolitiker ... sind von nicht verarbeiteten Enttäuschungen, von einem Gefühl der Vergeblichkeit und Sinnlosigkeit eingeholt worden, das sich lähmend auf alle legt.“

Daß diese Ratlosigkeit nach den unfertigen Reformen auch die Kirchen in ihren Bildungsbemühungen beeinflußt, zeigen Heinz Becker und Hans Kratzert am Beispiel der Bemühungen um eine „evangelische Bildungskonzeption.“

Als Analyse der Identitätsprobleme der Gruppen, die die Reformen der sechziger und beginnenden siebziger Jahre getragen haben, könnte man auch den Aufsatz von Sibylle Hübner-Funk lesen, der nicht ohne Ironie die Sequenz „Begeisterung – Ernüchterung – Panik – Suche der Schuldigen – Bestrafung der Unschuldigen – Auszeichnung der Unbeteiligten“ zum Ansatz ihrer Standortbestimmung der Bildungsdebatte macht.

2. Zahlreich sind in diesem Buch die Versuche, den Strukturen und Funktionen der *Institutionen* im Bildungswesen nachzugehen, die die kulturelle Identität zu fördern oder zu zerstören vermögen: Torsten Husén untersucht kritisch die Veränderungen des schwedischen Bildungswesens, Carl-Hellmut Wagemann zeigt den Charakter heutiger Universitäten als Mischtyp zwischen Schule und Humboldtscher Bildungsanstalt auf, Hans Joas setzt sich mit den relativ unbekannt gebliebenen Versuchen von Talcott Parsons auseinander, eine Soziologie der (amerikanischen) Universität zu entwickeln; Ulrich Teichler und Ingrid N. Sommerkorn fragen nach der Identität der Universitäten insofern, als bis heute die Beziehung zwischen Ausbildung an der Hochschule und späterer Berufspraxis nicht gelöst ist, und Friedrich Edding versucht am Beispiel des weiterbildenden Studiums einen Weg zu zeigen, die Universitäten wieder in Verbindung mit der sich schnell wandelnden Praxis zu bringen. Peter M. Roeder versucht am Beispiel der Partizipation der Schüler an der Unterrichtsgestaltung die Möglichkeiten auszuloten, der Identitätssuche junger Menschen in der Institution Schule Möglichkeiten zu eröffnen.

Die Institutionen Stadt (Theodor Strohm) und Kirche (Johannes Schwerdtfeger) werden im Spiegel der Theologie und Soziologie auf ihr Wandlungspotential und ihre Möglichkeiten hin, zum Wandel beizutragen, untersucht.

3. Die Fragen nach kultureller Identität brechen besonders dramatisch in jenen Ländern der *Dritten Welt* auf, die durch Kolonialherrschaft und durch die Einflüsse der Industrieländer schnellen und tiefwirkenden Veränderungszwängen ausgesetzt sind.

Hans Bosse geht der Entfaltung und Bedrohung persönlicher Individualität anhand von zwei kenianischen Autobiographien nach, Monika Plessner zeigt am Werk des südafrikanischen Schriftstellers Peter Abrahams, welchen Belastungen schwarze Afrikaner durch die repressive Kulturpolitik der weißen Minderheit ausgesetzt sind. Den Veränderungen, denen afrikanische Traditionen durch ihre Aufnahme in politische Ideologien Afrikas ausgesetzt sind, geht Gerhard Grohs nach, was spiegelbildlich ergänzt wird durch Roger Carters Aufsatz über den weißen Experten in der Dritten Welt und Mitschke-Collandes kritische Analyse der Ingenieur-Aufgaben in einer sich technisierenden Dritten Welt.

4. Aber auch in dem industrialisierten Teil unserer Welt findet man das Problem kultureller Identität auf *nationaler Ebene* in einer Form wieder, die heute unter den verschiedensten Stichworten, unter anderem dem des „Regionalismus" oder der „Kulturantonomie" diskutiert werden.

Das Beispiel Israel ist in seiner Verschränkung mit unserer eigenen deutschen Geschichte dreifach gespiegelt worden in den Aufsätzen von Eva Reichmann, Hellmut Becker und der Bonhoeffer gewidmeten Reflexion von Heinz Eduard Tödt, ergänzt durch Peter Levinsons Überlegungen zu jüdischer und christlicher Differenz in der Aussprechung des Namens Gottes. Doch gerade das Beispiel Israels sprengt alle nationalen Grenzen, da es sowohl in seiner Entstehung als auch in seiner Existenz nicht isoliert von den übergreifenden religiösen Beziehungen zu betrachten ist, die Europa und Afrika, Christentum und Judentum miteinander verbinden und voneinander trennen.

5. Die *internationalen Aspekte* wurden, nun losgelöst vom Beispiel Israel, von Traugott Schöfthaler behandelt, der die ethnozentrischen Elemente unserer wissenschaftlichen Beschäftigung mit der entstehenden Weltgesellschaft herausarbeitet, und von Urs Müller-Plantenberg, der sie in ihrer Antinomie zwischen Arm und Reich auf Weltebene diskutiert.

Die Einseitigkeit und Unvollständigkeit wissenschaftlicher Forschung wird teilweise von Klaus Hüfner und Jens Naumann in ihrer Darstellung der unbefriedigenden Lage der UNO-Forschung in der Bundesrepublik bestätigt.Wolfgang Edelstein stellt die Möglichkeiten wissenschaftlicher Beratung für die praktische Entwicklungsarbeit überhaupt in Frage, wie er subtil und kenntnisreich am Beispiel Islands erläutert.

Der politische Praktiker Erhard Eppler führt diese teilweise recht theoretischen Erörterungen wieder auf die Ebene der auswärtigen Kulturpolitik, deren Defizite er ausweist, zurück.

Das Besondere an diesem Band dürfte für manchen Leser die Tatsache sein, daß so unbefangen neben Aufsätzen über Bildungsinstitutionen, Bildungsplanung und Entwicklungsproblemen religionswissenschaftliche und theologische Überlegungen wie der Werner Kohlers über Religion und Religionskritik stehen. Das wäre noch vor wenigen Jahren als eher ungewöhnlich, wenn nicht seltsam erschienen. Heute, nachdem wir den Aufstand des Islam im Iran und anderen Ländern gegen die technische Kultur des Westens (und Ostens) erleben und das Echo dieses Protestes bereits in unserer Welt hören, wird man eher dafür Verständnis haben, daß Institutionen wie die Kirche nicht nur als solche sondern auch, wie Helmut Gollwitzer es in diesem Bande tut, als Ausgangspunkt von Überlegungen zum Überleben der Menschheit oder, wie Wolfgang Huber es unternimmt, zur theologischen Begründung und Kritik von Fortschritt dienen.

Die Verschiedenheit der Ansätze, der Ebenen, auf denen in diesem Bande der Gefährdung und Bewahrung kultureller Identität nachgegangen, und der Beispiele, an denen das Problem untersucht wird, führt zu der Frage, die Norbert Elias in seinem Buch „Was ist Soziologie?" stellte, wie weit „Menschen sich heute dessen bewußt sind, daß sie selbst einen bereits über die ganze Erde hin reichenden Funktionszusammenhang untereinander bilden, der, obwohl er von ihnen selbst gebildet ist, bis heute für sie nur in sehr geringem Maße verständlich und kontrollierbar ist, und wie weit sie sich diese Situation durch herkömmliche Erklärungsformeln verstellen – durch Erklärungsformeln, die entweder alles, was mit ihnen geschieht, auf einzelne Personen zurückführen oder auf feindliche Glaubenssysteme".

Die Spannung, in der kulturelle Identität verortet ist zwischen autonomem Individuum und gesellschaftlicher Umwelt, zwischen nationalem Bezug und internationalem Funktionszusammenhang ist zwar unvollständig, doch eindrücklich in diesem Buch sichtbar geworden.

Die Herausgeber möchten an dieser Stelle den Verfassern der Beiträge noch einmal ihren Dank aussprechen und in diesen auch die Übersetzer der fremdsprachigen Aufsätze einschließen. Danken möchten wir Hellmut Becker für seine Ermutigung und Beratung. Besonderen Dank schulden wir Frau Brigitte Frank für ihre intensive redaktionelle Mitwirkung. Schließlich sei dem Verlag Klett-Cotta für seine großzügige Bereitschaft zur Drucklegung dieses Buches unsere aufrichtige Dankbarkeit bezeugt.

Erster Teil

Identität, Entfremdung, Religion

Werner Kohler

Religion, Entfremdung, Religionskritik

Theologische und andere wissenschaftliche Auseinandersetzungen mit der eigenen oder mit anderen Religionen bedürfen der selbstkritischen Auseinandersetzung mit der Religionskritik in Geschichte und Gegenwart. Und umgekehrt benötigt moderne Religionskritik, will sie ihren Gegenstand ernst nehmen, eine ebenso selbstkritische Auseinandersetzung mit den Religionen in Geschichte und Gegenwart. Was längst noch nicht alle Vertreter einer Religion oder einer ihr entsprechenden Religionslosigkeit erkannt haben, muß im Horizont einer kritischen wissenschaftlichen Auseinandersetzung postuliert werden: daß kein Verständnis der Religion, auch kein Theologieverständnis möglich ist, das an der Religionskritik vorbeigeht, und daß ebenso keine Religionskritik das Prädikat „wissenschaftlich" verdient, die das Selbstverständnis von Religion außer acht läßt. Also keine Religionskritik ohne Verständnis der Religion und kein Religionsverständnis ohne Religionskritik.

Dieses eigentlich selbstverständliche Postulat steht im schärfsten Widerspruch zu der Praxis in der theologischen Ausbildung, in der Religionswissenschaft und auch zu der Praxis der bewußt religionslosen Religionskritik. Wohl kennt gerade die christliche Theologie eine gute wissenschaftliche Tradition der Bibelkritik. Auch gibt es bereits wirksame Vorboten einer guten innerkirchlichen, solidarischen Kirchenkritik. Beispiele dafür sind im protestantischen theologischen Bereich Karl Barth (besonders die ekklesiologischen Teile der „Kirchlichen Dogmatik"), Dietrich Bonhoeffer (in seinen Aufzeichnungen aus dem Gefängnis) und Emil Brunner (hauptsächlich in seinem späteren Werk „Das Mißverständnis der Kirche" und mit seinen Ausführungen über die japanische Mukyokai). Aber es gibt noch keine gute christliche Tradition der Auseinandersetzung mit der Religionskritik und damit mit der modernen Religionslosigkeit. Die zukünftigen Theologen benötigen für die Ausbildung ihrer Mitarbeiter und die Information einer zum großen Teil religionslos heranwachsenden Jugend eine wissenschaftliche und bewußt theologische Auseinandersetzung mit der Religionskritik.

Es muß kaum betont werden, daß die Vernachlässigung der theologischen und kirchlichen Auseinandersetzung mit der Religionskritik ebenso erstaunlich und beinahe unverständlich ist wie die Unterlassung der theologischen Auseinandersetzung mit den anderen Religionen. Doch soll es in den folgenden Zeilen nicht um selbstverständliche, angesichts der Praxis leider in keiner Weise selbstverständliche Postulate gehen. Dieser Essay will auf ein erstaunliches Phänomen aufmerksam machen, das sich im Ernstnehmen sowohl der Religionskritik als auch der Religion selbst zeigt:

Die Kritiker der Religion und die Vertreter derjenigen Religionen, die von der Kritik betroffen sind, haben ein Doppeltes gemeinsam: Beide erkennen, daß der Mensch und damit die Menschheit unter der Entfremdung leiden, die sie daran hindert, wahrhaftig Mensch zu sein; und beide sind durch den Willen motiviert, die Ursache der menschlichen Entfremdung und Wege zu ihrer Aufhebung zu finden.

Die folgenden Ausführungen sind in drei Teile gegliedert: In einem ersten Teil soll das Verständnis der Entfremdung und ihrer Aufhebung im Judentum, Christentum und Buddhismus, im zweiten Teil soll dieses Verständnis bei einigen Religionskritikern dargestellt werden. Abschließend soll angesichts dieser verschiedenen und teilweise gegensätzlichen Gemeinsamkeiten die Frage nach der Bedeutung der Religion für die Religionskritik und der Bedeutung der Religionskritik für die Religion gestellt werden.

Religion und Entfremdung

Selbstverständlich gibt es kein Gebilde, das man „die" Religion nennen könnte. Es gibt auch nicht „das" Judentum, „das" Christentum oder gar „den" Buddhismus. So gibt es trotz aller theologischen und religionswissenschaftlichen Bemühungen auch kein Verständnis „der" Religion. Diese Einschränkung ist zu beachten, wenn im folgenden trotz der Vielfältigkeiten und Gegensätzlichkeiten gemeinsame Phänomene skizziert werden.

Auffällig ist an der jüdischen und christlichen Tradition, daß sie von Anfang an geprägt ist durch die Erzählung von einer guten Schöpfung und vom menschlichen „Fall". In der Sprache der Bilder erzählt der Jahwist, daß der Mensch im Paradies leben und wirklicher Mensch sein könnte, daß er sich aber verfehlt, so daß sein Verhältnis zu seinem eigenen menschlichen Selbst und das zu dem Mitmenschen verfehlt ist. Die Erzählungen vom Brudermord des Kain oder vom Turmbau zu Babel sind Fortsetzungen der Geschichte vom Menschen, der sein Paradies verloren hat. – Die Entfremdung des Menschen besteht darin, daß er keine gute Beziehung zu sich, zum Mitmenschen und zu seiner Erde hat. Und der Grund der Entfremdung ist seine Eigen-Willigkeit; um es mit der Interpretation der Paradiesschlange zu sagen: Er will wie Gott sein und wissen, was gut und böse ist. Oder wie es dann im Zusammenhang der Turmbau-Erzählung heißt: „Nunmehr wird ihnen [den Menschenkindern] nichts unmöglich sein, was immer sie sich vornehmen." Ursache der Entfremdung ist nicht nur nach diesen Erzählungen des Menschen Eigenwille, der zum Bruch mit Gott führt. Aufhebung der Entfremdung ist in dieser Tradition eindeutig die Aufhebung des Bruchs zwischen Gott und den Menschen. Die alttestamentliche Tradition ist voll von Hinweisen auf die Güte, auf die Geduld Gottes. Er ist der Bündnispartner gerade auch des Menschen, der ständig gegen ihn rebelliert.

Im Neuen Testament wird von Anfang an die Möglichkeit ins Auge gefaßt, daß der Mensch aus der Entfremdung befreit werden könne. Im Gleichnis und in der Bildrede wird die große Möglichkeit signalisiert. Besonders typisch ist die Erzählung vom Vater und den beiden Söhnen. Beide sind nicht zu Hause, sowohl derjenige, der in die Fremde geht, als auch der ältere Bruder, der zu Hause bleibt. Das Gleichnis ist eine festliche Einladung zur Wende: daß der entfremdete Mensch sich dem Vater zuwende und so Heimat finde.

Es muß im Blick auf die berechtigte Religionskritik besonders bei Freud bereits hier erwähnt werden, daß die Bildsprache vom Vater und den Söhnen im Neuen Testament nicht im geringsten patriarchalisch ist. Es geht also beim „Vater unser“ wie auch im Gleichnis vom ungewöhnlichen Vater und seinen beiden „verlorenen Söhnen“ nicht um eine Projektion menschlicher Familienverhältnisse auf ein Jenseits. Im Gegenteil: Es handelt sich um totale Umkehrungen des Verhaltens und um ein diesen Umkehrungen entsprechendes Umdenken. Das Bild des Vaters soll nicht Projektion menschlicher Vatererfahrungen sein; es soll überhaupt nicht Bild sein, es will eine neue Möglichkeit des Getragenseins, des Geliebtseins und darüber hinaus die nie ausgeschöpfte große Chance einer ungeahnten Dynamik der Liebe signalisieren.

Einer ähnlichen Erzählung begegnet man im vierten Kapitel des Lotus-Sutra, wo von einem königlichen Vater erzählt wird, dessen Sohn in die Fremde zieht, verarmt und Tagelöhner wird. Erst als der Vater als Bettler verkleidet dort arbeitet, wo sein Sohn sich durchs Leben schlägt, wird der Bruch zwischen Vater und Sohn aufgehoben, und beide ziehen wieder in den königlichen Palast ein. Diese buddhistische Bildsprache vom Vater weist auf das universale Lebensgesetz des Menschen und des Alls hin. Buddha kann immer wieder neu als Vater beschrieben werden, der seine nichtsahnenden, spielenden Kinder aus dem brennenden Haus zu retten versucht, oder als Arzt, der seine kranken Kinder heilt. Ein besonders beliebtes Bild im Buddhismus ist das von den Blinden und ihren blinden Blindenführern. So kann der historische Buddha die religiösen Führer seiner Zeit vergleichen mit Blindgeborenen, die einen Elefanten betasten, ohne zu merken, wie ein Elefant aussieht. Auch Jesus hat wohl das Bild von den blinden Blindenführern angesichts der zeitgenössischen Intellektuellen und Priester verwendet.

Die angeführten Hinweise mögen genügen, um zu zeigen, daß in den erwähnten Religionen die Voraussetzung gemacht wird, daß der Mensch entfremdet ist, daß seine Erde nicht mehr Heimat sei, daß er in diesem Leben „nicht zu Hause" sei, daß er blind sei für die Wirklichkeit. Gemeinsam ist, daß immer wieder die Sprache des Mythos, des Bildes oder des Gleichnisses verwendet wird, da etwas ausgesagt werden muß, das der Mensch offenbar sehr schwer versteht.

Den Weg aus der Entfremdung beschreiben die Religionen auf sehr unterschiedliche Weise. Immerhin gibt es beispielsweise im Neuen Testament und im Buddhismus Strukturen, die auffallend ähnlich sind. Jesus kann den Weg aus der Entfremdung und dann auch in die Entfremdung hinein kurz und bündig beschreiben: Wer sein Leben verliert, wird es gewinnen; wer es gewinnen will, wird es verlieren! Es geht also um eine totale Umkehrung des üblichen Verhaltens und auch des gewohnten Denkens, um eine qualitative Neuorientierung, nicht einfach um eine Vertauschung. Das zeigt sich schon in der Sprache: Verlieren ist nicht mehr verlieren, und gewinnen ist nicht mehr gewinnen. Aber wenn verlieren gewinnen ist, dann ist es ein qualitativ anderes Gewinnen als das, was üblicherweise gewinnen ist, und vice versa. Dieses kleine Beispiel zeigt, daß die Entfremdung bis in die Sprache hineinwirkt. Das wird besonders deutlich auch am zen-buddhistischen Beispiel: Der Zen-Buddhist weiß, daß der „Große Tod" – mitten im biologischen Leben und Sterben – zum „Großen Leben" führt. Der Große Tod zeigt sich dort, wo der Mensch sich nicht mehr als Mittelpunkt meint, wo er sein falsches, wichtiges, „aufgebautes" Ich als nichtig durchschaut und es verliert.

Diese Hinweise mögen vorläufig genügen. Sie deuten an, daß es in dem, was wir Religion nennen, um die Aufhebung der Entfremdung, um wirkliche Heimat hier in diesem Leben auf dieser Erde geht. Der Mensch, der wie ein Neurotiker in einem Wahn lebt, so daß er sich selber, den Mitmenschen und seine Welt nicht in ihren Wirklichkeiten erblickt, soll befreit werden zur Wirklichkeit seines Selbst, seiner Mitmenschen und dieser Welt.

Religionskritik und Entfremdung

Um Wahn und Wirklichkeit geht es auch in der Religionskritik. Bekannt sind die Diagnosen von Marx und Freud: Beide gehen von der Einsicht aus, daß die Menschheit entfremdet ist, und suchen einen Weg der Befreiung aus der Entfremdung. Beide sehen in der Schaffung einer zweiten, unwirklichen Scheinwelt die Anzeige für die weltweite Entfremdung. Und Religion ist sowohl für Marx als auch für Freud das auffälligste Merkmal einer Menschheit, die in einer selbstfabrizierten Wahn-Welt lebt. Marx spricht in diesem Zusammenhang von „falscher Ideologie", Freud von der Religion als „Illusion".

Diese beiden Beispiele zeigen, daß es auf den ersten Blick um eine scharfe Gegensätzlichkeit zwischen Religion und Religionskritik geht. Religion wird geradezu als konzentrierter Ausdruck der menschheitlichen Entfremdung abgelehnt. So wie es offensichtlich ist, daß es zwischen den Religionen und innerhalb der gleichen Religion zahlreiche Gegensätze gibt, ist es ganz klar, daß es zwischen den Religionskritikern und den Religionen und auch unter den Religionskritikern große Differenzen gibt. Doch um die geht es in diesem Essay nicht. Vielmehr soll gezeigt werden, daß sowohl die Vertreter der Religionen als auch die Religionskritiker die doppelte Gemeinsamkeit haben, die universale menschliche Entfremdung wahrzunehmen und Wege zu ihrer Aufhebung anzubieten. Auch hier beschränken wir uns auf wenige Hinweise.

Eine der frühesten aus unserem Kulturraum überlieferten Diagnosen menschlicher Entfremdung verknüpft diese mit der Religion: In dieser zeige sich, daß der Mensch die Tendenz habe, seine Vorstellungen für die Wirklichkeit zu nehmen. So schreibt Xenophanes aus Kolophon: „Doch wenn die Ochsen und Rosse und Löwen Hände hätten und malen könnten mit ihren Händen und Werke bilden wie die Menschen, so würden die Rosse roßähnliche, die Ochsen ochsenähnliche Göttergestalten malen und solche Körper bilden, wie jede Art gerade selbst ihre Form hätte. – Äthiopier behaupten, ihre Götter seien stumpfnasig und schwarz, die Thraker, blauäugig und rothaarig." Fast mit den gleichen Worten kann zu Beginn der Neuzeit der Philosoph und Mystiker Cusanus die menschliche Tendenz zur Projektion auf ein Jenseits beschreiben. Entscheidend ist für die neuere Zeit aber Ludwig Feuerbach, der bündig sagt: Nicht hat Gott die Menschen geschaffen, sondern die Menschen haben Gott geschaffen. Für ihn ist jede Theologie Anthropologie. Auch Feuerbach ist nicht motiviert vom Kampf gegen die Religion; ihm geht es um die Befreiung des Menschen zu wahrer Menschlichkeit. Auch er setzt voraus, daß die Menschheit entfremdet ist. Die Entfremdung zeigt sich für ihn darin, daß der Mensch, ganz besonders der abendländische Christ, keine Freude am Diesseits, an dieser Erde hat. Nietzsches Ruf „Brüder, bleibt der Erde treu!" wird hier vorweggenommen. Die menschliche Entfremdung wird aufgehoben in der Abwendung von einem vorgestellten Jenseits mit seinen Wahn-Gestalten und in der Zuwendung zu wirklichen Menschen im Diesseits. *„Der einzige Teufel* des Menschen [ist] der Mensch, der rohe, abergläubische selbstsüchtige, böse Mensch, aber auch *der einzige Gott* des Menschen [ist] der Mensch selbst . . ."

Die moderne Religionskritik ist ohne Feuerbach nicht denkbar. Karl Marx und Friedrich Engels waren in ihren Anfängen begeisterte Feuerbachianer; aber auch die psychoanalytische Religionskritik von Freud ist stark von Feuerbach geprägt.

Marx geht über Feuerbach hinaus, das zeigen vor allem seine Feuerbach-Thesen: Die Philosophen haben bis jetzt die Welt interpretiert, aber es kommt darauf an, sie zu verändern! Er konzentriert sich im Willen zur Weltveränderung auf das menschliche Tun und stellt gerade angesichts der Tätigkeit des Menschen – nämlich in der Analyse der Arbeit – fest, daß der Mensch entfremdet ist. Der Grund der Entfremdung besteht für Marx darin, daß der Mensch seine eigene Arbeitskraft verkauft und so nicht mehr darüber verfügt. Seine Tätigkeit ist darum, weil sie in fremdem Dienst steht, eine entfremdete. Marx steht mit dieser Beobachtung in einer Tradition, die von Aristoteles über Cicero, Rousseau und Hegel geht: Entfremdung ist zuerst einmal Veräußerung von Besitz und Recht. Mit der Veräußerung der eigenen Arbeitskraft und dann auch noch des Produkts der eigenen Arbeit beginnt nach Marx die menschliche Entfremdung, die dann so beschrieben wird wie die „Sünde" in der christlichen Tradition als „alienatio", die den Menschen sich, dem Nächsten und der Welt fremd macht.

Im Unterschied zu den religiösen Deutungen, aber auch im Unterschied zu Feuerbach und – wie noch deutlich werden wird – zu dem späteren Freud, sieht Marx die Ursache der Entfremdung nicht beim Menschen, der blind ist für seine Welt oder ständig in seine Welt „hineinprojiziert". Ursache ist bei Marx die verkehrte Welt selbst, in der die Menschen leben müssen, das falsche Sein, das dann eben beim Menschen ein falsches Bewußtsein produziert! Und weil die Welt verkehrt ist, muß man sie eben nicht auf den Kopf, sondern – wie Marx richtig sagt – auf die Füße stellen. Das Sein des Menschen, die Bedingungen seiner Tätigkeit müssen verändert werden. Dann entsteht von selbst ein neues, nicht entfremdetes Bewußtsein. Dann verschwindet auch Religion von selbst; denn sie ist nichts anderes als die Spiegelung der bestehenden verkehrten Gesellschaftsverhältnisse. Sie ist Ausdruck des menschlichen Elends und kann auch Protest sein gegen dieses Elend.

Marx sieht die Aufhebung der Entfremdung also in neuen Produktionsverhältnissen, bei denen der Mensch nicht seine Arbeitskraft einfach verkauft und auch die Produkte nicht von Anfang an für Fremde produziert. Produktionsverhältnisse müssen geschaffen werden, in denen der Mensch sich, den Mitmenschen und diese Welt voll bejahen kann – wo also der Arbeiter nicht einfach als Arbeitskraft für mächtige Produktions- und Handelsorganisationen gebraucht wird, die durch ihn und die Maschinen immer mächtiger in einer zunehmend fremd werdenden Welt ihre Herrschaftsinteressen durchsetzen.

Die Religionskritik steht also bei Karl Marx nicht im Zentrum. Das falsche Bewußtsein einer „zweiten Welt", das die Religion kennzeichnet, wird nach Marx von selbst verschwinden, wenn das falsche Sein beseitigt ist.

Auch Freud treibt keine Religionskritik um der Religion willen, auch ihm geht es wie Feuerbach und Marx um den Menschen und die menschliche Gesellschaft. Ist die Kultur nicht etwas, so fragt er, „was einer widerstrebenden Mehrheit von einer Minderzahl auferlegt wurde, die es verstanden hat, sich in den Besitz von Macht- und Zwangsmitteln zu setzen"? Freud ist in seinen späteren Werken, besonders in seiner religionskritischen Schrift von 1927 („Die Zukunft einer Illusion"), von der Hoffnung auf eine „Neuregelung der menschlichen Beziehungen" motiviert. Er stellt fest: „... die Massen sind träge und einsichtslos." Sie haben keine Lust zur Arbeit. Kann man eine Wende herbeiführen? Und ist diese ohne einen „ungeheuerlichen Aufwand an Zwang" zu erreichen?

Freud sieht eine Lösung in der Richtung einer neuen Pädagogik, in einer „Anzahl überlegener, unbeirrbarer und uneigennütziger Führer ..., die als Erzieher der künftigen Generationen wirken müssen". Dieses pädagogische „Experiment ist noch nicht gemacht worden. Wahrscheinlich wird ein gewisser Prozentsatz der Menschheit", meint Freud, „immer asozial bleiben, aber wenn man es nur zustande bringt, die kulturfeindliche Mehrheit von heute zu einer Minderheit herabzudrücken, hat man sehr viel erreicht, vielleicht alles, was sich erreichen läßt." Freud fragt aber in diesem Zusammenhang, ob die Menschen „all das Wissen und Können" erworben haben, „um die Kräfte der Natur zu beherrschen und ihre Güter zur Befriedigung der menschlichen Bedürfnisse abzugewinnen". Denn solange der Mensch Naturkräfte nicht beherrscht, gibt er ihnen „Vatercharakter", macht er sie zu Göttern. So entsteht Religion. Sie ist wie eine frühkindliche Neurose: Man ist als kleines Kind in solcher Hilflosigkeit „einem Elternpaar gegenüber, daß man Grund hatte zu fürchten, zumal den Vater". Aus der frühkindlichen Angst vor dem Vater entstehen dann eben moralische Vorschriften, die mit einem Vatergott verbunden werden.

Diese drei Beispiele neuerer Religionskritik zeigen etwas von der scharfen Ablehnung der Religion – gemeint sind vor allem das abendländische Christentum und seine Moral. Wer erinnert sich dabei nicht auch an Nietzsche und seine Ablehnung des paulinischen Christentums (der „Antichrist" richtet sich nicht gegen Jesus, Nietzsche kämpft gegen den nach seiner Meinung von Paulus geschaffenen Christus)? Er versteht die von Paulus initiierte Christenmoral als Ausdruck der „décadence".

Natürlich könnte vieles gegen die scharfe Absage an die Religion gesagt werden, gerade auch angesichts des heraufziehenden Nihilismus. Die hier nur skizzierten Kritiker der Religion werden völlig mißverstanden, wenn nicht in erster Linie ihre Besorgnis angesichts der menschheitlichen Entfremdung, die je verschieden gesehen wird, beachtet wird. Es handelt sich um Männer, die in der Hoffnung auf einen neuen, wahren, wirklich freien Menschen die Wege wirklicher Befreiung suchen, Wege, die offenbar – in den Augen dieser Kritiker – die Religionen nicht gefunden haben.

Kritik an der Religion und Kritik durch die Religion

Alles kommt darauf an, gerade angesichts der Gegensätzlichkeiten und der sehr verschiedenen Voraussetzungen der hier erwähnten Stimmen die um so erstaunlichere Übereinstimmung zwischen den erwähnten Vertretern der Religion und ihren Kritikern zu sehen: Allen geht es um die Entfremdung des Menschen und um ihre Aufhebung. – Was bedeutet das? – Die Antwort soll zuerst negativ gegeben werden. Die erstaunliche Übereinstimmung bedeutet nicht, daß ein schneller Harmonisierungsversuch zwischen Religionskritik und Religionen unternommen werden soll, so etwa, wie er fälschlicherweise von Vertretern verschiedener Religionsgemeinschaften im Vorgriff auf eine einheitliche Weltreligion verwirklicht wurde. Aber auch ein gegenteiliges Verhalten zeigt sich als völlig verkehrt: Es ist doch eine unmögliche Sache, daß weiterhin die Stimmen der verschiedenen Religionen aneinander und an den Religionskritikern vorbei ertönen, und ebenso werden die Stimmen der Religionskritiker kaum darauf verzichten können, die kritischen Stimmen der Religionen ernsthaft zur Kenntnis zu nehmen. Es kommt nun wirklich darauf an, die sehr verschiedenen Diagnosen der Entfremdung miteinander ins Spiel zu bringen. Und zwar soll nicht etwa der Marxismus christlich oder das Christentum marxistisch interpretiert werden. Auch soll der Buddhismus nicht dazu dienen, etwa das Christentum zu verbessern, und umgekehrt kommt es nicht in Frage, den Buddhismus jüdisch oder christlich umzudeuten. Entscheidend ist, daß die Vertreter der Religion die Kritik an ihrer Religion ernst nehmen und daß die religionskritischen Vertreter der Religionslosigkeit die Religion und die Theologie ernster nehmen.

Die Anfrage an die Religion, ob sie nicht Projektion sei, ob nicht beispielsweise die Vatererfahrungen nicht nur seit frühkindlicher, sondern auch seit urdenklicher Zeit auf einen jenseitigen Vater projiziert werden, ist mehr als berechtigt. Wo Religionen menschliche Geschichte sozusagen in ein Jenseits hinausprojizieren, so daß die gängigen menschlichen Werte und Herrschaftsverhältnisse dann wiederum von der Religion her gestärkt und fixiert werden, ist es höchste Zeit, wach zu werden für die verschiedenen Aspekte der Religionskritik, seien es die mehr psychoanalytischen oder die gesellschaftlich-ökonomischen.

Das gleiche gilt für die Machtverhältnisse. Wo menschliche Macht und gesellschaftliche, hierarchische Strukturen mit göttlicher Macht verwechselt werden, wo also beispielsweise Gott oder Jesus Christus in Analogie zu menschlichen Herrschern verstanden werden, ist es höchste Zeit, über Macht kritisch nachzudenken. Die neutestamentlichen Zeugnisse zeigen, daß der dienende Jesus als Herrscher, daß der verhaftete, verspottete, gefolterte und getötete Jesus als Herr im Widerspruch zu den herrschenden Verhältnissen verstanden wurde. Die spätere Geschichte des Christentums zeigt, daß nun Jesus als Herr in Anpassung an die vorherrschenden Verhältnisse mißverstanden wurde. Gottes Herrschaft wurde in Analogie zu menschlicher Herrschaft vorgestellt, und dementsprechend fanden sich immer wieder weltliche oder geistliche Herrn, die sich in der Tradition menschlicher Unterdrückung als Stellvertreter Christi betrachteten.

Als erstes kann darum gesagt werden, daß das theologische Ernstnehmen der Religionskritik zwar nicht in Anpassung an irgendeinen Trend der Zeit zur Ablehnung der Religionen führt, aber den selbstkritischen Vertreter einer Religion dazu provoziert und vielleicht dazu ermuntert, die eigenen Traditionen im Licht der Wahrheit neu und kritisch zu verstehen. So wird gerade in der Auseinandersetzung von Religion und Religionskritik die Frage nach der Analogie sehr entscheidend. Wird Gott in Analogie zu menschlichen Verhältnissen mißverstanden, so daß wir es letztlich mit einer phantastischen Gestalt (Karl Marx) zu tun haben statt mit der Wirklichkeit? So daß wir, wenn wir das „Unser Vater" beten, unsere unbewußten kollektiven oder individuellen menschlichen Vatererfahrungen auf eine Jenseitsgestalt projizieren und nicht merken, daß unsere Gebete Monologe sind? Die traditionelle Familienmoral, die Kasualien und die Verkündigung müßten daraufhin kritisch untersucht werden. Und das könnte dazu führen, daß die Familien- und Gesellschaftsverhältnisse, besonders auch die hierarchischen Strukturen der Kirchen in einem hellen neuen Licht gesehen würden: in ihren Widersprüchlichkeiten zu dem wirklichen Vater, der in gar keiner Analogie zu menschlichen Verhältnissen die Menschen zu einer neuen Bruderschaft, zu einer Mündigkeit der Liebe und Freiheit in einer je neuen Gerechtigkeit zusammenruft, so daß je länger, desto weniger Gott durch die menschlichen Verhältnisse geschaffen wird und je länger, desto mehr dagegen von Gott her die menschlichen Verhältnisse verändert werden.

Religionskritik wird also dazu führen, daß die Christen sich gerade nicht nach den Schemata dieser Welt richten. Sie werden die gängigen Gottes- und Wertvorstellungen nicht mit dem wirklichen Gott und seinem befreienden und erneuernden Willen verwechseln (Röm 12, 2). Gerade die Kritik der Atheisten kann den allzusehr mit sich und ihren Problemen beschäftigten Christen und Kirchen dazu verhelfen, in neuer und befreiender Liebe illusionslos für Gott und die Welt dazusein.

Im Lichte dieser ersten Beobachtung wird ein Zweites sehr deutlich: Die Religionskritiker kritisieren in Wirklichkeit nicht das, worum es in den Religionen eigentlich geht. Sie kritisieren vielmehr weitgehend und eben zu Recht die Religionen, besonders das Christentum und seine verschiedenen Kirchen und einzelnen Vertreter, wo sie nicht in Analogie zu Christus und damit eben in Widerspruch zu dem existieren, in dessen Namen sie zu denken und zu handeln meinen. Die Religionskritiker kritisieren zu Recht die Geschichte der Religionen und damit eben die Kirchen- und Missionsgeschichte des Christentums, wo sie Krankengeschichte ist. Angesichts der Religionskritik muß deutlich werden, daß es unwissenschaftlich ist, nur von der Kirchengeschichte oder von der Religionsgeschichte zu sprechen, ohne die Krankengeschichte der Kirchen und der Religionen wahrzunehmen. Die Geschichte der Religionen und der Kirchen ist eine Geschichte von Menschen, das heißt nicht, daß sie nur die Geschichte von Menschen sei. Aber als Geschichte von Menschen ist sie eben auch Geschichte der Entfremdung. Und diese soll und will ja getroffen werden von den Kritikern. Kritische Kirchen- und Religionsgeschichte, die nicht aus Ressentiment geschrieben wird, ist so selten wie die Gerechten, die den Balken im eigenen Auge wahrnehmen. Aber könnte nicht gerade bei aller Kritik gegenüber den Marxianern beispielsweise angesichts der marxistischen Religionskritik der Satz „Man kann nicht zwei Herren dienen, Gott und dem Mammon“ ganz neue und konkrete Bedeutung auch für die Kirchen und ihre Verwaltung finden? Müßte von da aus nicht auch das vom heidnisch-römischen Recht geprägte Eigentumsverständnis neu überprüft werden?

Viele Fragen werden lebendig, sobald die eigenen religiösen Traditionen neu überprüft werden. Es werden sich dann auch Parallelen zeigen zwischen den verschiedenen Religionen. Es ist auffällig, daß sowohl Shakyamuni als auch Jesus, soweit die beiden uns durch die schriftlichen Überlieferungen zugänglich sind, beides Männer waren, die in die Hauslosigkeit aufbrachen. Beide blieben physisch in Bewegung und lebten zusammen mit Jüngern. Beide verzichteten darauf, Sakralgebäude zu bauen. Und beide kamen nicht in den Verdacht, Orden oder gar neue Religionsgemeinschaften gründen zu wollen. Beiden ging es um das alltägliche Leben. Der Buddhismus hat bis heute besonders durch die von ihm geprägten japanischen Sportarten einen Bezug zum Physischen behalten. Es geht nicht um eine romantische Verklärung des Urbuddhismus oder des Urchristentums, wenn die Frage gestellt wird, ob die Krankengeschichte der beiden Religionen nicht damit begonnen hat, daß an die Stelle des wirklichen Unterwegsseins die Heimkehr in Sakralbauten und damit der Rückzug aus der Welt begonnen hat.

Als letztes ist in aller Vorläufigkeit daran zu erinnern, daß die Versuche, des Menschen Entfremdung aufzudecken, immer zur Voraussetzung ein

Wissen um Heimat haben. Der jüdische Marxist Ernst Bloch ist in dieser Sache exemplarisch, wenn er sein Hauptwerk „Prinzip Hoffnung“ mit der Gewißheit schließt, daß diese Erde Heimat werde. Die sich gegenüber ihren Zeitgenossen exponierenden Religionskritiker haben eine große Gemeinsamkeit mit den wirksamen Vertretern der Religion: Sie werden Fremde in der eigenen Heimat! Dieses Fremdsein ist mindestens bei Jesus und Paulus ein Zeichen dafür, daß mitten in einer entfremdeten Welt Heimat aufzuleuchten begann. Ist aber nicht auch die Fremdheit anderer oft Hinweis auf mögliche Identität? So sei etwa – in aller geschichtlichen Fragwürdigkeit – auf Religionskritiker und Männer und Frauen hingewiesen, die nicht vom westlichen, nordatlantischen Christentum geprägt sind. Jedenfalls gilt auch für den unbekannten Fremdling:

In einer Welt, da die Entfremdung bis tief in die Sprachen hineinwirkt, wird der Fremde in der Heimat zum Boten der Heimat in der Fremde.

In faszinierender Konkretheit zeigt der Züricher Oskar Pfenninger in einer ins Neue einladenden Interpretation von Lukas 15 und auch in einem Neuverständnis von Tod und Leben, daß eben Vater nicht gleich Vater ist, im Gegenteil: daß „dieser“ Vater „ein Heer von Vätern“ in Zorn bringt, so daß sie sich (!) ewige Treue schwören müssen. Heimat ist Fremde, der Vater ist ein Fremder von den „Vätern“ und den „Kindern“ aus gesehen – in Wirklichkeit umgekehrt.

„Es war einmal ein Vater, der hatte eine gelähmte Tochter und einen Sohn, der ein Luftikus war. Beide verweigerten ihm den Gehorsam, denn er war zu ernst und zu stark und zu klug.

Doch dieser Vater gab seinen Kindern Rätsel über Rätsel auf. Er blieb nicht, wie er war; er veränderte sich. Er stürzte sich in Leiden. Aus den Leiden wurden Freuden. Da begann die Tochter, die gelähmte, zu tanzen, und der Sohn, der so leichtfertig war, fing an, Sorge zu tragen zu sich und den anderen.“

Der Vater, nach so vielen Wandlungen, verwandelte sich in einen leibhaftigen *Sohn*. Damit begann eine Leidenszeit. Denn ein Heer von Vätern geriet in Zorn, stürzte sich auf ihn und herrschte ihn an: ‚Was fällt dir ein! Du hast Vater zu sein! Den Status zu wechseln ist ein Verbrechen, ein Verrat an uns Vätern, an den Herrschern und den Beherrschten!‘ Sie ergriffen ihn, wanden ihm Stacheldraht um das Haupt, steckten ihm Reitstiefel an die Füße, zogen ihm einen Feldherrenmantel an und übergossen ihn mit Spott und rotem Wein. Dann betranken sie sich, schwuren sich ewige Treue und vergaßen ihr Opfer.

Der Vater ging leise weg und suchte seine Kinder. Er fand sie, wie sie weinend an seinem Grab saßen.
Erheitert rief er ihnen zu: ‚Was treibt ihr an diesem leeren Grab? Ich bin doch lebendig!‘
‚Wer bist du?‘ fragten sie ihn.
‚Euer Vater war ich. Wer ich jetzt bin, weiß ich selber nicht.‘
‚Unser Vater ist tot‘, sagten beide. Sie vergreisten, als sie das sagten.
Der Vater hielt ihnen einen Spiegel vor. Darin erblickten sie eine Greisin und einen Greis. Sie erschraken und schrien: ‚Das sind wir nicht. Wir wollen noch nicht sterben.‘

Da lachte der Vater und ließ die Greisenfratzen verschwinden. Er lachte und lachte. Endlich erkannten sie, daß er ihr Vater war. Sie fielen ihm um den Hals und weinten. Dann machten sie ein großes Fest.“

N. Peter Levinson

Über das Nichtaussprechen des göttlichen Namens. Eine biblische Betrachtung

In den letzten Jahren haben Christen in ihren Bibelübersetzungen des öfteren den vierbuchstabigen Gottesnamen, das sogenannte Tetragrammaton, benutzt, um damit einerseits – wie sie meinen – eine direktere Beziehung zum Gott der hebräischen Bibel zu bekommen und sich andererseits seinem Volk Israel dadurch zu nähern. Denn nur wenn ich den Namen des anderen, der sich mir gegenüber befindet, ausspreche, kann ich mit ihm auch in eine wirkliche Beziehung treten. Und da die Hinwendung zu Gott die Beziehung par excellence ist, die einzig wirkliche Beziehung, aus der alle anderen fließen (Martin Buber), ist es nur konsequent, Gott mit seinem wirklichen Namen anzureden.

Aber bedeutet eine Namengebung unbedingt und immer das Knüpfen einer Beziehung, und – wenn ja – handelt es sich dann um eine solche, die wir zu haben wünschen? Die Bibel sieht es anders. Vier Namengebungen finden wir am Anfang der Bibel. Die erste erscheint im Zusammenhang mit den vier Flüssen, die aus dem Garten Eden entspringen (Gn 2, 11–14), die zweite bei den lebenden Wesen (Gn 2, 19–20), die dritte und vierte bei der Benennung der Frau (Gn 2, 23; 3, 20). Dabei handelt es sich nur bei der ersten und letzten um wirkliche Eigennamen, die anderen sind Gattungsbezeichnungen. In allen vier Fällen jedoch geht es um Benennungen objektiver Art, nicht um die Herstellung einer echten Beziehung.

Das Nennen der Namen dient nämlich gerade nicht dem Einander-Näherkommen, dem Dialog, dem „Du-Sagen“ im Sinne Martin Bubers. Namen waren im Altertum mit dem Wesen des Menschen identisch. Daher die vielen Änderungen von Namen in der Bibel, gemäß neuen Lebensumständen: Der Mensch wird ein anderer. Bei traditionellen Juden wird auch heute noch der Name Schwerkranker geändert (vgl. babyl. Talmud Rosch Haschana 16 b). Sich selber einen Namen machen bedeutet, sein eigener Herr zu sein und keine andere Macht über sich anzuerkennen. In diesem Sinn wird dieser Ausdruck beim Turmbau zu Babel verwandt (Gn 11, 4: „Laßt uns einen Namen machen!“).

Der Begriff „Männer von Namen“ (Gn 6, 4) bezeichnet Helden, die mit besonderer Machtvollkommenheit ausgestattet waren. Den anderen beim Namen nennen kann auch bedeuten: ihn besitzen, seiner habhaft werden, ihn beherrschen, über ihn Macht ausüben können. „Ich habe dich bei deinem Namen genannt, du bist mein“ (Jes 43, 1), läßt der Prophet Gott zu Israel sprechen und will dadurch ein Verhältnis ausdrücken, das zwar von besonderer Fürsorge geprägt ist, aber mehr dem des Besitzers zum Eigentum als dem ebenbürtiger Partner entspricht. Nicht, als handelte es sich hier nicht um eine liebevolle Zuneigung: im Gegenteil: Wen Gott bei seinem Namen nennt, der ist unter seiner besonderen Obhut. Ausgeschlossen ist nur jenes egalitäre Sich-gemein-Machen mit Gott, das eine Projektion des antiautoritären Zeitgeistes auf die Transzendenz beinhaltet. In diesem Sinn betont auch der Prophet die Einzigartigkeit Gottes, der mit keinem vergleichbar ist, weil er alles geschaffen und beim Namen genannt hat (Jes 40, 25–26).

Andererseits bedeutet die Anrufung des göttlichen Namens in der Bibel nun auch nicht mehr jenes magische „In-Besitz-Nehmen“, das ursprünglich mit der Namengebung verbunden war. Genau wie das Rufen des menschlichen Namens durch Gott seine Fürsorge und seinen Schutz impliziert, vermittelt die Anrufung Gottes durch den Menschen Vertrauen und Liebe. Das wird besonders in den Psalmen deutlich, wo im Namen Gottes gesegnet wird (Ps 129, 8), wo der gelobt wird, der im Namen des Ewigen kommt (Ps 118, 26), und wo gesagt wird, daß unsere Hilfe im Namen des Ewigen stehe (Ps 124, 8). Wer kennt nicht die Worte des 23. Psalms, wo von Gott bekannt wird, er führe auf rechtem Wege „um seines Namens willen“ (Ps 23, 3)! Kein magisches Besitzstreben, keine Angst, keine Unterwürfigkeit, sondern Dankbarkeit, Jubel, Lobpreis spricht aus dem Wort des Psalmisten, der bekennt: „Wie mächtig ist dein Name auf der ganzen Erde!“ (Ps 8, 1). Allerdings finden wir noch den magischen Gebrauch des Gottesnamens bei jenen „Meistern des Namens“ (Baal Schem), die durch die Anrufung des göttlichen Namens Wunder vollbrachten. Wir finden sie in der Literatur des Mittelalters, insbesondere in mystischen und späteren chassidischen Schriften. Am bekanntesten wurde Rabbi Israel Baal Schem Tow (etwa 1700–1760), der Begründer des Chassidismus.

In der Bibel wird Gott aber nicht nur gelobt und gepriesen, es wird nicht nur in seinem Namen gesegnet – der Mensch segnet vielmehr Gott selbst, er segnet den göttlichen Namen. So tat König David mit den Worten: „Gesegnet seist du, Ewiger, der Gott Israels, unser Vater, auf immer und ewig“ (I Chr 29, 10). In den Psalmen heißt es: „Gesegnet seist du, Ewiger, lehre mich deine Satzungen!“ (Ps 119, 12), und bei Daniel wird der Name Gottes selbst gesegnet. „Gesegnet sei der Name Gottes in Ewigkeit!“ (Dn 2, 20). Und das ist auch die Fassung des Rufes zum Gemeindegebet abends und morgens: „Segnet den Ewigen, der gesegnet ist“, worauf die Gemeinde antwortet: „Gesegnet ist der Ewige, der gesegnet ist, auf immer und ewig.“[1] Auch jede Lobpreisung Gottes beginnt mit den Worten: „Gesegnet seist du, Ewiger, unser Gott.“

In diesem Zusammenhang ist es notwendig, sich die rabbinische Sicht des göttlichen Namens, des Tetragammatons, zu vergegenwärtigen. Der vierbuchstabige Gottesname bedeutet stets „Gott, der Barmherzige", im Gegensatz zu dem Gottesnamen Elohim, der von dem richtenden Gott gebraucht wird.

Der Wechsel des Gottesnamens Elohim im ersten Kapitel der Genesis zum Tetragrammaton im zweiten wird im Midrasch als Hinzufügung der Barmherzigkeit zur göttlichen Eigenschaft der Gerechtigkeit gedeutet: Ohne Barmherzigkeit könnte die Welt nicht bestehen (Midrasch Rabba, Gn 12, 15)[2]. Ähnlich wird Psalm 47, 6 interpretiert: „Es erhebt sich Gott [Elohim] beim Posaunenschall, der Ewige [Tetragrammaton] beim Ton des Schofar"; wenn das Schofar ertönt, erhebt sich Gott vom Thron des Gerichts und läßt sich nieder auf den Thron der Barmherzigkeit (Midrasch Tehillim zur Stelle)[3].

Wenn dem so ist und die Nennung des göttlichen Namens heute keinerlei magische Bedeutung vorweist, dann ergibt sich die Frage, weshalb Juden auch heute noch den vierbuchstabigen Gottesnamen nicht aussprechen. Dieser Name, der Schem Hamephorasch, wurde in biblischen Zeiten nur einmal im Jahr, am Jom Kippur, durch den Hohenpriester im Allerheiligsten ausgesprochen (Mischna Joma 6, 2). Aber auch dort wurde er nach einiger Zeit vom Hohenpriester so leise gesprochen, daß er durch das Singen der anderen Priester übertönt wurde und das Volk ihn nicht mehr verstehen konnte (b. Talmud Kidduschin 71 a). Abba Saul erklärte, daß einer, der den göttlichen Namen (das Tetragrammaton) ausspricht, keinen Anteil an der kommenden Welt habe (Mischna Sanhedrin 10, 1). Und auch heute noch vermeiden Juden dieses Aussprechen, was so weit geht, daß sie selbst die Umschreibung „Adonai" als Ersatz des Gottesnamens vermeiden und statt dessen einfach „Haschem" (der Name) oder „Adoschem" sagen. Für das Schreiben der Gottesnamen gibt es wiederum verschiedene Regeln, da nach rabbinischer Interpretation von Dt 12, 3–4 die Namen Gottes nicht ausgelöscht werden dürfen. Allerdings bezieht sich das auf sieben angeführte hebräische Gottesnamen, so daß die Schreibweise G'tt, die man des öfteren antrifft, in der Tradition keine Stütze findet.

Die Scheu vor dem unnötigen Aussprechen des Gottesnamens ist auch heute noch relevant. Sie ist außerdem im dritten Gebot fest verankert: „Du sollst den Namen des Ewigen, deines Gottes, nicht umsonst aussprechen." Kein Wunsch nach einer größeren Gottesnähe, keine Erfahrung der göttlichen Immanenz, der Schechina, die mit Israel ins Exil zog, darf die göttliche Majestät, die Transzendenz Gottes negieren, um Gott auf unsere Ebene herabzuziehen und ihn zu vereinnahmen. Vielleicht ist das auch der jüdische Protest gegen den christlichen Begriff der Inkarnation: daß wir von Gott niemals Besitz ergreifen, daß wir ihn niemals für uns reklamieren dürfen. Denn das bedeutet ja das Tetragrammaton: „Ich werde sein, der ich sein werde“ (Ex 3, 14), Gott kann nicht jetzt, in keiner Gegenwart erfaßt, be-griffen, verfügbar gemacht werden; das ist vielmehr das Wesen des Götzen, daß man ihn haben, manipulieren, zum Objekt machen kann. Den Namen zu kennen bedeutet die Versuchung, ihn sich untertan zu machen: „Warum willst du meinen Namen wissen, da er doch wunderbar ist?“ (Ri 13, 18). Ebenso durfte auch Jakob den Namen des Mannes nicht wissen, mit dem er in der Nacht kämpfte (Gn 32, 30). Und vom Goldenen Kalb heißt es: „Dies sind deine Götter, Israel, die dich herausgeführt haben aus dem Lande Ägypten“ (Ex 32, 4).

Abraham Jehoschua Heschel sprach davon, daß alle Völker, alle Religionen ihre Symbole, ihre Fahnen, ihre Götzen gebraucht haben, weil sie dem Raum untertan waren und nicht der Zeit. Das Nichtaussprechen des göttlichen Namens erinnerte Israel stets daran, daß die größte Gefahr für die Religion von denen ausgeht, die so viel von Gott und seinem Wesen zu wissen meinen, daß sie ihn bereits als einen der Ihren betrachten. In seinem neuesten Buch schreibt Rabbiner Lionel Blue: „I do not trust people who ‚know‘ too much and have more awareness of God than they have of their own limitations.“ [4]

Das entscheidende Wort hierzu aber wurde von Bonhoeffer aus der Haft gesprochen: „Ich komme bestimmt nicht als ‚homo religiosus‘ von hier heraus! – ganz im Gegenteil, mein Mißtrauen und meine Angst vor der ‚Religiosität‘ sind hier noch größer geworden als je. Daß die Israeliten den Namen Gottes nie aussprachen, gibt mir immer wieder zu denken, und ich verstehe es immer besser.“ [5]

So möchte ich meinen, daß unsere christlichen Freunde bei aller Liebe zu Israel und dem Gott Israels gut daran täten, auch ihrerseits das Tetragrammaton, den vierbuchstabigen Namen Gottes, nicht auszusprechen – ganz abgesehen davon, daß wir ja nicht wissen, wie der Name wirklich ausgesprochen wurde. Es war Martin Buber, der Meister des Dialogs und der Zwiesprache mit Gott, der ihn mit „Du“ anredete und nicht gewagt hätte, von ihm durch den Gebrauch seines Namens Besitz zu ergreifen.

Anmerkungen

1 Sidur Sefat Emet. Basel 1964, S. 33 und 175.
2 Vgl. Navè, P.: Du, unser Vater. Freiburg i. Br. 1975, S. 7 f.
3 Siehe auch Jacobs, L.: A Jewish Theology. London 1973, S. 142.
4 Blue, L.: A Backdoor to Heaven. London 1979, S. 113.
5 Bonhoeffer, D.: Widerstand und Ergebung. Gütersloh 1978, S. 79.

Helmut Gollwitzer

In Christus gründende Freiheit und Gerechtigkeit als Auftrag der Kirche und Erfahrung in der Gemeinde [1]

I.

Unwiderstehlich drängt sich der Kirche und den Christen zu allen Zeiten, heute erst recht, die Frage auf: Wo ist dein Bruder Abel? Und zwar steht sie, das scheint mir sehr wichtig zu sein, vor aller theologischen Begründung. Bevor die Kirche und ihre Theologen sich klarwerden, was und ob diese Frage überhaupt die Kirche etwas angeht und nach welchen Maßstäben sie beantwortet werden soll, vor aller Erwägung, ob die „Tagesordnung der Welt", wie man heute sagt, in der Kirche den ersten Platz haben darf vor der „Tagesordnung des Evangeliums". In der Stunde der Bedrängnis des Nächsten zeigt sich, daß genau diese heute oft erörterte Unterscheidung eine Abstraktion ist, noch dazu eine gefährliche, weil sie von der Forderung Gottes in der Stunde – das ist die eigentliche Forderung der Stunde! – abhalten kann. Priester und Levit hielten ein, was sie für die Tagesordnung Gottes hielten, und ließen sich durch die Tagesordnung der Welt nicht stören und verpaßten eben damit den Ruf Gottes im geschlagenen Nächsten. Soeben haben die katholischen Bischöfe von Zaire eine Erklärung veröffentlicht über die schrecklichen Zustände im Mobutu-Lande und sagen dort:

> „Die traurige Stimmung in unserem Volke, seine Ängste und seine Leiden müssen in unseren Herzen als Seelsorger ein Echo finden. Wir müssen weinen mit denen, die weinen, und klagen mit denen, die klagen. In den Augen der Welt und vor allem unseres Volkes wird uns Schweigen zum Komplizen des Verfalls und der Not machen, die manchen bereits geeignet erscheint, unser Land in die Apokalypse zu führen."

Ebenso jetzt, nach langem, schlimmem Zaudern, der Episkopat von Nicaragua in den letzten Monaten. Das sind Beispiele von Kirchengremien, die das hinausgeschoben haben, für die das nicht selbstverständlich war, die verfilzt waren mit den herrschenden Mächten und die nun trotzdem in der akuten Bedrängnis, wenn sie denn überhaupt Christen sein wollen, nicht mehr anders können. Das Dasein der Kirche für die, denen die Menschenrechte vorenthalten oder geraubt werden, verneint jede Theorie, die ein solches „Dasein für andere", also „Freiheit und Gerechtigkeit als Aufgabe der Kirche", zu einer sekundären Aufgabe oder gar zu einer der Kirche gar nicht aufgetragenen Aufgabe machen will. Eine Kirche, der es legitim, also von ihren Voraussetzungen her möglich wäre, ihre Riten zu zelebrieren, ihre Gottesanbetung zu vollziehen, ihre Wahrheiten zu lehren, unberührt davon, daß neben ihr Menschen geschunden, gefoltert und zum Verhungern verurteilt werden, wäre damit die Kirche zu einer anderen Religion. Sehr wohl einer denkbaren; denn solche Religion hat es immer gegeben, die sich über die menschlichen Nöte erhob und half, sich über die menschlichen Nöte zu erheben. Das hat es gegeben als grobe Klassenreligion einer Oberschicht (zum Beispiel die brahmanische Religion) wie als mystischen Austritt aus aller Sozialbeziehung. Das hat es auch gegeben als faktische christliche Kirche in ihrer Dickhäutigkeit gegenüber der Menschennot um sie her. Aber im Fall der christlichen Kirche war das nicht legitimierbar, stand vielmehr im Widerspruch zu ihren Voraussetzungen, und soweit die Kirche hier sich so verhielt, war sie nicht die Kirche Jesu Christi. Sie lebte ein anderes Christentum.

Im Christentum Jesu Christi sind immer Gott, mein Heil und der Bruder – diese drei – unlöslich zusammengeschlossen. Diese Dreiheit ist die Ganzheit meines Lebens. Unmöglich, das Leben zu haben ohne den Bruder, ohne den armen Lazarus vor meiner Tür. Das ist's, was – nach Lukas 16, 31 – Moses und die Propheten immer schon sagen. Zur Ganzheit meines Lebens gehört mein Bruder ganz mit Leib und Seele. Unmöglich eine platonische Liebe, unmöglich, für die Seele des Bruders etwas zu tun und seinen Leib zu verbrennen. Die Hierarchie des Geistes über den Leib bekommt ihr Recht, wo vom Leib her diese Ganzheit geleugnet wird, also vulgärmaterialistisch nur der Leib befriedigt werden soll durch Gewinn der ganzen Welt, während gleichzeitig die „Seele" (das heißt die Ganzheit) Schaden nimmt (Mt 16, 26). Aber wo ich mich auf diese Hierarchie des Geistes über den Leib berufe, um des Bruders Leib und leibliche Not zu ignorieren, wo ich ihn mit frommen Worten abspeise (Jk 2, 15), da werden mir diese frommen Worte zum Gericht. Meine Frömmigkeit kann unbarmherzig sein und sagen: Der Mensch lebt nicht vom Brot, sondern nur vom Worte Gottes. Die Schrift ist barmherzig gegen den Bruder und streng gegen meine Hypergeistlichkeit und sagt: „Der Mensch lebt nicht vom Brot *allein,* sondern von Jeglichem, Was aus dem Worte Gottes geht" (Mt 4, 4). Darum: Nicht nur in dem in seiner Seele, in seinem Heidentum und Unglauben notleidenden Bruder wartet Jesus nach seinem letzten Lehrwort und Lehrgleichnis (Mt 25, 31 ff.) auf uns und bittet um unsere Hilfe durchs Wort, sondern gerade auch im leiblich nackten, kranken Gefangenen, bittend um unsere Hilfe durch die Tat. Die Spontaneität meiner eigenen Empfindung: „Wenn du ein Christ bist, mußt du da helfen", ebenso wie die Spontaneität der Bitte, Klage oder Anklage des Notleidenden: „Du willst ein Christ sein und springst nicht helfend herbei, trittst nicht protestierend auf gegen das Unrecht, kämpfst nicht für bessere Zustände!" – diese Sponaneität ist *Proprium* der christlichen Kirche.

Der Zuruf hätte nicht den gleichen Sinn, wenn er lautete: „Du willst ein

Moslem, ein Buddhist, ein Brahmane sein und hilfst hier nicht." Das wird nicht gesagt, um andere Religionen herabzusetzen, aber ich sehe doch hierin einen sehr charakteristischen Unterschied. Religion hat immer die Funktion, uns einverstanden zu machen mit der Misere, in der wir leben, einen Sinn darin zu finden, eine Hoffnung auf jenseitige oder andere Erhebung aus dieser Misere; eine Religion hat also immer versöhnende Funktion im Verhältnis des Menschen zur Misere seiner Wirklichkeit. Merken wir, wie anders das wird, wenn im Evangelium der Mensch, der Jünger Jesu, aufgefordert wird, seinen Mitmenschen zu helfen? Der Brahmane hilft dem Paria nicht; denn es ist karmisch bedingt, daß diese Seele jetzt eine Inkarnation als Paria durchmachen muß. Das ist zu ihrem Besten, das muß sie erdulden. So ist Hinduismus eine Anleitung, einverstanden zu werden mit dem Schicksal, in dem ich mich befinde. Im Augenblick, wo das Evangelium mich auffordert, im Unterschied zum Brahmanen, diesem Paria zu helfen, sagt es mir, daß ich nicht einverstanden zu sein habe damit, daß ein Mensch Paria ist. Und indem ich dies tue, hole ich auch den Paria aus seinem Einverstandensein in sein Paria-Schicksal heraus, ich mache auch ihn unzufrieden. Ich lasse ihn lernen, seine Not, indem ich versuche, sie zu beheben oder zu lindern, als eine Not zu erfahren, die nicht sein muß, die behoben oder mindestens gelindert werden kann.

Darum also: Zum Proprium des authentischen Christentums gehört die Untrennbarkeit von Gott und Bruder und von Heil und Wohl des Bruders, von geistlicher und leiblicher Hilfe. Das heißt, zum Proprium gehört das, was gerade nicht speziell christlich ist, da ja bekanntlich der barmherzige Samariter kein Christ war. Aber die *Einheit* des Samaritertums mit dem Glauben, der nicht spezifisch christlichen Nächstenliebe mit der spezifischen Gottesliebe – „das andere aber ist ihm gleich", heißt es in der Matthäus-Fassung (22, 39) –, ist das Proprium des christlichen Lebens. Darum darf man nicht nach dem Proprium der christlichen Caritas als solcher fragen, als müßte die anders aussehen als die eines Samariters, Heiden oder Atheisten. Christliche Caritas ist anonym, unspezifisch. Erst durch ihr Zusammensein mit dem Evangeliumszeugnis erhält sie ihre Proprialität. Das gilt für alle Gestalten christlicher Caritas, auch der pädagogischen, der politischen, der psychiatrischen usw. Das ermöglicht, darauf komme ich am Schluß noch einmal, vorbehaltloses *Zusammenarbeiten* mit Anders- und Ungläubigen und Lernen von ihnen und Zutrauen, daß auch bei ihnen echte Nächstenliebe Ereignis wird. Echte Nächstenliebe ist kein Proprium des Christen (siehe der Samariter!).

Deshalb handelt es sich nun nicht mehr darum, eine spezifisch christliche Politik, Pädagogik usw. zu entwickeln, wohl aber in der Caritas-Arbeit – also auch in der Pädagogik, Politik, Medizin usw. – die Frage nach der Ganzheit des Menschen, die vielleicht von anderen Ideologien her verkannt wird, mit einzubeziehen. Durch sie weist der Dienst des Christen am leiblich-irdischen Wohl des Nächsten immer über sich hinaus auf noch anderes, was nötig ist. Der Mensch lebt nicht vom Brot allein! Bedenklich aber wäre ein Spiritualismus, der hier eine prinzipielle Wertung und eine programmatische Reihenfolge anordnet. Es gibt eine prinzipielle Wertung und eine prinzipielle Reihenfolge, die spricht Nikolai Berdjajew aus in seinem Wort: „Die Frage nach meinem Brote ist eine materielle Frage; die Frage nach dem Brote meines Nächsten ist eine geistliche Frage." Das heißt: Im Blick auf mich, den Jünger Jesu, ist es sehr tröstlich, daß der Leib geringer ist als der Geist. „Nehmen Sie den Leib ..." Aber im Blick auf den Nächsten erweist sich die programmatische Reihenfolge – zuerst das Heil, dann das Wohl, zuerst das Evangelium, dann die Caritas usw. – immer wieder als eine vorher ausgedachte, im Andrang der realen Situation sich nicht bewährende. Immer wieder geht ein Zeuge des Evangeliums als Missionar, Priester usw. in die Slums von Bombay und Caracas und wird von seinem Programm abgedrängt durch den Schrei der physischen Not; statt zu predigen, organisiert er Selbsthilfe; statt zu bekehren, respektiert er zunächst einmal die Kulte und Sitten, mit denen die Menschen dort bisher ihre Menschenwürde auch im größten Elend aufrechterhalten haben, und versucht nicht gleich, sie zu beseitigen, sondern sie zu humanisieren und von ihren Brutalitäten zu reinigen. Sein verbales Christuszeugnis wird mehr auf Initiative der anderen laut, die ihn fragen, weshalb er sich so mit ihnen solidarisiere. Und eben *so* hat sein Zeugnis dann die echte Einheit von Wort und Tat, Zeugnis vom ganzen Christus, der ganz, mit allen leiblichen Konsequenzen, sich identifiziert mit dem notleidenden Nächsten neben mir. Da, so, also eher an zweiter Stelle verbal das Zeugnis ausrichtend, dieses freilich immer gern und immer dazu auf dem Sprung, steht dann sein Dienst am Leiblich-Irdischen im Proprium des Christuszeugnisses.

Noch eine weitere Beobachtung aus diesem spontanen Geschehen des ganzheitlichen Christuszeugnisses: Beginnt es auch mit der helfenden Reaktion auf den Anruf der unmittelbaren Not, so kann und will es doch bei deren Behebung nicht beharren. Die Beschränkung des Dienstes der Mutter Teresa in Kalkutta, der Elsa Brandström, des Heinrich Grüber usw., die Beschränkung des Dienstes auf unmittelbare Notfälle kann erzwungen akzeptiert werden müssen, aber der Wille christlicher Caritas geht darüber hinaus. Er fragt nach den Ursachen der einzelnen Not und will nicht nur diese Not, sondern auch ihre Ursachen beheben, das heißt also die die einzelne Not verursachenden Strukturen verändern. In der Situation selbst stellt sich auch dies ganz unaufhaltsam ein. Die Quäker konnten nicht den gequälten Sklaven in Nordamerika helfen, ohne bald das ganze gesetzliche Institut der Sklaverei zu bekämpfen, und zwar zunächst auf gesetzwidrige Weise durch Fluchthilfeorganisation und alles mögliche. Wir, in der Bekennenden Kirche, konnten nicht den Juden helfen, ohne zunächst Gesetzwidrigkeiten zu begehen – Paßfälschungen, Lebensmittelkartenfälschungen, Fluchthilfeorganisation usw. – und dann gegen die Gesamtstruktur zu arbeiten, gegen den Nationalsozialismus. Man steht ständig vor der Frage, ob die Notursachen einem gesellschaftlichen System essentiell sind, so daß das System beseitigt werden muß, wenn man die Notursachen beseitigen will, oder ob die Beseitigung der Notursachen systemimmanent möglich ist. Beim Nazismus war rasch ersteres deutlich: Das ganze System muß beseitigt werden. Bei der Sklaverei zeigte sich, daß der Kapitalismus die Abschaffung der schlimmsten Formen von Sklaverei gut vertrug, auch weiter Notursachen-Beseitigung durch Reformen auf dem Gebiet der Lohnsklaverei leisten konnte, wenn auch mit der Kehrseite: Je mehr er dies leisten konnte in den entwickelten Ländern, um so mehr rief er das Elend in den sogenannten unterentwickelten Ländern erst recht hervor. Wie auch immer, die Strukturfrage stellt sich echter Caritas unausbleiblich, damit der Zwang zum Eintritt in Gesellschaftspolitik. Auch das zeigt sich noch ganz vortheoretisch, vortheologisch unaufhaltsam an der spontanen Situation. Dagegen hat man opponiert, etwa mit einer prinzipiellen Unterscheidung von improvisierender unmittelbarer Liebe und sozial-politischer Organisation (so Helmut Thielicke) und (ebenfalls Thielicke) mit einer prinzipiellen Reihenfolge von Erneuerung der Herzen und dadurch erst Erneuerung der Struktur. All diese Unterscheidungen scheinen mir künstlich; sie stehen außerhalb der wirklichen Situation und versuchen zu scheiden, was sich in der Situation gar nicht scheiden läßt. Deshalb stehen solche Scheidungen unter Ideologieverdacht.

Dies ist eine Schilderung, die dazu dient, uns bewußtzumachen, daß die theologische Diskussion über die politische Ethik eine *nachträgliche* Funktion hat, wenn wir in ihr den Begriff „Begründung“ aufbrauchen. Es kann sich nicht um eine Begründung des christlichen Liebestuns – mit all seinen Konsequenzen in die Politik hinein – handeln, die vorausgehen müßte. Voraus geht die Situation und das Evangelium und diese Zusammengehörigkeit: daß dieses Evangelium uns sofort der Anforderung der Notsituation aussetzt, bevor wir noch eine theologische Begründung dafür gefunden haben.

Genau dies hat sich nun auch in der theoretischen Diskussion durchgesetzt. Es gibt zwar noch Bemühungen, Glauben und Liebe hierarchisch in Reihenfolge zu bringen, statt in Einheit zu ordnen. Es gibt die Bemühung, um es mit dem Gleichnis Jesu zu sagen, dem Ja-Sagen einen positiven Wert zu geben auch dann, wenn ihm kein Ja-Tun, sondern ein ungehorsames Tun folgt (Mt 21, 28–32). Noch versucht man es immer wieder mit Unterscheidungen, Abstufungen wie primär und sekundär, zentral und peripherisch, begründend und folgend. Aber eine ernst zu nehmende theologische Theorie, die auf die Werke verzichtet, die gar mit den alten Flaccianern nach Luthers Tod sagt, daß die guten Werke schädlich zur Seligkeit seien, und die die Caritas und die soziale Verantwortung vom Glaubensleben ganz abtrennt – eine ernst zu nehmende theologische Theorie in diesem Sinne gibt es nicht mehr.

Wir sind in den letzten dreißig Jahren nicht sehr viel weitergekommen. Das liegt meines Erachtens daran, daß die innere kirchlich-politische Kontroverse belastet war von vielen gegenseitigen Unterstellungen, bei denen in der Abwehr eines anderen politischen Standpunkts und der von diesem anderen politischen Standpunkt ausgehenden christlichen Gehorsamszumutung rasch jene kurzgeschlossene Verbindung mit ihrer Gesetzlichkeit, mit ihrer Aufhebung des eschatologischen Vorbehalts, vorgeworfen wurde. Es wird also politische Zumutung unter uns oft mit dem Vorwurf theologischen Irrtums abgewehrt. Demgegenüber ist es nötig zu erkennen, daß in der christlichen Gemeinde, weil sie in der Welt ist und also ein Stück Welt und Teil der Gesellschaft, die politischen Differenzen kein geringeres Gewicht haben als draußen, ebenso unsere Gebundenheit an unseren sozialen Standort, an unser Beeinflußtsein von Tradition und Interessen. Ist christliche Freiheit, wie wir im Glauben hoffen dürfen, unter uns wenigstens anfangsweise Wirklichkeit, dann wird sie sich erweisen müssen:

1. in der Freiheit, aufeinander zu hören und uns gegenseitig die Auseinandersetzung mit unseren kontroversen Entscheidungen in aller Härte zuzumuten,
2. in der Freiheit, selbstkritisch unsere eigenen Gebundenheiten durch Klasseninteressen, nationale und kulturelle Bedingtheiten aufzudecken und uns durchs Evangelium verwandeln zu lassen, aus Agenten unserer Gruppeninteressen, die wir zunächst weithin sind, in Agenten des heilsamen Gotteswillens für alle Menschen, und
3. in der Freiheit, diesen Gotteswillen auch als politischen Auftrag zu sehen, das heißt als Auftrag für eine Gestaltung des menschlichen Zusammenlebens in Freiheit und Gerechtigkeit, und an ihm unsere Programme, Kampfmethoden, Mittel und Zielsetzungen ständig konkret zu prüfen.

Wie das aussieht – darauf möchte ich im folgenden noch eingehen.

II.

Man warnt heute in der theologischen Diskussion oft vor einer kurzgeschlossenen Verbindung zwischen Christlichem und Politischem. Die Warnung vor einer solchen kurzgeschlossenen Verbindung besagt zu Recht: Unsere politischen Optionen können nie direkt aus dem Evangelium, biblizistisch aus der Bibel oder irgendwie aus christlichen Grundsätzen oder Grundwerten deduziert werden; denn die biblischen Weisungen sind ja erstens hermeneutisch erst zu transponieren auf unsere, also auf eine ganz andere Zeit, und zweitens läßt sich nur scheinhaft aus Bibel und Evangelium eine Weisung so formulieren, daß sie keinen Spielraum mehr der eigenen Beantwortung überläßt. Nehmen Sie zum Beispiel den konsequenten Pazifismus als eine direkte Anweisung. Bei allem Respekt vor der Sendung der sogenannten historischen Friedenskirchen in der Gesamtchristenheit, mit ihrem Anliegen gegenüber der traditionellen Kriegsethik der Großkirchen, wird auch ein ordentlicher Quäker nie leugnen, daß im Drang der Situation möglicherweise ein ganz anderes Handeln, etwa auch tötende Gewalt, unvermeidlich sein kann. Bonhoeffer hat darum von der Schuldübernahme gesprochen, und er war ja ursprünglich prinzipieller Pazifist. In Schuldübernahme kann auch ein ganz anderes Handeln, als es hier vorgesehen war, gewählt werden müssen. Vor allem aber, alle unsere Entscheidungen – darauf hat auch das Barthsche Beispiel hingewiesen – gehen durch unsere Analyse und Deutung der gegenwärtigen Verhältnisse, die uns herausfordern, hindurch, und so sehr wir hier Befreiung von Gebundenheiten an unsere Klassensituation, Privilegiensituation und Ressentiments usw. anstreben müssen, selbst wenn eine mögliche Objektivierung unserer Urteilsbildung gelungen ist, ist es immer noch *unsere* Urteilsbildung. Ich nehme als Beispiel die Frage der Neutronenbombe. Parallel steht es mit den bei Ihnen leider nicht öffentlich diskutierten östlichen Waffentechnologien neuer Art: Sie sind alle miteinander entsetzlich inhuman. Es kann nun nicht aus irgendeiner Prämisse deduziert werden: Wir müssen uns ausgerechnet gegen die Neutronenbombe entscheiden. Vielmehr: Auch die Christen müssen hinein in die ganze Abrüstungs- und Abschreckungsdiskussion, und wenn dann die Gründe gegen die Produzierung der Neutronenbombe überwiegen, dann werden sie allen anderen als ernste Gründe vorgehalten werden müssen; die anderen werden gefragt werden müssen, ob es nicht unsachliche Gebundenheiten sind, die sie dazu verführen, doch für diese Waffe zu plädieren. Dieser Streit muß in der christlichen Gemeinde ebenso wie außerhalb von ihr in der Gesellschaft durchgefochten werden, und die Brüderlichkeit kann genau wie in theologischen Fragen nicht im Ersparen der Härte des Streites und der Argumentation bestehen, auch nicht im Ersparen dessen, daß dem Bruder vorgehalten wird, man könne seine Entscheidung unter keinen Umständen als eine christliche ansehen. Damit wird ihm nicht das Christsein abgesprochen, sondern er wird behaftet bei seinem Christsein.

Aber gerade, daß jede Entscheidung durch solche Vernunftsanalysen hindurch muß, zeigt auch ihre irdische Relativität. Nicht vom Himmel herunter ist sie uns offenbart, sondern sie ist uns aufgetragen als ein verantwortliches irdisches Werk. Und wir spüren dann in der politischen Diskussion, ja hier besonders bedrängend, und zwar oft mehr beim anderen als bei uns selbst, wie einer gebunden ist an seine Biographie, an seine persönlichen Erfahrungen und an die daraus resultierenden Ressentiments. Gerade darum bedürfen wir des „mutuum colloquium fratrum", des wechselseitigen brüderlichen Gesprächs, und der Bereitschaft zu lernen. Wir spüren vor allem – ich denke an die Diskussion über den mir immer wieder zugeschobenen Satz: „Ein Christ muß Sozialist sein" (den ich keineswegs vertrete; in welchem Sinn ich diesem Satz nahekomme, werden Sie gleich verstehen) – als besondere Schwierigkeit das Informationsgefälle, das heißt die Verschiedenheit des Informiertseins über die Weltphänomene, über die ökonomischen Probleme, über das, was Marxismus eigentlich ist und was er nicht ist. Das alles brauchte ein Aufarbeiten von Mißverständnissen und ungenügender Informiertheit, zu der wir auch in der Gemeinde gewöhnlich nicht die Zeit haben. Viele unüberwindbare Konflikte kommen allein aus dieser Differenz der Informationen her; das haben wir auch immer wieder zu bedenken [2].

Damit stehen wir bei der Frage, der dieser Teil gilt: Was haben die beiden großen Menschheitsworte Freiheit und Gerechtigkeit in unserem heutigen Thema mit dem Gotteswillen in Jesus Christus zu tun? Die Eingangsüberlegung über die spontane Herausforderung der Christen qua Christen durch die Verletzung der Menschenrechte, also durch das Leiden der Menschen um uns her an Unfreiheit und Ungerechtigkeit, zeigt schon: *Ein* Weg geht nicht, nämlich die Behauptung, in Christus gründende Freiheit und Gerechtigkeit sei etwas ganz anderes als diejenige irdische Freiheit und Gerechtigkeit, die von empörten Volksmassen, von aufständischen Sklaven, Bauern und Arbeitern und dann in der Neuzeit von Aufklärern und Sozialisten immer schon gefordert worden ist. Die in Christus gründende Freiheit und Gerechtigkeit sei eine nicht von Menschen hergestellte, sondern von Gott geschenkte Freiheit, und ihrer erfreuen wir uns im Glauben, auch wenn wir äußerlich in ungerechten Zuständen leben müssen. So hat leider unser Vater Luther die Bauern gelehrt. Er hat gesagt – ich zitiere aus seiner ersten Bauernschrift, aus der Ermahnung zum Frieden zu den zwölf Artikeln der Bauernschaft in Schwaben (1525): „Das Evangelium nimmt sich weltlicher Sachen gar nichts an." Darum sei der dritte Artikel der Bauern, der lautete: „Es soll keine Leibeigenschaft mehr sein, weil uns Christus alle befreit hat", ein Artikel „straks wider das Evangelium und räuberisch"; denn: „Ein Leibeigener kann wohl Christ sein und christliche Freiheit haben gleichwie ein Gefangener und Kranker Christ ist und doch nicht frei ist." Luther wendet hier eine große christliche Wahrheit an, für deren Verheißung und Erfahrung wir nicht dankbar genug sein können – die Wahrheit von der Freiheit in Christus auch in Kerker und Krankheit –, um einen anderen, ebenso großen christlichen Satz aus den Angeln zu heben, nämlich daß wir befreit werden innerlich, nicht um die Verhältnisse um uns her beim alten zu lassen, sondern um sie zu ändern, gemäß dem gnädigen Gotteswillen, der nicht will, daß Menschen einander foltern, morden und krank machen, vielmehr – und jetzt zitiere ich Luther gegen Luther – daß Menschen ihren „Nächsten an seinem Leibe keinen Schaden noch Leid tun, sondern ihm helfen und fördern in allen Leibesnöten“ [3]. Bei der Interdependenz, der Abhängigkeit des Inneren und des Äußeren, des Seelischen und des Leiblichen, des Individuellen und des Gesellschaftlichen kann, wie gesagt, der Dienst der Nächstenliebe nicht aufgeteilt werden in den primären Dienst, die Bedienung des Nächsten mit dem der Seele geltenden Wort, und den sekundären Dienst, die Bedienung des Nächsten mit der dem Leibe geltenden Tat. Die Ganzheit des Menschen erfordert die Ganzheit des Dienstes. Die christliche Wahrheit, die Luther als erste und leider als einzige den Bauern entgegenhält, besagt, daß wir auch in Ketten unsere in Christus gründende Freiheit nicht verloren haben. Sie ermöglicht uns die Freiheit zum Ertragen von Unrecht, zum Leiden, zum Bekenntnis und zum Martyrium für das Bekenntnis. Aber diese innere Freiheit macht nicht gleichgültig gegenüber der kostbaren Gabe der äußeren Freiheit. Ich muß äußere Freiheit für mich wünschen, weil es sich um den äußeren Freiraum zum praktischen Dienst der Nächstenliebe, und zwar sowohl zu dem Dienst des Wortes wie dem Dienst der Tat, handelt. Wer in der Hitler-Zeit Juden half oder heute in Lateinamerika und den anderen Ländern der Unfreiheit Verfolgten hilft, der weiß, wie beide Formen des äußeren Dienstes, des Wortes und der Tat, der äußeren Freiheit bedürfen. Er wird unter deren Verlust leiden, deren Wiederherstellung wünschen, um sie bitten und also auch – „ora et labora!“ – für sie politisch kämpfen. Ich kann nun aber für mich nichts anderes wünschen, das ich nicht auch für die anderen wünsche, zumal wenn ich sehe, wie jede äußere Unfreiheit unzählige Menschen personal deformiert, sie servil und subaltern macht, sie der Verführung durch die offiziellen Ideologien ausliefert und massenhaftes Unrecht durch die Deformierung der Staatsmacht anrichtet und legalisiert. Ich muß also die gleiche äußere Freiheit, die Freiheit von Angst und Repressalien, die Freiheit von der Einschränkung meines Dienstes am Nächsten und die Freiheit zur sozialen Teilhabe und Mitwirkung, das heißt zur Gestaltung der gemeinschaftlichen Angelegenheiten, ebenso meinen Mitmenschen wünschen und also dafür beten und arbeiten. Darum haben die lutherischen Ovambos in Namibia 1971 – gegen Luther und bezeichnenderweise nun nicht mehr theologisch gerügt von den weißen lutherischen Kirchen in Europa, aber in Übereinstimmung mit Karl Barths Weiterführung der reformatorischen Rechtfertigungslehre auf das Gebiet des menschlichen Rechts [4] – erklärt: „Die christliche Lehre von der Rechtfertigung steht in enger Verbindung mit dem Streben nach Rechtfertigung von Gewalt und Herrschaft“, sie meinen: in kritischer Verbindung. „Gottes Gnade steht allen Menschen offen, ungeachtet ihrer Verdienste und ihres sozialen Status. Volle gegenseitige Annahme aller Menschen sollte unsere Antwort auf Gottes Gnade sein, was zu voller Mitwirkung in der Gesellschaft führt. Der Verschiedenheit in der Einheit sollte die Verschiedenheit innerhalb voller Bürgerrechte entsprechen. Es kann keine Selbstverwirklichung des Menschen geben, es sei denn in der Gemeinschaft." Darum war der Streik vom Dezember 1971 der Ovambos gegen das Kontraktsystem, das heißt gegen das die schwarzen Arbeiter der Willkür und Sklaverei der weißen Arbeitgeber ausliefernde Arbeitssystem dort in Namibia, von den christlichen Ovambos getragen mit der Erfahrung: „Heidnische Menschen streiken nicht." Schließlich der bündige Satz, genau wie die Bauern 1525: „Das Wort Gottes sagt, daß Christus starb, um alle Menschen zu befreien, aber wir Ovambos sind nicht frei von dem Kontraktsystem." Können wir, wie ich meine, hinter diese gegenüber der lutherischen Tradition neue Erkenntnis der Zusammengehörigkeit zwischen der Gabe der inneren Freiheit des Glaubens und der Arbeit für die äußere Freiheit nicht mehr zurück, dann zeigt sich daran:

1. Es besteht eine Gemeinsamkeit zwischen der christlichen Reich-Gottes-Hoffnung und der politischen Gestaltung, das heißt, das Evangelium nimmt sich – gegen Luther– sehr wohl der weltlichen Dinge an und gibt für sie Weisung.
2. Die großen Worte Freiheit und Gerechtigkeit im geistlichen Gebrauch haben sehr wohl etwas mit ihrem profanen gesellschaftlichen Verständnis zu tun und sind nicht etwa „etwas ganz anderes".

Zu 1:

Die Verheißung des Reiches Gottes geht, was über sie auch sonst noch zu sagen ist, ganz sicher auf ein menschliches Dasein und Zusammensein in ganzer Freiheit und Gerechtigkeit. Im Reiche Gottes sind die Tränen abgewischt, auch die durch Unfreiheit und Unrecht ausgepreßten. Hier gibt es keine Privilegienvorteile mehr, sondern Gottes Wille zum Dasein für die anderen durchherrscht unseren Willen. Dieses Herrschen des Liebeswillens Gottes ist das Reich Gottes. Das ist aber nicht nur eine jenseitige Hoffnung, sondern immer schon diesseitige Wirklichkeit, erfahrbar und erfahren in der Gemeinde. Hier schon, anfangsweise und immer noch und immer nur im Kampf mit den sündigen Gebundenheiten, „simul justus et peccator", sind wir zugleich Gerechte und Sünder. Soweit also hier schon anfangsweise und im Kampf mit unseren Gebundenheiten Gottes Wille unseren Willen beherrscht und mit sich einigt, gibt er uns als irdisches Ziel die Schaffung gesellschaftlicher Verhältnisse, in denen ein irdisches, das heißt für sündige Menschen, für Kains und nicht für Abels, höchstmögliches Maß von Freiheit, Gleichheit und sozialer Teilhabe verwirklicht wird. Nicht nur Erhaltung bestehenden Rechtes (so sagte Luther), sondern auch seine Erweiterung und Verbesserung in Richtung auf dieses Ziel ist die politische Aufgabe der Christen, um mit Barth zu reden, die ihnen vom Evangelium gegebene „Richtung und Linie", an der unsere einzelnen Entscheidungen, Optionen und Positionen zu messen sind, vor der sie sich ausweisen und rechtfertigen müssen. Diese Tendenz des Evangeliums macht Christen fortschrittlich, das heißt über den immer unzureichenden und durch entgegenstehende Interessen gefährdeten Status quo von Freiheit und Demokratie hinausdrängend, gibt christlicher politischer Arbeit eine Tendenz nach „links“, wenn nämlich unter „rechts“ schwerlich etwas anderes verstanden werden kann als ein Bemühen, den Status quo zu erhalten und bestenfalls innerhalb seiner Rahmenbedingungen, die aber nicht in Frage gestellt werden dürfen, diesen Status quo zu humanisieren. Es kann Zeiten geben, wo mehr als die Erhaltung des Status quo, wegen der in ihm enthaltenen Errungenschaften, nicht möglich ist, damit also eine konservative Position, die christlich vertreten werden kann. Aber das darf nicht dazu verführen, daß solcher situationsbedingter Konservativismus prinzipialisiert wird. Prinzipiell geht vielmehr das christliche Denken und Drängen über das Erreichte hinaus, ist ein das Bestehende auf bessere Verwirklichung hin transzendierendes Denken, subversiv gegen den Status quo, ein Moment ständiger Unruhe, ob nicht doch schon mehr möglich ist als das, was unsere Phantasielosigkeit und Resignation für möglich hält. Der rechtverstandene „eschatologische Vorbehalt“ besagt, daß die gänzliche Verwirklichung des Reiches Gottes nicht innergeschichtlich geschieht und daß das Paradies auf Erden kein innergeschichtliches Ziel sein kann, sondern daß wir das hier nur annäherungsweise erreichen können, weil die beiden Grundursachen für die menschliche Misere, nämlich Sünde und Tod, durch keine fortschrittliche Bewegung aufgehoben werden können; ihre Aufhebung ist Sache der endgültigen Verwirklichung des Reiches Gottes. Darum ist eine politische Zielsetzung, die von Christen gesetzt wird, keine Heilslehre; darum kann alles, was wir politisch erstreben und erreichen, nicht die darüber hinausgehende Heilsfrage beantworten und ersetzen. Das meint der eschatologische Vorbehalt. Recht verstanden wirkt er aber nicht quietistisch, nicht resignativ, nicht die Kritik des Bestehenden entschärfend, „weil es halt immer mies ist auf Erden, und ob es mal ein bißchen mieser ist und mal ein bißchen weniger mies ist, es ist alles mies, alle Staaten befinden sich (wogegen Barth polemisch sprach!) in einer Nacht, wo alle Katzen grau sind, und da dreht man die Hand nicht um, ob man ein bißchen mehr faschistisch oder ein bißchen mehr bolschewistisch ist, ein bißchen mehr reaktionär oder irgendwas, es ist alles gleich mies!“ Dies wäre meines Erachtens ein falsch verstandener eschatologischer Vorbehalt. Der recht verstandene eschatologische Vorbehalt entschärft nicht die Kritik des Bestehenden zu – wie Erich Gräßer gerade in einer Thesenreihe „Evangelium und Parteinahme“ sagt – „begründeter Gelassenheit“. Gräßer nennt das sogar das Spezifikum des politischen Engagements des Christen. Christen treiben ihre politische Arbeit in „begründeter Gelassenheit“, weil sie wissen: Das Reich Gottes, das Paradies auf Erden, kommt dabei ja doch nicht heraus, sondern nur eine etwas bessere, vielleicht eine geringfügige Verbesserung; Sünder bleiben wir alle, und sterben müssen wir trotzdem; damit wird nur erreicht, wie ich einmal selber früher geschrieben habe (ich muß hier gegen mich polemisieren!), daß wir Menschen mit einem etwas dickeren Bauch ins Grab sinken, was ist das schon groß? Nein, der rechtverstandene eschatologische Vorbehalt wirkt vorwärtsdrängend, ob nicht noch bessere Durchsetzung des Liebeswillens Gottes in den Verhältnissen und Strukturen möglich sei; denn wir messen diese Verhältnisse und Strukturen nicht nur an irdischen Gegebenheiten, die für unsere Phantasie so leicht eine Schranke setzen; umgekehrt: Wir gehen aus von dem Liebeswillen Gottes, der sich durchsetzen will in der menschlichen Gemeinschaft. Wir gehen aus von dem radikal auf Veränderung drängenden Reich Gottes. Wir sind als Christen Extremisten des Reiches Gottes. Und von da aus nehmen wir dann realistisch die Gegebenheiten in den Blick, mit der Frage, wieweit sie jetzt schon praktisch transzendiert und transformiert werden können. Ich zitiere dafür Hans-Joachim Kraus [5], den Alttestamentler und Systematiker in Göttingen: „Das Reich Gottes ist eine politische Unruhe unerhörten Ausmaßes.“ „Gerechtigkeit und Freiheit können von Christen nie radikal genug vertreten werden, gerade weil sie um die Vorläufigkeit und Relativität aller menschlichen Taten im Lichte des kommenden Reiches der Freiheit wissen und als Glieder der christlichen Gemeinde Zeugen dieses zukünftigen Reiches sind.“ Auf diese Weise „wird das zukünftige Reich der Freiheit als Kraft der Veränderung im Diesseits tätig“, darin nämlich, daß die christliche Gemeinde „im Vorläufigen in der Kraft und Krisis des Endgültigen tätig“ wird. Für Kraus wie für mich folgt daraus, daß bei aller nötigen Kritik am empirischen Sozialismus die Tendenz des Evangeliums auf eine egalitäre Gesellschaft geht und daß darum für Christen, die die Weisungen des Evangeliums in ihr politisches Handeln aufnehmen, „die Parteinahme für die das Optimum an gesellschaftlicher Gerechtigkeit und politischer Freiheit am konsequentesten erstrebende Bewegung eine entschiedene und kräftige sein“ muß.

Zugleich bedeutet der eschatologische Vorbehalt, daß nie ein gesellschaftlicher *Zustand*, und sei er, verglichen mit anderen, noch so erfreulich, mehr als ein „Gleichnis“ des Reiches Gottes sein kann. Diese kühne Terminologie von Barth [6] ist mißverständlich und muß präzisiert werden. Von dem Staat, den wir erstreben und gestalten sollen, sagt er, er sei zwar nicht eine Gleichung mit dem Reiche Gottes, er sei aber auch nicht absolut ungleich (das wäre die lutherische Tradition), sondern er sei „gleichnisfähig“. Das könne man verstehen, als könnten wir jemals einen Zustand heraufführen, von dem wir befriedigt sagen: „Das ist ein wunderbares Gleichnis des Reiches Gottes – wenn auch nur ein irdisches Gleichnis, so doch ein Gleichnis.“ Darum aber kann es sich nicht handeln. Jeder irdische Zustand ist sehr verbesserungsbedürftig und ist immer neu gefährdet; wie eine Hydra produziert die menschliche Gesellschaft, auch wenn wir sie noch so weit gebracht haben, nach allen abgeschlagenen Häuptern von Herrschaft und Interessenprivilegien usw. immer neue Herrschaft und Privilegien aus sich heraus. Darum ist nicht der *Zustand* gleichnisfähig und Gleichnis, sondern die *Bewegung,* in der wir uns befinden; sie ist das Gleichnis, das irdisch-politische Gleichnis und die irdisch-politische „Entsprechung", wie Barth oft sagt, zu dem Gotteswillen, zu dem wir befreit werden durch den Heiligen Geist. Darum ist immer nur kritische Solidarität mit bestehenden Zuständen möglich. Darum ist die Unruhe des Reiches Gottes praktisch und politisch die Unruhe der Kirche in jeder politischen Gesellschaft. Hans J. Iwand hat gesagt: „Die bekennende Kirche steht immer in Opposition", und das gilt auch für ihre gesellschaftliche Situation.

Zu 2:
Der Zusammenhang zwischen der in Jesus gründenden Freiheit und Gerechtigkeit mit dem, was diese Begriffe profan-gesellschaftlich besagen: Wie es eine Zusammenstimmung gibt zwischen dem kommenden Reich Gottes und unserem hiesigen Kampf um Freiheit und Gerechtigkeit, so auch zwischen der christlichen und der außerchristlichen, das heißt von Nichtchristen vertretenen Bedeutung dieser beiden Worte. Das ist wichtig, weil damit die Zusammenarbeit von Christen und Nichtchristen für gleiche gesellschaftliche Ziele ermöglicht wird, ohne die es ja keine aussichtsreiche politische Arbeit von Christen gibt. Wir können es nie allein schaffen, oder wir müssen eine christliche Diktatur aufrichten; wenn uns die aber gelänge, wäre sie das Fürchterlichste, was uns passieren könnte. Wir können also immer nur mit Nichtchristen zusammen gesellschaftliche Ziele anstreben. Diese Zusammenstimmung der christlichen Bedeutung von Freiheit und Gerechtigkeit und der profanen, auch von Nichtchristen vertretbaren, darf grundsätzlich nicht geleugnet werden, etwa mit dem Argument, wenn wir eine solche Übereinstimmung annähmen, dann gerieten wir in natürliche Theologie. Auch die strengsten Verneiner einer natürlichen Theologie haben nie bestritten: Zur „conservatio mundi", altlutherisch geredet, zur Erhaltung der Welt durch Gottes Gnade gehört, daß dem Menschen nach dem Fall (ich zitiere aus der Apologie zu Augustana XVIII) „ist geblieben ratio et judicium de rebus sensui subjectis et delectus earum rerum et libertas et facultas efficiendae justiciae civilis", das heißt, „dem Menschen ist geblieben Vernunft und Urteil über die den Sinnen unterworfenen Dinge (also den weltlichen Dingen) und ihr Genuß (Genußfähigkeit der weltlichen Dinge) und Freiheit und Möglichkeit, eine ‚justitia civilis', eine gesellschaftliche Gerechtigkeit, herzustellen". Darum, so sagt die Apologie, darf man ja nicht, um den Pelagianismus abzuwehren, der den Menschen allen freien Willen abspricht, dem Manichäismus verfallen, der behauptet, der Mensch könne überhaupt nichts Gutes wollen. Ebensowenig haben die Verneiner der natürlichen Theologie geleugnet, daß die Sündennot, aus der uns in Jesus Christus Erlösung kommt, zwar in ihrer Tiefe erst durch die Offenbarung erkennbar wird, aber auch die leiblichen und sozialen Nöte

umfaßt. Der Mensch, der Gottes Feind geworden ist, ist damit auch des Menschen Feind geworden. Und diese Not ist allen Menschen spürbar und erkennbar. Der Mensch außerhalb der Offenbarung weiß also sehr wohl schon Wahres von Freiheit und Gerechtigkeit. Und sein Verlangen danach, wie eigensüchtig es auch sein möge, wie sehr auch geprägt von seinem Sünder-Sein, ist ein wahres und schöpfungsgemäßes Verlangen.

Außerdem dazu noch ein anderer Gedankengang: Ich gehe jetzt nicht ein auf die innermarxistische Diskussion, an der ich beteiligt bin, ob alle Moral historisch bedingt ist und nur Reflex von gesellschaftlichen Verhältnissen oder ob es anthropologische Konstanten für die moralischen Normen gibt, ob also Freiheit und Gerechtigkeit doch einen konstanten gleichen Inhalt durch alle Zeiten hindurch haben, bei aller Modifizierung durch die jeweiligen historischen Bedingungen. Ich glaube, ich kann letzteres auch von Marx her beweisen. Viele Marxisten hören das nicht gern, weil sie sagen, alles sei nur historisch bedingt. Ich will jetzt aber einen anderen historischen Gedankengang einbringen: Es gibt in der Menschheitsgeschichte historisch-moralische Schübe, durch die eine neue Wertsicht entsteht und die Fortschritte in der Menschwerdung des Menschen sind. Hinter sie zurück kann es Rückfälle geben; der Nationalsozialismus war ein solcher Rückfall hinter ein moralisches Bewußtsein, das erreicht worden war. Aber es kann nicht eigentlich wirklich dahinter zurückgegangen werden. Kant hat bekanntlich von der Französischen Revolution im „Streit der Fakultäten" gesagt: „Ein solches Ereignis vergißt sich nicht." Wenn das mal aufs Panier geschrieben ist – Freiheit, Gleichheit, Brüderlichkeit –, dann kann das zäh zu verwirklichen sein, lange Zeit brauchen, und es kann auch Rückfälle geben wie eben den Nazismus, der dies ja geleugnet hat, aber es vergißt sich nicht mehr. Ein solcher – vielleicht der wichtigste – Schub in der Menschheitsgeschichte ist die jüdisch-christliche Überlieferung (wie ich mich jetzt ausdrücke, um nicht nur vom Christentum zu sprechen, weil das Alte Testament und Israel ja dazugehören). Paul Tillich hat deshalb 1930 die wichtige These aufgestellt, es gebe heute überhaupt nur christlichen Humanismus; auch der von Nichtchristen, Atheisten usw. vertretene Humanismus sei in Wirklichkeit ein christlicher Humanismus, tief unterschieden vom aristokratischen Humanismus der Antike durch die Proklamation gleicher Menschenrechte für alles, was Menschenantlitz trägt. So geht heute der christliche Gedanke von dem Lebens- und Freiheitsrecht jedes Menschen revolutionierend durch alle Völker bis hinein nach Indien, Japan, in die islamische Welt. Das heißt, solche Schübe gewinnen eine Plausibilität weit über die Gruppe hinaus, in der sie zunächst entstehen und von der sie vorgetragen werden. Die Neuzeit, in der Aufklärer, Liberale und Sozialisten diesen Gedanken des Lebens- und Freiheitsrechtes jedes Menschen auf ihr Panier geschrieben haben, ist darum dem Evangelium nicht fremd; auch wenn das damals gegen die Kirche vorgetragen wurde, so ist damit kirchenkritisch der Kirche ihr Eigenes vorgehalten worden, das von ihr selber bisher ungenügend vertreten worden ist. Die Gruppe, die mit einem solchen moralischen Schub begonnen hat, bleibt in besonderer Weise für ihn verantwortlich und ist auch für ihn und zu dem Kampf für ihn besonders ausgerüstet durch eine Begründung, die sie besser als die anderen vor Rückfällen schützt. Barth hat deshalb gesagt, die christliche politische Verantwortung solle sich nicht auf das Naturrecht stützen. Sie wissen, daß sowohl die Aufklärer als auch die Marxisten oft Freiheit, Gleichheit, Brüderlichkeit – statt Brüderlichkeit setze ich: soziale Teilhabe – aus naturrechtlichen Voraussetzungen entwickelt haben. Barth sagte mit Recht: „Das Naturrecht ist ein löcheriger Sumpf." Denn der Sozialdarwinismus ist ja auch ein Naturrecht, die Rassentheorie ist auch ein Naturrecht. Das Naturrecht kann mir heute dies, morgen jenes sagen. Wer nur aufs Naturrecht baut, ist arm dran – das war Barths Meinung. Darum soll die Kirche nicht die naturrechtlichen Humanisten bekämpfen, aber sie soll wissen: Sie hat eine Begründung dieses gleichen Kampfes, die viel stärker ist und sie viel mehr vor Rückfällen und Abweichungen schützt und ihr gar keine Wahl gibt. Es hat genug Leute gegeben, die vom Sozialismus zum Faschismus übergelaufen sind, wie Mussolini usw. Das ist auswechselbar; aber wo ein Christ ist, da ist das gleiche, was im Naturrecht der Aufklärung so mager und schwankend gesagt wird, viel dringlicher und unausweichlicher gesagt. Wenn andere einen solchen moralischen Schub, diese Sicht von dem Lebens- und Freiheitsrecht jedes Menschen, aufnehmen und mit anderer Weltanschauung verbinden, auch atheistisch gegen die Kirche vortragen, macht das, wie gesagt, den humanistischen Gedanken nicht zu etwas Fremdem für die Kirche. Er bleibt ihr Eigenes, und er verbindet sie zugleich mit allen, die ihn nun übernommen haben, und verpflichtet sie zur Zusammenarbeit mit ihnen mit dem gleichen Ziel der gesellschaftlichen Durchsetzung.

Nun sage ich das in einer Zeit mit sehr bedrohlichen objektiven gesellschaftlichen Trends. Diese haben darin ihre Objektivität, daß kein Mensch sie willkürlich ändern kann. Darin bestätigt sich eine alte marxistische Überzeugung, die Plechanow etwa in seiner Schrift über die Rolle der Persönlichkeit in der Geschichte deutlich vorgetragen hat; Hitler war der beste Beweis dafür. Hitler wollte ja bekanntlich zu Blut und Boden zurück, wollte das Volkstum erneuern usw., er wollte romantisch zurück, wenn wir seine Ideologien beim Wort nehmen. In Wirklichkeit war die Hitler-Zeit die Zeit einer enormen technischen Modernisierung Deutschlands, mit immer weniger „Blut und Boden", abgesehen von der Rassentheorie und der Vernichtung der Juden, eine unter imperialistischer Zielsetzung vorgenommene Modernisierung und Technisierung Deutschlands, und nur dadurch konnte Hitler einen zeitweiligen Erfolg haben. Das bestätigt, was Plechanow dort sagt: Es gibt eine objektive Tendenz der Zeitentwicklung durch die Produktivkräfte. Aus ihr kann keiner aussteigen, jedenfalls nicht, wenn er gesellschaftlich wirksam werden will. Er kann als einzelner auf den Athos gehen und Eremit werden, nicht aber die gesellschaftliche Entwicklung herumdrehen und zurückdrehen – es sei denn, man macht einen Atomkrieg und bombt uns in die Steinzeit zurück! Dann natürlich müssen wir wieder ganz von vorn anfangen. Das meine ich mit der Objektivität dieser gesellschaftlichen Trends, die niemand, die auch keine Staatsmacht ändern, höchstens etwas unter Kontrolle bringen kann, und eben das ist heute die dringlichste Frage. Diese Trends sind aber alle ambivalent. Sie enthalten alle neue Chancen für Neugestaltung des menschlichen Zusammenlebens, durch mehr Freiheit und Gerechtigkeit, etwa durch den Gesichtspunkt der Flexibilität und der Mobilität, und zugleich höchst besorgniserregende Chancen konsequenter Beseitigung von bisher erreichter Freiheit und Gerechtigkeit, Chancen schlimmerer Unterdrückung der Menschen als früher, größere Machtzusammenballungen in Händen von Technokraten und Machthabern, größere Möglichkeiten, Menschen bis in ihr letztes Denken hinein zu prägen und zu steuern. Reale Demokratie – als Stichwort für Freiheit, Gleichheit, Gerechtigkeit und soziale Teilhabe – ist heute gleichzeitig möglicher und gefährdeter geworden als früher. Man kann fürchten, daß, weil die Menschen sind, wie sie sind, das heißt wegen der ungebrochenen Macht des Bösen in der Welt, die positiven Chancen in Wirklichkeit schwächer und die Realisierung der negativen Chancen wahrscheinlicher ist. Zu Pessimismus ist genügend Anlaß. Die Prognose Rosa Luxemburgs, „Entweder Sozialismus oder Barbarei“, war wahr und droht schon überholt zu sein. Wir stecken tiefer in der Barbarei als jemals in der Menschheitsgeschichte; darum wird die Apokalypse des Johannes so unheimlich aktuell. Kaum eine biblische Geschichte scheint mir darum heute so aktuell zu sein wie die von Goliath und David. Wie die enorme Macht der Philister, die das kleine Israel bedrohte, so sieht heute jeder, der für Freiheit und Gerechtigkeit eintritt, sich in Ost und West einem Goliath gegenüber von machthabenden Oligarchien und Eliten mit einer Machtausübung, wie sie noch nie früher in der Hand von Menschen gewesen war. Deshalb wird nun ebenso aktuell, daß es sich um in Christus gründende Freiheit und Gerechtigkeit handelt, auch in ihrer Zusammenstimmung mit der äußeren Freiheit und Gerechtigkeit. Das ist der Grund der Unverzagtheit, mit der Kirche und Christen für die Menschenrechte eintreten, mit einem „credo quia absurdum“, das heißt gerade dann, wenn es absurd scheint, wenn die Knaben müde und matt werden und die Jünglinge fallen. Wenn alle die, die – ohne von Christus zu wissen – in der munteren Zuversicht des Fortschrittsglaubens für Freiheit und Gerechtigkeit gekämpft haben, diesen Glauben nun verlieren und die Hände resigniert sinken lassen wollen, dann kriegen die, die auf den Herrn harren, neue Kraft und halten mit langem Atem und in Hoffnung durch und sind eine ermutigende Zelle in der Zusammenarbeit mit Humanisten aller Art im Kampf um Freiheit und Gerechtigkeit in einer Welt von vielfacher und immer sich erneuernder Unfreiheit und Ungerechtigkeit.

Anmerkungen

1 Gekürzte Fassung eines Vortrags vor einer Pfarrerzusammenkunft der Evangelischen Kirche der Union in Berlin am 17. Oktober 1978. Das Thema war von der Vorbereitungsgruppe formuliert worden.

2 Um ein Beispiel zu nennen: Als wir 1958 eine EKD-Synode über die Frage der westdeutschen Atombewaffnung in Spandau hatten, gingen meine Freunde – Heinrich Vogel und andere – und ich in diese Synode mit der Absicht, ein deutliches Wort gegen die Atomwaffen durchzusetzen. Es hat sich dann nicht nur gezeigt, daß eine ganze Reihe von Synodalen dieses Wort nicht mitsprechen wollte, und zwar aus weltlich-politischen Gründen – zum Beispiel Walther Künneth –, um die westliche Abschreckung und Strategie nicht zu schädigen, und dafür auch theologische Argumente brachte. Außerdem hat Carl Friedrich von Weizsäcker damals einen informierenden Vortrag gehalten. Er war zwar gegen die westdeutsche Atombewaffnung, aber er ist ein Mann, in dessen sehr aufgeräumtem Kopf bei jeder Frage die Argumente pro und contra so durchgedacht werden, daß er es scheut, andere zu Entscheidungen zu drängen. So hat er bei der Synode die Argumente so unparteiisch abgewogen, daß er damit unseren Vorsatz unmöglich machte, ein Wort gegen die Atombomben durchzukriegen. Aber wir sahen auch, daß der Großteil der Synodalen noch so wenig sich mit dieser Frage befaßt hatte, daß er überfordert gewesen wäre, wenn wir hier eine Entscheidung erzwungen hätten. Hinter ihr wäre nicht wirklich die Synode gestanden. Dies nur als Beispiel, wie die Differenz der Informiertheit von uns immer einkalkuliert werden muß, auch bei Entscheidungen der anderen.

3 Auslegung des fünften Gebotes im Kleinen Katechismus.

4 Barth, K.: Rechtfertigung und Recht. Zürich 1938 (Theologische Studien, H. 1).

5 Kraus, H.-J.: Reich Gottes und Reich der Freiheit. Neukirchen-Vluyn 1975, S. 411, 409, 321, 407 und 408.

6 Barth, K.: Christengemeinde und Bürgergemeinde. Zürich 1946 (Theologische Studien, H. 20).

Heinz Eduard Tödt

Theologisches Denken und politischer Lernprozeß. Dietrich Bonhoeffers Entscheidungen in der Endzeit der Weimarer Republik

Zwei Qualitätskriterien für theologische Produktionen haben in letzter Zeit mein besonderes Interesse gefunden: einmal die Frage, ob theologische Erkenntnisse Folgen für die Teilnahme des Autors am kirchlichen, gesellschaftlichen und politischen Leben haben; zum anderen, ob sie erkennbare Lernprozesse beim Autor repräsentieren oder auslösen. Im Blick auf diese beiden Kriterien untersuche ich eine vierjährige, freilich dramatische Epoche in der Theologieproduktion Dietrich Bonhoeffers, wobei ich mich hier nur an seine zur theologischen Ethik gehörenden Schriften halte.

Ich beginne mit einem Dokument, das in der Bonhoeffer-Forschung, wo immer es zur Sprache kommt, meist unbehagliche, ja sogar peinliche Reaktionen auslöst, nämlich dem Vortrag, den der damals gerade 23jährige als Gemeindevikar in der deutschen Gemeinde in Barcelona am 8. Februar 1929 über „Grundfragen einer christlichen Ethik" hielt [1]. Der vorangehende Vortrag vor einer Gemeinde von Kaufleuten, Handwerkern und manchen Gliedern in schwieriger Lage hatte im Blick auf die Konstantin-Legende und die lebensbedrohenden Nöte der Zeit mit den Sätzen geschlossen: „Deutsches Volk, das ist dein Gott, er bildete dich und wird mit dir sein. Schau im Ringen mit dem Schicksal auf das Kreuz, das wundersamste Sinnbild deines Gottes, und sei gewiß: Nur in diesem Zeichen wirst du siegen." In dem anschließenden Ethik-Vortrag wollte der Vikar Bonhoeffer konkret werden. Das aber hieß, in der damaligen Situation vor allem drei Problemkreise zu behandeln: den Krieg, denn noch immer oder schon wieder beherrschte der Ausgang des Ersten Weltkrieges, der „Versailler Schandvertrag" mit seinen Folgen und die erfahrene Kränkung der Nation die Gemüter; zum anderen den wirtschaftlichen Konkurrenzkampf, der sich im Stadium der heraufziehenden Weltwirtschaftskrise verschärfte; und schließlich die sexuelle Revolution der zwanziger Jahre, deren Behandlung im Vortrag aber doch hinter den beiden anderen Themen zurückstehen mußte.

Der erste Teil enthält Bonhoeffers Absage an jede Prinzipienethik. Sie kann den konkreten Ansprüchen der Situation an den Menschen nicht gerecht werden. Der Christ erkennt den Willen Gottes mit Hilfe der Schrift, die aber nicht Prinzipien enthält, sondern Aussagen, die je und je in der Situation von betroffenen Menschen gehört und angeeignet werden müssen. „Welcher

Art der Wille Gottes ist, wird dir der Augenblick sagen; es gilt nur, sich klar zu sein, daß der eigene Wille jedesmal in den göttlichen Willen hineingezwungen werden muß." Die Nähe zum Dezisionismus der zwanziger Jahre, insbesondere zu Barths damaliger Offenbarungsethik, ist offenkundig. Charakteristisch für Bonhoeffer ist jedoch die voluntaristische Fassung dieses Typs von Ethik, wobei eben die Bindung des menschlichen an den sich offenbarenden göttlichen Willen den dezisionistischen Willkürentscheidungen Grenzen setzt. Immerhin, wo der Eigenwille des Glaubenden überwunden ist, wo er sich in den Willen Gottes gefügt hat, da eröffnet sich die Möglichkeit einer Umwertung aller Werte, die sich nach Bonhoeffers Urteil vor der von Nietzsche vollzogenen nicht zu verstecken hat – schließlich hatte doch Luther schon den Glauben als die Ermächtigung angesehen, sogar neue Dekaloge zu schaffen, die besser seien als der des Mose.

Aber führt das offene Hören auf den Willen Gottes anhand der Schrift auch inhaltlich zu eindeutigen Weisungen inmitten der bedrängenden Probleme? Mit dieser Frage stoßen wir auf den Kern tief beunruhigender Erkenntnisse des jungen Bonhoeffer: „Nun werden wir aber Tag für Tag, Stunde für Stunde vor nie dagewesene Situationen geführt, in denen wir uns entscheiden sollen und in denen wir immer wieder die eine überraschende und erschreckende Erfahrung machen, daß der Wille Gottes sich unsern Augen nicht so eindeutig enthüllt, wie wir hofften, und das darum, weil offenbar der Wille Gottes in sich selbst widerspruchsvoll zu sein scheint, weil zwei Ordnungen Gottes einander zu widerstreiten scheinen, daß wir nicht in der Lage sind, zwischen Gut und Gut, sondern zwischen Böse und Böse zu wählen. Und hier liegen dann die eigentlichen, schwierigsten Probleme der Ethik."

Die beiden – für unseren Blick – sich in Gott widerstreitenden Ordnungen sind die Liebesordnung der Bergpredigt und die Geschichtsordnungen Gottes als des Schöpfers. Der Krieg ist der Fall des brutalsten Zusammenstoßes der Ordnungen im Glaubenden. Denn er steht auch im Kriege zu den Geboten des Dekaloges und der Bergpredigt: Nicht töten! Dem Übel nicht widerstehen! Den Feind lieben! Und doch scheint die prinzipiell pazifistische Auslegung nicht „konkret" zu sein, das heißt, Gottes Willen für diese spezielle Situation wirklich zu treffen; denn die eigene Familie, die Freunde, die Landsleute mit der Waffe nicht zu schützen wäre doch Preisgabe der nahen Nächsten! Bonhoeffers Fazit: „... ich werde die Waffe erheben in der furchtbaren Erkenntnis, etwas Entsetzliches zu tun, aber doch nicht anders zu können. ... die Liebe zu meinem Volk wird den Mord, wird den Krieg heiligen." Bonhoeffer weicht nicht aus: Den Feind, den ich nicht hasse, zu töten, bleibt für ihn „Mord" – ein ungemein hartes Wort in den damaligen kirchlich-theologischen Diskussionen um den Krieg –, bleibt schuldhaft, aber eben doch ein Mord, den Gott „heiligen" wird. Was praktisch zu tun ist, bleibt ganz klar: Teilnahme am Krieg des eigenen Volkes, auch wenn dieses um seines geschichtlichen Wachstums willen einen Angriffskrieg führen muß und darin Gottes geschichtslenkendem Willen folgt. „Gott ruft das Volk zur Mannhaftigkeit, zum Kampf und Sieg. Auch die Kraft ist von Gott und die Macht und der Sieg, denn Gott schafft die Jugend bei Mensch und Volk und liebt die Jugend, denn Gott selbst ist ewig jung und stark und sieghaft."

Schaut man nur auf diese – in Bonhoeffers Schriften nahezu einzigartigen – Sätze, dann kann man mit den meisten Interpreten leicht vergessen, daß Bonhoeffer die tiefe Tragik empfindet, an einen solchen Geschichtswillen Gottes gebunden zu sein, der uns widerspruchsvoll begegnet. „Geschichte und Liebe, das sind zwei Größen, aus Gott geboren und hier in der Welt scheint's nicht immer vereinbar, die ihre Synthese erst in der Ewigkeit finden." Also sich vertrösten aufs Jenseits, wo dann beides zusammenkommt, wie auch bei Kant sich erst dort sittliche Würdigkeit und Glückseligkeit im höchsten Gut vereinigen werden? Dann müßte man sich hier auf Erden wohl an das Tragisch-Widerspruchsvolle in diesem Konflikt gewöhnen?

Ganz ähnlich und ohne Beschönigungen sieht Bonhoeffer – angeregt von F. Naumann – die Probleme im gegenwärtigen Wirtschaftsleben, dessen Gesetz es ist, daß der Kleinere vom Größeren ruiniert wird. Kein Volk kann die Wirtschaft entbehren, und der Christ hat die Pflicht, hier mitzuarbeiten. Aber es zeigt sich auch hier, daß er nicht zwischen Gut und Böse zu wählen hat, sondern zwischen Böse und Böse – und was er wohltätig an den Unterlegenen im Wirtschaftskampf tun mag, das gleicht die Erkenntnis nicht aus, daß oft nur durch das Böse (der Ruin der Konkurrenten) das Gute (dem Gesamtwohl des Volkes Dienende) verwirklicht wird. Ist die Geschichtsordnung Gottes mit Krieg, Wirtschaftskonkurrenz und vielem anderen also ein Verhängnis, dem der Christ schicksalhaft und mitschuldig verfällt? Gewiß hat die Kirche die Vollmacht, jedem, der es glaubt, die Vergebung der Sünde zuzusagen. Aber wie steht es mit Jesu Weisung: Gehe hin und sündige fortan nicht mehr?

Wenn Bonhoeffer das Widerspruchsvolle zwischen der Liebesordnung und der Geschichtsordnung Gottes wirklich tief empfunden hatte, dann konnte das, was er in Barcelona 1929 gesagt hatte, unmöglich sein letztes Wort sein. Es war freilich – hinsichtlich der sittlich-praktischen Folgerungen – dominante kirchlich-theologische Lehre damals. Es war im großen und ganzen wohl doch nicht verkehrt, wenn Erik Peterson 1928 an Adolf von Harnack schrieb: „Geistig-soziologisch korrespondiert die evangelische Kirche ungefähr dem geistigen und sozialen Status der deutschnationalen Volkspartei." [2] Im deutschnationalen Denken hatte die Nation eben einen Rang, gegen den das Liebesgebot der Bergpredigt nicht aufkommen konnte, sondern sich allerlei Uminterpretationen gefallen lassen mußte. Aber Bonhoeffer war es so ernst mit der Bibel, daß der Konflikt bei ihm nicht zur Ruhe kommen konnte.

Seit dem September 1930 war Bonhoeffer für ein dreiviertel Jahr Stipendiat am Union Theological Seminary. Hier erschloß sich ihm ein neuer, transnationaler Horizont, nämlich der der Ökumene, des einen Volkes Gottes, das einen Friedensauftrag in dieser Welt hat. Das traf zusammen mit einer tiefen inneren Bewegung, die er später als eine Befreiung durch die Bibel, insbesondere die Bergpredigt, ausgelegt hat. Aber in Deutschland erlebte der Nationalprotestantismus eine äußerste Steigerung. Im Juni 1931 erhoben Paul Althaus und Emanuel Hirsch schwere Vorwürfe gegen die deutschen Ökumeniker, die eine Tagung des „Weltbundes für Freundschaftsarbeit der Kirchen" für den September in Cambridge vorbereiteten. Diese ökumenische Arbeit, so meinten die beiden prominenten Theologieprofessoren, decke die mörderische Politik der anderen gegen das deutsche Volk durch einen künstlichen Schein der ökumenischen Gemeinschaft zu. Sie verwirre die Gewissen im Inland und Ausland und „verleugne das deutsche Schicksal". Nur durch Abbruch der Beziehungen auch zwischen den Kirchen könne man jetzt der Wahrheit die Ehre geben.

Die angegriffenen Ökumeniker waren tief betroffen. Sie, die in aller Welt um Verständnis für Deutschland geworben hatten, sahen sich nun nahezu als Vaterlandsverräter abgestempelt. Als sie fragten, ob diese Verabsolutierung des deutschen Schicksals nicht den Nationalsozialisten Vorschub leiste, konnte Althaus, der der NSDAP nicht angehörte, erklären: „Man hat mit Recht gesagt: Der Nationalsozialismus besteht seinem innersten Kern nach in dem entschlossenen Freiheitswillen der nationalen Jugend . . . Im Nationalsozialismus ist der verletzte Stolz unseres großen Volkes, aber auch die brutale Existenznot der Deutschen zum stärksten und leidenschaftlichsten Ausdruck gekommen." [3] Sprach Althaus vielleicht für die Mehrheit evangelischer Theologen, so entschloß Bonhoeffer sich für die Minderheit: Er wurde Ökumeniker, aktiver Teilnehmer an der Arbeit des „Weltbundes für Freundschaftsarbeit der Kirchen", nebenamtlicher Jugendsekretär für einen Teil Europas. Er, der in dem Barcelona-Vortrag von 1929 noch der Loyalität für das eigene Volk einen praktisch ausschlaggebenden Vorrang gegeben hatte, vollzog Schritt für Schritt Revisionen seines Ethik-Konzeptes. Sie sollen hier skizziert werden.

Zuerst erkennt Bonhoeffer, daß die verbreitete Bezeichnung des Volkes als einer *Schöpfungsordnung* in der Bibel keinen Anhalt hat. Sodann gibt er den Gedanken auf, daß ein Volk jeweils innerhalb der *Geschichtsordnung Gottes* einen Ruf empfängt, dem es zu folgen hat. Er sucht nach einem theologischen Kriterium gegenüber den bestehenden politischen Gestaltungen und findet es in dem Begriff der „Erhaltungsordnungen“ Gottes. So konservativ dieser Begriff uns heute klingt, so kritisch wirkte er damals gegenüber den nationalprotestantischen und völkischen Traditionen, die er völlig depotenzierte. Wenn nämlich Gott die „Ordnungen“ auf das Kommen Christi hin erhält, dann haben solche Ordnungen wie Volk und Staat nicht ihren Zweck in sich selbst, dann sind sie nicht Größen im Offenbarungsgeschehen, sondern nur vorläufige und nur weltliche institutionelle Vorgaben nach dem Willen Gottes, die als Minimalordnungen eine Lebenswirklichkeit zu schützen haben, in der Recht, Ordnung und Frieden und damit die Verkündigung des Evangeliums möglich ist. Was aber ist in der gegenwärtigen Situation als Erhaltungsordnung zu begreifen? Keineswegs bloß die nationalstaatliche Organisation, sondern mehr noch die internationale Organisation als Friedensordnung! Diese wird nun als weltliche Ordnung von Bonhoeffer so wenig religiös verklärt wie die nationalstaatliche. Der Friede ist, sowenig wie das Volk, ein absoluter Höchstwert, dem alles andere geopfert werden darf. Aber er ist eine Sache von absoluter Dringlichkeit, ist er doch die einzige Alternative zum Krieg, der unter den modernen Bedingungen – als totaler Krieg – die Selbstvernichtung beider kämpfenden Parteien ist. Krieg verlangt heute, um durchführbar zu sein, die Ideologisierung und Vergötzung – dessen Reflex die Stilisierung des Volkes zum Höchstwert ist. „Darum muß der heutige Krieg, also der nächste Krieg der Ächtung durch die Kirche verfallen“, sagt Bonhoeffer auf der Jugendfriedenskonferenz in Cernohorske Kupele am 26. Juli 1932 [4]. Er ratifiziert damit nur, was das Völkerrecht im August 1928 durch den Briand-Kellogg-Pakt, Art. 1, zum Grundsatz erhoben hat, nämlich daß die vertragschließenden Staaten „den Krieg als Mittel für die Lösung internationaler Streitfälle verurteilen und auf ihn als Werkzeug nationaler Politik in ihren gegenseitigen Beziehungen verzichten“. In den nun folgenden Jahren wird Bonhoeffer die Kirchen in ihrem ökumenischen Verbund immer wieder auffordern, den Frieden als den Willen Gottes für die heutige Welt vollmächtig und mit ganzum Einsatz zu verkündigen und schwer darunter leiden, daß seine Kirche es bestenfalls bei allgemeinen Stellungnahmen, die niemand tiefer berühren, bewenden läßt. Wenige Jahre danach wird es zu spät sein für solche Friedensappelle: Die nationalsozialistische Kriegsproduktion läuft dann schon auf vollen Touren.

Die Bonhoeffer-Forschung hat kaum bemerkt, daß die Friedensethik, die Bonhoeffer seit 1931 entwickelte, nicht nur eine prinzipielle theologische Revision enthält – von nun an sind nicht mehr Begriffe wie Volk und Schöpfungsordnung letztes Kriterium der praktischen Orientierung, sondern der in allen Lebensgebieten verkündigte Christus –, sondern auch einen eminenten politischen Lernprozeß einschließt. Was man Bonhoeffers „Pazifismus“ genannt hat, ist in Wahrheit sein Protest gegen einen Krieg, dessen Notwendigkeit dort überwunden ist, wo es zu einer internationalen Friedensordnung kommt und die Völker bereit sind, ihre besonderen Interessen in diese einzufügen. An eben dieser Frage aber entschied sich damals auch weitgehend die innenpolitische Stellung; denn die politische Rechte diffamierte die Versuche internationaler Verständigung als eine feige Verzichtspolitik mit ruinösen Folgen für Deutschland, und es gelang ihr, die Erfolge beim Abbau der internationalen Benachteiligungen Deutschlands im Gefolge des Versailler Vertrages, die von Stresemann bis Brüning errungen waren, so herabzusetzen, daß sie in der Öffentlichkeit kaum zählten.

Was Bonhoeffers Friedensethik für seine politische Orientierung bedeuten sollte, trat vollends hervor, als Hitler an die Macht kam und mit ebensoviel Raffinesse wie Gewalt die Gleichschaltung der großen gesellschaftlichen Organisationen durchführte und sie auch auf die evangelische Kirche übertragen wollte. Hatte Bonhoeffer mit seiner Familie von Anfang an geurteilt, daß Hitler einen neuen Krieg bedeuten würde, so nahm er mit einer Hellsichtigkeit, die damals keinem anderen evangelischen Theologen eigen war, schon im April 1933 zum Problem des „Arierparagraphen" in der Kirche und der Judendiskriminierung Stellung. Jener berüchtigte Paragraph 3 im „Gesetz zur Wiederherstellung des Berufsbeamtentums" vom 7. April 1933 besagte, daß „Beamte, die nicht arischer Abstammung sind", in den Ruhestand zu versetzen sind – abgesehen von wenigen Ausnahmen. Der Versuch, diese Bestimmungen alsbald auch in der evangelischen Kirche durchzusetzen, konfrontierte die Kirche mit der Frage der Judenchristen und der Juden – eine Kirche, die sich nur schwer der ungeheuren Dynamik der sogenannten „nationalen Revolution" und dem Druck der „Deutschen Christen" in ihren eigenen Reihen entziehen konnte. Walter Künneth riet in einem Gutachten vom April 1933 zur scharfen Unterscheidung von Judenchristen und Juden. Für die Zugehörigkeit zur christlichen Gemeinde könne nur das Teilhaben an den Sakramenten der Kirche maßgebend sein, nicht die rassische Abstammung. Den Juden gegenüber habe der Staat ein von der Kirche zu respektierendes Recht zu einer Ausnahmegesetzgebung, freilich in geordneten Formen. Aber die Kirchen waren nicht einmal zu einer Erklärung im Sinne Künneths, das heißt zu einem öffentlichen Wort der Solidarität mit ihren eigenen jüdischen Mitgliedern, imstande. Jochen Klepper, seit kurzem mit einer Jüdin verheiratet, schrieb am 29. März 1933 in sein Tagebuch: „Zu der ganzen jüdischen Boykottangelegenheit habe ich nur eines zu sagen: Ich trauere um die evangelische Kirche." In dem Vortrags- und Aufsatzmanuskript „Die Kirche vor der Judenfrage" kommt Bonhoeffer im April 1933 zu den folgenden Urteilen: „Der getaufte Jude ist Glied unserer Kirche." Der Begriff der Rasse sei eine biologisch fragwürdige Größe. Wer judenstämmige Christen als Pfarrer nicht ertragen könne, der mache die rassische Einheit zur Vorbedingung der Kirchengemeinschaft und treibe eine häretische Kirchenspaltung. Die reformatorische Kirche habe zwar nicht dem Staat in sein spezifisch politisches Handeln hineinzureden, wohl aber ihn öffentlich für die Erfüllung seines Grundauftrages, für Recht und Ordnung zu sorgen, zur Verantwortung zu ziehen. Es liege ganz offensichtlich ein Zuwenig an Recht vor, wenn man ein Sonderrecht für die Juden schaffe, sie also rechtlos mache. Und es liege ein Zuviel an Ordnung vor, wenn der Staat mit der Übertragung des Arierparagraphen in die Kirche die freie Verkündigung gefährde. Gegenüber dieser Lage handele – das sagte Bonhoeffer bereits im April 1933! – die Kirche in statu confessionis. Daraus seien drei Folgerungen zu ziehen:

1. Den Staat habe man verantwortlich zu machen für das, was er illegitim gegenüber den Juden tue.
2. Den Juden als Opfern des Staatshandelns müsse geholfen werden, denn die Kirche sei solchen Opfern unbedingt verpflichtet.
3. Wenn die Hemmungslosigkeit in dem Zuwenig und Zuviel an Recht und Ordnung anhalte, dann könne ein Zustand eintreten, in dem es geboten sei, „nicht nur die Opfer unter dem Rad zu verbinden, sondern dem Rad selbst in die Speichen zu fallen“ [5].

Diesen letzten Schritt, der zum aktiven politischen Widerstand und für viele zum Martyrium führen mußte, wollte Bonhoeffer dem Beschluß eines Evangelischen Konzils anheimstellen. Aber schon diesen Gedanken öffentlich auszusprechen bedeutete in der Atmosphäre des Jahres 1933 etwas Unerhörtes. Bonhoeffer selbst ist den Weg, den kaum jemand mit ihm gehen wollte, konsequent bis ans Ende gegangen. Schon im Juni 1932 hatte er ahnungsvoll in einer Predigt gesagt: „... wir müssen uns nicht wundern, wenn auch für unsere Kirche wieder Zeiten kommen werden, wo Märtyrerblut gefordert werden wird.“ [6] Was es aber für das Schicksal der Völker Europas, ja, der Welt bedeutet haben würde, wenn im Jahre 1933 beide großen Kirchen in Deutschland entschlossen und auch der Möglichkeit des Martyriums ins Auge sehend den Frieden als die unbedingte Forderung Gottes und die Grundrechte für die Juden als die Sache christlicher Solidarität verkündet hätten, läßt sich nicht ermessen. Tatsächlich blieb Bonhoeffer mit seinen Urteilen und Entscheidungen zunächst fast allein; aber 46 Jahre später – die Konsequenzen des Jahres 1933 vor Augen – erkennen wir, wie hellsichtig er urteilte, weil er nicht durch die Angst der Selbsterhaltung seinem Denken und seinem Rechtsbewußtsein Grenzen setzen ließ.

Wir haben am Anfang zwei Qualitätskriterien für theologische Arbeit genannt. Jetzt müssen wir Bonhoeffers Weg von 1929 bis 1933 an ihnen messen. Kein Zweifel, daß Bonhoeffers Theologie für sein Verhalten konkrete Folgen gehabt hat. Aber kann man nicht vielleicht umgekehrt sagen: Unter neuen Eindrücken änderte sich – reaktiv – auch das theologische Denken? Bonhoeffer erlebte zum Beispiel in den USA Kirche ohne Bindung an ein Volk, das sich als Schöpfungsordnung begriff, und entdeckte so die Ökumene, und eben das veränderte sein theologisches Denken! Gewiß, solche Erfahrungen, wie auch die in diese Zeit fallende „große Befreiung" durch die Bibel, spielen eine gewichtige Rolle bei Bonhoeffers Revision seiner Auffassungen von 1929. Der Theologe Bonhoeffer war also „lernfähig" gegenüber neuen Eindrücken und Erfahrungen. Aber andererseits leistete er in diesen Jahren eine theologische Denkarbeit – sie stellt sich eindrucksvoll in den erhaltenen Konzepten und Nachschriften seiner Berliner Vorlesungen und Seminare, seiner Vorträge und Predigten dar –, die wir hier nur andeutungsweise skizzieren konnten. Tatsächlich führt auch ein strenger, jede Revision begründender Denkweg von dem Ethik-Vortrag in Barcelona zu den hellsichtigen Urteilen und Entscheidungen im Jahre 1933. Es ist die immer neu gewonnene Einheit von Erfahrung und theologischem Denken, welche Bonhoeffers Schriften so eindrucksvoll macht, wenn man sie nur im Kontext ihrer Zeit zu interpretieren vermag.

Anmerkungen

1 Vgl. Bethge, E. (Hrsg.): Dietrich Bonhoeffer. Gesammelte Schriften. Bd. 5, München 1972, S. 156–180.
2 Peterson, E.: Theologische Traktate. München 1951, S. 301.
3 Allgemeine Evangelisch-Lutherische Kirchen-Zeitung, 65. Jg. (1932), S. 63.
4 Bethge, E. (Hrsg.), a. a. O., Bd. 1, 1958, S. 157.
5 Ebenda, Bd. 2, 1959, S. 48.
6 Ebenda, Bd. 4, 1961, S. 71.

Johannes Schwerdtfeger

Rationalisierung und Kirchenbegriff bei Max Weber [1]

Wer immer sich heute, besonders als Sozialwissenschaftler, mit den Fragen nach der Zukunft von Religion und Kirche beschäftigt, dem stellen sich, wenn er die theoretischen Aussagen der eigenen Wissenschaft durchmustert, alsbald die Ergebnisse der Religions- und Kirchensoziologie Max Webers wie gewaltige Blöcke in den Weg. Da ist einerseits die Rede von der Religion als einem „diesseitig ausgerichteten Gemeinschaftshandeln" und von den enormen Rationalisierungsleistungen der Religion in der Geschichte, andererseits aber führt Webers Religionssoziologie dem Sinne nach zu der These vom Ende der Religion und dem Umschlagen der weltgestaltenden Rationalität in irrationale Subjektivität. Da werden einerseits Kirchen, Mönchtum und Sekten in ihren Strukturen bildenden und Strukturen verändernden Leistungen dargestellt, und andererseits münden diese Leistungen nach Weber in den „stahlharten Gehäusen" bürokratischer Organisationen und Anstalten, die als Bestände zwar überdauern mögen, aber als Institutionen nicht mehr halten können, was sie versprachen. Wer in ihre Arme flüchtet, hat unweigerlich das „Opfer des Intellekts" zu bringen.

So stellt sich das Problem, ob wir heute für unsere Fragen nach Gestalt und Zukunft von Religion und Kirche überhaupt noch aus Webers Analysen Gewinn ziehen können. Für die, die diese Frage verneinen, bleiben Webers Analysen allenfalls Bestände, deren man sich im Rahmen der Geschichte der Soziologie erinnert. Andere machen von Webers Aussagen einen pragmatischen Gebrauch. Aber solcher Ekklektizismus ist der subjektiven Beliebigkeit ausgesetzt und wird der Stringenz Weberschen Denkens nicht gerecht. Wenn man aber, wie zum Beispiel Schluchter, der Meinung ist, daß man unter anderem von Weber lernen kann, die Frage nach den Bedingungen erfolgreicher Institutionalisierung von Religion so zu stellen, daß sie den spezifischen Kontext unserer Zeit angemessen aufnimmt und so zur Lösung auch organisatorischer Probleme beitragen kann, dann ist es für solche Rekonstruktionsversuche notwendig, bei den für Weber unverzichtbaren Relevanzkriterien und bedeutsamen Argumentationsfiguren anzusetzen. In diesem Sinne verstehen sich auch die folgenden Bemerkungen zum Kirchenverständnis Max Webers, die sich im wesentlichen auf seine Schrift „Wirtschaft und Gesellschaft" (WG) [2] beziehen. Sie beanspruchen nicht, Problemlösungen über Weber hinaus zu geben; allenfalls sind sie ein Versuch, einige vielleicht weiterführende Fragen zu stellen.

Wenn man nach dem Verhältnis von Religionsverständnis und Kirchenbegriff bei Weber fragt, ist man vor allen inhaltlichen Problemen mit dem Sachverhalt konfrontiert, daß Weber die Analyse der Religion (WG, S. 245–381) rein äußerlich von den Analysen der institutionalisierten Formen der Heilserwartung und Heilsvermittlung trennt und letztere in die Herrschaftssoziologie (WG, S. 688–726) verweist. Dies verwundert um so mehr, als Weber eine solche Trennung der Analyse funktional differenzierter Teilbereiche gesellschaftlichen Lebens von der Darstellung ihrer institutionalisierten Formen in anderen Abschnitten von „Wirtschaft und Gesellschaft" – zum Beispiel in der Rechtssoziologie oder in der Wirtschaftssoziologie – nicht vornimmt. Hier stellt sich deshalb die bisher von der Weber-Forschung noch nicht zureichend geklärte Frage nach dem Grund für die Trennung von Religionssoziologie und Kirchensoziologie. Gibt es dafür besondere systematische Gründe, oder folgt Weber einem Denkmuster, das zu seiner Zeit vielfach üblich war und besonders von Troeltsch vertreten wurde? Troeltsch argumentiert, daß die christliche Religion von ihrem Wesen her unabhängig von kirchlicher Organisation sei. Das Verhältnis von Kirche und Religion sei, wenngleich faktisch verknüpft, doch prinzipiell „antinomisch" [3]. Für Troeltsch reicht dieses Problem noch bis in die Kirchen hinein. In seinem Artikel „Kirche dogmatisch" von 1912 schreibt er: „Damit ist klar, daß die Kirche als Glaubensgegenstand und Dogma sich grundlegend unterscheidet von der Kirche im Rechts- und Verfassungssinn." [4]

Trotz der räumlichen Trennung gewinnt man bei genauerem Lesen aber den Eindruck, daß Weber Religions- und Kirchensoziologie doch enger aufeinander bezogen hat, als dies bei Troeltsch der Fall ist. Auffällig ist, daß am Ende der „Soziologischen Grundbegriffe", wo Kirche erstmals definitorisch gefaßt und auch die Unterscheidung von Kirche und Sekte festgelegt wird, sich kein Verweis auf die Herrschaftssoziologie findet. Vielmehr schreibt Weber dort: „Das Nähere gehört in die Religionssoziologie" (WG, S. 30).

Schluchter hat die Vermutung geäußert, daß wir es bei Weber mit einem doppelten Kirchenbegriff zu tun haben: einem „einfachen" Kirchenbegriff, der Kirche als „äußere Herrschaftsorganisation" begreift, und einem „emphatischen" Kirchenbegriff, insofern ein „Charisma" bestimmend ist. Eine etwas erweiterte Interpretation der These vom doppelten Kirchenbegriff bei Weber legt es nahe, auch den Rekonstruktionshorizont für den Kirchenbegriff zu erweitern und nach der religiösen Begründung, Entwicklung und Veränderung des Charismaverständnisses zu fragen. Das aber findet sich in der Religionssoziologie, besonders in den Paragraphen 4, „Prophet" (WG, S. 268 ff.), und 5, „Gemeinde" (WG, S. 275 ff.). So betrachtet stellt sich die Frage, ob sich nicht überhaupt das Kirchenverständnis Webers auch aus der Religionssoziologie rekonstruieren läßt. Dies scheint in der

Tat möglich zu sein; denn trotz räumlicher Trennung zeigt sich bei genauerem Lesen, daß die wesentlichen Bestimmungsstücke des Kirchenbegriffs der Herrschaftssoziologie sich bereits im Rahmen der Religionssoziologie finden und dort – besonders in ihrer Entwicklung – inhaltlich entfaltet werden.

Nun kann im Rahmen eines kurzen Aufsatzes der Versuch einer Rekonstruktion des Kirchenbegriffs aus der Religionssoziologie nicht durchgeführt werden. Nur einige Hinweise sind möglich.

Die Bestimmungsstücke für den Kirchenbegriff in Webers Herrschaftssoziologie sind:

1. ein besonderer, nach Gehalt, Avancement, Berufspflichten, spezifischem (außerberuflichem) Lebenswandel reglementierter und von der „Welt" ausgesonderter Berufspriesterstand;
2. ein universalistischer Herrschaftsanspruch der Hierokratie;
3. die vollzogene Rationalisierung von Dogma und Kultus, in heiligen Schriften niedergelegt, kommentiert und systematisch Gegenstand von Unterricht;
4. a) der Vollzug dieser Sachverhalte in einer anstaltartigen Gemeinschaft und
   b) die Loslösung des Charismas von der Person und seine Verknüpfung mit der Institution, speziell mit dem Amt;
5. die Entfaltung eines umfassenden Systems ethisch religiöser Lebensreglementierungen (WG, S. 692 f.).

Die entsprechenden Parallelstücke finden sich ausnahmslos in der Religionssoziologie wieder: Bemerkungen zur Entwicklung eines Berufspriesterstandes in Paragraph 2, „Zauberer – Priester" (WG, S. 259–261), zum universalistischen Anspruch im Paragraphen 8, „Das Problem der Theodizee" (WG, S. 314–319). Das Herrschaftsproblem wird hier aber noch nicht angesprochen. Die Rationalisierung von Dogma und Kultus wird relativ ausführlich behandelt im Paragraphen 6, „Heiliges Wissen, Predigt, Seelsorge" (WG, S. 279–283). Die Vergesellschaftung zu einer Gemeinde (Gemeinschaft) wird behandelt in Paragraph 5, „Gemeinde" (WG, S. 275–279). Das anstaltartige Element tritt hier allerdings noch zurück. Immerhin finden sich Hinweise auf die organisatorischen Strukturen solcher Vergemeinschaftungen im Paragraphen 10 (WG, S. 336). Zur Frage der Loslösung des Charismas von der Person und seine Verknüpfung mit dem Amt finden sich wichtige Aussagen in Paragraph 6 (WG, S. 284 f.). Die Analyse der Entfaltung ethisch religiöser Lebensreglementierung wird vorbereitet in Paragraph 10, „Die Erlösungswege und ihr Einfluß auf die Lebensführung" (WG, S. 321–348).

In einer kurzen, die Fülle der Aspekte unberücksichtigt lassenden, in der Beschränkung auf christliche Religion und Kirche des Abendlandes aber bestimmte Aspekte hervorhebenden Skizze lassen sich die Entstehungsbedingungen der Kirche aus der Religionssoziologie Webers etwa so charakterisieren:

Die Begründung und die Entwicklung des Anstalts- und Institutionscharakters der Kirche wird von Weber nicht nur als ein Prozeß zweckhafter Rationalisierung dargestellt. Die „Theorie" der Entstehung und Begründung von Kirche ist auch nicht eine Theorie des Vertrages aus der rationalen Einsicht der Betroffenen. Vielmehr resultiert Kirche nach Weber aus einem Konflikt. In diesem Konflikt sind drei Größen involviert:

- das priesterliche Element,
- das prophetische Element,
- das Laienelement.

Zugespitzt ist es ein Kampf zwischen Prophet und Priester um die Herrschaft über die Laien. Das persönliche Charisma des prophetischen Elements steht mit den hierokratischen Ansprüchen einer Heilsanstalt in „letztlich unvereinbarem Widerspruch", argumentiert Weber in der Herrschaftssoziologie (WG, S. 694). In der Religionssoziologie heißt es: „Daher besteht überall Spannung zwischen den Propheten, ihrem Laienanhang und den Vertretern der priesterlichen Tradition, und es ist eine Machtfrage ..., inwieweit der Prophet seiner Mission ungestört nachgehen kann oder zu ihrem Märtyrer wird ... Die Heiligkeit neuer Offenbarung steht gegen die Heiligkeit der Tradition, und je nach Erfolg der beiderseitigen Demagogie schließt die Priesterschaft mit der neuen Prophetie Kompromisse, rezipiert oder überbietet ihre Lehre, beseitigt sie oder wird selbst beseitigt" (WG, S. 279).

Weber sieht das Potential für die religiös induzierte Weltveränderung historisch in der Prophetie. Sie wendet sich gegen das die Kultstrukturen bewahrende Priestertum. „Kraft ihres Sinnes entwertet jede Prophetie ... die magischen Elemente des Priesterbetriebs" (WG, S. 278). Prophetie ist Strukturkritik und Aufruf zu veränderndem und verändertem Handeln zugleich. Medium ist die Konstituierung eines einheitlichen Sinnganzen, in dem die Welt als Kosmos mit der Ethik als System universaler, handlungsleitender Prinzipien verbunden ist. Medium der priesterlichen Strukturbewahrung dagegen sind die kultisch orientierte Kasuistik und positive, ethische Regelungsprinzipien.

Die im prophetischen Potential enthaltene Rationalität findet ihre Entsprechung in der (philosophischen) Metaphysik. Sie ist der Prophetie in ihrer radikalen Universalitätsforderung und Wahrheitssuche verbunden. „Die letzte Frage aller Metaphysik lautet von jeher so: Wenn die Welt als Ganzes und das Leben im besonderen einen ‚Sinn' haben soll – welches kann er sein, und wie muß die Welt aussehen, um ihm zu entsprechen?" (WG, S. 275). Deshalb kann die Sinnfrage zum Rationalisierungsmedium prophetischer Zielsetzung und Wegweisung werden. Die priesterliche Rationalität dagegen findet ihre Entsprechung und ihr Rationalisierungsmedium in der Verwaltung, im Beamtentum, in der bürokratischen Rationalität. Rationalität wird hier eher technisch-instrumental verstanden. Sie wird nicht kraft produktiver Einbildungskraft, sondern kraft der Setzung und Verwaltung positiver, den Umständen angepaßter Handlungsnormen durchgesetzt. Die Rationalität priesterlicher Kultbewahrung im Bündnis mit Verwaltungsrationalität bildet Kirche, sofern es gelingt, den ethischen Rigorismus (Gesinnungsethik) zu bändigen und zur dauerhaften Münze, zu Dogmen zu prägen und deren Gültigkeit und Geltung durchzusetzen und zu bewahren. Aufgabe der Priesterschaft ist es nach Weber, „die siegreiche neue Lehre oder die gegen prophetische Angriffe behauptete alte Lehre systematisch festzulegen, abzugrenzen, was als heilig gilt oder nicht, und dies dem Glauben der Laien einzuprägen, um ihre eigene Herrschaft zu sichern" (WG, S. 279). Die Kirche bewahrt so in ihren Dogmen zugleich ein Stück prophetischer Potentialität. Sie gebraucht diese prophetische Potentialität als Legitimation. Legitimationsformeln sind, so verstanden, die zur Strukturerhaltung notwendigen prophetischen Worte. Aber die potentielle Kraft prophetischen Wortes und der prophetischen Rationalität ist nicht vollständig in kirchlicher Lehre zu dogmatisieren. Sie entäußert sich in die Welt. Ihre Kraft verändert die Welt. In ihrer Entäußerung, ja, wenn man so will, Hingabe an die Welt, löst sich prophetische Religiosität aber in einem Prozeß der Säkularisierung gleichsam auf. Was bleibt, so könnte man über Weber hinaus spekulieren, ist die negative Subjektivität, die – ohne noch an verbindliche Inhalte gebunden zu sein – glaubt, alles ihrer freien Entscheidung unterwerfen zu können. Im Prinzip der Subjektivität ist das aller Inhalte entleerte Prinzip der Personalität, das für Weber unabdingbar zum Charisma gehört, aufgehoben.

Weber hat nicht ausschließen wollen, daß neue Propheten kommen können und damit neue Sinnstiftung und Religionserneuerung möglich wird. Aber die Skepsis gegenüber dieser Möglichkeit überwiegt bei ihm jede Hoffnung [5]. Weber konsequent zu Ende gedacht, müßte sich diese Erneuerung als Gegenstoß gegen die ganze bisherige Geschichte und gegen die ganze Kirche richten.

Zusammenfassend kann man aus Webers Religionssoziologie heraus Kirche verstehen als entstanden aus dem Kampf zweier unterschiedlicher Rationalisierungsprinzipien, wobei die priesterliche, bürokratische Rationalität den Sieg davonträgt. Der Webersche Kirchenbegriff entspricht – wie überhaupt der von ihm vertretene Begriff der Rationalität – dem Prinzip der verwaltenden Rationalität. Das historische Muster ist eindeutig die katholische Kirche des Mittelalters.

Das Webersche Kirchenverständnis, wie es aus der Religionssoziologie skizzenhaft zu rekonstruieren versucht wurde, hängt, wie sich gezeigt hat, zutiefst mit Webers Deutung des Rationalisierungsprozesses zusammen. Rationalisierung ist für ihn das die Geschichte unaufhaltsam durchziehende Prinzip. Diese Sichtweise hat bei Weber die Fragen nach der möglichen Gebrochenheit und Ambivalenz der Rationalität verdrängt [6]. Die prophetischen Potentiale im priesterlich verwalteten Kirchenapparat jedenfalls hat er nicht als Brechung verwaltender Rationalität gelten lassen wollen, obwohl er doch andererseits darauf hingewiesen hat, daß die beiden Träger der Systematisierung und Rationalisierung der Ethik, Priestertum und Prophetie (WG, S. 268), in unterschiedlicher Weise systematisieren. „Ein Prophet ist Systematisator im Sinne der Vereinheitlichung der Beziehungen des Menschen zur Welt aus letzten einheitlichen Wertpositionen heraus. Die Priesterschaft systematisiert den Gehalt der Prophetie oder der heiligen Überlieferungen im Sinn kasuistisch-rationaler Gliederung und Adaptierung an die Denk- und Lebensgewohnheiten ihrer eigenen Schicht und der von ihr beherrschten Laien" (WG, S. 280).

Daß durch solch unterschiedliche Weisen der Systematisierung und Rationalisierung innerhalb von Religion und Kirche ein Problem entstehen könnte, wodurch die priesterliche Rationalisierung gebrochen oder hintangehalten beziehungsweise in eine andere Richtung gelenkt werden könnte, hat Weber nicht erwogen. Zu tief war wohl für ihn das Prinzip der Rationalität mit dem Prinzip der institutionalisierten Macht verbunden. Es scheint in diesem Zusammenhang interessant, daß Weber die Reformation, durch die die bestehende priesterliche Macht aufgebrochen wurde, in der Religionssoziologie überhaupt nicht und in der Herrschaftssoziologie nur an drei Stellen (WG, S. 704 f., 716 und 795 f.) erwähnt. Allerdings hat Weber in der Herrschaftssoziologie gesehen, daß der Kampf zwischen prophetisch-charismatischen Potentialen und priesterlicher Verwaltungsrationalität mit *einem* Sieg der letzteren noch nicht ein für allemal beendet ist. Charismatisch-prophetische Potentiale melden sich auch in der institutionalisierten Kirche immer wieder, und man kann sie nicht prinzipiell abweisen, weil sonst bestimmte notwendige Legitimationsleistungen nicht mehr gesichert wären. So gehört zu den großen Problemen der hierokratischen Organisation „die Stellungnahme des offiziellen ‚Betriebs' zu der Entwicklung einer charismatischen Gottesgefolgschaft: dem Mönchtum mit seiner den Kompromiß mit der ‚Welt' ablehnenden Festhaltung der genuinen Postulate des charismatischen Stifters" (WG, S. 694). Die Handhabe zur Einbindung dieser Potentiale in die Hierarchie bot die „Umdeutung der Askese in eine spezifische ‚Berufs'-Leistung innerhalb der Kirche" (WG, S. 694).

So in Ordensregeln gebändigt, werden die Mönche genau an den Übergangsstellen eingesetzt und tätig, wo die Legitimation des bestehenden Apparates der Sicherung bedarf – wie etwa durch die Gegenreformation –, wo sie, wie etwa in der Schule, möglichst vielen vermittelt werden oder – über Mission und Ritterorden – erweitert beziehungsweise verteidigt werden soll. Durch die Einbindung in die kirchliche Hierarchie wird das Mönchtum „Macht im Dienste der hierokratischen Lebensbeherrschung" (WG, S. 695). Die Kirche im Okzident kommt aber sogleich in neue Konflikte: erstens mit dem sich bildenden „Staat" und zweitens mit der sich entwickelnden Ökonomie (WG, S. 700). In diesen Auseinandersetzungen muß sich die Kirche zugleich mit den von diesen beiden Bereichen ebenfalls beanspruchten Laien auseinandersetzen und arrangieren. In der Analyse dieser Prozesse nimmt Weber wesentliche Argumente wieder auf, die er in der Religionssoziologie in Paragraph 7, „Stände, Klassen und Religion", bereits entfaltet hat (WG, S. 285 ff.). Die Kompromisse, die die Kirche mit dem Staat und den die Ökonomie tragenden Gruppen erreicht, wertet Weber wiederum als Rationalisierungsleistung durch Stereotypisierung (WG, S. 708).

Der Kirchenbegriff, durch Übersteigerung des historischen Musters der katholischen Kirche des Mittelalters gewonnen, ist als Idealtypus eindeutig. Weber sieht aber, daß es „Kirchen" gibt, die sich diesem Typus nicht fügen. Die beiden Kirchentypen, die deshalb im Rahmen der Herrschaftssoziologie gesondert beschrieben werden müssen, sind der Calvinismus und das Judentum (WG, S. 717–721). Der Grund für die besonderen Strukturen dieser beiden Kirchen liegt in der Art der ihnen vorausgehenden und sie bestimmenden religiösen Grundmuster. Für beide Kirchen gilt, daß in ihnen nicht die Anstalt als heilsverwaltende Institution, sondern der einzelne in seinen jeweiligen Handlungen gefordert ist.

Auf den letzten Seiten der Herrschaftssoziologie wird dann nach Kirche und Mönchtum die dritte Form der Institutionalisierung der Heilserwartung dargestellt: die Sekte (WG, S. 721–726). Die Entwicklung der Sekten hat über ihre spezifische Institutionalisierung religiöser Heilserwartung hinaus für Kirchen und Welt eine ambivalente Konsequenz, die sich aber letztlich doch in das Rationalitätsschema Webers einfügt. Einerseits wächst auf dem Boden der Sekten die Kritik an der Hierokratie zusammen mit den neuzeitlichen Werten, den Menschen-, Bürger- und Grundrechten und der Vertragsfreiheit. Dies geschieht im Rahmen der Aufklärung, deren „charismatische Verklärung der ‚Vernunft' . . . die letzte Form [ist], welche das Charisma auf seinem schicksalsreichen Wege überhaupt angenommen hat"

(WG, S. 726). Andererseits aber arbeiten die Ausfaltung und Institutionalisierung dieser Errungenschaften indirekt der Expansion des Kapitalismus und der Bürokratisierung in die Hände.

Weber sieht als Ergebnis des Rationalisierungsprozesses in der Neuzeit das Auseinandertreten sich immer mehr bürokratisierender Strukturen – zu denen seiner Bestimmung nach auch die Kirchen gehören – auf der einen Seite und eine fortschreitende Individualisierung aller Wertentscheidungen, die als religiöse Entscheidungen für die Konstituierung von Sekten entscheidend sind, auf der anderen Seite. Er hat daraus aber nie den Schluß gezogen, daß in der Zukunft die organisierten Kirchen ebenfalls unter den Druck dieses radikalen Individualismus kommen könnten oder, gar, daß die Kirchen unter diesem Individualisierungsdruck sich auflösen oder zu Sekten umbilden könnten.

Diesen Gedanken hat dagegen Troeltsch 1912 deutlich ausgesprochen: „Seit der Mitte des 17. Jahrhunderts aber ist der Kirchengedanke im Rückgang und der Sektengedanke im Vordringen, bis dann auch dieser heute von dem reinen und radikalen religiösen Individualismus überholt wurde!“ [7] Troeltsch spricht in diesem Zusammenhang weiter vom Zerbrechen der Stützen und Träger und damit des Sinns der kirchlichen Heilsanstalt und kommt zu dem Schluß: „Preiszugeben ist aber an dem Kirchendogma alles, was diese [die Kirche] als eine von Christus gestiftete Anstalt mit Amtsträgern und Garantien, als die große Wunderorganisation zum Zwecke der Fortleitung der Wunderkräfte der Menschwerdung durch die Kanäle hergestellter Ämter und Ritualien bezeichnet.“ [8] Dergleichen hat Weber nie erwogen; aber er hat auch nie gefragt, ob es nicht denkbar wäre, daß die charismatisch-prophetischen Potentiale in den Kirchen als Veränderungspotentiale eben dieser Kirche auch für die Welt mobilisiert werden könnten. Es scheint, daß er geradezu Angst davor hatte, daß solche Entwicklungen, wenn sie überhaupt möglich wären, revolutionär überschäumen. Man ist an Gehlen erinnert, der in der Sorge um den Zerfall der Institutionen die Angst vor dem Ausbruch der „fürchterlichen Natürlichkeit“ des Menschen beschwört. Dennoch mag es erlaubt sein, zu fragen: Läßt sich aus Webers Analysen nicht vielleicht doch die Vorstellung vom gebändigten Propheten als vernünftigem Reformer gewinnen? Oder ist uns dieser Weg heute endgültig verbaut?

Anmerkungen

1 Der vorliegende Text ist die erweiterte Fassung eines Vortrages, den der Verfasser auf einer Konsultation zum Kirchen- und Religionsverständnis Max Webers vom 13. bis 14. Januar 1978 in der Forschungsstätte der Evangelischen Studiengemein-

schaft gehalten hat. In die vorliegende Fassung wurden Diskussionsbeiträge, insbesondere von Wolfgang Schluchter, eingearbeitet.

2 Weber, M.: Wirtschaft und Gesellschaft. Grundrisse der verstehenden Soziologie. 5. rev. Aufl., Tübingen 1972 (Studienausgabe).

3 Troeltsch, E.: Gesammelte Schriften. Bd. 2, Tübingen 1912, S. 180–182.

4 Ders.: „Kirche dogmatisch". In: Die Religion in Geschichte und Gegenwart. Bd. 3, 1. Aufl., Tübingen 1912, Spalte 1148.

5 Weber, M.: „Wissenschaft als Beruf". In: ders.: Gesammelte Aufsätze zur Wissenschaftslehre. 3. Aufl., Tübingen 1968, S. 582 ff., insbesondere S. 613.

6 Vgl. dazu Huber, W.: Kirche. Stuttgart und Berlin 1979, S. 201.

7 Troeltsch, E.: „Kirche dogmatisch", a. a. O., Spalte 1152.

8 Ebenda, Spalte 1154.

Theodor Strohm

Die Stadt – eine theologisch unverarbeitete Realität

1. Über Wirklichkeitsverlust und kulturelle Identität

1.1 *Funktionale Rationalisierung*

Geplante Städte der Vergangenheit waren Deutungen von Gesellschaftsmythen. Die Städte des 19. Jahrhunderts versinnbildlichen die Mythen einer expansiven, spekulativen Wirtschaft, den imperialen Fortschrittswillen oligarchischer Regierungen, die nicht zögerten, sich im Glanz des kaiserlichen Rom zu spiegeln. Unser Jahrhundert „ist noch immer atemlos auf der Suche nach einem technologischen Stadtbild, obgleich die technologische Mythe schon im Absterben ist". Sibyl Moholy-Nagy hat in ihrer genialen „Geschichte der urbanen Welt"[1] der technischen, ökonomischen und bürokratischen Rationalität, die in den Städten zur Dominanz gekommen ist, die tiefengeschichtliche, kulturelle Rationalität entgegengesetzt. Aber die Degeneration der Stadt zu „Verdichtungsräumen", die in weitläufige Stadtregionen ausufern, gelegentlich durch Ortsschilder mit neuen Namen aufgelockert, kann die Kategorie „Stadt" als ideologisches, als falsches Bewußtsein von Realität entlarven. 24 Verdichtungsräume, Agglomerationen, sind in Deutschland zwischen Hamburg, Aachen, Frankfurt, Nürnberg und München offiziell ausgewiesen. Die Bewohner der Bundesrepublik konzentrieren sich immer mehr auf diese zur Zeit rund sieben Prozent der Gesamtfläche. Schon jetzt ist nahezu die Hälfte der Bevölkerung in diesen Räumen ansässig. Die UNO-Prognose, die in der ferneren Zukunft eine Entwicklung erwartet, „bei der vielleicht achtzig Prozent der Menschheit in Städten oder stadtähnlichen Gebilden von zum Teil ungeheuren Ausmaßen leben werden"[2], zeigt, daß hier nicht Pläne und Mythen am Werke sind, sondern im Namen der wissenschaftlich-technischen Zivilisation naturwüchsige Prozesse entfesselt wurden, in denen die Stadt zum ornamentalen Residuum einer Siedlungslandschaft schrumpft. Die Liebe zum Detail, mit der alte Häuser wie wertvolle Antiquitäten restauriert werden, kontrastiert mit der Hemmungslosigkeit, mit der die Ränder oder nach erfolgter Kahlschlagsanierung die Lücken verbaut werden. Es gab Pläne – auch für die Nachkriegszeit, zum Beispiel von Max Taut – für ein durchgrüntes Berlin, von Max Gropius – freilich nicht realisiert – für die heutige „Gropiusstadt". Am besten verfuhren diejenigen, die sich möglichst eng an die Tradition anlehnten und wenigstens – wie in Nürnberg – die Kerne der Agglomeration in ihrer Identität wahrten.

1.2 *Polyzentrische Planung*

Alle Versuche, auf liebevolle Weise die Städte zu retten, laufen heute darauf hinaus, etwas von dem zu identifizieren, was sich aus der Vergangenheit als „eine außerordentliche günstige Grundveranlagung für eine menschliche Lebensumwelt" erweist. Theodor Henzeler setzte – in München – der „inhumanen Stadtpraxis der letzten 50 bis 150 Jahre" das polyzentrische Raster der alten Dorfkerne entgegen, die in bezug auf technische Ausstattung verwahrlosten zu „Hinterhöfen der Großstadt". Bürgerliches Selbstbewußtsein wurde durch zentralistische Verwaltung total zerstört, und Infrastrukturen wie Hauptverkehrsstraßen machen diese Dörfer zu einer lebensunwerten Umwelt[3]. In Berlin sind die zahllosen Dörfer mit alten Kirchen, Friedhöfen, Weiher und Anger zum Teil zum Verkehrshindernis degeneriert und zur Unkenntlichkeit entstellt. Es wirkte wie eine Großtat – ohne erhebliche Folgen –, als auf Initiative eines Kirchenkreises das alte „Böhmisch-Rixdorf" wiederentdeckt wurde, als sei es seit Jahrhunderten verschüttet[4]. Während in der einzigartigen Dorfstruktur Berlins eine konstruktive Planungsperspektive heute fehlt beziehungsweise lediglich als Verkehrsplanung realisiert wird, ist es in Köln vor wenigen Jahren gelungen, das „Konzept eines polyzentrischen Ordnungsmodells" auszuarbeiten, um es nun Schritt für Schritt zu realisieren. Im Vordergrund steht die Identifikation von über fünfzig gewachsenen oder neu errichteten überschaubaren und leistungsfähigen Siedlungs- und Lebensbereichen, die mit der Innenstadt zusammen ein synergetisches Gefüge bilden sollen, orientiert an den pluralen Bedürfnissen der Wohnbevölkerung. Erst wenn aus einem Planungskonzept mit zwingender Logik folgt, daß gewachsene Infrastruktur tötende Einkaufszentren verweigert werden, gewachsene Dorfstrukturen verstellende Straßenführungen verlegt, vom Autoverkehr unabhängige Radwege und Fußwege selbstverständlich errichtet werden, noch so „wertvolle" Grundstücke der Einbindung des Quartiers in die Naturumwelt dienstbar gemacht werden usw., ist der qualitative Sprung aus der Zweckrationalität gelungen [5].

An dem Ort, an dem heute Entfremdung als Wirklichkeitsverlust, als empirisch nachweisbare Leidenstatsache evident wird, in den Ballungsgebieten, muß auch an deren Aufhebung gearbeitet werden.

1.3 *Weltverlust*

Architekten haben in den letzten fünfzig Jahren viel Zeit darauf verwendet, immer ausgeklügeltere Hausformen für den funktionalen Stadttypus zu erfinden, „während für die Erfindung neuer Sozialformen und das Experimentieren mit diesen bisher wenig soziale Phantasie aufgebracht worden ist"[6]. Der Bedeutungsverlust „lokaler Sozialintegration" (wie sie Dorf oder Kleinstadt heute bisweilen noch darstellen) wird allgemein als die wesentliche Ursache der Entfremdung geschildert. Der Bedeutungsverlust lokaler Vergemeinschaftung führt dazu, daß aus der Tatsache des gemeinsamen Nebeneinanderwohnens und -siedelns keine direkte Mitgliedschaft oder Mitwirkung in anderen Lebensvollzügen, in politischen und wirtschaftlichen Verbänden erwächst. Eine an den geschichtlich gewachsenen Siedlungsformen des alten Europa orientierte „Soziologie des Raumes", die G. Simmel 1903 verfaßte, zeigt auf, daß zur räumlichen Identität des Menschen die „Einzigartigkeit" des Landschaftsbildes, die „Gemeinsamkeit" sozial-kultureller und „landsmannschaftlicher" Prägung und die Eindeutigkeit des „Bewußtseins der Eingegrenztheit" wesentlich dazugehören. Im durchrationalisierten Ballungsraum ist die Zusammengehörigkeit weithin aufgelöst.

Bisher wurde von der „Entfremdung des Menschen" in der Industriegesellschaft vornehmlich im Zusammenhang mit der Zerlegung der Arbeitsabläufe, mit der Trennung von Arbeitsplatz und Wohnung, mit der Entfremdung von Gegenstand und Subjekt der Arbeit und mit der Atomisierung der Arbeitsgruppe gesprochen. Jetzt aber bahnt sich eine neue Form der Entfremdung an: Nachdem im städtischen Lebensraum eine Naturerfahrung, die sich auf natürliche Rhythmen stützt, häufig verstellt ist, wird auch die gemeinsame Beziehung zwischen Raumerfahrung und Sozialerfahrung aufgehoben. Gebäude, Straßen, Natur stehen nicht länger im Zusammenhang mit erkennbaren menschlichen Beziehungen, Tätigkeiten lassen sich von Kindern und Jugendlichen nicht aneignen und fügen sich nicht zu einem Raumbild zusammen. In den angedeuteten, von der Psychologie teilweise erforschten Erfahrungsverlusten im großstädtischen Lebensbereich wird Entfremdung zum Wirklichkeitsverlust, in dem die humanen Lebensbedingungen überhaupt in Frage gestellt werden.

Menschliche Kultur in der Stadt ergibt sich aus der wechselseitigen Durchdringung von sozialen Bezügen und bebauter Umwelt. Die Stadt in ihrer herkömmlichen Verfassung übertrug die Formen dörflich kollektiver Hilfsgemeinschaft auf die Quartiere und in das Gemeinwesen. Der Neu-Hinzugezogene wächst über die Strukturen der Nachbarschaft und über die Regeln des Gemeinwesens in eine neue Lebensordnung hinein. Hier wird Geborgenheit, Sicherheit, ein neues Gleichgewicht und eine Konstanz des Zusammenlebens aus Eigeninitiative ermöglicht. Diese integrierende Kraft der sozialen Gemengelage läßt Heimat entstehen und befreit zu neuen schöpferischen Leistungen, die die Qualität und kulturelle Identität einer Stadt ausweisen. Kultur wird so verstanden zum sozialen Vertrauen, zur sozialen Integriertheit und sinnerfüllten Lebensform. Eine Stadt, auch in ihrer entfremdeten Form, muß heute noch gemessen werden an ihrer eigenen Idee. In der europäischen Tradition steht hinter der Stadt die Vision der Civitas Dei, eines verantwortlichen, gerechten und freien Gemeinwesens. In der Stadt kommt in besonderer Weise zum Ausdruck, daß Menschen sich als Mitarbeiter Gottes verstehen, die mit der Aufgabe betraut sind, „Sinn und Ordnung in die menschliche Geschichte zu bringen" (H. Cox). Heute ist gerade die städtische Agglomeration durch einen katastrophalen Rückgang von Festlichkeit, Phantasie und kultureller Identität bedroht in einer Entwicklungsphase, die Produktion, Wirtschaftswachstum und instrumental abgeleitete Werte zum alleinigen Maßstab der Stadtentwicklung hat werden lassen.

2. Theologische Stadt-Kosmologie

Im Bemühen um eine wirklichkeitsbezogene christliche Weltverantwortung drängt sich heute in zunehmendem Maße das Thema „Stadt“ als Gegenstand theologischer Besinnung auf. Seit dem Aufkommen der industriellen Stadt haben Theologie und Kirche eher durch Abstinenz und stillschweigendes Tolerieren der Gesetze der Durchrationalisierung ihren Beitrag zur Ausformung moderner Stadtgesellschaft geleistet. Wenn der Wirklichkeitsverlust, den Theologie und Kirche in den vergangenen Jahrhunderten erlitten haben, beklagt wird, dann bezieht sich dies auf die Phasen der wissenschaftlich-technischen Zivilisation. Theologie wurde tendenziell zu einer Kunst, unter Ausblendung aller geschichtlichen Wirklichkeit und Wahrheit Existenz als zeitlose Möglichkeit zu deuten und auf diesem Wege Orientierung und Halt zu vermitteln. Eine Rückgewinnung von Erfahrung und Verantwortung kann nicht nur durch den Versuch gelingen, mittels geschichtlicher Anamnese die Ursprungsbedingungen des Weltverlustes aufzuspüren, vielmehr wäre ein Arbeitsverhältnis zur Wirklichkeit zu installieren, aus dem sich die Relevanz theologischer Urteilsfindung und Mitverantwortung erst neu zu erweisen hat.

> „Schon ein erster Blick auf die gegenwärtige Lage läßt erkennen, daß die Kirche gerade in den Städten in extremer Weise vom Geschehen der Gesellschaft isoliert ist. Im westeuropäischen Kontext jedenfalls hat sie noch so gut wie nirgends Lebens- und Arbeitsformen entwickelt, die sie für die städtische Situation zu einem relevanten Gesprächs- und Arbeitspartner machen würden.“ [7]

Diese Feststellung Werner Simpfendörfers aus dem Jahre 1968 kann heute in dem Sinne eingeschränkt werden, daß ein neuerwachtes Bürgerinteresse und Bürgerbewußtsein, auch ein energisches Eintreten für neue Formen der Partizipation im Prozeß der Stadtentwicklung häufig in den Kirchengemeinden Heimat und Rückhalt gefunden haben, wenn dies auch weithin jenseits des Interessenhorizonts geschieht, der die wissenschaftliche Theologie umgibt[8].

2.1 *Polis und Schalom*

In das Thema Stadt, soweit es sich als Sinnbild theologischer Weltorientierung erwiesen hat, sind zwei Traditionsströme eingeschlossen: die griechische Vorstellung der Polis – die Bestimmung des Menschen als „zoon logon echon kai politikon“ – und die jüdisch-christliche vom „Himmlischen Jerusalem“ als Symbol der Friedensordnung, Erlösung und Hoffnung.

Im griechischen Bewußtsein, insbesondere in der politischen Philosophie Platons und Aristoteles', war das Menschsein des Menschen als solches und insgesamt nur im Ganzen der Stadt verwirklicht. Für Aristoteles ist die Polis Verwirklichungsraum der anthropologischen Bestimmung des Menschen. Die Stadt ist die vollendete und zielbestimmte Gemeinschaft; in ihr ist das höchste Gut verwirklicht – im glücklichen und guten Leben. Sie hat aber die Aufgabe, das Menschsein zu aktualisieren, sonst wird sie ihrer Lebensmöglichkeit beraubt und vergeht. Der Begriff des Vollkommenen und der vernunftgemäße Gottesdienst liegen nicht außerhalb. Vollkommen ist der Begriff von Glück: Er ist „die Gemeinschaft in einem guten Leben in den Häusern und Geschlechtern mit der Bestimmung des in sich vollendeten und selbständigen Lebens" [9].

Im Bewußtsein der alten Christenheit stellt sich daneben das Bild der alten heiligen Polis Jerusalem. Der Herr des Himmels und der Erde hat in der Stadt auf dem Berge Zion Jerusalem, seine Residenz, errichtet. Zion ist der Weltberg, dessen Relation zum Weltganzen die Grundlage einer theologischen Weltorientierung bildete, deren Tragweite kaum abschätzbar ist. Im Alten Bund verkörpert Jerusalem eine wirkliche, irdische Polis, in der sich der Bund Gottes – Gottes Schalom – als gute menschliche Ordnung manifestiert. Ziel der Mission Gottes ist der weltumspannende Schalom, das heile und erfüllte Miteinander in einer versöhnten Gemeinschaft, die endgültige Zusammenführung aller Dinge in Christus (Eph 1, 9f.) und damit die Verwirklichung des Schöpfungssinnes der Welt. Gottes Schalom bezieht sich auf menschliche Lebenszusammenhänge, konkret auf Orte des Zusammenlebens. Jahwe tritt als Herr der Stadt auch dann noch auf, wenn er sie um ihrer Eigenmächtigkeit willen zerstört (Am 3, 6). Die Propheten, allen voran der Prophet Jesaja, verkündigen Gottes Willen und entwickeln vom Zion her eine Theologie der Stadt. Die Stadt ist Schutz und Schirm, bietet Schatten vor Hitze und Obdach vor den Unbilden der Natur. Jerusalem wird zum Muster der Stadt; es überragt alle Städte und gilt als Modell für die israelitische Polis (Jes 2, 2–4). Jerusalem ist „Rechtsburg", Ort der Bewährung des Rechts und des Bundeswillens Gottes. Für Jesaja ist das Jahwevolk als Polis verfaßt. Die Stadt ist die Stelle, da Schalom sich realisiert (Jes 11, 1f.; 12, 6) [10].

In der prophetischen Theologie wird deutlich, daß die Stadt als Präfiguration der „verantwortlichen Gesellschaft" dient; das Gemeinwesen wird zum konkreten Verantwortungsrahmen, an den die Gott verantwortlichen Menschen unablösbar gebunden sind. Sünde wird zum Verstoß gegen die Gerechtigkeit, den Schalom Gottes in der Stadt. Diese Bezugnahme auf konkrete Sozialkreise geht so weit, daß das Volk Israel auch nach der Vertreibung aus der Stadt Jerusalem ins fremde Land auf Gottes Schalom verpflichtet wird. Es wird aufgefordert, der fremden Stadt Bestes zu suchen, zusammenzuarbeiten mit den Heiden und für das fremde Gemeinwesen zu beten: „Denn sein Wohl ist auch euer Wohl“ (Jer 29, 7).

2.2 *Jerusalem*

Die Aussagen des Neuen Testaments über Gottes Schalom sind nur scheinbar weniger konkret. Jesus setzt einerseits die prophetische Städtekritik fort – in den Weherufen über die galiläischen Städte, über Jerusalem, die Stadtprominenz (Mt 11; 23; 24). Jesu Leidensgeschichte ist aufs engste mit der Stadt verknüpft. Er leidet an der Stadt und ihren Institutionen. Jerusalem wird aber auf der anderen Seite im Neuen Testament zur geglaubten Metropolis, zur Stadt Gottes, zum „Himmlischen Jerusalem“ verklärt. Dadurch wird es zum Gegenstand der Hoffnung, zum Vorbild und zum Orientierungssymbol für die Ausgestaltung der irdischen Ordnung. Die Gemeinde wird zum Verantwortungsraum für Gottes Schalom.

Auf diesem Wege erhalten aber die Städte der hellenistischen Zeit größte Bedeutung für Gottes Heilsgeschichte. Neben Jerusalem stehen die Handelsstadt Damaskus, Antiochia am Orontes – die drittgrößte Weltstadt der Antike mit 500 000 Einwohnern –, die Hafenstadt Caesarea am Meer – die Herodes gebaut hat –, Korinth, der Umschlagplatz zwischen Ost und West, Ephesus, das mit seinen 250 000 Einwohnern als Berührungspunkt zwischen Ost und West gilt. Nicht zuletzt Athen und Rom sind die Schauplätze der Missio Dei, auf denen die Apostel und Missionare für die Königsherrschaft Christi eintreten. Auch hier ist es von größter Bedeutung, daß Paulus und Lukas die Bezogenheit der Gemeinde auf die Magistrate und Gesamtkommune als wesentlichen Bestandteil christlicher Orientierung herstellten. Es ist deshalb keine völlig neue Sicht der Dinge, wenn Augustinus aus dem Orientierungsrahmen der Urchristenheit das christliche Leben als Bürgerschaft zwischen Civitas Dei und Civitas Terrena entwirft. Augustinus hat für die gesamte mittelalterliche Welt der Christenheit in seiner theologischen Bestimmung der Civitas Dei gleichsam den Grundriß entworfen für die gute menschliche und politische Ordnung des Gemeinwesens. Zugleich stand Augustinus in dem Sinne in der biblischen Tradition, daß er die Gefährdung dieser Ordnung, ja, die Möglichkeit ihrer Perversion deutlich vor Augen hatte. Babylon wurde zum Symbol der irdisch-städtischen Strukturen der vergehenden Welt [11].

2.3 *Civitas Dei*

Augustins Begriff der Civitas Dei stammt aus den zwei Quellen, die für das christliche Nachdenken über Polis maßgebend wurden: Aus der Kenntnis der antiken Polis mit ihrer natürlichen Einheit von Stadt und Staat, ihrer ungebrochenen Einheit von Politik und Religion – einer Polis, die nach dem Untergang der antiken Stadtstaaten noch von Rom repräsentiert wird. Rom wurde zum Sinnbild konkreter irdischer Stadt, sie war zugleich

Weltstaat geworden und doch Stadtstaat geblieben. Roms Politik hat bis zum Jahre 410 n. Chr. den Aspekt des Kultisch-Religiösen behalten. Daneben aber stand das Bild der alten heiligen Polis Jerusalem, die im Alten Bund wirkliche, irdische Polis in einer theologisch begründeten Einheit von Politik und Religion gewesen und von Paulus, von der Apokalypse und vom Urchristentum zur „spirituellen Jerusalem Coelestis" verklärt und verwandelt worden war. Augustins theologische Tendenz ging dahin, die beiden Gemeinwesen typologisch zu verarbeiten: Jerusalem wird zum Sinnbild der Polis als der an Christus angeschlossenen sozialen Gesamtperson, des mystischen Volkes und Leibes, der Gottesbürgerschaft. Rom wird demgegenüber zum Sinnbild einer von der Machtbegierde getragenen dämonokratischen Wirklichkeit, die schon in Babylon in Erscheinung trat und im alten Jerusalem ständig mitschwingt.

Die Bedeutung der Civitaten-Lehre des Augustin für das weitere Nachdenken über die Stadt ist kaum untersucht und läßt sich auch schwer abschätzen. Seine Nachwirkung ist unermeßlich. Jerusalem wird zum Symbol, zur Realität, zum ethischen Orientierungsfeld und zum Maßstab handwerklicher Stadtgestaltung. Jerusalem wurde längst als Nabel der Welt verstanden, bevor Urban II. den in Clermont Versammelten zurief: „Jerusalem ist der Nabel der Welt, die königliche Stadt, in der Mitte des Erdkreises gelegen." [12] Von Jerusalem als „Christi Erbgut und Stammburg", als „Herz der Welt", als dem Ort, „wo die Füße des Herrn standen", hallt das ganze Spätmittelalter wider, unablässig die Anschauung von der heiligen Stadt als Zentrum der Welt erneuernd. In den geographischen Karten und Plänen spielt diese Sicht eine hervorragende Rolle. Die gotische Kosmologie, die durch die Erfahrung der Kreuzritter beflügelt war, enthielt die Vision der Idealstadt des vom Himmel herniederfahrenden neuen Jerusalem. Das himmlische und das irdische Ideal gehen in der Gedankenwelt des Mittelalters unaufhörlich ineinander über; eins spiegelt das andere, Christi Stammburg zur Stadt schlechthin verklärend. „Mochten die Theologen dieses Bild auch mächtig erweitern, Kirche und Gottesstaat fort und fort als ‚himmlisches Jerusalem' apostrophierend, das allgemeine Bewußtsein bleibt doch bei der Anschauung ‚Stadt'." [13]

3. Ordnungsprinzipien

Die neue Signatur löst jetzt andere Muster – wie zum Beispiel die Burg – ab, während in Italien sich aus der Römerzeit nicht zuletzt unter der Diözesanverfassung der Kirche intakte städtische Zentren erhalten hatten und dann in der Auseinandersetzung mit den neuen Feudalgewalten zu neuer Blüte kamen. Die Italiener waren in einem höheren Sinne Städter geblieben.

Zu den Eigentümlichkeiten der gotischen Stadt-Kosmologie gehört die Vorstellung von der Kreisform der Idealstadt Jerusalem, ihrer Vierteilung, verbunden mit der Vorstellung, daß der Nabel des Erdkreises der Felsen Golgatha sei. Für nahezu alle großen Werke der Stadtbaukunst sind Zahlensymbole bedeutsam. Die Zahlenangaben von Apk 21 wurden in jeder Hinsicht beachtet. Allerdings hatte die kosmologische Symbolik eine Hintergründigkeit, die weit hinter die christlichen Traditionen zurückverweist.

Die Mauer hatte nicht nur militärischen Sinn. Überall dort, wo man der Stadt im übertragenen Sinn gedenkt, charakterisiert sie die Mauer. „Die Stadt-Mauer aber bezeichnet die unauslöschliche Festigkeit von Glaube, Liebe und Hoffnung", schreibt Hrabanus Maurus. Die Stadtmauer ist als Ganzes und in ihren einzelnen Bestandteilen symbolträchtig. Wolfgang Braunfels hat in seiner Untersuchung über die „Mittelalterliche Stadtbaukunst in der Toscana" [14] deutlich gemacht, daß die Stadtmauer Gerechtigkeit gegen Ungerechtigkeit, Sicherheit gegen Unsicherheit, Himmel gegen Hölle abgrenzt. Symbol des Bösen ist die vor dem Stadttor – also außerhalb der Stadt – sitzende Figur des Tyrannen, der über eine von Raub, Mord und Totschlag bevölkerte Wildnis herrscht. Die Stadtmauer ist Symbol des Guten, sie schließt einen Bereich des Rechts und der Ordnung von der rechtlosen Landschaft ab. Auch die kleinsten städtischen Gemeinwesen versuchten, die äußere Gestalt symbolträchtig zu orientieren an der „Fata Morgana" der idealen Stadt. Jedes Einzelstück wird nur als Teil eines größeren Ganzen gesehen und nur in bezug auf dieses verständlich.

Für Dante waren Himmel und Hölle mauerumgrenzte Städte. Die Hölle hat ein gewaltiges Tor, hinter dem das verlorene Volk wohnt. Der Dichter beabsichtigt die Assoziation mit dem Bild seiner Heimatstadt Florenz, die er 1302 verlassen mußte. Jerusalem und Florenz werden zum Bild und Gegenbild in der dichterischen Gestalt.

3.1 *Thomas von Aquin*

Es fällt auf, daß der große Theologe des 13. Jahrhunderts, Thomas von Aquin, das Thema Stadt mit einer Nüchternheit behandelt, die dem ganz und gar „weltlichen Charakter" der okzidentalen Stadt, den Max Weber trotz seiner Anerkenntnis des hohen christlichen Anteils an der spezifischen Ausprägung betont [15], gerecht wird.

Schon Alois Dempf hat hervorgehoben, daß Thomas von Aquins Nachdenken über den Gesamtzusammenhang der Welt und über die Einordnung jedes Teiles in ein größeres, sinnvoll geordnetes Ganzes dem ethischen Interesse des neuerwachenden Bürgertums entsprach. Mit der Theorie der „ordo finium" war implizit „die Einfügung des mündigen Menschen in die damalige Öffentlichkeit" intendiert [16].

Andererseits fällt auf, daß Thomas in seinem Opusculum „De regimine principum ad regem Cypri", das leider mitten in den Erörterungen über die Stadtgründung abbricht, sich expressis verbis weniger auf Erfahrungen seiner eigenen Zeit verläßt als auf Aristoteles. Thomas sieht in der gemeinschaftlichen Verwirklichung der Lebensziele, die auch um Arbeitsteilung nicht herumkommt, ein Grundprinzip menschlichen Lebens. Die Stadt verleiht diesem Lebensprinzip so selbstverständlich Ausdruck, daß Thomas um ihren Ort im Schöpfungszusammenhang bemüht sein kann. Das „richtige Maß", die Proportion in dem ökologischen Rahmen Schöpfung ist das Entscheidende. Die „inneren Baugesetze" sind von daher vorgegeben.

„Geht man aber zur Gründung einer Stadt ans Werk, so muß man vorsehen, welcher Platz für die Kirchen, welcher für die Gerichtsgebäude und welcher für die einzelnen Zünfte zu widmen ist. Ferner ist es notwendig, alle jene Menschen zu versammeln, die nach ihren Berufen entsprechende Örtlichkeiten zugewiesen erhalten müssen." [17]

Alles kann aus der Ähnlichkeit mit der Erschaffung der Welt abgeleitet werden. Eine Stadt, die sich nicht aus eigener Kraft, durch eigene Landwirtschaft lebensfähig halten kann und nur aus dem Handel lebt, ist nicht nur krisenanfällig, sie verliert auch den Zusammenhang zu den Dingen und Tätigkeiten des Lebens.

Wenn „alles käuflich wird, sich alles Vertrauen verliert und für jeden Betrug Platz ist, daß jeder in Verachtung des Gemeinwohls nur seinem persönlichen Vorteil folgt und jedes Bemühen um die Tugend schwindet ... In einer solchen Stadt muß das öffentliche Leben zugrunde gehen." [18]

Schon die wenigen Andeutungen zeigen, daß Thomas Stadtgründung, Stadtgestalt und soziale Ausgestaltung der Stadt in einem engen theologisch begründeten Zusammenhang sieht und um Maßstäbe und Beurteilungskriterien für die gute menschliche Ordnung des Gemeinwesens bemüht war.

3.2 *Christianopolis*

Die Reformation war in erster Linie eine Angelegenheit der Städte. Sie entsprach dem bürgerlichen Interesse an Unabhängigkeit von unkontrollierbaren – meist geistlichen – Gewalten. Der Kampf um die Einführung der Reformation hat vorübergehend zu einer Verstärkung der Rechte der Gemeinde geführt, namentlich wenn sie, wie in Hamburg, in Kirchspielen organisiert war und es zur Schaffung dauernder „bürgerlicher Kollegien" kam. Die Reformatoren Luther, Zwingli und Calvin hatten ihr entscheidendes Echo in Städten. Zwingli und auch Calvin beabsichtigten, aus Zürich und Genf Gottesrepubliken zu gestalten, die sich aus einer schöpferischen Aktualisierung von Augustins Civitaten-Lehre herleiteten. Luther entwickelte ein theologisches Modell eines städtischen Gemeinwesens, das der Stimmung seiner Zeit genauen Ausdruck verlieh. Gegenüber der mittelalterlichen Zweiständelehre, die den geistlichen über den weltlichen Stand hob, entwickelte Luther eine Lehre von den drei Funktionen des „civis christianus“. Dieser lebt als Handwerker, Hausvater und Mutter im „status oeconomicus“, als Mitregierender in öffentlichen Ämtern lebt er im „status politicus“, im allgemeinen Priestertum der Gläubigen im „status ecclesiasticus“. Jeder Mensch hat in je verschiedenem Umfange an jeder dieser Dimension verantwortlichen Anteil und ist darin bezogen auf Gott und seine Kirche. „... Kanzler, Stadtschreiber, Juristen und das Volk in seinen Ämtern muß oben sitzen, helfen, raten, regieren ...“ [19] In der Zirkulardisputation über Mt 19, 21 von 1539 stellt Luther fest, daß jeder Bürger „Glied der Obrigkeit“ sei, weil er für das rechte Regiment verantwortlich sei. In der Gegenseitigkeit der Dienstleistung erfüllt sich hier der ethische Sinn des Gedankens der Gemeinde. Reformation und soziale Reform waren für Luther wie für die deutschen Reichsstädte aufs engste verbunden, wenn auch die eigentlichen Intentionen oft unverstanden, meist unverarbeitet blieben.

Nur einmal noch, bevor Freiherr vom Stein zu Beginn des 19. Jahrhunderts – theologisch sekundiert von Friedrich Schleiermacher – die Stadt als Sinnbild menschlichen Lebens und Vorbild des Gemeinwesens herausarbeitete, trat „Stadt“ in den Mittelpunkt des theologischen Denkens.

Johann Valentin Andreä, von Augustin und Luther inspiriert, nach einem Besuch Genfs 1611 von diesem Gemeinwesen tief beeindruckt, in der oberdeutschen Stadt Calw verwurzelt, bringt in die gesamte christliche Überlieferung neues Licht. In den Schriften „Civis christianus“ und „Christianopolis“ wird Kosmologie in kosmopolitische Ethik übersetzt, das „neue Jerusalem in uns“ zur kreativen Matrix einer neuen Lebensordnung. Andreä gab, kurz bevor der Dreißigjährige Krieg Stadt und Land verwüstete, „der Gemeinde die politischen und sozialen Organe, die sie in der deutschen Entwicklung nicht gefunden hat. War sie bei Luther vages Modell einer neuen Ordnung, so wird sie bei Andreäs ‚Christianopolis‘ Maßstab für seine Kritik und Maßstab für die Ordnung der Staaten.“ [20] Andreä geht es um die Mobilisierung von Verantwortung. Er denkt an neue Organisationen, an die Fraternitates Christi als konkrete Aktionsgemeinschaften, an die Societates Christi als konkrete gesellschaftliche Kooperation überregionaler Kräfte, an die „Christianopolis“ als eine bis ins kleinste moralisch durchdachte Gesellschaftsgemeinde als Modellfall [21].

3.3 *Secular City oder Responsible Society*

Durch die Entdeckung neuer Kontinente in ihrer ökonomischen Basis reduziert, durch die modernen Kriege strategisch bedeutungslos, im bürokratisch durchorganisierten Territorialstaat der Selbstregierung beraubt, degenerierten die Städte zur Dispositionsmasse wechselnder Interessen. So verloren

sie auch ihren weiterreichenden Sinn in einer theologisch geprägten Weltorientierung.
Es gehört zu den Aufgaben von überdimensionaler Schwierigkeit, gleichwohl dort wieder anzuknüpfen, wo der Faden gerissen ist. In dieser Hinsicht verdienen zwei ganz unterschiedliche Ereignisse besondere Beachtung:

3.3.1 Als in der Gründerzeit die Industrialisierung vielen Städten ihren unauslöschlichen Stempel einprägte, hatte Friedrich Nietzsche seine Schrekkensvision vom „tollen Menschen". Dieser eilte am Tage mit der Laterne durch die Straßen der Stadt auf den Marktplatz und sagte zu einer gleichgültigen und amüsierten Menge: „Ich suche Gott." Als er in verschiedene Kirchen eindrang und sein „Requiem deo aeternam" angestimmt hatte und abgeführt wurde, fragte er: „Was sind denn diese Kirchen noch, wenn nicht Grüfte und Grabmäler Gottes?" Hinter dieser Begebenheit stand Nietzsches Einsicht, daß offenbar der hinter den Dingen liegende Sinn und damit die Möglichkeit zur verantwortlichen Weltgestaltung aus dem Bewußtsein geschwunden ist [22]. Sah Nietzsche in der „secular city" die steingewordene Sinnlosigkeit, geronnenen Nihilismus heraufziehen, so gewann ihr Harvey Cox voreilig gewisse positive Seiten ab. Cox geht von der These aus, daß die gegenwärtige „Gestalt der Großstadt" – gezeichnet durch „Anonymität" und „Mobilität" – in Gestalten des christlichen Glaubens vorabgebildet sei (zum Beispiel – wie Max Weber – in der Befreiung aus Stammesbindungen). Ebenso sei der „Stil der säkularen Stadt" – charakterisiert durch „Pragmatismus" und „Profanität" – stilverwandt der christlichen Weltorientierung. Seine Schwäche liegt in zufälligen theologischen Zuordnungen einer nur induktiven Theologie, die schon veraltet ist, wenn sie erscheint. Aber Cox' Bemühung ist wichtig und notwendig und kann gewiß zu einer theologischen Neubesinnung über die Stadt führen [23].

3.3.2 Von ganz anderer Qualität erscheint die Leistung des Freiherrn vom Stein, der am Vorabend der industriellen Revolution der Stadt ihre Würde als freies Gemeinwesen zurückgewinnen wollte. In ihrer wesenhaften Verbindung von Freiheit, Soziabilität und Selbstverwaltung sollte die Stadt dem modernen Flächenstaat als eine ihm wesensverschiedene Gemeinde gegenübertreten. Ihre Eigenverantwortung besagt, daß sie außerhalb des staatlichen Verwaltungsaufbaues steht, vom Staat nicht bürokratisch einfach gelenkt werden darf und ihm für ihre aus primärer Mitbestimmung der Bürger resultierende Politik Verantwortung nicht schuldet. Umgekehrt – so ist zu folgern – wird eine gute politische Ordnung daraus. Dieser Tradition ist – wenigstens in einem Element – auch das Grundgesetz verpflichtet, indem „alle Angelegenheiten der örtlichen Gemeinschaft" in die Selbstregelungskompetenz der Gemeinden (im Rahmen der Gesetze) gestellt werden und das Recht auf Selbstverwaltung als vorstaatliches Recht den Gemeindeverbänden verbürgt wird (Art. 28, 2 GG) [24].

Die Zeichen der Zeit sind nicht ermutigend: Die kommunale Selbstverwaltung sei „schon längst gestorben, und wer etwas anderes sagt, ist ein Sonntagsredner“, meint Oberbürgermeister Weilhard von Konstanz. Wir wissen, daß man mit falsch geplanten und konstruierten städtischen Gemeinwesen „eine Gesellschaft ebenso ruinieren kann wie durch die Errichtung eines totalitären Systems“ (H. P. Bahrdt). Aber die Ermutigung, auf die jegliche Form der Weltverantwortung angewiesen ist, bezieht ihre Nahrung eben nicht nur aus dem, was ist und möglich erscheint, sondern beachtet einen Sinnzusammenhang, der die instrumentelle Orientierung transzendiert.

3.3.3 Die wenigen theologischen Reminiszenzen haben gezeigt, daß die jüdisch-christliche Theologie kein unbefangenes Verhältnis zur Stadtstruktur und -kultur entwickeln konnte. Daß „Handeln und nicht Frömmigkeit der Antrieb zum Städtebau“ waren, bedrängte nicht nur den alternden – von Wittenberg abgestoßenen – Luther („Die gantz welt ist ytzt nichts denn handelen ... wie kan die welt länger stehen?“). Der Traum der Städte entsprang dem Willen zur Umformung des Geschaffenen, der Besessenheit, Schicksale zu beeinflussen, Vorsehung zu werden, Macht über die Natur zu gewinnen[25]. Die christlichen Kirchen standen immer unsicher auf diesem Terrain, wurden frühzeitig zu partikularen Größen und verzichteten zu rasch auf ein kritisches und konstruktives Ethos. Auch heute folgen Resignation und Rückzug häufig kurzatmigem kirchlichem Engagement.

Und doch könnte die Einsicht Zenos d. J. um 300 v. Chr. – „Die Liebe ist Gott, ein Mitarbeiter in der Rettung der Stadt“ – gerne in der christlichen Theologie ihre ganze spezifische Strahlkraft entfalten. So wurde denn auch im Jahrhundert der europäischen Städtegründungen der ethische Sinn der Stadt in der komplementären Zuordnung der *pax Babylon* und der *pax Jerusalem* erkannt: die „heidnischen“, das heißt menschheitlichen Tugenden der „justitia, humanitas“ und „prudentia“ sollen vom Ethos der „pietas, caritas“ und „humilitas“ durchdrungen werden und gegen „superbia, impunitas“ und „pertinacia“ behauptet werden[26].

Nur wenn Vernunft ein Bündnis mit der Liebe eingeht, degeneriert sie nicht zur vernunftlosen Rationalität. „Ein Weltzustand, den die Vernunft herstellt, wenn sie im Licht der Liebe ihre Verantwortung erkennt, heißt Frieden.“ Ich stimme Georg Picht zu, daß die Theologie in der Erprobung dieser Einsicht ihren eigenen Anteil am „Weltverlust“ bearbeiten und so ihren Gehalt und Auftrag wiederentdecken könnte[27].

Anmerkungen

1 Vgl. Moholy-Nagy, S.: Die Stadt als Schicksal. Geschichte der urbanen Welt. München 1968, S. 86 f.

2 Vgl. Mackensen, R.: „Bevölkerungsstruktur und Regionalplanung“. In: ders. und Weber, H. (Hrsg.): Dynamik der Bevölkerungsentwicklung. Strukturen – Bedingungen – Folgen. München 1973, S. 202 ff.

3 Vgl. Henzeler, T.: Verhalten und Umwelt. München: Münchner Forum für Entwicklungsfragen 1972 (Protokoll Nr. 21), S. 23 ff.

4 Strohm, T.: „Großstadt als Herausforderung“. In: Kunst und Kirche, 1977, H. 2, S. 65.

5 Vgl. hierzu Dezernat für Stadtentwicklung: Köln – Stadtentwicklungsplanung, Gesamtkonzept. Köln 1978, B 3 und C 1.

6 Gleichmann, P. R.: „Wandel der Wohnverhältnisse“. In: Zeitschrift für Soziologie, 5. Jg. (1976), H. 4, S. 319 ff.

7 Simpfendörfer, W.: „Kirche für Mobilopolis“. In: Schmid, R. (Hrsg.): Das Ende der Städte? Stuttgart 1968, S. 69.

8 Dietrich Goldschmidt gehört zu denjenigen, die auf vielfältige und stets ermutigende Weise dazu beigetragen haben, daß christliche Weltverantwortung auf ihre konkreten und originären Aufgabenfelder zurückgelenkt wird und von ihrer Fixation auf Ressorts und Zuständigkeiten, die sich in der entfremdeten Welt als ideologisches Rezept herausgebildet hat, erlöst wird. Das Thema Stadt drängte sich ihm auf, zum Beispiel in der Untersuchung über das Hansaviertel: Vgl. Goldschmidt, D., und Schwerdtfeger, J.: „Sozialstruktur der Wohnviertel und soziale Repräsentanz der Interview-Erhebung“, in: Meyer-Ehlers, G., u. a.: Wohnen im Hansaviertel. Ergebnisse einer Wohnungsnutzungsuntersuchung. Berlin 1960 (hektographiertes Manuskript), S. 61–90. Vgl. auch Goldschmidt, D.: „Soziologie des Wohnens“. In: Bauwelt, 1959, H. 51/52; ders. und Spiegel, Y.: Pfarrer in der Großstadt. Studien und Materialien. 3 Bde., München 1969 ff.

„Wohnen ist“, sagte Goldschmidt damals, „... die Gestaltung und Nutzung eines gegen die Unbilden der Natur geschützten Ortes ... Die Wohnung ist aber auch und vor allem Ort des Schutzes gegen die Unbilden der Gesellschaft und Ort des Umganges mit der Gesellschaft“; vgl. Goldschmidt, D.: „Das moderne Wohnen“. In: Freie Universität Berlin (Hrsg.): Universitätstage 1959. Berlin 1959, S. 65 und S. 74.

9 Vgl. die Interpretation der Nikomachischen Ethik des Aristoteles durch Ritter, J.: „Das bürgerliche Leben. Zur aristotelischen Theorie des Glücks“ (1956). In: ders.: Metaphysik und Politik. Studien zu Aristoteles und Hegel. Frankfurt a. M. 1969, S. 57 ff.

10 Es gibt bisher keine Monographie über die biblisch-theologischen Hintergründe. Wichtig sind aber: Steck, O. H.: Friedensvorstellungen im alten Jerusalem – Psalmen, Jesaja Deutero Jesaja. Zürich 1972, insbesondere S. 13 ff.; ferner Borggrefe, F.: Kirche für die Großstadt. Sozialtheologische Materialien für eine urbane Theologie. Heidelberg 1973.

Vgl. auch Westermann, S.: „Der Frieden (Shalom) im Alten Testament“, in: Picht, G., und Tödt, H. E. (Hrsg.): Studien zur Friedensforschung. Bd. 1, Stuttgart 1969, S. 144 ff.; Osten-Sacken, P. von der (Hrsg.): Jerusalem – Symbol und Wirklichkeit. Materialien zu einer Stadt. Berlin 1976.

Alles, was Jesaja über die Sünde des Volkes, über Rettung und Erneuerung Israels zu sagen hat, ruht auf der Vorstellung von Polis. Schneidend ist die Stadtkritik des Propheten. Gerade bei Jerusalem, dem der Bundeswille Jahwes sich besonders verpflichtet weiß, setzt sie ein. Einst wohnte Gerechtigkeit dort, jetzt ist Unrecht wie in Sodom und Gomorrha eingebrochen (Jes. 1, 9 f.; 3, 9). Die Stadtprominenz hat versagt (3, 12). Der Herr selbst will Richter über sein Volk sein (9, 12). „Deine Führer... lieben Bestechung und jagen Geschenken nach. Der Waise helfen sie nicht zum Recht, und die Sache der Witwe kommt nicht vor sie.“ Wucher, Hochmut, Mode, Bestechung der Stadtbewohner werden als typische urbane Sünden gebrandmarkt. Die Stadt, die Jahwe als Schutzherrn und Wahrer des Rechts verachtet, soll geschleift und zu Steinhaufen werden (22, 1 ff.; 25, 2). Die Stadt Jerusalem, die Jahwe auf dem Zion in ihrer Mitte hat (8, 18; 12, 6), ist zum Zentrum des Götzendienstes geworden (10, 10 f.), darum wird sie all ihrer Funktionen beraubt; sie darf nicht mehr als Fluchtburg dienen (24, 10; 25, 2); sie ist nicht mehr Kult-, Handels- und Rechtszentrum. Programmatisch klingt die Klage des Jesaja: „Die feste Stadt liegt einsam, eine entvölkerte Stätte, verlassen wie die Wüste.“ Erst wenn Jahwe sein Gericht an Israel vollstreckt hat und das Recht wiederhergestellt ist, erst dann wird die Stadt saniert (1, 26; 2, 2 ff.). „Ich will dir wieder Richter geben wie vor alters und Ratsherren wie vorzeiten. Alsdann wird man dich nennen Rechtsburg, treue Stadt. Zion wird durch Recht erlöst, und seine Bekehrten durch Gerechtigkeit“ (1, 27).

11 Zu Augustin vgl. Maier, F. G.: Augustin und das antike Rom. Stuttgart 1956; Schilling, D.: Die Staats- und Soziallehre des hl. Augustinus. Leipzig 1910; Ratzinger, J.: Volk und Haus Gottes in Augustins Lehre von der Kirche. München 1954.

12 Zitiert nach Müller, W.: Die heilige Stadt – Roma quadrata, himmlisches Jerusalem und die Mythe vom Weltnabel. Stuttgart 1961, S. 53.

13 Ebenda, S. 54; vgl. auch Klotz, V.: Die erzählte Stadt. Frankfurt a. M. 1969, S. 443 ff.

14 Braunfels, W.: Mittelalterliche Stadtbaukunst in der Toscana. 3. Aufl., Berlin 1966. Vgl. auch Pahl, J.: Die Stadt im Aufbruch der perspektivischen Welt. Versuch über einen neuen Gestaltbegriff der Stadt. Berlin 1963, S. 38 ff.

15 Vgl. Weber, M.: Wirtschaft und Gesellschaft. Grundrisse der verstehenden Soziologie. 2. Halbband, 3. Aufl., Tübingen 1956, S. 944–947 (Kap. 9, Abschn. 7, § 2). Weber sieht hierbei den Hauptanteil des Christentums in der „die Sippenbande auflösenden“, die Bildung eines „als Verbrüderung konstituierten oder so gedeuteten Verbandes“ begünstigenden Funktion.

16 Dempf, A.: Sacrum Imperium. Geschichts- und Staatsphilosophie des Mittelalters und der Renaissance. 2. Aufl., Darmstadt 1954, S. 385.

17 Thomas von Aquin: „De regimine principum ad regem Cypri“, Kap. I, § 13. Zitiert nach Schreyvogel, F. (Hrsg.): Ausgewählte Schriften zur Staats- und Wirtschaftslehre des Thomas von Aquin. Jena 1923, S. 76.
Die wichtigste Abhandlung zu Thomas' „De regimine principum“ stammt von Busoni, F.: Der Aufsatz „De regimine principum“ von Thomas von Aquino. Bonn: Diss. 1894.

18 Thomas von Aquin, a. a. O., Kap. II, § 3, S. 103.

19 Luther, M.: „Das Magnificat verdeutschet und ausgelegt“ (1520 und 1521). In: Clemen, O. (Hrsg.): Luthers Werke in Auswahl. Bd. 2, Berlin 1934, S. 78.
Vgl. außerdem Küppers, I.: „Luthers Dreihierarchienlehre als Kritik an der mittelalterlichen Gesellschaftsauffassung“. In: Evangelische Theologie, 19. Jg. (1959), H. 8; Scharffenorth, G.: Römer 13 in der Geschichte des politischen Denkens. Ein Beitrag zur Klärung der politischen Traditionen in Deutschland seit dem 15. Jahrhundert. Heidelberg: Diss. 1964 (vor allem die Exkurse im Anhang).

20 Jochimsen, P.: Der deutsche Staatsgedanke von seinen Anfängen bis auf Leibniz und Friedrich den Großen. Dokumente zur Entwicklung. München 1931, Einleitung. Vgl. ders.: „J. V. A. und die evangelische Utopie“. In: Zeitwende, 1926, H. 3.

21 Vgl. zur Position und Bedeutung Johann Valentin Andreäs: Strohm, T.: Die Ausformung des sozialen Rechtsstaates in der protestantischen Überlieferung. Sozialethische Untersuchungen zur gegenwärtigen Verfassungswirklichkeit. Münster: Habil.-Schrift 1969, S. 173–185.

22 Zur Interpretation des Nietzsche-Textes vgl. Picht, G.: „Der Gott der Philosophen". In: ders.: Wahrheit – Vernunft – Verantwortung. Philosophische Studien. Stuttgart 1969, S. 229 ff.

23 Vgl. Cox, H.: Stadt ohne Gott. 5. Aufl., München 1969 (englischer Originaltitel: Secular City).
Zu den Beiträgen, die über Cox' Publikation hinausweisen, gehört Duntze, K.: Der Geist, der Städte baut. Planquadrat – Wohnbereich – Heimat. Stuttgart 1972. Vgl. auch Kraus-Siemann, J.: Kirche und Stadt. Stadtbezogene kirchliche Aktivitäten als Erwachsenenbildung. Göttingen: Phil. Diss. 1979.

24 Vgl. Strohm, T.: „Zum Ethos der Inneren Reformen des Freiherrn vom Stein". In: Zeitschrift für Evangelische Ethik, 17. Jg. (1973), H. 4, S. 193 f.

25 Vgl. Moholy-Nagy, S., a. a. O., S. 39, gegen Lewis Mumfords These der Dominanz religiöser Antriebsmotive. Zum Luther-Zitat vgl. die Weimarer Ausgabe der Tischreden, 1257 und 1368.

26 Vgl. den Traktat des Rufinus aus dem Ende des 12. Jahrhunderts: „De bono pacis", in: Migne, J.-P.: Patrologiae cursus completus. Series latina. Bd. 150, Turnholti, o. J., Spalte 1611. Vgl. auch Strohm, T.: „Justitia et Pax. Erwägungen zu einer Grundformel politischer Ethik". In: Zeitschrift für Evangelische Ethik, 16. Jg. (1972), H. 4, S. 199 f.

27 Vgl. Picht, G.: „Theologie in der Krise der Wissenschaft des 20. Jahrhunderts". In: ders.: Theologie und Kirche im 20. Jahrhundert. Stuttgart und München 1972, S. 29 f.

Wolfgang Huber

Identität im Zeichen des Fortschritts
Das Beispiel Friedrich Schleiermachers

Jede Vorstellung von menschlicher Identität muß berücksichtigen, daß diese sich im Zusammenhang gesellschaftlicher Entwicklung ausprägt. In der Neuzeit ist das Verhältnis zwischen der individuellen Identität und deren gesellschaftlichen Bedingungen vor allem im Konzept des Fortschritts ausgelegt worden: Die Erweiterung wissenschaftlicher Zivilisation und politischer Kultur sollte der Entfaltung der jedem Menschen eigentümlichen Lebensmöglichkeiten dienen. Wie notwendig ist diese Verknüpfung von Fortschritt und Identität? Diese Frage gewinnt in einer Zeit, in der wir die Ambivalenz des Fortschrittsbegriffs zu durchschauen beginnen, an Dringlichkeit. Zu dieser Frage will ich im folgenden einen bescheidenen und begrenzten Beitrag leisten. Ich schildere die Fortschrittskonzeption des Autors, der als Philosoph und Theologe gleichermaßen Aufmerksamkeit verdient und der von vielen als repräsentativ für das Denken der bürgerlichen Gesellschaft in Deutschland betrachtet wird; ich schildere die Fortschrittskonzeption Friedrich Schleiermachers. Dabei orientiere ich mich vorwiegend an Schleiermachers nachgelassenen Vorlesungen zur theologischen Ethik, der „Christlichen Sittenlehre".

1. Fortschritt als Grundkategorie der Christlichen Sittenlehre

Daß Schleiermachers Theologie Ausdruck eines bürgerlichen Fortschrittsoptimismus sei, ist ein gängiges Urteil. Es verbindet sich meistens mit der Behauptung, daß Schleiermacher den Gedanken des Reiches Gottes mit dem Fortgang der Weltgeschichte, daß er das weltgestaltende Handeln des Menschen mit der Verwirklichung des Reiches Gottes identifiziert habe. Der Nachweis, daß diese Behauptung dem Reich-Gottes-Verständnis bei Schleiermacher nicht gerecht wird, soll hier vorausgesetzt werden [1]. Doch auch wenn das Reich Gottes als der Inbegriff des von Christus ausgehenden Gesamtlebens nicht mit der weltgestaltenden Tätigkeit des Menschen gleichgesetzt werden kann, so ist damit nicht ausgeschlossen, daß Schleiermacher zentrale Elemente des Fortschrittsdenkens seiner Zeit rezipiert und im Rahmen seines Systems fruchtbar gemacht hat. Für eine solche Rezeption des Fortschrittsgedankens spricht vielmehr bereits ein Abschnitt aus den „Reden über die Religion", den man als geradezu klassischen Ausdruck des neuzeitlichen Fortschrittsoptimismus bezeichnen kann:

„Jetzt seufzen Millionen von Menschen beider Geschlechter und aller Stände unter dem Druck mechanischer und unwürdiger Arbeiten ... Das ist die Ursache, warum sie den freien und offenen Blick nicht gewinnnen, mit dem allein man das Universum findet. Es gibt kein größeres Hindernis der Religion als dieses, daß wir unsere eigenen Sklaven sein müssen; denn ein Sklave ist jeder, der etwas verrichten muß, was durch tote Kräfte sollte bewirkt werden können. Das hoffen wir von der Vollendung der Wissenschaften und Künste, daß sie uns diese toten Kräfte werden dienstbar machen, daß sie die körperliche Welt und alles von der geistigen, was sich regieren läßt, in einen Feenpalast verwandeln werde, wo der Gott der Erde nur ein Zauberwort auszusprechen, nur eine Feder zu drücken braucht, wenn geschehen soll, was er gebeut.“ [2]

Das Wort „Fortschritt“ findet sich an dieser Stelle nicht. Es steht aber an einer Reihe markanter Stellen in Schleiermachers Christlicher Sittenlehre, das heißt, den posthum herausgegebenen Vorlesungen zur theologischen Ethik [3]. Die Worte „Fortschritt“, „Fortschreiten“ und „Fortschreitung“ werden an all diesen Stellen – soweit ich sehe – synonym gebraucht. Die folgenden Beobachtungen beschränken sich darauf, einige dieser Stellen zu referieren und in ihrem Zusammenhang zu kommentieren.

Man kann mit guten Gründen behaupten, Fortschritt sei ein zentrales Thema der Christlichen Sittenlehre (CSL). Denn als Aufgabe der theologischen Ethik bezeichnet Schleiermacher es einmal, die „Principien der Fortentwikkelung des christlichen Handelns“ festzustellen (CSL, S. 70) beziehungsweise „für die Fortbildung vom unvollkommeneren zum vollkommeneren Regeln zu suchen“ (S. 557). Allerdings kann nur die Aufgabe protestantischer Ethik so bezeichnet werden: „Denn in der katholischen Kirche kann von einem Fortschreiten in unserem Sinne nicht die Rede sein, weil sie nicht eine Fortentwikkelung ihrer Regeln selbst, die sie als unabänderlich sezt, sondern nur ein Fortschreiten in der Darstellung ihrer Regeln im Leben annimmt“ (S. 72). Protestantische Ethik dagegen setzt für alle Lebensbereiche voraus, daß sie der „Fortschreitung und Entwikkelung“ fähig sind (S. 72). Daraus ergibt sich aber, daß nicht nur in den verschiedenen Handlungsfeldern, auf die sich Ethik bezieht, sondern auch in der theologischen Ethik selbst Fortschritte möglich sind, daß mit der Ausbildung neuer und besserer Regeln gerechnet werden kann. Die Quellen für solche Fortschritte der Sittenlehre liegen in der fortschreitenden Erkenntnis der ethischen Inhalte der Bibel einerseits, im Wandel der christlichen Sitte andererseits. Darin zeigt sich eine charakteristische Differenz zu den Fortschritten in der Glaubenslehre, die ausschließlich als „fortschreitende Entwikkelung dessen angesehen werden [können], was in der Schrift als Grundlage gegeben ist“ (S. 94, vgl. S. 181). Dem Bezug auf die Schrift tritt in der Ethik also „subsidiär“ der Bezug auf die christliche Sitte zur Seite; beide können zur Quelle des Fortschritts in der christlichen Sittenlehre werden.

Mit demselben Recht, mit dem man Fortschritt als zentrales Thema der

Christlichen Sittenlehre bezeichnet, kann man auch sagen, diese gehe von einem Fortschrittsprinzip aus. Im Blick auf das Verständnis der Kirche formuliert Schleiermacher dieses Prinzip – das aber analog auch für alle anderen Lebensverhältnisse gelten soll – folgendermaßen:

„Zur Eigenthümlichkeit der protestantischen Ansicht von der christlichen Kirche gehört es aber wesentlich, daß wir uns diese als ein bewegliches ganze denken, als ein solches, das der Fortschreitung und Entwikkelung fähig ist, nur mit dieser Restriction, ohne welche das Christenthum zusammenfallen würde, daß wir niemals zu denken vermögen, es könnte in der christlichen Kirche eine Vollkommenheit angestrebt oder dargestellt werden, die über die in Christo gegebene hinausginge, sondern daß jede Fortschreitung nichts sein kann, als ein richtigeres Verstehen und vollkommeneres Aneignen des in Christo gesezten" (S. 72).

Diesem Rückbezug allen Fortschreitens auf „das Eine ursprüngliche christliche Grundprincip" (S. 73) entspricht die allgemeine Beobachtung, alles Fortschreiten beruhe darauf, „daß der vollkommene Zustand schon in gewissem Sinne vorhanden sei, wenn auch nur in der Idee ausgedrükkt" (S. 123). Doch weder jener Rückbezug auf das christliche Grundprinzip noch dieser Hinweis auf die in der Idee schon vorgegebene Vollkommenheit soll offenbar mit der katholischen Position verwechselt werden, welcher es nach Schleiermacher nur darum geht, daß unveränderlich gegebene Regeln in der Wirklichkeit zu vollständigerer Anwendung kommen. Die Differenz muß darin liegen, daß der Protestantismus das „christliche Grundprincip" selbst nicht als ein Gefüge von Regeln, sondern als einen dynamischen Lebensprozeß begreift. Dieser Prozeß verdankt sich der Christus innewohnenden Vollkommenheit und dem von ihm ausgehenden Geist; gerade daraus, daß die Vollkommenheit Christi im geschichtlichen Prozeß menschlichen Handelns niemals erreicht wird, ergibt sich, daß dieser Prozeß als unendliches Fortschreiten gedacht werden muß. Deshalb kann Schleiermacher lapidar formulieren: „Wir postulieren beständige Fortschreitung, und das gründet sich auf die Voraussetzung der Christo inwohnenden göttlichen Kraft" (S. 374). Deshalb kann Fortschritt geradezu als das spezifische Prinzip christlicher Ethik erscheinen: „Jede sittliche Regel, die einen Fortschritt des ganzen in sich schließt, ist – nicht eine neue Offenbarung, auch nicht Naturwirkung, sondern Fortwirkung Christi" (S. 377).

2. Die Gliederung der Christlichen Sittenlehre und der Begriff des Fortschritts

Fragt man nach dem Inhalt des von Schleiermacher verwendeten Fortschrittsbegriffs, so findet man zunächst all die Relationsangaben, mit denen sich das Wort auch in der Schleiermacher vorausliegenden Tradition verknüpft, die Relation von alt und neu, von Früherem und Späterem, von

Unvollkommenem und Vollkommenerem. Der spezifischen inhaltlichen Bestimmung des Begriffs kommt man einen Schritt näher, wenn man sich die Gliederung in Erinnerung ruft, von der aus Schleiermacher seine theologische Ethik entwirft. Thema der Christlichen Sittenlehre ist die Beschreibung des christlichen Selbstbewußtseins, sofern es Impuls zu einem Handeln ist. Das christliche Selbstbewußtsein ist dabei bestimmt als Bewußtsein der durch die Gemeinschaft mit Christus bedingten Gemeinschaft mit Gott. Dieses Bewußtsein aber ist nur in Christus selbst vollkommen (im doppelten Sinn des Ursprünglichen und Vollendeten), während unsere Gemeinschaft mit Gott immer nur eine abgeleitete und ständig im Werden begriffene Gemeinschaft ist. Daraus ergibt sich, daß die „Seeligkeit" – als Inbegriff des religiösen Selbstbewußtseins – für den Christen nicht als zuständlich seiende, sondern nur als werdende zu denken ist und daß deshalb das christliche Selbstbewußtsein zum Impuls für ein Handeln werden kann (vgl. unter anderem S. 35–38). Von hier aus fällt im übrigen ein deutliches Licht auf die Gründe, die Schleiermacher in der Einleitung zur Glaubenslehre (§ 9) dazu bestimmen, das Christentum als Weise der teleologischen Frömmigkeit zu bestimmen und der ästhetischen Frömmigkeit entgegenzustellen.

Schon aus dieser begrifflichen Bestimmung des christlichen Selbstbewußtseins ergibt sich, daß christliches Leben als ein auf Fortschreiten gerichtetes Handeln gedacht werden muß. Schleiermacher bringt dies auf die Formel:

„Das wirkliche Leben des frommen ist fortschreitende Einigung im Schwanken; also spaltet sich die Seeligkeit in Lust und Unlust. Wo nämlich die Einigung der Natur mit dem göttlichen Principe als werdend ins Bewußtsein tritt, muß Lust sein; wo als nichtwerdend, also im Fortschritte gehemmt, partiell verneint, da Unlust" (CSL, Beilagen, S. 16).

Damit sind die beiden Faktoren bestimmt, von denen aus die werdende Seligkeit zum Impuls wirksamen Handelns werden kann: Ist das Selbstbewußtsein von Unlust, vom Gefühl der Fortschrittshemmung – im Grunde: von der Erfahrung der Sünde – bestimmt, dann nimmt das Handeln den Charakter des reinigenden, wiederherstellenden Handelns an; geht es von der Lust, dem Gefühl des Werdens und Wachsens aus, dann nimmt es den Charakter des erweiternden, verbreitenden Handelns an. Beide Typen des Handelns faßt Schleiermacher als wirksames Handeln zusammen. Ihm stellt er das darstellende Handeln gegenüber, welches nicht der Lust oder Unlust, sondern der notwendigerweise zwischen beiden liegenden Befriedigung entspringt. Dieses darstellende Handeln ist nicht auf irgendwelche Veränderungen gerichtet, sondern soll nur das allgemeine Lebensbewußtsein als solches zum Ausdruck, eben zur Darstellung bringen. Gottesdienst, Kunst und Spiel sind die hervorgehobenen Beispiele für dieses darstellende Handeln.

Die drei von Schleiermacher unterschiedenen „Klassen des Handelns" treten im Vollzug des Handelns nie in reiner Form, sondern in unterschiedlichen Mischungsverhältnissen auf; bei ihrer Unterscheidung handelt es sich also um die Bildung von Idealtypen in dem strengen Sinn, den Max Weber diesem Begriff gegeben hat. Doch in jedem einzelnen Lebensvollzug läßt sich zeigen, daß einer dieser Handlungstypen hervortritt und daß die anderen dahinter zurücktreten. Aus der Unterscheidung selbst ergibt sich, daß von Fortschritt im wesentlichen in bezug auf das wirksame Handeln – in seiner doppelten Form des reinigenden und des verbreitenden Handelns – die Rede sein muß (vgl. S. 505), während das darstellende Handeln, da es auf keine Wirksamkeit zielt, auch nicht auf Fortschritt gerichtet sein kann. Doch dem ist hinzuzufügen, daß man das Maß des jeweils erreichten Fortschritts nicht im wirksamen Handeln selbst, sondern nur durch das darstellende Handeln kennenlernt (S. 640). Denn nur im darstellenden Handeln gewinnt man jene Distanz vom unmittelbaren Vollzug des auf Veränderung gerichteten wirksamen Handelns, von welcher aus man den Grad und die Qualität der erreichten Veränderung einschätzen kann.

In welchem Sinn nun das wirksame Handeln auf Fortschritt zielt, ergibt sich zunächst aus den allgemeinen Formeln, mit denen Schleiermacher – seiner Unterscheidung der Handlungstypen entsprechend – das Ziel sittlichen Handelns bezeichnet. Des Menschen äußerer Beruf, so sagt er, ist es, „Herr der Erde" zu sein; dem entspricht das verbreitende Handeln. Sein innerer Beruf besteht darin, „das Ebenbild Gottes darzustellen, das ursprünglich nur in Christo ist"; dem entspricht das wiederherstellende Handeln. Zwischen beiden liegt die Aufgabe des Menschen, „sich selbst zu offenbaren"; ihr entspricht das darstellende Handeln (S. 54).

Schleiermacher greift also auf Bestimmungen der christlichen Tradition zurück, die schon vor ihm – etwa durch Francis Bacon und Descartes – auf die Geschichte des Fortschrittsgedankens stark eingewirkt haben: Das „dominium terrae" und die Gottesebenbildlichkeit werden als Zielbestimmungen christlichen Handelns eingeführt. Auf sie soll der Fortschritt vom Unvollkommeneren zum Vollkommeneren, auf sie soll das reinigende wie das verbreitende Handeln des Christen gerichtet sein.

3. Naturbeherrschung und Staat

In der Tradition des Begriffs verbindet sich „Fortschritt" vor allem mit dem Aspekt der systematisch erweiterten Erkenntnis und Beherrschung der Natur einerseits, mit dem Aspekt der Durchsetzung politischer Freiheit andererseits. Beide Gesichtspunkte finden sich auch bei Schleiermacher, der im übrigen auf die Parallelität zwischen naturwissenschaftlich-technischem und politischem Fortschritt, zwischen „Maschinentendenz“ und „Constitutionstendenz“ ausdrücklich aufmerksam macht. Er versteht unter dem einen „die Tendenz, alles mechanische immer mehr durch Maschinen [zu] vollbringen“, unter dem anderen „die Tendenz, immer mehrere positiven Antheil nehmen zu lassen an den gemeinsamen Angelegenheiten, so daß der Gegensaz des Gebietens und des Gehorchens immer mehr nur ein functioneller wird und immer mehr aufhört ein persönlicher zu sein“ (Beilagen, S. 190). Die „Maschinentendenz“ steht hierbei als Bezeichnung für das zu Schleiermachers Zeit erreichte Stadium der Beherrschung der Erde durch den Menschen. Diese gilt einerseits als Aufgabe jedes einzelnen (S. 478), andererseits als gemeinsame Aufgabe des Menschengeschlechts (S. 108). Schleiermacher bezeichnet den Vorgang, in welchem sich diese Herrschaft des Menschen über die Erde vollzieht und im Vollzug erweitert, auch als „Naturbildungsprozeß“; dieser steht mit der Ausbildung der Talente des Menschen selbst in einem Wechselverhältnis. Für beide Prozesse zusammen formuliert Schleiermacher eine Reihe von Regeln, die in unserem Zusammenhang von Interesse sind:

„1) Das Christenthum bildet Talent und Natur nie an und für sich, sondern immer nur für den Geist.
2) Das Christenthum sezt den Naturbildungsprozeß als einen unbegrenzten ... jede Erweiterung der Herrschaft über die Natur ist eine Erweiterung der Verbindung unter den Menschen selbst, als nothwendige Bedingung für die Verbreitung des christlichen Geistes ...
3) Ebenso sezt das Christenthum keine Grenzen für die Naturwahrnehmung ...
4) Es duldet nicht, daß der Ausbildung des Erkenntnisvermögens Schranken gesezt werden ... So ist beständiges Fortschreiten und fortwährende Berichtigung der gesammelten Begriffs- und Urtheilsbildung aufgegeben ...“ (S. 472 f.)

Aus der allgemeinen Aufgabe umfassender Naturbeherrschung ergibt sich für Schleiermacher mit Notwendigkeit das Prinzip der Arbeitsteilung; dafür, daß auch in der Arbeitsteilung der Prozeß der Naturbeherrschung gleichwohl ein gemeinschaftlicher ist, bedarf es des „Systems des Tausches“. Hieraus aber folgt nicht eine statische Festlegung verschiedener Gruppen von Menschen auf unterschiedlich qualifizierte Arbeiten. Vielmehr entspricht christlichem Denken die Tendenz zum Abbau mechanischer Tätigkeiten und, damit verbunden, eine Tendenz zur Angleichung menschlicher Tätigkeiten aneinander. Denn alles Handeln soll darauf gerichtet sein, der Wirksamkeit des Geistes den Weg zu ebnen. Deshalb formuliert Schleiermacher:

„Die Aufgabe, die das Christenthum stellt, ist aber die, daß das rein mechanische immer mehr verschwinde und daß alles mechanische immer mehr zu Kunst und Wissenschaft erhoben werde. Es stellt also die Differenz [das heißt zwischen den verschiedenen Tätigkeiten im Rahmen der Arbeitsteilung; W. H.] nur als ein Mehr und Minder, nicht als eine specifische, und fordert, daß dem ganzen gemeinschaftlichen Bildungsprocesse die Richtung gegeben werde, daß jeder Antheil hat am höheren und eben so jeder auch Antheil am niederen“ (S. 479).

Aus dieser These entwickelt Schleiermacher eine bemerkenswerte bildungspolitische Konsequenz: Obwohl einstweilen, so sagt er, die große Menge noch vorwiegend in den „Mechanismus der Naturbearbeitung" verflochten ist, so darf man deren „innere geistige Ausbildung" nicht vernachlässigen. Und er fährt fort:

„Wenn also noch erst gefragt wird, ob man die Talentbildung des Volkes befördern solle, oder nicht, wenn sogar in gesezgebenden Versammlungen darauf gedrungen wird, nicht mehrere zu einer höheren geistigen Entwikkelung zuzulassen, als die Geschäfte erfordern, zu denen eine solche Ausbildung durchaus nothwendig ist: so ist das völlig unchristlich" (S. 489).[4]

An dieser Stelle sieht man mit besonderer Deutlichkeit die praktisch-politischen Konsequenzen aus Schleiermachers Ausgangsthese, das Christentum bilde Talent und Natur nie an und für sich, sondern für den Geist. Eine Bildungspolitik, die sich ausschließlich am gesellschaftlichen Bedarf und am Interesse ökonomischen Wachstums orientiert, ist mit dieser These unvereinbar; Schleiermacher muß eine solche Politik deshalb als unchristlich bezeichnen. An dieser Stelle zeigt sich im übrigen mit besonderer Klarheit, daß Schleiermacher keineswegs einfach eine bürgerliche Fortschrittsvorstellung rezipieren will; vielmehr geht es ihm darum, ein spezifisch christliches Verständnis von Fortschritt zu entwickeln und auch im Blick auf das ökonomische System zur Geltung zu bringen. Es kann also auch keine Rede davon sein, daß Schleiermacher die „Eigengesetzlichkeit" des naturwissenschaftlich-technischen Fortschritts akzeptiere und im Rahmen seines theologischen Systems zu legitimieren versuche. Mit späteren neuprotestantischen Fassungen der „Zwei-Reiche-Lehre" ist seine ethische Konzeption unvereinbar. In ihr kommt vielmehr die Grundüberzeugung zum Ausdruck, daß der christliche Glaube und die Idee des Reiches Gottes, die dessen zusammenfassender Ausdruck ist, sich auf den Gesamtzusammenhang aller Lebensprozesse beziehen und deshalb auch auf diesen Gesamtzusammenhang hin ausgelegt werden müssen.

Weniger ausgeprägt als die Thesen zum Fortschritt im „Naturbildungsprozeß" sind Schleiermachers Thesen zum Fortschritt im staatlichen Zusammenleben, auf die deshalb hier nur anhangsweise hingewiesen sei. Er trifft sich mit vielen seiner Vorgänger und Zeitgenossen in der Behauptung, daß die Sicherung und Erweiterung bürgerlicher Freiheit das Kriterium für Fortschritte in der staatlichen Organisation sei (S. 71, S. 490). Bemerkenswert ist in diesem Zusammenhang Schleiermachers scharfe Polemik gegen die Trennung von Politik und Moral, in welcher er einen eklatanten Widerspruch gegen das Christentum sieht. Eine solche Trennung von Politik und Moral liegt überall dort vor, wo man eine Verpflichtung der Einzelstaaten gegenüber der Gesamtheit des Menschengeschlechts – heute würde man sagen: gegenüber den Überlebensfragen der Menschheit – bestreitet und demgegenüber behauptet, jeder Staat habe nur seinen eigenen Vorteil zu suchen. Dagegen setzt Schleiermacher die These, daß jedes Volk in seiner staatlichen Organisation als Organ der gesamten Menschheit wirksam zu werden habe (S. 490 f.). Auf diesem Hintergrund wird Schleiermachers Interesse daran, daß die Verbindung der Staaten durch ein wirksames Völkerrecht gesichert werde, verständlich; diesen Aspekt wollen wir hier jedoch nicht weiterverfolgen (vgl. insbesondere S. 273 ff.).

4. Fortschritt in der Kirche

Schleiermachers Vorstellung von Fortschritten in der Kirche beruht auf folgender Voraussetzung: „... wir evangelischen Christen" können „nicht anders als die Kirche in der Erscheinung für ein lebendiges erklären, für ein ganzes, das zwar im Fortschreiten begriffen sei, aber nicht ohne auch rükkgängige Bewegungen zu machen" (S. 182). Daraus ergibt sich, daß auf Fortschritt in der Kirche gerichtetes Handeln sowohl die Gestalt des reinigenden als auch die des verbreitenden Handelns haben muß. Das reinigende Handeln in bezug auf die Kirche nennt Schleiermacher „Kirchenverbesserung" (Verbesserung hier im Sinn von „correctio" verstanden); beim verbreitenden Handeln in bezug auf die Kirche unterscheidet er zwischen dessen extensiver, auf Erweiterung der Kirchengemeinschaft zielender, und dessen intensiver, auf die Vertiefung der Gemeinschaft mit Gott zielender Richtung.

Mit seiner These vom Fortschritt in der Kirche wendet er sich einerseits gegen alle kirchengeschichtlichen Verfallstheorien, wie sie nicht nur in der ihm vorausliegenden, sondern auch in der ihm folgenden theologischen Entwicklung bis in unsere Gegenwart geläufig waren und sind. Er polemisiert ausdrücklich gegen jene Position, welche sagt:

„Die erste christliche Kirche ist der Normalzustand, denn in den unmittelbaren Jüngern Christi, die sie bildeten, war das Maximum seiner Wirkung; sie waren alle auf dem Punkte, auf den alle gebracht werden sollen, und alle auf diesen Punkt zu bringen, war ihre Tendenz. Aber von ihnen an giebt es nichts als Oscillation, Rükkschritt, und dann wieder Fortschritt; übertroffen werden können sie nicht" (S. 374).
Dieser Position gegenüber beruft sich Schleiermacher auf die „Idee des heiligen Geistes als des gemeinsamen Lebensprincips in der Kirche. Seine Gewalt in der Kirche entwikkelt sich in beständiger Steigerung, auch ohne Rükksicht auf die Individuen; er steigert die Kirche als ein ganzes, indem er seine Vereinigung mit ihr steigert, und das Mehr oder Weniger, das sich dabei in den einzelnen findet, sind nur die mehr oder weniger hellen Punkte des Bewußtseins der Kirche von der immer wachsenden Gemeinschaft mit ihm ..." (S. 374 f.)

Schleiermacher wendet sich auf der anderen Seite mit derselben Entschiedenheit gegen die katholische Auffassung, welche eine Perfektibilität der

Kirche mit der Begründung leugnet, „alles was die Kirche als Kirche thut und redet, [trage] den Charakter der absoluten Vollkommenheit an sich" (S. 122).

Beiden Positionen stellt Schleiermacher das Verständnis der Kirche als des durch Christus gestifteten und durch den Heiligen Geist bestimmten neuen Gesamtlebens der Gläubigen entgegen. Er bringt dieses Kirchenverständnis einmal auf die Formel: „Die Kirche ist also ohne eigentlichen Zwekk das gemeinsame religiöse Leben, lebendiges Verhältniß des Einzelnen und Ganzen in Einströmung und Ausströmung" (Praktische Theologie, S. 788). Daraus ergibt sich für ihn vor allem, daß der Gegensatz von Priestern und Laien in der Kirche keine konstitutive Bedeutung haben kann; vielmehr eignet der Kirche eine „demokratische Tendenz", eine Tendenz zur Gleichheit, die sich aus der Erhabenheit Christi über alle ergibt (CSL, Beilagen, S. 25). Ein wesentliches Ziel des Fortschritts in der Kirche muß es deshalb sein, daß die Ungleichheit zwischen ihren Gliedern immer mehr aufgehoben wird (S. 432); denn: „Auf der brüderlichen Liebe ruhend ist in der Kirche wesentliche Gleichheit aller." Schleiermacher fügt allerdings hinzu: „Diese Gleichheit erscheint aber in jedem Augenblikke nur als sich aufhebende Ungleichheit" (Beilagen, S. 148). Daraus erklärt sich, warum dem reinigenden Handeln in der Kirche für Schleiermacher so erhebliche Bedeutung zukommt. Es hat deshalb den Charakter einer sich logisch ergebenden Grenzbestimmung, wenn Schleiermacher erklärt, „daß in dem Maaße als die christliche Gemeinschaft sich der Vollkommenheit nähert, in demselben Maaße auch die Nothwendigkeit des reinigenden Handelns in ihr abnehmen" müsse (S. 102). Schleiermachers eigene kirchenpolitische Initiativen sind ein sprechender Beleg dafür, daß er jedenfalls für seine eigene Zeit von der Notwendigkeit der „Kirchenverbesserung" durchdrungen war.

Deren Kriterium lag für ihn im protestantischen Prinzip der Freiheit, die es fortschreitend zu verwirklichen gelte. Dieses Prinzip der Freiheit interpretiert er im Blick auf die Verfassung der Kirche folgendermaßen:

„Das Kirchenregiment muß sich immer mehr dem Zustand nähern in dem es ist wenn es sich frei aus der Gemeine entwikkelt."
„Jede Verfassung, die das am meisten zur Anschauung bringt, daß es keinen anderen Unterschied unter den evangelischen Christen giebt, als den der übertragenen Ausrichtung gewisser Functionen, ist die beste, weil in ihr keine Veranlassung liegen kann den Gegensaz zwischen Klerus und Laien anders, als es der evangelischen Kirche gemäß ist, zu fassen."
„Die Verfassung die am meisten die freie Thätigkeit im Schriftverständniß befördert wird die beste sein."
(Praktische Theologie, S. 540 und S. 558.)

Diese Grundsätze sind hier der Kürze halber nach der Vorlesung über praktische Theologie zitiert, die sich mit dem Problem der Kirchenverfassung detaillierter auseinandersetzt [5]; sie finden sich der Sache nach aber auch in der Christlichen Sittenlehre. Denn sie entsprechen jener „demokratischen Tendenz", die Schleiermacher der Kirche zuschreibt und die er neben die Maschinentendenz im ökonomischen Bereich und die Konstitutionstendenz im Bereich des Staates stellt. Diese Parallelität legt es nahe, in Schleiermachers Überlegungen zu allen drei Bereichen lediglich eine Abspiegelung des bürgerlichen Fortschrittsoptimismus zu sehen; so hat ja auch Yorick Spiegel Schleiermachers Theologie als eine „Theologie der bürgerlichen Welt" gekennzeichnet [6], und andere sind ihm hierin gefolgt. Doch in einer solchen Betrachtung wird die Differenz leicht unterschlagen, die Schleiermacher gegenüber einem Fortschrittsdenken zur Geltung bringen will, welches seinen christlichen Ursprung vergessen hat: den Gesichtspunkt nämlich, daß Fortschritt niemals zum Selbstzweck werden darf, sondern darauf zielt, eine weiterreichende Wirksamkeit des Geistes, den er als den Geist Christi versteht, zu ermöglichen. Damit hängt zusammen, daß der einzelne niemals Fortschritt nur für sich, sondern vielmehr einen Fortschritt erstreben soll, der auf eine Förderung des Gesamtlebens einer Gemeinschaft, auf die Förderung des Ganzen also, gerichtet ist. Dazu bedarf es einer Form der Selbstverleugnung und des Muts, die „nur bei großer Herrschaft des christlichen Geistes" denkbar ist, „so daß ein sicherer und umfassender Fortschritt des gesammten Naturbildungsprozesses [das heißt aber auch der anderen Bildungsprozesse; W. H.] nur bei recht lebendiger christlicher Gesinnung möglich ist" (CSL, S. 499).

5. Bedingungen des Fortschritts

Mit dem Hinweis auf das Verhältnis zwischen dem einzelnen und dem Ganzen, der in diesen letzten Bemerkungen enthalten war, ist schon eine der wesentlichen Bedingungen genannt, die Schleiermacher für die Möglichkeit und das faktische Eintreten von Fortschrittsprozessen geltend macht. Der Fortschritt, so sahen wir, muß sich notwendigerweise auf eine Weiterentwicklung des Ganzen richten; doch ausgehen kann er immer nur von einzelnen.

„... die Fortschreitung des ganzen kann und muß immer und überall ausgehen von dem lebendigen Einflusse einzelner, in welchen sich zuerst eine höhere Stufe geistigen Lebens gebildet hat, und anders als unter dieser Form können wir sie uns gar nicht denken" (S. 121).

Diesen Gesichtspunkt bringt Schleiermacher sowohl hinsichtlich der Kirche als auch hinsichtlich des Staates zur Geltung. Hinsichtlich der Kirche ergibt sich für ihn daraus die um des Fortschritts willen notwendige Spannung zwischen Kirchenorganisation und freier Christlichkeit; bezogen auf die Kirchenverfassung ergibt sich daraus die Differenz zwischen der Kirchengewalt und der freien Tätigkeit einzelner, die als die beiden notwendigen Bestandteile des Kirchenregiments betrachtet werden. Die katholische Auffassung, die eine Einwirkung des einzelnen auf die Gesamtheit nicht annimmt, sondern alles Handeln von einzelnen, soweit es als legitimes kirchliches Handeln gelten soll, als Darstellung des korporativen Handelns der Kirche betrachtet, muß Schleiermacher deshalb scharf ablehnen. Denn diese Auffassung widerspricht der Entstehungsgeschichte des Christentums selbst, das von einem einzelnen, Christus, seinen Ausgang genommen hat.

Schleiermacher entwickelt also die Bedingungen des Fortschritts aus der Dialektik des einzelnen und des Ganzen. Die Handlungen des einzelnen können entweder vorrangig bestimmt sein von dem Gemeingefühl der Gemeinschaft, in der er lebt, oder von seinem persönlichen Selbstbewußtsein. Daraus läßt sich für die Fortschrittsthematik eine terminologische Differenz zwischen „Fortsetzung“ und „Fortschritt“ ableiten. „Alle Handlungen, in welchen das persönliche Bewußtsein als bestimmt erscheint durch das Gemeingefühl, sind eigentlich nur Fortsezungen“ (S. 74). Fortschritt dagegen entsteht dadurch, daß einzelne, deren persönliches Bewußtsein über den jeweiligen Stand des Gemeingefühls hinaus entwickelt ist, auf die Gesamtheit einzuwirken versuchen.

Dieser Grundsatz gilt auch für Fortschritt im Bereich des Staates. Dabei plädiert Schleiermacher für die Veränderung des Staates durch „Beratung“, in der die einzelnen versuchen, die staatlichen Repräsentationsorgane zu Staatsverbesserungen zu veranlassen; er wendet sich, unter ausdrücklicher Berufung auf Römer 13, gegen jede revolutionäre Veränderung des Staates, weil durch sie die Zerstörung von staatlicher Organisation an die Stelle der Verbesserung träte und ein Zustand äußerer Gewalt geschaffen würde (S. 264 ff.).

Die Aufgabe solches auf Fortschritt gerichteten reinigenden Handelns, das notwendigerweise von einzelnen ausgehen muß, kommt normalerweise in erster Linie denen zu, die mit der Repräsentation des Ganzen beauftragt sind: den Mitgliedern gesetzgebender Versammlungen im Staat, den Mitgliedern „leitender Ausschüsse“ in der Kirche. Denn Fortschritt – damit ist eine zweite Bedingung formuliert – kommt nur zustande, wenn einige überwiegend spontan tätig werden; die Differenz zwischen Spontaneität und Rezeptivität, auf die Schleiermacher auch an anderen Stellen Gewicht legt, wird damit auch in den Zusammenhang der Fortschrittsthematik eingeführt: „Nur in der Wechselwirkung beider, derer nämlich, die überwiegend receptiv sind, und derer, die mit überwiegender Spontaneität thätig sein können, kann die fortschreitende Bewegung des ganzen gegründet sein . . .“ (S. 126).

Es wäre ein Mißverständnis, würde man annehmen, daß Schleiermacher ein lineares Fortschrittsverständnis vertreten habe. Vielmehr gehören in den Prozeß des Fortschritts die Rückschritte, die Gegenbewegungen, die Reaktionen notwendig mit hinein. Die „rükkgängigen Bewegungen" sind zunächst die Ursache dafür, daß es überhaupt ein Einwirken des einzelnen auf das Ganze geben muß (S. 182); darüber hinaus aber sind sie der notwendige Prüfstein dafür, was denn überhaupt das Prädikat des Fortschritts verdiene. Denn was die einen für einen „Fortschritt" halten, halten die anderen für eine „schädliche Neuerung" (S. 179). Erst aus diesen entgegengesetzten Bewegungen ergibt sich die Nötigung für alle, sich über die gewünschte Richtung von Veränderungen Klarheit zu verschaffen und an diesen Veränderungen Anteil zu nehmen. Wir können diesen von Schleiermacher entfalteten Zusammenhang auch auf die Formel bringen: Erst der Konflikt um den Fortschritt schafft Partizipation an den Problemen des Fortschritts.

Wenn Fortschritt, wie wir sahen, nur durch die Einwirkung des einzelnen auf das Ganze zustande kommen kann, so hängt die Möglichkeit solcher Einwirkung an einer elementaren Voraussetzung: an dem Vorhandensein uneingeschränkter Öffentlichkeit. Nur im Medium von Öffentlichkeit können die einzelnen auf das Ganze verändernd einwirken. Dieses Postulat uneingeschränkter Öffentlichkeit gilt für den Bereich der Kirche ebenso wie für den Bereich des Staates. Für den einzelnen ergibt sich daraus die Pflicht, „seinem Handeln die größte Oeffentlichkeit zu geben, die möglich ist" (S. 189).

Zugleich ergibt sich daraus im Blick auf die Kirche das Recht, „daß jeder einzelne sich aus einer Kirche flüchte, in welcher das Princip der Oeffentlichkeit durchaus gehemmt ist, weil in einer solchen, da kein Mittel mehr sein könnte, rükkschreitende Bewegungen aufzuheben, alle Irrthümer permanent wären" (S. 188) [7]. Insgesamt ergibt sich aus dieser Überlegung: „Darum muß aber auch in dem ganzen der Gesellschaft, das immer die Hülfsmittel in sich hat fortzuschreiten, das Princip der Oeffentlichkeit stets unangetastet bleiben" (S. 189).

Schleiermacher hielt seine Vorlesungen über die christliche Sittenlehre in einer Zeit politischer Restauration; die Vorstellung, daß Fortschritt sich quasi naturwüchsig von selber ergebe, lag ihm fern. Genau deshalb sind seine Überlegungen durchaus noch aktuell in einer Zeit, die vom Konzept des quasi naturwüchsigen Fortschritts ebenso Abschied nehmen muß wie von der rein quantitativen Deutung des Fortschritts als Wachstum. In einer solchen Zeit wächst das Bewußtsein dafür, daß Fortschritt nötig ist und daß doch das, was als Fortschritt ausgegeben wird, oft nur den Charakter einer „schädlichen Neuerung" trägt. In einer solchen Zeit zeigt sich auch, daß die von Schleiermacher formulierten Bedingungen des Fortschritts keineswegs überholt sind: die Herstellung von Öffentlichkeit und die Ermöglichung von Partizipation.

Anmerkungen

1 Verwiesen sei dafür auf die detaillierten Untersuchungen von Miller, M. E.: Der Übergang. Schleiermachers Theologie des Reiches Gottes im Zusammenhang seines Gesamtdenkens. Gütersloh 1970 (Studien zur evangelischen Ethik, Bd. 6).

2 Schleiermacher, F.: Über die Religion. Reden an die Gebildeten unter ihren Verächtern. In ihrer ursprünglichen Gestalt mit fortlaufender Übersicht des Gedankenganges neu herausgegeben von Rudolf Otto. 6. Aufl., Göttingen 1967, S. 157 f. (Vierte Rede).

3 Schleiermacher, F.: Die christliche Sitte nach den Grundsäzen der evangelischen Kirche im Zusammenhange dargestellt. Aus Schleiermacher's handschriftlichem Nachlasse und nachgeschriebenen Vorlesungen herausgegeben von L. Jonas. Berlin 1843.

4 Auf diese wichtige Stelle bei Schleiermacher bezieht sich auch Dietrich Goldschmidt in seinem Aufsatz: „Studium wozu? 15 Punkte zum Wandel von Hochschulen und Studium in Beziehung zum Beschäftigungssystem". In: Neue Sammlung, 19. Jg. (1979), H. 3, S. 288–309, hier S. 288.

5 Schleiermacher, F.: Die praktische Theologie nach den Grundsäzen der evangelischen Kirche im Zusammenhange dargestellt. Aus Schleichermacher's handschriftlichem Nachlasse und nachgeschriebenen Vorlesungen herausgegeben von Jacob Frerichs. Berlin 1850.

6 Spiegel, Y.: Theologie der bürgerlichen Gesellschaft. Sozialphilosophie und Glaubenslehre bei Friedrich Schleiermacher. München 1968 (Forschungen zur Geschichte und Lehre des Protestantismus, 10. Reihe, Bd. 37).

7 In diesem Zusammenhange verweist Schleiermacher auf die Bedeutung, die die Publizität und der gerade erfundene Buchdruck als Mittel der Publizität für die Reformation hatten.

Zweiter Teil

Identität im Bildungskonflikt

Lothar Krappmann

Identität – ein Bildungskonzept?

Bei einem materiellen Gegenstand ist zweifelsfrei, wenngleich manchmal nicht ohne größeren technischen Aufwand feststellbar, ob er über Zeit und Raum hinweg derselbe geblieben ist oder eine Veränderung erlitten hat. Auch jeder einzelne Mensch hat Merkmale, die ihn von anderen unterscheiden und ihm sein Leben lang anhaften. Sie machen möglich, ihn als eben diesen zu identifizieren. Diese Sicherung von Fortdauer und Eigenart ist zwar eine wesentliche Voraussetzung, aber keine ausreichende Grundlage, um ein Bewußtsein persönlicher Kontinuität zu behaupten und von anderen als identischer Teilnehmer an vielfältigen Interaktionen anerkannt zu werden.

Für die anderen kann es nämlich unbegreiflich sein, weshalb dieser Mensch immer noch in gleicher Weise reagiert, oder in einem anderen Falle völlig verständlich, daß er in äußerlich ähnlicher Situation dennoch gänzlich entgegengesetztes Verhalten zeigt. Stets unterlegen nämlich Interaktionspartner Handlungsabläufen Bedeutungen, die auch Aussagen über die Person der Beteiligten und deren Intentionen und Vermutungen über die Vereinbarkeit oder Unvereinbarkeit von Verhaltensakten einer Person einschließen. Auch jeder Teilnehmer rechnet sich selbst einen Teil seines Tuns ohne Zögern zu, möchte jedoch nicht selten andere Handlungen lieber verbergen oder zumindest nicht ohne zusätzliche Erklärungen einem Gegenüber preisgeben. Diese überall beobachtbaren Bemühungen beweisen, daß die Identität einer Person weder für sie selbst ein unverlierbarer Besitz ist noch von den anderen ein für allemal garantiert wird.

Die Wissenschaften, die das Verhalten der Menschen zu erklären versuchen, sind auf diese Problematik von Beginn an gestoßen. E. Durkheim sah die Individualität durch die zunehmende Arbeitsteilung gefördert, der eine Solidarität entspräche, die den einzelnen in seiner Eigenart respektiere [1]. W. James führte einen Begriff des Selbst ein, in dem ein von der Umwelt übernommener und ein spontan reagierender Anteil unterschieden wurde [2].

Die beiden Begriffe „Identität" und „Selbst", die in umgangssprachlichen Darstellungen ziemlich unbekümmert nebeneinander benutzt werden, sind auch im Gebrauch der an der Aufarbeitung dieser Thematik beteiligten Disziplinen nur schwer voneinander abzugrenzen. So wurde zum Beispiel das „self" im Titel des Buches von G. H. Mead, „Mind, Self and Society", durchaus korrekt mit „Identität" übersetzt [3], um den Zusammenhang mit späteren Überlegungen in der soziologischen Schule des Symbolischen Interaktionismus herauszustellen; zugleich aber werden G. H. Mead ebenso wie W. James als Anwälte eines Selbstkonzeptes herangezogen, das die Dialektik eines „I“ (das Selbst als Subjekt) und eines „me“ (das Selbst als Objekt) einschließt.

Es wäre dennoch zu oberflächlich betrachtet, aus diesem unscharfen Sprachgebrauch zu folgern, die beiden Begriffe seien austauschbar. Ein Überblick über die jüngere Literatur zeigt, daß sich inzwischen an „Identität“ und „Selbst“ Bedeutungen geheftet haben, durch die jeweils ein bestimmter Aspekt der Thematik betont wird. Einige Differenzen außer acht lassend, kann man sagen, daß Soziologen von der „Problematik der Identität“ sprechen und mit diesem Konzept den subjektiven Beitrag des Individuums zur Einigung über Bedeutungen und Sinn im sozialen Handlungsprozeß unterstreichen wollen, ohne dabei die notwendige Anpassung des einzelnen an Normen und Institutionen zu leugnen. Psychologen hingegen bevorzugen den Begriff des „Selbst“, wenn sie den situationsübergreifenden Einfluß einer strukturierten Summe von Aussagen über die eigene Person (Selbstbild, Selbstmodell) herausstellen wollen, wobei sie durchaus beachten, daß das Individuum aus der Fülle seiner Erfahrungen nur einen Teil in das Selbstkonzept aufnimmt und zudem Veränderungen dieser Selbst-Vorstellungen durch die Lebensgeschichte zu beobachten sind.

Die jeweiligen Akzente der Problematik in der Soziologie und der Psychologie spiegeln Fragestellungen wider, welche die für die Disziplin konstitutiven Erklärungsansätze – gerade wenn sie erfolgreich sind – hervorbringen. Je überzeugender die Soziologie darstellt, daß sich im Verhalten des Individuums Handlungsmuster der Sozialisationsumwelt und übernommene Rollen durchsetzen, desto zweifelhafter wird, ob das Individuum überhaupt eine ihm zurechenbare Leistung vollbringt. Ansätze, die auf eine Instanz verzichten zu können meinen, welche Handeln aus der Perspektive einer Person strukturiert, widersprechen allerdings alltäglichen Erfahrungen, in denen die Menschen nur erfolgreich interagieren, wenn sie einander ein Ich zuerkennen. Neben Unauffälligem und Typischem entdecken sie aneinander sogar in Situationen mit rigiden Anforderungen Besonderes, Überraschendes und Unbegreifliches.

Ist dies aus der Sicht der Ideologie lediglich als Mangel an Sozialisation oder Fehlanpassung an soziale Erwartungen zu erklären? Diese Auffassung wird kaum vertreten, die Antwort jedoch nicht selten der Genetik – einer Lehre von einmaligen Triebkonstellationen – oder der Religion überlassen. Die Soziologie sucht ihre Antwort in zwei Richtungen. Zum einen wird darauf hingewiesen, daß sich ein Individuum Regeln, Normen und Interpretationen, die ihm in seiner sozialen Umwelt angesonnen werden, nur durch Verbindung mit selbst Erlebtem, Gehörtem und Empfundenem aneignen kann. So entsteht eine innige Verbindung von Überliefertem und Gefordertem mit an den eigenen Körper gebundenen und aus der eigenen Lebensgeschichte herausgelesenen Erfahrungen, die sich sowohl in kognitiven Schematisierungen und Strategien als auch in affektiven Strebungen ausprägen. Zum anderen ist nicht zu übersehen, daß die vorgeschriebenen Normen weithin unpräzise und inkonsistent sind, daß die sozialen Traditionen voller Widersprüche stecken und die verschiedenen Stränge der gesellschaftlichen Entwicklung, die Existenzbedingungen des Individuums festlegen, kaum jemals synchron verlaufen. Im Regelfall gibt es keine routinierte Pose, keine standardisierte Rolle und keine präfabrizierte Identität, in die das Individuum nur zu schlüpfen brauchte, damit es angesichts seiner Dispositionen Befriedigung von kognitiven und affektiven Wünschen erlangen kann. Zwar kann es und muß es Angebote zur Stilisierung seiner Person und ihrer Handlungen aufgreifen. Es steht jedoch vor der Aufgabe, diese Verhaltensmuster und Rollenschablonen den Daten und Prägungen durch die eigene Lebensgeschichte, den Erfordernissen seiner vielfältigen, selten übereinstimmenden und insgesamt zumeist überforderten sozialen Verpflichtungen sowie den ausgebildeten motivationalen Dispositionen anzuverwandeln und zu versuchen, diesen Neuentwürfen die Zustimmung der Handlungspartner zu sichern.

Solange es einen sozialen Prozeß gibt, kann diese Identität niemals fertig sein, sondern sucht immer wieder nach neuen Möglichkeiten, sich seine verschiedenen Handlungsbereiche zuzuordnen. Das um Identität bemühte Individuum verdrängt oder leugnet nicht bisherige Geschehnisse und Engagements, sondern versucht vergangene und gegenwärtige Beteiligungen einzubeziehen, indem es sie neu interpretiert oder die Art seiner Beteiligung ändert.

Die Anstrengung, über Situationen, Rollen und Lebensabschnitte hinweg als mit sich selbst identisches Subjekt aufzutreten, entspringt nicht individuellem Geltungsdrang. Vielmehr setzt sich das Individuum bei diesen Bemühungen mit den Widersprüchlichkeiten einer normativ und evolutiv nicht erstarrten Gesellschaft auseinander. Weil in ihr Normen notwendigerweise inkonsistent sind und wichtige Interpretationen nicht übereinstimmen, gibt es ohne eine Gewichtung der verschiedenen Anforderungen durch die Interaktionspartner keine Handlungsorientierung. Relevanz und Bedeutung der konfligierenden Anforderungen zu klären und in bezug auf die eigene Person darzustellen ist aber wesentlicher Bestandteil des Entwurfs einer Identität. Wer dieser Aufgabe ausweicht, kann sich entweder völlig zurückziehen oder kann versuchen, sich den sozialen Forderungen anzupassen, die gerade zu gelten scheinen. In beiden Fällen ist eine Integration lebensgeschichtlich erworbener Bedürfnisse und Erfolg in den Bemühungen um einen befriedigenderen Ausgleich von Erwartungen und Strebungen nicht zu erwarten. Erst wenn Handlungspartner einander durch Hinweise auf die Art ihrer Strategien der Identitätserhaltung Orientierungen bieten, die eine gewisse Verläßlichkeit über die aktuelle Situation hinaus schaffen, sind die Voraussetzungen gegeben, unter denen Bemühungen um einen gemeinsamen Handlungsentwurf, der Normen und Bedürfnisse in ein befriedigendes Verhältnis zu bringen versucht, erst sinnvoll begonnen werden können. Durch Anstrengungen um Identität wird folglich der unvollständige Orientierungsrahmen in Handlungssystemen, deren Normen und Sinngehalte nicht endgültig festgelegt sind, einerseits vervollständigt, aber andererseits zugleich auch für weitere Entwicklungen offengehalten.

Aus dieser Sicht ist Identität ein Konzept, das sowohl den Aspekt der Sicherung wechselseitiger sozialer Handlungskontrolle als auch den Aspekt kreativen Überschreitens vorgegebener Handlungsdeterminanten in sich vereinigt. Weil das Individuum gegenüber sozialen Erwartungen Stellung beziehen muß, öffnet sich die Möglichkeit, Vorerfahrungen und Bedürfnisse der Interaktionspartner zu berücksichtigen. Zugleich aber werden die Individuen gerade durch ihre Bemühungen um Identität erkennbar, einplanbar und beeinflußbar. Mit dem Konzept der Identität sollen folglich jene psychosozialen Prozesse bezeichnet werden, die bei den Menschen die Handlungskontrolle aufgrund angeborener Programme ersetzen. Es enthält sowohl die spezifischen Möglichkeiten humanen Handelns als auch dessen besondere Gefährdungen.

Die soziologische Diskussion wurde vor allem durch die – immer noch nicht vollständig – rezipierte „I-and-me"-Dialektik G. H. Meads angeregt [4]. Mead wies darauf hin, daß das „I" sehr oft auf recht unterschiedliche soziale Erwartungen zu antworten habe und ein Individuum folglich in mehrere „Selbst" zerfalle, wenn diese Erwartungen nicht kommunikativ aufeinander bezogen werden können. Die vielfältigen Strategien, die eine Person anwendet, um das von ihr beanspruchte Selbst darzustellen und zu schützen, schildert E. Goffman [5]. Er unterschied eine soziale, gleichzeitige Rollen umfassende und eine personale, die Lebensgeschichte umspannende Dimension der Identität, die miteinander ins Verhältnis gesetzt werden müssen, wenn dem Individuum „Stigmatisierung" erspart bleiben soll [6].

Aber nicht nur in der soziologischen Schule des Interaktionismus, sondern auch in der strukturell-funktionalen Theorie erhielt das Identitätsproblem wichtigen Stellenwert. T. Parsons schreibt dem Identitätssystem, das er als Verbindungsglied zwischen Persönlichkeitssystem und sozialem System einführt, ebenfalls die Aufgabe zu, „I" und „me" zu verbinden [7]. Es enthalte nämlich in Sozialisationsprozessen erworbene Organisationsprinzipien und Regeln, mit deren Hilfe die Person ihre verschiedenen Handlungen im Rahmen von sozialen Bedeutungen aufeinander und auf sich beziehen kann.

Die Rezeption der interaktionistischen Ansätze in der Arbeit der deutschsprachigen Sozialwissenschaft leitete J. Habermas ein [8]. Habermas betonte vor allem die wechselseitige Abhängigkeit von Identität und sozialem Lebenszusammenhang, in dem eine Person handelt und kommuniziert. Die Selbstidentifikation der Person muß die Anerkennung der anderen enthalten. Indem die Person ihre Identifikation sowohl angesichts gleichzeitig konkurrierender Erwartungen als auch in der Abfolge von Lebensphasen aufrechtzuerhalten sich bemüht, schaffe sie die Möglichkeit der Verständigung von Subjekt zu Subjekt. Umgekehrt sind die Formen möglicher Identitätserhaltung von den durch Rollensysteme und Institutionen vorgegebenen Interaktionschancen abhängig. Habermas hat verschiedene Ausformungen von Identität gesellschaftlichen Entwicklungsstadien mit ihren Normen, Ethiken und den jeweiligen Stufen sozialer Reziprozität zugeordnet und entwickelte ein Sozialisationsmodell, in dem der Aufbau der Kompetenzen zur Erhaltung der Ich-Identität den zentralen Platz einnimmt [9].

In der Psychologie gibt es mehrere Traditionen, die jeweils ihren eigenen Bezug zur Identitäts- und Selbst-Thematik herstellen. Den dargestellten Fragestellungen nah ist eine Reihe von psychoanalytischen Autoren vor allem der ichpsychologischen Richtung. Große Auswirkungen hat bis heute E. H. Erikson, der als den Kern der Pubertätskrise die Bemühung um den Entwurf einer Identität sieht, die frühere Identifikationen des Kindes integriert und mit den in der Gesellschaft angebotenen Rollenperspektiven in einer Weise zu vereinigen vermag, die Befriedigung und Sicherheit gewährt sowie Kontinuität verbürgt [10]. Er betrachtet sie als akzeptierte individuelle Variante einer Gruppenidentität. Obwohl Erikson die gelungene Identitätsbildung als ein relativ stabiles und weitgehend abgeschlossenes Grundmuster betrachtete, schloß er dennoch nicht aus, daß sie in späteren Lebenskrisen neu akzentuiert werden könne.

In der „geisteswissenschaftlichen" Psychologie wurde der Begriff des Selbst verschiedentlich verwandt, um die „eigentliche Mitte der menschlichen Person" [11] zu bezeichnen. Auch in der amerikanischen psychologischen Tradition gibt es diesen Sprachgebrauch, um die Person als Ziel eines Entwicklungsprozesses darzustellen (self-actualization, becoming) [12] oder um die Verringerung der Diskrepanz zwischen Ideal- und Real-Selbst als Orientierungspunkt therapeutischer Bemühungen zu bezeichnen [13].

Zweifel gegenüber diesem Begriff äußern immer wieder naturwissenschaftlich orientierte Psychologen. Sie fragen, ob der Begriff nicht nur eine Scheinerklärung leiste, denn schließlich seien Selbstvorstellungen nicht mit den üblichen Methoden meßbar und somit Aussagen über das Selbst kaum nachvollziehbar zu prüfen [14]. Vor allem mit dem Aspekt des „Selbst als Subjekt" tut sich diese psychologische Richtung schwer. Das „Selbst als Objekt", die Selbstwahrnehmung der Person, ihre Abhängigkeit von der Wahrnehmung des Selbst durch andere und die Diskrepanzen in diesen Wahrnehmungsprozessen waren oft Gegenstand von Untersuchungen. Die „kognitive Wende" der Psychologie gab dieser Selbstkonzept-Forschung neue Impulse.

Vor allem in Situationen, in denen ein Individuum nicht gleichsam automatisch reagieren kann, scheinen die Selbst-Kognitionen wachgerufen zu werden, die dann dazu beitragen, unklare Anforderungen zu strukturieren und Handeln zu steuern [15]. Unter dieser Rücksicht ist die Summe der Wahrnehmungen und Aussagen einer Person über sich selbst eine wichtige, filternd intervenierende Variable in der Erklärung von Verhalten, die allerdings nicht in jedem Handlungszusammenhang von gleicher Relevanz ist. S.-H. Filipp unterscheidet zwei Schwerpunkte für die Forschung: Wie entstehen die kognitiven Repräsentationen der eigenen Person, und wie fügen sie sich zu einem „internen Selbstmodell" zusammen? Wie wirken sich diese Selbstmodelle auf Erleben und Handeln aus? [16]

Früher schienen – vielleicht als Reflex auf die Verwendung des Konzepts im Umkreis von Entwicklungskrisen und Therapie – vor allem Aspekte der Stabilisierung von Verhaltensmustern und der Anpassung im Vordergrund zu stehen. Die Durchsicht jüngerer Problematisierungen des Themas in einem Sammelband von Filipp zeigt jedoch, daß die Fragen, die der soziologische Begriff der Identität aufwirft, sich auch hier aufdrängen [17]. So wird hervorgehoben, daß die Entstehung von Selbst-Vorstellungen einer Person nicht ohne aktive Auseinandersetzung mit der sozialen Umwelt stattfinden kann. M. Fischer bemüht sich, den Vorwurf der „Umweltvergessenheit" gegen die Selbstkonzept-Forschung zu entkräften [18]. Offenbar bestimmen emotional bedeutsame Erfahrungen die Selbst-Vorstellung in besonderer Weise. Dies läßt fragen, welche Reize unter vielen eine derartige Bedeutsamkeit erlangen. Einzubeziehen sei hierbei, daß die Menschen selbst aktiv nach Reizen suchen, auf die sie dann reagieren [19]. Auch bringen die Menschen in bestimmte Situationen jeweils nur solche Anteile ihres Selbst ein, auf die sie ihre Aufmerksamkeit vorzugsweise lenken. Die Richtung dieser Aufmerksamkeit wird vor allem von sozial geteilten Symbolen, die in der Situation gegenwärtig sind, beeinflußt [20]. Auch die Lebensgeschichte bewirkt Veränderungen im Selbstmodell der Person [21]. Weder eine vollständige Geschlossenheit noch eine starre Kontinuität ist folglich denkbar. Konsequent warnt K. J. Gergen davor, von nur einem Selbst zu sprechen, und betont die Vielfalt der Selbstkonzepte einer Person, die zum Teil sogar weitgehend unabhängig voneinander seien [22].

Somit führt diese psychologische Selbstkonzept-Forschung ebenfalls zur Vorstellung eines dynamischen Selbst-Systems, das sich in einem sozial geteilten symbolischen Orientierungsrahmen entwickelt und ausweist. Es bleibt als Differenz gegenüber den soziologischen Identitätsansätzen bestehen, daß der neu entdeckte Bezug auf die Umwelt durch zu berücksichtigende soziale Variablen hergestellt werden soll, nicht jedoch Selbst und Umwelt als wechselseitig konstitutiv begriffen werden wie in der soziologischen Perspektive, die Identität und soziales Beziehungsgeflecht als zwei Aspekte des einen – allerdings in sich vielgestaltigen – sozialen Prozesses betrachtet.

Sicher können psychologisch und soziologisch orientierte Selbst- und Identitätsforschungen einander anregen. W. F. Neubauer berichtet über einige „umfassende Ordnungsversuche“ [23], die jedoch die disziplinären Grenzen nicht überwinden konnten. Allerdings gibt es „Anleihen“, die aber im allgemeinen eine assimilierende Verwandlung des Begriffs- und Hypothesensystems der Nachbardisziplin vornehmen. So ist es für die soziologische Perspektive durchaus wichtig, zur Kenntnis zu nehmen, nach welchen Regeln Selbst-Repräsentationen kognitiv bearbeitet, gespeichert und wieder abgerufen werden können. Bei aller Eigenständigkeit, die Informationsverarbeitungsprozessen zuerkannt werden muß, betonen Soziologen jedoch, daß auch die kognitiven Operationen und Systeme soziale Erfahrungen widerspiegeln [24]. Die Tendenz der Psychologen, soziale Beziehungsfelder vor allem als Bereich der Anwendung von Persönlichkeitsvariablen zu verstehen, der oft restriktive oder erleichternde Bedingungen setzt, und nicht als konstitutive Bedingung der psychischen Struktur, scheint allerdings gerade im soziokognitiven Forschungsareal allmählich aufgegeben zu werden.

Beide Konzepte, sowohl das der „Identität“ als auch das des „Selbst“, sind in pädagogisch relevanten Bereichen der Sozialwissenschaft oft verwandt worden, um die zu untersuchenden Problemstellungen einer theoretischen Perspektive zu erschließen, die einzelne Vorkommnisse und Prozesse – zum Beispiel Entwicklungskrisen, Kommunikationsstörungen, Lernsperren, abweichendes Verhalten – in einen Rahmen persönlicher Zurechenbarkeit und einer Lebensgeschichte stellt. Diese Zurechenbarkeit entsteht nicht nur durch faktische Urheberschaft, so wie sich auch die Lebensgeschichte nicht allein aus der Abfolge von Ereignissen ergibt, sondern beide sind vor allem Resultat der jedem einzelnen aufgebürdeten Bemühungen, sich als identische Person trotz widerstreitender Bedürfnisse, divergierender Erwartungungen und unstimmiger Erfahrungen in einem von den anderen anerkannten Sinnzusammenhang zu behaupten.

Besonders deutlich ist dieser Interpretationsrahmen im Bereich der Sozialisationsforschung, jedenfalls in den Richtungen, die als Kriterium „gelungener" Sozialisation die Ausbildung der kommunikativen Handlungsfähigkeit eines Subjekts trotz widersprüchlicher Normen und gefährdeter Bedürfnisbefriedigung betrachten (verstanden als Gegenbegriff zur uninterpretierten Übernahme vorgegebener Verhaltensmuster). Hier umschreibt der Identitätsbegriff sowohl Bedingungen, die im Interaktionsprozeß verwirklicht sein müssen, als auch das Ziel des primären, auf Grundqualifikationen hin ausgerichteten Sozialisationsprozesses [25].

Die sozialisationswirksamen Bedingungen sind in Interaktionsprozessen gegeben, die dem Kind ermöglichen, verschiedene Handlungsentwürfe zu erproben, ohne unangemessenen Repressionen ausgesetzt zu sein, ambivalente Gefühle zu äußern, ohne sich vor einem drohenden Verlust von affektiver Zuwendung zu fürchten, sowie Sinn zu erfragen, ohne eigene Interpretationen verbergen zu müssen. Diese sozialisatorischen Interaktionen zeichnen sich ferner dadurch aus, daß sie von jedem Teilnehmer aktive Mitwirkung verlangen, Unfähigkeiten von Kindern kompensieren und ihnen nach und nach noch nicht ausgebildete Qualifikationen abfordern. Diese Qualifikationen, die Beteiligung, Intersubjektivität und Identitätsbehauptung zugleich ermöglichen, entstehen vor allem in kritischen Interaktionskonstellationen (Entwicklungskrisen). Als derartige interaktions- und identitätssichernde Qualifikationen werden vor allem genannt die Fähigkeit, sich an sich selbst kommentierender Kommunikation zu beteiligen (kommunikative Kompetenz), die Fähigkeit, eine Situation auch aus der Sicht eines Partners wahrnehmen und einschätzen zu können (role-taking), die Fähigkeit, mehrdeutige und im Hinblick auf Bedürfnisse ambivalente Interaktionsverläufe zu ertragen (Ambiguitätstoleranz), sowie die Fähigkeit, sich mit angesonnenen Erwartungen auseinandersetzen zu können (Rollendistanz).

Das an der Identitätsentwicklung orientierte Sozialisationsmodell hat auch theoretischen Studien und empirischen Untersuchungen in den Institutionen des Bildungs- und Erziehungswesens Anregungen vermittelt. Nicht kognitives Training, sondern die Entfaltung von pädagogisch-sozialisatorischer Interaktion, die dem Kind Gelegenheit zur Entwicklung kommunikativer Kompetenz und Identität bietet, sei die Aufgabe der Vorschulerziehung [26]. Interaktionsmuster in der Schule, Szenen und Rituale, wurden daraufhin untersucht, welche Strategien der Identitätswahrung sie ermöglichen, aber auch, welche Deformationen sie in den Bemühungen um ein akzeptiertes Selbst bewirken [27]. Anhand von Episoden aus dem Unterricht wurde herausgestellt, daß ohne Respekt vor den Identitätsbestrebungen der Schüler Lernprozesse abgewehrt werden [28]. Dieser Ansatz mündet in eine kommunikative Didaktik, die „handlungsfähig in einer Wirklichkeit (machen will), die sie gleichzeitig kritisch reflektieren und überschreiten will" [29].

Auch außerhalb des Bereichs der Schule wird „Identität“ benutzt, um erziehungswissenschaftliche Problemstellungen zu akzentuieren. So geht in den begrifflichen Rahmen zur Analyse familialer Interaktion, den K. Mollenhauer und seine Mitarbeiter [30] entwickelten, ein Identitätskonzept ein, das die spannungsvolle Konfrontation individueller Initiativen mit generellen Verhaltenserwartungen in sich aufnimmt. Mollenhauers Modellvorstellung familialer Interaktion führt zu der Hypothese, daß Familien, die ihren Mitgliedern identitätssichernde Verhaltensweisen offenlassen, Belastungen besser zu verarbeiten vermögen und weniger darauf angewiesen sind, den Systemzustand auf Kosten psychischer Deformation zu stabilisieren. L. Veelken leitete aus den Bedingungen, die garantiert sein müssen, damit Identität in der jugendlichen Entwicklungsphase sich entfalten kann, eine Kritik vorherrschender Organisationsformen und Inhalte außerschulischer Jugendarbeit ab [31].

Der Identitätsansatz wurde ebenfalls auf Phänomene sozialer Abweichung angewandt. S. Cohen und L. Taylor erschließen das Thema mit Hilfe dieses Konzepts [32]. Ihr Interesse wendet sich allerdings von der ihrer Ansicht nach „romantischen“ Annahme ab, auch der Delinquent versuche, wenn auch in rebellischer Revolte gegen Repression, sich in einer sinnvollen Existenz zu verwirklichen. Angeregt von den Alltagsstrategien langfristig Inhaftierter, schildern sie die „Identitätsarbeit“, die von jedermann zu leisten sei, der unter der Spannung von herrschender Realität und erstrebter Identität steht. Diese Identitätsarbeit bringe seltsame, das Ziel pervertierende und doch überall zu beobachtende Verhaltensweisen hervor, mit denen die Menschen aus vorgegebenen „Scripts“ ein ums andere Mal ausbrechen wollen und gerade auf diesem Weg die Identitätsdestruktion immer wieder an sich selber vollziehen.

Das Selbstkonzept hat in der Psychologie eine weniger dramatische Karriere gemacht, aber auch hier wird es zunehmend verwandt, um sehr grundlegende Fragen aufzuwerfen. Die Entwicklungspsychologie nutzt es, um Prozesse hervorzuheben, auf deren Basis sich weitere Fähigkeiten ausbilden. M. Lewis und seine Mitarbeiter verfolgen die frühen Ursprünge des Selbst im Kind, das einerseits Resultat der Auseinandersetzungen mit Partnern, andererseits eine entscheidende Voraussetzung für die Teilnahme an intentionalem Handeln für die Verarbeitung von Erfahrungen mit Objekten und für die Ausbildung der Geschlechtsrolle ist. Ebenso ist ein ausgebildetes Selbst die Grundlage für emotionale Erfahrungen [33]. In der Unterscheidung von existentiellem und kategorialem Selbst nehmen die Autoren die Gegenüberstellung von Selbst als Subjekt und als Objekt wieder auf; das Kind ist zwar von Beginn an Urheber von Handlungen, aber sein Selbst ist im Rahmen der zu bestimmenden Beziehungen zu anderen auch Gegenstand und Träger von Definitionen.

In der Pädagogischen Psychologie hat die Annahme, daß das Selbstkonzept – insbesondere der eigenen Begabung, der Tüchtigkeit beziehungsweise der Fähigkeiten – Erfolg im Problemlösen und Schulleistungen beeinflußt, seit der Untersuchung von W. B. Brookover [34] eine Fülle von empirischen Arbeiten hervorgebracht. Jüngere Arbeiten machen deutlich, daß der ganz überwiegend bestätigte Zusammenhang noch von weiteren Variablen – zum Beispiel den Verhaltensmustern der Schüler – mitbestimmt wird [35]. Bemühungen, Selbstkonzepte durch pädagogische Interventionen zu verändern (korrekter: zu manipulieren), brachten nur teilweise die erwünschten, manchmal geradezu paradoxe Ergebnisse [36]. Diese Fehlreaktionen auf Lob machen vermutlich darauf aufmerksam, daß die Schüler den Stimulus, der ihre Selbsteinschätzung verändern soll, in einen umfassenderen Sinnzusammenhang stellen und deuten. Es ist denkbar, daß hier auch der Grund für die widersprüchlichen Ergebnisse zu finden ist, die in den Untersuchungen auftreten, welche bei der Erklärung abweichenden Verhaltens „Selbstkonzepte" als einflußreichen Faktor zu berücksichtigen versuchen [37]. Das „Selbstkonzept" erscheint geradezu als unstetige Variable, die plötzlich in entgegengesetzter Richtung wirkt, wenn ein Sinnzusammenhang gleichsam kippt (also die ständige Wiederholung des Lobs zur Floskel wird oder der Tadel zum Anlaß, „coolness" zu demonstrieren). Diesen Aspekt müßte auch das methodische Vorgehen beachten.

O. Ewert folgert, daß die Variable „Selbstkonzept" trotz des unbefriedigenden Forschungsstandes in Theorie und Empirie einen Beitrag für die Erklärung von Verhalten in diesen pädagogisch relevanten Bereichen leisten könne, der durch den Rückgriff auf andere Variablen nicht zu erzielen ist [38]. Sowohl die psychologische als auch die soziologische Verwendung der beiden Begriffe zeigt allerdings, daß es kaum möglich ist, „Selbst" oder „Identität" als eine Variable unter anderen zu behandeln. Die erwähnten Ergebnisse der Studien über die vom Selbstkonzept abhängige Schulleistung, neben dem Selbstkonzept seien noch andere Faktoren wirksam, scheinen zwar für ein Nebeneinander der Faktoren zu sprechen; jedoch ist dies aufgrund der für das Meßverfahren gewählten Operationalisierungen auch nicht anders zu erwarten. Die am Thema des um Identität bemühten Subjektes orientierten Überlegungen lassen aber weiterfragen: Warum werden die Verhaltensmuster der Schüler – Stillsitzen, Herumlaufen im Klassenzimmer usw. – aus den Bereichen ausgeklammert, auf denen sich das Selbstbild der Person aufbaut? Oder: Was bedeutet es für die Identitätsbestrebungen der Person, wenn sie ein abfragbares Selbstbild von ihren Verhaltensroutinen im täglichen Schulleben trennt? Aber auch: Wie ist eine Institution einzuschätzen, die Kindern möglich macht oder sogar nahelegt, ihr Selbstkonzept von ihren alltäglichen Verhaltensmustern abzuspalten?

Auch die Arbeiten an der Weiterentwicklung einer Theorie des Selbstkonzepts führen folglich zu grundlegenden, die Arbeitsteilung der Disziplinen sprengenden Fragen. Stets erwägend, ob es überhaupt fruchtbar sei, von *dem* Selbstwertgefühl zu sprechen (und nicht besser von affektiv-evaluativen Aspekten einzelner selbstbezogener Kognitionen), betont Filipp, daß diese Selbstkognitionen „extrem ‚ich-nahe' Gedanken" [39] darstellen, und bezieht sie daher auf ein Zentrum der Reflexion und des Erlebens, das in den verschiedenen Aspekten der Selbstbetrachtung und der Selbstgefühle durchschimmert. Auch Ewert unterstreicht die „Nichtgleichgültigkeit" der Wahrnehmungen und Aussagen über das Selbst [40]. Diese wichtige Beobachtung verweist ebenfalls auf einen gemeinsamen Bezugspunkt der noch so verschiedenen Selbst-Kognitionen, somit auf ein in sich spannungsvolles, nicht durch oberflächliche Konstanz stabilisierbares Subjekt. Beide sehen die Notwendigkeit, die Selbstvorstellungen einer Person als Bestandteil einer von ihr entwickelten „naiven Theorie", die mehr oder weniger bewußte Einschätzungen der eigenen Handlungsvoraussetzungen und Situationsdefinitionen einschließt (Filipp), oder als Element einer von der Person entworfenen umfassenden „Person-Umwelt-Beziehung" (Ewert) zu betrachten.

Die sich aufdrängende sozial- und kulturanthropologische Dimension wird in der erwähnten Darstellung Cohens und Taylors noch deutlicher. Ihre Schilderung der verschiedenen Strategien, den täglichen Routinen ein Stückchen Identität abzutrotzen – ein wahrer Horrorfilm über den Alltag –, endet mit einem doppelten Schluß zur Auswahl für den Leser: Die pessimistisch-nihilistische Variante erklärt alle Bemühungen um Identität und revolutionäre Veränderung der Alltagspraxis für illusionär; die andere bekennt sich zu einer „Hommage an das Selbst, [zu] einem Lobpreis des Kampfes, sich über das soziale Geschick zu erheben" [41]. Wie flüchtig und hinfällig diese ersehnte Identität auch sei, wie ideologisch und pathologisch die Anstrengungen auch deformiert seien – die Anstrengung um Identität bleibe der einzige Weg, die Gesellschaft, in der die Menschen tatsächlich leben, zu überschreiten.

Es ist allerdings zu prüfen, ob dies eine wirkliche Alternative ist. Wird mit dem Fall gänzlicher Sinnlosigkeit menschlicher Kommunikation und Identitätsbestrebungen nicht nur kokettiert – nach dem Muster des Kreters, der alle Kreter des Lügens bezichtigt und mit solchen Sentenzen vielleicht Mittelpunkt des „party-life" im minoischen Knossos wurde? Steht ein Mensch, der den Sinn seines Handelns bedenkt oder an ihm zweifelt, der seine Mitmenschen oder das soziale System anklagt oder der einen anderen liebt, tatsächlich vor dieser Wahl? Hat er sich nicht immer schon für die Anstrengung um Identität entschieden, auch und gerade wenn er unter Enttäuschung von Erwartungen und Verkehrungen seiner Absichten leidet, wenn er sein Schicksal bejammert oder wenn Verständnissperren sogar in Liebesbeziehungen ihn unglücklich machen?

Diese Formulierungsversuche sind nämlich immer noch irreführend, weil sie die Identitätsproblematik nicht genügend radikalisieren. Falls nämlich die Bemühung um Identität Konstituens eines jeden Aktes ist, in dem ein Mensch in bezug auf andere etwas äußert, tut oder empfindet, dann geht es gar nicht um eine Entscheidung, der man sich stellen kann oder auch nicht. Identität ist in dieser Sicht überhaupt nicht übernehmbare oder verweigerbare Aufgabe und schon gar nicht zu messen an ihrer Bewältigung, sondern lediglich das subjektive Korrelat der in menschlichen Gruppierungen zu lösenden Aufgabe, trotz normativer Inkonsistenz, affektiver Diskrepanz und der Diskontinuität von Ereignissen die für die Existenzsicherung notwendigen Handlungen abstimmen und ausführen, beurteilen und verändern zu können. Und auch umgekehrt: Wer seine Identität im Gang der Ereignisse nicht festzuhalten sich bemüht, kennt nicht Inkonsistenz, Diskrepanz und Diskontinuität und kann an ihnen folglich auch nicht leiden.

Dabei gilt es zu beachten, daß Inkonsistenz und Diskrepanz nicht zufällige Momente sozialer Umwelt sind, sondern durch den jeweiligen Entwicklungsstand sozialer Gesellung hervorgebracht werden, der mit den sozialen Organisationsformen sowohl die Probleme intersubjektiver Verständigung schafft als auch die „Instrumente" liefert, durch die soziales Handeln angesichts dieser Probleme ermöglicht wird. J. Habermas hat diesen Gedankengang systematisch dargestellt und Formen der Identität gesellschaftlichen Entwicklungsstufen zugeordnet [42]. Ich-Identität ist jene Form der Identität, die modernen Hochkulturen mit ihrer Spannung zwischen universalistischen Moralsystemen einerseits und mit ihren konfligierenden kollektiven Identitäten, die in partikularen Gruppen weiterbestehen, andererseits korrespondiert. Sozialisationsprozesse statten das Individuum mit den Fähigkeiten aus, diese nicht endenden, stets revisionsbedürftigen Integrationsleistungen zu vollbringen. Aus dieser soziologischen Perspektive wendet sich der Blick zuerst der Gesellschaft zu, die letztlich die Sozialisationsprozesse trägt. Zu untersuchen ist, ob komplexe Gesellschaften der Art, in der wir leben, imstande sind, die Bildung einer „vernünftigen Identität" zuzulassen. Unter dieser Rücksicht sind dann auch Familie und Schule als einzelne Institutionen und in ihrem Zusammenwirken zu betrachten.

Die Erziehungswissenschaft hat diese Identitätsthematik aufgegriffen. Erziehungsvorgänge als Interaktion um Identität bemühter Subjekte zu begreifen ist bereits ein Akzent, der die Zweiseitigkeit des Erziehungsverhältnisses wieder betont, die unter dem Einfluß der behavioristischen Lerntheorie verlorengegangen zu sein schien. Gerade um die Möglichkeiten und Gefährdungen pädagogischer Programme und Einrichtungen aufzuklären, wurde der Diskussionsstand von Identitäts- und Selbsttheorie rezipiert [43].

Allerdings gerieten die auf diese Ansätze sich stützenden pädagogischen

Konzepte immer wieder in den Verdacht, ein Menschenbild zu vertreten, das den Individuen auferlegt, die Widersprüche im sozialen Leben durch Anstrengungen der einzelnen miteinander zu versöhnen, die doch tatsächlich ein Ausdruck der gesellschaftlichen Verhältnisse seien und nur durch deren Veränderung überwunden werden können. L. Hack [44] führt in diesem Sinn die Gouldnersche Kritik [45] an Goffmans Vorstellung des „identity- and impression-management" weiter, die nichts als „autoplastische Deformation" sei, ohne soziale Wirklichkeit jemals zu berühren. Sogenannte Selbsterfahrungsgruppen repräsentieren nach Hack besonders deutlich die kleinbürgerliche Illusion verselbständigter Konstitution sozialer Realität, indem sie bei der offenkundig zerstörten Soziabilität der Individuen einsetzen, aber nur zu Pseudo-Solidarität gelangen, weil Individualität und Sozialität nur getrennt von der Realität in „Spielräumen" entwickelt werden. Dieser Einwand trifft auch einen Teil der Interaktions- und Rollenspielpädagogik, die sich als soziales Lernen versteht, aber dann dem zu erziehenden Kind oder Jugendlichen die soziale Realität vorenthält, wenn im Nachspiel die identitätsherausfordernden Konflikte durch voreilige Lösungen zugeschüttet werden.

Im Gegensatz zu diesen weithin nur oberflächlich begründeten Versuchen, sich mit pädagogischen Bemühungen an plausibel erscheinende Konzepte anzuhängen, steht ein Versuch A. Schäfers, die Erziehungswissenschaft „anthropo-soziologisch" durch eine kritische Theorie der Kommunikation zu begründen, die die Verständigungsprozesse bereitstellt, in denen der Mensch Ich-Identität „gewinnt, bewahrt und transformiert". Erziehen begreift Schäfer in diesem Sinne als den „kommunikativ organisierten Versuch", den heranwachsenden Menschen zu sich selber zu bringen. „Er ist in einem erzieherischen und sozial legitimierbaren Sinne er selbst, indem er im gemeinsam interpretierten Aufgabengehalt der geschichtlichen Situation einen Projektionshorizont für seine Identität gewinnt und sein Identitätskonzept in kritisch-verstehendem und kommunikativ-einfühlendem Bewußtsein mit einem konsensfähigen Orientierungssystem und einem revisionsfähigen Deutungssystem vermittelt." [46] Die vorgelegte Rahmenskizze eines pädagogischen Dialogs wird aus den in unseren gesellschaftlichen Situationen wirksamen Gefährdungen von Kommunikation und Identität abgeleitet und trägt vor allem dazu bei, Problemfelder zu öffnen. Ein Ansatz, der den Erziehungsprozeß für eine jeweils neue Interpretation der Identität offenhalten will, würde sich selbst widerlegen, verbreitete er situationsunspezifische Problemlösungsrezepte.

Das Identitätskonzept weist einer Theorie des erzieherischen Handelns folglich nur einen Weg zu Aussagen durch Verneinung. Nur was Identität nicht ist, kann dargestellt werden. Identitätsgefährdungen und -zerstörungen können bezeichnet werden, indem das eigene Handeln und das der anderen als gespalten, abwehrend oder unreflektiert-anpasserisch erkannt wird. An einem gelungenen Vorbild von Identität kann nicht gemessen werden. Vielleicht schimmert ein Mehr an Identität durch ein Verhalten im Vergleich zu einem anderen durch. Aber jeglicher Versuch, diese Spur zu sichern, läßt sie sich wieder verflüchtigen. Die Zweifel, ob es sich nicht doch um ein affirmatives Arrangement mit den Verhältnissen oder eine leere Pose der Verneinung handelt, bleiben unüberwindbar. Definierbar und reproduzierbar ist das autonome, mit sich selbst identische Subjekt nicht, sondern nachweisbar nur die nicht endende Anstrengung um die Aufrechterhaltung dieser Identität. Alle Versprechungen, diese Problematik durch Erziehung und Bildung mit einer zu erbringenden Integrationsleistung oder einer durchzuhaltenden Balance abschließen zu können, kehren sich gegen das Subjekt, wenn sie unterstellen, daß diese Integration je gelingen oder diese Balance je stabilisiert werden könnte.

Kann ein derartiges Konzept niemals erreichbarer Identität ein Leitbild des Bildungsprozesses, ein Erziehungsziel sein? Der Überblick über die Geschichte der Bildungstheorien zeigt, daß in ihnen die Vorstellung, der Mensch müsse erst zu sich selbst kommen und Kräfte gegen Bedrohung und Verführung sowie zur Behauptung seiner selbst entwickeln, eine zentrale Stellung innehat [47]. Dieser Bildungsprozeß vollzieht sich in der Auseinandersetzung des Menschen mit der Wirklichkeit als sachlicher und personeller Umwelt und mit sich selbst. Die Bildung, auf die diese Selbst-Formung zielt, ist „nicht ein Zusatz zur menschlichen Existenz, auf den man verzichten könnte; sie begründet vielmehr die Möglichkeit eines menschlichen Daseins überhaupt“ [48].

Das Verhältnis der Person zu den anderen, zur Sache und zu sich selbst ist freilich in verschiedener Weise begriffen worden: von einer weitgehend selektierten Umwelt als Material, dem in Theorien formaler Bildung lediglich Bedeutung für die allseitige Entfaltung des Ichs zukommt, bis zur Überwindung des „endlosen Rückbezugs auf angepaßtes menschliches Selbst“ [49] durch eine Selbstlosigkeit, in der der Mensch „Selbstfindung“ aufgibt, um die anderen freizugeben [50]. J. Derbolav stellt das dialogisch-reflexive Moment im Bildungsprozeß heraus [51]. Der Mensch verwirklicht sich selbst im anderen als je bestimmtem Du und als je bestimmter Objektivation von Wissens- und Kulturtradition. Hilft die sozialwissenschaftliche Ausarbeitung des Identitätskonzeptes, eben dieses Verhältnis des sich bildenden Subjekts zu den anderen, zu tradierten Normen und Weltbedeutungen sowie zur eigenen Natur aufzuklären?

Dieses den Bildungsprozeß bestimmende Grundverhältnis eines sich nur gegenüber und mit anderen entwickelnden Subjekts spricht das Identitätskonzept an. Allerdings ordnet es die Bemühungen, sich als identisches Subjekt im Konflikt mit Erwartungen und Bedürfnissen zu behaupten, einer Interaktion konstituierenden Ebene zu, die noch vor der Unterscheidung von selbstsüchtiger Ich-Findung und individualistischer Aneignung der Umwelt als bloßen Materials einerseits und von altruistischer Selbstaufgabe und solidarischer Verschmelzung in einem Kollektiv andererseits liegt. Das sozialwissenschaftliche Identitätskonzept hilft festzuhalten, daß die Vorstellungen Ballaufs und Derbolavs nicht moralisierend zu deuten sind; es unterstreicht die Forderung, die Genese eines sozial handlungsfähigen Subjekts in einer auch empirischer Überprüfung zugänglichen Theorie zu gründen. Zugleich wehrt dieses Konzept die Vorstellung ab, die „Vermittlung des ‚Selbst' in und über das ‚Andere'" [52] und der Weg zu „selbstloser Verantwortung der Wahrheit von Dingen, Wesen und Mitmenschen", zu einer Verantwortung, die nicht beraubt, sondern freigibt [53], könnte jemals an das Ziel gelangen. Aber ist das Identitätskonzept nicht gerade wegen seines fundamentalen Stellenwerts zur Klärung der Bedingungen der Möglichkeit von Interaktion ein zu leeres Konzept, gleichgültig und kriterienlos gegenüber der jeweiligen historischen Situation, als daß es pädagogischen Bemühungen Richtung und Norm geben könnte?

Identität als notwendiges Element der Bemühung, die durch normative Diskrepanzen und sich nicht deckende Vorerfahrungen von Handlungspartnern gefährdeten, wenn nicht zerbrochenen Verständigungsmöglichkeiten wiederherzustellen und weiterzuentwickeln, verlangt nicht nur formale Qualifikationen zu kommunikativem Handeln. Die Anstrengung um Identität nicht aufzugeben ist nämlich nur sinnvoll, wenn die Interaktion, in der sie aufrechterhalten werden soll, bestimmte qualitative Postulate nicht widerlegt. Diese für die Begründung von Identitätsbemühungen notwendigen Implikationen lassen sich drei Problemkreisen des Interaktionsprozesses zuordnen, die zugleich für den Bildungsprozeß unabdingbare Voraussetzungen bezeichnen. Die Handlungschancen einer Interaktionssituation werden von den Partnern zunächst verschieden beurteilt. Die Einigung über einen gemeinsamen Handlungsentwurf setzt voraus, daß die Beteiligten ihre Einschätzungen und Absichten austauschen. Dieser Diskussion werden sie sich entziehen, wenn der Kommunikationsprozeß kein *Vertrauen* zu erzeugen vermag, daß Verpflichtungen, Vorlieben und Wünsche anerkannt und in einer befriedigenden Konsensbildung berücksichtigt werden. Ohne ein Minimum an Vertrauen muß Identität als Teil des gemeinsam zu entwickelnden Orientierungsrahmens aufgegeben werden. Auch der Fortgang der Interaktion bleibt in diesem Fall ungesichert.

Die im Regelfall fehlende Übereinstimmung in der Interpretation der jeweils relevanten Normen und Erwartungen schließt, wie G. H. Mead betont hat, eine rein „mechanische" Reaktion auf Anforderungen aus. Vielmehr ist nötig, die Unstimmigkeiten und Widersprüche durch einen Schritt zu überbrücken, für den die Interaktionsteilnehmer *Verantwortung* zu übernehmen bereit sind. Nur wenn die Beteiligten zwischen sich und ihrem Tun eine Beziehung herstellen, ist Rückfrage, Stellungnahme, Einwand und gegebenenfalls Revision der Handlung möglich. Rollen und Institutionen, die diese verantwortende Relation nicht herzustellen erlauben, untergraben Identitätsbemühungen. Andererseits bewirkt jede Zurechnung einer Handlung bereits eine kritische Wendung gegen Verhältnisse, die das Individuum mit sich selbst und seinem Tun entzweien.

Die verschiedenen Vorerfahrungen, die Interaktionspartner mitbringen, prägen sich in ihren Äußerungen und Handlungen aus. Sie zerstören nur dann nicht die Aussicht auf erfolgreiche Einigung, wenn die Partner sich der Frage nicht verweigern, welche Bedeutung die vergangenen Interaktionsbeteiligungen für die jetzige Situation haben. Nicht, „alles" mitzuteilen, ist notwendig, sondern die gegenseitige Prüfung der Erwartungen zuzulassen. In seinen spezifischen Bedürfnissen wird sich jedoch nur darstellen, wer Anzeichen sieht, daß die offenbarte Besonderheit dazu führt, einen unangemessenen Kompromiß zu verwerfen und eine *gerechte Übereinkunft* zu suchen. Wo diese Aussicht auf gerechte Behandlung nicht besteht, wäre es töricht, sogar gefährlich, sich in seiner verletzlichen Einmaligkeit darzustellen. Wer allerdings darauf beharrt, als identisches Subjekt zu handeln, realisiert auch eine Bedingung für ein gerechteres, weil um die wechselseitige Anerkennung von Anforderungen bemühtes Verhältnis von Interaktionspartnern.

Die im Interaktionsprozeß geforderte, die seinen Restriktionen abgetrotzte Identität ist folglich auf eine Reihe von Bedingungen angewiesen, ohne die Interaktion, die Konflikte zwischen verschiedenen Normen und voneinander abweichenden Bedürfnissen überwindet, nicht aufrechtzuerhalten ist. Ohne die Möglichkeit, Vertrauen zu wahren, Verantwortung zu übernehmen und Gerechtigkeit zu üben, versiegt die Anstrengung um Identität, führen die Handlungsbedingungen sogar zu ihrer Zerstörung. Habermas führt an dieser Stelle die Vorstellung einer „zwanglosen, pathologisch nicht verzerrten Kommunikation" ein und weist darauf hin, daß auch die Psychoanalyse diese normative Voraussetzung ihres psychischen Strukturmodells sieht, aber – weniger anfechtbar – als therapeutische Zielsetzung für einen behandlungsbedürftigen Patienten ausformuliert [54]. Habermas' Formulierung macht darauf aufmerksam, daß Vertrauen, Verantwortlichkeit und Gerechtigkeit nicht situations- und personenunabhängig bestimmt werden können, sondern im kommunikativen Prozeß des Austausches über Erwartungen und der Vermittlung von Ansprüchen der Beteiligten sich realisieren. Die therapeutischen Zielsetzungen erinnern daran, daß es nicht um abstrakte Prinzipien geht, sondern um Konstitutiva eines guten, eines besseren Lebens im Alltag.

Auf Vertrauen, Verantwortlichkeit und Gerechtigkeit angewiesen zu sein, lehrt die Erinnerung an Augenblicke geglückter Interaktion; öfter noch entsteht die Sehnsucht nach diesen Interaktionen konstituierenden Bedingungen im Gegenbild zu enttäuschenden und schmerzlichen Erfahrungen. Die interaktionistische Theorie rekonstruiert nur nachträglich diese Einsicht, die grundsätzlich jedem zugänglich ist. Jede Bemühung um Identität trägt im übrigen auch ein Stück zur Verwirklichung dieser Hoffnung auf ein mögliches Mehr an Vertrauen, Verantwortlichkeit und Gerechtigkeit bei; denn die Wahrung der eigenen Ansprüche gelingt nur im Prozeß der gegenseitigen Anerkennung von Erwartungen.

Die normativen Postulate, die das Identitätskonzept enthält, sind also untrennbar mit der Möglichkeit des sozialen Lebens einer menschlichen Gemeinschaft überhaupt verbunden. So kehrt die Frage zurück: Kann eine solche normative, auf die Bedingungen der Verständigung von Menschen generell bezogene Identitätsvorstellung Bildung anleiten? Verlangt die Rede von einem Bildungsideal nicht, daß es mit anderen konkurriert, Entscheidungen für und wider erfordert und nicht nur die „conditio humana" formuliert, außerhalb deren es gemeinsames Handeln nicht gibt?

Die Diskussion von Bildungsidealen muß heute neue Gesichtspunkte aufnehmen. Die konkurrierenden Ideale vergangener Epochen entsprachen gesellschaftlichen Strukturen, in denen jeweils Teilgruppen die Fortentwicklung von politischen Systemen, von Wirtschaftsformen und von wissenschaftlichen Instrumentarien vorantrieben. Ihr Beitrag zur Bewältigung einer gesellschaftlichen Problematik verkörperte sich auch in einem Bildungsideal, das sich gegen das einer anderen Gruppe durchsetzte. Bei dem Übergang zu einer gesellschaftlichen Organisation, die sich grundsätzlich auf die Beteiligung eines jeden Bürgers stützt und den Ausgleich der Interessen nicht nur im beschränkten Kommunikationskreis von Großfamilie, Kaste, Klasse oder Staat sucht, sondern von der wechselseitigen Anerkennung aller Menschen – gleich welcher Rasse und Kultur – ausgeht, muß auch die Bildungsvorstellung universell werden. Dies bedeutet, daß sie diejenigen Qualifikationen fördern muß, die Interaktion und Ich-Entwicklung in der Gemeinschaft prinzipiell aller realen und vorstellbaren menschlichen Handlungssubjekte sichern [55]. Das Identitätskonzept entspricht dieser Programmatik.

Gerade deshalb ist „Identität" jedoch kein gegenüber heute existierenden Sozialsystemen – und insbesondere gegenüber Bildungsinstitutionen – neutrales Konzept. Identität saugt die Eigenarten der sozialen Beziehungsgeflechte, in denen dieser Mensch lebt, in sich auf und reflektiert die jeweils angebotenen Handlungschancen. Obwohl das Konzept also eine Problematik aller Menschen präsentiert, prägt sich das Identität suchende Subjekt in seiner Lebensthematik, seinen Vorlieben und seiner Emotion anders in Columbus/Ohio, Giesing oder Soweto aus, allerdings, soweit Identitätsbemühungen gelingen, nicht in abgekapselter Regionalität, sondern in prinzipieller Offenheit gegenüber allen möglichen Handlungspartnern.

An dieser Stelle wird „Identität“ zum kritischen Begriff: Familiale Interaktion, aber auch die Inhalte und Umgangsformen in Kindergärten und Schulen, in Lehrlingswerkstätten und Erwachsenenbildung sind daraufhin zu untersuchen, ob sie Identitätsanstrengungen herausfordern oder verwehren. In den erwähnten Studien von Wellendorf, Homfeldt und Rumpf (siehe Anmerkung 27 f.) wurden Beobachtungen gesammelt, die vor allem Identitätsgefährdungen belegen. Antwortet der Schüler nicht scheinbar „sinnvoller“ mit Identitätsspaltung und Selbst-Verstümmelung auf die beherrschenden Kommunikationsstrukturen als mit der Offenlegung seiner prekären Bemühungen, Schul-, Familien- und weitere Alltagserfahrungen aufeinander zu beziehen? E. Wynne, J. S. Coleman und seine Mitarbeiter sowie R. Döbert und G. Nunner-Winkler [56] schildern Lebensverhältnisse, die die Kindheits- und Jugendkrisen austrocknen lassen, in denen sich die Auseinandersetzung der Heranwachsenden mit den Normen der Umwelt und die Vermittlung sozialer Erwartungen mit sich ausbildenden Ansätzen der Identitätssicherung vollziehen sollten. Das Identitätskonzept enthält ein noch auszuarbeitendes pädagogisches Programm für eine bildende und erziehende Umwelt, die nicht durch Zureden und Besserwisserei, sondern durch die Art ihrer Kommunikations- und Interaktionsangebote die soziale Genese eines Identität behauptenden Subjekts fördert.

Anmerkungen

1 Durkheim, E.: De la division du travail social (1893). 7. Aufl., Paris 1960.
2 James, W.: The Principles of Psychology. New York 1890.
3 Mead, G. H.: Geist, Identität und Gesellschaft. Frankfurt a. M. 1973 (englischer Originaltitel: Mind, Self and Society, 1934).
4 Ebenda.
5 Goffman, E.: Wir spielen alle Theater. München 1969; ders.: Asyle. Über die soziale Situation psychiatrischer Patienten und anderer Insassen. Frankfurt a. M. 1967.
6 Goffman, E.: Stigma. Über Techniken der Bewältigung beschädigter Identität (1959). Frankfurt a. M. 1967.
7 Parsons, T.: „Der Stellenwert des Identitätsbegriffs in der allgemeinen Handlungstheorie“ (1968). In: Döbert, R., u. a. (Hrsg.): Entwicklung des Ichs. Köln 1977, S. 68–88.
8 Habermas, J.: „Stichworte zur Theorie der Sozialisation“ (1968); „Notizen zum Begriff der Rollenkompetenz“ (1972). In: ders.: Kultur und Kritik. Frankfurt a. M. 1973, S. 118–194; S. 195–231.
9 Vgl. „Einführung“. In: Döbert, R., u. a. (Hrsg.), a. a. O.
10 Erikson, E. H.: „Ich-Entwicklung und geschichtlicher Wandel“ (1946); „Das Pro-

blem der Ich-Identität" (1956). In: ders.: Identität und Lebenszyklus. Frankfurt a. M. 1966, S. 11–54; S. 123–215.

11 Vgl. Lersch, P.: Der Aufbau der Person. 9. Aufl., München 1964; Arnold, W.: Person, Charakter, Persönlichkeit. Göttingen 1957; Bühler, C.: „Das integrierte Selbst". In: dies. und Massarik, F. (Hrsg.): Lebenslauf und Lebensziele. Stuttgart 1969, S. 282–299.

12 Vgl. Sullivan, H. S.: The Interpersonal Theory of Psychiatry. New York 1953; Allport, G. W.: Werden der Persönlichkeit. Bern 1958.

13 Vgl. Rogers, C. R., und Dymond, R. F. (Hrsg.): Psychotherapy and Personality Change. Chicago 1954.

14 Vgl. hierzu Mummendey, H. D.: „Methoden und Probleme der Messung von Selbstkonzepten". In: Filipp, S.-H. (Hrsg.): Selbstkonzept-Forschung. Stuttgart 1979, S. 171–189.

15 Vgl. Ewert, O.: „Selbstkonzept und Erklärung von Verhalten". In: Oerter, R. (Hrsg.): Entwicklung als lebenslanger Prozeß. Hamburg 1978, S. 136–146.

16 Filipp, S.-H.: „Entwurf eines heuristischen Bezugsrahmens für Selbstkonzept-Forschung". In: dies. (Hrsg.): Selbstkonzept-Forschung, a. a. O., S. 129–152.

17 Dies. (Hrsg.): Selbstkonzept-Forschung, a. a. O.

18 Fischer, M.: „Phänomenologische Analysen der Person-Umwelt-Beziehung". In: Filipp, S.-H. (Hrsg.): Selbstkonzept-Forschung, a. a. O., S. 47–73.

19 Vgl. Epstein, S.: „Entwurf einer integrativen Persönlichkeitstheorie". In: Filipp, S.-H. (Hrsg.): Selbstkonzept-Forschung, a. a. O., S. 15–45.

20 Vgl. Wicklund, R. A.: „Die Aktualisierung von Selbstkonzepten in Handlungsvollzügen". In: Filipp, S.-H. (Hrsg.): Selbstkonzept-Forschung, a. a. O., S. 153–169.

21 Vgl. Filipp, S.-H.: „Aufbau und Wandel von Selbstschemata über die Lebensspanne". In: Oerter, R. (Hrsg.), a. a. O., S. 110–135, sowie dies.: „Entwurf eines heuristischen Bezugsrahmens für Selbstkonzept-Forschung", a. a. O., unter Hinweis auf Piagets Adaptationskonzepte der Assimilation und der Akkommodation.

22 Gergen, K. J.: „Selbsterkenntnis und die wissenschaftliche Erkenntnis des sozialen Handelns". In: Filipp, S.-H. (Hrsg.): Selbstkonzept-Forschung, a. a. O., S. 75–95.

23 Neubauer, W. F.: Selbstkonzept und Identität im Kindes- und Jugendalter. München 1976, S. 19 ff.

24 Vgl. etwa Ulrich Oevermanns Versuch, Piagets kognitive Entwicklungspsychologie im Rahmen einer Bildungstheorie des mit sich selbst identischen Subjekts zu „soziologisieren": Oevermann, U.: „Programmatische Überlegungen zu einer Theorie der Bildungsprozesse und zur Strategie der Sozialisationsforschung". In: Hurrelmann, K. (Hrsg.): Sozialisation und Lebenslauf. Reinbek b. Hamburg 1976, S. 34–52.

25 Vgl. Habermas, J.: „Stichworte zur Theorie der Sozialisation", a. a. O.; Döbert, R., u. a. (Hrsg.): Entwicklung des Ichs, a. a. O.; Krappmann, L.: „Sozialisation in der Gruppe der Gleichaltrigen". In: Hurrelmann, K., und Ulrich, D. (Hrsg.): Handbuch der Sozialisationsforschung. Weinheim 1980 (im Druck).

26 Vgl. Peukert, U.: Interaktive Kompetenz und Identität. Düsseldorf 1979.

27 Vgl. Wellendorf, F.: Schulische Sozialisation und Identität. Weinheim 1973; Homfeldt, H. G.: Stigma und Schule. Düsseldorf 1974.

28 Vgl. Rumpf, H.: Unterricht und Identität. München 1976.

29 Siehe Popp, W. (Hrsg.): Kommunikative Didaktik. Weinheim 1976, S. 279.

30 Mollenhauer, K., u. a.: Die Familienerziehung. München 1975.

31 Veelken, L.: Versuche zur Grundlegung einer Identitätstheorie und ihrer soziologischen Aspekte sowie ihre Bedeutung für die außerschulische Jugendarbeit. Dortmund: Phil. Diss. 1976.

32 Cohen, S., und Taylor, L.: Ausbruchsversuche. Identität und Widerstand in der modernen Lebenswelt. Frankfurt a. M. 1977.

33 Jüngere Zusammenfassungen der Arbeiten in Lewis, M., und Brooks-Gunn, J.:

„Self-Knowledge and Emotional Development". In: Lewis, M., und Rosenblum, L. A. (Hrsg.): The Development of Affect. New York 1978, S. 205–226; dies.: Social Cognition and the Acquisition of Self. New York 1979.

34 Brookover, W. B.: „Self-Concept of Ability and School-Achievement". In: Sociology of Education, Bd. 37 (1964), S. 271 f.

35 Zum Beispiel Cicirelli, V. G.: „Effects of Evaluating Task Competence on the Self Concept of Children from Different Socio-Economic Status Levels". In: Journal of Psychology, Bd. 94 (1976), S. 217–223; Shiffler, N., u. a.: „Relationship between Self-Concept and Classroom Behavior in two Informal Elementary Classrooms". In: Journal of Educational Psychology, Bd. 69 (1977), S. 349–359.

36 Vgl. Meyer, W.-U., und Plöger, F. O.: „Scheinbar paradoxe Wirkungen von Lob und Tadel auf die wahrgenommene eigene Begabung". In: Filipp, S.-H. (Hrsg.): Selbstkonzept-Forschung, a. a. O., S. 221–235.

37 Überblick bei Trautner, H. M.: „Der Beitrag der Selbstkonzept-Forschung zur Erklärung sozial abweichenden Verhaltens". In: Filipp, S.-H. (Hrsg.): Selbstkonzept-Forschung, a. a. O., S. 273–289.

38 Vgl. Ewert, O., a. a. O.

39 Siehe Filipp, S.-H.: „Entwurf eines heuristischen Bezugsrahmens für Selbstkonzept-Forschung", a. a. O., S. 146.

40 Ewert, O., a. a. O.

41 Cohen, S., und Taylor, L., a. a. O., S. 215.

42 Habermas, J.: „Können komplexe Gesellschaften eine vernünftige Identität ausbilden?" In: ders.: Zur Rekonstruktion des Historischen Materialismus. Frankfurt a. M. 1976, S. 92–126.

43 Vgl. Mollenhauer, K.: Theorien zum Erziehungsprozeß. München 1972; Brumlik, M.: Der Symbolische Interaktionismus und seine pädagogische Bedeutung. Frankfurt a. M. 1973.

44 Vgl. Hack, L.: Subjektivität im Alltagsleben. Frankfurt a. M. 1977, S. 19 ff.

45 Gouldner, A.: Die westliche Soziologie in der Krise. Reinbek b. Hamburg 1974.

46 Siehe Schäfer, A.: Kritische Kommunikation und gefährdete Identität. Stuttgart 1978, S. IX.

47 Vgl. Menze, C.: „Bildung". In: Speck, J., und Wehle, G. (Hrsg.): Handbuch pädagogischer Grundbegriffe. München 1970, S. 134–184.

48 Siehe Deutscher Ausschuß für das Erziehungs- und Bildungswesen: Zur Situation und Aufgabe der deutschen Erwachsenenbildung. Stuttgart 1963 (Empfehlungen und Gutachten des Deutschen Ausschusses für das Erziehungs- und Bildungswesen, Folge 4), S. 14.

49 Siehe Ballauf, T.: „Gegensätze in der modernen Bildungstheorie" (1965). In: Pleines, J. E. (Hrsg.): Bildungstheorien. Freiburg i. Br. 1978, S. 137–148, hier S. 141.

50 Ders.: Systematische Pädagogik. Heidelberg 1962, S. 21 ff.

51 Derbolav, J.: Das Exemplarische im Bildungsraum des Gymnasiums. Düsseldorf 1957; ders.: „Psychologie und Pädagogik. Neue Forschungen und Ergebnisse". In: ders. und Roth, H. (Hrsg.): Psychologie und Pädagogik. Heidelberg 1959.

52 Ders.: „Psychologie und Pädagogik. Neue Forschungen und Ergebnisse", a. a. O., S. 20.

53 Siehe Ballauf, T.: „Gegensätze in der modernen Bildungstheorie", a. a. O., S. 142.

54 Vgl. Habermas, J.: „Moralentwicklung und Ich-Identität". In: ders.: Zur Rekonstruktion des Historischen Materialismus, a. a. O., S. 63–91.

55 Vgl. ders.: „Notizen zum Begriff der Rollenkompetenz", a. a. O., S. 222 ff.

56 Wynne, E.: „Socialisation to Adulthood". In: Interchange, Bd. 5 (1974), S. 23–25; Coleman, J. S., u. a.: Youth: Transition to Adulthood. Chicago 1974; Döbert, R., und Nunner-Winkler, G.: Adoleszenzkrise und Identitätsbildung. Frankfurt a. M. 1975.

Freya Dittmann-Kohli

Menschenbildung: Fähigkeiten für den Umgang mit sich selbst und anderen

Ungleichgewichte gesellschaftlichen Wissens

Gesellschaftliches Wissen ist selektiv. Einige Arten davon werden höher bewertet als andere; dies gilt sowohl zwischen verschiedenen Kulturen als auch innerhalb einer Gesellschaft. Einige Wissensbereiche werden weiterentwikkelt, sie haben einen hohen Status, andere gelten als relativ unbedeutend und werden kaum für wert gehalten, in organisierter Form an die nachfolgenden Generationen weitergegeben oder als öffentliche Themen diskutiert zu werden [1].

In den Industrieländern ist das Wissen über technische Probleme sehr differenziert, während die gesellschaftlich organisierte Weiterentwicklung und Vermittlung von Wissen über zwischenmenschliche Beziehungen und sozioemotionale Probleme eher benachteiligt ist. Das Gefühl der technischen Überlegenheit gegenüber den Ländern der Dritten Welt findet sich in den Industrieländern schnell bestätigt, aber auch in ihre Grenzen verwiesen: Wer in „Entwicklungsländern" arbeitet, erlebt unter Umständen nachdrücklich, daß im Hinblick auf die Gestaltung des „sozialen Klimas", auf die Befriedigung emotionaler Bedürfnisse und die Qualität der interpersonellen Interaktion Überlegenheit und Mangel gerade umgekehrt verteilt sind – was zu der Feststellung Anlaß gibt, daß Lebensqualität nicht ausschließlich von materiellen Gütern und Effektivität in Organisationen abhängt. Derartige Defizite in „hochentwickelten" Ländern verweisen auf die Notwendigkeit gesellschaftlichen Lernens [2] und auf Fragen der Neuorganisation individueller Sozialisation im Bereich elementarer sozialer Fähigkeiten [3] und im Umgang mit sich selbst.

Individuelle Bedingungen der Interaktionsqualität und Störungen der Kommunikation

Die Bedeutung menschlicher Interaktionsqualität tritt besonders hervor im Falle ihrer tiefgreifenden Störung, wie wir sie bei Schizophrenie und bei einigen anderen psychopathologischen Erscheinungen antreffen können [4]. Den an solchen Krankheiten leidenden Patienten fehlen – so ergaben systematische Beobachtungen – wichtige Elemente sozialer Verhaltensweisen, die für einen Gesprächspartner die Grundlage zu normaler Kommunikation und die Voraussetzung zur Erreichung der verschiedenen Stadien festerer zwischenmenschlicher Beziehungen sind. Die fehlenden oder inadäquaten Elemente interpersoneller Interaktion, welche die soziale Inkompetenz der Patienten ausmachen, beziehen sich vor allem auf die Grunddimension „rewardingness“ der verbalen und nonverbalen Kommunikation[5]. Art und Zusammenhang dieser Grundelemente lösen im Partner positive und negative Stimmungen, Gefühle und Einstellungen aus, zum Beispiel Zuneigung und Fröhlichkeit oder Ablehnung und Angst. Direkt und indirekt werden dem Gesprächspartner Informationen übermittelt, die Akzeptierung und Anerkennung ausdrücken oder aber das Gegenteil bewirken können. Die indirekten Botschaften werden durch Intonation, Sprachfluß, Pausen, Reaktion auf die Äußerungen des Partners, durch Blickrichtung und Ausdruck der Augen, Aufmerksamkeit, Bewegung, Haltung und Gesichtsausdruck gesendet. Verletzung von situationsbezogenen Normen, Desinteresse am Partner, fehlende Ermutigung und mangelndes Entgegenkommen schrecken ab, ärgern und verunsichern.

Elementare soziale Fähigkeiten und Fertigkeiten sind Voraussetzung für effektive, befriedigende zwischenmenschliche Beziehungen und ein gutes soziales Klima in Gruppen. Auch im Normalbereich hängt die Befriedigung der Interaktionspartner und die störungsfreie, wirkungsvolle Kommunikation von der kompetenten Verwendung sozialer Fähigkeiten und Fertigkeiten ab[6]. „Die zwischenmenschliche Kommunikation ist anfällig für vielfältige Pannen. Diese gefährden sowohl die Effektivität der Zusammenarbeit als auch das seelische Wohlergehen der Menschen, die miteinander umgehen.“ [7]

Interaktionsqualität und emotionale Bedürfnisse

Gefühle des Mangels, der Hoffnungslosigkeit und Verzweiflung werden nicht nur durch Krankheit und Armut ausgelöst. Es gibt sozio-emotionale Grundbedürfnisse, deren Befriedigung und Frustration durch die Qualität interpersoneller Beziehungen bedingt ist[8]. Sozio-emotionale Bedürfnisse bestehen im Bedarf nach gegenseitiger Liebe und Zuneigung, Anerkennung und Achtung, nach sozialem Status, einem Mindestmaß an Kontrolle und Macht, aber auch nach körperlichem Kontakt, Spiel und Unterhaltung, Gruppenzugehörigkeit und kooperativem Handeln. Wir brauchen außerdem die Bestätigung, Anteilnahme, das persönliche Gespräch mit anderen, um unsere Realitätswahrnehmung und Selbstwahrnehmung zu bestätigen, das heißt, auch kognitive, motivationale und affektive Aspekte unseres Selbstbildes (Ich-Bedürfnisse) sind von unseren zwischenmenschlichen Beziehungen abhängig. Umgekehrt wirkt sich die Ich-Kompetenz (das heißt die Haltungen und Fähigkeiten im Umgang mit sich selbst) auch auf die

Qualität der interpersonellen Interaktionen aus. Diese enge Verflechtung zwischen intra- und interpersonellen Beziehungen spiegelt die Entstehung des Selbst aus dem zwischenmenschlichen Bezug der Kindheit wider [9]. Die Erfüllung sozio-emotionaler Bedürfnisse hängt also wesentlich davon ab, auf welche Weise die Menschen miteinander umgehen; diese wiederum ist sowohl von der sozialen Kompetenz in interpersonellen Beziehungen als auch von der Ich-Kompetenz abhängig.

Gesellschaftliche Bedingungen sozio-emotionaler Deprivation

Defizite in sozialer Kompetenz und Ich-Kompetenz bei den Betroffenen und in ihrer sozialen Umwelt beeinträchtigen nicht nur eine gesunde Persönlichkeitsentwicklung in Kindheit und Jugend, sondern wirken sich auch im Erwachsenenalter und Alter aus. Die inzwischen sprichwörtliche Einsamkeit der Alten in den modernen Gesellschaften ist nicht zuletzt zurückzuführen auf die Deprivation sozio-emotionaler Bedürfnisse und mangelnde Hilfen bei der Gewinnung neuer Haltungen zu sich selbst, welche für die Bewältigung der mit der abnehmenden sozialen Partizipation verbundenen Selbstwertprobleme notwendig sind. Auch die in den letzten Jahren stärker beachteten Probleme der Lebensmitte gewinnen dadurch an Intensität beziehungsweise werden dann schlecht gelöst, wenn das Wissen über die eigenen sozio-emotionalen Bedürfnisse unzureichend ist und die interpersonellen Fähigkeiten mangelhaft ausgebildet sind. Dies kann die Folge der besonders bei Männern gesellschaftlich geförderten völligen Konzentration auf Berufsarbeit und sozialen Status sein, einer Kanalisierung der Motivation, welche zumeist mit einer weitgehenden Vernachlässigung zwischenmenschlicher Beziehungen und Gefühle gepaart ist [10].

Gefühle der Entmutigung, Verunsicherung, der Isolation entstehen in der Massengesellschaft und in großen Arbeitsorganisationen durch den unpersönlichen Umgangsstil und die Anonymität, welche zur Deprivation sozioemotionaler und anderer Ich-Bedürfnisse führen. Dazu tragen auch eine Reihe anderer Arbeitsbedingungen in Großorganisationen bei [11]. Wo schlechte zwischenmenschliche Beziehungen in leicht nachweisbarer Weise die Produktivität in der Wirtschaft beeinträchtigt haben, wurden diese Zusammenhänge schon vor Jahrzehnten empirisch untersucht und außerhalb der Sozialwissenschaften verbreitet und angewendet. Das Training sozialer Kompetenz hat im Bereich der Führungspositionen der Wirtschaft seit langem einen festen Platz [12]. Sozio-emotionale Bedürfnisse und soziale Kompetenz wurden in den letzten Jahren im Zusammenhang mit dem Arbeitsleben besonders im Rahmen der „Humanisierungsdebatte“ erneut aktuell [13].

Psycho-soziale Gruppen für den Erwerb von Humankompetenz

Außerhalb der Zone, wo sozio-emotionale und Ich-Bedürfnisse zum Zwecke höherer wirtschaftlicher Produktivität befriedigt werden, war die Produktion und Verbreitung von sozialer und Ich-Kompetenz, von „Menschenbildung", verzögert. In den letzten Jahren allerdings wuchs das Interesse an Menschenbildung oder – wie ich es zur Vermeidung unerwünschter traditionell-gefühlshafter Assoziationen genannt habe – Humankompetenz. Dieser Trend wiederholt eine Entwicklung, die sich in den Vereinigten Staaten schon vor einigen Jahren deutlich abzeichnete. So war etwa in Kalifornien in campusnahen Orten die Beteiligung an einer abendlichen Selbsterfahrungsgruppe ebenso selbstverständlich und alltäglich wie der Gang ins Kino. Wer es unterließ, die anstehenden eigenen Probleme aufzuarbeiten und aus den Bemühungen anderer um ihre Problemlösungen zu lernen, gehörte eher zur Ausnahme als zur Regel.

In den städtischen Zentren der Bundesrepublik entstehen in zunehmender Zahl psycho-soziale (Selbsthilfe-)Gruppen und (halb)wissenschaftliche Publikationen [14], die den Bedarf nach Kenntnissen und eigenen Erfahrungen auf dem Gebiet der Humankompetenz befriedigen. Psycho-soziale Gruppen und Veröffentlichungen haben aber ihre Gegner, die solche Methoden und Kenntnisse strikt ablehnen, als unpraktikabel bis höchst gefährlich für Individuum und Gesellschaft ansehen und durch die Art ihrer Argumente häufig die eigene ambivalente Haltung oder eine psycho-dynamisch bedingte Abwehr verraten.

Menschenbildung als Zuständigkeitsbereich der Kirche

Früher und zum Teil auch noch heute spielen Predigten eine große Rolle in der Produktion und Verbreitung von Wissen aus dem Bereich der Humankompetenz. Sendungen wie „Das Wort zum Tage" greifen neben den reinen Glaubensfragen häufig Themen auf, die die Modi zwischenmenschlichen Zusammenlebens und des Selbstbezugs diskutieren und ihre Bedeutung nicht nur im Hinblick auf moralische Forderungen im engeren Sinne, sondern auch für die Befriedigung von sozio-emotionalen und Ich-Bedürfnissen der angesprochenen Art erklären. So enthalten diese Kurzpredigten Aussagen, die sich zum Beispiel auch in der wissenschaftlichen Diskussion über die Wirkungen von Streß auf die Ich-Integration oder von Elementen des Sozialverhaltens auf die Befriedigung sozio-emotionaler Bedürfnisse finden lassen, nur daß solche Aussagen etwa im „Wort zum Tage" in der Alltagssprache gefaßt sind. Humankompetenz wird von der Kirche zu ihrem Zuständigkeitsbereich gezählt. Ausdruck dessen ist auch der Lehrplan für den katholischen Religionsunterricht an Berufsschulen in Baden-Württemberg, der neben Kirchenkunde ausführlichen Unterricht über Themen zu Identität und interpersonellen Beziehungen vorsieht.

Zuständigkeit der Frauen: soziale Kompetenz

Unsere frühkindlichen Erfahrungen mit sozialer Kompetenz haben ihren Ursprung in der Herkunftsfamilie, wo die Befriedigung der emotionalen, intellektuellen und körperlichen Bedürfnisse des Kindes überwiegend von der Beziehungsfähigkeit und -bereitschaft der Mutter oder einer anderen Pflegeperson abhängt [15]. Im Zusammenhang mit dieser biologischen Funktion werden Frauen gegenüber ihren Kindern allgemein als verantwortlich für die Anwendung und Weitergabe von Wissen im Bereich der sozialen Kompetenz angesehen. In ihre Zuständigkeit fällt die „Entwicklung von Wahrnehmung und Denken über die soziale Welt, die Entwicklung moralischer Werte" und die Vermittlung von „Fertigkeiten in bezug auf kompetentes Verhalten und Zielerreichung in Interaktionen", die als „wesentliche Entwicklungsaufgaben des Kindes und als zentrale Aspekte des Sozialisationsprozesses" gelten [16]. In der Ehe sind es meist die Frauen, die sich mehr mit den zwischenmenschlichen Problemen und der Interaktionsqualität beschäftigen, vermutlich, weil sie sich dadurch stärker betroffen fühlen [17]. Sie sind von den ehelichen Beziehungen nicht nur objektiv in stärkerem Ausmaß abhängig, sondern werden auch allgemein (möglicherweise zu Unrecht?) im Hinblick auf sozio-emotionale Bedürfnisse für sensibler gehalten. Auf jeden Fall dürfen sie solche Bedürfnisse eher zugeben.

Selbst die Spezialisierung von Frauen auf außerfamiliäre gesellschaftliche Aufgaben oder Arbeiten führte zu typischen Frauenberufen, die vor allem den „Umgang mit Menschen" betreffen. Die bezahlten und unbezahlten Rollenaktivitäten der Frauen – und damit auch das hier gebundene Wissen – erfahren aber häufig eine niedrigere Wertschätzung als die Aktivitäten und das damit verbundene Wissen der Männer [18]. Im Atomzeitalter, in dem die Beherrschung der Waffenproduktion die mögliche Selbstzerstörung ständig bedrohlicher werden läßt, scheinen jedoch die „traditionell weiblichen" Wertorientierungen und Wissensbereiche sozialer Kompetenz für die Lösung von Spannungen auf internationaler Ebene zunehmend wichtiger zu werden.

Schulische Sozialisation

Die Schule hat sich traditionellerweise auf die sogenannten Kulturtechniken wie Rechnen, Schreiben und Lesen konzentriert und versuchte etabliertes Fachwissen zu vermitteln, nicht aber Fähigkeiten, Techniken und Kenntnisse für den Umgang mit sich selbst und anderen [19]. Dennoch hat die Schule natürlich wie jede andere gesellschaftliche Erziehungsinstitution ihre Wirkungen auf interpersonelle und ichbezogene Handlungen und Einstellungen der „Zöglinge". Der schulische Einfluß ist allerdings nicht darauf gerichtet, Humankompetenz zu entwickeln [20], sondern Verhaltensweisen zu veranlassen, die die Arbeit des Lehrers erleichtern und ordnungsgemäß durchführbar machen. In den Lehrplänen war „Humankompetenz" bisher nicht vorgesehen, und „Menschenbildung" ist kein reguläres Schulfach. Die sozialwissenschaftlichen Fächer sind bis heute nicht so angelegt, daß dadurch interpersonelle Kompetenz erworben werden kann. Das allgemeine Bewußtsein widerspiegelnd, sind Geschichte und Sozialkunde auf abfragbares Wissen im Zusammenhang mit der Organisation und Veränderung politischer Macht zentriert, ohne daß die Kompetenz der Schüler im Umgang mit sich selbst und anderen hierdurch tatsächlich verbessert würde. Neuere sozialwissenschaftliche Curricula sind auf den Erwerb von politischer und organisatorischer sozialer Kompetenz gerichtet, jedoch nicht auf den Erwerb von interpersoneller Kompetenz und Ich-Kompetenz im hier diskutierten Sinne [21].

Soziales Lernen in der Schule

Allmählich tritt jedoch die Notwendigkeit, auch soziale Kompetenz für interpersonelle Beziehungen zu vermitteln oder zu stimulieren, in das Bewußtsein von Lehrern und Curriculumplanern.

In den letzten Jahren wurde im Bereich schulischer Bildung das Thema „Soziales Lernen" verschiedentlich aufgegriffen [22] – unter anderem in Reaktion auf Entwicklungen in der psychologischen Forschung und Therapie [23], wo soziale Fähigkeiten stärker beachtet wurden und die Dominanz von Fragen der Leistungsfähigkeit im bisherigen akademisch-schulischen Sinne sich etwas abschwächte. Lernziele aus dem Bereich der Humankompetenz sind ins Bewußtsein von Lehrenden gerückt; sie wurden auch von psychologischer Seite systematisch für die Curriculumkonstruktion aufbereitet [24]. Es gab sogar auf politischer Ebene Forderungen nach Vermittlung von Humankompetenz. Der Deutsche Bildungsrat hat in seinen Vorstellungen zur Neuordnung der Sekundarstufe II gefordert, daß nicht nur fachliche Kompetenz, sondern auch „humane und soziale Kompetenz" zu den Zielen der Gesellschaft für die Erziehung und Bildung von Jugendlichen gehören müsse [25]. Allerdings sind diese Forderungen inzwischen Veränderungen der politischen Landschaft im Zusammenhang mit dem Desinteresse an Bildungsfragen, der konservativen Tendenzwende und der wirtschaftlichen Entwicklung weitgehend geopfert worden. Unabhängig von solchen politischen Veränderungen bleibt es aber Aufgabe der Schule, ihre Schüler „auf das Leben vorzubereiten". Zu diesem Leben innerhalb und außerhalb der Schule gehört durchweg die Gestaltung intra- und interpersoneller Interaktion; es gibt wenig Verhaltensbereiche, die unabhängig von der späteren beruflichen und gesellschaftlichen Position eine solch durchgehende Bedeutung im gesamten Lebenslauf haben:

„Die meisten Wahrnehmungen und Kognitionen des Individuums sind auf seine soziale Umwelt gerichtet: auf das Verhalten einzelner Personen, auf interagierende Partner, auf Gruppen, soziale Institutionen und die Gesellschaft im ganzen. Darüber hinaus ist auch das eigene Handeln fortgesetzt Gegenstand seiner Wahrnehmungen und Vorstellungen. Das eigene und fremde Verhalten wird nicht nur wahrgenommen, sondern auch in seiner Bedeutung für den Wahrnehmenden sogleich evaluiert sowie in Relation zu moralischen Werten und Normen beurteilt. Der größte Teil des Verhaltens eines Individuums erwächst aus und erfolgt im Zuge der Interaktion mit anderen Personen oder wird durch wahrgenommene Rollenerwartungen beeinflußt." [26]

Humankompetenz als Schulfach

Aus diesem Grunde kann Humankompetenz als Teil der grundlegenden Kulturtechniken und Wissensbereiche betrachtet werden, deren Förderung in den Allgemeinbildungskatalog der Schule gehört. Ansätze dazu gibt es in vereinzelten Curricula für Vor- und Grundschulen, die jedoch bisher nicht in größerem Umfang durchgeführt werden [27]. Der kognitive und emotionale Entwicklungsstand der Kinder im Vor- und Grundschulalter ist nicht ausreichend, um Komplexität und Umfang der Erwachsenenformen des Umgangs mit sich selbst und anderen zu erfassen und zu erlernen. Wünschenswert wäre ein Langzeitprogramm für Humankompetenz, dessen Hauptphase in die Adoleszenz verlegt werden sollte. In dieser Altersstufe ist ein verstärktes Interesse an Fragen der Beziehung zu sich selbst und anderen zu beobachten, wie entwicklungspsychologische Befunde immer wieder ergeben [28]. Identitätsbildung und das Erlernen erwachsener zwischenmenschlicher Beziehungsformen und -inhalte werden allgemein zu den sogenannten psycho-sozialen Entwicklungsaufgaben der Adoleszenz gerechnet [29]. Das verstärkte interpersonelle Interesse der Jugendlichen geht einher mit einem entsprechend höher entwickelten kognitiven Funktionsniveau. Beides könnte für den Unterricht in Humankompetenz genutzt werden; bei geeigneter didaktischer Gestaltung wäre hiermit eventuell auch eine Thematik gegeben, die die allgemeine Schulmüdigkeit etwas auflockern könnte.

Für ein Fach „Menschenbildung" in der Sekundarstufe II wären den verschiedenen Schularten entsprechende Curricula zu entwickeln, die das übergeordnete Lernziel in systematischer Weise in eine Folge von Lerntätigkeiten umsetzen [30]. Diese Lerntätigkeiten müßten dem Erwerb von transsituativ anwendbaren Kenntnissen und Fähigkeiten dienen, aber auch situationsspezifische Lerneinheiten zur Bearbeitung der wichtigsten Beziehungen im Jugendalter (Eltern, Peers, Zweierbeziehung, Lehrer, eventuell Meister und Kollegen im Lehrbetrieb) enthalten. Die individuellen Erfahrungen und bereits vorhandene Kompetenzen der Schüler könnten darin eingebracht und zu gegenseitigen Lernhilfen genutzt werden. Fächerübergreifend könnten Themen zur Humankompetenz in schon bestehende Schulfächer wie Deutsch, Geschichte, Sexualkunde, Gemeinschaftskunde, Religion und Sprachen eingegliedert werden; aber auch in anderen Fächern bietet sich Gelegenheit, soziales und selbstbezogenes Verhalten bei konkreten Anlässen zu thematisieren und zu reflektieren. Vielfach praktizieren Lehrer dies bereits von sich aus.

Einwände und Innovationsprobleme

Kann die Schule überhaupt derartige Lernziele für den Umgang mit sich selbst und anderen realisieren? Ein negativer Einwand wäre der Hinweis auf die Abhängigkeit der schulischen Sozialstruktur und Interaktionsmuster von der sie umgebenden Gesellschaft, so daß das Funktionsniveau der Schüler über das ihrer Umwelt nicht hinauskäme [31]. Dem wäre jedoch zu begegnen mit dem Argument, daß gerade auf solchen Gebieten ein besonders großer Lernerfolg zu erwarten wäre, wo es bisher keinerlei systematisierten Kenntniserwerb, gelenkte Reflexion über den Gegenstand und Übung von Fertigkeiten gibt. Daß eine Einführung neuer Fächer nicht einfach ist und gerade die hier angesprochenen Inhalte auf Widerstände stoßen können, die mit bestehenden Wertorientierungen und Gewohnheiten – wie etwa den Erziehungsansprüchen von Eltern – kollidieren, kann nicht übersehen werden. Zur Überwindung von Innovationshindernissen könnte eine zunehmende Differenzierung wissenschaftlicher Kenntnisse über die Zielvariablen und deren Umsetzung in brauchbare Programme beitragen, vor allem aber die Verbreitung der Einsicht in die zu erwartenden positiven Folgen für die Lebensbewältigung des einzelnen und das Zusammenleben in der Gesellschaft.

Anmerkungen

1 Spiro, M. E.: „Cognition in Culture-and-Personality". In: Spradley, J. P. (Hrsg.): Culture and Cognition. San Francisco 1972; Berger, P. L., und Luckmann, T.: Die gesellschaftliche Konstruktion der Wirklichkeit. Frankfurt a. M. 1967.

2 Nowotny, H., und Schmutzer, M. E. A.: Gesellschaftliches Lernen. Frankfurt a. M. 1974.

3 Koch, G., u. a.: „Soziales Lernen als elementare Sozialerziehung". In: Prior, H. (Hrsg.): Soziales Lernen. Düsseldorf 1976.

4 Zu diesem Abschnitt siehe Trower, P., Bryant, B., und Argyle, M.: Social Skills

and Mental Health. London 1978. Im Zusammenhang mit der Entwicklung eines Modells für soziale Fertigkeiten und einem Trainingsprogramm für Patienten in psychiatrischer Behandlung wurden empirische Untersuchungen über das Sozialverhalten von Patienten und einer normalen Vergleichsgruppe (College-Studenten) durchgeführt.

5 Ebenda.
„Rewardingness“ und „Controll“ sind die beiden Hauptfaktoren des Sozialverhaltens, die in ähnlicher Art auch von anderen Autoren aufgewiesen wurden, zum Beispiel in der Erziehungsstilforschung.

6 Argyle, M.: The Psychology of Interpersonal Behavior. 2. Aufl., Harmondsworth 1972.

7 Schulz von Thun, F.: „Psychologische Vorgänge in der zwischenmenschlichen Kommunikation“. In: Fittkau, B., Müller-Wolf, H.-M., und Schulz von Thun, F.: Kommunizieren lernen (und umlernen). Braunschweig 1977.

8 Vgl. die ausführliche Darstellung zur interpersonellen Interaktion und zu sozialen Bedürfnissen in Dittmann, F.: Soziale Kompetenz in interpersonellen Beziehungen. Konstanz: Universität Konstanz, Zentrum I Bildungsforschung, 1978 (Arbeitsbericht 8).

9 Mead, G. H.: Mind, Self and Society. Chicago 1934.
Siehe auch die Darstellung zwischen Selbst- und Sozialbezug bei Gergen, K. J.: The Concept of Self. New York 1971; sowie Epstein, S.: „The Self-Concept Revisited – Or a Theory of a Theory“. In: American Psychologist, Bd. 28 (1973), H. 5, S. 404–416.

10 In eindrucksvoller Weise ist dies an Fallbeispielen und systematischen Überlegungen dargestellt bei Gould, R. L.: Lebensstufen. Entwicklung und Veränderung im Erwachsenenleben. Frankfurt a. M. 1978.

11 Fittkau, B., und Fittkau-Garthe, H.: „Zur Bedeutung der Kommunikation für die psychische Gesundheit – auch im Betrieb“. In: Fittkau, B., Müller-Wolf, H.-M., und Schulz von Thun, F., a. a. O., hier S. 313–318.

12 Zum Beispiel die Konsequenzen aus dem Hawthorne-Effekt. Extensive sozialpsychologische Forschung gibt es zu vielen Aspekten der Gruppendynamik in Organisationen, insbesondere auch zu Fragen des Führungsstils.
Vgl. die Zusammenstellung empirischer Arbeiten in Fittkau, B., und Fittkau-Garthe, H., a. a. O., S. 319–325.

13 Walton, R. E.: „Kriterien für die Qualität des Arbeitslebens“. In: Gohl, J. (Hrsg.): Arbeit im Konflikt: Probleme der Humanisierungsdebatte. München 1977, S. 39.

14 Zum Beispiel Hennenhofer, G., und Heil, K. D.: Angst überwinden: Selbstbefreiung durch Verhaltenstraining. Reinbek b. Hamburg 1975; Hennenhofer, G., und Jaensch, H.-U.: Psycho-Knigge: Befreiter Umgang mit anderen – Sicherheit im sozialen Verhalten. Reinbek b. Hamburg 1976; Lazarus, A., und Fay, A.: Ich kann, wenn ich will. Anleitung zur psychologischen Selbsthilfe. Stuttgart 1976; Sharpe, R., und Lewis, D.: Der Egowecker. Ein Schlüssel zu Glück und Erfolg. Düsseldorf und Wien 1977.

15 Grossmann, K. E.: „Frühe Entwicklung der Lernfähigkeit in der sozialen Umwelt“. In: ders. (Hrsg.): Entwicklung der Lernfähigkeit in der sozialen Umwelt. München 1977, S. 145–183; ders.: „Emotionale und soziale Entwicklung im Kleinkindalter“. In: Rauh, H. (Hrsg.): Jahrbuch für Entwicklungspsychologie (1/1979). Stuttgart 1978, S. 50–73.

16 Lieshout, C. F. M. van: „Introduction“. In: ders. und Ingram, D. J. (Hrsg.): Stimulation of Social Development in School. Amsterdam 1977, S. 1 (eigene Übersetzung, F. D.-K.).

17 Vgl. Lederer, W. J., und Jackson, D. D.: Ehe als Lernprozeß. München 1976, S. 41 f.

18 Brandt, G., Kootz, J., und Steppke, G.: Zur Frauenfrage im Kapitalismus. 3. Aufl., Frankfurt a. M. 1976, S. 105–108.

19 Prior, H.: „Damit die Schule wieder pädagogisch wird. Zu den folgenden Berichten". In: ders. (Hrsg.): Soziales Lernen in der Praxis. München 1978.

20 Vgl. die Analyse zum „hidden curriculum" von Corte, E. de: „Curriculum Development and Innovation in Social Education". In: Lieshout, C. F. M. van, und Ingram, D. J. (Hrsg.), a. a. O.

21 Dedering, H.: Curriculumentwicklung. Modell eines sozialwissenschaftlichen Curriculums für die Schule. Kastellaun 1976; Callies, E., u. a.: Sozialwissenschaft für die Schule. Umrisse eines Struktur- und Prozeßcurriculum. Stuttgart 1974.

22 Prior, H. (Hrsg.): Soziales Lernen, a. a. O.; ders. (Hrsg.): Soziales Lernen in der Praxis, a. a. O.; Fritz, J.: Methoden des sozialen Lernens. München 1977; Pikas, A.: Rationale Konfliktlösung. Heidelberg 1974.

23 Zum Beispiel Crott, H., Kutscher, M., und Lamm, H.: Verhandlungen I. Individuen und Gruppen als Konfliktparteien. Ergebnisse aus sozialpsychologischer Verhandlungsforschung. Mainz 1977; Hartung, J.: Verhaltensänderung durch Rollenspiel. Düsseldorf 1977.

24 Gerris, J. R. M.: „Development of Educational Goals and Learner Objectives for the Stimulation of Social Development: A Procedural Proposal". In: Lieshout, C. F. M. van, und Ingram, D. J. (Hrsg.), a. a. O.; Demuth, L., und Eckardt, P.: „Lernziele im Bereich ‚Sozioökonomie'". In: Wiemann, G., Projektgruppe Salzgitter: Didaktische Vorstudie für ein projektorientiertes Handlungsmodell beruflicher Grundbildung (im Berufsfeld Metall). Hannover 1974 (Schriften zur Berufsbildungsforschung, Bd. 22).

25 Deutscher Bildungsrat: Zur Neuordnung der Sekundarstufe II. Konzept für eine Verbindung von allgemeinem und beruflichem Lernen. Bonn 1974 (Empfehlungen der Bildungskommission). Das Bundesministerium für Bildung und Wissenschaft setzte die Forderungen des Bildungsrates zeitweilig in einen Forschungsauftrag zur Entwicklung eines Berufsschulcurriculums um; zur Zeit sind aber wieder „harte" Einflüsse auf die Berufsschulreform am Zuge.

26 Lieshout, C. F. M. van, a. a. O., S. 1 (eigene Übersetzung, F. D.-K.).

27 Ebenda.

28 Coleman, J. C.: Relationships in Adolescence. London und Boston 1974.

29 Zum Beispiel Ausubel, D. P.: Das Jugendalter. München 1971, insbesondere S. 64, oder Manaster, F. J.: Adolescent Development and the Life Tasks. Boston 1977.

30 Diesem Ziel diente ein Forschungsprojekt mit theoretischen und empirischen Untersuchungen zur Entwicklung einer Rahmenkonzeption für ein „Curriculum Humankompetenz", das in allgemeinbildenden Fächern in der Berufsschule unterrichtet werden könnte.
Siehe Dittmann, F.: „Sozialisation in der Lehrlingsausbildung". In: Sonderforschungsbereich 23 (Hrsg.): Wissenschaftlicher Arbeits- und Ergebnisbericht 1976-1978. Konstanz: Universität Konstanz, Zentrum I Bildungsforschung 1979, S. 245–295.

31 Vgl. Andersson, B. E.: „Social Development and Human Ecology of Schools". In: Lieshout, C. F. M. van, und Ingram, D. J. (Hrsg.), a. a. O., S. 7–21.

Heinz Becker
Hans Kratzert

Zum Problem einer „evangelischen Bildungskonzeption“

1. Zur bisherigen Mitverantwortung der evangelischen Kirche in der Bildungspolitik

1.1 Einführende Bemerkungen

Evangelische Theologie und Kirche haben den aspektreichen Komplex der „Bildung“ im ganzen „nur beiläufig“ aufgenommen [1]. Das Fehlen einer „evangelischen Bildungskonzeption“ hat man bedauert oder hingenommen [2], zu einem systematischen, theologisch-pädagogischen Entwurf ist man nicht gekommen. Es könnte jetzt an der Zeit sein, eine weitere Diskussion in Gang zu bringen. Inzwischen hat sich ja zum Beispiel die Evangelische Kirche in Deutschland (EKD) auf drei Tagungen ihrer Synode mit dem Komplex befaßt und Kundgebungen und Verlautbarungen veröffentlicht. Geben sie Elemente einer „evangelischen Bildungskonzeption“ ab? Die folgenden Ausführungen können und wollen nicht mehr als eine Arbeitsskizze sein.

In den Bereichen von Erziehung und Bildung, von Aus- und Weiterbildung, die der Bildungsgesamtplan als die derzeit offiziell gültige „Bildungskonzeption“ der Bundesregierung in Analysen und Zielperspektiven darstellt, ist auch die evangelische Kirche in kleinerem oder größerem Ausmaß tätig. Sie trägt die Mitverantwortung, die sie bejaht hat [3]. Die evangelische Kirche ist relativ spät in die Ausarbeitung des Bildungsgesamtplans einbezogen worden. Sie hat dann aber sogleich ihre Voten abgegeben [4]. Es ist zu erwarten, daß sie auch künftig um Aussagen gebeten wird. In der Konsequenz dieser „kritischen Solidarität“ vor allem fragen wir nach einer „evangelischen Bildungskonzeption“. Es erscheint uns notwendig, daß die Reflexion des Bildungsbereichs über die bisherigen Ansätze hinauskommt und auch Konsequenzen für die Weiterentwicklung der Ekklesiologie einbezieht. Ein Ziel solcher Arbeiten könnte zum Beispiel darin bestehen, die Methoden und Einsichten, die Wolfgang Huber in seinen Untersuchungen über „Kirche und Öffentlichkeit“ angewandt und gewonnen hat, umfassend und differenziert auf den „Fall“ des Verhältnisses „Kirche – Bildung – Öffentlichkeit – Gesellschaft“ zu beziehen [5].

1.2 Die beiden großen Kirchen im bildungspolitischen Interessenausgleich

Der heutige Stand der Mitverantwortung und Mitwirkung der evangelischen Kirche im Bildungsbereich ist nur zu verstehen, wenn man die besondere historische Entwicklung des Verhältnisses von Kirche und Staat als den beiden großen „Bildungsträgern“ in der Geschichte Deutschlands kennt. Für eine Reflexion der Probleme einer „evangelischen Bildungskonzeption“ genügt es also nicht, als Ausgangspunkte nur pädagogische und theologisch-systematische wie theologisch-religionspädagogische Rahmenbedingungen zu wählen. Es müßten auch politische (eingeschlossen kultur- und kirchenpolitische), rechtliche (ebenso wie kirchen- und staatsrechtliche) und soziologische Implikationen untersucht werden. Dabei sind von Anfang an die beiden großen Kirchen in Deutschland gleichzeitig in den Blick zu nehmen. An der Bildung als öffentlicher Aufgabe nehmen alle gesellschaftlichen Gruppen von einiger Bedeutung teil. Seit der Entstehung der Weimarer Republik und Reichsverfassung geht es um ein Miteinander und Gegeneinander der Interessen der Gruppen und um deren Ausgleich. In diesem Streit erscheinen auch die Kirchen als gesellschaftliche Verbände beziehungsweise Gruppen mit ihren Interessenvertretungen, auch wenn sie sich selbst anders verstehen müssen.

1.2.1 Die katholische Position

Auch der notwendige Vergleich mit der römisch-katholischen Position müßte unter Einbeziehung der historischen Entwicklung erfolgen. Die Bildungskonzeption der katholischen Kirche für Deutschland seit Beginn der Weimarer Zeit beruht bis heute auf dem Gedanken der Durchsetzung des kanonischen Rechts, und zwar der Übernahme von Vorschriften des Codex juris canonici von 1917 in die seit den zwanziger Jahren abgeschlossenen Konkordate. Das wäre zu zeigen an der Konkordatspolitik, in der die Kurie die ausschlaggebende Rolle im Sinne der geistig-politischen Kraft, die Bestimmungen des „codex juris canonici“ durchzusetzen, gespielt hat und heute noch spielt. Entscheidend ist dabei für die letzte Phase der Verhandlungen vor dem Abschluß des Reichskonkordats die Entstehung des Vatikanstaates sowie die Bedeutung der Lateranverträge von 1929, die Klaus Scholder eindrücklich herausgestellt hat [6].

Eine weitere Voraussetzung für die katholische Bildungskonzeption stellt der sogenannte politische Katholizismus in Deutschland vor 1933 dar, insbesondere die Politik der Zentrumspartei. Das Zentrum hatte zum Beispiel in den Verhandlungen vor dem Zustandekommen der Weimarer Reichsverfassung von Anfang an erklärt, es sei für seine Abgeordneten eine Gewissensfrage, daß die Staatsschule als Konfessionsschule in der Verfassung verankert werde.

In diesem Zusammenhang sind auch die Katholikentage zu nennen, die seit 1848 den deutschen Staaten gegenüber und in der Entwicklung der Gesellschaft ein katholisches Gesamtbewußtsein hervorbrachten. In der gleichen bewußtseinsbildenden Richtung arbeiteten in der Weimarer Zeit die

Katholische Aktion und heute das Zentralkomitee der deutschen Katholiken, wenngleich noch immer das Schlagwort vom „Bildungsdefizit der deutschen Katholiken“ diskutiert wird.

1.2.2 Die Situation der evangelischen Kirche

Die evangelische Kirche konnte demgegenüber in allen Positionen nur „nachziehen“ oder mußte völlig passen. Von sich aus konnte sie zum Beispiel zu dem Rechtsrahmen der Konkordate beziehungsweise Kirchenverträge nur wenig beitragen. Ihr fehlte auch der „Unterbau“ einer protestantischen politischen Partei und einer Laienbewegung, wie sie sich in den Katholikentagen manifestierte.

Bis zum Beginn der Weimarer Republik war für die evangelischen Kirchen im Bereich von Erziehung und Bildung ein besonderes historisches Erbe maßgebend: der breite Ausbau des Schulwesens. Gemeinhin wird dieses Faktum zu den positiven Auswirkungen der Reformationszeit gerechnet. In diesem Zusammenhang muß aber betont werden: Je mehr protestantische Obrigkeiten als „praecipua membra“ und „summi episcopi ecclesiae“ den Bildungsstand ihrer Untertanen in ihren Städten und Territorien erhöhten und durch Bildungsanstalten förderten, um so weniger konnte sich ein eigenständiges evangelisches Bildungsdenken und Bildungsbewußtsein entwickeln. Die kultur- und bildungspolitischen Vorstellungen der evangelischen Obrigkeiten und ihr praktisches Handeln wurden als deckungsgleich mit evangelischem Bildungsdenken angesehen. Im Absolutismus verstärkte sich noch die Alleinverantwortlichkeit des Staates für das Bildungswesen. Allerdings wurden weiterhin die „Kirchendiener“ mit der staatlichen Aufsicht betraut. Auch das Ende des Absolutismus und das Aufkommen der konstitutionellen Monarchien brachten in dieser Hinsicht keine grundsätzliche Veränderung. Nach den gemeinsamen Vorstellungen von Staat und Kirche sollten alle Staatsbürger entsprechend den ethischen Grundsätzen des Christentums zu „religiös-sittlichen Persönlichkeiten“ herangebildet werden. Der sogenannte Kulturprotestantismus lieferte die theologische Begründung dafür.

Erst mit dem Ende des Kaiserreichs und der „Staatskirche“ fiel die „geistliche Schulaufsicht“ – bisher geradezu ein Symbol für die Verbindung von „Thron und Altar“. Gleichzeitig stellte die Weimarer Reichsverfassung eindeutig klar, daß Kinder vom Religionsunterricht befreit werden können [7].

1.3 Zur Lage während der Weimarer Zeit

Die bislang selbstverständliche Zusammenarbeit von Staat und Kirchen in Erziehung und Bildung der Staatsbürger erlitt nun entscheidende Stöße

- durch die politische Entwicklung nach 1918,
- durch die langsame Auflösung des Kulturprotestantismus.

Die durch die Weimarer Reichsverfassung geschaffenen Fakten der „hinkenden Trennung“ von Staat und Kirche wirkten sich während der Zeit der Weimarer Republik für die Entwicklung eines eigenständigen evangelischen Bildungsdenkens nicht so positiv aus, wie es hätte sein können. Das neue staatskirchenrechtliche System brachte der Kirche die Unabhängigkeit vom Staat und das Recht, ihre eigenen Angelegenheiten selbst zu regeln. Es erforderte aber gleichzeitig das ständige Zusammenarbeiten, besonders in den Bereichen der Kultur- und Sozialpolitik. Jedoch war, nach einigen positiven Ansätzen, das Verhältnis von Kirche und Staat schon bald getrübt. Das aufkommende Mißtrauen in den „Staat ohne Christentum und Sittlichkeit“ hatte gerade im kultur- und bildungspolitischen Bereich seine entscheidenden Wurzeln. Es formierte sich schon in den ersten Wochen nach der Revolution durch die Agitation und das Willkürhandeln des preußischen Kultusministers Adolf Hoffmann, des sogenannten „Zehn-Gebote-Hoffmanns“. Sein Vorgehen „konnte von den Kirchen nur als die denkbar schärfste Kampfansage verstanden werden“ [8]. Auch nach seinem Rücktritt blieben Argwohn und Mißtrauen.

Daraus entwickelte sich für die bildungspolitische Einstellung und das Verhalten der evangelischen Kirchen einerseits ein ängstliches Behüten und Festhalten am „Altbewährten“: Man forderte vor allem Bestandserhaltung und -sicherung; ein Hauptinteresse galt der konfessionellen Gliederung des öffentlichen Volksschulwesens und der Volksschullehrerbildung. Andererseits fühlte man sich berufen, dem „religionslosen Staat“ geistige und sittliche Grundlagen zu schaffen. Mit beiden Einstellungen blieb man im ganzen rückwärtsgewandt, dem herkömmlichen volkskirchlichen Kirchenverständnis verhaftet. Es fand seinen bündigen Ausdruck in der Satzung des 1922 gegründeten Deutschen Evangelischen Kirchenbunds: „Der Deutsche Evangelische Kirchenbund hat den Zweck ..., das Gesamtbewußtsein des deutschen Protestantismus zu pflegen und für die religiös-sittliche Weltanschauung der deutschen Reformation die zusammengefaßten Kräfte der deutschen Reformationskirchen einzusetzen.“ [9] Trotz dieser programmatischen Erklärung blieb jedoch die „Spannung zwischen den landeskirchlichen Einzelinteressen und den evangelischen Gesamtinteressen“ [10] während der Weimarer Zeit kennzeichnend für die Lage der evangelischen Kirche; sie wirkte sich gerade auch in den aktuellen bildungspolitischen Fragen aus.

Der Kulturprotestantismus ist trotz des Aufbruchs der evangelischen Theologie in der Weimarer Zeit für das kirchliche Denken und Handeln noch lange bestimmend geblieben. Noch beherrschten Anspruch und Pathos der „religiös-sittlichen Weltanschauung der deutschen Reformation“ das Feld. Die ersten Ansätze eines neuen religionspädagogischen Denkens in der evangelischen Theologie dagegen, die auf das Ende der zwanziger Jahre datiert werden, wurden nur wenig zur Kenntnis genommen; sie kamen erst nach dem Ende der nationalsozialistischen Herrschaft auch in der Praxis zur Wirkung.

1.4 „Volkskirchlicher" Beharrungswille und eingeengte Sicht in der bildungspolitischen Diskussion der evangelischen Kirche

Die Entwicklung dieser neueren evangelischen Religionspädagogik, die sie als eine selbständige Disziplin der Gesamttheologie erscheinen läßt, ist zwar in der letzten Zeit vielfach dargestellt worden, aber weithin in polemischer Auseinandersetzung, besonders im Für und Wider um die sogenannte Evangelische Unterweisung, dazu in eingeengter Blickrichtung, nämlich zu sehr nur auf den Religionsunterricht der Schule bezogen. Größere bildungspolitische Zusammenhänge kamen in den meisten Arbeiten nur partiell zur Sprache. Das hängt mit der bildungspolitischen Gesamtentwicklung und -lage in der Bundesrepublik zusammen. Auch in der EKD und ihren Gliedkirchen nach 1945 fand das praktische Handeln nur langsam und vereinzelt den Anschluß an die neuere religionspädagogische Diskussion. Die Fragen, die man beim Aufbau der neu entstandenen Bundesländer nach 1945 diskutierte, waren im ganzen dieselben wie die der zwanziger und dreißiger Jahre. „Weithin muß man das Verhalten der evangelischen Kirche nach 1945 als pragmatisch-reaktiv mit dem Ziel der Wahrung des eigenen Besitzstandes im gesellschaftlichen Leben bezeichnen. Häufig schloß sie sich Forderungen der katholischen Kirche an; andernorts bemühte sie sich um Kompromisse mit auftretenden laizistischen Tendenzen." [11] Die Konkordatsverhandlungen nach 1945, vor allem auch die Konkordatsprozesse, in denen das Bundesverfassungsgericht zu entscheiden hatte, haben deutlich gezeigt, daß der bildungspolitische Komplex im Verhältnis von Staat und Kirche ständig an Gewicht gewonnen hat. Nach dem „Rückerwerb umfassender Zuständigkeiten durch die Länder" [12] nach 1945 war das vor allem für das Schulwesen wichtig, wobei schließlich als Ergebnis die Förderung freier konfessioneller Schulen herauskam. Auch die Mitwirkung der Kirchen in der Erwachsenenbildung („quartärer" Bereich), die in den zuletzt abgeschlossenen Konkordaten und Kirchenverträgen garantiert wurde, liegt auf dieser Linie.

2. Zur Grundlegung einer „evangelischen Bildungskonzeption"

2.1 Ausgangsfragen

Wir haben auf Faktoren hingewiesen, die sich bis zur Gegenwart als innere Sperren und äußere Hemmnisse gegen eine „evangelische Bildungskonzeption" auswirken. Im folgenden versuchen wir, positive Grundlinien für den Entwurf einer „evangelischen Bildungskonzeption" aufzuspüren. Dabei gehen wir von zwei Fragen aus:

- Wo findet sich in der evangelischen Kirche am ehesten Konsens über die Bildungsproblematik und ihre Entwicklung seit 1945?
- Welche Aussagen des Evangeliums sind „bildungsrelevant“ und könnten zum Konsens anleiten?

2.2 Die Frage nach dem Konsens

Entsprechend der herkömmlichen Bedeutung der theologischen Wissenschaft im Protestantismus ist zunächst auf die Arbeit der theologischen Fakultäten und die religionspädagogische Ausbildung an lehrerbildenden Hochschulen hinzuweisen. Spätestens seit Anfang der sechziger Jahre wurden – teilweise in Auseinandersetzung mit Plänen zur Reform des Schul- und Bildungswesens – zwar in größerem Ausmaß konzeptionelle Vorstellungen und Vorschläge vorgelegt, aber offensichtlich mehr divergierend als konsentierend. Es bleibt bis heute eine offene Frage, inwieweit sich die theologische Wissenschaft für die Entwicklung eines Entwurfs einer „evangelischen Bildungskonzeption“ als konsensfähig erweist. Ähnlich steht es mit der Erziehungswissenschaft, zumal deren Gespräch mit der Theologie nach einer lebhaften Phase, in der sie bis heute wesentlich gebliebene Anfragen stellte, derzeit stagniert.

Wieweit sind die Gliedkirchen der EKD im Blick auf die Bildungsproblematik konsensfähig? Ein Hemmnis liegt schon in ihrer engen Bindung an die föderalistische Kultur- und Bildungspolitik der Bundesländer. Bis zur Gegenwart ist zu beobachten, daß die Gliedkirchen oft sich entweder mehr oder weniger mit den bildungspolitischen Vorstellungen „ihrer“ Länder identifizieren oder mit ihnen konfrontieren; sie reagieren mehr, als daß sie eigenständige Vorstellungen in größerem Rahmen entwerfen. Die Kirchenkonferenz als Vertretung der Gliedkirchen hat im letzten Jahrzehnt nur einmal Maßnahmen initiiert, aus denen Ergebnisse hervorgingen, die in der EKD konsensbildend waren beziehungsweise hätten sein können [13].

Für einen Konsens im Bildungsbereich könnte auch der Deutsche Evangelische Kirchentag in Betracht kommen. Im ganzen kann man ja diese Laienbewegung des deutschen Protestantismus als ein Stück Bildungsarbeit verstehen, besonders wenn man sie mit den Evangelischen Akademien zusammen sieht. Aber Evangelischer Kirchentag wie Evangelische Akademien sind mehr im Bildungsgeschehen als in der konzeptuellen Reflexion der Bildungsproblematik zu verorten. Beide sind in erster Linie Teile des Bildungshandelns der evangelischen Kirche. Unseres Erachtens unterstreichen das die Denkschrift über die Evangelischen Akademien wie ähnliche spätere Vorlagen.

Wir halten die Synode der EKD für die Institution, die in ihren Kundgebungen bisher am deutlichsten konsensfähige Ansätze für einen Entwurf einer „evangelischen Bildungskonzeption“ entwickelt hat. Dafür verweisen wir auf den Teil „II. Geschichtlicher Rückblick – Kontinuität und neue Herausforderungen“ des Referats von Karl Ernst Nipkow vor der Synode 1978 in Bethel. Er hat den inneren Zusammenhang wie den Unterschied zwischen den „pädagogischen Synoden“ im Vergleich dargestellt:

Für die Synode 1958 hebt er aus dem „Wort zur Schulfrage“ unter anderem heraus: die „theologische Unterscheidung von Verkündigung und Erziehung“ als „freisetzende Unterscheidung“; den Unterschied „zwischen der Verkündigung des Evangeliums als Auftrag einer ‚Evangelischen Unterweisung‘ in der Schule und dem weltlichen Charakter der Erziehungs- und Unterrichtsaufgaben der Schulen im ganzen“; die Abwehr jeder „weltanschaulichen Bevormundung“ der Erzieher und „ideologischen Überfremdung der Pädagogik“.

Für die Synode 1971 hebt Nipkow heraus: die „Antagonismen“ zwischen „expansiver Bildungspolitik“ wie zentraler Planung der „gesellschaftliche[n] Anpassung des gesamten Bildungssystems“ und den „Zielsetzungen personaler Bildung für jedes Kind“. „Die Synode konnte daher ihr grundsätzlich erneuertes Ja zur Mitverantwortung nur kritisch und bedingt geben“ – kritisch insofern, als „Leistung und Erfolg . . . zum entscheidenden Maßstab für den Wert menschlichen Lebens“ werden, wohingegen die Synode erklären mußte: Die „Botschaft sagt uns, daß Gott sich in Jesus Christus des Menschen angenommen hat und daß darum jeder Mensch vor Gott wertgeachtet ist, ungeachtet seiner Begabung und Leistung“.

Im Blick auf die Synode 1978 sieht Nipkow, was der Synode 1971 „trotz aller kritischen Reserve“ (damals) verborgen und „verdeckt geblieben war“ und was sich jetzt zu einer „Grundproblematik“ bündelt und als solche erkannt werden muß, nämlich

- „. . . die tatsächliche wachsende Orientierungslosigkeit“ in der Frage der Erziehungs- und Unterrichtsziele;
- „. . . grundsätzliche Grenzen staatlicher Bildungsplanung“, an denen die „Frage nach dem Sinn der Planung“ aufbricht;
- „. . . Probleme . . ., die den nationalen Rahmen überschreiten. Sie betreffen mit den Worten der 5. Vollversammlung des Ökumenischen Rates der Kirchen 1975 in Nairobi ‚die Ethik einer gerechten und lebensfähigen Gesellschaft‘ (Sektionsbericht VI) . . .“ [14]

Auf diesem Hintergrund versucht Nipkow, der Synode 1978 in Bethel den „Weg zu einem neuen Bildungsverständnis“ zu weisen: „Unser Thema ist ausgespannt zwischen den Fragen nach dem Sinn der Erziehung, nach dem Charakter unseres Lebens, dem Grund unserer geschichtlichen Hoffnung und der Vernunft und Weisheit für die Zukunft. In diesem Rahmen muß über Bildung in unserer Zeit neu nachgedacht werden. Mit dieser Synodaltagung macht sich die evangelische Kirche zumindest im Ansatz auf den Weg einer Neuvermessung des Erziehungs- und Bildungsverständnisses in christlicher Verantwortung. Dies ist ein Novum; Vergleichbares ist auf den früheren Bildungssynoden nicht geschehen." [15]

„Im Ansatz" – „ein Novum": Es sind also Rahmenbedingungen vorhanden für den Entwurf einer „evangelischen Bildungskonzeption", die, auch auf dem Wege der „pädagogischen Synoden", auszuarbeiten wären. Dabei kommt der Synode 1978 eine besondere Bedeutung zu. Denn sie hat die „Grundproblematik" angesprochen und in den verschiedenen Kundgebungen auszuführen versucht. Ihre Äußerungen zu Bildungsfragen lassen gewisse Grundüberzeugungen erkennen.

Dabei besteht der Grundkonsens darin, daß evangelische Erziehungs- und Bildungsarbeit vom biblischen Verständnis des Menschen und seiner Ganzheitlichkeit ausgeht. Der Mensch steht in allen seinen Bezügen, mit seinem ganzen Leben „coram Deo": Er ist Geschöpf Gottes, Sünder und Gerechtfertigter und noch nicht Vollendeter, vor Gott ist er als einzelner wertgeachtet und zugleich in die Menschengemeinschaft gestellt. Mit der Weitergabe des Lebens von einer Generation zur anderen stellt das Nachdenken über die Erziehung und Bildung vor die Grundfrage nach der Bestimmung unseres Lebens. Dieser Ansatz eines im Evangelium gründenden neuen Bildungsverständnisses gilt nicht allein für die evangelische Kirche, er fordert die ganze Gesellschaft zu einer Rechenschaft über die letzten Ziele heraus. Wer heute erziehen und bilden will, muß sagen können, was der Sinn hinter allem im Leben ist.

2.3 Zur „Bildungsrelevanz" des Evangeliums

Die hier wiederum aufleuchtende „Grundproblematik" für den Entwurf einer „evangelischen Bildungskonzeption" wäre noch weiter aufzuhellen. Dabei müßte es unter anderem darum gehen, einige Aspekte eingehender zu untersuchen und dann alles in einen Rahmen einzuzeichnen. Wir stellen daher die zweite Frage:

Welche Aussagen des Evangeliums sind „bildungsrelevant"? Die Antwort kann unseres Erachtens nur erfolgen von der Interpretation der Grundaussage her: „Der Sinn des Lebens und damit der Sinn der Erziehung muß für den Glauben nicht erst noch definiert und in der Zukunft unserer konkurrierenden staatlichen, gesellschaftlichen und kirchlichen Ziele gesucht, er darf als der schon heute in Christus gegebene und erfahrene Sinn gelebt und mitgeteilt werden." [16] Die Verhältnisbestimmung von Glauben und Lernen/Bildung in einer an der biblischen Botschaft orientierten Anthropologie stellt einen solchen wesentlichen Aspekt dar.

Das Verhältnis von Glauben und Lernen wird weithin noch immer als ein Verhältnis von Gegensätzen verstanden: Der Glaube ist das Werk des Heiligen Geistes und damit jedem menschlichen Verfügen entzogen. Demgegenüber ist das Lernen ein menschliches Werk und allenfalls imstande, gewisse Inhalte des Glaubens zur Kenntnis zu nehmen. Dieser traditionelle Lernbegriff in evangelischer Theologie und Kirche ist durch jahrhundertelange Lernpraxis so eingeschliffen, daß Lernen als Aneignung von Wissensstoff verstanden wird.

Dem steht die empirisch-analytische Erforschung des Lernens entgegen. Lernen ist eine alle Bereiche des menschlichen Lebens betreffende Verhaltensänderung aufgrund von Erfahrungen. Von da aus fällt auf den Zugang zum Glauben im Hören auf das Wort Gottes, der im menschlichen Wort der Bibel und der Verkündigung vermittelt wird, ein neues Licht: Das Wort erzählt Erfahrungen von Menschen vom befreienden und rettenden Handeln Gottes an Israel bis zum Oster- und Pfingstgeschehen. Diese Erfahrungen werden sprachlich übermittelt, so daß die Gemeinde heute an ihnen lernen kann. In diesem Sinne ist auch der Glaube ein Lernprozeß. Aber wie genau? Wir deuten hier nur an, welche weiteren Fragen unter anderem sich anschließen: Wie verhalten sich der Zugang zum Glauben und sein Ziel zueinander? Gibt es im Glauben einen „qualitativen Sprung" zu etwas, was nicht durch Lernen vermittelt werden kann? Was am Glauben kann durch Lernen vorbereitet werden – was ist dem Lernen unzugänglich?

Als weiteren Aspekt nennen wir hier die Verhältnisbestimmung der in der biblischen Botschaft gründenden Kriterien für Menschsein und Menschengemeinschaft wie Freiheit und Würde, Haushalterschaft und Leistung, Rechtfertigung und erneuertes Leben des Menschen. Die „Stellungnahme des Rates der EKD zur schulpolitischen Situation in der Bundesrepublik Deutschland vom 24. Oktober 1975" enthält einen Abschnitt, in dem die genannten Kriterien zur „Beurteilung des sich in der Geschichte verändernden Bildungswesens" herangezogen werden. Im besonderen wird in Auseinandersetzung mit einem einseitig verstandenen Emanzipationsbegriff die christliche Freiheit in ihrer Verschränkung mit der Rechtfertigung durch Jesus Christus als Kriterium aufgenommen und gesagt: „Dieses Freiheitsverständnis muß in die erziehungswissenschaftliche Diskussion eingebracht werden." [17] Ein Beispiel dafür finden wir im ersten Band von Nipkows „Grundfragen der Religionspädagogik". Selten ist das christliche Freiheitsverständnis so breit in die erziehungswissenschaftliche Diskussion der letzten Jahre eingebracht worden.

Als dritten Aspekt einer „evangelischen Bildungskonzeption" sehen wir die Anfragen an die Ekklesiologie, die unseres Wissens zuletzt Gerta

Scharffenorth unter dem Verhältnis von „Bildung und Sendung" angesprochen hat. Sie interpretiert den sogenannten „Missionsbefehl" (Mt 28, 18–20), genauer: dessen dritten Teil, das „Haltenlehren, was Christus befohlen hat". Sie sprengt die herkömmliche Engführung im Verständnis dieser Stelle und meint, das „bildende Handeln (Vers 20), an dem die Gemeinschaft der Getauften – das Lernen fördernd oder hemmend – beteiligt ist", dürfte nicht ausgeblendet bleiben. Aus dem „Beistand-Leisten bei dem Sich-zu-eigen-Machen, was Christus befahl", folgert sie Sätze, die im Blick auf die Ekklesiologie noch weiter bedacht und ausgezogen werden könnten und müßten: „Angesprochen sind alle Glieder des Volkes Gottes ... Das Neue Testament bezeugt, daß Gott durch sein ganzes Volk (das hieße heute nicht nur durch Ordinierte, Kirchenbeamte, Angestellte) die Welt mit der Botschaft von seiner Liebe durchdringen will. Wir sind nicht ermächtigt, seinen Plan auf kleinere Kreise zu reduzieren." [18]

Ebenfalls bei Nipkow findet sich ein Element, das zukünftig bei allen Überlegungen für eine „evangelische Bildungskonzeption" einzubeziehen wäre: die Anfragen und Stimmen aus der Ökumene. Das auf die Botschaft des Evangeliums gegründete Thema der 5. Vollversammlung des Ökumenischen Rates der Kirchen 1975 in Nairobi, „Jesus Christus befreit und eint", hat durch die unmittelbare Mitarbeit Karl Ernst Nipkows und durch sein engagiertes Aufgreifen in seinen Veröffentlichungen geradezu eine „ökumenische Wende" im religionspädagogischen Denken in der evangelischen Kirche in Deutschland ausgelöst.

Demnach ist zu fragen, welche weiteren Konsequenzen sich zukünftig aus dem „vollmundigen Begriff" der „ökumenischen Bildungsverantwortung" ergeben [19]. Gute Ansätze könnten steckenbleiben – schon wegen der äußeren Schwierigkeiten (Finanzen!), deretwegen zum Beispiel das Büro für Bildungsfragen des Ökumenischen Rates in Genf seine Aktivitäten nicht wie notwendig entwickeln kann.

Als letzten Aspekt eines Entwurfs einer „evangelischen Bildungskonzeption" nennen wir hier noch die „Forderung einer umfassenden Didaktisierung des kirchlichen Handelns", die Ernst Lange in Weiterführung von Gedanken Karl Diensts erhoben hat. Diese Forderung hat er im Zusammenhang mit der „Lebenszyklusproblematik" konkreter zugespitzt. Durch eine Verschränkung dieser mit dem „Zyklus der Amtshandlungen" könnte die Kirche ein breitgefächertes Bildungsangebot entwickeln im Sinne einer umfassenden „Sozialisationsbegleitung" [20].

Karl Dienst hat in seiner „Zwischenbilanz" – „Die lehrbare Religion" – diesen Ansatz wieder ein Stück weitergeführt. Er bietet im ganzen einen breiten Überblick über Problematik und (Teil-)Probleme, die für den Entwurf einer „evangelischen Bildungskonzeption“ noch weiter zu bearbeiten wären. Aber die von ihm „versuchte Konvergenzargumentation“ hat eine andere Zielrichtung. Denn eine „evangelische Bildungskonzeption“ dürfte unseres Erachtens nicht nur „eine kritische Assimilation“ einer möglichst großen Zahl „humanwissenschaftlicher und theologischer Konvergenzen“ erstreben [21], sie müßte auch begründete Entscheidungen enthalten beziehungsweise solche vorbereiten.

Erste Grundlinien einer „evangelischen Bildungskonzeption“ sind in Umrissen sichtbar geworden. Sie bis zu einem tragfähigen Handlungskonzept weiterzuentwickeln ist für das Selbstverständnis und den Bestand der evangelischen Kirche in der Bundesrepublik eine vordringliche Aufgabe [22].

Anmerkungen

1 Vgl. Trillhaas, W.: „Bildung und Sittlichkeit“. In: Hertz, A., u. a. (Hrsg.): Handbuch der christlichen Ethik. Bd. 2, Freiburg i. Br., Basel, Wien und Köln 1978, S. 492.

2 Zum Beispiel Scharffenorth, G.: „Kirche und Bildung. Überlegungen zur Präsenz der Kirche in der technischen Welt“. In: Comenius-Institut (Hrsg.): Leben und Erziehen durch Glauben. Perspektiven bildungspolitischer Mitverantwortung der evangelischen Kirche. Gütersloh 1978, S. 19–37; Niemeier, G.: „Evangelische Gedanken und Gesichtspunkte zur Kultur- und Bildungspolitik“. In: Gamm, H.-J., und Pöggeler, F. (Hrsg.): Streitfragen der Bildungspolitik. Die bildungs- und kulturpolitischen Konzeptionen der Kirchen und Parteien in Deutschland. Freiburg i. Br. 1967 (Das pädagogische Gespräch), S. 57–92.

3 Kirchenkanzlei der EKD (Hrsg.): Die evangelische Kirche und die Bildungsplanung. Eine Dokumentation. Gütersloh und Heidelberg 1972, S. 93 ff.

4 Kirchenkanzlei der EKD (Hrsg.): Evangelische Kirche in Deutschland. Rechenschaftsbericht 1976/77. Hannover 1977, S. 144 f.

5 Huber, W.: Kirche und Öffentlichkeit. Stuttgart 1973.

6 Scholder, K.: Die Kirchen und das Dritte Reich. Frankfurt a. M., Berlin und Wien 1977, S. 65 ff. und 184 ff.

7 Weimarer Reichsverfassung, Art. 137, 144 und 149.

8 Scholder, K., a. a. O., S. 19.

9 Zitiert nach Scholder, K., a. a. O., S. 46.

10 Ebenda, S. 26.

11 Huber, W., a. a. O., S. 123 f.
Dort (in Anmerkung 323) schreibt Huber weiter: „Die Zweideutigkeit evangelischer Schulpolitik nach 1945 ist auf ihre Unsicherheit gegenüber der katholischen Forderung nach der Bekenntnisschule zurückzuführen, der sich die evangelische Kirche dann oft angeschlossen hat. Eine Sonderstellung nimmt das Wort der Synode der EKD zur Schulfrage von 1958 ein, das davon ausgeht, ‚daß über Schule und Lehrer keinerlei kirchliche Bevormundung ausgeübt werden darf ...‘ Theodor Strohm bemerkt zu dieser Erklärung, sie sei der Praxis vorausgeeilt; vergleiche man sie mit der landeskirchlichen Wirklichkeit, so müsse der Eindruck der Verwirrung und Doppelzüngigkeit entstehen ...“

12 Scheuner, U.: „Konkordat“. In: Kunst, H., u. a. (Hrsg.): Evangelisches Staatslexikon. 1. Aufl., Stuttgart und Berlin 1966, Spalte 1128.

13 Auf ihrer Tagung im Dezember 1969 regte die Kirchenkonferenz an, Kommissionen einzusetzen, die
1. die verfassungsrechtlichen Fragen des Religionsunterrichts und
2. die Fragen und Ziele der Entwicklung von Lehrplänen und Unterrichtsmodellen
klären sollten. Von den Ergebnissen ist die „Stellungnahme des Rates der EKD zu verfassungsrechtlichen Fragen des Religionsunterrichts vom 7. Juli 1971" grundlegend wichtig geblieben und kann zu gemeinsamen Auffassungen der Gliedkirchen beitragen.
Auch die andere Empfehlung „Zur Stellung des Religionsunterrichts in der Sekundarstufe II" hat sich für alle Gliedkirchen konsensbildend ausgewirkt. Alle stimmten darin überein: Religionslehre in der Sekundarstufe II soll Pflichtfach bleiben; für das „Globalziel" des Faches in der gymnasialen Oberstufe gilt eine gemeinsame Formulierung, die zusammen mit der katholischen Kirche erarbeitet wurde. Vgl. dazu Kirchenkanzlei der EKD: Die evangelische Kirche und die Bildungsplanung, a. a. O., S. 112 f.
14 Kirchenkanzlei der EKD (Hrsg.): Leben und Erziehen – wozu? Eine Dokumentation über Entschließungen der Synode der Evangelischen Kirche in Deutschland vom 9. und 10. November 1978. Gütersloh 1979, S. 26 ff.
15 Ebenda, S. 26.
16 Ebenda, S. 37.
17 Kirchenkanzlei der EKD (Hrsg.): Evangelische Beiträge zur Bildungspolitik. Gütersloh 1976, S. 77.
18 Scharffenorth, G., a. a. O., S. 28 f.
19 Nipkow, K. E.: „Sich selbst mit den Augen der anderen sehen. Ökumenische Lernprozesse im pädagogischen Feld". In: Ökumenische Rundschau, 25. Jg. (1976), H. 2, S. 202–211.
20 Lange, E.: „Bildung als Problem und als Funktion der Kirche". In: Matthes, J. (Hrsg.): Erneuerung der Kirche – Stabilität als Chance? Konsequenzen einer Umfrage. Gelnhausen und Berlin 1975, S. 213 ff.
21 Dienst, K.: Die lehrbare Religion. Gütersloh 1976, S. 266 und 268.
22 Der Bund der evangelischen Kirchen in der DDR hat aufgrund der anderen gesellschaftlichen Rahmenbedingungen bereits einen breiteren Konsens für das kirchliche Erziehungshandeln entwickelt. Vgl. Schwerin, E. (Hrsg.): Christliche Unterweisung und Gemeinde. Berlin 1978.

Hans Bernhard Kaufmann

Kurskorrektur der sozialwissenschaftlichen Pädagogik?

Die Epoche der sozialwissenschaftlichen Pädagogik hat den inneren Zusammenhang zwischen Erziehung, Gesellschaft und religiöser Erfahrung fast vergessen lassen. Wie groß der Verlust für die Erziehungswissenschaft ist, wird erst von wenigen gesehen, noch weniger sprechen oder schreiben darüber.

Drei Anlässe aus ganz verschiedenen Kontexten haben mich erneut auf die Dringlichkeit dieser Fragestellung aufmerksam gemacht, wobei es mir noch schwerfällt, meine Beobachtungen angemessen auszudrücken.

1.

In einem bildungspolitischen Beratungsgespräch, zu dem der Vorstand des Comenius-Instituts Kooperationspartner, Freunde und Experten eingeladen hatte, um sich Rechenschaft geben zu können über den Stellenwert und die Perspektiven für die Arbeit des Instituts für die achtziger Jahre, und das durch seine gute offene Atmosphäre und viele anregende Beiträge gekennzeichnet war, sagte Dr. J. Schwager, Pädagogischer Leiter im Verband evangelischer Einrichtungen für geistig und seelisch Behinderte in Bethel:

„Das pädagogische Feld hat sich in den letzten Jahren grundlegend geändert.
Früher nahmen wir an, daß wir es bei sehr stark verhaltensgestörten Jugendlichen mit Phänomenen zu tun hätten, die vorwiegend schichtenspezifisch an bestimmte Randgruppen gebunden sind. Heute stellen wir fest, daß dies einfach nicht mehr stimmt. Die Jugendlichen, die zu uns kommen, kommen aus allen sozialen Schichten. Sie kommen ebenso aus dem Gymnasium wie aus der Realschule. Und wir stellen in den letzten Jahren fest, daß eine Brutalisierung bei Kindern und Jugendlichen zunimmt, die wir vorher nicht gekannt haben. Wir haben nie so brutale Elfjährige gehabt wie zur Zeit, die uns von den Jugendämtern zugewiesen werden mit der Begründung: erziehungsunfähig. Um ein Beispiel zu nennen: Bei dem Film Holocaust haben sie dabeigesessen und Beifall geklatscht, haben geschrien: ‚Mehr, mehr!'. Diese Jugendlichen kommen aus Heimen, und die Nachfrage nach Heimplätzen wächst. Wir sind inzwischen gezwungen, die Klassen doppelt zu besetzen, weil die Lehrer Angst haben. Morddrohungen sind nicht selten.
Früher konnte man sagen, daß es sich bei diesen Verhaltensstörungen um Defizite handelte, also um Probleme der Neueingliederung in die Gesellschaft. Wir müssen heute sagen, daß solche Kinder völlig unansprechbar sind. Vielleicht weisen diese Beobachtungen auf eine grundlegende Beziehungsstörung in unserer Gesellschaft hin.
In diesem Zusammenhang stelle ich fest, daß wir uns in einer völligen Umkehrung der Werte befinden, auch in der Orientierung unserer pädagogischen, psychologischen und therapeutischen Methoden.

Ich hatte vor wenigen Tagen mit einem jungen Mädchen zu tun, das sich selbst umbringen wollte, das sich haßte. Dieses Mädchen erzählte mir, daß der Psychologe ihr nach seiner Analyse gesagt hätte: ‚Du mußt dich lieben, du mußt dich selbst annehmen.' Das Mädchen antwortete ihm: ‚Wenn ich mich aber nicht mag, warum soll ich mich annehmen?'
Ich glaube nicht, daß das Mädchen psychisch krank war. Ich denke aber, diese Grenzsituation fordert unsere christliche Grundhaltung heraus und verlangt nach einer anderen Antwort, als zum Beispiel die Methode der Gesprächstherapie sie zu geben vermag."

Macht dieser kurze Bericht nicht schlaglichtartig deutlich, wo unsere gesellschaftlichen, sozialtherapeutischen und pädagogischen Möglichkeiten an ihre Grenze kommen und warum so viele an diesen Grenzen resignieren? Die Vorstellung von einer im Grunde noch intakten Gesellschaft, in die verhaltensgestörte, sozialisationsgeschädigte junge Menschen durch dazu geeignete Einrichtungen und Methoden reintegriert werden könnten, stimmt möglicherweise nicht mehr, weil die pathogenen Faktoren nicht partiell, sondern substanziell die Einstellungen, Werthaltungen und Strukturen unserer Gesellschaft infiziert und verändert haben. Eine solche Vorstellung macht angst, weil sie einen Grad von Selbstaufklärung und Einstellungswandel einschließt und erfordert, dem nur wenige gewachsen zu sein scheinen.

Karl Ernst Nipkow sagte vor der EKD-Synode in Bethel:

„Mit der Einbeziehung der pädagogischen Aufgaben in die Frage nach unserem Lebensverständnis und unseren Lebensentwürfen zwingen wir uns vor die Einsicht, daß wir selbst und die von uns geschaffenen Lebensverhältnisse das Problem der Erziehung sind: Unser gegenwärtiges Leben im privaten Lebensalltag, in unseren Ortsgemeinden und in unserer gesamten gesellschaftlichen und kirchlichen Öffentlichkeit ist die Voraussetzung unseres Erziehens. Wir sind das Vorgegebene. Unsere Kinder finden uns vor: unsere Wertorientierungen und unseren Lebensstil, unser Engagement und unsere Gleichgültigkeit, unseren Glauben und unseren Unglauben." [1]

Hans Eberhard Richter formulierte vor dem SPD-Forum „Bildung" in Böblingen:

„Die Widersprüche zwischen Menschlichkeit und gesellschaftlicher Wirklichkeit werden nirgends deutlicher sichtbar als in der Erfahrung an den Kindern ... Was tut man, wenn man weiß, was Kinder eigentlich lernen sollten, aber nur deshalb nicht lernen dürfen, weil sie sonst in einer diesen Lernzielen widersprechenden Gesellschaft zerbrechen würden?" [2]

Die psychologischen und therapeutischen Methoden, die sich in den letzten zehn Jahren in großer Zahl entwickelt, verbreitet und angeboten haben, um (fast) alle Arten von Störungen und Verstörungen überwinden zu helfen, sind offenbar an Voraussetzungen gebunden, die zu wenig reflektiert und deshalb oftmals übersehen wurden.

Wenn Kranke, Außenseiter, Sucht- und Selbstmordgefährdete, Versager, Gescheiterte sich selbst annehmen können sollen, um die tiefe Selbstwert- und Sinnkrise zu überwinden, dann sind darin Voraussetzungen angesprochen, die nicht mehr methodisch bewältigt werden können.

Es wird immer deutlicher, wie sehr das eigene Lebenskonzept, der eigene Lebensstil, die eigene Lebensqualität von Eltern, Erziehern, Sozialarbeitern, Therapeuten eine der Voraussetzungen ist, um anderen und einander helfen zu können.

Es wird immer deutlicher, daß (intakte) Familien, Gruppen, soziale Einheiten, die unter den Bedingungen der Zeitgenossenschaft miteinander leben und lernen, allein noch in der Lage sind, in das Menschliche so einzuführen, daß die heranwachsende Generation Orientierung und Ermutigung findet.

Und es wird immer deutlicher, daß es dazu eines Vertrauens in den Lebenssinn, in die Erneuerungskraft der Liebe, in die Anziehungskraft der Freiheit, in die offenbarende Kraft der Wahrheit bedarf, das wir von uns aus nicht aufbringen und dann angesichts aller Enttäuschungen nicht durchhalten, wenn es uns nicht immer von neuem zugesagt und geschenkt wird, weil Gott sich mit uns versöhnt hat.

2.

Im Rahmen des sogenannten „Erprobungsprogramms für die Drei-, Vier- und Fünfjährigen“ der Bund-Länder-Kommission für Bildungsplanung und Forschungsförderung wurden von 1975 bis 1978 in etwa 240 Kindergärten und Kindertagesstätten aus zehn Bundesländern didaktische Materialien und Arbeitshilfen für die Fortbildung von Erziehern erprobt, die in den Jahren vorher in einer Fülle von Modellversuchen entwickelt worden waren. An dieser Aufgabe beteiligten sich auch ungefähr 90 Einrichtungen in kirchlicher Trägerschaft. Da die Curricula für den Elementarbereich jedoch die ethischen und religiösen Aspekte frühkindlicher Erziehung fast völlig vernachlässigten, wurden von evangelischer Seite in einem „religionspädagogischen Förderprogramm“ Angebote entwickelt, die eine Integration von sozialem Lernen und religiöser Erfahrung anstreben. Die Auswertung dreijähriger Versuche in einigen Kindertagesstätten in Hamburg zeigt, wie viele Vorurteile zu überwinden waren, sowohl auf seiten der kirchlichen Träger als auch auf seiten sozialpädagogischer Fachkräfte [3].

Besonders überraschend war die wachsende Bereitschaft und aktive Mitarbeit der beteiligten Erzieher. Die Moderatoren (eine Psychologin, eine Theologin mit Schwerpunkt Religionspädagogik) gingen dabei von der

Hypothese aus, daß die Entwicklung eines solchen Konzepts nur gelingen kann, wenn die pädagogische Arbeit am Kind mit der Aufklärung über eigene Einstellungen, Wertorientierungen und Verhaltensmuster, die gegebenenfalls verändert werden müssen, in einem engen Zusammenhang gesehen wird [4].

In der didaktischen Einheit „Wenn Kinder Angst haben" wird ein „Modellgespräch" der Erzieher-Moderatorengruppe dokumentiert, das zum Ausgangspunkt der Analyse, Interpretation und pädagogischen Planung wurde. Aus diesem Gespräch möchte ich einen kurzen Abschnitt übernehmen, aus dem der innere Zusammenhang pädagogischer, gesellschaftlicher und religiöser Aspekte erkennbar wird.

„(7): Das ist unser Mißverständnis: auch Vertrauen nimmt mir die Angst nicht einfach weg, aber es ermöglicht mir, trotz meiner Angst zu leben.
(6): Da müßte man ja auch überlegen, was macht man da eigentlich? Macht man Gott zu einem, der unsere Wünsche zu erfüllen hat, der unsere Angst wegnehmen muß?
(4): Wenn ich Gott vertraue, dann wünsche ich mir ein so tiefes Lebensvertrauen, daß ich weiß: Mein Leben hat auch dann, wenn es so nach menschlichen Kategorien vielleicht sinnlos ist, einen Sinn (zum Beispiel weil ich krank oder untüchtig oder ängstlich oder alt bin).
(6): Wie kann man Kindern das Gefühl des Angenommenseins geben, daß sie nicht so der Angst ausgesetzt sind? Da kommt man nicht drum 'rum, von Gott zu erzählen: in bestimmten Geschichten des Neuen oder Alten Testaments, die man entsprechend aufbereitet, damit sie ihn kennenlernen.
(4): Dabei müßten die Kinder solche Erfahrungen, von denen die biblische Geschichte erzählt, auch selber machen können an Menschen und Bezugspersonen, mit denen sie zusammenleben. Zur Geschichte gehört die Erfahrung dazu.
(2): Die biblischen Erfahrungen kann ich aber doch nur als Hoffnung, nicht als feste Zusage für Kinder vermitteln. Ich kann nicht absolut sagen: Dir wird geholfen. Dein verschwundener Roller ist morgen wieder da.
(3): Aber die Vermittlung setzt voraus, daß der Erzieher so etwas für seine eigene Situation eigentlich auch akzeptieren muß. Wenn Erzieher das für sich nicht bejahen . . .
(6): Dafür haben Kinder einen ‚sechsten Sinn'!
(1): Bis jetzt hat man sich als Erwachsener doch immer gesagt: Ach, Angst bei Kindern, das ist doch etwas anderes. Wenn man sich das jetzt anhand dieses Beispiels einmal deutlich macht, ist da letztlich kein Unterschied zwischen ihrer und unserer Angst und der Angstbewältigung.
(7): Wir fordern Dinge von Kindern und erwarten, daß sie handlungsfähig sind, wo wir es selbst nicht schaffen.
(3): Man muß bei den Kleinen anfangen, sie in Angstsituationen so handlungsfähig zu machen, damit sie als Erwachsene nicht kopflos dastehen. Ist das eine Illusion? Wozu braucht der Mensch denn eigentlich noch eine Ausrichtung auf eine höhere Instanz? Er wird mit allem eigentlich allein ganz gut selbst fertig.
(7): Ich glaube nicht, daß hinter der lerntheoretischen Deutung das Bild des total kompetenten und handlungsfähigen Menschen zu sehen ist. Dem Kind wird seine Angst in der Extremsituation ebenso zugebilligt wie das Vertrauen zu Gott. Aber es werden ihm auch Hilfen angeboten, ‚unnötige' Ängste abzubauen. Was jedem unter uns nachher die Sicherheit gibt, das ist sehr verschieden. Für den einen ist es

die eigene Handlungsfähigkeit durch das Vertrauen zu anderen Menschen, für den anderen die Gewißheit, daß er in einer solchen Situation nicht allein ist, weil er darauf vertraut: Gott ist bei mir. Das hängt auch viel von unseren frühesten Erfahrungen ab."

Dieses Gespräch, dessen Aufzeichnung über 15 Seiten geht, hilft dazu, um Angst zu verstehen und über die Bedingungen nachzudenken, wie Menschen – Kinder und Erwachsene – Angst bestehen können. Psychologische, theologische und pädagogische Interpretationen und Argumente greifen ineinander. Im zweiten Teil wird die pädagogische Planung vorgetragen und über die Erfahrung mit Kindern berichtet.

In unserem Zusammenhang beeindruckt mich, wie die Erzieherinnen die Komplexität der eigenen Angsterfahrungen, das Verhältnis der allgemein menschlichen Grundsituation „Angst haben" in den besonderen Bedingungen unter persönlichen, beruflichen und gesellschaftlichen Aspekten in dem Gespräch erfassen, wie sie das Widerfahrnis des Vertrauens und die erzieherische Aufgabe als dialektische Einheit begreifen.

Die Interaktionsfähigkeit zwischen Erzieher und Kind, die Bedeutung des „Modell-Lernens" an der Person des Erziehers werden als zentrale und spezifische Voraussetzungen angesehen, um Kinder angemessen zu fördern. Denn die sozialen Fähigkeiten des Kindes und die von Erwachsenen übernommenen Haltungen, Einstellungen und Werte steuern die weitere Entwicklung entscheidend. Eine solche Erwartung an die pädagogische Kompetenz setzt aber beim Erzieher ein erhebliches Maß an Selbstklärung und kontrolliertem Selbstbewußtsein, an Handlungsfähigkeit und Konfliktbereitschaft, an sozialer Sensibilität und Toleranz voraus.

„Wie wichtig eine solche ‚Bildung' als Schwerpunkt der beruflichen Kompetenz ist, zeigt sich deutlich nach einigen Jahren beruflicher Tätigkeit. Einengend und belastend wirken sich dann vor allem jene im Erziehungsalltag bewußt angeeigneten und eingespielten Routinen aus, in denen sich schließlich die eigenen Einstellungen vorurteilhaft verhärten, daß mit Kindern unbewältigte eigene Konflikte, Versagungen, Wünsche und Phantasien ausagiert werden. Es ist eine grundlegende Erfahrung auf Weiterbildungsveranstaltungen, daß die Erzieher die Möglichkeit, solche Mechanismen bei sich selbst aufzudecken und zu ändern, letztlich trotz des schmerzlichen Erkennens als befreiend empfinden." [5]

Ist es nicht an der Zeit, den Einfluß von Angst und Vertrauen auf unser Verhalten als Erzieher und damit in seinen Wirkungen auf Kinder und Heranwachsende gründlicher zu erforschen und sehr viel ernster zu nehmen?

3.

Im Anschluß an die schon erwähnte Synodaltagung der Evangelischen Kirche in Deutschland habe ich die Gelegenheit gehabt, an einer Tagung der Arbeitsgemeinschaft Evangelischer Schulbünde e. V. zum Thema „Lebensstil und Erziehungspraxis in evangelischen Schulen und Schulgemeinden“ [6] (22. bis 24. März 1979) als Referent und Gesprächspartner teilzunehmen. Die Thematik der Synodaltagung „Leben und Erziehen – wozu?“ wurde auch von der Schleswig-Holsteinischen Schul- und Erziehungskonferenz (25. Mai) aufgenommen, die mir ein weiteres Mal die Möglichkeit bot, wahrzunehmen und zu erkennen, wodurch der Leidensdruck der Lehrer in unseren Schulen so angewachsen ist – gerade derjenigen, die sich zum Anwalt der Reformbestrebungen der siebziger Jahre gemacht haben und sich nun allein gelassen fühlen, wenn es darum geht, den „mißratenen Fortschritt“ zu bewältigen und nicht einfach zu resignieren oder zu denen überzulaufen, die jetzt alles schon vorher haben kommen sehen.

Die Diskussion um den Bildungsgesamtplan und den „Bericht der Bundesregierung über die strukturellen Probleme des föderativen Bildungssystems“ (1978) hat meines Erachtens gezeigt, daß Fortentwicklung und Reformen im Bildungswesen nur möglich und verantwortbar sind, wenn sie von einem überparteilichen gesamtstaatlichen Konsens getragen werden. Ein solcher Grundkonsens kann nur zustande kommen, wenn er auf den Überzeugungen und Grundwerten der großen Mehrheit der Menschen unseres Volkes beruht. Wenn das nicht gelingt, wird der kurzatmige Rhythmus der Wahlperioden zu einem unerträglichen Reibungs- und Störfaktor in einem Bereich, der keine Hektik verträgt. Die Versuchung, während nur einer Legislaturperiode Reformen und Programme durchzuführen und durchzusetzen und Erfolge zur eigenen Legitimation vorzuweisen, hat sich zum Teil verhängnisvoll ausgewirkt; denn Veränderungen im sozialen Verhalten und in den eingelebten Werturteilen, wie sie im Bildungsbereich angestrebt und eingeleitet wurden, brauchen Zeit. Ein Jahrzehnt ist wenig; manche Wandlungen, wenn sie von den Betroffenen mitvollzogen und mitgetragen werden sollen, sind erst in einer oder zwei Generationen möglich. Nur wenn die Betroffenen aus Vertrauen und Einsicht handeln und selbst ihren Teil beitragen können, entsteht das soziale Klima, die offene Bereitschaft, sich auf tiefergreifende Lernprozesse und Verhaltensänderungen einzulassen. „Deswegen hat es keinen Sinn“, schreibt Hellmut Becker, „Angst vor dem konservativen Widerstand der Eltern gegenüber Veränderungen zu haben, man muß sie trotzdem in die Entscheidung . . . einbeziehen, sonst kann man die Veränderungen äußerlich durchführen, in Wahrheit scheitern sie.“ [7] Und Wolfgang Edelstein macht deutlich, „daß es erzwungene Reform der Inhalte und der Handlungsmuster des Unterrichts nicht geben kann, sondern daß jede Innovation Einwilligung voraussetzt. Einwilligung bedeutet aber auch, daß Zeit da sein muß, um die Denkparameter des einzelnen Lehrers" (und Erziehers, Pfarrers) „dem anzupassen, was er tun soll und will." [8]

In diesem Sinne hat auch die Synode der Evangelischen Kirche in Deutschland Stellung genommen: Bildungsplanung sei kein Vorgang, der nach dem Muster technischer Rationalität gedacht werden kann. Verbesserungen der Bildungsprozesse könnten nicht allein von einer stimmigen Konzeptplanung erwartet werden.

„Strukturen und neue Organisationsformen, Gesetze und Verfügungen, Curricula und Prüfungsordnungen können im besten Falle die Bedingungen für Erziehungs- und Bildungsprozesse verbessern helfen. Ihre Wirksamkeit und Wirkung sind aber maßgeblich dadurch bestimmt, wie die Mitarbeiter, die damit umgehen, diese Vorgaben bewerten und handhaben. Phantasie und Verständnis der Betroffenen, aber auch Zufälle, Widersprüche, Irrtum und Mißbrauch bestimmen die Wirkungen meist mehr als die Zweckrationalität der Pläne...
Wir bitten alle, die es angeht, Bildungsplanung als Dienstleistung am Menschen und in der Spannung von Versuch und Gelingen, Verfehlen und Neuanfang zu betreiben. Wo Sachverstand aus reflektierter, selbst erprobter und erlittener Praxis hervorgeht, wird er pädagogisch ausgewogen und sachlich angemessen urteilen können..." [9]

Wie kann man aber den Grundwiderspruch durchhalten und bewältigen, der in der Spannung zwischen dem Gefühl der Vergeblichkeit, ja Sinnlosigkeit liegt, das viele überkommen hat, und der Zuversicht, die unser tägliches Tun und Verhalten als Eltern und Lehrer doch erst zu einem erzieherischen Handeln werden läßt?

Ich meine, auch diese Frage überschreitet den pädagogischen und gesellschaftlichen Bezugsrahmen und macht eine Besinnung auf den transzendenten Grund erforderlich, aus dem Lebenszuversicht und Hoffnung auch noch über unser Scheitern hinaus erwachsen und erneuert werden.

Mit der Lebenszuversicht ist der Lebenswille selbst getroffen. Ohne eine solche Zuversicht, die in erfahrenem Lebenssinn gründet und Mut und Hoffnung weckt, gelingt Erziehung nicht. Denn die Erwachsenen, die dem Kind begegnen und den jungen Menschen begleiten, übertragen ihre Einstellung zum Leben in allen ihren Äußerungen: in Emotionen, Gebärden, Handlungen und Worten. Ihre Zuwendung und Ausdauer ist davon beeinflußt, ihre Motivation in der pädagogischen Arbeit, ihre Weise, die Wirklichkeit wahrzunehmen, auszuwählen und jungen Menschen zu interpretieren. Die Zuversicht, daß sich in allen Widersprüchen und in allem Widersinn der Wirklichkeit das Vertrauen in einen Sinn durchhalten läßt, ist für einen Erzieher stellvertretende Zuversicht. Das Kind braucht diese Erfahrung, um ein Urvertrauen in das Leben aufbauen zu können, das es ihm überhaupt erst ermöglicht, sich den Dingen, Kreaturen und Menschen zuzuwenden, fremde Welt in eigene Erfahrung zu verwandeln. Und junge Menschen brauchen diese Anschauung, sie brauchen eine ausdrückliche Ermutigung, um den Spannungsbogen angesichts so vieler widersprechender, enttäuschender, leidvoller Erfahrungen durchstehen zu können. Und keine Mutter, kein Lehrer, kein Pfarrer vermag diese Lebenszuversicht zu simulieren, weil sie sich nicht über die bewußten, sondern vor allem über die unbewußten Lebensäußerungen eines Menschen artikuliert.

Und darin liegt nun der Grundwiderspruch, der im Augenblick die ganze pädagogische Szene so gravierend bestimmt, daß die Erwachsenen – Eltern, Erzieher, Lehrer, Theologen, Bildungspolitiker – von nichtverarbeiteten Enttäuschungen, von einem Gefühl der Vergeblichkeit und Sinnlosigkeit eingeholt worden sind, das sich lähmend auf alle legt. Und dieses bedrükkende Gefühl wirkt ansteckend und verstärkt ungewollt, aber um so nachhaltiger, die Jugend in ihrer Apathie und Verweigerung. Was nützt es dann, wenn wir mit schlechtem Gewissen alle möglichen Maßnahmen in Gang setzen, um sie in diese Gesellschaft zu (re)sozialisieren?

Ich habe für mich selbst an dieser Stelle und aufgrund persönlicher Erfahrungen und persönlichen Scheiterns die Konsequenz gezogen und möchte in meinem Leben, in meiner beruflichen und wissenschaftlichen Arbeit neu mit dem Gott rechnen, den Jesus unseren Vater genannt hat, der uns nach dem Zeugnis der Schrift als seine Geschöpfe liebt und zu einer lebendigen Hoffnung erneuert.

Anmerkungen

1 Nipkow, K. E.: „Leben und Erziehen – wozu?“ In: Kirchenkanzlei der EKD (Hrsg.): Leben und Erziehen – wozu? Eine Dokumentation über Entschließungen der Synode der Evangelischen Kirche in Deutschland vom 9. und 10. November 1978. Gütersloh 1979, S. 22.

2 Richter, H. E.: Lernziele Solidarität. Grundsatzreferat auf dem Forum Zukunft der SPD: Bildung: Was sollen unsere Kinder lernen? 8. Mai 1979. Hektographiertes Manuskript, S. 19.

3 Goßmann, E., und Schreuer, U.: Soziales Lernen und religiöse Erfahrung im evangelischen Kindergarten. Vom Modellversuch zur neuen Praxis. Münster 1979 (Veröffentlichungen des Comenius-Instituts).
Zum Erprobungsprogramm vgl. das Themaheft „Was bringt der neue Kindergarten? Das Erprobungsprogramm im Elementarbereich“ der Zeitschrift: betrifft: erziehung, 9. Jg. (1976), H. 1, S. 31–52; ferner Comenius-Institut (Hrsg.): Situationsansatz und Religionspädagogik. Münster 1976 (Förderprogramm für den Kindergarten, H. 3).

4 Comenius-Institut (Hrsg.): Wenn Kinder Angst haben. Münster 1979 (Förderprogramm für den Kindergarten, H. 7), S. 26.

5 Peukert, U.: Interaktive Kompetenz und Identität. Zum Vorrang sozialen Lernens im Vorschulalter. Düsseldorf 1979, S. 202; vgl. auch Grossmann, K. E.: „Frühe

Einflüsse auf die soziale und intellektuelle Entwicklung des Kleinkindes". In: Zeitschrift für Pädagogik, 23. Jg. (1977), S. 847.

6 Dokumentation im Korrespondenzblatt evangelischer Schulen und Heime, 20. Jg. (1979), H. 3.

7 Becker, H.: „Die Schule und ihre Lehrer – Schwierigkeiten bei der Schulreform". In: Neue Sammlung, 19. Jg. (1979), H. 2, S. 145.

8 Referiert von Becker, H., a. a. O., S. 148.

9 „Wort der Synode an Lehrer und Ausbilder, Eltern und Erzieher zur gegenwärtigen Situation der Erziehung und der pädagogischen Einrichtungen in der Bundesrepublik Deutschland". In: Leben und Erziehen – wozu?, a. a. O., S. 88.

Ingrid N. Sommerkorn

Studium und Beruf – Kontinuität oder Diskontinuität?

Berufsorientierung als Ausbildungsaufgabe der Universität

Gleichgültig, von welcher wissenschaftstheoretischen oder gesellschaftspolitischen Perspektive über die Funktionen der Universität heute reflektiert wird, es besteht Konsens, daß durch die Verwissenschaftlichung fast aller Praxisbereiche die akademisch-wissenschaftliche Berufsausbildung zu einer der zentralen Aufgaben der Hochschule geworden ist. Einerseits wird die „‚Verberuflichung' der Humboldtschen Universität" bedauert[1]. Andererseits wird diese Entwicklung als soziale Verantwortung der Universität insofern empfunden, als die aus Steuermitteln finanzierte Institution Universität für das industriell-bürokratische Beschäftigungssystem in quantitativer und qualitativer Hinsicht ausreichende Qualifikationen zur Verfügung zu stellen hätte – „to give good value for money"[2]. Wo auch immer man sich in der historischen Kontroverse der Funktionsbestimmung der Universität verortet, die in dem Buchtitel „Die Universität – Berufsschule oder Bildungsstätte?"[3] zwar verkürzt, jedoch prägnant wiedergegeben ist: Berufsorientierung wird der Universität von den verschiedensten Sozial- und Interessengruppen als zentrale Ausbildungsaufgabe zugeschrieben. So schlägt sich der Anspruch der Berufsbezogenheit sowohl in den Postulaten etablierter politikberatender Gremien – wie dem Wissenschaftsrat oder der Ständigen Kommission für die Studienreform – und den Bestimmungen der neuen Hochschulgesetze nieder als auch in anti-establishmentorientierten Reformversuchen wie der „Kritischen Universität" 1967/68 in Berlin und der Konzeption der 1971 gegründeten Universität Bremen[4]. Auch die Betroffenen – die Studenten – sehen die hauptsächliche Bedeutung der Hochschule in ihrer Funktion als „Ausbildungsstätte für den späteren Beruf"[5].

Angesichts solcher vielfältigen Reformforderungen nach einer berufsorientierten Ausbildung ist es erstaunlich, daß es in der soziologischen Hochschulforschung über den interinstitutionellen Zusammenhang von Studium und Beruf mehr offene Fragen und Probleme als gesicherte Erkenntnisse gibt. Allerdings betrifft das Defizit der Hochschulforschung nicht nur die Beziehung zwischen Ausbildung und Berufshandeln; eine empirische Erforschung der Interna der deutschen Universität ist insgesamt selten. Zu einer der wenigen Ausnahmen gehören die Göttinger „Untersuchungen zur Lage der deutschen Hochschullehrer", die Anfang der fünfziger Jahre von Helmuth Plessner unter der aktiven Mitarbeit von Dietrich Goldschmidt durchgeführt wurden. Die damalige Begründung dieser Untersuchungen hat auch heute – ein Vierteljahrhundert später – noch immer ihre Gültigkeit: „So reich die Literatur zur Hochschulreform an grundsätzlichen Betrachtungen über Fragen der Selbstverwaltung, der Auslese und des Verhältnisses von Forschung, Lehre und Heranbildung der Studenten zu den akademischen Berufen auch ist, so selten finden sich in ihr Analysen der wirklichen Verhältnisse, deren Reformbedürftigkeit sie mit mehr oder weniger überzeugenden Gründen voraussetzt.“ [6]

Defizite in der Hochschulforschung

Um eine Aufhellung des komplexen Verhältnisses von Ausbildung und Beruf bemühen sich zwar seit mehreren Jahren verschiedene Disziplinen [7], doch konzentrieren sich die meisten Erhebungen nur auf einen der beiden institutionellen Bereiche, nämlich auf die Ausbildungssituation *oder* auf den Beruf.

Entweder wird der Prozeß der beruflichen Sozialisation und Qualifikation im Laufe der Ausbildung selber untersucht: also der Prozeß des Erwerbs von fachspezifischen Kenntnissen und Fertigkeiten sowie der Entwicklung und Aneignung von berufsrelevanten Einstellungen und der Entstehung eines professionellen Selbstverständnisses [8]. Als Beispiel für die Bundesrepublik sei hier auf die verschiedenen empirischen Erhebungen der Konstanzer Forschungsgruppe „Lehrereinstellungen“ hingewiesen, in denen im Rahmen von Querschnitt- und Längsschnittstudien bei angehenden Lehrern Einstellungsänderungen – insbesondere im Bereich der fachübergreifenden Orientierungen – untersucht werden, die sich im Laufe ihrer Hochschulausbildung entwickelt hatten [9].

Oder aber es handelt sich um Absolventenbefragungen von bereits im Beruf stehenden Akademikern, bei denen der interinstitutionelle Zusammenhang von Ausbildung und Beruf aus rückblickender Perspektive rekonstruiert wird. Im deutschsprachigen Raum sind hier für die Berufsbereiche der Politologen, Juristen, Wirtschaftswissenschaftler, Ingenieure und Naturwissenschaftler mehr oder weniger systematische und methodisch fundierte Untersuchungen durchgeführt worden [10].

Der Zusammenhang zwischen dem Erwerb von berufsorientierten Fähigkeiten und Fertigkeiten in formalisierten Lernprozessen und ihrer Nutzungsmöglichkeit im beruflichen Feld ist in der Bundesrepublik am häufigsten und auch am systematischsten für den Beruf des Lehrers untersucht worden. Allerdings war die Erkundung der Diskrepanzen (oder Kongruenzen) zwischen der Lehrerausbildung und den je konkreten berufspraktischen Problemen und Anforderungen auch nur retrospektiv angelegt – ausgehend von der subjektiven Perspektive von Berufsanfängern oder Referendaren [11].

Eine der wenigen Untersuchungen, in denen der Prozeß der professionellen Sozialisation durch verschiedene institutionelle Bereiche hindurch verfolgt wurde – von der Oberprima über die Hochschulausbildung bis zum Berufsbeginn in der zweiten Ausbildungsphase –, entstand im Rahmen der bereits erwähnten Konstanzer Forschungsvorhaben über Veränderungen von Lehrereinstellungen [12].

Überlegungen für eine notwendige Studie zum Zusammenhang von Ausbildung und Berufshandeln

Insgesamt läßt sich somit feststellen, daß jenseits der Berufsgruppe der Lehrer der Zusammenhang von Studium, Übergang in den Beruf und späterem Berufshandeln – insbesondere die Frage, wie Kontinuitäten und Diskontinuitäten von den Betroffenen in den *verschiedenen* Stadien ihres professionellen Sozialisationsprozesses erfahren werden – noch kaum erforscht worden ist. Zur Erhellung der komplexen Fragen, „welche Qualifikationen im Beruf wann benötigt werden, welches Wissen und Können und welche Motivationen wann, wie, wo ausgebildet und weiterentwickelt werden“ [13], sind neben Manpower- und anderen „objektiv“ orientierten Studien „subjektiv“ ausgerichtete Untersuchungen zu der Frage notwendig, wie die Betroffenen aufgrund eigener Erfahrungen den Beziehungszusammenhang zwischen Aus- und Weiterbildung einerseits und Beruf andererseits in den verschiedenen Phasen ihres beruflichen Werdegangs beurteilen.

Bei der notwendigen Erforschung dieses Zusammenhangs ist nicht allein zu ermitteln, ob während eines bestimmten Ausbildungsgangs die jeweils gewünschten Qualifikationen überhaupt erworben werden; zentral ist auch die Frage nach der Transferierbarkeit von Lernerfahrungen: Wieweit – und auf welche Weise – kann der einzelne normative und faktische Verhaltensanforderungen, die er im Hochschulbereich erwirbt, auch im beruflich-betrieblichen Kontext verwerten? Was sind in der subjektiven Perspektive des einzelnen besondere Problemzonen bei Übergangssituationen während verschiedener Stadien des jeweiligen – disziplinspezifischen – Aus- und Weiterbildungsprozesses sowie zum Zeitpunkt des Berufseintritts? Als wie relevant/irrelevant, angemessen/unangemessen werden von den Betroffenen die verschiedenen Arten der in den jeweiligen Aus- und Weiterbildungsabschnitten erworbenen Lernerfahrungen im Hinblick auf berufliche Bedingungen und Ansprüche der nächstfolgenden Phase empfunden? Wie gehen sie mit Situationen und Anforderungen um, für die sie sich durch vorhergehende Lernerfahrungen nicht ausgerüstet fühlen? Welche Handlungsstrategien werden zur Bewältigung von Überraschungen und berufstypischen Unsicherheiten angewandt? Sind solche Bewältigungsstrategien in bestimmter Weise von den strukturellen und organisatorischen Umweltbedingungen abhängig, in denen sich das je konkrete Berufshandeln abspielt?

Durch welche konkreten Erlebnisse, Ereignisse und Sozialisationserfahrungen – und zu welchen Zeitpunkten – entstehen in den verschiedenen Phasen des Aus- und Weiterbildungsprozesses Sozialisationsbrüche, und wann und wodurch entwickeln sich Sozialisationsidentitäten? Für Disziplinen, deren formalisierte Ausbildung sich nicht auf die Universität allein beschränkt, müßte zusätzlich die Frage nach dem Stellenwert der Hochschule als *einer* von mehreren zu durchlaufenden Qualifizierungsinstitutionen näher erforscht werden: Welche Bedeutung haben die berufsorientierenden Sozialisationswirkungen der Universität im Verhältnis zur beruflich notwendigen Weiterbildung und späteren Berufspraxis?

Mit anderen Worten: Es muß erkundet werden, wie sich in Abhängigkeit von und im Zusammenhang mit bestimmten objektiven Sozialisationsbedingungen das professionelle Selbstverständnis einer spezifischen Berufsgruppe entwickelt.

Das Beispiel der Ausbildung von Medizinstudenten

Anspruch und Notwendigkeit des Erwerbs von instrumentellen *und* kommunikativen Qualifikationen sind in den einzelnen universitären Disziplinen recht unterschiedlich realisiert.

Im Rahmen dieses Essays soll insbesondere der subjektiv erfahrene Zusammenhang von Ausbildung und beruflicher Handlungskompetenz am Beispiel des Medizinstudiums thematisiert werden. Das Fach Medizin besitzt einen sehr hohen professionellen Strukturiertheitsgrad sowohl in bezug auf Ausbildungsgang als auch hinsichtlich des Berufsbildes, so daß die interinstitutionelle Nahtstelle sich hier leichter als in anderen Professionen erkennen läßt, in denen dieser Zusammenhang weniger verbindlich ist. Aufgrund der relativen Klarheit des Berufsbildes sowie der Überschaubarkeit der möglichen medizinischen Tätigkeitsfelder lassen sich Fähigkeiten und Fertigkeiten, die im Ausbildungsprozeß als Qualifikationsziel erreicht werden sollen, besser mit dem Anforderungsspektrum der Berufspraxis konfrontieren als anderswo. Dieses Anforderungsspektrum allerdings ist nicht unumstritten oder gar in der Ausbildung realisiert, wie Dietrich Goldschmidt in seinem engagierten „Plädoyer für mehr Humanität im Krankenhaus"[14] aufgezeigt hat. Er kommt darin zu dem Schluß, daß die ökonomischen und organisatorischen Rationalisierungsnotwendigkeiten der Krankenhäuser sowie der medizinisch-technologische Fortschritt und die damit einhergehende Verwissenschaftlichung der ärztlichen Berufspraxis ein zentrales Problem für Arzt und Patient darstellen. Eine einseitig auf den Erwerb von instrumentellen Qualifikationen unter Vernachlässigung des Erwerbs von kommunikativen Fähigkeiten ausgerichtete Ausbildung von Ärzten und Pflegepersonal werde dieses Problem nicht lösen, sondern nur verschärfen. Nur kritische Ärzte mit sozialer und humaner Emphatie könnten der fatalen Entfremdung zu den Patienten entgegensteuern. Daher ist im Hinblick auf die Universitäten zu fragen, was im Rahmen der Ausbildung von Medizinern getan werden müßte, damit solche Ärzte als Sozialisationsergebnis „produziert" werden. Darüber hinaus bleibt zu klären, wie dafür gesorgt werden kann, daß solche positiven Sozialisationswirkungen dann in der späteren Berufspraxis als handlungsrelevant erhalten bleiben, das heißt, welche Vorkehrungen getroffen werden müßten, damit sie nicht dem sogenannten „Konstanzer Wannen-Effekt" unterliegen, also nach Berufsbeginn wieder verschwinden[15].

Sicherlich läßt sich das Postulat nach mehr Menschlichkeit im Krankenhaus nicht allein durch eine Verbesserung des professionellen Sozialisationsprozesses von angehenden Medizinern einlösen; dennoch ist es wichtig, daß in diesem sehr komplexen Bedingungszusammenhang eine solche zentrale Qualifikation wie „Einübung in Humanität"[16] nicht dem sittlichen Selbstverständnis des einzelnen Auszubildenden beliebig überlassen bleibt: Sie muß integraler Bestandteil einer wohlverstandenen medizinischen Ausbildung werden. Nimmt man den Anspruch der Medizin ernst, dem Kranken helfen zu wollen, so sind kommunikative Fähigkeiten für ärztliches Berufshandeln ebenso funktional notwendig wie medizinisch-fachliche Qualifikationen; denn: „Der Umgang mit Kranken ist nicht völlig spezialisierbar oder aufteilbar. Gerade die psychische Hilfe, die unmittelbare Zuwendung zum Nächsten wird dort am besten gewährt, wo sie selbstverständlicher Teil der ärztlichen oder pflegerischen Tätigkeit ist."[17] Aus der Perspektive des Patienten darf Mitmenschlichkeit also nicht arbeitsteilig an andere Professionen, etwa die des Sozialfürsorgers oder des Geistlichen, abgetreten werden; sie muß vielmehr in die konkrete instrumentelle Berufsausübung von Ärzten und Pflegepersonal integriert sein.

Die Orientierung an den psychosozialen Bedürfnissen der Patienten jedoch ist nicht nur eine Erwartungshaltung der am unmittelbarsten Betroffenen – der Kranken. Das professionelle Rollenverständnis, mehr sein zu wollen als nur ein fachspezifischer medizinischer Experte, wird auch von ärztlichen Standesvertretern artikuliert, wie Aufsätze im „Deutschen Ärzteblatt" und offizielle Festreden auf Ärztetagen gelegentlich erkennen lassen. Ebenso zeichnet sich in der Vorstellung von Medizinstudenten ein „guter Arzt“ primär durch personenspezifische Fähigkeiten im Umgang mit Patienten aus und nicht so sehr durch seine medizinisch-technische Kompetenz.

Ausblendung des „subjektiven Faktors“ in der medizinischen Ausbildung – Defizit für Arzt und Patient

Wenn zum Berufsbild des Arztes „sozialisatorische“ Kompetenzen als zumindest ebenso bedeutsam dazugehören wie „qualifikatorische“ [18] und wenn trotz dieses verbreiteten Anspruchs dennoch berechtigte Klagen über den Mangel an Humanität in der Krankenpflege erhoben werden, so bieten sich für dieses Defizit in bezug auf den Ausbildungsbereich – als einen zentralen Bedingungsfaktor – zwei Erklärungsmöglichkeiten an:

- Entweder findet eine patientenorientierte Einübung in Mitmenschlichkeit während der medizinischen Ausbildung gar nicht erst statt, oder aber
- Emphatie und Intuition werden zwar erworben, jedoch werden diese Qualifikationen nicht handlungsrelevant für die Berufsausübung. Es findet also keine interinstitutionelle Transferwirkung von Sozialisationserfahrungen statt.

Mangels deutscher Untersuchungen zu diesem Fragenkomplex soll im folgenden – mit aller Vorsicht, die bei der vergleichenden Interpretation von Befunden aus ausländischen Ausbildungssystemen geboten ist – auf einige relevante Ergebnisse einer neueren empirischen Längsschnittstudie aus den USA eingegangen werden. In seiner umfassenden und intensiven Fallstudie des Jahrgangs der Medizinstudenten, die 1967 bis 1971 an einer Medical School im Osten Amerikas ihre Ausbildung erhielten, untersucht Robert H. Coombs, welche Kontinuitäten und Diskontinuitäten die angehenden Ärzte während ihres professionellen Sozialisationsprozesses empfinden und erfahren, was also diesen Lern- und Entwicklungsprozeß des „Mastering Medicine“ [19] in der subjektiven Perspektive der Betroffenen ausmacht. Ein zentrales Ergebnis dieser Untersuchung ist, daß der „subjektive Faktor“ in der medizinischen Ausbildung ausgeblendet wird:

„One of the most striking features about medical education is the scant attention given to the basic psychological aspects of the socialization process, specifically the urgent anxieties that confront medical students. Scientific detachment and objective rationality reign supreme at the medical center, so that, for the most part, recruits are left pretty much on their own to deal with their own fears and inner conflicts.“ [20]

Coombs beschreibt den professionellen Sozialisationsprozeß in der Medical School in Form eines Sequenzmodells, in dem die jeweiligen herausfordernden Lernerfahrungen und Aufgaben so aufeinander aufgebaut sind, daß ihre erfolgreiche Verarbeitung sowohl eine notwendige Voraussetzung zur Bewältigung der Anforderungen der nächsten Phase ist als auch gleichzeitig durch Leistungserreichung dem Medizinstudenten ein Gefühl der persönlichen Befriedigung verschafft. Dieses Abfolge-/Entwicklungsmodell allerdings bezieht sich vorwiegend auf den offiziellen, formalen Lehrplan, durch den die unmittelbar berufsnotwendigen medizinischen Qualifikationen und fachlichen Kompetenzen vermittelt und durch Examina jedermann sichtbar bewertet werden. „But the subjective aspects of professional development – the inner adjustments experienced by students in coping with stress – are rarely measured or even discussed by the faculty.“ [21]

Das Fehlen von Angeboten und Möglichkeiten im offiziellen Curriculum, den emotionalen Gehalt von Erfahrungen diskutieren – und somit wenigstens ansatzweise verarbeiten – zu können, die als belastend und Ängste verursachend erfahren werden, wird von den Medizinstudenten als großes Defizit ihrer Ausbildung empfunden, unter dem sie sehr leiden. Zu den berufstypischen Belastungssituationen im professionellen Sozialisationsprozeß von Medizinern gehören die ersten Seziererlebnisse; der Umgang mit chronisch und todgeweihten Kranken; Befürchtungen, bei Diagnosen und Therapiebestimmungen schwerwiegende Fehler zu machen, ja überhaupt, die umfangreichen stofflichen Inhalte nicht lernen, geschweige denn anwendungsrelevant behalten zu können; Angst vor der Gefährdung der eigenen Gesundheit durch ansteckende Krankheiten; Hemmungen bei der Durchführung von intimen Körperuntersuchungen; Unsicherheiten bei Sexual- und Ehegesprächen mit Patienten.

Die Aussagen der befragten Medizinstudenten machen deutlich, daß sich die angehenden jungen Ärzte beim Erlernen der emotionalen Balanceakte, wie mit diesen berufstypischen Schwierigkeiten umzugehen sei, wie mit ihnen gelebt und dennoch ein stabiles funktionales Selbstverständnis von ihrer Rolle als Arzt erworben werden könne, zutiefst allein gelassen fühlen. Dieses Defizit in der Ausbildung erschwert einerseits den beruflichen Identitätsfindungsprozeß der jungen Mediziner und hat andererseits in ihrer späteren Berufsausübung negative Konsequenzen für ihre Interaktion mit den Patienten. Wie kann jemand einem Kranken Empathie und Zuwendung zukommen lassen, wenn er es selbst nicht gelernt hat, mit seinen Gefühlen der Hilflosigkeit, der Trauer und des Leidens umzugehen? Anstelle einer Sensibilisierung für die eigene emotionale Betroffenheit, die im Sinne einer Bedürfnisorientierung am Patienten eine essentielle ärztlich-professionelle Fähigkeit sein sollte, entwickeln die Medizinstudenten diverse Depersonalisierungs- und Desensibilisierungsmechanismen als „Lösungsversuche“ zur Bewältigung der erwähnten berufstypischen Belastungssituationen. Dazu gehören beispielsweise Strategien zur Vermeidung von persönlichen, teilnahmsvollen Gesprächen und Kontakten mit den Patienten. Wenn ein Direktkontakt mit dem Kranken und/oder seiner Familie sich nicht vermeiden läßt, dann wird durch medizinische Fachausdrücke eine entsprechende schützende Distanz aufgerichtet.

Während es im Sezierkurs durchaus funktional sein mag, den unbekannten Leichnam als „Objekt" und nicht als verstorbene Person mit eigener Biographie zu betrachten, so führt die Reduktion des je konkreten kranken Menschen auf seine Gebrechen und die distanzierte Betrachtung der Krankheitssymptome unabhängig von der je betroffenen Person – „der Blinddarm" in Zimmer 13 anstatt der Mensch Max Meier – zu einer fatalen Depersonalisierung im Berufshandeln von Ärzten. Vermeidung und Unterdrückung von psychosozialen Aspekten im professionellen Sozialisationsprozeß von Medizinern müssen unter Patientenperspektive zu dysfunktionalem ärztlichem Verhalten führen.

Man könnte argumentieren, daß sich die hier geforderten „sozialisatorischen" Kompetenzen aus dem affektiven Bereich nicht im Rahmen eines formalen Curriculums vermitteln lassen, sondern – wenn überhaupt – nur durch Lernen im lebendigen Rollenvollzug erworben werden können. Jedoch gerade am Beispiel ihrer klinischen Mentoren erleben die Medizinstudenten nicht nur die Ausblendung von Gefühlen wie Hilflosigkeit, Angst oder Ärger im Umgang mit Patienten; sie erfahren auch, daß im normativen Klima der Medical School Emotionalität als Schwäche ausgelegt wird. Während sie zu Anfang ihres Studiums noch entsetzt und entrüstet über das hartgesottene Verhalten ihrer ärztlichen Ausbilder sind, die die menschlichen Begleiterscheinungen von Krankheit – Verzweiflung, Angst, Schmerzen – zu negieren versuchen, gehört die Unterdrückung solcher Emotionen zum „erfolgreichen" professionellen Sozialisationsprozeß:

„It becomes amply clear to students that if they are to become like their mentors, they must be stoical about revealing personal feelings. The status structure of the academic medical center expects emotional control and rewards scientific and technical excellence ... Clearly medical students are better trained in the science of medicine than in the art of patient care." [22]

Es wäre falsch, die dysfunktionale Ausblendung des „subjektiven Faktors" aus dem medizinischen Sozialisationsprozeß allein den ärztlichen Ausbildern und ihrem schlechten Vorbild anlasten zu wollen. Sie selber sind verschiedensten Zwängen ausgesetzt. Um beispielsweise ihre zu einseitige medizinisch-technische Wissenschaftsorientierung abbauen zu können, müßten im Belohnungssystem der Medizinprofession die Prioritäten geändert werden. Dazu wäre unter anderem eine erweiterte Auslegung des Konzeptes von professionellem Erfolg und Mißerfolg notwendig. Solange im Prinzip nur die sichtbare Heilung eines bestehenden Leidens als „erfolgreich" gilt und umgekehrt der Tod als ein von einem guten Arzt tendenziell auszuschaltender Mißerfolg angesehen wird, so lange wird dem Einsatz aller zur Verfügung stehenden medizinisch-technischen und praktischen Kompetenzen Vorrang vor zeitaufwendiger und nicht so unmittelbar sich auszahlender Mitmenschlichkeit zukommen.

Abschließend sei noch einmal erwähnt, daß in dem höchst komplexen Bedingungszusammenhang der Gesundheitsversorgung und Pflege von kranken Menschen in unserer Gesellschaft eine Verbesserung der medizinischen Ausbildung zwar eine notwendige, nicht jedoch eine ausreichende Voraussetzung zur Erreichung der hier postulierten Humanität darstellt. Wegen des zentralen Stellenwerts, der der Ausbildung und Erziehung von Medizinern für die Versorgung der Bevölkerung mit ärztlichen Dienstleistungen zukommt, wäre eine genauere Analyse zum Zusammenhang von Studium und Berufsausübung als informierte Grundlage für Überlegungen einer medizinischen Ausbildungsreform auch für die Bundesrepublik wünschenswert. Denn für die meisten der hier grob skizzierten Fragenbereiche besitzen wir noch keine detaillierten, abgesicherten Erkenntnisse.

Anmerkungen

1 Schelsky, H.: Einsamkeit und Freiheit. Idee und Gestalt der deutschen Universität und ihrer Reformen. 2., um einen „Nachtrag 1970" erw. Aufl., Düsseldorf 1971, S. 246.

2 Ashby, E.: „The Case of Ivory Towers". In: Henderson, A. D. (Hrsg.): Higher Education in Tomorrow's World. Ann Arbor, Mich., 1968, S. 13.

3 Flitner, A.: „Die Universität – Berufsschule oder Bildungsstätte?" In: Schulz, G. (Hrsg.): Was wird aus der Universität? Tübingen 1969.
Vgl. auch Goldschmidt, D.: „Studium wozu? 15 Punkte zum Wandel von Hochschulen und Studium in Beziehung zum Beschäftigungssystem". In: Neue Sammlung, 19. Jg. (1979), H. 3, S. 288–309.

4 Wissenschaftsrat: Empfehlungen zur Neuordnung des Studiums an den Wissenschaftlichen Hochschulen. Bonn 1966.
Ständige Kommission für die Studienreform: Grundsätze für Studium und Prüfungen (Entwurf) vom 28. September 1979; vgl. insbesondere § 7 des Hochschulrahmengesetzes vom Januar 1976, in dem das Ziel des Studiums als Vorbereitung auf ein berufliches Tätigkeitsfeld verbindlich vorgeschrieben ist.
Vgl. „Was ist die Kritische Universität? Auszug aus dem provisorischen Verzeichnis der Studienveranstaltungen der Berliner Kritischen Universität für das Wintersemester 1967/68". In: Leibfried, S. (Hrsg.): Wider die Untertanenfabrik. Handbuch zur Demokratisierung der Hochschule. Köln 1967, S. 321–330; vgl. auch den Gründungsanspruch der Bremer Reformuniversität in: betrifft: erziehung, 4. Jg. (1971), H. 9, S. 24 f.

5 Infratest Sozialforschung: Hochschulbarometer: Befragung von Studierenden, WS 1973/74. München, o. J., S. 21 a.

6 Plessner, H. (Hrsg): Untersuchungen zur Lage der deutschen Hochschullehrer.

3 Bde., Göttingen 1956, hier Bd. 1, S. 9. Angeregt von Dietrich Goldschmidt werden zur Zeit am Max-Planck-Institut für Bildungsforschung erste Vorbereitungen zur Aktualisierung der zentralen Fragestellung dieser klassischen Hochschulstudien durchgeführt: Hans Joas plant ein Projekt zur Lage des akademischen Nachwuchses unter den heutigen veränderten Gegebenheiten.

7 Vgl. etwa das Übersichtsreferat von Hartung, D., Nuthmann, R., und Teichler, U.: „Bildungssystem und Beschäftigungssystem. Zum Verhältnis von Bildungssoziologie und gesellschaftlicher Entwicklung“. In: Bolte, K. M. (Hrsg.): Materialien aus der soziologischen Forschung: Verhandlungen des 18. Deutschen Soziologentages vom 28. September bis 1. Oktober 1976 in Bielefeld. München 1978, S. 299–347.
Vgl. auch Teichler, U.: Hochschule und Beruf. Problemlage und Aufgaben der Forschung. Frankfurt a. M. 1979.

8 Vgl. etwa Mayntz, R. (Hrsg.): Soziologen im Studium. Eine Untersuchung zur Entwicklung fachspezifischer Einstellungen bei Studenten. Stuttgart 1970, insbesondere S. 77 ff.
Vgl. auch die Befragungen von Jenne, M., Krüger, M., und Müller-Plantenberg, U.: Student im Studium. Untersuchungen über Germanistik, Klassische Philologie und Physik an drei Universitäten. Stuttgart 1969 (Texte und Dokumente zur Bildungsforschung).

9 Die diversen Publikationen, die bisher im Rahmen dieses Forschungsprojektes erschienen sind, sollen hier nicht im einzelnen aufgeführt werden. Vgl. dazu Sonderforschungsbereich 23 (Hrsg.): Wissenschaftlicher Arbeits- und Ergebnisbericht 1973–1975. Konstanz: Universität Konstanz, Zentrum I Bildungsforschung 1976, S. 98 ff.

10 Hartung, D., Nuthmann, R., und Winterhager, W. D.: Politologen im Beruf. Zur Aufnahme und Durchsetzung neuer Qualifikationen im Beschäftigungssystem. Stuttgart 1970 (Texte und Dokumente zur Bildungsforschung);
Burgbacher, H., u. a.: Juristische Berufspraxis. Frankfurt a. M. 1976;
Koch, T.: Berufserwartungen – Berufsrealität. Eine Studie um das Berufsbild des Wirtschaftswissenschaftlers in der Deutschen Schweiz. Bern: Betriebswirtschaftliches Institut 1975;
Hesse, H. A.: Diplom-Ingenieure und Naturwissenschaftler: Studium, Karriere und Studienkritik. Düsseldorf 1970;
Oppelt, C.: Ingenieure im Beruf. Eine empirische Analyse zertifikatsspezifischer Unterschiede im beruflichen Einsatz technischer Arbeitskräfte. Berlin: Max-Planck-Institut für Bildungsforschung 1976 (Studien und Berichte, Bd. 37).

11 Bergmann, C., u. a.: Schwierigkeiten junger Lehrer in der Berufspraxis. Gießen: Universität Gießen, Zentrum für Lehrerbildung 1976;
Frech, H.-W.: Berufsvorbereitung und Fachsozialisation von Gymnasiallehrern. Empirische Untersuchungen zur Ausbildung von Studienreferendaren. Berlin: Max-Planck-Institut für Bildungsforschung 1976 (Studien und Berichte, Bd. 34 A).

12 Koch, J.-J.: Lehrer-Studium und Beruf. Einstellungswandel in den beiden Phasen der Ausbildung. Ulm 1972;
Dann, H.-D., u. a.: Umweltbedingungen innovativer Kompetenz. Eine Längsschnittuntersuchung zur Sozialisation von Lehrern in Ausbildung und Beruf. Stuttgart 1968;
Müller-Fohrbrodt, G., u. a.: Der Praxisschock bei jungen Lehrern. Stuttgart 1978.

13 Edding, F., und Goldschmidt, D.: „Zum Thema“. In: Hartung, D., Nuthmann, R., und Winterhager, W. D.: Politologen im Beruf, a. a. O., S. 6.

14 Goldschmidt, D.: „Plädoyer für mehr Humanität im Krankenhaus“. In: Hartung, H., Heistermann, W., und Stephan, P. M. (Hrsg.): Fruchtblätter. Freundesgabe für Alfred Kelletat. Berlin: Pädagogische Hochschule 1977, S. 103–106.

15 Cloetta, B.: Einstellungsänderung durch Hochschule. Stuttgart 1976.

16 Goldschmidt, D.: „Plädoyer für mehr Humanität im Krankenhaus“, a. a. O., S. 106.
17 Ebenda, S. 104.
18 Es soll und kann hier nicht auf den Stand der bisherigen Diskussion zum Verhältnis von Qualifikation und Sozialisation eingegangen werden. Als Groborientierung genügt der Hinweis, daß die qualifikatorischen Ergebnisse des beruflichen Kompetenzerwerbs eher in den kognitiven Bereich der instrumentellen, fachspezifisch-technischen Kenntnisse und Fertigkeiten fallen und die sozialisatorischen mehr dem affektiven Bereich der normativen und sozialen Orientierungen, Einstellungen und Verhaltensweisen zuzuordnen sind.
19 Coombs, R. H.: Mastering Medicine: Professional Socialization in Medical Schools. New York 1978.
20 Ebenda, S. 134.
21 Ebenda, S. 260.
22 Ebenda, S. 163 f.

Dritter Teil

Institutionalisierte Bildung im Wandel

Sibylle Hübner-Funk

Bildungsreform zwischen Illusion und Erosion

Begeisterung – Ernüchterung – Panik – Suche der Schuldigen – Bestrafung der Unschuldigen – Auszeichnung der Nichtbeteiligten: Wer als Sozialwissenschaftler Erfahrungen mit der Durchführung von Projekten und der Umsetzung ihrer Ergebnisse gesammelt hat, dürfte diese sechs Phasen kennen, nach denen sie abzulaufen pflegen. Gerade die an der bundesdeutschen Bildungsreform mit Gutachten und Empfehlungen engagierten Forscher werden, gleichsam als Teil ihrer beruflichen Sozialisation, bei sich selbst wie bei den übrigen Beteiligten und Betroffenen deutliche Anzeichen für eine derartige phasentypische Veränderung im Denken, Argumentieren und Handeln bemerkt haben. Käme das satirische Phasenmodell der Wirklichkeit nicht so nahe und spiegelte es nicht lediglich die ins Absurde gesteigerte Abfolge der zu beobachtenden Stadien wider, es würde wohl kaum zugleich amüsierte und betroffene Zustimmung finden.

Die bildungspolitische Reformeuphorie, wie sie sich am Anfang des sich jetzt vollendenden „198. Jahrzehnts“ [1] als Teil gesamtgesellschaftlicher Reformbestrebungen darstellte, ist in den letzten Jahren auf allen Ebenen zunehmender Ernüchterung und Skepsis, wenn nicht gar partieller Resignation gewichen. Entstanden in einer Zeit, die wirtschaftlich durch Überbeschäftigung mit ungebrochener Wachstumsideologie und politisch durch Aufbruchsstimmung zu größerer gesellschaftlicher Toleranz und Freiheit gekennzeichnet war, werden die Reformen des Bildungssystems heute mit ihren system- und personenbezogenen Auswirkungen konfrontiert, wird die Suche nach den an ihren Mängeln Schuldigen offen geführt.

Der Zuschreibung von Schuld entgeht im Prinzip keine der professionell verantwortlichen Gruppen, weder die Politiker noch die Wissenschaftler, weder die Bürokraten noch die pädagogischen Praktiker. Darüber hinaus geraten selbst die Jugendlichen und ihre Eltern als unzweifelhaft Unschuldige, weil Leidtragende des „mißratenen Fortschritts“ [2], durchaus in den Verdacht, an der Stagnation der in Gang gesetzten Reformen nicht unbeteiligt zu sein. Ihre „Denkparameter“ seien noch zu stark dem überkommenen Leistungs- und Gratifikationsmuster verhaftet, wonach Bildung in erster Linie „Vorbereitung für berufliche Positionen und Gelderwerb“ ist [3]. Die „Bestrafung der Unschuldigen“ ist somit praktischer wie ideologischer Natur. Zum einen erweist sie sich als direkte Folge der teils bewußt und planvoll herbeigeführten, teils unvorhergesehenen und unberücksichtigten gesellschaftlichen Veränderungen wie Numerus clausus, Verdrängungswettbewerb, Leistungsstreß und Jugendarbeitslosigkeit, die die Reform begleiteten; zum anderen stellt sie sich als indirekte Folge eines angeblich uneinsichtigen Festhaltens an nicht einlösbaren Erwartungen und Hoffnungen auf den durch schulische Leistungen legitimierten sozialen Aufstieg dar.

Was schließlich die Auszeichnung der Nichtbeteiligten anbelangt, so gewinnt sie seit der im Jahre 1974 eingetretenen innenpolitischen Tendenzwende immer deutlichere Konturen und erhält zunehmend Beifall. Mit erheblichem publizistischem Aufwand wird sie in Bund und Ländern von den Exponenten der konservativen Opposition praktiziert, die sich zwar schon immer als Sand im Getriebe der sozialpolitischen Reformen begriffen haben, mittlerweile aber ihre Funktion zu der einer Blockiereinrichtung zu verstärken wußten, wie sich etwa an den derzeitigen Schwierigkeiten der Bund-Länder-Kommission hinsichtlich des Bildungsgesamtplans für die achtziger Jahre zeigt. Jene, denen die Bildungsreform von Anfang an suspekt erschien, weil sie in ihr gefährliche Tendenzen zur „Gleichmacherei" zu erkennen glaubten, erfreuen sich an jeder selbstkritischen Äußerung der Reformer und gratulieren sich zu ihrer eigenen Zurückhaltung.

In dieser Situation fällt es tatsächlich nicht leicht, durch Aufzeigen empirischer Defizite konstruktive Kritik an den Innovationen des Bildungswesens zu üben, ohne von unerwünschter Seite fehlinterpretiert oder gar strategisch mißbraucht zu werden [4]. Die gegenwärtig heftig umstrittene [5] Gesamtschuluntersuchung in Nordrhein-Westfalen und die seit 1976 vorliegende Leistungsvergleichsstudie zwischen Gesamtschulen und dreigliedrigem Schulsystem in der Bundesrepublik [6] versuchen, diese Gratwanderung zu leisten, indem sie einerseits die empirisch ermittelten Unzulänglichkeiten offen benennen und andererseits die Notwendigkeit einer Fortführung und Erweiterung der begonnenen Modellvorhaben begründen. Denn wenn die vor ungefähr zehn Jahren initiierten Reformen nicht all das erreicht haben, was sie erklärtermaßen anstrebten, so ist dies noch kein ausreichender Grund, ihre Entwicklung abzubrechen oder gar zurückzunehmen. Ihre vielfältigen Mängel und Schwierigkeiten dürften nämlich eher auf zu geringe als auf zu große Radikalität zurückzuführen sein [7].

Reformkonzepte laufen stets Gefahr, während des Prozesses ihrer Umsetzung in die Praxis einen Teil ihrer Brisanz und Geschlossenheit zu verlieren. In den Auseinandersetzungen um das politisch und bürokratisch Machbare erleiden sie Einbußen, die so gravierend sein können, daß sich in dem schließlich Verwirklichten das ursprünglich Gewollte nur noch mit Mühe erkennen läßt. Angesichts der Beharrungstendenzen etablierter Institutionen mit den sie beeinflussenden und durch sie beeinflußten Personen wäre also zu fordern, daß Konzeptionen sich inhaltlich nicht vor Radikalität scheuen. Statt dessen findet regelmäßig bereits in der Phase des gedanklichen Entwurfs einer Reform eine weitgehend unbewußte Einengung der Alternativen statt. Der als „realitätsgerecht“ empfundene Blick auf das politisch Mögliche gerät allzuoft zu gedanklicher Selbstzensur.

Fast hat es den Anschein, als bestünde ein stillschweigender Konsens aller Beteiligten, bestimmte bildungspolitische Modelle schon im Vorfeld der Überlegungen allein deshalb auszublenden, weil in sozialistischen Bildungssystemen gewisse Äquivalente anzutreffen sind. So wurde beispielsweise in den ersten Jahren nach Ende des Zweiten Weltkriegs der Gedanke an eine achtjährige, für alle Schüler verbindliche Grundschule als politisch inakzeptabel verworfen, als die DDR sich für diesen Schultyp entschied [8], und dies, obgleich die USA als eine des Sozialismus unverdächtige Siegermacht mit ihren High Schools ein ähnliches Einheitssystem besaßen. Nicht minder ablehnend war die Haltung gegenüber Ansätzen zur Integration von allgemeiner und beruflicher Bildung, die – in sozialistischen Staaten teils aus ideologischem Selbstverständnis, teils aus ökonomischen Notwendigkeiten verwirklicht – im Frühstadium der Erziehung von Jugendlichen der Entwicklung hierarchischer Wertvorstellungen über das Gefälle von Kopf- zu Handarbeit gegensteuern sollte. Kapitulation und Zusammenbruch führten zwar zur Zerstörung des politischen und ökonomischen Systems des Deutschen Reichs, bewirkten jedoch nicht die Auflösung der Grundfesten des sozialen Gefüges. Bildung als immaterieller Reichtum hatte seine Funktion bewahrt. Die Legitimation für die Besetzung gesellschaftlich hochrangiger Positionen lieferten Bildungsnachweise und akademische Titel, die Einkommenshöhe korrelierte mit der absolvierten Schul- und Universitätsbildung. Die empirische Regel „Erfolg in der Schule führt zu Erfolg im Beruf“ gewann nach und nach den Charakter einer kaum hinterfragten Norm, da das Beschäftigungssystem der jungen Bundesrepublik stark expandierte und allen Arten von Bildungsabschlüssen zunehmend bessere Plazierungsmöglichkeiten anbot.

Das Vertrauen in die Relevanz des schulischen für den beruflichen Erfolg wurde auch durch die Reformbewegung der sechziger Jahre nicht erschüttert, sondern indirekt sogar gestärkt. Zwar sollte die dem dreigliedrigen Schulsystem entsprechende Selbstreproduzierung der sozialen Schichten durch längere „Beschulung“ der Arbeiterkinder durchbrochen werden, die Hierarchie der Abschlüsse aber blieb unangetastet. Argumente für die notwendige Herbeiführung größerer sozialer Gerechtigkeit mischten sich mit zuversichtlichen Prognosen über einen künftig stark erhöhten Bedarf an hochqualifizierten Akademikern. Die Gleichheit der Chancen sollte dadurch erreicht werden, daß der Anteil der Studenten aus Arbeiterfamilien gesteigert wurde, ohne jedoch zugleich den überproportionalen Anteil der Studenten aus akademischen Elternhäusern zu senken. Maßnahmen in Richtung auf einen derartigen „Chancenausgleich“ gehörten der gesellschaftspolitischen Tabuzone an und wären als dem schulischen Selektionsverfahren bewußt entgegenlaufende dirigistische Steuerungsvorgänge für unvereinbar mit den liberalen Grundwerten der Verfassung erklärt worden. Mit der Erhöhung der Durchlässigkeit des Bildungssystems wurde nicht die Beseitigung von Privilegien, sondern – in der stillschweigenden Annahme einer entsprechenden Aufnahmekapazität des Beschäftigungssystems – die Vergrößerung der Zahl derer angestrebt, die sie erwerben können.

Die Reform war demnach, gleichsam als bildungspolitische Einbahnstraße, von Anfang an einseitig ausgerichtet auf eine Verbesserung der Möglichkeiten zu gesellschaftlichem Aufstieg. In dem Maße, in dem sich das Interesse überwiegend der Aufwärtsmobilität der bislang Unterprivilegierten unter der Sogwirkung eines durchlässigeren Systems mit erleichterten Übergangsmöglichkeiten zuwandte, wurde die Gruppe der beim Aufstiegsversuch Gescheiterten vernachlässigt, ganz zu schweigen von den trotz verbesserter Bedingungen ohnehin Zurückbleibenden. Konnte schulisches Versagen früher wenigstens teilweise widrigen Umständen zugeschrieben werden, so stellte es sich nunmehr allein als individuelle Uneinsichtigkeit und Unfähigkeit dar, die Aufstiegschancen zu ergreifen, so daß das unverbindliche Bildungsangebot zunehmend zu einem verbindlichen Bildungsgebot wurde.

Die Beschränktheit und Eindimensionalität der Reformvorstellungen lag also in einem „meritokratischen" Modell der Bildungsauslese, das Gratifikationen nur für die Erfolgreichen vorsah, die Frustrationsbewältigung der Erfolglosen aber nicht als gleichfalls notwendige Sozialverpflichtung begriff. In dieser Prioritätensetzung wurde die ideologische Standortgebundenheit der Reformperspektiven deutlich. Von der Studentenbewegung aus den Universitäten heraus entwickelt und gefordert, von Fachwissenschaftlern aufgegriffen und begründet, von Verwaltungsbeamten umgesetzt und angeordnet, war der Weg „von oben nach unten" in Inhalt und Form dreifach vorgeprägt. War anfangs die „Hochschulmisere" problemauslösendes Feld gewesen, so ist zehn Jahre später, nach Realisierung der meisten Reformen, die „Misere" bei den Hauptschulen angekommen. Dort aber trifft sie die ohnehin Unterprivilegierten doppelt, da ihnen sowohl Bildungsfähigkeiten bestritten wie Berufschancen beschnitten werden.

Als im Jahre 1969 die traditionelle vierklassige Oberstufe der Volksschule bundesweit in die neue fünfklassige „Hauptschule" übergeführt wurde, verfolgten alle Befürworter der Reform mit diesem Schritt die Absicht, die allgemeine „Pflichtschule des Volkes" durchlässiger zu machen, ihren Schülern die Chance zum Übertritt in weiterführende Schulzweige möglichst lange offenzuhalten und diesen Schultyp von seinem im dreigliedrigen Schulsystem unvermeidlichen Sackgassenstatus zu befreien. Offiziell wurde die Hauptschule als „grundsätzlich gleichwertig und gleichrangig“ [9] neben Realschule und Gymnasium gestellt. Alle hiernach durchgeführten Innovationen – von der Änderung des Kanons der Lehrfächer über die Verwissenschaftlichung der Lehrinhalte bis hin zur Einführung des Kurssystems und des Fachlehrerprinzips – sollten dazu dienen, einerseits den Abstand zu den vormals höheren Schulen zu verringern und andererseits das allgemeine Qualifikationsniveau der Schüler bei Eintritt in die Berufsausbildung anzuheben.

Beide Ziele sind objektiv zwar erreicht worden, infolge der Proportionsverschiebungen der Absolventenzahlen im Bildungssystem sowie der Stellenangebote im Beschäftigungssystem jedoch nahezu ohne Wirkung geblieben. Trotz erhöhter schulischer Anforderungen und verbesserter Leistungen haben die Hauptschüler heutzutage schlechtere Chancen auf dem Arbeitsmarkt als die Volksschüler des alten Systems. Ihr Grundrecht auf freie Berufswahl ist in Gefahr, ihre Zukunft liegt allein in weiterer Schulbildung. Insofern zeichnet sich ab, daß die Sogwirkung der höheren Abschlüsse die Hauptschule allmählich personell „austrocknen“ und schließlich als Schule für den „Bodensatz der Hoffnungslosen“ [10] zurücklassen wird. Ihre ursprünglich konzipierte eigenständige Bildungsfunktion innerhalb der Sekundarstufe I droht also mehr und mehr zur Farce zu werden, wenn sich das Prinzip des propagierten schulischen Leistungsaufstiegs weiter auswirkt – eine systemeigene Konsequenz, die durchaus hätte vorhergesehen werden können.

Daß die Bildungsreform nicht „von unten“ ausging, also nicht an den Problemen der Volks- und Berufsschulen und des dualen Systems der beruflichen Ausbildung ansetzte, findet zwar in dem den betroffenen Jugendlichen damals weithin fehlenden Bewußtsein der Gemeinsamkeit ihrer Interessen und in ihrem zu schwachen Artikulations- und Durchsetzungsvermögen eine plausible interessenpolitische Erklärung, erweist sich aber unter schul- und sozialpädagogischen Gesichtspunkten als einer ihrer gravierenden Geburtsfehler. Denn die Arbeiterkinder wurden zu keinem Zeitpunkt als soziale Gruppe mit eigenen Wünschen, Wertvorstellungen und Zielsetzungen ernst genommen. Ihren Neigungen zu berufsbezogen-praktischem statt allgemein-theoretischem Lernen wurde lediglich als „Defizit“ Beachtung geschenkt, das es auszugleichen und zu kompensieren gelte. Mit Selbstverständlichkeit wurden ihnen die Normen der sprachgewandten und intellektbetonten Mittelschicht übergestülpt und als erstrebenswert und lohnend anempfohlen. Die „wissenschaftlich orientierte Schule für alle“ [11] war das Ergebnis. Die Verwissenschaftlichung jeglichen Lernens wurde zur unabdingbaren Voraussetzung für sozialen Fortschritt erklärt, die „permanente wissenschaftliche Revolution“ schien die Weichenstellung zu fordern.

Die Thesen zur Begründung der Interdependenz von Bildungsreform und wissenschaftlichen Erfordernissen der gesellschaftlichen Entwicklung sind Legion. Weil sie die allgemeinen Interessen der Wissenschaft als wissenschaftliche Interessen der Allgemeinheit auszugeben verstanden, wurden sie kaum ernsthaft in Zweifel gezogen. Durch die Forderung nach Chancengleichheit und schulischem Leistungsaufstieg für Kinder aus Arbeiterfamilien erhielten ihre im Grunde elitären Inhalte den sozialpolitischen Beigeschmack, es ginge um die gesellschaftliche Aufwertung der Unterprivilegierten schlechthin. Auf diese Weise konnte die an sich ausgesprochen liberal und bildungsbürgerlich geprägte Reform in den Verdacht geraten, in ihrer Tendenz „sozialistisch" zu sein.

Bei den konservativen Gegnern der durch die sozial-liberale Regierungskoalition im zurückliegenden Jahrzehnt herbeigeführten Veränderungen des alten dreigliedrigen Schulsystems hat sich diese Auffassung ungebrochen erhalten. So erneuerte erst kürzlich der bildungspolitische Sprecher der CSU-Landesgruppe im Bundestag den Vorwurf an die SPD, sie habe das Bildungswesen „rücksichtslos zu einem Vehikel sozialistischer Gesellschaftsveränderung umfunktioniert" [12]. Demgegenüber haben die früheren Befürworter der Reform spätestens in der Phase der „Bestrafung der Unschuldigen" erkannt, daß die Chancen für eine „Umwertung der Werte" verspielt wurden, weil an dem traditionellen Verhältnis von Kopf- und Handarbeit, von intellektuellen und praktischen Berufen nie ernsthaft gerüttelt worden ist.

Dieses Verhältnis neu zu gewichten erscheint als das „zentrale Problem der Bildungspolitik in den kommenden Jahren", denn „kein vergleichbares Industrieland läßt seine ‚allgemeinbildende' Schule so sehr von der Trennung geistiger und körperlicher Arbeit spalten, mit allen Folgen für die Abwertung praktischer Befähigung, und beschwört zugleich derart illusionistisch und ideologisch die ‚Gleichwertigkeit' allgemeiner und beruflicher Ausbildung" [13]. Mit einer solchen Zielsetzung hätte eine künftige „Reform der Reform", die aus den Erfahrungen der zurückliegenden Entwicklung lernt, also ihren Auftrag radikaler faßt, ihren Zeithorizont weiter steckt, ihre Planungsmittel realistischer einschätzt und ihre Strategien empirisch besser absichert, durchaus Chancen, die von ihrer Vorgängerin angestrebte formale „Chancengleichheit" materiell zu verwirklichen und das Bildungssystem aus seiner anhaltenden „Relevanzkrise" [14] herauszuführen.

Anmerkungen

1 So der Titel einer 1969 erschienenen Prognose für die Jahre 1970 bis 1980. Vgl. Grossner, C., u. a. (Hrsg.): Das 198. Jahrzehnt. Eine Team-Prognose für 1970 bis 1980. Hamburg 1969.
2 Vgl. Flitner, A.: Mißratener Fortschritt. Pädagogische Anmerkungen zur Bildungspolitik. München 1977.
3 Becker, H.: „Die Schule und ihre Lehrer – Schwierigkeiten bei der Schulreform". In: Neue Sammlung, 19. Jg. (1979), H. 2, S. 134–154, hier S. 140.
4 Vgl. Tibi, B.: „Die Bildungskrise als Krise des Bildungssystems? Demokratisierung der Bildung und Verlust der Sinnkommunikation". In: Frankfurter Hefte, 34. Jg. (1979), H. 7, S. 29–38, hier S. 33.
5 Vgl. „Gesamtschulen. Wie isset?" In: Der Spiegel, 33. Jg. (1979), H. 42, S. 136–144.
6 Vgl. Fend, H., u. a.: Gesamtschule und dreigliedriges Schulsystem. Eine Vergleichsstudie über Chancengleichheit und Durchlässigkeit im Schulsystem. Stuttgart 1976 (Gutachten und Studien der Bildungskommission, Bd. 55).
7 Vgl. Hentig, H. von: „Die Reform der Schule war nicht radikal genug. 1. Teil: Aufwachsen in Vernunft". In: betrifft: erziehung, 12. Jg. (1979), H. 10, S. 38–44 und S. 53–58.
8 Vgl. Wilhelmi, J.: „Schulreform 1945–1955. Falsche Weichenstellung". In: betrifft: erziehung, 12. Jg. (1979), H. 10, S. 21–28, hier S. 26.
9 Bayerisches Staatsministerium für Unterricht und Kultus (Hrsg.): Schulreform in Bayern. Bd. 1: Lehrpläne für die Grundschule, Orientierungsstufe und Hauptschule. München 1970, S. 7.
10 Holzer, H.: „Hauptschule heute – Von der ‚Humanisierung' einer Katastrophe". In: Demokratische Erziehung, 3. Jg. (1977), H. 5, S. 570–578, hier S. 573.
11 Becker, H., a. a. O., S. 142.
12 Vgl. „CDU kritisiert ‚Billigpreis-Abitur' ". In: Süddeutsche Zeitung, Nr. 245, 23. Oktober 1979, S. 5.
13 Friedeburg, L. von: „Bildungsgerechtigkeit unter dem Zwang des Beschäftigungssystems". In: Vorgänge, 18. Jg. (1979), H. 4/5 (Nr. 40/41), S. 96–110, hier S. 102.
14 Vgl. Richter, I.: Die unorganisierbare Bildungsreform. München 1975.

Torsten Husén

Veränderungen im schwedischen Hochschulsystem. Ein kritischer Rückblick *

Einige Hauptzüge des Systems vor der Reform

1945 bestand das schwedische Hochschulsystem aus vier Universitäten, nämlich zwei alten (1477 und 1668 gegründeten) staatlichen Universitäten und zwei privaten, die im späten 19. Jahrhundert in Stockholm und Göteborg von liberalen Philanthropen als Gegengewicht zum Konservativismus der alten staatlichen Universitäten geschaffen worden waren. Außerdem gab es etwa acht separate Hochschulen für Spezialgebiete, Einrichtungen, von denen sich die meisten in Stockholm befanden. Diese Institutionen bildeten zusammen ein nationales Hochschulsystem, für das der Staat die Gelder bereitstellte. Die privaten Universitäten mit ihren eigenen Kuratorien wurden hauptsächlich vom Staat finanziert. Die Zuweisung der Mittel nahm das Parlament alljährlich aufgrund einer von der Regierung eingebrachten Finanzvorlage für die Hochschulen vor. Die Mitglieder der engeren Fakultät, worunter fast ausschließlich Lehrstuhlinhaber zu verstehen waren, wurden vom König in einer Kabinettssitzung in aller Form ernannt. So wurde beispielsweise meine 1953 erfolgte Berufung auf den ordentlichen Lehrstuhl für Erziehungswissenschaft an der Universität Stockholm – er war übrigens der erste an dieser Universität, wo die Erziehungswissenschaft bis dahin nur als ein Anhängsel der Psychologie existiert hatte – vom König unterschrieben und vom Minister für Erziehung gegengezeichnet.

Jedes Jahr ließ die Regierung allen Hochschulen ein Schreiben mit Ausführungsbestimmungen zukommen, in dem der institutionsmäßige Aufbau detailliert dargelegt und vorgeschrieben wurde, wie die Mittel für Personal- und Sachkosten in jeder Einheit, zum Beispiel in Instituten und Abteilungen, zu verwenden seien.

So sah die Sache formal aus. In Wirklichkeit erfreuten sich die Universitäten einer weitgehenden Autonomie in akademischen Fragen. Die – aus den ordentlichen Professoren bestehenden – Fakultäten stellten mächtige Körperschaften dar, da die Fachbereichsgliederung noch nicht eingeführt war, wenn man auch in einigen Fällen nach deutschem Muster Institute bei Lehrstühlen eingerichtet hatte. Demgemäß waren die Fakultäten die eigentlichen Entscheidungsgremien. In der Regel wurde jeder Wissenschaftszweig von einem Lehrstuhlinhaber repräsentiert, das heißt von einem Ordinarius. „Departments“ im amerikanischen Sinne gab es nicht, wohl aber in einigen Dis-

* Changes in Swedish Higher Education. A Critical Review. Übersetzt von Thomas M. Höpfner.

ziplinen (und zwar hauptsächlich in den Naturwissenschaften) um einen Professor herum aufgebaute Institute mit *Dozenten,* deren Lehrauftrag zeitlich begrenzt war, und mit nichtplanmäßigen Assistenten des Professors. Graduiertenstudien wurden selten als ordentliche Studiengänge absolviert, da keine Stipendien zur Verfügung standen. Es gab keine entwickelten Graduiertenstudiengänge, sondern normalerweise nur Seminare für Studenten, die eine Graduierung anstrebten, und in diesen Seminaren wurden Kapitel aus in Vorbereitung befindlichen wissenschaftlichen Arbeiten vorgelegt und kritisch geprüft. Die Ausbildung solcher Studenten oblag in der Hauptsache den Professoren, die auch Seminare veranstalteten, in denen Studenten, die vertiefende Kurse belegt hatten, Arbeiten zur Diskussion stellen mußten.

Der Professor präsentierte der Fakultät einen Curriculumentwurf mit Lesestoffempfehlungen, der dann von der Fakultät dem Universitätskanzler zur Genehmigung zugeleitet werden mußte. Der Kanzler wiederum gab sein Urteil oft erst ab, nachdem er den Entwurf weiteren Beteiligten zur Prüfung vorgelegt hatte. Wichtig ist hier folgendes: Der Kanzler wurde von einem Wahlmännergremium *gewählt,* das seinerseits von den ordentlichen Professoren gewählt worden war, und diese erwarteten vom Kanzler, daß er der Regierung gegenüber als ihr Fürsprecher auftrat. Formell hatte zwar die Regierung das letzte Wort, was die Berufung von Professoren betraf, doch war deren Einfluß so groß, daß die Regierung nur in dem äußerst seltenen Fall einer schwerwiegenden Meinungsverschiedenheit von dem Vorschlag der Hochschullehrer abwich. Wenn ein Professor zu wählen war, setzte die Fakultät eine dreiköpfige Evaluationskommission ein, in die sie oft dienstältere Professoren berief, wobei sie unter Kandidaten, die von allen übrigen Universitäten nominiert worden waren, ihre Wahl traf. Die Kommission hatte sechs Monate Zeit für ihre Evaluation der Bewerber. Jedes Kommissionsmitglied mußte über jeden einzelnen Bewerber eine gesonderte Beurteilung schreiben. Auf die Evaluationen gestützt, stimmte die Fakultät dann in feierlicher Sitzung schriftlich ab, und zwar nach dem Dienstalter gestaffelt, beginnend mit dem im Amt jüngsten Professor. Das Fakultätsvotum wurde an das *Konsistorium* weitergereicht, das sämtliche Fakultäten repräsentierte, und das *Konsistorium* unterbreitete die Angelegenheit dem Kanzler, der zum Ausdruck bringen mußte, wem er den Vorzug gab. Hierauf kam die Sache vor die Regierung. Die Verleihung einer kleinen Lehrbefähigung, die immer nur für einen bestimmten Zeitraum (bei Assistenten jeweils nur für ein Jahr) galt, lag gänzlich in den Händen der Fakultät, das heißt der ordentlichen Professoren.

Dieses System – man hat es als „Professoren-Feudalismus" bezeichnet – funktionierte, solange die Hochschulen klein waren und dem Staat die Leute lieferten, die er brauchte: Lehrer für die staatlichen höheren Schulen, Geistliche für die Staatskirche und Beamte für die Staatsverwaltung. Die an den

Universitäten geleistete Forschungsarbeit hatte nur sehr geringe Bedeutung. Es gab dafür keine gesonderten Geldmittel. Forschungsbeiräte wurden in den Bereichen Medizin, Naturwissenschaften, Technologie und Sozialwissenschaften in den vierziger Jahren eingerichtet. Ein Forschungsfonds für die Humanwissenschaften war schon früher gebildet worden. Noch hatten Regierungsstellen und Königliche Kommissionen nicht damit begonnen, Aufträge für Forschungen mit politischer Orientierung zu vergeben. Nach dem damals dominierenden akademischen Ethos hatte die „reine" Forschung einen höheren inneren Wert als die angewandte Forschung. Anläßlich eines Jubiläums der Abteilung Reine Mathematik in einer Akademie brachte der Präsident einen Toast auf die reine Mathematik aus und fügte hinzu: „Möge sie niemandem nützen!" Die Universitäten und die anderen Einrichtungen des tertiären Bildungsbereichs wurden meist von Studenten aus der Oberschicht und dem Mittelstand besucht. Ungefähr bis 1950 kam nur ein Prozent der Arbeiterjugend in den Genuß eines Universitätsstudiums. Die Universitäten waren sozusagen elfenbeinerne Türme, hochangesehen, aber von begrenzter Bedeutung für die Allgemeinheit, und sie öffneten ihre Pforten nur für zwei bis drei Prozent der jungen Menschen im entsprechenden Alter.

Veränderungen in den letzten zwanzig Jahren

Die Veränderungen, die sich im schwedischen Hochschulsystem seit der Mitte der fünfziger Jahre in jeder Hinsicht vollzogen haben, waren dramatischer als in Amerika, um nicht zu sagen: revolutionärer. In Amerika ist das Engagement der Gesellschaft in Universitätsangelegenheiten schon seit der Errichtung der *land grant colleges* (durch staatliche Subventionen unterstützte Colleges) größer. Die Zahl der Studierenden ist seit den späten vierziger Jahren lange Zeit hindurch stark angestiegen, also nicht bloß innerhalb eines Jahrzehnts wie in Schweden. 1955 gab es insgesamt rund 15 000 Studenten an Hochschulen, und diese Zahl hat sich in weniger als fünfzehn Jahren fast verzehnfacht. Das erstaunlichste an den Veränderungen des Immatrikulationsbildes in den siebziger Jahren sind die Alterszusammensetzung und die rapide Zunahme der Teilzeit-Studenten gewesen. 1977 – in jenem Jahre wurde die Universitätsreform von 1975 wirksam – waren über 50 Prozent der Studenten, die sich an der Stockholmer Universität zum erstenmal immatrikulieren ließen, mindestens 25 Jahre alt, teilweise sogar noch älter. Der direkte Weg von der Sekundarstufe II zur Universität wird immer seltener gewählt, wie die sinkenden absoluten Zahlen dieser Studienanfänger erkennen lassen.

Was Kontrolle und Herrschaft anbelangt, haben sich die Verhältnisse von der Fachbereichsebene bis hin zur Ebene des nationalen Systems völlig verändert. Die Ära des Professoren-Feudalismus ist vorbei. Die drastische Veränderung in dieser Hinsicht hat weniger mit der stärkeren Mitwirkung der Studenten zu tun als vielmehr damit, daß die Organisationen auf dem schwedischen Arbeitsmarkt, zumal die Zentralverbände der Arbeiter- und der Angestelltengewerkschaften, eine größere Rolle spielen. Unter den alten Systemen hatten die Studenten schon ziemlich früh ein Mitspracherecht in Curriculumfragen, wenn auch kein Stimmrecht. Außerdem betätigten sie sich an den staatlichen Universitäten wie die Studenten in Oxford und Cambridge auf logistischem Gebiet.

Die Veränderungen der Herrschaftssituation im Hochschulbereich haben sich in zwei Schritten vollzogen, bewirkt durch die Hochschulgesetze von 1963 und 1975. Im Jahre 1963 wurde der Universitätskanzler von der Regierung ernannt, nicht mehr von den ordentlichen Professoren gewählt. Im selben Jahre wurden die Universitätslektoren Fakultätsmitglieder und hatten bald die Stimmenmehrheit. Der Universitätslektor war gegen Ende der fünfziger Jahre eingeführt worden, um die enorme Nachfrage nach Unterricht auf der Nichtgraduiertenebene zu befriedigen. Es sei hier darauf hingewiesen, daß von den Universitätslektoren keine Forschung verlangt wurde. Die Studenten erhielten stimmberechtigte Vertreter in den Curriculum-Ausschüssen. Das führte in den Jahren der Unruhen (die übrigens in Schweden im Vergleich zu dem, was sich auf dem Kontinent abspielte, nur mäßig bewegt waren) manchmal dazu, daß die in der Forschung tätigen Fakultätsmitglieder im Ausschuß überstimmt werden konnten. Aber die letzte Entscheidung fiel in der engeren Fakultät, wo die Studenten nach wie vor nicht vertreten waren. Die Universitätsgremien des 1963er Modells bestanden aus dem Rektor und den Fakultätsdekanen sowie Vertretern der Studenten und des nichtwissenschaftlichen Personals. Zuständig für das nationale System war ein nationaler Universitätsrat mit dem Kanzler als Vorsitzendem, den die Regierung ernannte und von dem erwartet wurde, daß er im Interesse der Regierung handelte. Die zentralen Gewerkschaftsverbände waren im Rat vertreten. Für die Hochschulen hatte die Ära einer korporativen Gesellschaft begonnen.

Beeinflußt von den Studentenunruhen, die, wie gesagt, in Schweden jedoch ziemlich friedlich verliefen, brachte der neue Kanzler ein Versuchsprogramm mit verschiedenen Modellen der Mitwirkung der Studenten und des nichtwissenschaftlichen Personals auf Fachbereichsebene in Gang. Dem radikalsten Modell zufolge wurde der Fachbereich von einem Rat geleitet, in dem alle im Fachbereich tätigen Personalgruppen vertreten waren: Professoren, Assistenten, nichtgraduierte und graduierte Studenten, Sekretariatspersonal, Labortechniker usw. Ohne systematische Auswertung der Versuchsprogramm-Modelle entschied sich die Regierung 1975 für dieses Modell, das „mitwirkungsintensivste“ von den vier ausprobierten Modellen.

Die Fakultät im alten Sinne, das heißt als ein Entscheidungsgremium, ist verschwunden. In den leeren Raum zwischen ihr und dem Akademischen Senat fügte das Hochschulgesetz von 1975 Studienreformkommissionen für jedes berufliche Nichtgraduiertenprogramm ein. In diesen Kommissionen waren nicht nur Lehrkörper und Studentenschaft, sondern auch Arbeitsmarktorganisationen vertreten.

Als eine Art Ersatz für die alte Fakultät gibt es heute die sogenannte Fakultätsversammlung, die sich aus allen Personalgruppen zusammensetzt, die in der Forschung tätig sind oder sein sollen, das heißt Professoren, Universitätslektoren, Forschungsassistenten. An der sozialwissenschaftlichen Fakultät meiner Universität beispielsweise besteht diese Versammlung aus rund 130 Personen. Die Versammlung tagt ein paarmal im Jahr, um einen Fakultätsrat zu wählen, in dem die verschiedenen Gruppen vertreten sind. Das bedeutet, daß die planmäßigen Professoren gewöhnlich in der Minderheit sind. Es hat sich als schwierig, in manchen Fällen sogar als unmöglich erwiesen, für die Sitzungen dieses Organs, dem in den Vereinigten Staaten in etwa der akademische Senat entsprechen würde, ein Quorum zusammenzubringen.

Jede Universität hat einen Akademischen Senat unter dem Vorsitz des Rektors, dem sowohl politische Beauftragte als auch Vertreter der verschiedenen Personalgruppen angehören: Lehrer, Studenten, technisches Personal und Bürokräfte. Letztere werden von den zentralen Gewerkschaftsverbänden nominiert, nicht von den Lokalorganisationen, worauf hier hingewiesen sei, da doch im Zusammenhang mit der Reform so viel über Dezentralisierung und Mitwirkung an der Basis geredet wird. Das ist typisch für den verstärkten Korporativismus in der heutigen schwedischen Gesellschaft, wo die zentralen Gewerkschaftsverbände zu Machtzentren geworden sind, die dazu neigen, nach den Regeln der repräsentativen Demokratie gewählte Organe zu umgehen und mit ihrem größeren Gewicht zu überspielen.

In der Hierarchie zwischen den lokalen Universitätsgremien und dem Nationalen Universitätsrat hat das Hochschulgesetz von 1975 einen Regionalen Rat für die Institute eines bestimmten Bezirks geschaffen. Der Regionale Rat soll Planungsaufgaben wahrnehmen und den verschiedenen Einrichtungen in seinem Zuständigkeitsbereich Mittel zuweisen. Die Regionalen Räte waren das Ergebnis eines politischen Kuhhandels zwischen der sozialdemokratischen Regierung und der Zentrumspartei, die die wichtigste Verfechterin der „Grünen Welle“ war.

Welchen Effekt haben alle diese radikalen Veränderungen gehabt? Derzeit, zwei Jahre nach dem Inkrafttreten der Reform, ist es noch zu früh für eine Bilanz, doch zeichnen sich gewisse Tendenzen ab.

Gesetzgebung über Mitwirkung und Arbeitsplatzsicherung

Bevor ich auf die Konsequenzen zu sprechen komme, möchte ich auf die unlängst erfolgte Gesetzgebung hinweisen, die wichtige Auswirkungen auf das Universitätssystem gehabt hat. Ich meine die Gesetze über Mitwirkung am Entscheidungsprozeß am Arbeitsplatz und über die Arbeitsplatzsicherung. Sie waren das Ergebnis eines starken Drucks der Gewerkschaften und betrafen in der Hauptsache die Arbeitsplätze in der Industrie.

So wurden zu dem neuen Machtverteilungssystem im Hochschulbereich, welches das Hochschulgesetz von 1975 geschaffen hatte, Bestimmungen hinzugefügt, die vorschreiben, daß bei jeder Veränderung der Arbeitsbedingungen, die die Auslegung zuläßt, „größere Bedeutung" zu haben, Verhandlungen mit dem Personal geführt werden müssen. Zudem unterstützen die Bestimmungen über die Arbeitsplatzsicherung mehr oder weniger wirkungsvoll das „Publish-or-perish"-Prinzip durch Abwertung der wissenschaftlichen Verdienste zugunsten anderer Beförderungskriterien wie namentlich des höheren Dienstalters. Zweifelsohne wirken sich solche Bestimmungen als Einschränkungen aus, unter denen das schöpferische Arbeitsklima an den Forschungsinstituten leidet.

Unter anderem zwingt die Gesetzgebung über Mitwirkung am Entscheidungsprozeß am Arbeitsplatz die Arbeitgeber, über Veränderungen „wichtiger Art", die die Arbeitsbedingungen und Personaleinstellungsverfahren betreffen, mit Vertretern der Arbeitnehmer zu verhandeln. Der entscheidende Begriff ist hier natürlich das Wort „wichtig". Unterschiedliche Auslegungen dieser und anderer Klauseln führen leicht zu langen Verhandlungssitzungen, um nicht zu sagen: Zänkereien. Sie führen auch leicht zu Konflikten zwischen herkömmlichen Praktiken in der öffentlichen Verwaltung und Gewerkschaftskorporativismus. Nur ein Beispiel: Als der Erziehungsminister ein Jahr nach dem Inkrafttreten der Gesetzgebung letzte Hand an den Haushaltsplan legte, den er jährlich im Parlament einbringt, verlangten die Gewerkschaften Verhandlungen, da sie das Budget in seiner Gesamtheit als einen Fall ansahen, der die Arbeitsbedingungen in wichtiger Weise tangiere.

Schlimmer noch: Werden Verhandlungen gefordert, wenn Planung und Durchführung eines Forschungsprojekts anstehen, so ergibt sich der eindeutige Fall eines Konflikts zwischen Kompetenz und Mitbestimmung, und wenn letztere obsiegt, kann das der Qualität der Forschung nur schaden. Betrachten wir folgenden Kasus: Der Forscher, der die Arbeit an einem Projekt leitet, ist nach einschlägigen Debatten mit seinen Mitarbeitern zu dem Schluß gekommen, daß eine Methode der statistischen Analyse angewendet werden sollte, die den Bedarf an Programmierzeit und Rechnerläufen wesentlich reduziert. Die Gewerkschaft der Computer-Operateure fordert Verhandlungen über die Einschränkung der Datenverarbeitung, weil sie findet, die Maßnahme habe bedeutende, wichtige Folgen für die Beschäftigung des Rechner-Bedienungspersonals. Der Gewerkschaftsvertreter bringt die Sache im Fachbereichsrat zur Sprache. Ergebnis: Was im Grunde eine Frage der Forschungsmethodologie ist, mit der sich bisher wirklich hinlänglich als qualifiziert ausgewiesene Personen befaßten, hat sich in ein Problem des Arbeitgeber-Arbeitnehmer-Verhältnisses verwandelt. Unter solchen Auspizien gerät die Integrität der Wissenschaft in Gefahr.

Ähnlich können sich Konflikte zwischen festbegründeten korporativen Interessen einerseits und der Integrität und Autonomie der Wissenschaft andererseits in Kuratorien mit Gewerkschaftsvertretern ergeben, wenn sie Gefahr laufen, daß ihre eigene schmutzige Wäsche zum Vorschein kommt. Die Praxis kennt solche Fälle. So hat zum Beispiel an der Stockholmer Universität der Vertreter des Zentralverbandes der Arbeitergewerkschaften versucht, eine Studie zu stoppen, in der es um die Schwierigkeiten der Menschen an der Basis ging, ihre Interessen gegen die zentrale Gewerkschaftsbürokratie zu verteidigen.

Die Gesetzgebung zur Arbeitsplatzsicherung entstand daraus, daß der Arbeitgeber in der Industrie früher das Recht hatte, Leute nach Belieben einzustellen und zu entlassen. Die neue Gesetzgebung fordert vom Arbeitgeber mehr soziale Verantwortung: Ab einer bestimmten Beschäftigungsdauer ist eine Entlassung des Arbeitnehmers nur noch aus sehr wichtigen Gründen möglich. Im Staatsdienst kann ein außerplanmäßig Beschäftigter nach einer bestimmten Zeit nicht mehr entlassen werden, was auch für die Universitäten galt. Dieser Zeitraum beträgt sechs Jahre.

Man kann sich gut vorstellen, welche Folgen eine Gesetzgebung zur Arbeitsplatzsicherung in einem System hat, wo Beförderung strikt gemäß den durch wissenschaftliche Publikationen belegten wissenschaftlichen Verdiensten erfolgte.

Forschung und Forscherkarrieren

Sowohl als Tätigkeit wie als Laufbahn ist die Forschung von Natur aus eine ziemlich unberechenbare Angelegenheit. Wer sich auf das mühsame Geschäft einer Forschungstätigkeit ernsthaft einläßt, weiß selbstverständlich nicht, wohin ihn das führen wird, sonst hätte er es nicht mit echter Forschung zu tun. Und wer es riskiert, eine Forschertätigkeit als Lebensberuf auszuüben, kann nicht erwarten, daß er damit einen gebahnten Weg mit gesicherter Anwartschaft auf baldige planmäßige Beschäftigung beschreitet. Forschung an sich und der Entschluß, sich ihr beruflich zu widmen, sind in den meisten Fällen ein Glücksspiel mit sehr unsicheren Gewinnchancen. Viele sind berufen, aber wenige sind auserwählt – dieser Satz gilt für die Forscherkarriere mehr denn für jede andere. Das hat bestimmte unvermeidliche Folgen in bezug auf die Frage, wie Beschäftigungsverhältnisse für reine Forschung zustande kommen und wie Forschung gelenkt werden sollte.

Eine Laufbahn in der Forschung ist eine höchst meritokratische Sache. Man wird als Forscher nicht nach Art etwa einer Lehrer-, Installateur- oder Programmiererausbildung geschult. Forscher, so heißt es, *ist* man, das wird man nicht durch Ausbildung. Um etwas leisten zu können, muß ein Forscher zunächst zweierlei haben: schöpferischen Intellekt und eine Motivierung, die an Besessenheit grenzt. Natürlich braucht der ehrgeizige Forscher beziehungsweise die ehrgeizige Forscherin gute Grundkenntnisse auf dem Gebiet, innerhalb dessen er beziehungsweise sie sich spezialisieren will. Mit Rezeptivität und Fähigkeit zur Analyse kann es jemand im akademischen Leben ziemlich weit bringen, aber diese Qualifikationen machen ihn noch nicht zu einem Pionier, der als Forscher in Neuland vorstößt. Dazu bedarf es einer kreativen und „divergenten" Disposition, die sich nicht mit Referenzen und Zeugnissen dokumentieren läßt.

Dementsprechend sind Graduiertenausbildung und spätere Forschertätigkeit von Natur aus so etwas wie eine Lotterie mit vielen Gewinnen. Es ist zu Beginn der Graduiertenausbildung ungemein schwierig, die wenigen zu identifizieren, die das Zeug zu wissenschaftlichen Durchbrüchen in noch unerschlossene Gebiete haben.

Eine notwendige Ergänzung zur kreativen intellektuellen Kapazität ist eine Motivation, die sich in einem besessenen Fleiß ausdrückt, der geregelter Arbeitszeit und bürokratischen Vorschriften trotzt. Forschung, insbesondere Grundlagenforschung, war schon immer mit großen Opfern verbunden, nicht zum wenigsten mit materiellen. Um so mehr werden daher Autonomie und Status geschätzt, und daraus wiederum erklären sich die wilden Kämpfe um die wenigen Lehrstühle, die nicht zuletzt in meinem Heimatland von jeher an der Tagesordnung sind.

Die Autonomie, von der ich gesprochen habe, besteht nicht nur in der Freiheit, sich Ziel, Methode und den Weg der Berichterstattung über Forschungsergebnisse aussuchen zu können. Auch die Freiheit, allein zu entscheiden, was man mit seiner Zeit anfängt, gehört als ein unentbehrliches Element zur Forschungstätigkeit. Auch aus diesem Grunde ist Forschung allergisch gegen bürokratisches Reglement.

Folgen der Universitätsreform

Von meinem eigenen akademischen Kredo ausgehend, frage ich: Welche Konsequenzen zeichnen sich auf der schwedischen Szene als Resultat der Veränderungen in Verfassung und Verwaltung der Hochschulen sowie der neuen Gesetzgebung über Mitwirkung und Arbeitsplatzsicherung ab? Nun ja, da die Vorbereitung der Universitätsreform *keine* Untersuchung des Wesens und der Umstände der Forschung umfaßte, wurde das System so angelegt, daß es sich nur für die Massenausbildung von Graduierten mit ausschließlicher Berufsorientierung und festen Studiengängen eignet. Auf Nichtgraduiertenebene sind die Hochschulen zu riesigen Kursus-Cafeterias geworden, wo Leute mit einer sehr pragmatischen Orientierung ihre Wahl treffen. Die Altersgliederung hat sich gewaltig geändert; mehr als die Hälfte der Studenten, die sich 1977 an der Stockholmer Universität zum erstenmal immatrikulieren ließen, waren 25 Jahre alt oder noch älter. Nur eine Minderheit strebt an, was man als vollen akademischen Grad bezeichnen kann. Die meisten Studierenden möchten sich auf spezifische Kurse beschränken, die sich in ein Karrierenetz einbauen lassen. Dramatisch zurückgegangen ist die Zahl der Studenten, die stärker auf einen Wissenszweig ausgerichtete Kurse belegen, um ein bestimmtes Fach gründlich zu studieren. Dies wiederum führt zu einer Schrumpfung der Rekrutierungsbasis für Graduiertenstudien. Letztere haben auch durch miserable Berufsaussichten und durch Statusschwund an Reiz verloren. Weitere abschreckende Faktoren sind die verstärkte Bürokratisierung und die fallstrickartigen Schwierigkeiten bei Verhandlungen mit Studenten und anderen.

Zweifellos müssen in erster Linie innerhalb des bestehenden institutionellen Rahmens Lösungen gefunden werden, um wieder zu einem qualitativ besseren Nachwuchs für die Graduiertenweiterbildung zu gelangen – in einem System, in dem der Zugang zu den Hochschulen so verbreitert worden ist, daß er fast schon unbeschränkten Durchlaß gewährt, und in dem man Arbeitserfahrung und Alter in die Reihe der Aufnahmekriterien eingefügt hat. Wie das erreicht werden soll, steht auf einem anderen Blatt.

Peter M. Roeder

Partizipation in der Schule
Erfahrungen über die Mitgestaltung des Unterrichts durch Schüler [1]

Angeknüpft wird hier an den Bericht der deutsch-schwedischen Kommission über die „Demokratisierung und Mitwirkung in Schule und Hochschule“ [2], den Dietrich Goldschmidt als Vorsitzender der deutschen Kommission mitgetragen hat. Auf der Grundlage ihrer Erkundungen und Befragungen kommt diese Kommission – was die Mitwirkung der „Betroffenen“ in der deutschen Schule (freilich nicht nur in ihr) betrifft – sicher nicht unerwartet zu einer insgesamt negativen Bilanz. Die Ursachen dafür werden teils an schulartspezifischen, teils an schulformübergreifenden Bedingungen festgemacht. So scheint in der Grundschule das hierarchische Moment der Beziehungen zwischen Schulleitung und Kollegium dadurch verstärkt zu werden, daß einem in der Regel männlichen Rektor ein überwiegend aus Frauen bestehendes Kollegium gegenübersteht. Die Beteiligung der Eltern ist demgegenüber an der Grundschule viel reger als etwa an der Hauptschule, was unter anderem mit der schichtspezifischen Selektion für die weiterführenden Schulen erklärt wird. Der Schülervertretung wird an Haupt- und Realschulen häufig weniger Spielraum zu selbständiger Arbeit und Artikulation gegeben als an Gymnasien. Als schulformübergreifendes Hindernis für intensivere Mitwirkung von Eltern, Schülern und Lehrern an der Gestaltung des Schullebens erweist sich deren von Land zu Land unterschiedliche, insgesamt ungenügende rechtliche Absicherung und das Überdauern hierarchischer Entscheidungsstrukturen im Verhältnis von Schulaufsicht und Einzelschule, Schulleitung und Kollegium, Lehrern und Schülern. Die Mitwirkung der Eltern wird durch – nach ihrer Meinung – mangelhafte Information seitens der Schule, nach Meinung der Lehrer durch das allenfalls auf den Schulerfolg der eigenen Kinder gerichtete Interesse erschwert, die Mitwirkung der Lehrer durch Isolierung des einzelnen in der Arbeit mit seiner Klasse, die nur durch Ansätze einer auf fachliche Fragen gerichteten kollegialen Kooperation durchbrochen wird, durch Überlastung mit unterrichtsfremden Aufgaben usw. Das Mitwirkungsinteresse der Schüler bricht sich an der Erfahrung der Ohnmacht gegenüber dem etablierten Entscheidungsverfahren, am Konkurrenzkampf um gute Noten, die nach schwer durchschaubaren Prinzipien erteilt werden, aber auch am Desinteresse der Mitschüler. Die Möglichkeit schließlich, die Interessen und Bedürfnisse der Schüler stärker als bisher im Unterricht selbst zur Geltung zu bringen, scheitert häufig an der – nach der Erfahrung der Kommission ungebrochenen – Tradition des lehrerdominierten Frontalunterrichts, was wiederum durch zu große Klassen erklärt wird, durch eine ungenügende Ausstattung mit Lehr- und Lernmitteln (vor allem in Grund- und Hauptschulen), räumliche Beschränkungen, mangelhafte Ausbildung der Lehrer, den Rhythmus des 45-Minuten-Fachunterrichts usw.

Dieser unvollständige und unvermeidlich vergröbernde Überblick über die von der Kommission erstellte Diagnose mag verdeutlichen, wie sich ihre Perspektive vom engeren Fokus „Partizipation" auf allgemeine Probleme des Schulsystems beziehungsweise der Schul- und Unterrichtsorganisation ausweitete. Entsprechend lesen sich die Empfehlungen der Kommission als ein zwar vom engeren Thema her strukturiertes, gleichwohl umfassendes Reformprogramm für die Bundesrepublik. Es zielt auf die Einführung der Gesamtschule, verbunden mit der Anhebung der Schulpflicht auf zehn Jahre, die Einrichtung regionaler pädagogischer Zentren, die die Lehrer bei ihrer Aufgabe dezentraler Curriculumentwicklung unterstützen, eine Neuordnung der Schulverwaltung, die die Autonomie der Einzelschule stärkt, eine faktische und rechtliche Sicherung der Gremien, in denen sich Mitwirkung vollzieht, sowie der sie tragenden Institutionen (Elternvertretung, Schülermitverantwortung), um nur einige der Bereiche zu nennen, auf die sich die Empfehlungen richten. Eingehend wird auch die Ebene des Unterrichts selbst behandelt; die didaktisch-methodische Neuorientierung, die erforderlich wäre, die materiellen und personellen Bedingungen, die zu schaffen wären, um auf dieser Ebene Mitwirkung zu fördern, machen einen zentralen Teil der Empfehlungen aus.

Eine derartige Ausweitung der Perspektive von der Mitwirkung auf ein umfassendes Schulreformkonzept dürfte ihre Berechtigung nicht zuletzt dem Tatbestand verdanken, daß der damit vertretene Anspruch sich auf alle Ebenen der Institution Schule richtet und alle von Entscheidungen in ihr Betroffenen einschließt. Und sicher ist der weite Kreis institutioneller Bedingungen, den die Empfehlungen ansprechen, nicht bedeutungslos für die Chancen und Formen von Partizipation in der Schule. (Die Untersuchung von Baumert und Raschert [3] etwa demonstriert im Vergleich dazu den Nutzen einer schärferen Eingrenzung des Gegenstandsbereichs für eine genauere Analyse der Bedingungen und vielfältigen Funktionen von Mitwirkung im Schulsystem.) Dennoch legt schon der Kommissionsbericht selbst eine Reihe skeptischer Fragen nahe, die, wie es scheint, zugunsten einer klaren Programmatik der Empfehlungen zurückgestellt wurden. So zeigt etwa der Vergleich mit der schwedischen Schule, daß dort zwar einige der von der Kommission als bedeutsam hervorgehobenen Voraussetzungen erfüllt sind – Schwächung der sozialen Selektivität durch Verallgemeinerung der Gesamtschule, wesentlich kleinere Klassen, bessere materielle und personelle Ausstattung zum Beispiel –, aber hinsichtlich der Verwirklichung von Partizipation kein entscheidender Fortschritt gegenüber deutschen Schulen zu verzeichnen ist. Neuere Untersuchungen deuten ebenfalls darauf hin, daß kleine Klassen, für sich genommen, nicht zu einer Änderung der Lehrerrolle führen [4]. Auch der im Laufe der Schulzeit zu beobachtende Motivationsschwund ist nach den Erkundungen der Kommission nicht weniger ein Problem der schwedischen als unserer Schulen. Es ist in der Schulkritik üblich geworden, ihn vor allem auf den hohen Grad von Fremdbestimmtheit „verwalteten" Lernens in der Schule zurückzuführen [5]; auch der Kommissionsbericht stellt diesen Zusammenhang her – eine, wie noch zu zeigen sein wird, offenbar unzureichende Erklärung. Bemerkenswert scheint weiterhin, daß der mögliche Gegensatz zwischen Schulreform und Mitwirkung nicht deutlicher herausgearbeitet wird; daß zum Beispiel die generelle Durchsetzung der Gesamtschule sich nicht auf einen Konsens aller Betroffenen stützen könnte, ist inzwischen jedenfalls offensichtlich geworden. Wenn es sich hier nicht um einen programmatischen bildungspolitischen Text handelte, läge die Frage nahe, ob sich die Kommission von einem eher harmonistischen Gesellschaftsbild leiten ließ, in dem die konfliktneutralisierende Funktion von im Bildungswesen vorhandenen institutionellen Regelungen und die Notwendigkeit, das Konfliktregelungspotential alternativer Organisationsformen genauer zu prüfen, systematisch unterbewertet wurden. Angemessener vielleicht ist die Frage, ob nicht die faktisch bestehenden Spielräume für Mitwirkung unterschätzt wurden und ob nicht eine Untersuchung der Frage, warum sie unzureichend genutzt werden, ein wichtiger Beitrag zur Diagnose der Situation der Schule hätte sein können, in dem zugleich die spezifischen Bedingungen für die Verwirklichung von Partizipation enger umrissen werden könnten. Oben ist angedeutet worden, daß die Klassengröße ein zwar nicht bedeutungsloser, wohl aber doch sekundärer Faktor dabei ist. Dies gilt wahrscheinlich in ähnlicher Weise für die materielle Ausstattung.

Ein für Mitwirkung zentrales Element der Institution Schule dürfte in der Verbindlichkeit von Lehrplänen und Richtlinien liegen, wenn auch mit von Fach zu Fach unterschiedlichem Gewicht. Nach unseren noch unabgeschlossenen Erkundungen in Haupt- und Gesamtschulen fühlt sich jedoch nur eine Minderheit der Lehrer dadurch in ihren didaktisch-methodischen Entscheidungen unangemessen eingeschränkt. Die Richtlinien erscheinen eher als akzeptabler Rahmen, der an Gesamtschulen häufig durch intensive gemeinsame Unterrichtsplanung der Fachlehrer ausgefüllt wird, während an manchen Hauptschulen weniger formalisierte Formen fachlicher Kooperation zu beobachten sind. Interessen und Bedürfnisse der Schüler kommen dabei allein in ihrer Interpretation durch den Lehrer zur Geltung, und die Ergebnisse der gemeinsamen Unterrichtsplanung beschränken vor allem dort, wo – wie im leistungsdifferenzierten Unterricht – eine stärkere Formalisierung notwendig scheint, den Entscheidungsspielraum im Unterricht des einzelnen Lehrers nicht unbeträchtlich.

Wie schließlich wirkt sich – um einen letzten Punkt der Kommissionsempfehlungen hier aufzugreifen – die Einbindung der Einzelschule in ein hierarchisches System von Verwaltung und Aufsicht im Hinblick auf Mitwirkungsregelungen vor Ort aus? Die von Hopf, Nevermann und Richter[6] durchgeführte Befragung zeigt, daß diese Einwirkung – außer in Konfliktfällen – nur eine mittelbare sein kann; dem entspricht, daß die von uns befragten Lehrer die Schulaufsicht überwiegend als eine für ihre unmittelbare praktische Arbeit bedeutungslose Institution einschätzen. Auch hier scheinen also die dezentralen Entscheidungsspielräume durch die Kommission unterschätzt worden zu sein.

Die Stoßrichtung der Frage nach den für Partizipation ungenützten Spielräumen läßt sich freilich auch umkehren in die These, daß die Verwirklichung der auf institutionelle Reformen gerichteten Empfehlungen der Kommission zwar wünschenswert sein mag, aber zur Stärkung der Mitwirkung im Schulwesen möglicherweise kaum wesentlich beitragen würde. Zeigt die Art, wie diese Spielräume durch den einzelnen Lehrer und kooperative Gruppen von Fachlehrern genutzt werden oder – auch – wie sie vielfach ungenutzt bleiben, nicht vielleicht an, daß einer starken Erweiterung der Partizipation sehr viel schwierigere Hindernisse entgegenstehen als die, auf deren Beseitigung sich die Bemühungen der Kommission richten?

Ausgehend von dieser Frage, seien im folgenden einige empirische Untersuchungen referiert – es handelt sich mit einer Ausnahme um qualitative Fallstudien –, die sich in irgendeiner Form mit dem Problem Partizipation auseinandersetzen. Der Begriff muß dabei freilich weit gefaßt werden, um nicht von vornherein den Kreis relevanter empirischer Studien zu sehr einzuschränken und um sowohl Formen „offenen Unterrichts" als auch Versuche, in Zusammenarbeit der unmittelbar Betroffenen vor Ort Reformkonzepte zu entwerfen und zu verwirklichen, einzuschließen. Wir beschränken uns dabei aus Raumgründen auf die Ebene des Unterrichts, das heißt insbesondere auf das Problem, wie hier Interessen und Bedürfnisse der Schüler angemessen berücksichtigt werden können.

Der Frage des Lernerfolgs von offenem, schülerzentriertem Unterricht im Vergleich mit traditionellen Unterrichtsmethoden, die den Schülern weniger Einfluß auf die Gestaltung ihres Lernprozesses lassen, geht Neville Bennett[7] in einer sehr sorgfältigen quantitativen Studie nach. In einem ersten Unterrichtsschritt wird auf der Grundlage einer Fragebogen-Vollerhebung bei Lehrern des dritten und vierten Grundschuljahres an 871 Schulen in zwei englischen Verwaltungsbezirken demonstriert, daß ein geringerer Prozentsatz von Lehrern, als häufig angenommen worden war (etwa 17 Prozent), sich die Erziehungstheorie des Plowden-Reports zu eigen gemacht hatte, die auf einen erfahrungsorientierten, fachübergreifenden, schülerzentriert individualisierenden Unterricht zielte. In den Urteilen der Lehrer über solchen eher „informellen" im Vergleich zum „formellen" (traditionellen) Unterricht deuten sich zugleich einige der Gründe dafür an; sie sind nämlich in ihrer Mehrheit überzeugt, daß „informelle Methoden" höhere Anforderungen an den Lehrer stellen, viele Schüler ratlos machen würden, Disziplinprobleme schaffen könnten, zu Zeitverschwendung und Tagträumerei führen würden und weniger geeignet seien, grundlegende Fertigkeiten und Konzepte zu vermitteln. Zwar wird dem informellen Unterrichtsstil – wiederum einheitlich – zugestanden, daß er eher zu Selbständigkeit und Selbstdisziplin erziehe, insgesamt aber scheint die Erwartung zu überwiegen, daß die Schwierigkeiten einer inneren Schulreform im Sinne des Plowden-Reports größer sein dürften als deren Nutzen. Dies wird durch Bennetts Untersuchung des Zusammenhangs zwischen Schulleistung und Unterrichtsstil auch teilweise bestätigt. Sowohl im Leseverständnis und in anderen Leistungsbereichen des muttersprachlichen Unterrichts als auch im mathematischen Verständnis machten die nach eher traditionellen Methoden (formal teaching, lehrerzentriert) unterrichteten Schüler im Laufe eines Schuljahres, statistisch wie praktisch bedeutsam, größere Fortschritte als die nach eher schülerzentrierten Methoden unterrichteten. Im kreativen Aufsatzschreiben zeigten sich dagegen keine Unterschiede zwischen den Gruppen[8]. Die von Bennetts Forschungsgruppe durchgeführten Unterrichtsbeobachtungen tragen einiges zur Erklärung dieser Ergebnisse bei: Im traditionellen Unterricht waren die Schüler wesentlich häufiger aufgabenbezogen tätig, und zwar wurden aufgabenbezogene Aktivitäten am seltensten bei Schülern mit schwachen Testleistungen im schülerzentrierten Unterricht beobachtet; bei ihnen war zugleich die Interaktion mit Mitschülern – Spielen und Plaudern vor allem – besonders häufig. Die Untersuchung der Wechselwirkung zwischen Persönlichkeitsmerkmalen (Selbsteinschätzung) der Schüler und Unterrichtsstil deutet weiter darauf hin, daß vor allem die ängstlichen und introvertierten Kinder im schülerzentrierten Unterricht geringere Leistungsfortschritte machen. Zwar entwickelt sich dort die schulbezogene Motivation insgesamt günstiger, zugleich wächst hier aber auch die Schulangst stärker. Bennett interpretiert seine Untersuchungsergebnisse zusammenfassend so: Im Grundschulunterricht werden grundlegende Fertigkeiten und Konzepte am sichersten dann vermittelt, wenn den Schülern eine klare aufgabenbezogene Struktur des Unterrichtsgeschehens erkennbar wird. Fehlt eine solche deutliche Strukturierung, so steigert sich nicht nur der Anteil nicht aufgabenbezogener Aktivitäten, sondern auch die Schulangst vor allem der ängstlichen Schüler. Diese Interpretation stützt sich unter anderem auf eine kleine Fallstudie in einer Klasse, die, abweichend von der Gesamttendenz der Ergebnisse, in allen getesteten Bereichen besonders eindrucksvolle Lernfortschritte erzielte und deren Lehrerin sich selbst als schülerzentriert im Sinne der Programmatik des Plowden-Reports einstufte – eine Einschätzung, die von allen anderen Beurteilern bestätigt wurde. Tatsächlich investierte die Klasse überdurchschnittlich viel Zeit in die Arbeit an diesen grundlegenden Lernzielen des Unterrichts. Dafür stand ihr eine Fülle von Lernmaterial für Einzel-, Gruppen- und Klassenunterricht zur Verfügung, das die Lehrerin zum Teil in ihrer zehnjährigen Lehrpraxis erprobt und zusammengestellt hatte, das zum Teil auch in der Arbeit mit der Klasse ohne Vorgabe von Lehrbüchern entwickelt wurde. Nach ihrem Eindruck haben gerade die anfangs schwachen Schüler im Laufe des Jahres, zum Beispiel im Mathematikunterricht, zunehmend Freude an der Arbeit gewonnen. Neben der die Schüler motivierenden positiven emotionellen Beziehung zur Lehrerin ist nach Bennetts Auffassung vor allem deren Fähigkeit, ein reichhaltiges Lernangebot mit vielfältig wechselnden Arbeitsformen für die Schüler klar zu organisieren, für deren überdurchschnittlichen Lernerfolg verantwortlich.

An einer von Ramseger[9] durchgeführten Fallstudie über ein Projekt offenen Unterrichts lassen sich die möglichen Konsequenzen ablesen, die zu erwarten sind, wenn Lehrer und Schüler sich nicht auf eine klare kognitive und soziale Organisation des Unterrichts einigen. Der von Ramseger beobachtete Unterricht zum im weiteren Sinne naturwissenschaftlichen Thema „Zeit" fand in einem vierten Schuljahr einer Alternativschule mit 23 Schülern statt, einer Schule also, die auf einen festen Stundenplan weitgehend verzichtet und in der die Schüler in großem Umfang selbst bestimmen, welche Unterrichtsangebote der Lehrer sie annehmen. Der Unterricht begann mit der Ankündigung des Lehrers, man habe sich überlegt, ein Projekt zum Thema „Zeit" zu machen, worauf sich ein kurzes Klassengespräch über die Assoziationen der Kinder zu diesem Stichwort anschloß. Der allmählich zunehmende Lärm erlaubte dem Lehrer eine Kommunikation schließlich nur noch mit den zunächst sitzenden Kindern, so daß er nach 25 Minuten mit der Bemerkung, er wolle warten, „daß die Zeit vergeht", abbrach und fragte: „Will jemand mit warten?"[10] Während der folgenden insgesamt siebzigminütigen Wartezeit rannten die Kinder, den Lehrer kaum beachtend, durch den Raum, bis schließlich eine Gruppe begann, sich über Langeweile zu beklagen, und den Lehrer aufforderte, endlich etwas zu tun. Anschließend spielten einige Schüler mit einer Besucherin ein Marionettenspiel, in dem sie sich wie an Fäden geführte Puppen zu bewegen hatten. Daraus erwuchs der Vorschlag des Lehrers, ein Zeitlupenspiel zu machen, den einige Schüler aufnahmen. Aus diesem Spiel ergab sich einerseits die Idee, einen Zeichentrickfilm zu machen, andererseits – aus der Erfahrung, daß man nicht in Zeitlupe fallen könne – der Anstoß des Lehrers, zu untersuchen, ob alle Dinge gleich schnell fallen. Am zweiten Projekttag nahmen nach kurzer Diskussion der Vorschläge des Lehrers fünf der 23 Schüler projektbezogene Tätigkeiten auf: Drei bastelten nach einer Vorlage Modelle einer Weltzeituhr, zwei Mädchen führten die am Vortag begonnenen Fallversuche gelangweilt fort; einen Bericht darüber für die Mitschüler anzufertigen lehnten sie ab. Die übrigen Schüler schlossen sich teils anderen Lerngruppen an oder spielten – so führte eine Gruppe von Mädchen eine Schlager-Hitparade auf. Die folgenden insgesamt elf von Ramseger beschriebenen Projekttage verlaufen ähnlich: Jeweils ein kleiner Teil der Schüler nimmt in Einzel- oder Gruppenarbeit projektbezogene Vorschläge des Lehrers auf, die übrigen entscheiden sich für andere Tätigkeiten (Häkeln von Topflappen für den geplanten Basar, Spiele), schauen anderen bei der Arbeit zu oder sitzen gelangweilt herum. Relativ großes Interesse erregt bei einigen Schülern die praktische Arbeit am Trickfilm, wenngleich auch hier nur wenige aktiv beteiligt sind. Daß die Projektarbeiten in einem konzeptuellen Zusammenhang stehen, wird von den Schülern nicht erkannt. Es bleibt bei isolierten Tätigkeiten, die auch für sich genommen nicht zur Ausbildung klarer Konzepte führen, wie bei den Versuchen zur Fliehkraft deutlich wird. Die Diffusität des Unterrichtsverlaufs erscheint dem Lehrer kaum vertretbar. Dem traditionellen Schulunterricht zugeschriebene Mängel und negative Folgen scheinen nicht vermieden, sondern teilweise noch verstärkt zu werden: Die Schüler sind demotiviert, was sich nicht nur in der relativ häufigen Äußerung von Langeweile ausdrückt, sondern vor allem darin, daß ein großer Teil sich dem Unterricht überhaupt entzieht. Wird dem Stunden-Pausen-Rhythmus des normalen Schulvormittags nachgesagt, daß er Lernprozesse zerstückele, so sind hier kaum noch kontinuierliche inhaltliche Lernvorgänge erkennbar. Eine sachbezogene Kommunikation kommt nur über kurze Zeiträume hinweg zustande und meist nur mit einer kleinen Gruppe von Schülern.

Das Bild ähnelt weitgehend dem, das Smith und Keith[11] aufgrund einjähriger teilnehmender Beobachtungen von einem amerikanischen Grundschulexperiment zeichnen, das die Schüler – ohne Rücksicht auf Lehrplanvorgaben – zu weitgehend selbständiger Gruppen- und Einzelarbeit anleiten soll. Die mehrheitliche Reaktion der Schüler ist Desorientierung, Langeweile, Ausweichen aus Lern- und Spielsituationen. Die Größe dieser Schule ohne Wände führt zudem schnell dazu, daß die sozialen Beziehungen anonymisiert werden: Weder bilden sich stabile Schülergruppen, noch lernen die Lehrer ihre Schüler wirklich kennen. Der zunehmende Lärm macht Kommunikation in größeren Lerngruppen unmöglich. Die Reaktion des durchaus reformorientierten Kollegiums ist die Rückkehr zu herkömmlichem Fach- und Klassenunterricht. Smith und Keith sehen einige der Gründe für diese Entwicklung in der Verkennung des Tatbestandes, daß für einen weitgehend individualisierten Unterricht eine günstigere Lehrer-Schüler-Relation als an der normalen amerikanischen Grundschule erforderlich ist – vor allem, wenn dazu selbständige Curriculumarbeit notwendig erscheint –, daß die Schüler die technischen Voraussetzungen für selbständiges Arbeiten erst erwerben müssen, daß die Lehrer Schwierigkeiten haben, die neue Rolle des Beraters individuellen Lernens verbunden mit „team teaching" zu übernehmen, und daß insgesamt zu viel zu schnell geändert werden sollte.

Es ist anzunehmen, daß ein Teil der Schüler derart offene Situationen zu befriedigender und sinnvoller Tätigkeit nutzen kann – Smith und Keith nennen einige Beispiele dafür, zusammen mit der Vermutung, daß dazu ein gut ausgebildetes Über-Ich die Voraussetzung sei [12]. Sicher gehört dazu auch, daß bereits Interessen vorhanden sind; wahrscheinlich vor allem auch, daß die Schülerrolle bisher nicht vorwiegend negativ erfahren worden ist. Damit ist zugleich auf die Gefahr verwiesen, daß Unterschiede in den Lernvoraussetzungen sich noch stärker in den Lernergebnissen niederschlagen, als es schon im herkömmlichen Unterricht zu beobachten ist. Die beiden im folgenden herangezogenen Fallstudien enthalten einige Hinweise darauf und zeigen darüber hinaus, daß die bisher erörterten Probleme keineswegs auf das Grundschulalter beschränkt sind.

In beiden Fällen handelt es sich um weitgehende Versuche, auf der Ebene der Sekundarstufe die traditionelle Organisationsform der Schule mit vorgegebenem Lehrplan zu überwinden, die die Schule umgebende „wirkliche Welt" intensiv in die Schularbeit einzubeziehen und es vor allem den Schülern zu ermöglichen, durch gleichberechtigte Mitwirkung an der Lehrplanung ihre Wünsche und Interessen durchzusetzen. Im ersten Fall, einer australischen Oberschule, die – beginnend mit dem achten – insgesamt sechs Schuljahre umfaßt, waren alle Konferenzen für Eltern und Schüler öffentlich; in der Regel waren die Besucher auch stimmberechtigt; sie nutzten diese Mitwirkungschance jedoch nur in geringem Umfang [13]. Als dennoch in einigen Konfliktfällen ältere Schüler Entscheidungen in ihrem Sinne zu beeinflussen suchten, machten sie die Erfahrung, der Eloquenz des Schulleiters und der Lehrer nicht gewachsen zu sein, und ihre – nach Meinung der Beobachter unberechtigte – Kritik, sie würden in eine Scheindebatte über bereits getroffene Maßnahmen verwickelt, wurde von den Eltern sehr negativ aufgenommen. Die eigentliche Mitwirkung vollzog sich faktisch in den Entscheidungen über den je individuellen Lehrplan auf der Grundlage der Angebote der Lehrer. Da unter anderem auch die Lehrer hinsichtlich der Verbindlichkeit dieser Entscheidungen unterschiedlicher Auffassung waren, wurde der Unterricht von einem beträchtlichen Anteil der Schüler nur unregelmäßig besucht, was bei den Lehrern dazu führte, daß sie sich weniger intensiv auf den Unterricht vorbereiteten. Eine Gruppe von Schülern arbeitete für ein Jahr ohne jeden Kontakt mit Lehrern ganz in der Weise, wie sie es bisher in der Schule gelernt hatte. Entdeckt wurde das erst, als auf der Suche nach von der Bibliothek lange vermißten Büchern diese zusammen mit den Notizen und schriftlichen Ausarbeitungen der Schüler gefunden wurden. In Interviews äußerten viele Schüler, daß sie sich zwar häufig mit interessanten Dingen beschäftigen, die aber für ihr weiteres Fortkommen in Beruf oder Hochschule bedeutungslos seien, und daß zu wenig ernsthaft und kontinuierlich an in dieser Hinsicht wichtigen Gegenständen gearbeitet würde. Solche Erfahrungen, zusammen mit der in ähnlicher Richtung zielenden Kritik von Eltern, veranlaßten das Kollegium, in einem zweitägigen Seminar – an dem wiederum nur wenige Eltern und Schüler teilnahmen – eine Revision der bisherigen Praxis zu beschließen. Danach sollte zwar das System der individuellen Wahl bleiben, jeder Entscheidung aber eine Beratung zwischen Lehrer, Schüler und Eltern vorausgehen. Für die angebotenen Kurse wurde eine Mindestdauer von sechs Wochen vorgeschrieben und die Verbindlichkeit der Teilnahme geregelt.

Die Kritik der Schüler an den Anforderungen der Schule und an ihrem eigenen Umgang damit schließt nicht aus, daß sie sich hier wohler fühlen als an den Schulen, die sie bisher kennengelernt haben. Diese Beobachtung teilt auch Wilson [14] mit, der über mehrere Semester hinweg die Entwicklung einer amerikanischen Oberschule (9. bis 12. Schuljahr) verfolgte, die in Planung und Durchführung des Unterrichts eher noch radikaler auf die gleichberechtigte Mitwirkung der Schüler angelegt war. Wilson interpretiert diese positive Bewertung des Schulversuchs durch viele Schüler überzeugend nicht nur als natürliche Reaktion auf die freundliche Zuwendung der Lehrer und deren Verzicht auf die üblichen Zwänge und Sanktionen, sondern vor allem als Folge des Tatbestandes, daß die offene Situation ihnen die Möglichkeit bot, ihre Beziehungen zueinander zu pflegen und zu entwickeln. Während es also die Idee der Schulgründer und des Kollegiums war, die bisher übliche scharfe Trennung zwischen der formellen Organisation einer primär auf kognitive Ziele gerichteten Schule und einer jugendlichen Subkultur, in der soziale Bedürfnisse befriedigt werden konnten, dadurch aufzuheben, daß diese Jugendlichen zum Gegenstand ihres Lernens machten, was ihnen – auch emotional – wirklich wichtig war, beharrten die Schüler auf einer Trennung ihrer Subkultur von der Institution Schule [15]. Sie hielten entweder an ihrer traditionellen Definition der Schule als einer Stätte der Arbeit unter Anleitung und mit Hilfe von Lehrern fest, auch wenn sie sich danach in ihrem Handeln nicht richteten, oder aber sie überließen die Institution sich selbst und suchten möglichst unmittelbar ihren subkulturell definierten Interessen nachzugehen. Die erhoffte Integration der sich im Umgang der Jugendlichen entwickelnden Bedürfnisse und Interessen in den schulischen Lernprozeß jedenfalls gelang nicht. Zugleich waren die Schüler überwiegend nicht bereit, die mit einer kontinuierlichen Mitwirkung verbundenen Belastungen auf sich zu nehmen beziehungsweise die organisatorischen Voraussetzungen dafür zu schaffen, daß eine geregelte Partizipation überhaupt möglich wurde. So verzichteten sie nach zweiwöchiger Debatte darauf, irgendeine Form von Vertretung zu institutionalisieren, und zwar im wesentlichen mit der doppelten Begründung, daß im Grunde jeder nur sich selbst vertreten könne und daß eine unerwünschte Machtkonzentration bei den Delegierten die Folge sein könnte. Auch innerhalb der Kerngruppen von je zwanzig Schülern gelang es nur in wenigen Fällen, Vertreter zu wählen; in den übrigen stellte sich niemand für ein solches Amt zur Verfügung. Die Alternative zu einer organisierten Interessenvertretung – die Entscheidung durch Vollversammlungen – scheiterte daran, daß diese Veranstaltungen der Mehrzahl der Schüler bald langweilig wurden, und die sinkende Zahl der Teilnehmer meinte, nicht für die Abwesenden mitentscheiden zu dürfen.

Den Abbau traditionell hierarchischer Entscheidungsprozesse nutzten die Schüler also nicht, indem sie die ihnen zugedachte dominante Rolle übernahmen, sondern indem sie die Möglichkeit maximierten, ihre individuellen Wünsche unbehindert zu erfüllen, wie Wilson zusammenfassend interpretiert. Das äußerte sich unter anderem darin, daß sie nur in geringer Zahl und unregelmäßig an den Sitzungen von Planungsgruppen teilnahmen und auch auf die Angebote einzelner Lehrer, gemeinsam einen Kurs zu planen, nicht eingingen. Sie erwarteten, daß die Lehrer Entscheidungen trafen und ihre Aufgabe, interessanten Unterricht zu machen, erfüllten. Wenn ihnen die Entscheidungen nicht paßten, würden sie das sagen; wenn ihnen der Unterricht nicht gefiel, blieben sie ihm fern. Sie sahen sich auch weder in der Lage, etwas gegen das überhandnehmende „Schwänzen" des Unterrichts oder die Norm der Unpünktlichkeit zu unternehmen, noch gegen die sich häufenden Diebstähle. Man war bereit, damit zu leben, obgleich die Nachteile offensichtlich waren: Von den Schülern selbst gewünschte Veranstaltungen kamen nicht zustande, Filmkameras und Kassettenrecorder waren nicht mehr für jeden Schüler verfügbar und wurden nur noch gegen Unterschrift eines Lehrers ausgeliehen. Als die Schulleitung am Ende des dritten Semesters dann selbst die Regeln erließ, die eine größere Verbindlichkeit der Kurswahlentscheidungen, aber auch der offenen Diskussion über Mängel des Unterrichts sichern sollten, wurde dies als Eingriff in individuelle Rechte und insgesamt als Verschlechterung der Situation der Schule empfunden. Dennoch war die Mehrheit der Schüler nicht bereit, sich für alternative Regelungen zu engagieren.

Die prinzipielle Ablehnung organisatorischer Regelungen als Einschränkung individueller Handlungsspielräume führte immer wieder zum Zusammenbruch der Kommunikation zwischen den Beteiligten. Schriftliche Ankündigungen und Mitteilungen wurden nur von wenigen Schülern wahrgenommen, denen nämlich, denen es nicht fremd war, in diesem Medium zu kommunizieren. Unpünktlichkeit und Schwänzen, aber auch die Möglichkeit, sich während des Unterrichts anderen Fragen zuzuwenden als denen, die gerade offizielles Thema waren, sorgten dafür, daß auch mündliche Mitteilungen häufig nicht zur Kenntnis genommen wurden. Erschwert wurde die Kommunikation weiterhin dadurch, daß ein Teil der Kurse außerhalb des Schulgebäudes – zum Beispiel von Architekten, Stadtplanern, Regisseuren – durchgeführt wurde. In den Kerngruppen, denen in dieser offenen Schule in besonderem Maße die Funktion zukam, soziale und pädagogische Beziehungen zu stabilisieren, war des öfteren nur die Hälfte der Schüler anwesend. In dieser Situation mußten sich voneinander weitgehend unabhängige Kommunikationsnetzwerke ausbilden. Sie umfaßten einerseits die Lehrer, die die Notwendigkeit bestimmter Organisationsformen zur Regelung von Entscheidungsprozessen akzeptierten und ohnehin auf allen verfügbaren Kanälen zu kommunizieren in der Lage waren, deren Rolle in Entscheidungsprozessen damit – gegen ihren Willen, aber unvermeidlich – gestärkt wurde. Sie umfaßten andererseits kleinere Gruppen von Schülern mit ähnlichen sozialen Bedürfnissen, deren Kommunikation sich aber in der Regel nicht auf Unterrichtsfragen, sondern auf die Befriedigung eben dieser Bedürfnisse richtete.

Daß unter diesen Bedingungen die Qualität des Unterrichts und des Lernens nach Einschätzung der Schüler wie der Lehrer litt, wird kaum verwundern. Wilsons Beobachtungen und Gesprächen zufolge war es nur wenigen Schülern gelungen, die gebotenen Möglichkeiten in ein sie befriedigendes, individuelles, intensives Lern- und Arbeitsprogramm umzusetzen; sie waren stärker an der Schule engagiert als je zuvor in ihrem Schülerdasein. Die übrigen – und zwar sowohl die, die der Schule bereits weitgehend entfremdet waren, als sie in die Versuchsschule eintraten, als auch die Schulorientierten, die die Schule als notwendiges Mittel für eine gewünschte berufliche Karriere ansahen – äußerten das Gefühl, daß hier wenig getan würde, das für das Leben außerhalb der Schule relevant sei und den dort gestellten Anforderungen genügte [16]. Am stärksten negativ schienen die Schulentfremdeten von dieser Schulsituation betroffen: Sie bewegten sich weitgehend außerhalb des offiziellen Kommunikationsnetzwerks, versäumten den Unterricht; ihre Entfremdung schulischem Lernen gegenüber wurde durch die neuen Erfahrungen gerade nicht aufgehoben. Die Unzufriedenheit mit dem Geleisteten äußerte sich bei den Schulorientierten einerseits in Aufforderungen an die Lehrer, interessanten Unterricht zu machen, andererseits darin, daß sie ein didaktisches Reformkonzept der Lehrer – ein im „team teaching“ durchzuführendes fachübergreifendes Projekt – vereitelten. Die Schüler fanden, dabei lernten sie nichts, und es sei besser, reguläre Kurse abzuhalten. Wilson sieht hier ein Beispiel für den möglichen Widerspruch zwischen Partizipation und Reform, aber auch für die Art, in der Mitwirkung von den Schülern typischerweise realisiert wurde, nämlich in der kritischen – wenngleich meist passiven – Reaktion auf Angebote und

Entscheidungen der Lehrer. Darüber hinaus zu einer aktiven Mitgestaltung des Lehrangebots überzugehen, hätte ein zeitliches Engagement und Einhalten organisatorischer Regelungen erfordert, die den Handlungsspielraum zur Befriedigung spontaner individueller Wünsche – nach Meinung der Schüler das eigentliche Positive an dieser Versuchsschule – empfindlich einschränken mußten.

Zur Erklärung seiner Beobachtungen macht Wilson einige teilweise konkurrierende Interpretationsvorschläge. Er nennt die nach einigen Erhebungen in der amerikanischen Gesellschaft verbreitete und zunehmende Erfahrung politischer Ohnmacht, die durch Erfahrungen der Schüler innerhalb und außerhalb der Schule, zum Beispiel im Umgang mit der Polizei, bestätigt werde, als möglichen Grund für die Ablehnung des Partizipationsangebots. Eine ebensowenig auf der Ebene der Schule überwindbare Barriere läge in einer möglicherweise zunehmenden kulturellen Orientierung unter Jugendlichen, in der sich ein radikaler Anarchismus, der jede Form von Organisation und Herrschaft abweist, mit einer egozentrischen moralischen Haltung verbindet, die jenseits spontaner individueller Bedürfnisbefriedigung kein Engagement zuläßt. Ein weiteres Hindernis könnte nach Wilsons Beobachtung darin gesehen werden, daß auch die freieste Schule Teil eines Schulpflichtsystems ist, also mindestens den Verzicht auf Schulbesuch zugunsten wünschenswerter Alternativen ausschließt, und daß sie darüber hinaus rechtliche Verpflichtungen und Erwartungen der Umwelt unterworfen ist, denen sie sich nicht völlig entziehen kann, so etwa der Aufsichtspflicht, die eine völlige Selbständigkeit der Schüler ausschließe und ihnen gewissermaßen formell den Status von Bürgern zweiter Klasse zuweise. Der einzige Interpretationsvorschlag Wilsons, der aus dem Dilemma „Verzicht auf Schule oder Verzicht auf Partizipation der Schüler" herauszuführen scheint, ist der, daß man bei diesem Versuch fälschlich davon ausgegangen sei, die Schüler verfügten bereits über die Fähigkeiten, die die Voraussetzung erfolgreicher Mitwirkung seien. Seine eigene Untersuchung hat freilich gezeigt, daß es sich dabei nicht nur um eher technische Fertigkeiten handeln kann, sondern um Einstellungen und Motive, die ein längerfristiges Engagement zur Verwirklichung als bedeutsam definierter Ziele abstützen und deren Entwicklung offenbar zu den schwierigsten Aufgaben der Schule zählt. Bevor im folgenden auf einige wenige Berichte und Fallstudien verwiesen wird, die in plausibler Weise einige Bedingungen für die Erfüllung dieser Aufgabe aufzeigen, sei eine weitere, eher negative Schlußfolgerung aus den bisher vorgestellten Untersuchungen gezogen (auf die deren Autoren zum Teil selbst eingehen): In keinem Fall sind die geschilderten Schulversuche primär durch von außen kommende Einflüsse beeinträchtigt worden. Die Kritik eines Teils der Elternschaft, von der Smith und Keith ebenso wie Fitzgerald, Musgrave und Pettit[17] berichten, führte allenfalls dazu, daß sich die Zweifel mancher Lehrer im Verlauf der Experimente verstärkten, ob sich diese nicht doch als schwerwiegende Benachteiligungen für einen beträchtlichen Teil der Schüler auswirken würden, und zwar sowohl im Hinblick auf deren schulische oder berufliche Karriere als auch auf die angestrebte Fähigkeit zu selbstbestimmtem Lernen. Schulleiter wie Lehrer waren im übrigen durchweg von der überragenden Bedeutung dieser Zielsetzung überzeugt – alle Beobachter berichten von intensiven theoretischen und didaktisch-methodischen Diskussionen über dieses Ziel und die praktischen Bedingungen seiner Verwirklichung in den Kollegien –, die Schüler konnten also kaum Zweifel an der Vorbehaltlosigkeit ihres Partizipationsangebotes haben. Schließlich waren es Einstellung und Verhalten der Lehrer, die die Versuchsschulen in ihren Augen vorteilhaft von den bisher erlebten Schulen unterschieden. Offenbar genügt es nicht, die als Hindernis für Partizipation immer wieder genannte hierarchische Struktur der Schulorganisation – und mit ihr die Rolle des Lehrers – weitgehend zu ändern, um dieses Ziel auch zu verwirklichen.

Fallstudien, die über erfolgreichere Versuche berichten, Schüler zu selbständigem Lernen anzuregen, deuten – ähnlich wie das von Bennett geschilderte Beispiel – denn auch darauf hin, daß dort die Lehrer ihre traditionelle Rolle keineswegs einfach negierten. Auf zwei Berichte über derartige Unterrichtsversuche sei hier abschließend hingewiesen. Im ersten Fall handelt es sich um Erfahrungsberichte von amerikanischen Grundschullehrern, die in einem lockeren Verbund kooperierender Schulen arbeiten, dessen Ziel die Reform des Grundschulunterrichts „von der Basis" ist[18], im anderen um die Darstellung eines Unterrichtsversuchs auf der achten Jahrgangsstufe einer Gesamtschule[19].

Den amerikanischen Grundschullehrern geht es in ihrem Unterricht um Individualisierung des Lernens sowohl in dem Sinne, daß Schülern die Möglichkeit zu einem ihren Lernvoraussetzungen und ihrem Lerntempo entsprechenden Fortschreiten im Unterricht gegeben wird, als auch in dem Sinne, daß sie lernen, selbst Themen, Aufgaben und Arbeitsformen zu wählen. Im ersten Kapitel erteilt eine erfahrene Lehrerin einem Berufsanfänger, der sich diese Ziele zu eigen macht, praktische Ratschläge, die insgesamt nicht einfach auf den Abbau der traditionellen Organisation des Klassenunterrichts hinauslaufen, sondern auf den Entwurf von organisatorischen Rahmenbedingungen und Handlungsregeln, die individualisiertes Lernen – besonders in seinen Anfängen – institutionell stützen. Das beginnt mit Empfehlungen zur Gestaltung des Klassenraums vor Beginn des neuen Schuljahrs, so daß er einerseits zu unterschiedlichen Tätigkeiten anregt, die miteinander in einem Raum unter 30 bis 35 Schülern ohne übermäßige Störung vereinbar sind, und daß andererseits genügend Spielraum für die Schüler bleibt, eigene Neigungen zu verwirklichen. Die gleiche Ausgewogenheit zwischen vielfältigem, aber sorgfältig strukturiertem Angebot und offenen Spielräumen, die in den Vorschlägen zum räumlichen Arrangement der Schulklasse deutlich wird, leitet auch die Empfehlungen zum Lehr- und Lernmaterial und zum Lehrerverhalten in diesem wie in den folgenden Kapiteln des Bandes. Da wird darauf verwiesen, wie wichtig es ist, daß der Lehrer die Klasse nicht „verliert", sondern in ständigem Kontakt zu den Gruppen- und Einzelarbeiten bleibt, und daß möglichst bald die Grenzen zwischen erlaubtem und nicht mehr zu duldendem Verhalten verdeutlicht werden. So früh wie möglich soll sich der Lehrer in Einzelgesprächen und Beobachtungen während der Arbeit Klarheit über den außerschulischen Lebenskreis der Schüler, ihre Hobbys, Wünsche, Erwartungen an die Schule, Bedürfnisse, Selbstvertrauen, Kenntnisstand und ihre sonstigen Lernvoraussetzungen verschaffen. Für Kinder, denen die zeitliche Planung ihrer Arbeit schwerfällt, wird eine Art Arbeitsvertrag empfohlen, in dem der Schüler sich zum Beispiel verpflichtet, täglich einige Seiten aus einem selbstgewählten Buch zu lesen, und die Einhaltung oder Nichteinhaltung dieser Verpflichtung täglich notiert. Der gleichen Funktion der Planungshilfe für den Schüler und darüber hinaus der Information des Lehrers kann eine Art individueller Ex-post-Stundenplan dienen, auf dem der Schüler notiert, wieviel Zeit er täglich auf welche Tätigkeiten verwandt hat. Darin, daß solche Hilfsmittel der individuellen Arbeitsplanung für den Schüler und der Information für Lehrer und Eltern nicht konsequent genutzt wurden, die Lehrer deshalb zum Teil nicht einmal mehr wußten, ob Schüler am Unterricht teilgenommen hatten, geschweige denn, womit sie ihren Schultag verbracht hatten, lag wohl einer der Gründe für das Scheitern des von Smith und Keith beschriebenen Schulversuchs. Und die von ihnen – und ähnlich von Wilson und Fitzgerald und anderen – beschriebene Verunsicherung, ja, Verzweiflung vieler Lehrer, die schließlich dazu führte, daß sie am Ende des ersten Schuljahres fast alle die Schule verließen, steht in scharfem Kontrast zu der Befriedigung, die aus diesen Erfahrungsberichten spricht. Dies ist offenbar vor allem darauf zurückzuführen, daß diese Lehrer nicht dabei stehenblieben, anspruchsvolle Ziele zu definieren, es ist ihnen vielmehr gelungen, ihre eigenen – und den Fähigkeiten der Schüler angemessenen – methodischen Wege zu finden, auf denen diese Ziele erreichbar erscheinen. Während es für die zuvor geschilderten Versuche charakteristisch erscheint, daß in ihnen gewissermaßen mit einem Schlage die traditionelle Organisation des Schulunterrichts zerbrochen wird und man darauf vertraut, daß sich in dem so geschaffenen Freiraum aus den autonomen Entscheidungen der Beteiligten neue Formen des selbstbestimmten Arbeitens, Lernens und Zusammenlebens entwickeln, wird hier der Prozeß einer allmählichen Öffnung von Entscheidungsspielräumen beschrieben. Der Prozeß beginnt in einer durch den Lehrer stark strukturierten Situation; dies wird in fast allen Berichten betont und mit der Erfahrung begründet, daß der Verzicht darauf zu kaum überwindbaren Schwierigkeiten führe. In diesem Zeitraum der Initiation in das Leben mit meist etwa dreißig Mitschülern überwiegen gemeinsame Aktivitäten der Klasse; er wird für Arbeiten und Spiele genutzt, in denen sich Schüler und Lehrer besser kennenlernen. Er ist der vorläufigen Diagnose der Lernvoraussetzungen der Schüler im Blick auf stärkere Individualisierung gewidmet und nicht zuletzt der Einigung auf Regeln der Kommunikation und des Verhaltens. Es werden also zugleich die Institutionen geschaffen, ohne die Kommunikation in der Gesamtgruppe nicht stattfinden kann, und die Voraussetzungen für die Einführung jener institutionellen Regelungen geklärt, die die Erweiterung der individuellen Entscheidungsspielräume sowohl ermöglichen als auch gegen die Gefahr frustrierender Orientierungslosigkeit absichern. Dazu zählen zum Beispiel die „Arbeitsverträge“ unterschiedlicher Offenheit und in fein abgestuften Schwierigkeitsgraden, an denen realistische Zielsetzung und Aufgabenwahl erlernt werden können, die Vorkehrungen der Selbstkontrolle der Schüler, die für den Lehrer Hilfsmittel der Diagnose und individuellen Beratung sind, vor allem aber ein vielfältiges und zugleich sorgfältig strukturiertes Angebot, das motiviert und die Fähigkeit steigert, selbständige Wahlentscheidungen sinnvoll zu treffen. Schließlich können die Schüler zunehmend selbst die Steuerung ihrer Aktivitäten übernehmen.

Die 1978 unter dem programmatischen Titel „Lernziele – Ziele der Lernenden“ von Zehrfeld veröffentlichte Fallstudie über einen Unterrichtsversuch auf der achten Jahrgangsstufe einer Gesamtschule macht nicht nur ebenfalls deutlich, in welchem Maße die Lehrer motivierend, planend, Ziele setzend und verändernd eingreifen müssen, wenn nicht an die Stelle der erhofften Selbständigkeit Ratlosigkeit, Frustration und Verweigerung treten sollen. Sie zeigt darüber hinaus, daß sie sich dabei auf einem schmalen Grat zwischen Anregung, Beratung und Lenkung einerseits, Überredung und Manipulation andererseits bewegen, weil sie das Ausmaß, in dem sie den Unterrichtsverlauf faktisch bestimmen, nicht durchweg offenlegen und durch Überredung und moralischen Appell die Schüler zur Übernahme ihres Angebots zu bewegen versuchen – ein Problem, das den Beteiligten durchaus bewußt ist. Denn auch in diesem Fall quittieren die Schüler die offene Aufforderung, einmal selbst zu entscheiden, wie der Unterricht weitergehen solle, teils mit Ratlosigkeit, teils mit Ablehnung, endet die erhoffte Diskussion über Ziele und Inhalte sehr bald in einem Chaos, das Kommunikation nicht mehr zuläßt. Als sich die Schüler schließlich mehrheitlich auf ein Thema geeinigt hatten, stellte sich schnell heraus, daß sie damit sehr unterschiedliche und undeutliche Vorstellungen verbanden und daß hinter ihrer Entscheidung keine stärkere inhaltliche Motivation stand. Der weitere methodische Gang des Unterrichts (Wechsel von Gruppen- und Klassenunterricht, Museumsbesuch, Anfertigen eines Filmes, in dem auch den Eltern die Ergebnisse des Unterrichts anschaulich dargestellt werden könnten) sowie die Entfaltung des Themas in detaillierte Aufgabenstellungen für die Gruppenarbeit wurden wesentlich durch die Eingaben der Lehrer bestimmt, in denen zugleich davon die Rede war, daß die Schüler Ziele und Themen ihrer Arbeit selbst bestimmen sollten. Der Versuch, die Selbstbeurteilung der Arbeit durch die Schüler an die Stelle der traditionellen Leistungsbeurteilung zu setzen, ließ sich nicht ganz durchhalten; doch der mit schlechtem Gewissen, aus Rücksicht auf die Eltern und die Gewohnheiten der Schüler durchgeführte Test wirkte sich eher positiv auf die Arbeitshaltung der Schüler aus: Gruppenberichte wurden sorgfältiger angefertigt und aufmerksamer zur Kenntnis genommen, thematische Zusammenhänge akzentuiert, die spontane Beteiligung der Schüler steigerte sich, und die Qualität ihrer Beiträge verbesserte sich in Richtung auf stärkere Problemorientierung anstelle eher assoziativer Äußerungen. Der Test schien den Schülern zugleich das Gefühl zu vermitteln, ein Stück gemeinsamer Arbeit bewältigt zu haben.

Der programmatischen Zielsetzung am nächsten kam das Projekt mit der Erstellung des Films. Die Schüler bedurften hier keiner weiteren Anstöße, und die Einsicht, daß sie bisher nicht genug gelernt hatten, um einen thematisch sachgerechten Film zu machen, veranlaßte sie, die schon gelesene Literatur und neue Quellen nun gründlicher durchzuarbeiten. Die Diskussionen zwischen ihnen wurden sachlicher und konsistenter und dokumentierten damit auch einen Prozeß sozialen Lernens, den die Lehrer von der Durchführung des Projekts erhofft hatten. Diese Phase des Unterrichts – zugleich Höhepunkt und sinnfälliger Abschluß der Arbeit – dürfte ausschlaggebend dafür gewesen sein, daß die Schüler dieses Projekt wesentlich positiver als die bisher durchgeführten beurteilten.

Man kann dies alles statt in der eigentümlichen Terminologie des Berichts („kognitive Hebung über die Produktion eines eigenen Films“) wohl auch in den Begriffen der Didaktik Kerschensteiners darstellen und als eine sinnvolle Aufnahme von Traditionen des Arbeitsunterrichts interpretieren, die freilich ungenannt bleiben. Der Wunsch, ein zweckdienliches Arbeitsergebnis zu erreichen, weckt und stützt den Willen, zu lernen, und stellt verschiedene Lernphasen in einsichtigen Zusammenhang. Die durchaus selbständigen Entscheidungen über die Wege zum Ziel und die konkrete Form des Produkts lassen sich an dessen sachlichen Anforderungen orientieren und kontrollieren. Es geht hier selbstverständlich nicht um den Nachweis, daß für die Beteiligten möglicherweise bereits verschollene pädagogische Traditionen als neues didaktisches Prinzip empfohlen werden, sondern um den auch diesem Untersuchungsbericht zu entnehmenden Hinweis, daß die praktische Umsetzung der Intentionen, die sich mit den Begriffen Mitwirkung und Selbständigkeit verbinden, gerade weil sie die Komplexität der pädagogischen Situation beträchtlich erhöht, einer besonders klaren und für die

Schüler durchsichtigen didaktischen Strukturierung bedarf, wie sie Kerschensteiner in seiner Arbeitslehre beispielhaft gelungen ist.

Die aus unserem Überblick über eine kleine Zahl empirischer Studien zu ziehenden Schlußfolgerungen müssen notwendigerweise vorläufig bleiben, wenngleich die mit ihnen mitgeteilten Beobachtungen sich durchaus zu einer konsistenten Interpretation zusammenfügen. Abgesehen von methodischen Erwägungen, die hier aus Raumgründen nicht dargestellt werden können, sind es vor allem zwei Einschränkungen, die eine zurückhaltende Interpretation nahelegen:

1. Das Problem wurde auf nur eine Ebene, nämlich die der Mitentscheidung von Schülern über ihre Lernprozesse, beschränkt. Erst die Ausweitung der Betrachtung auf andere Problemebenen – die der Mitwirkung von Eltern und Lehrern an der Gestaltung des Schullebens, die des Verhältnisses von Formen überschulischer Kooperation und Mitwirkung zu den an der Einzelschule praktizierten – würde ein zentrales bildungspolitisches Problem deutlicher hervortreten lassen: die Frage nach dem Ausgleich zwischen unterschiedlichen Mitwirkungsrechten und in ihnen sich äußernden Interessen.
2. Auf eine genauere Analyse der Qualität von Lernprozessen in einem weitgehend individualisierten Unterricht beziehungsweise dort, wo Partizipation der Schüler an Entscheidungen über ihren Unterricht in hohem Maße realisiert ist, mußte verzichtet werden. Damit wurde das Problem ausgeklammert, daß Individualisierung des Unterrichts und Mitwirkung der Schüler an seiner Gestaltung nicht schon garantieren, daß sie weniger rezeptiv und autonomer in dem Sinne lernen, daß inhaltliche Entscheidungen subjektiv nichttrivial begründet sind. Es bedürfte also einer sehr viel eingehenderen Prüfung, als sie hier möglich war, ob und unter welchen Bedingungen die mit der Forderung nach Partizipation verbundenen pädagogischen Hoffnungen auf eine neue Qualität von Lernprozessen erfüllt werden.

Versuchen wir unter diesen Kautelen eine – unvermeidlich verallgemeinernde – Zusammenfassung, so drängt sich zunächst die Frage nach einem angemessenen Verständnis von Mitwirkung unter den Bedingungen der öffentlichen Schule auf; denn einige der geschilderten Versuche scheinen nicht zuletzt daran gescheitert zu sein, daß den Schülern anstelle des Angebots, einen in seinen Grundzügen definierten Aufgabenbereich mitzugestalten, das schließlich nicht einlösbare Versprechen weitgehender Entscheidungsautonomie gegeben beziehungsweise dies von den Schülern so wahrgenommen wurde, daß alle Beteiligten über eine mehr oder weniger weite Definition dessen verfügen, was als „konstruktive Nutzung" des gewährten Entscheidungsspielraums bezeichnet werden könnte, und daß sie diese Definition nicht konfliktlos zur Disposition stellen. Das Autonomieversprechen wäre jedoch nur einzuhalten, wenn sich die Schule ganz aus dem Netz sozialer Erwartungen und Anforderungen herauslöste und ihrerseits zugleich auf eine verbindliche Definition „konstruktiver Nutzung" verzichtete – ein gar nicht herstellbarer Zustand völliger Anomie. Tatsächlich verlaufen die geschilderten Schulversuche eher so, daß es einem kleinen Teil der Schüler gelingt, nicht nur zu einer selbständigen Definition „konstruktiver Nutzung" zu kommen, die dennoch mit den sozialen Erwartungen der Umwelt kompatibel ist, sondern er auch über die Voraussetzungen verfügt, dieser Definition gemäß zu handeln. Der größere Teil der Schüler scheint einerseits am vertrauten Normensystem der Institution festzuhalten, andererseits den Spielraum auszutesten, den die an diesen Schulen sehr weite Definition „konstruktiver Nutzung" durch die Lehrer läßt; er erlebt dies zugleich als einen möglicherweise bedrohlichen Widerspruch zu den Erwartungen der Eltern und außerschulischen gesellschaftlichen Anforderungen. Wiederum eine Minorität von Schülern ergreift zwar die Möglichkeit, sich vom – ohnehin allenfalls widerwillig akzeptierten – vertrauten Normensystem der Schule zu befreien, verzichtet aber auf den Versuch, zu einer sozial akzeptierten neuen Definition „konstruktiver Nutzung" zu kommen und arrangiert sich in den weitgehend unkontrollierten Nischen der Institution.

Mitwirkung ist demgegenüber als Ensemble institutioneller Regelungen – beziehungsweise institutionalisierter Prozesse der Entscheidungsfindung – zu verstehen, die einen geordneten und verbindlichen, im allgemeinen nicht konfliktfreien Ausgleich zwischen den unterschiedlichen sozialen Erwartungen an die Schule ermöglichen. Durch sie wird einerseits ein Teil der Macht, die Schulsituation zu definieren, an die unmittelbar betroffenen Lehrer und Schüler delegiert; diese Definitionsmacht wird aber, schon durch die ernstgenommene Mitwirkung der Eltern, in ein System sozialer Erwartungen eingebunden. Dies ist zugleich eine Begrenzung des Handlungsspielraums und ein Schutz vor der Isolierung der Schule von ihrer sozialen Umwelt. Das Funktionieren von Mitwirkung ist also an eine Reihe allgemeiner Voraussetzungen gebunden, nämlich

- einen Konsensus der Beteiligten über grundlegende Ziele der Institution, innerhalb dessen ein ausreichender Spielraum für Dissense bestehen muß,
- die Bereitschaft und Fähigkeit, sich den institutionellen Regelungen entsprechend zu verhalten und die unterschiedlichen Voraussetzungen, die die Beteiligten für diese Aufgabe mitbringen, angemessen zu berücksichtigen.

Dabei ist unter „angemessen" sowohl das Akzeptieren besonderer Kompetenz (zum Beispiel der Lehrer) als auch der Verzicht auf bloß taktische

Argumentation mit denjenigen Beteiligten zu verstehen, die ihre Interessen aus einer durch die Institution weniger privilegierten Rolle artikulieren (Eltern und Schüler). In den in ihrer ursprünglichen Konzeption gescheiterten Versuchen fehlte jeweils mindestens eine dieser Voraussetzungen. Die Schwierigkeiten, sie herzustellen, werden in allen hier herangezogenen Berichten dokumentiert – und zwar an jeder einzelnen Schule und gewissermaßen mit jeder Schulklasse erneut. In ihnen dürfte die allgemeine Erklärung dafür liegen, daß Mitwirkung nach den Feststellungen der deutsch-schwedischen Kommission in so geringem Umfang realisiert ist. Im Hinblick auf Mitentscheidungen der Schüler über ihren Unterricht lassen die Berichte erkennen, daß die Probleme der Konsensbildung über die gewandelten Ziele der Institution von den Initiatoren der Schulversuche meist erheblich unterschätzt worden sind. Das gilt sowohl für die organisatorischen Regelungen, die sicherstellen, daß nicht nur eine Minorität der Schüler in die Kommunikation über Ziele einbezogen wird, als auch für die Inhalte des erstrebten Konsenses – wobei gerade hier Verfahrensregelung und Inhalt nicht völlig voneinander zu trennen sind. Die Lehrer definieren ihre Erwartungen den Schülern gegenüber formal als offenes Entscheidungsangebot, so, als hätten sie nicht auch inhaltlich bestimmte Lehraufgaben – eine Definition, die sie weder den Schülern noch der Umwelt gegenüber lange durchhalten können. Die den Schülern vertraute und durch ihre Umwelt gestützte Definition der Aufgaben und Ziele der Schule wird damit gewissermaßen zur Disposition gestellt, ohne schon ihre Macht einzubüßen, solange keine überzeugenden Alternativen sichtbar werden. Am prägnantesten äußert sich dieses Dilemma in der Kritik der älteren Schüler, daß an ihrer Schule nicht wirklich gearbeitet werde, sowie in ihrer Weigerung, ihre altersspezifischen Bedürfnisse und Interessen ganz in das formelle System zu integrieren. Damit bezeichnen sie einerseits die Bedingungen, die jede realistische Alternative zur traditionellen Schule erfüllen müßte, nämlich eine Tätigkeit zu stützen, die zielorientiert ist, Anstrengung erfordert, Fortschritte beziehungsweise Kompetenzzuwachs erfahren läßt, also Strukturelemente dessen enthält, was von der Gesellschaft als Arbeit bewertet und honoriert wird. Abgesehen von im Unterricht vermittelten spezifischen Fähigkeiten und Fertigkeiten erscheint dies als wesentliche Garantie dafür, daß die Schule sich nicht von ihrer Umwelt isoliert, vielmehr etwas für das Leben außerhalb der Schule Bedeutsames in ihr geleistet wird. Andererseits signalisieren die Schüler durch die Abschirmung ihrer Peergruppen das Mißtrauen gegenüber der Möglichkeit, ihre primären sozialen Bedürfnisse unverfälscht und unverkürzt in eine große Organisation einbringen zu können, die sich derart strukturell von den intimen sozialen Räumen unterscheidet, in denen sie sonst ihre Beziehungen zu Gleichaltrigen ausbilden.

Beiden Vorbehalten entspricht die Forderung an die Lehrer, an ihrer Lehrfunktion festzuhalten und damit – nicht zuletzt – sicherzustellen, daß Mitentscheidungen über Formen und Inhalte des Lernens auch den von der Umwelt akzeptierten Relevanzkriterien genügen. Wo es nicht gelingt, in der Arbeit an Inhalten Interessen zu wecken und Fähigkeiten auszubilden, die selbständige Entscheidungen motivieren, besteht die Gefahr, daß Konsensbildung die Form der Überredung annimmt, mehr oder weniger willkürliche Setzungen als eigene Entscheidungen zu interpretieren.

Weiterhin zeigen die Berichte, daß ein Teil der Schüler durch relativ schwach definierte Schulsituationen in hohem Maße aktiviert wird. Es ist wahrscheinlich, daß dieses Potential im engen Regelsystem des normalen Schulalltags nicht ausreichend gefördert wird. Bei anderen Schülern sind die Voraussetzungen dafür erst herzustellen, das heißt sowohl, sie in die Techniken selbständigen Arbeitens – allein und in Gruppen – einzuführen, als auch vor allem, die Motive und Interessen auszubilden, die ein ausdauerndes Engagement in der Bearbeitung selbstgestellter Aufgaben stützen. Nur so läßt sich verhindern, daß Lernprozesse fragmentiert werden, also nicht die wesentliche Erfahrung einer Steigerung der Handlungsfähigkeit vermitteln, daß inhaltliche Optionen beliebig und bei formaler Selbständigkeit doch subjektiv bedeutungslos bleiben. Mitwirkung auf dieser Ebene – so lassen sich die Erwägungen zu diesem Punkt wohl zusammenfassen – setzt einen differenzierenden Unterricht voraus, in dem die Rolle des Lehrers nicht etwa reduziert wird, sondern in der Vielfalt ihrer Funktionen auszufüllen ist.

Beide hier abschließend hervorgehobenen Problembereiche verweisen bereits auf einen dritten, der zumindest in einigen Berichten ausführlich erörtert wird: den Zuwachs an organisatorischer Komplexität. Er ist zum Teil eine Funktion der Größe normaler Schulen, und schon von daher wird verständlich, daß Gegenschulen, die den Gedanken selbstbestimmten Lernens radikalisieren, sich als kleine, überschaubare Lerngruppen etablieren, in denen überdauernde organisatorische Regelungen prinzipiell durch Ad-hoc-Entscheidungen im unmittelbaren Umgang der Beteiligten ersetzt werden können. Daß damit einmal erreichte Konsense zugleich immer wieder zur Disposition gestellt werden, hat freilich – wie die Erfahrung der amerikanischen Free Schools und Street Corner Schools lehrt – zur Folge, daß die Existenz dieser Institutionen prekär bleibt, ihre Lebensdauer in der Regel auf wenige Jahre beschränkt ist. (Daß diese Modelle sich ohnehin aus einer Reihe von Gründen kaum verallgemeinern lassen, kann hier nur festgestellt werden.) In den Schulen normaler Größe ist demgegenüber schon die Kommunikation über Entscheidungen gefährdet, wenn sie nicht durch akzeptierte Verfahrensregeln gesichert wird, und damit stellt sich ihnen sehr schnell das Problem des Verhältnisses zwischen dem Aufwand für organisatorische Regelungen und substantiellem pädagogischem Ertrag. In die nähere Bestimmung dieses Verhältnisses geht eine Fülle von Bedingungen ein (wie zum Beispiel verfügbare personelle Ressourcen, Kompetenzen der an den Regelungen Beteiligten, Konsensfähigkeit ihrer Zielsetzungen), so daß sich allgemeine Regelungen nur relativ abstrakt angeben lassen.

Auf dieser allgemeinen Ebene läßt sich aus den Berichten schlußfolgern, daß organisatorische Regelungen der Mitwirkung nur dann möglich und dauerhaft wirksam sind, wenn

- die Beteiligten nicht die Maximierung individueller Bedürfnisbefriedigung auf Kosten der Organisation anstreben,
- die Regeln sich auf die Ausfüllung definierter und überschaubarer Entscheidungsspielräume richten,
- diese Definitionen auf einen übergreifenden Konsens über Ziele und grundlegende Strukturen der Organisation gestützt sind,
- die Entscheidungsspielräume zugleich aber subjektiv bedeutsame Alternativen eröffnen,
- Komplexität und Reichweite der Entscheidungen den Fähigkeiten und Ressourcen der Beteiligten angepaßt sind und
- die Verfahren – insbesondere im Hinblick auf die Schüler – zugleich darauf gerichtet sind, Entscheidungskompetenzen zu steigern.

Brechen wir an dieser Stelle unsere Überlegungen mit dem Hinweis ab, daß schon die Erfüllung nur eines Teils dieser Bedingungen eine Steigerung des Engagements bedeutet, deren Grenzen realistisch eingeschätzt werden müssen. Sie wird dem einzelnen Schüler, wenn ihn die Schule nicht überlasten soll, nur in bestimmten Unterrichtsbereichen möglich sein, während er in anderen die Chance zu einer distanzierten Einschätzung der Anforderungen und des Verhältnisses von Einsatz und Ertrag haben muß, ohne Sanktionen befürchten zu müssen.

Anmerkungen

1 Daß in einer Festschrift für Dietrich Goldschmidt ein Abschnitt diesem Problem gewidmet ist, bedarf offensichtlich keiner Rechtfertigung. Eher sein Fehlen wäre verwunderlich, denn die in dem Begriff Partizipation angesprochene politische und moralische Forderung hat er sich in seiner Praxis als Hochschullehrer und in seinem Umgang mit jüngeren Wissenschaftlern nachdrücklich zu eigen gemacht, und er ist darüber hinaus den Bedingungen ihrer Verwirklichung in einer Reihe von bildungspolitischen und -soziologischen Arbeiten nachgegangen. Vgl. Goldschmidt, D.: „Stand und Probleme der betrieblichen Mitbestimmung in Westdeutschland". In: Zeitschrift für Beamtenrecht und Beamtenpolitik, 1953, H. 1/2, S. 6–15; ders.: „Power and Decision Making in Higher Education". In: Comparative Education Review, Bd. 22 (1978), H. 2, S. 212–241.

2 Ders. (Hrsg.): Demokratisierung und Mitwirkung in Schule und Hochschule. Kommissionsbericht. Braunschweig 1973 (Demokratisierung und Mitwirkung im Bildungswesen Schwedens und der Bundesrepublik Deutschland, Bd. 1).

3 Baumert, J., und Raschert, J.: Vom Experiment zur Regelschule. Schulplanung, Curriculumentwicklung und Lehrerfortbildung in Zusammenarbeit von Lehrern und Verwaltung bei der Expansion der Berliner Gesamtschule. Stuttgart 1978.

4 Vgl. Hopf, D., Krappmann, L., und Scheerer, H.-J.: „Aktuelle Probleme der Grundschule". In: Projektgruppe Bildungsbericht des Max-Planck-Instituts für Bildungsforschung (Hrsg.): Bildung in der Bundesrepublik Deutschland. Daten und Analysen. 2 Bde., Stuttgart 1980.

5 Vgl. Rumpf, H.: Unterricht und Identität. Perspektiven für ein humanes Lernen. München 1976;
Ramseger, J.: Offener Unterricht in der Erprobung. Erfahrungen mit einem didaktischen Modell. München 1977;
Winkel, R.: „Plädoyer für eine humanere Schule. Konsequenzen aus der Alternativschulbewegung oder: Was können Lehrer in der Regelschule tun?" In: Die Deutsche Schule, 71. Jg. (1979), S. 407–422.

6 Hopf, C., Nevermann, K., und Richter, I.: Schulaufsicht und Schule. Eine empirische Analyse der administrativen Bedingungen schulischer Erziehung. Stuttgart 1980.

7 Bennett, N.: Teaching Styles and Pupil Progress. London 1976.

8 Alle Leistungsvergleiche an einer Stichprobe von 37 Schulklassen.

9 Ramseger, J., a. a. O., S. 150 ff.

10 Ebenda, S. 161.

11 Smith, L. M., und Keith, P. M.: Anatomy of an Educational Innovation. An Organizational Analysis of an Elementary School. New York 1971.

12 Der Brief über die Schule von Barbiana könnte als Beleg dafür dienen.
Vgl. Fatke, R.: Schulumwelt und Schülerverhalten. Adaptationsprozesse in der Schule. München 1977. Diese Studie bietet nicht nur – ähnlich wie die von Bennett – eine Reihe empirischer Belege für die Wechselwirkung zwischen Persönlichkeitsmerkmalen des Schülers und der Schulumwelt, wobei sich die Transparenz der organisatorischen Struktur als wichtiger Faktor erweist; sie eröffnet darüber hinaus auch einen theoretischen Zugang zu Adaptationsprozessen im Person-Umwelt-Verhältnis.

13 Vgl. Fitzgerald, R. T., Musgrave, P. W., und Pettit, D. W.: Participation in Schools? Five Case Studies. Melbourne 1976 (ACER Research Series, Nr. 98).

14 Wilson, S. H.: A Participant Observation Study of the Attempt to Institute Student Participation in Decision Making in an Experimental High School. Chicago: Department of School Education, Phil. Diss. 1972.

15 Die gleiche Beobachtung machte Cusick in einer „normalen" amerikanischen Oberschule:
Vgl. Cusick, P. A.: Inside High School. The Student's World. New York 1973.

16 Aufgrund erster Beobachtungen und Interviews hatte Wilson die Schüler drei kulturellen Orientierungen zugeordnet: Jugendkultur mit Anlehnung an das Hippie-Image; schulorientiert; schulentfremdet. Die Zuordnung erwies sich anhand der Überprüfung durch einen Lehrer als einigermaßen zuverlässig.

17 Fitzgerald, R. T., Musgrave, P. W., und Pettit, D. W., a. a. O.

18 Vgl. Shiman, D. A., Culver, C. H., und Lieberman, A. (Hrsg.): Teachers on Individualization: The Way We Do It. New York 1974.

19 Vgl. Zehrfeld, K.: Lernziele – Ziele der Lernenden. München, Wien und Baltimore 1978.

Wolfgang Edelstein

Einige Gedanken zum Verhältnis von Wissenschaft und Alltagswissen in der Praxis der Entwicklungsarbeit

Mit Bedacht bleibt der Begriff „Entwicklungsarbeit" in der Überschrift dieses Beitrags unbestimmt, ja gewissermaßen irreführend. Unsere Überlegungen gehen freilich aus von einem klar umrissenen Bereich: dem Bereich der Curriculumentwicklung. Doch ist dies wirklich ein klar umschriebener Bereich? Welche Voraussetzungen enthält er, welche Implikationen, und welche unerwarteten Konsequenzen treibt er hervor? Welche kognitiven, affektiven, welche Identitätsprobleme werden dabei aufgeworfen? Welches Maß an Verständigung ist gefordert in „terms" der Deutungsmuster der Betroffenen, welche Rollen müssen für den „Experten" definiert – und zugleich: welche Restriktionen der Expertise reflektiert – werden? Inwiefern ist Curriculumentwicklung, selbst die intrakulturelle, ein Paradigma für Entwicklungsarbeit überhaupt?

Auf diese Fragen können in einem kurzen Aufsatz beileibe keine Antworten gefunden werden; sie werden hier nur erwähnt, um einige häufig unbeachtete Implikationen einer auf Entwicklung gerichteten Tätigkeit anzudeuten, gleichviel, ob es sich um den Entwurf pädagogischer Praxis oder soziale Planung handelt. Mit anderen Entwicklungsaufgaben hat Curriculumentwicklung gemein, daß sie sich nicht ohne weiteres als technische Aufgabe definieren läßt. Sie ist auch kein paradigmatischer Anwendungsfall für Wissenschaft. Freilich ist sie damit auch nicht als nontechnischer Handlungskontext beschrieben und schon gar nicht als außerwissenschaftlicher. In eigentümlicher Komplexität ist Entwicklungsarbeit durchdrungen von instrumentellem und epistemischem Wissen – „knowing how" und „knowing that" –, von Alltagswissen, hermeneutischer Sinnauslegung und reflexivem Bewußtsein. Diese Komplexität hängt mit einer ebenfalls ungenügend begriffenen Eigenschaft von Entwicklungszielen zusammen: Während Entwicklungsprozesse allenfalls technisch-instrumentell angeleitet werden können (zweckmäßige Handlungsalternativen wählen, Relation von Aufwand und Ertrag optimieren, Nebenfolgen abschätzen), so können Entwicklungsziele nie in operational definierten Zielen (Handlungszwecken) aufgehen. Entwicklungsprozesse sind Bildungsprozesse. Wie therapeutische Prozesse – Interventionen mit dem Ziel der Entwicklung – intendieren sie Kompetenz, das heißt Handlungsfähigkeit, und fordern vom intervenierenden Experten zugleich frei schwebende Aufmerksamkeit und Konzentration auf das Ziel, das – einmal erreicht – ihn überflüssig werden läßt.

Entwicklungsarbeit gelingt nur (und auch dann nicht immer), wenn sich die verschiedenen Erkenntnisperspektiven oder kognitiven Einstellungen im Hinblick auf Praxis miteinander in Einklang bringen lassen. Indem sie als Einstellungen bezeichnet werden, sind diese Kognitionen selbst als affektive Intentionen – als Engagements – identifiziert. Wie sollte Entwicklung ohne Übertragung und Gegenübertragung gelingen? – Doch wollen wir dabei die Anwendung von Begriffen aus individuellen Prozessen und dyadischen Beziehungen auf Kollektive und Systeme nicht überziehen.

Im folgenden wird uns indessen nicht die affektive Komponente von entwicklungsbezogenen Interventionen beschäftigen. Ich will vielmehr einige Stationen eines Projekts der Curriculumentwicklung nachzeichnen und hoffe, daß die Beschreibung ein wenig Licht auf die Restriktionen werfen kann, denen instrumentelles Handeln im Entwicklungskontext ausgesetzt ist. Vielleicht vermag die Beschreibung zugleich die eigentümlich konfligierenden und doch komplementären Rollen zu verdeutlichen, die Alltagswissen und Wissenschaft in der Lösung von Entwicklungsaufgaben spielen.

Gegen Ende der sechziger Jahre beschloß die Forschungs- und Entwicklungsabteilung des isländischen Kultusministeriums, der Curriculumentwicklung im Primarbereich unter den Innovationsvorhaben des Ministeriums Priorität einzuräumen. Der Modernitätsrückstand schien in diesem Bereich gravierend. Zugleich würde die Modernisierung der Curricula in diesem Bereich weitreichende Folgen im gesamten Bildungssystem zeitigen. Vor allem im Sekundarbereich mußten Veränderungen der kognitiven Ausstattung der Schüler, die nach neun Primarschuljahren in die weiterführenden Klassen übergehen, zu ebenso tiefgreifenden wie erwünschten Änderungen führen.

Island ist ein kleines Land mit einem relativ großen, gut ausgebauten Bildungssystem, doch über Experten für besondere Entwicklungsaufgaben verfügt die zahlenmäßig kleine Verwaltung nicht. Die Frage war: Wie konnte in potentiell handlungsbereiten Gruppen einer traditionellen Lehrerschaft die nötige Expertise mobilisiert werden? Die Systembedingungen im Lande ließen hingegen nie eine Diskussion darüber aufkommen, ob Curriculumentwicklung „an der Basis“ oder als professionelle Aufgabe von Sachverständigen einzurichten sei. Wie bei allen anderen Innovationsaufgaben bestand gar keine andere Wahl als die, nebenamtliche Interessenten aus dem Feld dafür zu gewinnen, im Vertrauen darauf, daß sie sich das nötige „know-how“ dafür im Vollzug der Aufgabe aneignen würden.

Mit dem als Modernitätsrückstand diagnostizierten Zustand des Unterrichts in den neun Klassenstufen der Primarschule bestand weithin Unzufriedenheit in der Lehrerschaft. Das war eine gute Voraussetzung für den Innovationsprozeß: Eine zumindest marginale Handlungsbereitschaft, positive Erwartungen seitens der wesentlichen, von potentiellen Innovationsprozessen betroffenen Gruppen und eine gegen das administrative System im ganzen tolerante und kooperative Einstellung der Schulen war die Folge des kritischen Bewußtseins. Doch gleichzeitig blieb das kritische Bewußtsein auf eng umrissene Gegenstände fixiert: Das Ungenügen bezog sich auf die *Medien des Unterrichts,* die Qualität der Schulbücher vor allem. Auch die *Lehrerbildung* war Gegenstand der Kritik. Obwohl dies letztere dem Beobachter eine latente Unzufriedenheit mit der Lehrerrolle – und ihrer identitätssichernden Funktion – hätte signalisieren können, blieb die Reformbereitschaft zunächst gleichsam nach „außen“, vor allem auf zwei Subsysteme des Bildungswesens gerichtet: das System der staatlichen Schulbuchproduktion und das System der (voruniversitären) Lehrerbildung. Der Curriculumreform stand von daher nichts im Wege. Mit anderen Worten: Solange also die Curriculumreform sich strategisch und in operationellen „terms“ bestimmen ließ und keine Zielkonflikte in diesem Bereich auftraten, standen ihr tatsächlich nur ihr Umfang (Reform des gesamten Primarschul-Curriculums), der Personalmangel und gelegentlich die für die Finanzverwaltung ungewohnten Planungsparameter im Wege. Das Bewußtsein der Profession, die Überzeugungen der Administration und der erziehungsfreundliche bildungspolitische Konsensus waren ziemlich widerspruchsfrei miteinander verbündet. Erst zehn Jahre später traten Risse in den Teilsystemen auf, die anders als zuvor die Handlungsfähigkeit der Reformer in Frage stellen mußten.

In den sechziger Jahren beherrschten die Lernzieltaxonomien von Bloom und anderen und der testpsychologische Operationalismus die unterrichtskritische Diskussion. Es gab kein probateres Mittel, um das unterrichtskritische Bewußtsein von Lehrern zu professionalisieren, als die Analyse impliziter Unterrichtsziele, verfehlter Evaluation und diffuser Unterrichtsstrategien. Zwischen Wissenschaft und praktischer Kritik bestand ein auf tägliche Erfahrung gestütztes Einvernehmen. Über die *Inhalte* herrschte derweil ein breiter, in der Tradition der Fächer abgesicherter professioneller Modernisierungskonsens, der sie indessen *de facto* der Reformdiskussion entzog. In Abstimmung mit der Vereinigung der Schulleiter und den Lehrerverbänden organisierte die Forschungs- und Entwicklungsabteilung des Kultusministeriums eine Anzahl sehr erfolgreicher Arbeitsseminare mit großen Teilnehmerzahlen, die Fragen der Lernzieldefinition und Techniken der Erfolgskontrolle gewidmet waren. Das Ministerium begünstigte die Teilnahme von „opinion leaders“ und sicherte sich die Kooperation von Leuten, die systembestimmende Autorität genossen oder wichtige Rollen im Bildungswesen einnahmen. Im übrigen stand die Teilnahme den Interessenten offen. Auf diese Weise wurden in wenigen Jahren von den etwa 2000 Mitgliedern der Profession 250 bis 300 mit den Grundbegriffen eines modernen pädagogisch-didaktischen Handlungswissens vertraut gemacht.

Die konsensbildende Kraft kollektiver Selbstverständigung im Medium professionellen Handlungswissens kann kaum überschätzt werden. Heute mag als „Szientifizierung des Alltagswissens“ erscheinen, was von den Beteiligten als die Konfrontation des professionellen Handlungswissens mit wissenschaftlich abgesicherten Professionsnormen gedeutet wurde und zur Schärfung des kritischen Bewußtseins führte. Im übrigen ist die Kritik gelegentlich vorschnell dabei, die Szientifizierung des Handlungswissens als technokratisch zu denunzieren. Das stahlharte Gehäuse der Hörigkeit *nach* der Aufklärung läßt oft undialektisch vergessen, daß die gleichsam naturwüchsigen Verhältnisse *vor* der Aufklärung ebenfalls unfreie waren.

Wie dem auch sei: Der Konsensus in der Profession sicherte die Curriculumreform für Jahre. Das Prozedere der Reform kann hier nicht dargestellt werden [1]. Uns interessiert hier ein Stadium im Entwicklungsprozeß, eine Problemkonstellation, vor der das etablierte professionelle Handlungswissen versagt; wo die Lösungen Widersprüche zwischen den Teilsystemen vorantreiben, die um den Reformprozeß verbunden sind; wo selbst im kleinen das Handlungssystem zu komplex für präzise strategische Analyse und Planung wird und die Zielkonsense nicht mehr Konsense bezüglich der Mittel implizieren. Es ist dies ein Zeitpunkt, an dem die Sicherheit des Handelns schwindet und sich die Bündnisse lockern. Der Selbstvergewisserung dient nur mehr die gegen Alltagswissen, Praxis und Wissenschaft gleichermaßen skeptisch gewordene Reflexion.

Oben hieß es, der Reformkonsens habe sich auf die Überwindung des Modernitätsrückstands bezogen, wie er am sichtbarsten in den Schulbüchern und in einer nichtakademischen, vorprofessionellen Lehrerausbildung zutage trat. Die Schulbücher, so empfand man es, transportierten obsolete Weltbilder, die durch Orientierung am Stand der Wissenschaften als den Bezugsgrößen für das Schulwissen verhältnismäßig problemlos korrigiert werden könnten. Solange das Paradigma der Curriculumreform an den Schulbüchern und Unterrichtsstrategien der naturwissenschaftlichen Fächer durchdekliniert wurde, traten im Prozeß der Reform wenig Widersprüche auf. Die Einbeziehung von Unterrichtsstrategien und -methoden als besonderer Gegenstand der Planung war übrigens bereits eine der internen Logik der Reform gehorchende Erweiterung des Reformkonzepts. Denn zunächst schien dem erfahrungsgesättigten Alltagswissen der Reformer die Steuerung des Unterrichts durch das Lehrbuch, die Buchabhängigkeit des Unterrichts so selbstverständlich, daß ihnen das Lehrbuch als Angriffspunkt und Generalisierungsmedium der Reform genügen mußte. Die tendenzielle Verselbständigung des Unterrichts gegen das Lehrbuch stellte bereits die Ausdifferenzierung eines neuen inhaltlichen Konzepts, nämlich die *Emergenz der Didaktik* dar, die komplexere Abgrenzungen von fachlicher Information und professionellem Handeln mit je eigenen Bezugssystemen und Datengrundlagen impliziert.

Für das Handeln konstitutiv konnte indessen der latente Konflikt erst werden, als dem im Fach überlieferten „common sense“ der Boden entzogen wurde. Dies geschah mit der Einrichtung einer „Sozialwissenschaft für die Schule“. Eine Tradition der Sozialkunde hatte es im Lande nicht gegeben. Vermutlich mußte eine zahlenmäßig kleine, traditionsgeleitete und kulturell homogene Gesellschaft mit dem Selbstverständnis sozialer Gleichheit ihre normative Selbstinterpretation nicht im Rahmen eines Fachs an die junge Generation weitervermitteln. Der Blick nach innen setzt bereits voraus, daß die inneren Mechanismen und Strukturen nicht mehr selbstverständlich sind. Das ehemals Selbstverständliche zu problematisieren ist selbst Zeichen der Modernisierung. Für diesen Blick auf die kollektive und persönliche Identität ist die traditionell ausgebildete Profession nicht gerüstet. Ihre Aufgabe war es, in objektivierender Einstellung die Aneignung der Welt äußerer Objekte zu fördern. Angesichts der Sozialwissenschaft traten jetzt Alltagswissen der Profession und Reformintentionen systematisch auseinander. Es gab keine herkömmliche Bezugsdisziplin, sondern eine Anzahl unklar ausgegrenzter Wissensbereiche: Heimatkunde, Erdkunde, isländische Geschichte, Weltgeschichte ...

Gerade die soziologischen und psychologischen Gegenstandsbereiche, die den Kern des neuen Faches bilden mußten, waren nirgends in der Erfahrung des Lehrers repräsentiert, es sei denn als vorprofessionelles Meinen und Wissen, das selbst der Klärung bedurfte. Das zukünftige Fach nötigte zur Konstitution eines nicht nur schulischen Objektbereichs, in dem gleichzeitig die Strategien des Unterrichts und die Prozesse des Lernens so wichtig waren wie die Inhalte. Genau besehen waren diese selbst für die Profession die zentralen Inhalte des neuen Faches. Denn hier sahen sie sich radikalen Forderungen gegenüber: das Lernen lehren, entdeckender Unterricht, die Variabilität von Fragestrategien, Verzicht auf kanonisiertes Wissen, induktive Verfahren, Prozeßorientierung, exemplarisches Lernen, heuristische Modelle, hypothetisches Denken, Relativierung von Standpunkten, kooperative Lernorganisation, projektförmiger Unterricht, Arbeitsteilung, offener Unterricht: „development as the aim of education“ (Kohlberg).

Aus der neuen Konstellation ergab sich eine Anzahl unantizipierter Konsequenzen:

Als erstes kam es zu einer intensiven Professionalisierungskrise in der Projektgruppe. Als Aufgabe war nämlich zunächst nur definiert worden, die Inhalte aus den bisherigen Fachbereichen zu sichten und eine brauchbare Auswahl für die neuen Zwecke vorzunehmen: Orientierung in Raum und

Zeit. Doch angesichts der durch keine Bezugsdisziplin mehr legitimierten Inhalte versagte das disziplinbezogene Modernisierungskonzept. Es entstand die Frage nach der Relevanz der Inhalte für das anvisierte Ziel subjektiver Orientierung. Für die neue Disziplin wurde eine Struktur gesucht, die der Forderung nach Konsistenz und der Frage nach dem Sinn standhalten konnte. In intensiven Auseinandersetzungen entstand ein konzeptuelles Netzwerk, dessen Existenz und Gestalt unvermutet eine implizite soziologisch-psychologische Theorie dessen enthielt, was es bedeutet, in Island aufzuwachsen. Das konzeptuelle Netz verwies didaktisch notwendig auf offenes, fragendes, forschendes Lernen, mithin auf ein pädagogisches Konzept kognitiver Sozialisation. Dem aus der Logik der Sache sich ergebenden Bedarf an Sachverstand stand nun kein Angebot gegenüber.

Unter diesen Bedingungen liefern sowohl Wissenschaft als auch Alltagswissen meist Steine statt Brot. Unter starkem Handlungszwang stehend, öffentlich verantwortlich sowohl für seine Produktion wie für die rationale und ressourcengerechte Abwicklung der Produktionsprozesse, mußte das Projekt einem doppelten Professionalisierungsdefizit abhelfen und hierfür legitime und tradierungsfähige Prozeduren entwickeln. Doch es gelang, über Krisen der Kooperation und der Kompetenz hinweg, die Weiterbildungsbedürfnisse in bezug auf die beiden Informationskontexte Sozialwissenschaft und entwicklungsbezogene Didaktik mittels gezielter Lesestrategien, theoretischer Erweiterungen der jährlichen Konstruktionsseminare und – nicht zuletzt – gezielter Kurzaufenthalte in den Vereinigten Staaten im Rahmen des Curriculumprojekts selbst zu befriedigen. Für den produktiven Verlauf dieser Krise ist der unorthodoxen und verständnisvollen Hilfe durch eine kluge Stiftungspolitik in den USA zu danken. Ohne den Schock des Wiedererkennens im fremden Kontext wäre die Reintegration der professionellen Biographie auf einem neugewonnenen, informationsvermittelten Niveau der Reflexion unterblieben und die Handlungskompetenz zerfallen.

Soweit das Projekt. Die spezifische Entwicklung eines kritischen Projekts hatte indessen *qualitative Veränderungen des Reformkontextes* erzwungen, in den es eingebettet war. Die Nachfrage nach didaktischer Expertise war projektintern entstanden. Im Verlauf des beschriebenen Prozesses war das Projekt selbst zur institutionalisierten Expertise im Bereich einer entwicklungsbezogenen Didaktik geworden. Das Projekt verkörperte im Blick anderer Projekte die Prinzipien, die sich in seinem Inneren entwickelt hatten. Es eroberte gleichsam naturwüchsig die Funktion einer Beratungs- und Disseminationsinstanz. So begann es, in vier für die Reform wesentlichen Bereichen transformatorische Wirkungen zu entfalten: Jahr für Jahr seit 1974 hielt das Projekt Weiterbildungsseminare in Form von aktiven Workshops für Lehrer ab, die sich für das sozialwissenschaftliche Curriculum interessierten [2]. Mittlerweile haben Hunderte von Lehrern die Grundprinzipien einer entwicklungsbezogenen Unterrichtslehre kennengelernt. Die Nachfrage war – und ist immer noch – sehr groß und die Zustimmung fast einhellig. Das Projekt erfüllt offenbar ein zuvor nicht artikuliertes, aber jetzt um so deutlicher vorgetragenes Bedürfnis nach Unterrichtsqualifikation in Abkehrung vom traditionellen Fach- und Buchunterricht.

Die massive Überforderung des Projekts durch Weiterbildungs- und Disseminationsaufgaben sollte dem Plan nach längerfristig kompensiert werden durch die Institutionalisierung dieser Aufgaben im Rahmen der Lehrerbildung selbst, der die Weiterbildung gesetzlich obliegt. Doch zunächst hat diese – sinnvolle und vernünftige – Entwicklung dem Projekt eine weitere Bürde aufgeladen: Neben der Forderung an die ohnehin überlasteten Projektmitglieder, auch im Rahmen anderer Weiterbildungsaufgaben Funktionen zu übernehmen, fiel ihnen die Aufgabe zu, die Lehrerbildung selbst in zentralen Bereichen der allgemeinen Didaktik, der Grundfächer, der Unterstufenpädagogik und der Didaktik der Sozialwissenschaft zu reformieren und auszubauen. Kein Zweifel: Das Projekt hat einen neuen, wissenschaftsfähigen Bereich professioneller Kompetenz entfaltet. Prozesse der Veränderung im Bildungssystem machen fast naturwüchsig, aber auch unerbittlich von dieser Kompetenz Gebrauch.

Neben den eben geschilderten Ansprüchen an Aus- und Weiterbildungsleistungen nehmen sich die weiteren Kontexte professioneller Expertise bescheidener aus, obwohl sie diese nicht weniger wirkungsvoll zur Geltung bringen. Einmal hält das Projekt Sozialwissenschaft informell für andere Curriculumprojekte gleichsam transferierbare Modell-Einsichten zur Verfügung, die als Strukturmomente und Konstruktionsgesichtspunkte auch in ganz anders strukturierte, disziplinbezogene Curriculumprojekte Eingang finden. Insofern repräsentiert das Projekt ein sozialwissenschaftlich aufgeklärtes Entwicklungsniveau der Curriculumkonstruktion. Zum anderen ist die Reformadministration, das Kultusministerium, vor allem das Personal der Forschungs- und Entwicklungsabteilung, die Schulinspektoren und mit ihnen die Funktion qualitativer Planung und Schulentwicklung insgesamt über teilnehmende Beobachtung, persönliche Interaktion und Funktionsdelegation unter den Einfluß der im Projekt Sozialwissenschaft geltenden Prinzipien geraten. Rahmenpläne, Zeitplanung, Organisationskonzepte, Beratungsformen und Evaluationsvorstellungen gehen – teils explizit, teils implizit – in erheblichem Maße von Konzeptionen aus, die mittlerweile professionelles Alltagswissen der pädagogischen Planer geworden sind. Insofern repräsentiert das Curriculumprojekt ein sozialwissenschaftlich aufgeklärtes Entwicklungsniveau der qualitativen Planung – eine reflexive Ebene der Konzeptualisierung pädagogischer Entwicklung im Schulsystem.

Also könnte man ohne Zorn zurückblicken auf ein gelungenes Projekt und seine mehr oder weniger erkennbaren Folgen und Nebenfolgen? So eindeutig ist die Bilanz nicht. Auch die Kosten sind noch nicht genau kalkulierbar – und nicht nur die monetären.

Probleme und Konflikte ergeben sich auf allen Ebenen: der persönlichen, der Projektebene, der Schulebene, der administrativ-institutionellen. Probleme stellen sich schließlich auf der Ebene des Zusammenwirkens der Systemebenen, die – wie oben berichtet – zu Beginn der Reform im Konsens verbunden waren.

Die Überlastung der Individuen läßt sich einfach beschreiben. Ich überzeichne, um zu verdeutlichen: Die Vielfalt der Funktionen, die ihnen zugewachsen sind, kehrt sich gegen sie und lähmt ihre Wirksamkeit. Im Maße seiner kognitiven Differenzierung schreitet das Projekt langsamer voran, braucht mehr Kraft, verbraucht mehr Geduld und mobilisiert mehr Zweifel als zuvor. Das geschärfte Bewußtsein betrachtet erreichte Lösungen kritischer und nimmt die eigenen Mängel unnachgiebiger wahr. Die wachsende Kompetenz erzeugt im Gegenschlag Gefühle der Ohnmacht, Erkenntnisse über den historischen und systematischen Zusammenhang der bearbeiteten Probleme – Konsequenz der Aneignung sozialwissenschaftlicher Denkweisen –, stattet die Verhältnisse im Blick der beteiligten Personen mit einer schier unüberwindlichen Trägheit und Komplexität aus. Die temporär übernommene Aufgabe erscheint gelegentlich als der Zwang, ohne absehbaren Erfolg unendlich harte Bretter zu bohren.

Zu den besonderen Schwierigkeiten gehört die Verarbeitung von Mißerfolgen im Feld. Zwei Arten von Mißerfolgen sind mitteilenswert. Die durch erfolgreiche schulische Implementation erzeugten Konflikte lassen sich wiederum zwei Typen zurechnen. *Dissonanzen* unter Lehrern in Experimentalklassen gehen auf die (positive) Erfahrung mit dem neuen Curriculum und den darin enthaltenen Anreizen zum (relativ) freien Lernen zurück. Die Kollegen machen Erfahrungen mit anspruchsvollen, disziplinlosen, provozierenden Schülern, die im deduktiven Unterricht die Kooperation nunmehr verweigern. Der Konflikt zeitigt Folgen für den Zusammenhalt der Kollegien und die Diffusion der Neuerung. Wiederum sollen die Autoren beratend einspringen und für eine weitere unantizipierte Handlungsfolge wohlbegründeten Rat wissen. Ähnliche Wirkungen zeitigen *Inkonsistenzen* in der Einführung der Innovation: Schüler und Lehrer, die auf einer bestimmten Klassenstufe, mit Brecht zu sprechen, bereits von neuen Löffeln aßen, müssen sich in der nächsten mit den alten begnügen. Das strapaziert die Loyalität der für die Reform Gewonnenen oder halb Gewonnenen und wirft die Frage nach dem Maß der Erträglichkeit gradualistischer Reformstrategien und den Systemerfordernissen von Reformen auf.

Neben Dissonanzen und Inkonsistenzen ist die vielleicht folgenreichste Kategorie von Mißerfolgen der Typus des als *Mimikry* präsentierten Scheinerfolgs. Bei bloß verbaler Akkommodation an das Vokabular der Innovation bleibt alles beim alten. Die Gefährlichkeit dieses Typus der Rezeption besteht in der Diskreditierung der mit ihrem Schein verwechselten Substanz der Reform.

Auf einer nächsten Ebene ist der Reformkonsens durch Antagonismen der beteiligten Institutionen gefährdet. Die Akkumulation von Expertise versieht die Repräsentanten eines Reformprojekts mit Autoritätsrollen, die sie ermächtigen, durch Sachkompetenz legitimierte Ansprüche zu stellen. Doch das System der traditionellen Verwaltung in „face-to-face"-Beziehungen, das Problemlösungen unter Berufung auf das herkömmliche, in Interaktionsregeln eingelassene „know-how" verhandelt, reagiert unwillig auf die Depotenzierung, die den herkömmlichen Ämtern aus dem Rekurs auf rational begründete Argumente und formal schwer anfechtbare Zweck-/Mittel-Kalküle erwächst. Diese Dissense werden im Medium der Macht ausgetragen und in der Regel der Diskussion entzogen. Schwer faßbar und doch spürbar stellen sich einer rational geplanten Entwicklung Hindernisse in den Weg, die um so folgenreicher sind, als die nicht mehr partikulare Entwicklung vom Ineinandergreifen interdependenter Institutionen, das heißt von Planung, abhängiger wird.

Auf einer letzten Ebene schließlich droht eine besondere Gefahr: das Risiko der Niederlage durch Erfolg oder des Umschlags ins Gegenteil. Wenn – wie es der Fall zu sein scheint – sich die Begriffe durchsetzen, droht die kognitive Gewißheit, die Alltagswissen und wissenschaftliche Einsicht im professionalisierten Bewußtsein zur Einheit verbinden, in Ideologie umzuschlagen. Die siegreichen, plötzlich ubiquitären Begriffe lassen die realen Erfahrungen und Gegenstände, von denen sie ihren Ausgang nahmen, unbewegt hinter sich zurück. Die reale Entwicklung wird vom falschen Schein, von der bloßen Ideologie aufgesogen. Die allgemein sich durchsetzenden Formeln entziehen der Neuerung, die sie erzeugt hat, den Boden, weil sie nun niemanden mehr als Neuheit anmutet, auf die zu achten sich lohnte. Doch die ideologische Übergeneralisierung ruft eigene Reaktionen hervor: Neue Polarisierungen zeichnen sich ab, vor denen, wie die Erfahrung lehrt, der politische Konsens zerfällt, der die Entwicklung getragen hat.

Soweit sind wir nicht. Ich habe den Prozeß der Entwicklung zuletzt aus einer Perspektive rekonstruiert, die im Vorgriff Erkenntnisse verallgemeinert, die aus anderen Erfahrungen gewonnen sind. Wir besitzen keine Wissenschaft der Projekt- oder Reformverläufe. Krisen in Entwicklungsprozessen sind zwar beschreibbar, doch zumeist erst, nachdem sie eingetreten sind. Vorhersagbar sind sie nur sehr partiell – und am wenigsten für die

Beteiligten und Betroffenen. Wir haben den Verlauf der Entwicklung vielfach unrichtig eingeschätzt, obwohl wir ihn im nachhinein stets gut verstehen konnten. Minervas Eule fliegt bekanntlich in der Dämmerung.

Wir haben beschrieben, wie das handlungsleitende Alltagswissen in den politisch-administrativen Teilsystemen, auf die eine Reform angewiesen ist, nicht mehr ohne weiteres kompatibel war mit dem wissenschaftlich angereicherten Professionswissen der Experten. Umgekehrt ist das Expertenwissen anders als früher über seine Begrenzung verständigt. In reflexiver Einstellung wissen die Beteiligten jetzt, daß sie über ein Mehr an Wissenschaft diese Grenzen nicht aufheben können. Was im eigenen Entwicklungsprozeß vollzogen wurde, die kognitive Transformation der professionellen Identität, sollen sie nun selbst vermitteln – ohne den reflexiven Konstruktionsprozeß, der diese vorantrieb. Was einzelne als Erfahrung vollzogen haben, soll als Ausbildung für andere im Medium der Wissenschaft verfügbar gemacht werden. Individuelle Entwicklung wird vergesellschaftet, als Produkt übertragen auf das System. Die Überforderung für die Beteiligten ist evident. Gibt es Bedingungen, sie zu bestehen? Wir wissen heute wenig darüber. Es ist aber dringend, darüber etwas zu lernen. Wir haben versucht, Chancen und Kosten abzuschätzen. Der Prozeß ist nicht abgeschlossen, und die Beschreibung ist unvollständig. Sie bezieht sich auf nur wenige, idiosynkratisch ausgewählte Aspekte eines Prozesses. Handelt es sich dabei um Merkmale von Entwicklungsprozessen überhaupt, oder sind es partikulare Erfahrungen mit partikularen Prozessen, gültig nur an einem bestimmten Ort zu einer bestimmten Zeit für eine bestimmte Sache? In welche Richtung unsere Vermutungen gehen, dürfte deutlich geworden sein. Ich möchte an den Schluß die Frage stellen, die in anderer Form in der Überschrift dieses Beitrags thematisch ist: Was können wir aus unserer Erfahrung in Reformprojekten, als Teilnehmer und Beobachter von Prozessen geplanter Entwicklung über die kognitive Organisation dessen lernen, was gelegentlich Fortschritt genannt wird?

Anmerkungen

1 Vgl. dazu Edelstein, W.: „Curriculum Reform in Iceland: An Integrated Approach to Educational Innovation". In: Scandinavian Journal of Educational Research, Bd. 19 (1975), H. 1, S. 13–26.

2 Die Bereitstellung der – kostenlosen – Materialien für eine Schule durch den Schulbuchverlag war in den ersten Jahren an die Bedingung gebunden, daß mindestens ein Kontaktlehrer an mindestens einem Weiterbildungsseminar des Projekts teilgenommen hatte.

Carl-Hellmut Wagemann

Universität oder Schule?

Wer schimpft heute nicht über den Zustand des Lehr- und Lernbetriebes an deutschen Universitäten?

Der Blätterwald wissenschaftlicher und halbwissenschaftlicher Publikationen ist voll von Klagen, und es fehlt nicht an Vorschlägen zur Reform. In der Diskussion, wie man denn dieses auf den Begriff bringen könnte, hat sich folgende Gedankenfigur als ganz brauchbar erwiesen:

Die Universitätsgründer Anfang vorigen Jahrhunderts hatten ein Modell vor Augen, das üblicherweise mit dem Namen Humboldts bezeichnet wird. Die Humboldtsche Universität war als deutlicher Gegensatz zum Modell der Schule entworfen. Ich will zunächst einmal diese beiden Modelle skizzieren, und zwar auf einer relativ vordergründigen Ebene, und von daher dann nach der Wirklichkeit an heutigen Universitäten fragen.

Hauptelement der Tätigkeit des Lehrers nach dem Humboldtschen Universitätsmodell ist die Vorlesung. Hier geht es um die Darstellung des jeweiligen Faches unter dem Blickwinkel der neuesten wissenschaftlichen Entwicklung als Beitrag zu einer immer als vorhanden unterstellten Einheit aller Wissenschaften. Die Vorlesung ist in hohem Maße subjektiv, sie ist eine wertende Gesamtschau des Faches, persönlich vom jeweiligen Hochschullehrer gezeichnet und verantwortet, der Lehrer heißt daher Professor. Lehrbücher sind schriftlich formulierte Vorlesungen.

Im Mittelpunkt der Lerntätigkeit steht die eigene Auseinandersetzung des Lernenden mit der Gesamtheit der wissenschaftlichen Erkenntnis, wie sie insbesondere an einem einzelnen Fach deutlich werden kann. Diese Lerntätigkeit ist so etwas wie Forschung in einer für den Lernenden subjektiv unbekannten Umwelt. Der Lernende bestimmt sowohl den Gegenstand als auch die Arbeitsmethoden so, daß sein eigenes Weltbild vollständiger und sicherer wird, ebenso wie der Forscher an der Vervollständigung und Absicherung des Gesamtweltbildes der Wissenschaften arbeitet. Der Lernende heißt in diesem Modell daher Student.

Die Vorlesung dient zur Anregung dieser Lerntätigkeit, sie ist kritisches Gegenüber, Diskussionsbeitrag; ob der Student an der Vorlesung teilnimmt, ob er die dort vorgetragenen Aussagen akzeptiert, wie er ansonsten seinen

Lernprozeß organisiert, ist seine freie Entscheidung. Die eigentlichen Lernprozesse finden auf jeden Fall außerhalb der Vorlesung statt.

Für die Begegnung zwischen Professor und Student sind neben den Vorlesungen Seminare vorgesehen. Auch sie dienen nicht einer Belehrung der Studenten durch den Professor, sondern dem gemeinsamen Suchen nach Klarheit der Erkenntnis durch eine Diskussion.

Die Universität lebt von der Arbeit an neuer Erkenntnis, als Professoren werden daher Forscher berufen. Neue Erkenntnisse entstehen erst durch die Mitteilung an andere – darauf hat Hartmut von Hentig hingewiesen. Dieser Mitteilungsvorgang ist nicht ohne Probleme und erfordert wissenschaftsdidaktische Überlegungen. Die Fähigkeit hierzu entsteht aber – das folgt aus der von Hentigschen These von der Einheit von Erkenntnis und Mitteilung – durch das Forschen, wird also durch den Ausweis von Forschungsleistungen mit belegt. Eine gesonderte didaktische Qualifizierung der Professoren ist daher unnötig.

Formulieren wir noch zwei weitere Elemente des Universitätsmodells:

Es gibt keine Lehrpläne, also keine formulierten Bildungsziele und daraufhin konzipierte und vorgeschriebene Lernabläufe. Der Professor entscheidet grundsätzlich selbst frei, welche Themen er in Vorlesungen und Lehrbüchern anschneidet und wie er sie abhandelt, der Student entscheidet grundsätzlich selbst frei darüber, welche Themen er zum Gegenstand seiner Lerntätigkeit macht. Mithin gibt es auch keine Forschung über die Angemessenheit von Lehrplänen und die Wirksamkeit von Lehrmethoden.

Es gibt keine Prüfungen, also keine organisierte Rückmeldung über den Lernfortschritt der Studenten, vorgesehen ist nur eine mündliche Prüfung am Schluß des Studiums.

Das Universitätsmodell war ausgesprochen im Gegensatz zum Modell schulischen Lehrens und Lernens konzipiert. Hier steht der Lehrplan im Zentrum. Es gibt formulierte Bildungsziele und Pläne darüber, wie die Lernprozesse hinsichtlich der Themen und auch hinsichtlich der Arbeitsformen organisiert werden müssen, um diese Bildungsziele zu erreichen. Die Tätigkeit des Lehrers besteht in der Organisation entsprechender Lernprozesse, also im Abhalten von Unterricht. Er hat den Lernfortschritt seiner Schüler zu verfolgen und ihre Lerntätigkeit im einzelnen immer wieder so anzuregen, daß sie dem geplanten Lernweg möglichst nahekommt. Die von ihm dabei benutzten Lehrbücher sind Lerntexte, sie sind so geschrieben, daß sie für die jeweils zu erwartenden Schülergruppen möglichst optimale Lernprozesse ermöglichen.

Die Lerntätigkeit des Schülers besteht in der Teilnahme an diesem Unterricht. Er beschäftigt sich genau mit denjenigen Themen und arbeitet in denjenigen Formen, die der Lehrer aufgrund des Lehrplans im Unterricht vorsieht und organisiert. Lehren und Lernen im Modell der Schule, also in Form von Unterricht, schließt die Möglichkeit von Diskussionen und selbstbestimmter Lerntätigkeit des Schülers ein, dies aber in zeitlich begrenzten Phasen und als gezielt eingesetzte didaktische Maßnahme. Die Lerntätigkeit des Schülers findet im Modell der Schule im wesentlichen innerhalb des Unterrichts statt. Die Lerntätigkeit außerhalb ist durch Hausaufgaben vom Lehrer bestimmt, sie dienen nur der Befestigung dessen, was im Unterricht gelernt worden ist.

Die Schule lebt von der Qualität der Lehrpläne. Die Formulierung der Bildungsziele und der für ihr Erreichen nützlichen Lehrpläne ist daher Gegenstand wissenschaftlicher Diskussion und Untersuchung. Diese Wissenschaft ist an entsprechenden Instituten außerhalb der Schulen eingerichtet. Die Entscheidung über Bildungsziele und Lehrpläne ist eine öffentliche Angelegenheit, zuständig sind entsprechende politische Instanzen. Lehrer und Schüler sind daran gebunden, die durch die Lehrpläne formulierten Vorstellungen vom Lernablauf auch tatsächlich zu verwirklichen, für den Schüler ist die Teilnahme am Unterricht verpflichtend.

Lehrer müssen für ihre Tätigkeit didaktisch qualifiziert werden. Hier geht es nicht um die Fähigkeit, eigene Gedanken zu denken und verständlich mitzuteilen, sondern darum, Lehrpläne auf die mit ihnen verfolgten Ziele analysieren, für das Erreichen dieser Ziele nützliche Lehrmethoden und Lernsituationen auswählen und in konkreten Unterricht umsetzen und schließlich Lernfortschritte der Schüler messen zu können. Diese Qualifikation beinhaltet nicht nur Sensibilität für Lernprobleme und entsprechende Einstellung gegenüber Schülern und Bildungszielen, sondern auch eine Reihe – sagen wir – handwerklicher Fertigkeiten.

Der Gegensatz zwischen beiden Modellen kommt in einem Zitat von Fichte [1] sehr schön zum Ausdruck:

> Es ist notwendig, „daß auf der Universität alles dasjenige, was auf der anderen Schule dem Lehrer, als zugleich dem Erzieher, aufgetragen war, dem Studierenden selbst aufgetragen wird, es zu tun an sich selbst; daß zwar nicht die Erziehung, aber der äußere Erzieher wegfällt, indes bloß der Lehrer bleibt und der Studierende angesetzt wird als sein eigener Erzieher, der von nun an gerade dasjenige, was auf der niedern Schule der Lehrer ihm leistete, zweckmäßige Leitung seiner Geistesentwicklung . . ., sich selber zu leisten hat.“

Mir geht es also darum, diese beiden Modelle als Maßstab zur Beschreibung der Lehr- und Lernwirklichkeit heutiger Universitäten zu benutzen, also zu fragen: Wieweit sind sie Schule, wieweit Universität, oder, genauer, aus welchen Elementen des Schulmodells und welchen des Universitätsmodells sind sie gemischt?

Tut man dies, so stößt man zunächst darauf, daß der Gegensatz beider Modelle auch den Gesetzgebern vor Augen stand. So heißt es im Schulverfassungsgesetz des Landes Berlin [2]:

„Der Lehrer unterrichtet und erzieht die ihm anvertrauten Schüler und beurteilt ihre Leistungen gemäß seiner fachlichen Ausbildung und in eigener Verantwortung im Rahmen der geltenden Vorschriften und Konferenzbeschlüsse.“ (§ 10)

Das Gesetz regelt mit vielerlei Einzelparagraphen, daß durch ein ganzes System von verschiedenen Konferenzen dieser Rahmen auch tatsächlich gesetzt wird, und durch das gesamte Gesetzeswerk wird die Vorstellung deutlich, daß der Lehrer zwar mit einer gewissen Selbständigkeit, insgesamt aber doch als weisungsabhängiger Beamter seinen jeweiligen Beitrag zur Erfüllung der Gesamtaufgabe der Schule leistet.

Der für die Universitäten entsprechende Paragraph des Berliner Hochschullehrergesetzes [3] lautet:

„(1) Wissenschaft und Kunst sind in Forschung sowie Lehre in erster Linie den Hochschullehrern nach Maßgabe ihrer Aufgabe anvertraut.
(2) Die dienstrechtliche Weisungsgebundenheit findet ihre Grenze an der durch die Verfassung gewährleisteten Freiheit von Wissenschaft und Kunst, Forschung und Lehre.“ (§ 11)

In § 12 heißt es:

„(1) Hochschullehrer ... haben ihr Fachgebiet im Rahmen der gesetzlichen Aufgaben ihrer Hochschule entsprechend den Anforderungen ihrer Stelle angemessen zu vertreten.“

Die Lehraufgabe ist also „Vertretung des Fachgebietes“, und das meint im wesentlichen das Abhalten von Vorlesungen. Zwar gilt auch für Hochschullehrer das Landesbeamtengesetz und somit auch beispielsweise die Verpflichtung, die von Dienstvorgesetzten erlassenen Anordnungen auszuführen, aber das Hochschullehrergesetz hat durch den allgemeinen Hinweis auf die grundgesetzlich gesicherte Freiheit der Lehre deutlich gemacht, daß Weisungen von Dienstvorgesetzten an den einzelnen Professor in Sachen der Lehre eigentlich nicht ergehen sollen.

Der Lehrer an der Schule hat nicht ein Fachgebiet zu vertreten, sondern zu unterrichten und zu erziehen, oder noch deutlicher: Dem Professor ist die Wissenschaft anvertraut, dem Lehrer der Schüler.

Für den Lehr- und Lernbetrieb sind aber in den Gesetzen auch Regelungen festgelegt, die dem Universitätsmodell nicht entsprechen. So heißt es im Berliner Universitätsgesetz von 1969, daß für die einzelnen Ausbildungsgänge Studienpläne und Prüfungsordnungen aufgestellt werden und die Studenten verpflichtet sind, ihr Studium an diesen Plänen zu orientieren. Das ist auf dem Hintergrund der Vorstellung schulischen Lehrens und Lernens formuliert. Damit kommt die These in den Blick, um die es mir in diesem Papier geht: *Die heutige Universitätswirklichkeit ist eine spezifische Mischung aus Elementen des Schulmodells und des Universitätsmodells – eine Mischung von Gegensätzlichem, Unverträglichem.*

Dies kann man am Ingenieurstudium sehr schön beleuchten, und zwar deshalb, weil Ingenieure ja zunächst – also im vorigen Jahrhundert – in Schulen, also in Formen von Unterricht ausgebildet wurden und weil mit der Übernahme der Technischen Hochschulen in den Bereich der Universitäten um 1900 nicht ein radikaler Wechsel von Ausbildungsformen und -inhalten einherging, sondern nur Elemente des Universitätsmodells übernommen wurden, auch dies nur zögernd und unter heftigem Widerspruch der Vertreter einer praxisgerechten Ingenieurausbildung.

Das Ingenieurstudium ist durch Lehrpläne organisiert:
Die zu der jeweiligen Studienrichtung gehörenden Fächer, ihr Umfang und die Reihenfolge im Zeitplan der Studenten sind festgelegt; in Studienordnungen und ihren Anlagen sind auch die in den einzelnen Fächern zu behandelnden Themen formuliert. Die Studenten haben sich in Vorlesungen, Übungen und Tutorien genau mit diesen Themen zu beschäftigen, Übungsaufgaben, vorgeschriebene Laborversuche, Rücksprachen, Klausuren bestimmen die Lerntätigkeit im einzelnen, die so organisierte Lerntätigkeit füllt die Arbeitszeit der Studenten während der Vorlesungszeit voll aus, während der sogenannten Semesterferien überwiegend.

Der in den Lehrplänen festgelegte Umfang der einzelnen Fächer ist, wenigstens im Grundstudium und in den ersten Semestern des Hauptstudiums, so groß, daß die Lerntätigkeit überwiegend während der Vorlesungen, Übungen und Tutorien stattfinden muß. Die Arbeiten außerhalb des Hörsaals haben den Charakter von Schulaufgaben. Lehre und Lernen sind also soweit nach dem Modell der Schule organisiert, und dem entspricht, daß die Hochschullehrer nicht Vorlesungen im eigentlichen Sinne halten, nämlich subjektiv gefärbte, wertende Gesamtschauen ihres Fachgebietes, sondern Vorträge über ganz bestimmte, festgelegte Lernstoffe, und auch, daß die Form des klassischen Universitätsseminars im Ingenieurstudium fehlt. Dem entspricht auch, daß die einzelnen Lernstoffe und Fächer auf das Bildungsziel „Befähigung zur Berufstätigkeit als Ingenieur" hin ausgewählt sind. Praktisch ausnahmslos fehlen alle auf die Einheit der Wissenschaften oder doch wenigstens auf die Einheit der Ingenieurwissenschaften ausgerichteten Inhalte, also philosophische, historische oder wissenschaftstheoretische Fragestellungen.

Einerseits ist also das Ingenieurstudium ein auf ein bestimmtes Bildungsziel ausgerichteter Schulbetrieb, es ist Teilnahme an geplanten oder organisierten Lernprozessen, also Teilnahme am Unterricht.

Andererseits sind wesentliche Elemente des Humboldtschen Universitätsmodells auch im Ingenieurstudium vorhanden. Die Hochschullehrer fühlen sich auch als lehrende Forscher und von daher frei in der Gestaltung ihres Lehrangebots, auch die Studenten sind wenigstens so weit in der Gestaltung ihres Lernprozesses frei, daß sie zur Teilnahme an Vorlesungen nicht und zur Teilnahme an Übungen und Tutorien nur in Ausnahmefällen verpflichtet sind. Lehrpläne sind auch bisher – lediglich – Ergebnis der Verabredung von Hochschullehrern, sie sind aber nach wie vor nicht Gegenstand wissenschaftlicher Analyse. Ob der Hochschullehrer seinen Unterricht erfolgreich organisiert hat oder nicht, ist kein Thema systematischer, regelmäßiger Untersuchungen, nicht einmal regelmäßigen Meinungsaustauschs. Dem Humboldtschen Modell entsprechend gibt es weder eine entwickelte Fachdidaktik noch eine Ausbildung der Lehrenden für ihre Lehreraufgaben: Es werden Forscher als Lehrer berufen, und Forschungsleistungen bilden auch den eigentlichen Maßstab zur Beurteilung wissenschaftlicher Tätigkeit. Lehrbücher sind „Vorlesungen über ...“, und es gibt keinerlei Institute, die für die Erfüllung der Lehrpläne nützliche Lernhilfen produzieren und ihren Einsatz im Unterricht organisieren.

Das Ingenieurstudium ist eine – mindestens für die Studierenden – nachteilige Mischung aus Schule und Universität:

- Lehrer, die nicht gelernt haben, die Wirkungen ihrer Lehrtätigkeit einzuschätzen, organisieren Unterricht an Lehrplänen entlang, die einer systematischen didaktischen Analyse nicht unterzogen sind,
- die Studenten sind frei in der Entscheidung, den Unterricht zu besuchen, was aber lediglich ihr Risiko, zu scheitern, erhöht, nicht aber Möglichkeiten zu eigener Studiertätigkeit eröffnet, und
- der ja nicht aufgegebene Anspruch, von der Forschung her bestimmte Lehre und entsprechendes Studium im Humboldtschen Sinne zu betreiben, belastet Studenten und Lehrer, weil angesichts des Zwanges, Unterricht zu organisieren und daran teilzunehmen, die Einlösung dieses Anspruchs auch nicht in Ansätzen möglich ist.

Solche Überlegungen sind nun nicht nur für die mit dem Ingenieurstudium Beschäftigten interessant, sondern auch für Hochschullehrer und Studenten anderer Disziplinen. Das Ingenieurstudium ist für die in allen Teilen der Universitäten derzeit stattfindenden Veränderungen des Lehr- und Lernbetriebes direkt oder indirekt das Vorbild. Sehen kann man dies beispielsweise an der in den letzten Jahren immer größeren Verbreitung des Diploms, das inzwischen durch das Hochschulrahmengesetz Regelabschluß aller berufsqualifizierenden Studiengänge geworden ist. Hiermit werden auch die Strukturen eines entsprechenden Studiums von den Ingenieuren in die anderen Studiengänge übernommen, beispielsweise die Heraussonderung eines Grundstudiums mit entsprechenden sogenannten Grundlagen und einem Vorexamen. Es bedarf keiner Sehergabe, um zu sagen, daß damit die Probleme des Ingenieurstudiums, also die Probleme eines Schulbetriebes im universitären Rahmen, auch in anderen Bereichen der Universität entstehen werden.

Dieses Bild von der Mischung von Elementen der gegensätzlichen Modelle Schule und Universität in der augenblicklichen Universitätswirklichkeit ist vielleicht hilfreich, um die Situation und ihre Veränderungen einzuschätzen. Von hier aus wird auch deutlich, daß der wesentliche Angelpunkt in der Veränderung des Lehr- und Lernbetriebes an einer Universität in der Veränderung der Aufgaben der Hochschullehrer zu suchen ist. Von daher würde ich eine vollzogene Veränderung der entsprechenden gesetzlichen Grundlagen hoch bewerten:

Im Hochschulrahmengesetz ist als Aufgabe der Professoren nicht mehr von einer Vertretung des Fachgebietes in der Lehre die Rede, sondern:

„Die Professoren nehmen die ihrer Hochschule jeweils obliegenden Aufgaben in Wissenschaft und Kunst, Forschung und Lehre in ihren Fächern nach näherer Ausgestaltung ihres Dienstverhältnisses selbständig wahr.“ (§ 43 [1] Satz 1)

Nimmt man dazu, daß die Aufgaben der Universitäten in der Lehre von „Einführung in wissenschaftliches Arbeiten“ zu „Berufsvorbereitung“ verschoben sind, so wird die angestrebte Veränderung des Professors zum Lehrer deutlich. Noch deutlicher wird dies, wenn man das im Hochschulrahmengesetz angelegte und in den Hochschulgesetzen der Länder entfaltete Instrumentarium zum Erlaß von Lehrplänen und zur Kontrolle ihrer Durchführung betrachtet – von den Studienreformkommissionen bis zur Detaillierung der Lehraufgaben der Hochschullehrer im einzelnen – und die längere Argumentation im Hochschulrahmengesetz, wieweit die grundgesetzlich garantierte Freiheit der Lehre durch Beschlüsse zuständiger Hochschulorgane eingeschränkt werden kann.

Ich habe versucht, aus der ganzen Argumentation Bewertungen herauszulassen, will aber zum Schluß meine Meinung wenigstens andeuten:

Mir geht es darum, diejenigen, die die Verteidigung oder gar Wiederherstellung des Universitätsmodells betreiben, darauf aufmerksam zu machen, welche Konsequenzen sie für Lehre und Lernen mitfordern müßten, und denen, die eine Umwandlung in eine Schule hinnehmen oder gar vorantreiben, die Notwendigkeit einer didaktischen Qualifizierung der Professoren und die Eröffnung didaktischer Forschung zu zeigen. Wir müssen uns bewußtmachen, daß der „dritte Weg“, das „neue Modell“ für Lehre und Lernen an einer Hochschule, noch nicht gefunden ist.

Anmerkungen

1 Zitiert nach Schelsky, H.: Einsamkeit und Freiheit. Idee und Gestalt der deutschen Universität und ihrer Reformen. Reinbek b. Hamburg 1963, S. 108.
2 Fassung vom 1. Februar 1979.
3 Fassung vom 6. Mai 1971.

Friedrich Edding

Probleme des weiterbildenden Studiums

Mit dem Hochschulrahmengesetz von 1976 und den entsprechenden Landesgesetzen wurde den Hochschulen in der Bundesrepublik Deutschland auferlegt, ein weiterbildendes Studium anzubieten. Der Gesetzgeber ist damit Argumenten gefolgt, die schon seit längerer Zeit in der bildungspolitischen Diskussion des In- und Auslandes eine Rolle spielen:

1. Ein großer Teil des Wissens veraltet so schnell, daß eine systematische und wiederholte Bemühung um das Auffrischen des Wissensstandes nach Abschluß der traditionellen Bildungsgänge und nach dem Eintritt in die Lebenspraxis als dringend erwünscht erscheint.
2. Der Umfang des verfügbaren Wissens ist so gewachsen, daß die traditionellen Bildungsgänge zeitlich nicht hinreichen, um das den Fachvertretern als unentbehrlich geltende Wissen in einer vertretbaren Zahl von Lernjahren in der Jugend zu vermitteln.
3. Das in den Berufstätigkeiten erforderliche Wissen und Können ist so sehr im Fluß und daher so schwer zu prognostizieren, daß es zweckmäßig erscheint, einen wachsenden Teil der Wissensvermittlung in die Berufsjahre hinein zu verlegen.
4. Aus der Zunahme von Dispositionseinkommen und Freizeit folgt eine Tendenz der Nachfrage nach Bildungsmöglichkeiten jenseits der Jugendphase, und zwar auch zum wissenschaftlichen Studium.
5. Weiterbildung ist aus diesen Gründen der stärkste Wachstumssektor im Bildungswesen. An diesem Wachstum partizipieren zahlreiche Institutionen, die Hochschulen jedoch bisher nur relativ wenig. Sie könnten aber ein großes Potential in diese Entwicklung einbringen.

Die Hochschulen haben diese Argumentation zunächst zögernd, dann mit schnell zunehmendem Interesse aufgenommen. Dabei hat die Erwägung eine besondere Rolle gespielt, daß der starke Rückgang der Geburtenzahlen seit Ende der sechziger Jahre die Nachfrage nach Studienplätzen ab Ende der achtziger Jahre erheblich vermindern dürfte. (Die Zahl der Studienanfänger stagniert außerdem bereits seit 1974.)

Die frei werdenden Kapazitäten könnten für ein weiterbildendes Studium genützt werden. Auch jetzt gibt es partiell schon in vielen Fachbereichen ungenügend genutzte Kapazitäten. Sie werden zum Teil bereits für Modellversuche auf dem Gebiet des weiterbildenden Studiums eingesetzt. Der Wissenschaftsrat hat einen Ausschuß eingesetzt, der sich mit diesem Gebiet befaßt und möglicherweise schon 1980 einen Bericht, vielleicht auch Empfehlungen vorlegen wird. Im folgenden werden einige Probleme erörtert, die in der vor uns liegenden Diskussions- und Experimentierphase beachtet werden sollten. Dabei wird jeweils eine mehr konservative und eine mehr reformzugewandte Auffassung dargestellt.

Orientierung des Studienangebots an der Nachfrage?

Die Nachfrage nach Weiterbildung richtet sich auf eine Vielfalt von Gegenständen, und sie variiert stark in der Bereitschaft, akademische Niveauansprüche zu akzeptieren. Es wird in bezug auf Gegenstände weit mehr nachgefragt, als deutsche Hochschulen je angeboten haben. Das geht aus den Programmübersichten und Tätigkeitsberichten der Trägerorganisationen hervor, die auf diesem Gebiet seit langem tätig sind. Volkshochschulen, Wirtschafts- und Berufsverbände, Kammern, Gewerkschaften, Kirchen, Akademien, Rundfunkanstalten, Behörden des Bundes, der Länder und der Kommunen, staatliche und private Unternehmen, kommerzielle Lehrinstitutionen, um nur einige der Träger zu nennen, machen Angebote von einer gegenständlichen Fülle, die kaum noch Wünsche offenläßt. Die Themenwünsche der Nachfrager werden von einigen dieser Träger ständig ermittelt, und die Bereitschaft, diesen Wünschen zu entsprechen, ist durchweg groß. Die Hochschulen dagegen haben sich bisher auf dem Gebiet der Lehre nicht in einer Konkurrenzsituation gesehen und waren deshalb in ihren Lehrangeboten weniger nachfrageorientiert.

In der Beantwortung der Frage, ob die Hochschulen ihr Verhalten in diesem Punkt ändern sollten, um sich für das weiterbildende Studium einen größeren Marktanteil zu sichern, unterscheiden sich die Auffassungen erheblich. Eine konservative Richtung lehnt eine verstärkte Orientierung an der Nachfrage von Studierwilligen für das weiterbildende Studium ebenso ab wie für das Erststudium. Sie betont die allgemeine Gültigkeit der aus dem Wissenschaftssystem abgeleiteten Standardprogramme, die nur gemäß dem Fortschritt der Forschung laufend zu ändern sind. Sie sieht keinen Grund, Studenten höheren Lebensalters etwas anderes anzubieten. Die Hochschulen, so sagen die Konservativen, sollten sich nicht auf das unübersehbare Feld der jeweils aktuellen Lernbedürfnisse begeben. Sie sollten auch nicht eine thematische Vollständigkeit anstreben. Sie sollten vielmehr ihr Monopol, akademische Grade zu verleihen, sowie die nur in den Hochschulen gegebene kontinuierliche Verbindung mit der Forschung dazu nutzen, für alle Arten von Studenten dasselbe traditionsgesicherte Angebot mit dem besonderen akademischen Gütemerkmal zu machen. Nach dieser Auffassung wird der staatlichen Auflage, ein weiterbildendes Studium anzubieten, durch Aufbau- und Kontaktstudium bereits entsprochen. Für Nachfrage anderer Art bieten sich nach dieser Meinung andere Träger hinreichend an, die aus eigenem Interesse, teils auch mit staatlicher Subvention, durchaus in der Lage sind, alle Lücken zu füllen, die sich aus dem traditionellen Verhalten der Hochschulen ergeben. Die Dozenten der Hochschulen stehen im übrigen für Lehrtätigkeiten in Programmen anderer Träger wie bisher zur Verfügung.

Die mehr reformzugewandte Richtung verweist demgegenüber darauf, daß die einseitig am System der Wissenschaft orientierten Studienangebote der Hochschulen schon für das Erststudium als nicht optimal erkannt sind. Sie erscheinen für Studenten mit längerer Lebens- und Berufserfahrung noch weniger geeignet. Diese Studenten, so wird argumentiert, sind in der Praxis Problemen begegnet, die sie im weiterbildenden Studium verarbeiten möchten. Dafür sind sie motiviert, und Motivierung ist eine Bedingung des Studienerfolges. Es ist also notwendig, die aus der Lebenserfahrung hervorgegangenen Studienwünsche zu ermitteln und sie im Angebot zu berücksichtigen. Da die Lebenspraxis eine andere Komplexität hat als die Disziplinen der Wissenschaft, wird das auf die Praxisprobleme eingehende Studium in der Regel die Kenntnisse mehrerer Disziplinen zusammenführen müssen. Das geschieht nicht hinreichend, wenn diese Kenntnisse als unverbundene Bausteine nacheinander angeboten werden, so daß die Aufgabe der Integration dem Studenten verbleibt. Interdisziplinäre Vorbereitung durch die Dozenten ist vielmehr unerläßlich, wenn der Nachfrage im weiterbildenden Studium entsprochen werden soll. Die solche Reformen Verlangenden stellen in Frage, daß der Wunsch, einen ersten oder weiteren akademischen Grad zu erwerben, ein so starkes Motiv für das weiterbildende Studium ist, daß deshalb ein traditionelles Studienangebot akzeptiert werden dürfte. Sie verweisen darauf, daß das Monopol, Grade zu verleihen, nicht als für alle Zeiten gesichert gelten kann und daß es für das Prestige der Hochschulen besser wäre, sich nicht allzusehr auf dieses Machtinstrument zu verlassen. Die reformerische Auffassung des weiterbildenden Studiums geht außerdem davon aus, daß die Hochschulen inhaltlich und didaktisch gewinnen, wenn sie dieses Studium so einrichten, daß möglichst viel Erfahrung aus der Praxis eingebracht werden kann. Wenn die Orientierung an der Nachfrage nur dadurch vorgenommen wird, daß Hochschuldozenten in Programmen anderer Träger lehrend teilnehmen, dann begeben sich die Hochschulen einer Chance der inhaltlichen und didaktischen Belebung. Es wird darauf hingewiesen, daß mit einer Tendenz bei vielen Großorganisationen zu rechnen ist, den Nachwuchs für ihren Bedarf auf allen Stufen selbst auszubilden. Demgegenüber erscheint es als eine Aufgabe der Hochschulen, den Programmen der Weiterbildung, die von Nutzenvorstellungen bestimmter Organisationen und kommerzieller Einrichtungen bestimmt sind, etwas entgegenzusetzen, was primär an nichtpartikularen Zielen wie Erkenntnis und Gemeinwohl orientiert ist.

Senkung des Anspruchsniveaus?

Das Festhalten an standardisierten Studienangeboten, die vor allem durch die Systematik der einzelnen Wissenschaftsdisziplinen bestimmt sind, erscheint den Konservativen als unabdingbar, weil sie meinen, daß nur so das Anspruchsniveau akademischer Institutionen erhalten werden kann. Der Preis einer gewissen Praxisferne muß hingenommen werden, weil hohe Abstraktionsgrade ebenso zum unaufgebbaren Wesen des Akademischen gehören wie die in den Disziplinen entwickelten Fachsprachen. Wer in dieser Hinsicht Konzessionen macht, gefährdet außerdem die Äquivalenz der Abschlüsse. Es gibt nach dieser Auffassung zwar auch in den Hochschulen Unterschiede im Verhältnis zur Praxis, die sich etwa in den Kategoriebezeichnungen Handlungs- und Erklärungswissenschaften ausdrücken lassen. In den Handlungswissenschaften erscheint es eher möglich, einiges von dem, was die Reformer als Orientierung an den Problemen der Praxis für nötig halten, zu verwirklichen. Im Sinne der Erhaltung des akademischen Niveaus wird aber für alle Disziplinen eine Öffnung abgelehnt, die generell Bewährung in der Praxis als hinreichende Bedingung für die Zulassung zum weiterbildenden Studium anerkennt. Der Gesetzgeber hat zwar diese Möglichkeit ausdrücklich eröffnet (Hochschulrahmengesetz § 21); auf konservativer Seite scheint aber Einigkeit zu bestehen, davon nur in Ausnahmefällen Gebrauch zu machen. Der Wahrheitsgehalt des Sprichwortes, daß Erfahrung der beste Lehrmeister sei, wird damit gering angesetzt. Es wird auf Erfahrungen mit der Öffnung des Studiums für Nichtabiturienten im Ausland hingewiesen, die als überwiegend niveausenkend interpretiert werden.

Demgegenüber betonen die Reformer die Bedeutung der nichtakademischen Lernerfahrung und die Herausforderung durch die Aufgabe, ein Studienangebot für Praktiker zu entwickeln. Sie geben zwar zu, daß es eine Rangordnung der Schwierigkeitsgrade in den Bildungsgängen gibt, meinen aber, daß die Fähigkeit, systematisch auf hohem Abstraktionsniveau zu denken, als Kriterium für wissenschaftliches Niveau nicht überbewertet werden sollte. Sie finden, daß die Frage, welche Fähigkeiten von großer gesellschaftlicher Bedeutung knapp sind, die Hochschulen interessieren müßte. Da vieles dafür spricht, daß die Fähigkeit, vielseitige wissenschaftliche Erkenntnisse handlungskompetent für die Lösung praktischer Probleme zu nutzen, in unserer Gesellschaft sehr ungenügend vorhanden ist, stellt sich in der reformerischen Auffassung hier den Hochschulen eine Aufgabe großen Schwierigkeitsgrades. Es hebt nach dieser Auffassung das Qualitätsniveau, wenn die Hochschulen die Herausforderung annehmen, im Sinne der Öffnung für in der Praxis erfahrene Probleme und für beruflich bewährte Nichtabiturienten curricular etwas Besonderes zu tun. So wird zur Diskussion gestellt, ob das Begabungspotential hinreichend entwickelt wird, wenn fast allen, die früh in praktische Arbeit und Erwerbstätigkeit eingetreten sind, die direkte Begegnung mit wissenschaftlicher Arbeit versagt bleibt.

Aufstiegsvehikel oder Sinnproduktion?

Welchen Zielen soll das weiterbildende Studium dienen? Konservative verstehen die Hochschule in ihrer Funktion als Lehranstalt als eine Einrichtung, die vor allem für Examina vorzubereiten und sie zu bescheinigen hat. Die von ihr ausgegebenen Zertifikate sind eine entscheidende Voraussetzung für den Zugang zu höheren beruflichen Positionen. Darin liegt die besondere Verantwortung der Hochschule im Lehr- und Prüfungsgeschäft. Bei dieser Auffassung liegt es nahe, auch das weiterbildende Studium unter diesem Gesichtspunkt zu betrachten. Wenn davon ausgegangen wird, daß der Aufstieg oder das Sich-Behaupten in der Positionshierarchie das Hauptmotiv für ein weiterbildendes Studium ist, dann ist es folgerichtig, auch auf dieser Stufe Standardprogramme anzubieten, die mit Teilsystemen der Wissenschaft bekannt machen sollen. Sie setzen die Fähigkeit voraus, akademisch zu denken und zu sprechen, und belohnen die Fähigkeit, mit Fleiß, Willenskraft und Gedächtnis Examina zu bestehen. In dieser Weise wirken sie selektiv. Das Angebot von Standardprogrammen kann auf Beratungsdienste weitgehend verzichten, weil das Eingehen auf individuelle Wünsche und Probleme nicht als Aufgabe ersten Ranges gilt.

Individualisierung ist dagegen in der reformzugewandten Auffassung ein wesentliches Merkmal der Angebote für das weiterbildende Studium. Individualisierung setzt unter anderem voraus, daß neben dem Aufstiegsziel Ziele der Horizonterweiterung, des Gewinnens sozialer Kompetenz und vor allem des Findens von Sinn im Studienangebot voll berücksichtigt werden. In dieser Auffassung wird die Stärke der Nachfrage solcher nicht direkt berufs- und laufbahnbezogenen Zielrichtung erst dann voll sichtbar werden, wenn entsprechende Angebote da sind. Es wird argumentiert, daß Sinnsuche sich sehr wohl als stärkstes Motiv herausstellen könnte, weil der Mangel an Sinnverständnis und Sinnorientierung in vielen Untersuchungen als zentrale Schwäche unserer Gesellschaft erkannt worden ist. Die Reformer halten es für nötig, entsprechend diesen verschiedenen Motiven für das weiterbildende Studium unterschiedliche Studienangebote zu machen. Sie sind auch nicht der Meinung, daß es nur mit Standardprogrammen möglich ist, dem Aufstiegsziel zu entsprechen. Standardprogramme werden als Teil des Gesamtangebots akzeptiert. Eine Kombination mit Programmen, die – von erfahrenen Problemen aus – Einsicht, Übersicht und wissenschaftlich sorgfältiges Abwägen des Urteils zu vermitteln suchen, erscheint jedoch erwünscht und machbar. Soziale und Handlungskompetenz zu vermitteln gilt auch für das Aufstiegsziel als unerläßlich. Die Reformer schließen aus Beobachtungen im Inland und vielfältigen Experimenten im Ausland, daß es eine große latente Nachfrage nach stark individualisierten Angeboten des Studiums gibt, die neue Formen der curricularen und didaktischen Planung verlangt sowie eine intensive persönliche Beratung. Sie sehen formale Abschlüsse als Teil des Angebots, aber nicht als wichtigstes Ziel des weiterbildenden Studiums.

Wer trägt die Kosten?

Obwohl es sich um den Ausbau einer weiteren Stufe des Studiums handelt, müssen dadurch nicht unbedingt zusätzliche Kosten entstehen. Sofern freie oder künftig frei werdende Kapazitäten genutzt werden, sind Verstärkungen der Hochschulhaushalte für diesen Zweck möglicherweise entbehrlich. Wie sich die Kosten verlagern werden, ist vor allem durch die Gestaltung des weiterbildenden Studiums bedingt. Wird es überwiegend als Selbststudium mit Hilfe moderner Mittel des Medienverbundes und kurzen Präsenzzeiten organisiert, dann werden den Hochschulen andere Kosten entstehen als bei Studienangeboten, die überwiegend an der traditionellen Form des weiterbildenden Studiums vollzeitlicher Präsenz festhalten. Bei der erstgenannten Form dürften durch intensive Mentorentätigkeit relativ hohe Personalkosten anfallen, denn das Selbststudium ohne einen starken Ausbau der Beratungsfunktion hat sich da, wo längere Zeit experimentiert wurde, als weitgehend ineffizient erwiesen. Bei der zweiten Form ist mit hohen Kosten durch den Ausfall von Erwerbseinkommen zu rechnen. Allerdings ergäbe sich aus der individuellen finanziellen Förderung, die dadurch notwendig würde, keine Belastung der Hochschulhaushalte. Belastet würden Förderungssysteme gemäß Bundesausbildungsförderungsgesetz (BAFöG) und Ausbildungsförderungsgesetz (AFG) oder erst zu schaffende spezielle Fonds. Außerdem wäre mit einem Ausfall von Produkt und Steuern zu rechnen.

Kostenvorausschätzungen sind wegen der vielen Unbekannten in der Entwicklung des weiterbildenden Studiums bisher nicht vorgenommen, jedenfalls nicht publiziert worden. Auch die Diskussion über die Alternativen der Finanzierung ist noch wenig profiliert. Vereinfachend läßt sich feststellen, daß die konservative Richtung darauf drängt, für das weiterbildende Studium Gebühren zu erheben, weil die Nutznießer in der Regel über eigenes Einkommen und Ersparnisse verfügen dürften oder durch den Ehepartner Einkommen haben. Ebenso wird von dieser Seite für die Fälle, in denen finanzielle Förderung unumgänglich ist, eine Vergabe der Förderung als Darlehen empfohlen. Implizit kommt in diesen Vorschlägen die vorher schon erwähnte Vorliebe für das Kontaktstudium zum Ausdruck, das heißt für ein weiterbildendes Studium in der Freizeit oder in kurzen Phasen der Ad-hoc-Beurlaubung. Auf der konservativen Seite wird außerdem dafür plädiert, das Gebührenaufkommen aus dem weiterbildenden Studium zur Honorierung der Dozenten zu verwenden. Die Dozenten sollen danach diese Lehrtätigkeit nicht nur auf ihre Pflichtstunden anrechnen können, sondern eine finanzielle Entschädigung erhalten, die berücksichtigt, daß dieses Studium zu ungewöhnlichen Zeiten stattfindet und die Möglichkeiten der Dozenten zur Lehrtätigkeit in Programmen anderer Weiterbildungsträger einschränkt, die üblicherweise honoriert werden.

Die reformerische Richtung wendet sich gegen eine Erhebung von Gebühren und gegen die Darlehensform der individuellen Förderung. Sie befürchtet, daß dadurch Hindernisse geschaffen werden, die insbesondere die ohnehin auf den höheren Bildungsstufen schwach vertretenen Sozialgruppen von einem weiterbildenden Studium abhalten würden. Auf dieser Seite wird angestrebt, eine Doppelbelastung durch Berufstätigkeit und Studium in Grenzen zu halten. Um längere Freistellung von Erwerbstätigkeit zu ermöglichen, wird unter anderem vorgeschlagen, die Altersbegrenzung (30 Jahre) für die Anwendung des BAFöG fallenzulassen und/oder die Anwendung des AFG auf das Studium an Hochschulen zu ermöglichen.

Empirische Untersuchungen fehlen bisher

Der vorstehende Überblick über Probleme der Planung des weiterbildenden Studiums hat sich darauf beschränkt, einige wichtige Argumentationslinien herauszuheben. Dabei wurde in der Zuordnung der Argumente zu zwei Hauptrichtungen, wie jeder Kenner der noch sehr diffusen Diskussion weiß, stark vereinfacht. Alle Probleme des Erststudiums finden sich auch im weiterbildenden Studium wieder, und einige andere kommen hinzu. Es gibt entsprechend viele Kontroversen und Meinungsgruppierungen. Die Polarisierung der Auffassungen ist daher vielleicht in einigen Punkten weniger festgelegt, als es in diesem Beitrag erscheinen mag, und möglicherweise noch weniger starr fixiert als bei einigen anderen bildungspolitischen Themen. Die Klärung der Alternativen, über die zu entscheiden ist, hängt in vieler Hinsicht von den Ergebnissen der Experimente und Forschungen ab, die zur Vorbereitung weiterer Planung beabsichtigt oder schon angelaufen sind.

Vergleichende Analysen der verschiedenen Formen von Weiterbildung an Hochschulen im Ausland sind nützlich und sollten intensiviert werden. Dabei interessierten vor allem das curriculare Angebot, die Motivation der Teilnehmer, die Arbeitsbedingungen der Dozenten, die Methoden der Prüfung bei der Zulassung und beim Abschluß, nicht zuletzt auch das Thema der Kosten und ihrer Finanzierung. Doch Experimente im Inland erübrigen sich damit nicht. Hier sind viele Bedingungen von denen im Ausland verschieden. Es genügt auch nicht, Stichprobenerhebungen durchzuführen, zum Beispiel potentielle Teilnehmer am weiterbildenden Studium nach ihren Wünschen zu fragen. Mit welchen Motivationen die Planung rechnen kann, zeigt sich erst hinreichend zuverlässig, wenn unter realen Bedingungen gelehrt und studiert wird. Notwendig erscheint daher ein über die verschiedenartigen Hochschulen und Fachbereiche breitgestreutes Versuchsprogramm, das über mehrere Jahre – koordiniert und von Forschung begleitet – Erkenntnisse einzubringen geeignet ist. Bei der Bedeutung der hier behandelten Perspektiven des weiterbildenden Studiums dürfte ein solcher Einsatz voll gerechtfertigt sein. Ausführungsbestimmungen zu den einschlägigen Gesetzen sind ohne solche Vorbereitung wahrscheinlich verfehlt.

Ulrich Teichler

Aufgaben der Hochschulpolitik und -planung

1. Rückblick auf die Nachkriegsentwicklung in der Bundesrepublik Deutschland [1]

Das Hochschulwesen der Bundesrepublik Deutschland hat seit Ende der sechziger Jahre eine Vielzahl einschneidender Veränderungen erfahren. Nach einigen Jahren intensiver Grundsatzdiskussionen, Reformversuchen und Perspektivveränderungen drängt sich nunmehr eine Zwischenbilanz und die Frage nach neuen Zielen auf.

In den fünfziger Jahren überwog noch die Vorstellung, daß die positiven Grundzüge der deutschen Hochschultradition zu stabilisieren und die Schäden der jüngeren Vergangenheit zu beseitigen seien. Zu Beginn der sechziger Jahre wurde zumeist angenommen, daß eine Ausbaupolitik unter marginalen Strukturveränderungen geeignet sei, die Aufgaben der Zukunft zu meistern. Die weltweiten Diskussionen über den Beitrag der Bildung zum Wirtschaftswachstum und die Bedeutung des Bildungssystems für Chancengleichheit wurden jedoch im Laufe der sechziger Jahre nicht mehr problemlos adaptiert, sondern trafen die Hochschulen in einer Krise ihres Selbstverständnisses. Trotz unterschiedlicher Zielvorstellungen entwickelte sich Ende der sechziger Jahre ein weitgehender Konsens, daß es diesmal nicht mit leichten Ergänzungen und Modifikationen abginge [2].

Die Hochschulen der Bundesrepublik Deutschland konnten sich aus ihren Traditionen heraus nicht leicht auf die Tatsache einstellen, daß sie mit der wachsenden Zahl der Studenten eine veränderte Zulieferungsfunktion entwickelten. So begrenzte die starke Wissenschaftsorientierung zunächst die Vorstellung, welche Vorbereitung die Hochschulen denn für erweiterte Berufsbereiche übernehmen könnten. Auch führte die mehr oder weniger gleiche Qualität der Institutionen dazu, daß die Zunahme der Studentenzahlen das gesamte System herausforderte und nicht nur die „weniger noblen“ Institutionen. Schließlich mußte die trotz des Selbstverständnisses einer primären Wissenschaftsorientierung bestehende starke Zuordnung der Ausbildung zur akademischen Berufsstruktur starke Ängste über einen Wandel der Beziehungen von Ausbildung und Beruf auslösen.

Die Hochschulpolitik und -planung in der Bundesrepublik Deutschland Ende der sechziger Jahre und in den siebziger Jahren lief nun keineswegs darauf hinaus, diese Traditionen über Bord zu werfen, um sich den Modellen einer differenzierten Hochschulstruktur mit unterschiedlichen Ausbildungszielen anzupassen, wie sie in anderen Ländern festzustellen waren und vielfach als Prototypen eines „modernen“ tertiären Bildungswesens galten. Dies liegt sicherlich zum Teil daran, daß Beiträge zu Wirtschaftswachstum und Chancengleichheit in der Bundesrepublik nicht ohne weiteres als die wichtigsten Reformziele der Hochschulen akzeptiert wurden. Der Stellenwert für das Wirtschaftswachstum wurde einerseits von den Beschäftigern in Frage gezogen, die dafür eine weitgehende Hochschulexpansion nicht für nötig hielten, andererseits von kritischen Studenten. Chancengleichheit galt als eine wichtige Frage, konnte aber keine tiefen Eingriffe in das Hochschulwesen – etwa in grundlegenden Veränderungen der Zulassungsvoraussetzungen oder ähnlichem – auslösen. Vor allem war die Überzeugung stark, daß es lohnenswerte Traditionen der deutschen Hochschulen gäbe, die in veränderter Form in die Reformen aufzunehmen seien [3].

Ein derartiger Bezug auf die traditionellen Besonderheiten zeigt sich in den beiden Hauptrichtungen der Hochschulreform in den siebziger Jahren:

- Die quantitative Expansion sollte unter Erhaltung weitgehend gemeinsamer Ziele und einer relativ ähnlichen Qualität der verschiedenen Hochschulen realisiert werden. Die Ziele einer Wissenschaftsorientierung des Studiums an allen Hochschulen und die Pläne zur Entwicklung eines Gesamthochschulsystems drücken dies am deutlichsten aus.
- Der weite Ausbau von Mitbestimmungsrechten für den wissenschaftlichen Nachwuchs, die Studenten und sonstige Bedienstete nahm in starkem Maße auf die Konzeptionen der „Gemeinschaft der Lehrenden und Lernenden“ und auf die Traditionen der Hochschulautonomie Bezug.

Die geplanten Reformen konnten ohnehin nicht ohne große Zerreißproben für das Hochschulwesen vor sich gehen. Die Situation verschärfte sich jedoch durch die seit 1973 manifest gewordenen wirtschaftlichen Probleme, da die Reformen gerade in dem Zeitpunkt in wichtige Implementationsstadien gerieten, als die Sorge um die Finanzierung der Hochschulen wuchs und die Reformbereitschaft allgemein in Angst vor der Zukunft umschlug. Zugleich trat die Phase der Hochschulexpansion, in der die Absolventen die Erwartungssicherheit verlieren, in traditionellen akademischen Berufen tätig zu werden, in der Bundesrepublik Deutschland gleichzeitig mit der wirtschaftlichen Verunsicherung ein – zweifellos in einem ungünstigeren Augenblick als zum Beispiel in Schweden oder in Japan [4].

2. Internationaler Stimmungswandel in der Beurteilung der wirtschaftlichen und sozialen Funktionen des Bildungswesens

Die Diskussionen über die Entwicklungstendenzen des Hochschulwesens und über die Bewertung von Hochschulpolitik und -planung sind in den letzten Jahren in der Bundesrepublik Deutschland sicher härter und aufgeregter geführt worden als in vielen anderen Ländern. Dies kann angesichts der geschilderten Voraussetzungen nicht überraschen. In ihren Grundproblemen war diese Diskussion aber nicht außergewöhnlich, sondern hat deutliche Parallelen in vielen anderen Ländern. International gab es einen Stimmungsumschwung, den man pointiert als Wechsel von Bildungseuphorie zu Bildungsdefaitismus bezeichnen kann [5]. Dieser Stimmungswandel konzentrierte sich vor allem auf folgende Probleme:

- Die Hoffnung, daß vermehrte Bildung zur Prosperität von Wirtschaft und Gesellschaft beitrage, wurde abgelöst von der Befürchtung, daß die Beziehung von Bildungs- und Beschäftigungssystem aus dem Gleichgewicht gerate [6]: „Akademisches Proletariat", „Überqualifizierung" und ähnliche Ausdrücke waren an der Tagesordnung.
- Die Erwartung, daß die Ungleichheit der Bildung nach sozialer und regionaler Herkunft, Geschlecht und Rasse im Zuge der Bildungsexpansion weitgehend aufgehoben würde, blieb unerfüllt und wurde in der Argumentation weitgehend zurückgenommen. Statt dessen wurde die Ohnmacht von Bildung bedauert, die ungleichen sozialen Voraussetzungen für den Bildungserfolg auszugleichen, oder es wuchs wieder die Überzeugung, daß Bildungserfolg weitgehend genetisch bestimmt werde [7].
- An die Stelle der Annahme, daß Chancengleichheit im Bildungswesen bedeutsam sei, weil der Bildungserfolg weitgehend die Sozialchancen präge, trat die Vorstellung, daß Bildungserfolg für sozial Benachteiligte mehr oder weniger vergeblich sei, da Bildung selbst kaum eine eigenständige Rolle bei der Statuszuteilung spiele [8].
- Der tatsächliche Einfluß des Bildungsabschlusses auf den beruflichen Status wurde nicht mehr – wie zuvor – als wünschenswert empfunden, um eben durch Bildungspolitik größere soziale Gerechtigkeit zu erreichen, sondern als Störfaktor: Zunächst entstehe dadurch unerträgliche Konkurrenz im Bildungswesen; daneben verhindere eine Belohnung von Zertifikaten einen Marktausgleich von Bildungsabschlüssen und Qualifikationsanforderungen; obendrein entstünde eine dysfunktionale und ungerechte Privilegierung; schließlich würden im Zuge der Bildungsexpansion sogar diejenigen, die dann nicht die Hochschule besuchten, aus ihren Positionen „verdrängt" [9].

Dieser Stimmungsumschwung in der Bildungsdiskussion hatte für die Hochschulen schwerwiegende Konsequenzen, weil deren Expansion besonders zu Wirtschaftswachstum und Chancengleichheit hatte beitragen sollen und weil in diesem Bereich vor allem vermehrte Bildungsausgaben zu Buche geschlagen waren. Hinzu kam eine Krise der Wissenschaft: Es wuchsen Zweifel, ob der wissenschaftliche und technologische Fortschritt zu einer kontinuierlichen Verbesserung der Lebensbedingungen beitrage; auch verringerte sich die Erwartung, daß politische Entscheidungen weitgehend auf wissenschaftlicher Grundlage fallen könnten; schließlich sank das Vertrauen in die politische und praktische Vernunft der Wissenschaftler.

Katastrophenmeldungen über „den großen Bildungsraub" [10], die Bestimmung der Sozialchancen durch „Zufall" [11], die weitgehende Abhängigkeit des Bildungserfolges von genetischen Faktoren [12], die „Gleichgewichtsstörungen" zwischen Bildungs- und Beschäftigungssystem [13] und das „Berechtigungswesen" [14] entstanden international mit jeweils kleinen terminologischen Varianten.

Inzwischen treten die Katastrophenmeldungen gegenüber einer etwas nüchterneren Betrachtung zurück. Deutliche Anzeichen dafür lassen sich in der Bundesrepublik Deutschland in der hochschulpolitischen Diskussion seit etwa 1976 nachweisen [15]; dies gilt auch für die internationale wissenschaftliche und politische Diskussion [16]. Vor allem drei Veränderungen werden sichtbar:

- Bei der Beobachtung der tatsächlichen Entwicklung wird deutlich, daß nicht alle Katastrophenmeldungen empirisch gut fundiert waren und daß vor allem die Folgen eines Überangebots an Hochschulabsolventen für Arbeitsmarkt und Berufstätigkeit nicht so dramatisch sind, wie es zuweilen behauptet worden war [17].
- In der theoretischen Aufarbeitung der Veränderungen zeigt sich, daß viele Katastrophenmeldungen auf falschen Schlußfolgerungen beruhten: So etwa wurde deutlich, daß die berufliche Belohnung von Bildungsabschlüssen sich nicht als eindeutig dysfunktional für das Beschäftigungssystem abtun läßt; auch schafft Bildungsexpansion keine „Verdrängung" [18].
- In den letzten Jahren wuchs auch die Erkenntnis, daß die Katastrophenmeldungen nicht nur selbsterfüllende Prophetie bedeuten, sondern noch gravierendere Veränderungen auslösen können. Die Aussage, daß zu viel Hochschulbildung unnötig und gefährlich sei, hat nur zum Teil die vielerseits erhofften Folgen, daß die beschäftigenden Organisationen davor zurückschrecken, mehr Hochschulabsolventen einzustellen, und daß weniger Jugendliche ein Studium aufnehmen. Vielmehr trägt sie auch dazu bei, daß diejenigen, die trotzdem studieren, am Sinn ihrer Tätigkeit zweifeln und daß damit auch die Qualifizierung zusammenbricht, die selbst

nach sehr vorsichtigen Bedarfsannahmen als unabdingbar gilt. Es mehren sich die Stimmen, die auf solche Gefahren hinweisen [19].

Nach Bildungseuphorie und Bildungsdefaitismus bahnt sich nunmehr ein neuer Zustand an: Nüchternheit, Gleichgültigkeit, Unsicherheit?

3. Orientierungsprobleme für Bildungspolitiker, -planer und -forscher

Die veränderte Situation könnte man als große Chance für Bildungspolitik, -planung und -forschung ansehen, die Entwicklungstendenzen klarer zu sehen, besser zu verstehen und sinnvoller zu beeinflussen. Statt dessen überwiegt aber die Orientierungslosigkeit: An die Stelle scheinbar einfacher Zusammenhänge sind komplexe Interdependenzen getreten, die sich vermeintlich kaum noch beschreiben lassen, die großen Paradigmen haben sich gegenseitig neutralisiert, und die Macher der heilen Zukunft taugen nicht einmal mehr als Feuerwehrleute zum Katastropheneinsatz.

Wiederum kann man feststellen, daß es sich zwar deutlich um besondere Probleme des Bildungssystems und seiner gesellschaftlichen Funktionen handelt, daß aber derartige Orientierungsprobleme nicht das Monopol von Politikern, Planern und Sozialwissenschaftlern dieses Bereiches sind. Auch in anderen Bereichen tut man sich schwerer als etwa vor einem Jahrzehnt, an die Wunderwirkungen und auch an die extremen Schäden großer Pläne zu glauben. Die Planungsforschung hat das wenigstens mit dem Übergang zur „Implementationsforschung“ auf den Begriff gebracht [20], die Bildungsforschung dagegen steht vor großen Orientierungsproblemen, die von außen als Theorielosigkeit angegriffen werden können. Wahrscheinlich ist es in dieser Situation nicht falsch, bescheidenere Ziele zu setzen – nicht zuletzt, weil die zuvor so grandios erscheinenden Befunde, Erklärungsansätze und Politiken der euphorischen und der defaitistischen Phasen ihren Reiz ja gerade darin hatten, daß man damals noch eher vereinfachen konnte.

4. Innovationserfordernisse und Aufgaben der Hochschulplanung

Akzeptiert man die Grundentscheidungen der Hochschulpolitik und -planung der siebziger Jahre in der Bundesrepublik Deutschland, so ergeben sich aus den zwischenzeitlich gewonnenen Erfahrungen folgende Grunderfordernisse und Aufgaben der Hochschulplanung:

1. Die Reformen des Hochschulwesens bedürfen einer stärkeren Stützung durch Informationen über den Zusammenhang von Inhalten der Ausbildung und der Berufstätigkeit. Die Hochschulplanung hat in dieser

Hinsicht bisher zu sehr mit „black boxes“ operieren müssen. Qualifikationsforschung wird in den achtziger Jahren eine große Bedeutung einnehmen müssen [21].

2. Hochschulplanung sollte vor allem an der Lernfähigkeit sowohl der Hochschulen als auch der Absolventen orientiert sein. Es ist abzusehen, daß die großen Bemühungen um Studienreformen keine allseits akzeptablen und überzeugenden konkreten Programme erbringen können. Die Zielvorstellungen sind zu kontrovers und die zukünftigen Berufsaufgaben zu unsicher, um solche Ergebnisse zuzulassen. Notwendig sind jedoch Grundsatzentscheidungen, die die Hochschulen besser befähigen, Veränderungen in der Verwendung von Wissen, das an Hochschulen erworben wurde, und Innovationschancen wahrzunehmen. Auch die Studenten selbst müssen vorbereitet werden, ihre zukünftigen Handlungsbedingungen frühzeitig zu verstehen und den Wandel ihrer beruflichen Aufgaben aktiv aufnehmen zu können.
3. Der Spielraum für Experimente in der Hochschulausbildung sollte erhöht werden. Der Druck auf Reformmodelle, ihre Äquivalenz mit den herkömmlichen Institutionen und Kursen nachzuweisen, ist so groß, daß die Initiatoren in der Regel entmutigt werden [22]: Vielfalt ist bisher so wenig Zielsetzung des Hochschulwesens geworden, daß die Aussage nur wenig übertrieben ist, diejenigen Experimente hätten die beste Aussicht auf Anerkennung, die überhaupt nichts verändern. Wenn man ein extremes Qualitätsgefälle vermeiden will, so sollte doch die horizontale Differenzierung nicht auf der Strecke bleiben.
4. Die Ausbildung für Graduierte kann auf die Dauer wohl nicht mit dem geringen Formalisierungsgrad auskommen, der bisher besteht. Grundsätzlich sollten Studienprogramme für Doktoranden eingerichtet werden.
5. Die Hochschulexpansion wird für viele Verantwortliche und Betroffene weiterhin als Betriebsunfall oder als „mismatch“ und nicht als Chance der Hochschulen zu sinnvoller Qualifizierung und Innovation erscheinen, wenn die Hochschulen nicht selbst in der Lage sind, auch die beruflichen Aufgaben in den mittleren Positionen bewußt in der Hochschulausbildung aufzuarbeiten [23]. Allein der pädagogisch-wissenschaftliche Optimismus, daß eine wissenschaftliche Ausbildung nicht schaden kann, hilft wenig, denn er reproduziert die Phantasielosigkeit über die Bedeutung eines erhöhten Qualifikationsniveaus in den Berufsbereichen, in denen bisher Hochschulausbildung die Ausnahme war.
6. Der Entwicklung der letzten Jahrzehnte, in denen die Verwissenschaftlichung der Berufspraxis und Sorge um die qualifiziertere Ausübung beruflicher Tätigkeit die Berufsausbildung der Hochschulen im engeren Sinne in den Vordergrund gerückt haben, sollte nunmehr durch ein breiteres Qualifikationskonzept begegnet werden, das sich auf breitere Be-

rufs- und Lebensperspektiven der Hochschulabsolventen bezieht und soziale Handlungskompetenz mit einschließt [24].

7. Die Hochschulen sollten sich frühzeitig auf das demographische Tal einstellen, das in einigen Jahren voraussichtlich zu kleineren Studentenzahlen führt. Bisher wird quantitative Schrumpfung als Alptraum empfunden, auch gehen die Konzepte der Funktionsausweitung kaum über die Idee der Weiterbildung hinaus.

Viele Kritiken an der Entwicklung des Hochschulwesens sind, selbst wenn sie von quantitativen Mißverhältnissen zwischen Absolventenzahlen und verfügbaren Berufspositionen sprechen, primär von der Vorstellung bestimmt, daß sich die Hochschulen zu weit von der Realität der Berufe und der Lebensbedingungen der Hochschulabsolventen entfernt hätten. Daher laufen die meisten Vorschläge für eine „praxisorientierte“ Studienreform darauf hinaus, dem langjährigen Trend einer zunehmenden „Auslagerung“ der Bildung aus der Anwendungssituation zu begegnen. Reformen zur bewußten Stärkung der Sozialisationsfunktion der Hochschule, zur Praxisorientierung des Studiums und zur sozialen Verantwortung der Absolventen sind sich sicher in Reaktion auf den „Elfenbeinturm“ darin einig, das Reflexionspotential der Hochschulen über ihren Praxisbezug zu erhöhen. Vielleicht hat jedoch vorausschauende Hochschulplanung bereits eine neue, antizyklische Aufgabe in Sicht: wie man einer eilfertigen Adaptivität an Verwertungschancen der Hochschulausbildung begegnen und statt dessen eine produktive Spannung von wissenschaftlichem Lernen und dessen Anwendung etablieren kann.

Die Probleme der Politik und Planung im Hochschulbereich legen schließlich eine weitreichende Forderung nahe: daß Kurse über die Beziehung von Ausbildung und Beruf für alle Studienbereiche obligatorisch werden müssen. Wenn eine adäquate Beziehung von Hochschule und Beruf nicht durch weise Planung „von oben“ herzustellen ist, sondern in starkem Maße auf den Erwartungen und Handlungen der Lehrenden und Lernenden und deren kontinuierlichen Aktivitäten zur Reform des Studiums und auf dem beruflichen Handeln der Absolventen beruht, dann müssen die Kompetenzen der Beteiligten über die strukturellen und inhaltlichen Beziehungen von Hochschulen erhöht werden. Der Kontrast zwischen hoher Verantwortung für die Entwicklung des Verhältnisses von Ausbildung und Beruf auf der einen Seite und laienhaften Vorstellungen darüber auf der anderen Seite, der sich in vielen Aussagen von Hochschulangehörigen und -absolventen zeigt, ist auf die Dauer für die Entwicklung des Hochschulwesens sehr belastend. Die wichtigste Aufgabe der Hochschulplanung wäre es demnach, Bedingungen zu schaffen, die allen Beteiligten informiertes Agieren ermöglichen.

Anmerkungen

1 Dieser Beitrag ist eine leicht modifizierte Zusammenfassung der Übersichtsstudie „Higher Education and the Labour Market in the Federal Republic of Germany" für das International Institute for Educational Planning (UNESCO), Paris.

2 Zur Nachkriegsentwicklung siehe die Übersicht in Goldschmidt, D., und Hübner, S.: „Changing Concepts of the University in Society: the West German Case". In: Holmes, B., u. a. (Hrsg.): Higher Education in a Changing World. London 1971 (The World Year Book of Education 1971/72), S. 265–283.

3 Der Traditionsbezug wird zum Beispiel deutlich in Schelsky, H.: Einsamkeit und Freiheit. Idee und Gestalt der deutschen Universität und ihrer Reformen. Reinbek b. Hamburg 1963;
Nitsch, W., u. a.: Hochschule in der Demokratie. Berlin 1965. Vgl. auch die Diskussion in Teichler, U. (Hrsg.): Faktoren und Zielvorstellungen der Hochschulreform in der Bundesrepublik Deutschland. Hamburg: UNESCO-Institut für Pädagogik 1970.

4 Siehe dazu Tessaring, M., und Werner, H.: Beschäftigungsprobleme von Hochschulabsolventen im internationalen Vergleich. Göttingen 1976; Teichler, U., und Teichler-Urata, Y.: Der Arbeitsmarkt für Akademiker in Japan. Göttingen 1975; ABV Management Service: Eingliederungsprobleme von Absolventen tertiärer Bildungsgänge beim Übergang vom Ausbildungs- zum Beschäftigungssystem in ausgewählten Ländern. Bonn: Bundesministerium für Bildung und Wissenschaft 1976.
Vgl. auch Goldschmidt, D., und Husén, T.: „Der Übergang der elitären zur Massenuniversität am Beispiel Schwedens". In: Neue Sammlung, 17. Jg. (1977), H. 6, S. 502–537.
In vergleichender Perspektive siehe Goldschmidt, D.: „Studium wozu? 15 Punkte zum Wandel von Hochschulen und Studium in Beziehung zum Beschäftigungssystem". In: Neue Sammlung, 19. Jg. (1979), H. 3, S. 288–309.

5 Siehe etwa die Zusammenfassung der Diskussion von Husén, T.: „Probleme und Aussichten des institutionalisierten Schulwesens". In: Neue Sammlung, 18. Jg. (1978), S. 288–305.

6 Vgl. die Übersicht der Diskussion in Teichler, U., Hartung, D., und Nuthmann, R.: Hochschulexpansion und Bedarf der Gesellschaft. Stuttgart 1976.

7 Siehe die Übersicht in Husén, T.: Begabung und Bildungspolitik. Hannover 1975; Persell, C. H.: Education and Inequality. New York 1977.

8 Jencks, C.: Chancengleichheit. Reinbek b. Hamburg 1973; siehe dazu auch Persell, C. H., a. a. O., und Teichler, U.: „Bildung und Statusdistribution". In: Raschert, J. (Hrsg.): Jahrbuch für Erziehungswissenschaft. Bd. 3, Stuttgart 1979, S. 14–65.

9 Siehe die Zusammenfassungen der Diskussionen in Dore, R.: The Diploma Disease. London 1976; OECD: Selection and Certification in Education and Employment. Paris 1977.

10 Berg, I.: Education and Jobs: The Great Training Robbery. New York 1970.

11 Jencks, C., a. a. O.

12 Jensen, A. R.: Genetics and Education. London 1972; Herrnstein, R. J.: IQ in the Meritocracy. Boston 1973.

13 Siehe Freeman, R. B.: The Overeducated American. New York 1976; Dresch, S. P.: „Dynamics of Growth and Decline". In: Millett, J. D. (Hrsg.): Managing Turbulence and Change. San Francisco 1977, S. 17–31.

14 Siehe etwa die Diskussion in: Bergedorfer Gesprächskreis (Hrsg.): Die Berufsgesellschaft und ihre Bildung – Bilanz und Ausblick. Hamburg-Bergedorf 1976 (Protokoll Nr. 53).

15 Siehe dazu etwa Stifterverband für die Deutsche Wissenschaft: Zwang zur Bildungspolitik – Mut zur Bildungspolitik. Essen 1979; vgl. auch die Übersicht der Diskus-

sion in Teichler, U., und Voss, F.: Materialien zur Arbeitsmarktlage von Hochschulabsolventen. Kassel: Wissenschaftliches Zentrum für Berufs- und Hochschulforschung, Gesamthochschule Kassel 1979.

16 Siehe zum Beispiel Husén, T.: „Probleme und Aussichten des institutionalisierten Schulwesens“, a. a. O.; Carnegie Foundation for the Advancement of Teaching: More than Survival. San Francisco 1975; Walker, D.: „The Problems of Graduate Employment“. In: Paedagogica Europaea, 13. Jg. (1978), H. 1, S. 71–88.

17 Vgl. dazu etwa die Diskussionen in: Arbeitsgruppen des Instituts für Arbeitsmarkt- und Berufsforschung und des Max-Planck-Instituts für Bildungsforschung (Hrsg.): Bedarfsprognostische Forschung in der Diskussion. Frankfurt 1976; Mertens, D., und Kaiser, M. (Hrsg.): Flexibilitätsforschung in der Diskussion. 4 Bde., Nürnberg 1978.

18 Vgl. zum Beispiel Teichler, U.: Der Wandel der Beziehungen von Bildungs- und Beschäftigungssystem und die Entwicklung der beruflich-sozialen Lebensperspektiven Jugendlicher. Kassel: Wissenschaftliches Zentrum für Berufs- und Hochschulforschung, Gesamthochschule Kassel 1979.

19 Siehe dazu die Beiträge von Portele, G., und Heipcke, K., in: Teichler, U. (Hrsg.): Hochschule und Beruf – Problemlage und Aufgaben der Forschung. Frankfurt und New York 1979; Goldschmidt, D.: „Studium wozu? 15 Punkte zum Wandel von Hochschulen und Studium in Beziehung zum Beschäftigungssystem“, a. a. O.; vgl. auch die Argumentationen in Göbel, U., und Schlaffke, W. (Hrsg.): Berichte zur Bildungspolitik 1979/80 des Instituts der deutschen Wirtschaft. Köln 1979.

20 Siehe Brinckmann, H.: „Planung, Implementation und Evaluation im Hochschulbereich“. In: Teichler, U. (Hrsg.): Hochschule und Beruf – Problemlage und Aufgaben der Forschung, a. a. O., S. 120–128.

21 Zur Qualifikationsforschung siehe Nuthmann, R.: „Bildungsexpansion, Berufs- und Qualifikationsentwicklung“. In: Teichler, U. (Hrsg.): Hochschule und Beruf – Problemlage und Aufgaben der Forschung, a. a. O., S. 9–39; Grünewald, U.: Qualifikationsforschung und berufliche Bildung. Berlin: Bundesinstitut für Berufsbildung 1979.

22 Siehe die Argumentation in verschiedenen Beiträgen in: Teichler, U., und Winkler, H. (Hrsg.): Praxisorientierung des Studiums. Frankfurt und New York 1979.

23 Vgl. dazu Hartung, D., u. a.: Aspekte der Studienreform. Bd. 1: Arbeitsmarkt, Beruf und Qualifikation. Hamburg: Arbeitsgemeinschaft für Hochschuldidaktik 1979.

24 Siehe Teichler, U.: „Zum Verhältnis von Berufs- und Lebensperspektiven“. In: ders. (Hrsg.): Hochschule und Beruf – Problemlage und Aufgaben der Forschung, a. a. O., S. 289–303.

Hans Joas

Universität und Rationalität
Über Talcott Parsons' Beitrag zur Soziologie der Universität

Talcott Parsons hat in den letzten anderthalb Jahrzehnten seines Schaffens die soziologische Erforschung der Universität zu einem seiner zentralen Gegenstände gemacht. Die Motive für diese Themenwahl liegen tiefer als in einem tagespolitisch begründeten Interesse an Ursachen und Auswirkungen der Studentenrebellion. Parsons betrachtet die Soziologie der Hochschule als Brennpunkt aktueller gesellschaftstheoretischer Reflexion im doppelten Sinn. Er spricht einerseits von einer Verschiebung der funktionalen Bedeutung gesellschaftlicher Teilsysteme: *weg* von der Ökonomie und damit der Frage nach einer sozialistischen Transformation des Kapitalismus; *hin* zur zentralen Rolle von Wissenschaft und Bildung in der sich abzeichnenden „post-industriellen" Gesellschaft. Er sieht aber in dieser gesellschaftlichen Entwicklung auch eine Aufgabe für die allgemeine soziologische Theorie, welche unter dem Problemdruck einer so beschaffenen Gegenwartsdiagnose modifiziert und weiterentwickelt werden muß. Seine eigene Theorie schließt Parsons dabei ausdrücklich mit ein.

Nun mag man sich gerade als Angehöriger der Universität oder des Wissenschaftsbetriebs bei einer so starken Betonung der gesellschaftlichen Bedeutung dieser Bereiche recht unbehaglich fühlen. Die Alltagserfahrung – insbesondere des Sozialwissenschaftlers – ist wohl eher geprägt von Erlebnissen der Folgenlosigkeit des von ihm erarbeiteten Wissens, von den Frustrationen beim Versuch, einen Einsatzort für die erworbenen Qualifikationen zu finden, und von der Machtlosigkeit inneruniversitärer Entscheidungsprozesse gegenüber politischen und ökonomischen Zwängen. Die Folge davon kann geradezu ein Überdruß an systematischer Gedankenarbeit über eben jenen Gegenstandsbereich sein, der dem akademischen Wissenschaftler alltäglich am nächsten liegt. Gibt man diesem Überdruß nicht nach, dann stellen Parsons' Arbeiten allerdings einen nicht leicht zu verdauenden Brocken dar. Zwar legt Parsons keine gründliche Herleitung seiner Hintergrundsbehauptung von der sich abzeichnenden post-industriellen Gesellschaft vor; ein Disput darüber sollte sich deshalb an anderer Stelle entzünden. Was Parsons aber vorlegt, ist ein geschlossener Versuch zu einer Soziologie der Hochschule [1], zusammen mit einer resümierenden Darlegung seiner allgemeinen Theorie in einer neuen Gestalt. Das Buch „The American University" und die es umgebenden Aufsätze haben trotz dieses hohen Anspruchs in der Zeit des „lautlosen Niedergangs" (Gouldner) von Parsons' System kaum Aufmerksamkeit gefunden [2]. Es gibt aber mindestens zwei Gründe, gegenüber diesem stillschweigenden und argumentationslosen Verschwinden einer Theorie, die einige Jahrzehnte lang eine hegemoniale Rolle gespielt hat, mißtrauisch zu sein. Zum einen kann die begrüßenswerte Zunahme des Interesses am symbolischen Interaktionismus und einer bewußt kommunikativ verfahrenden Sozialforschung nicht darüber hinwegtäuschen, daß eine mit diesen Tendenzen kompatible makrosoziologische Theoriebildung noch fast völlig aussteht. Dies läßt es als jederzeit möglich erscheinen, daß das Pendel wieder zurückschlägt. Zum anderen ist der Bereich soziologischer Hochschulforschung mit theoretischen Synthesen jenseits bloß bildungsökonomischer, organisationssoziologischer oder politisch-programmatischer Arbeiten keineswegs so gesegnet, daß auf den möglichen Erkenntnisgewinn bei der Auseinandersetzung mit einem Denker von Parsons' Format von vornherein verzichtet werden dürfte. Ziel der folgenden Überlegungen wird es deshalb sein, die innere Verknüpfung von Parsons' Vorschlag eines theoretischen Rahmens für empirische Hochschulforschung mit konstitutiven Problemen seiner allgemeinen Handlungs- und Gesellschaftstheorie darzulegen und eine Perspektive zu eröffnen, in der alternative hochschulpolitische Wertvorstellungen aus einem Rationalitätsbegriff folgen, der dem Parsonsschen überlegen ist.

Um sich diesem Ziel zu nähern, muß man sich zuerst die innere Logik vergegenwärtigen, die Parsons von seinem kapitalismustheoretischen Ausgangsinteresse in den Frühschriften schrittweise zu einer soziologischen Beschäftigung gerade mit der Universität nötigte. Ohne drastische Vereinfachungen des windungsreichen Entwicklungswegs von Parsons' Theorie wird es dabei freilich nicht abgehen; mehrere autobiographische Selbstdarstellungen Parsons' können aber zur Vergewisserung hilfreich sein [3]. Gegenstand von Parsons' frühem Hauptwerk aus den dreißiger Jahren, „The Structure of Social Action", waren zwar Fragen der Entwicklung einer handlungstheoretischen Grundbegrifflichkeit und das Verhältnis von Ökonomie und Soziologie. Das dahinter wirkende Motiv war aber durchaus kein bloß akademisches. Es ging Parsons vielmehr darum, den verengten Rationalitätsbegriff utilitaristischer Ökonomie und Moralphilosophie durch die Konfrontation mit dem Problem sozialer Ordnung, den desintegrativen Tendenzen eines freigesetzten individuellen Eigennutzes, zu kritisieren. Die Konvergenz der von ihm in diesem Werk interpretierten Autoren schien ihm gerade darin zu liegen, daß jeder von ihnen versucht habe, einen auf die geschickte Verfolgung vorauszusetzender individueller Ziele eingeschränkten Rationalitätsbegriff zu überwinden. Die philologische Güte seiner Auseinandersetzung mit Durkheim und Weber ist hier nicht zu diskutieren [4]. Es fällt aber sofort auf, daß zwei wichtige Traditionen, aus denen Parsons hätte Stoff für seine Zwecke finden können, ganz fehlen oder mit oberflächlichen Argumenten zurückgewiesen werden. Es handelt sich zum einen um die zahlreichen handlungstheoretischen Ansätze, die gerade aus der amerikanischen Tradition hervorgegangen waren: von den verschiedenen Phasen pragmatistischer Philosophie bis zu den davon beeinflußten soziologischen Entwürfen [5]. Zum anderen erscheinen Marx und der Marxismus bei Parsons – etwas widersprüchlich – einerseits als bloße Varianten utilitaristischer Theorie, andererseits als deren nur bürokratische Antithese: kollektivistischer Zwang gegen das Chaos konkurrierender Individualinteressen. Doch schienen Parsons auch die von ihm herangezogenen Autoren nur erste Schritte in der notwendigen Richtung getan zu haben. Bei Weber etwa blieb der Status einer höherwertigen Rationalität als der der Zweckrationalität unklar und der Status nichtrationaler Antriebe des Handelnden unklärbar.

Solche Überlegungen waren ausschlaggebend bei der thematischen Entscheidung, die Parsons in der Phase nach Abschluß der „Structure of Social Action" traf. Er wandte sich dem Studium der „professions" zu, jener hochqualifizierten Berufe, für die insbesondere der Arzt und der Rechtsanwalt den Prototyp abgeben. Der Grund dafür liegt zunächst darin, daß die „professions" einen Typus darzustellen scheinen, für den das utilitaristische ebensowenig wie das bürokratische Handlungsschema anwendbar ist. Wenn sich auf der allgemeinen Ebene der Frage nach den Konstitutionsbedingungen sozialer Ordnung überhaupt für Parsons die zentrale Bedeutung normativer Integration ergeben hatte, dann war in den „professions" der Zugriff auf einen Handelnden gelungen, für den tatsächlich der Bezug zu gesellschaftlich gültigen Werten von wesentlicher Bedeutung war. Dazu kam allerdings gleich ein weiteres wichtiges Element: Für die „professions" ist ein bestimmtes systematisiertes Fachwissen, das sich in einer sozial respektierten Kompetenz niederschlägt und in speziellen Qualifikationsprozessen erworben werden muß, konstitutiv. Die Beschäftigung mit den „professions" verwies Parsons dadurch nicht nur auf die Probleme der handlungsorientierenden Werte, sondern ebenso auf die des Wissens, seiner Erarbeitung und Anwendung. Dazu kamen zwei weitere motivierende Momente, die aber weniger am Ausgangspunkt der Arbeit standen als sich in ihrem Verlauf ergaben. Gerade die Beschäftigung mit dem Arztberuf wurde für Parsons zum Anlaß, über die Formen oberflächlich für rational gehaltenen Handelns hinauszublicken und sich angesichts der psychosomatischen Zusammenhänge um eine umfassende Motivationstheorie zu bemühen. Darüber hinaus stieß Parsons in den kollegialen Selbstverwaltungsorganen der „professions" auf ein Organisationsmodell, das weder mit dem Paradigma des Marktes noch dem der Bürokratie vereinbar war. Es ist jenes Modell, das Parsons später „associationalism" nannte und das ihn nicht nur zu einer neuen Durkheim-Rezeption, sondern überhaupt zu einer veränderten Version der Konzeptualisierung gesamtgesellschaftlicher Prozesse führte.

Es ist nun ganz unmöglich, Parsons' Entwicklungsschritte zu einer Systemtheorie und die Theoreme von den Orientierungsalternativen des Handelns (pattern variables) oder den Grundfunktionen jedes Handlungssystems (AGIL-Schema) und die merkwürdige Theorie der Kommunikationsmedien hier nachzuvollziehen. Wichtig im vorliegenden Zusammenhang ist auch nur, aus welchen inneren Gründen Parsons über die Thematisierung einer nicht nur utilitaristischen Rationalität auf den Gebieten der Politik, des Rechts, der Moral und selbst der Wirtschaft hinausgehen mußte zu einer Befassung mit dem, was er in seinem Spätwerk die *kognitive Rationalität* nannte. Die Gründe dafür sind vielfach. Neben die Einsicht in Kompetenz und Qualifikation der Angehörigen der „professions" trat der Gedanke, daß vollständige Professionalisierung geradezu vom Primat kognitiver Rationalität gekennzeichnet sei. Die unvollständige Professionalisierung des Künstlers etwa wird damit begründet [6]. In diesem Fall kommt aber den Berufen im Rahmen der Universität, die die kognitive Rationalität in Reinform darstellen, besondere Bedeutung zu. Des weiteren führte Parsons' Überwindung einer statischen Systemkonzeption und sein Übergang zu evolutionistischen Konzeptionen ihn dazu – ganz analog den alten pragmatistischen Ideen vom Fortschritt der Wissenschaft als Inbegriff des historischen Fortschritts –, sich dem Gegenstandsbereich der Wissenschaft zuzuwenden. Kognitive Rationalität erwies sich dabei als ein selbstwertartiger Boden wissenschaftlichen Arbeitens. Dies wies aber gemäß der Parsonsschen Sozialisationskonzeption auch auf die Fragen einer Institutionalisierung und Internalisierung dieses Wertes hin. Schließlich erweckten die inneruniversitären Entscheidungsvorgänge den Eindruck, ein ideales Anschauungsfeld für Prozesse des Typs kollegialer Assoziation zu sein. Die Struktur der akademischen Berufe, die Bedingungen wissenschaftlichen Fortschritts, Sozialisation zur und Institutionalisierung der kognitiven Rationalität, der Typ autonomer Entscheidungen in der Universität: all dies zeigte – verstärkt noch durch die Bildungsexpansion und sicher auch ein wenig die Studentenrebellion –, daß die Universität selbst ein wesentlicher Gegenstand sozialwissenschaftlicher Forschung sein könne. Die Verbindung der genannten Motive macht auch klar, warum gerade die Soziologie der Universität und nicht eine allgemeine Soziologie der Wissenschaft zu Parsons' Thema wurde. Die Universität nämlich verknüpft in sich verschiedene Funktionen in einer – wie Parsons meint – notwendigen Weise, wobei diese Funktionen keineswegs nur in der Förderung des wissenschaftlichen Fortschritts bestehen.

Die Universität hat – Parsons zufolge – vier Funktionen. Diese ergeben sich aus seinem allgemeinen Schema von den vier Funktionen aller Systeme. Die Funktion der „latent pattern maintenance" betrifft jenen Sektor der Universität, in dem unmittelbar geforscht und durch und für die Forschung ausgebildet wird. Parsons nennt diesen Sektor, der in der Struktur der amerikanischen Universität mit dem Bereich der Graduiertenausbildung zusammenfällt, den *Kernbereich* der Universität. Die Funktion der „adaptation" wird von der allgemeinen Sozialisationswirkung universitärer Ausbildung erfüllt. Parsons denkt dabei stark an die vor-graduierten Phasen. Die Funktion des „goal-attainment" bringt Parsons in Zusammenhang mit der Ausbildung der auf wissenschaftliches Wissen angewiesenen, selbst aber nicht auf künftige Forschung orientierten „professions". Die Funktion der „integration" schließlich wird von der Universität durch ihren Beitrag zu kollektiven Situationsdefinitionen, das heißt zum gesellschaftlichen Selbstverständnis in jeweils aktuellen Problemlagen, erfüllt. Parsons widmet jedem dieser vier Bereiche einen umfangreichen Teil und ergänzt diese um Ausführungen über die laufende und bevorstehende Entwicklungsdynamik der Hochschulen und deren Ursachen.

Einige Grundlinien seiner Argumentation seien kurz dargestellt. Im Kernbereich der Universität, *der forschenden Wissenschaft als solcher,* interessiert er sich besonders für die soziale Struktur dieser Arbeit, das heißt die institutionell ausgeprägten Berufsrollen, die Regeln ihres Umgangs miteinander und ihre Abgrenzung gegenüber anderen Arbeitsverhältnissen. Seine Analyse hat als Ergebnis eine unübertroffene Funktionalität der inneren Struktur der amerikanischen Universität[7]. Dies betrifft nicht nur das System der Departments und ihre Begünstigung universalistischer Standards im Unterschied zu dem der einzelnen Lehrstühle (wogegen sich heute wohl kaum mehr ernsthafter Widerspruch melden wird) oder die „akademische Freiheit", welche allerdings als institutionelles Zugeständnis im langfristigen Nutzen des Trägers universitärer Arbeitsverhältnisse und nicht als selbstverständliche Folge eines Persönlichkeitsrechts aufgefaßt wird. Es gilt vielmehr für das ganze System einer inneren Schichtung der Mitglieder der „akademischen Gemeinschaft", welche Parsons durch eine weite Interpretation des Begriffs „tenure" alle als Angehörige einer spezifischen Körperschaft bestimmt. Die Unterscheidung des amerikanischen Modells in „undergraduates" und „post-graduates" ist ihm nicht nur unproblematisch; sie erweist sich für sein Konzept insofern als fundamental, als die emphatische Befürwortung forschenden Lernens bei ihm lediglich auf die Graduiertenphase bezogen wird. Auch innerhalb der Gruppe der Lehrenden ist die Schichtung in solche mit und solche ohne unbefristete Anstellung für ihn selbstverständliche Folge eines Gefälles der Leistungsniveaus. An sehr vereinzelten Stellen finden sich realistische Bedenken, etwa dort, wo die Diskrepanz zwischen der hohen funktionalen Bedeutung und dem schwachen rechtlichen Status der „teaching assistants" und des „research personnel" erwähnt wird[8]. Dies wird aber nicht bis zu der Frage weiterverfolgt, ob nicht im Zeichen wissenschaftlicher Spezialisierung jenes Kompetenzgefälle, das die Legitimation von Statushierarchien abgibt, in den meisten Bereichen faktischer Arbeit überhaupt fehlt oder ob nicht unter dem Druck der funktionalen Überlastung der Leitungsfunktionen deren Inhaber auf die bloße Wahrnehmung repräsentativer und administrativer Aufgaben beschränkt oder zur Hervorbringung substanzloser Generalisierungen gezwungen werden.

Die *Erziehung zur Rationalität* als Aufgabe der Universität wird von Parsons im Rahmen umfassender Gedankengänge über eine Sozialisationstheorie der Adoleszenz und Postadoleszenz und über psychodynamische Ursprünge der Studentenbewegung behandelt. Seine Überlegungen korrespondieren dabei mit den psychoanalytischen Beiträgen zur Identitätsbildung von Erikson ebenso wie mit den Thesen der kognitivistischen Entwicklungspsychologie. Seine Stellung zu den diese entwicklungspsychologischen Ansätze leitenden Wertvorstellungen ist aber recht zweideutig. Er betont hier die Notwendigkeit einer Wertbindung der Wissenschaft, welche angesichts der desintegrativen Tendenzen kognitiver Neuerungen einerseits und der funktionalen Voraussetzungen wissenschaftlichen Fortschritts andererseits nur durch die Sozialisation zu „intelligence, universalistic standards of evaluation, autonomy, flexibility, and rationally oriented legitimate achievement“ [9] erreichbar sei. Als oberste Entwicklungsstufe ergibt sich dabei die Fähigkeit auch zur Anerkennung eines funktional notwendigen Leistungs- und Autoritätsstatus. Nun hält aber Parsons, wie gezeigt, die gegenwärtige Universitätsstruktur amerikanischer Elite-Universitäten für so funktional, daß die Nichtanerkennung dieser Strukturen als persönliches Defizit erscheinen muß. Die Eingeengtheit einer Erziehung zu solcher Rationalität wird in den Vorstellungen deutlich, die Parsons für eine Verbesserung dieser Erziehung für zweckdienlich hält. Der enge persönliche Kontakt mit dem Lehrer und der Alltagszusammenhang durch gemeinsames Wohnen im Campusbereich scheinen ihm entscheidend für die Identifikationsvorgänge, die die Wertbindung an die Wissenschaft bewirken sollen. Dies ist sowohl soziologisch als auch psychologisch naiv. Soziologisch gehen diese Vorstellungen, wie auch Smelser [10] sieht, an den Möglichkeiten eben jener Massenuniversität vorbei, die doch gerade die Grundlage für Parsons' Behauptung von einer „educational revolution“ ist. Nach Wegen, eine „kommunikative Infrastruktur“ auch an der Massenuniversität zu initiieren, fragt Parsons aber nicht. Psychologisch führt Parsons den Begriff „studentry“ ein, der das Studentenalter von der Adoleszenz und dem Erwachsenenalter abgrenzen soll. Die Umrisse dieser Phase bleiben aber in beiden Richtungen unklar. Seine Theorie der psychischen Vorgänge in diesem Alter erweist sich als bloß analogischer Rückgriff auf die Theorie der Primärsozialisation. Die Insulation der Studenten und ihre Formbarkeit werden dabei völlig überakzentuiert; das mögliche Ergebnis einer autonomen Individualität wird in Parsons' Begriffen nicht wirksam gefaßt. Das forschende Lernen, dem Parsons so hohen Stellenwert für die Erziehung zur Rationalität beimißt, wird von ihm weder auf die Dimension einer

Selbstbestimmung oder Mitbestimmung der Lerninhalte hin erweitert noch auf einen anderen Personenkreis als den graduierter Studenten bezogen.

Die dritte Funktion der Universität nennt Parsons ihre *ideologische Funktion.* Es handelt sich um die Rolle universitärer Intellektueller in jenen Kommunikationsprozessen, die zur Definition gesellschaftlicher Sinn- und Legitimationsprobleme führen. Parsons macht hier wichtige Ausführungen zu den historischen Vorläufern in dieser Funktion und auch zu den Spannungen und Konkurrenzen zwischen universitären und nichtuniversitären Intellektuellen. Insgesamt aber bleibt hier seine Theorie am unschärfsten und wird oft durch die bloße Äußerung seiner eigenen ideologischen Präferenzen ersetzt. Diese Unschärfe liegt sicher nicht nur daran, daß dieser Bereich auch faktisch den schwächsten organisatorischen Rahmen hat; es scheinen Parsons vielmehr auch die Mittel zu fehlen, die Mechanismen herauszuarbeiten, die in den meinungsbildenden Institutionen der Öffentlichkeit zur Selektion und Formierung der Hauptvertreter der ideologischen Funktion führen. Am undeutlichsten bleibt bei Parsons aber, wie sich der in der Universität institutionalisierte Anspruch auf kognitive Rationalität zur Aufgabe einer rationalen Definition der gesellschaftlich-kulturellen Probleme verhält.

Was Parsons bei der Diskussion der vierten Funktion, der *Ausbildung für die „professions“,* besonders beschäftigt, ist die Frage, warum diese Funktion nicht im Zuge allgemeiner Differenzierungs- und Spezialisierungsprozesse aus der Universität hinausverlagert wurde, sondern – umgekehrt – ehemals selbständige Institutionen eine engere Integration in die Universität erfahren, und die Professionalisierung weiterer Tätigkeiten zur beträchtlichen Ausdehnung dieses Funktionsbereichs führte. Parsons bemüht sich vor allem darum, diese Entwicklung in die Leitvorstellungen seiner Evolutionstheorie einzugliedern. Er behandelt ausführlich die einzelnen Zweige der „professions“ und ihre je spezifischen Probleme der Umsetzung von wissenschaftlichem Grundlagenwissen in praxisbezogenes Anwendungswissen und Kompetenz. Auch für das historisch bedingte, institutionell abgesicherte Prestigegefälle zwischen den alten und den neuen „professions“, etwa dem des Arztes beziehungsweise Rechtsanwalts und dem des Pädagogen oder Sozialarbeiters, findet Parsons eine funktionalistische Rechtfertigung: Während die letzteren nur dem „social system“ dienten, seien die ersteren auf die Grundwerte und damit das „cultural system“ bezogen. Dies ist völlig unplausibel [11]. – Schlußstein der akademischen Berufe ist der Beruf des immerwährenden Lernens – und das heißt Forschens – selbst [12]. Nun sei aber gerade dieser Beruf einer dramatischen Professionalisierung unterworfen gewesen: „The institutionalization of research transformed the college teacher from an amateur scholar to a professional researcher; from the scholar who pursued research because of private interest to research and scholarship as an obligated component of the faculty role." [13] Parsons fragt allerdings nicht, ob der Ausbildungsweg zum akademischen Lehrer und Forscher dieser Professionalisierung heute wirklich entspricht oder nicht vielmehr von starken Momenten der Privatisierung der Nachwuchsqualifikation geprägt wird.

Die dargestellte Funktionsanalyse der Universität wird von Parsons eingebettet in Theoreme der Entstehung, Entwicklung und Zukunft der amerikanischen Universitätsstruktur. Was die Entstehung der amerikanischen Universität modernen Typs nach dem Bürgerkrieg betrifft, ist sein zentrales Argument, daß diese nicht aus einem ökonomischen Interesse an der Verwertung von Wissenschaft, sondern aus der kulturellen Identifikation der wohlhabenden Elite Neuenglands mit europäischen Institutionen erwachsen sei. Vorbild dieser Argumentation ist, wie immer wieder durchscheint, Webers Protestantismus-Schrift. Im Unterschied zu Weber legt Parsons aber nur sehr wenige Belege für seine These vor und setzt sich vor allem mit den Phasen eines Funktionswandels in den Wellen des Industrialisierungsprozesses in den USA nicht auseinander. Parsons' Theorie der Universitätsexpansion und Studentenbewegung arbeitet mit großem begriffstechnischem Aufwand an der Übertragung ökonomischer Konzepte von Inflation und Deflation auf diesen Bereich. Dies macht den hilflos, der die Berechtigung der Übernahme geldtheoretischer Ansätze in eine allgemeine Medientheorie bezweifelt [14]. Parsons liefert kaum Begründungen für seine Übertragung jenseits bloß assertorischer Sätze. Schon ein so immanenter Einwand wie der Smelsers, ob nicht neben der Dynamik inflationärer Prozesse eine Dynamik kollektiver Bewegungen herangezogen werden müsse, bringt das Gebäude ins Wanken. Auf die ungenügende Herleitung der Einschätzung der „educational revolution" wurde schon hingewiesen. – So ist der konkrete Rahmen, in dem Parsons seine ja durchaus aufschlußreiche Funktionsanalyse durchführt, sehr problematisch. Er ist aber nötig, um der Universität jene idealisierte Gestalt eines perfekt ausgeformten Treuhänders der Kultur zu geben, von der Parsons spricht.

Parsons beansprucht zwar ausdrücklich nicht, mit seiner Vorgehensweise eine empirische Analyse der amerikanischen Universitäten vorzulegen. Sein Vorgehen sei vielmehr das idealtypische, wobei er zwischen dem deskriptiven und dem präskriptiven Sinn dieses Begriffs schwankt [15]. Parsons nutzt die Einschüchterungswirkung, die von einer funktionalistischen Analyse ausgeht, welche ihren Bezugspunkt in einem angenommenen Sollzustand keiner eigenständigen Begründung unterzieht. Dies führt dazu, daß in einer allem Empirismus überlegenen Weise zwar einerseits funktionale Zusammenhänge verstehbar und durchschaubar werden, andererseits aber das zumindest relative Recht und die soziale Basis kritischer Ansätze nicht rekonstruiert, sondern auf oberflächlichste Weise abgetan werden. So sind etwa die Kritik an Marx' Arbeitswertlehre und an Marcuses Theorem der „repressiven Toleranz“ [16] von Zerrbildern ihres Gegenstands geprägt. Die Universität erscheint in dieser Form wieder einmal als Hort eines gesellschaftlichen Rationalitätsversprechens – nun aber eines auf kognitive Rationalität im engsten Sinne beschränkten. Hochschulpolitisch zielt Parsons darauf, jede Schranke kognitiver Rationalität durch moralisch-politische Bedenken, ästhetisch-expressive Ansprüche und gesellschaftliche Sinnfragen abzuwehren. Es ist die Position jenes aus dem Liberalismus hervorgehenden Neokonservativismus, der nicht Wissenschaft und Technik dämonisiert und eine Eindämmung der Rationalität fordert, sondern – umgekehrt – gerade in seinem Interesse an der Legitimation des Status quo die Abwehr einer öffentlichen Kontrolle über die Entwicklung der Wissenschaft anstrebt. Für diesen Funktionswechsel einst liberaler Argumente muß ein gesellschaftlicher Entwicklungsprozeß verantwortlich sein. Es wird deutlich, daß Parsons' Arbeiten zur Soziologie der Universität einem Übergangsstadium dieser Entwicklung angehören. Sie enthalten den Nachweis der Notwendigkeit von Relevanzkriterien für die Wissenschaft und einer Wertbindung des Wissenschaftlers ebenso wie das Pathos der Abwehr aller fremden Ansprüche an die selbstgesteuerte Entfaltung kognitiver Rationalität. Parsons löst den darin steckenden Widerspruch, indem er zu einer idealisierten, empirisch so nicht existierenden Universitätsstruktur Zuflucht nimmt. Wie aber ließe sich dieser Widerspruch auf andere Weise lösen? Welche Ansätze dazu gibt es bei Parsons, und wie ist über diese hinauszugehen?

Einen Ansatzpunkt für die Beantwortung dieser Fragen kann man durch eine genauere Betrachtung von Parsons' Begriff des „associationalism“ finden. Für ihn stellt das Kollegium mit Recht ein anderes Modell dar, als es in der Form des Marktes – einer nicht kooperativen Form von Arbeitsteilung – oder in der Bürokratie vorliegt. Er legt aber auch großen Wert darauf, dieses Organisationsprinzip von dem der Demokratie abzugrenzen. Im Unterschied zu dieser sei es mit einer inneren Schichtung verträglich und durch eine Treuhänderfunktion gegenüber dem kulturellen System als Schranke der Selbstverwaltung begrenzt [17]. Diese dreifache Abgrenzung macht es Parsons möglich, die Universität gegen kapitalistische („Markt“), staatliche („Bürokratie“) und studentische („Demokratie“) Bestimmungsrechte zu verteidigen. Der Hintergrund der Zurückweisung jedes Anspruchs auf Demokratisierung der Hochschule liegt nun in der Enge von Parsons' Demokratiebegriff. Es wird ganz deutlich, daß er Demokratie auf das Prinzip des Abstimmungsvorgangs und damit der Mehrheitsentscheidung reduziert. Er sieht nicht, daß Mehrheitsentscheidung nichts anderes ist als ein „Ersatz für den zwanglosen Konsensus, der sich am Ende herstellen würde, wenn man nicht stets die Diskussion unter Entscheidungszwang abbrechen müßte“ [18]. Weil ihm der Bezug von „Demokratie“ und „Assoziation“ zu einer fundierenden Dimension gleichberechtigter kommunikativer

Willensbildung fehlt, kann er auch in keinem Typus die Quelle einer Rationalität sehen, welche der kognitiven Rationalität zugrunde liegt. Demokratisierung und Egalitarismus erscheinen ihm vielmehr als evolutionärer Rückschritt hinter notwendig gewordene Differenzierungen. Es ist deshalb vielleicht doch mehr als eine mißverständliche Terminologie, wenn er nicht nur von post-industrieller, sondern auch von post-demokratischer Gesellschaft spricht. Wie aber hätte ein „demokratischer" Rationalitätsbegriff auszusehen?

Parsons kann sich einen solchen Rationalitätsbegriff nur als moralische Einschränkung der Wissenschaftsfreiheit – wie einst in der kirchlichen Kontrolle – oder als ästhetisierende Aufweichung strenger Gültigkeitskriterien vorstellen. An einzelnen Stellen schwebt ihm auch eine ausgewogene Balance des Kognitiven und des Nichtkognitiven als Inbegriff von Rationalität vor. „In short, rationality includes an orientation where cognitive concerns have primacy and orientations where cognitive concerns can be successfully synthesized with non-cognitive components of the value system."[19] Unklar bleibt dabei, ob Parsons den nichtkognitiven Bereichen eine eigene Form von Rationalität zuspricht. Auf dem Gebiet der Moral lehnt er die Möglichkeit einer wissenschaftlichen Ethik im szientistischen Sinn ab, kommt aber in seinem Begriff einer rationalen Ethik[20] nur so weit, von Rationalität im Fall einer Verknüpfung mit teilweise kognitiven Gültigkeitsstandards entsprechenden Glaubenssystemen zu sprechen. Eine eigene Dimension der Rationalisierbarkeit praktischer Fragen wird nicht gedacht. Die Rationalisierung des Nichtrationalen ist ihm nur als kognitive Durchdringung im Sinn wissenschaftlicher Erforschung vorstellbar.

Dieses frühe Ende von Parsons' Reflexionen über den Begriff der Rationalität ist deshalb erstaunlich, weil sich die Voraussetzungen für einen weiterführenden Gedankengang bei ihm durchaus finden. Parsons legt ja nach seinem Frühwerk großen Wert darauf, Rationalität nicht einfach als Charakteristikum des einzelnen Handelnden zu fassen, sondern an das soziale Handeln zu binden. „Competence could be understood merely as the capacity to act rationally. This would put the focus on the concept of rationality at the level of the individual personality. We wish to introduce a further constraint into the conception of rational action: that it should be treated as a category of *social* action rather than as action of the individual." Und er fährt mit der Folgerung, die dies für ihn hat, fort: „Seen in this way, rational action is the effective implementation of the values of cognitive rationality in contexts of social interaction."[21] Und an anderer Stelle wird deutlicher, was Parsons unter seinem sozialen Rationalitätsbegriff versteht. „Rationality is characterized by conformity with cognitive norms and values wherever such conformity is relevant. The individual is conceived to act rationally *in social roles* where expectations are structured in favor of cognitive criteria and where conformity with such expectations will be rewarded." [22]

Die einfachste Kritik an dieser Fassung des Rationalitätsbegriffs ist die, daß Parsons damit einen Zirkelschluß vollzieht beziehungsweise das Problem nur definitorisch verschiebt. Wenn nämlich Rationalität durch die Konformität zu institutionalisierten Rationalitätsstandards definiert werden soll, dann setzt dies voraus, daß diese Standards selbst tatsächlich Rationalität verbürgen. In diesem Fall aber hängt alles an der inneren Begründung dieser Standards. Diese Standards sind aber keineswegs mit der Angabe elementarer logischer Zusammenhänge erschöpft. Sie umfassen darüber hinaus alle jene in der Wissenschaftler-Kommunikation ständig auftauchenden Probleme der Methodenadäquatheit und der Theoriestrategie ebenso wie jene allgemeinen Regeln herrschaftsfreier Kommunikation, die für eine wahrheitsorientierte Kommunikation der Wissenschaftler nötig sind. Eben jene Regeln waren es, die in der Tradition des amerikanischen Pragmatismus seit Peirce als typisch für die Rationalität der Wissenschaft galten. Auch bei Mead ist Rationalität zuvörderst in der Dimension der Willensbildung angesiedelt [23]. Ähnlich wie auf dem Gebiet der Rollen- und Interaktionstheorie Parsons zwar von Mead den Gedanken der Reziprozität von Verhaltenserwartungen übernimmt, aber den für Mead zentralen Zusammenhang zu einem emphatischen Konzept kollektiver Selbstbestimmung durchschneidet, so löst sein Wissenschaftsbegriff die kognitive Rationalität ab von der gerade für den Wissenschaftsfortschritt konstitutiven Rationalität der Willensbildung in der Forschergemeinschaft. Eines der zentralen Anliegen vor allem des Spätwerks von Mead – das falsche objektivistische Selbstverständnis der Wissenschaften zu brechen, um die Rationalitätsfähigkeit der ethischen und ästhetischen Werte bewahren zu können – bleibt völlig unerfaßt. Parsons' Wissenschaftsbegriff fällt überhaupt hinter den des Pragmatismus zurück, insofern er Wissenschaft nur als Kumulation von Erkenntnissen und nicht als systematisiertes Verfahren der Lösung von Handlungsproblemen faßt. Er trägt dementsprechend in seiner ganzen Theorie dem spezifischen Charakter experimenteller Wissenschaft nicht Rechnung. Parsons' Begriff des Kognitiven ist un-pragmatisch gedacht. Damit vergibt er vom Ansatzpunkt seiner Handlungstheorie aus eine der bedeutendsten Errungenschaften gerade der amerikanischen Denktradition. Bei ihm erdrückt die Frage nach der sozialen Integration durch die Internalisierung von Normen die Frage nach der sozialen Formung der kognitiven Orientierungen. Trotz aller Betonung des Weberschen Verstehensbegriffs öffnet Parsons deshalb auch keinerlei methodische Perspektiven für eine subjektiv-sinnverstehende Methodologie [24]. Vom emphatischen Gehalt der Wissenschaft, der Rationalität und der gleichberechtigten Assoziation findet sich bei ihm nur ein schwacher Rest.

Welche Konsequenzen aber hätte eine Erneuerung dieses emphatischen Anspruchs für die Soziologie und die Programmatik der Hochschule? – Hält man sich an Parsons' Systematik, so lassen sich in der gebotenen Kürze immerhin vier Richtungen des Interesses andeuten:

1. Rationalität des wissenschaftlichen Fortschritts erfordert gewiß die Freiheit der Forschung von kommerziellen, bürokratischen und ideologischen Zwängen. Insofern dies keineswegs gesichert ist, kann das Pathos der Autonomie des einzelnen Wissenschaftlers und akademischen Lehrers und der Institution der Universität bedauerlicherweise nicht als antiquiert gelten. Doch ist diese – gewissermaßen defensive – Bestimmung unzureichend. Sie ist zu ergänzen um eine Forderung nach umfassender Demokratisierung der Forschung. Dies kann nicht, wie Parsons und andere unterstellen, im Sinne plebiszitär legitimierter Eingriffe in die Arbeit des einzelnen Forschers verstanden werden. Worum es vielmehr geht, ist, daß die Vergabe von Forschungsmitteln und -stellen zwischen den Disziplinen, Schulen, Individuen und Interessen nicht in einer von öffentlicher Diskussion unkontrollierten Weise geschehen darf. Die daraus abzuleitenden institutionellen Konsequenzen sind vielfältig: von der Politisierung des einzelnen Wissenschaftlers und der Entwicklung umfassender kollegialer Entscheidungsorgane in den Universitäten und Forschungsinstituten über die Demokratisierung der Forschungsförderungsinstitutionen, bis hin zur verstärkten parlamentarisch kontrollierten staatlichen Forschungspolitik, die nicht nur Durchsetzungshilfe privater ökonomischer Interessen ist.
2. Erziehung zur „Rationalität“ darf nicht auf idyllisierte Formen elitärer Sozialisation eingeschränkt werden, sondern ist in die Frage zu transformieren, wie in der Massenuniversität und außerhalb ihrer die soziale Organisation des Lernens die besten Bedingungen für jene autonome Kreativität erzeugt, die eine demokratische Wissenschaft erfordert.
3. Rationalität öffentlicher Situationsdefinitionen kann nicht durch die Mitwirkung einzelner Wissenschaftler an der öffentlichen Kommunikation erreicht werden; oft entsteht aus dieser nur ein gläubiges Verhältnis zu den (angeblichen) Experten oder eine kommerzialisierte Überhöhung einzelner renommierter Wissenschaftler. Sie erfordert vielmehr eine umfassende Rationalität der öffentlichen Diskussion selbst, für welche die Voraussetzungen in einer Entkommerzialisierung des Medienbereichs und der Erhöhung der politischen Partizipationsmöglichkeiten liegen.
4. Gerade am Fall des universitären Forschers läßt sich zeigen, daß Professionalisierung nicht jener lineare Weg zur Sicherung kognitiver Rationalität sein kann, den Parsons vor Augen hat. Die Kluft zwischen dem naturwissenschaftlichen Wissen und dem in die Produktionsprozesse eingelassenen Arbeitswissen sowie der Abgrund zwischen den Sozialwissenschaften und den Perspektiven der Betroffenen ist allen bekannt[25].

Nun scheint es aber eine optimale Distanz zwischen Betroffenheit und systematischer Reflexion zu geben, die weder mit der minimalen noch mit der maximalen identisch ist. Eine relative Autonomie wissenschaftlicher Tätigkeit erforderte deshalb – eben, um relativ zu bleiben – eine immer wieder stattfindende Rückbindung des Wissenschaftlers an die gesellschaftlichen Prozesse, auf die seine Forschung sich bezieht. Man könnte davon sprechen, daß dem Weiterbildungsproblem der von der Universität längst entlassenen, aber periodisch an sie zurückzuholenden Praktiker ein komplementäres Problem der Wissenschaftler entspricht, welche biographisch auf Praxisphasen angewiesen wären. Es ist eine ironische Situation, daß gerade die immer noch unvollständige Professionalisierung der Karriere des Hochschullehrers zum Erwerb einer gewissen Flexibilität und eines – wenn auch geringfügigen – gesellschaftlichen Erfahrungsschatzes führen kann. Diese Abwälzung auf das Risiko der Betroffenen kann aber sicher nicht das letzte Wort sein. Demokratisierung der Wissenschaft würde auf dem Gebiet der Sozialisation des akademischen Nachwuchses neben der Enthierarchisierung der Personalstruktur den Einbau von Elementen und Phasen in die Karriere des Wissenschaftlers erfordern, in denen dieser die Wahrnehmungsgrenzen seiner professionellen Weltsicht durch soziale Praxis überwinden kann [26].

Anmerkungen

1 Die folgenden Darlegungen stützen sich vornehmlich auf das von Parsons zusammen mit Gerald M. Platt verfaßte Buch: The American University. Cambridge, Mass., 1973.
Hinzugezogen wurden außerdem der empirische Projektplan, aus dem Projekt hervorgegangene und die Untersuchung begleitende Veröffentlichungen.
Vgl. Parsons, T., und Platt, G. M.: The American Academic Profession. A Pilot Study. Cambridge, Mass., 1968 (hektographiertes Manuskript); dies.: „Considerations on the American Academic System“. In: Minerva, Bd. 6 (1968), S. 497–523; Parsons, T.: Action Theory and the Human Condition. New York 1978, S. 91–164. Die Veröffentlichung enthält neben einer Einleitung (S. 91–95) Wiederabdrucke der Aufsätze „The Future of the University“ (S. 96–114), „Some Considerations on the Growth of the American System of Higher Education and Research“ (S. 115–132), „The University ‚Bundle‘: A Study of the Balance between Differentiation and Integration“ (S. 133–153), „Stability and Change in the American University“ (S. 154–164).

2 Die meisten mir bekannt gewordenen Besprechungen von „The American University“ sind völlig nichtssagend. Die interessanteste Kritik enthält deshalb das Buch selbst im Beitrag von Smelser, N. J.: „Epilogue: Social-Structural Dimensions of Higher Education“, S. 389–422.
Vgl. außerdem Light Jr., D.: „Introduction: The Structure of the Academic Professions“. In: Sociology of Education, Bd. 47 (1974), S. 2–28, insbesondere S. 4–10.

3 Die wichtigste autobiographische Selbstdarstellung Parsons’ ist ins Deutsche übersetzt: „Die Entstehung der Theorie des sozialen Systems: Ein Bericht zur Person“.

In: Parsons, T., Shils, E., und Lazarsfeld, P. F.: Soziologie – autobiographisch. Stuttgart 1975, S. 1–68.
Doch sind auch mehrere andere Texte des späten Parsons autobiographisch strukturiert und im vorliegenden Zusammenhang von Bedeutung. Vgl. Parsons, T.: „Higher Education as a Theoretical Focus". In: Turk, H., und Simpson, R. L. (Hrsg.): Institutions and Social Exchange. The Sociologies of Talcott Parsons and George C. Homans. Indianapolis 1971; ders.: „Comment on Steven Warner". In: American Journal of Sociology, Bd. 83 (1978), S. 1350–1358 (vgl. unten, Anmerkung 24).

4 Über die Berechtigung von Parsons' früher Weber- und Durkheim-Interpretation gab es in der amerikanischen Soziologie der letzten Jahre ausgedehnte Kontroversen. Vgl. als Beispiel Cohen, J., Hazelrigg, L. E., und Pope, W.: „De-Parsonizing Weber: A Critique of Parsons' Interpretation of Weber's Sociology". In: American Sociological Review, Bd. 40 (1975), S. 229–241.
Nach Abschluß dieses Artikels erschien eine gründliche Interpretation speziell der Entwicklung von Parsons' Rationalitätsbegriff durch Stichweh, R.: „Rationalität bei Parsons". In: Zeitschrift für Soziologie, Bd. 9 (1980), H. 1, S. 54–78.

5 Hier ist natürlich vornehmlich an Werk und Einfluß George Herbert Meads zu denken. Einen interessanten Überblick gibt Hinkle, R. C.: „Antecedents of the Action Orientation in American Sociology before 1935". In: American Sociological Review, Bd. 28 (1963), S. 705–715.

6 Vgl. den Überblicksartikel von Parsons, T.: „Professions". In: Sills, D. L. (Hrsg.): International Encyclopedia of the Social Sciences. New York 1968, S. 536–547.

7 Es ist doch merkwürdig, wie sich die ideale Funktionalität jeweils gegebener, untereinander aber ganz verschiedener Hochschulsysteme bei verschiedenen Entwürfen einer Soziologie der Universität ergibt. So kam etwa Helmuth Plessner 1924 zu einem identischen Ergebnis mit Bezug auf die alte deutsche Ordinarien-Universität. Vgl. Plessner, H.: „Zur Soziologie der modernen Forschung und ihrer Organisation in der deutschen Universität". In: ders.: Diesseits der Utopie. Ausgewählte Beiträge zur Kultursoziologie. Frankfurt a. M. 1974, S. 121–142. Zur Kritik daran siehe Goldschmidt, D.: „Zum Schicksal der deutschen Universität im Ausgang ihrer bürgerlichen Epoche". In: Neue Sammlung, 13. Jg. (1973), H. 1, S. 2–25.

8 Parsons, T., und Platt, G. M.: The American University, a. a. O., S. 335 f.

9 Ebenda, S. 215.

10 Ebenda, S. 414.

11 Es ist hier nicht der Ort, um auf die tiefgreifende Divergenz zwischen verschiedenen Richtungen einer Soziologie der „professions" in den USA ausführlich einzugehen. Während es zweifellos die Gefahr der Parsonsschen Richtung ist, den legitimationsideologischen Charakter von Teilen des Selbstverständnisses der „professions" einfach für bare Münze zu nehmen, ist die umgekehrte Gefahr bei der „Chicagoer Tradition" die, Spezifika der „professions" und den Bezug zur Legitimität des Handelns überhaupt einzubeziehen. Eine wichtige vermittelnde Position nimmt hier Alvin Gouldner ein. Vgl. etwa seine Bemerkungen in „The New Class Project". In: Theory and Society, Bd. 6 (1978), H. 2, S. 153–203, hier S. 201, Anmerkung 31: „The ideological dimension of professional claims needs to be insisted upon; but this should not exclude recognition of the special skill and knowledge base of some occupations. I would thus distinguish between an occupation's skills and knowledge, on the one hand, and its ideologizing *claims* to skill and knowledge, on the other, and the different *functions* each of these performs; I would also distinguish between claims to skill/knowledge and claims to special dedication to the collective welfare and would note that the absence of the latter does not *per force* demonstrate a lack of the former."

12 Etwas realistischer definiert Ben-David die „scientific profession" nicht nur als

Schlußstein, sondern als „gatekeeper of professionalism in general“, insofern sie über die Lizenzierung der anderen „professions“ und als einzige auch über ihre eigene verfügt. Vgl. Ben-David, J.: „Science as a Profession and Scientific Professionalism“. In: Loubser, J., u. a. (Hrsg.): Explorations in General Theory in Social Science. Essays in Honor of Talcott Parsons. Bd. 2, New York 1976, S. 874–888.

13 Parsons, T., und Platt, G. M.: The American University, a. a. O., S. 354.

14 Eine vorzügliche Kritik von Parsons' Medientheorie gibt Jürgen Habermas. Vgl. Habermas, J.: „Handlung und System. Bemerkungen zu Parsons' Medientheorie“. In: Schluchter, W. (Hrsg.): Verhalten, Handeln und System. Talcott Parsons' Beitrag zur Entwicklung der Sozialwissenschaften. Frankfurt a. M. 1980, S. 68–105. Eine rechtfertigende Darlegung von Parsons' Medientheorie legt Stefan Jensen in der Einleitung zu der von ihm herausgegebenen Edition der einschlägigen Aufsätze vor, die soeben erschienen ist: Parsons, T.: Zur Theorie der sozialen Interaktionsmedien. Opladen 1980 (Studienbücher zur Sozialwissenschaft, Bd. 39), Einleitung S. 7–55.

15 Parsons, T., und Platt, G. M.: The American University, a. a. O., S. 158.

16 Ebenda, S. 302; Parsons, T.: Action Theory and the Human Condition, a. a. O., S. 144 ff.

17 Parsons sieht nicht, daß das alte deutsche Modell umfassender kollegialer Selbstverwaltung viel näher kam als das amerikanische.

18 Habermas, J.: „Universität in der Demokratie – Demokratisierung der Universität“. In: ders.: Protestbewegung und Hochschulreform. Frankfurt a. M. 1969, S. 108–133, hier S. 123.

19 Parsons, T., und Platt, G. M.: The American University, a. a. O., S. 88.

20 Ebenda, S. 62.

21 Ebenda, S. 69.

22 Ebenda, S. 80.

23 Vgl. die Mead-Interpretation in Joas, H.: Praktische Intersubjektivität. Die Entwicklung des Werks von George Herbert Mead. Frankfurt a. M. 1980. Als kurzen Überblick vgl. auch meinen Handbuchartikel über Mead in Käsler, D. (Hrsg.): Klassiker des soziologischen Denkens. Bd. 2, München 1978, S. 7–39.

24 Warner, R. S.: „Toward a Redefinition of Action Theory: Paying the Cognitive Element its Due“. In: American Journal of Sociology, Bd. 83 (1978), S. 1317–1349. Warner trennt bei aller grundsätzlichen Berechtigung seiner scharfsinnig vorgetragenen Kritik das Kognitive und das Normative nun aber selbst zu dichotomisch. Er hat auch für die ihm vorschwebende Lösung nur Simmels Ansatz und nicht die amerikanische Tradition vor Parsons aufzubieten.

25 Vgl. neuerdings Böhme, G., und Engelhardt, M. von (Hrsg.): Entfremdete Wissenschaft. Frankfurt a. M. 1979.

26 Es ist vielleicht angebracht, darauf hinzuweisen, daß der vorliegende Text im Rahmen der Vorbereitung eines empirischen Projekts zur Lage des akademischen Nachwuchses entstand.

Vierter Teil

Bedrohung und Bewahrung kultureller Identität

Hellmut Becker

Erziehung und nationale Identität in Israel *

Es scheint zunächst vermessen, daß Ausländer, die mit Bewunderung und Respekt das israelische Bildungswesen beobachtet haben, etwas über nationale Identität und ihre Rolle im israelischen Bildungswesen sagen. Aber man kann schwer das israelische Bildungswesen analysieren, ohne auf diese Frage einzugehen. Ob es um die Schule oder die Universität, um die Armee oder den Kibbuz, um die Jugendalya oder die Erwachsenenbildung geht, die Frage der nationalen Identität begegnet einem überall.

Außerdem kommen wir nach Israel als Ausländer, die ihre eigenen Probleme mit ihrer nationalen Identität haben. Wie steht es für die amerikanische jüngere Generation mit der nationalen Identität nach Vietnam und Watergate? Wie steht es um die englische Identität nach dem Ende des Empire? Wie steht es gar um die nationale Identität der Deutschen, nachdem ihre Geschichte Grund zu tiefer Scham gibt und nachdem Deutschland heute und vielleicht auf immer politisch geteilt ist? Hinzu kommt für die westliche Welt die Auflösung der Einheit von Denken, Glauben und Verhalten durch die Entwicklung der modernen Gesellschaft seit der Aufklärung. Dadurch ist zwar modernes nationalstaatliches Denken möglich geworden, zugleich aber durch das bekannte Problem der Dialektik von Aufklärung die bindende Kraft von Werten in Zweifel gezogen worden. Es ist eine offene Frage, ob es für den modernen Menschen überhaupt bindende Werte gibt, die die Erziehung vermittelt, oder nur Wertangebote, zwischen denen er zu wählen hat. In vielen Ländern stehen wir auf dem Standpunkt, daß Religion, ursprünglich einmal der Kernbestandteil der Erziehung, heute nur dann Bestandteil staatlicher Bildung sein kann, wenn sie als reines Angebot, als eine Möglichkeit erscheint, die dem einzelnen eine Entscheidung öffnet, ihn aber nicht verpflichtet. In allen islamischen Ländern dagegen ist die Religion nicht etwas, was man sich aussucht, sondern worin man steht. Gerade der Gedanke der Religion als Angebot liegt dem islamischen Bildungswesen völlig fern.

Flüchtige Beobachtungen des israelischen Bildungswesens könnten zu der Vorstellung führen, daß in Israel ein kleinerer Teil der Bevölkerung die na-

* Der vorliegende Aufsatz ist eine von mir verfaßte Unterlage für eine von Ludwig Liegle und mir gemeinsam vorbereitete Darstellung „Erziehung in Israel – von außen gesehen", die für ein zweibändiges Buch „Erziehung in Israel" bestimmt ist, das im Frühjahr 1981 bei Klett-Cotta in Stuttgart erscheinen wird.

tionale Identität mit der jüdischen Religion verbindet, die überwiegende Mehrheit aber gerade diese Verbindung ablehnt. Welche Wertvorstellungen verbinden denn diese beiden Teile der Bevölkerung und welche Vorstellungen nationaler Identität? Eine sorgfältigere Betrachtung zeigt dann freilich, daß der Bibelunterricht auf der säkularen Schule, der zugleich Geschichte, Politik, Erdkunde, Sozialkunde vermittelt, ohne die religiöse Tradition nicht gegeben werden könnte, auch wenn er in sich selbst ein nicht religiöser Unterricht ist. Für das Judentum bilden Religion und Nation eine Einheit, unabhängig von der Tatsache, in welchem Grade der einzelne gläubig ist. So gibt es in Israel auch keine weltliche Eheschließung. Für manchen christlichen Beobachter ist eine Religion, die vom Glauben des einzelnen unabhängig ist, oft schwer zu verstehen.

Ist die Frage nach nationaler Identität eigentlich überhaupt noch eine angemessene Frage? Viele Deutsche, aber auch andere Europäer und manche Amerikaner, würden heute ohne weiteres sagen, daß sie es für zweifelhaft halten, ob sie überhaupt eine nationale Identität besitzen, daß sie dem, was man nationale Identität nennen könnte, eher ablehnend oder gar verzweifelt gegenüberstehen. Gerade die deutsche Geschichte kennt neben dem nationalistischen Exzeß die geistige und politische Tradition des Weltbürgertums. Solange Israel unter der ständigen Drohung der Zerstörung lebt, entsteht die nationale Identität sozusagen von selbst. Sollte dieser Druck einem – wie auch immer gearteten – Frieden weichen, wird sich die Frage der nationalen Identität neu stellen. Für den Deutschen nach Hitler stellt sich die Frage nach dem Verhältnis seiner nationalen und seiner internationalen Identität. Aus ganz anderen Gründen kann sich eine ähnliche Frage auch für Juden stellen.

Das Bewußtsein nationaler Identität vermittelt den jungen Israelis neben der politischen Bildung in den Schulen vor allem die Armee. Der ständige nationale Existenzkampf macht die Besinnung auf nationale Identität zum notwendigen Bestandteil militärischer Ausbildung. In diesem Zusammenhang darf auch die große soziale Leistung der Armee beim Ausfüllen von Lücken der schulischen Bildung nicht unterschätzt werden. Der Europäer ist geneigt, jüdische Identität in den letzten hundert Jahren mit den Namen Marx, Freud, Einstein und Kafka zu verbinden. Die Einstein-Feiern des Jahres 1979 haben gezeigt, eine wie vielfältige Resonanz Einstein als menschliche Gestalt und als wissenschaftlicher Wegbereiter im heutigen Israel findet. Für die drei anderen Genannten läßt sich das nicht in diesem Maße sagen. Sozialistische Haltung in Israel ist pragmatisch und nicht mit Theorieauseinandersetzungen verbunden. Die Psychoanalyse spielt eine viel geringere Rolle als in Amerika oder Deutschland oder selbst in Frankreich. Und die tägliche Selbstverteidigung des Landes macht es schwierig, sich mit der Wehrlosigkeit des Lebens am Abgrund bei der Person Kafkas und in seinen Werken zu identifizieren. Vielleicht spielt auch eine Rolle, daß alle vier trotz der Verehrung, die sie in Amerika genießen, europäische Figuren sind und Israel ein im Orient liegender Staat. Ein auch bei Marx zu findender Grundgedanke bestimmt allerdings das Bewußtsein der nationalen Identität im israelischen Bildungswesen in hohem Maße: die Vorstellung, daß richtig gedachte Utopien auch realisierbar sind. Ein wesentliches Element der israelischen nationalen Identität ist die Erfahrung des Holocaust, die in Schule und Armee, aber auch in der nationalen Gedenkstätte Yad Vashem vermittelt wird. Der Holocaust bildet den ständigen Beweis, daß das Judentum ohne eigenen Staat vom Untergang bedroht ist. Die ältere Generation der jüdischen Bürger Israels ist in ihrem nationalen Empfinden durch den Holocaust geprägt, der jüngeren wird er erst durch Bildung lebendige Grundlage ihrer nationalen Identität.

Die israelische nationale Identität steht unter einer doppelten Fragestellung:

- nach der gleichzeitigen Identität als Jude, das heißt als Mitglied des in allen Teilen der Welt lebenden jüdischen Volkes (Diaspora), und als Israeli, das heißt als Bürger des Staates Israel, und
- nach dem Zusammenleben mit den Arabern in demselben Staat.

Hinzu kommt die Schwierigkeit, daß nationale Identität in Israel nicht dasselbe bedeutet wie in irgendeinem Staat – ein spezifisches Nationalgefühl neben vielen anderen; vielmehr meint es Identität in einem Staat, der sich selbst als eine besondere Aussage gegenüber der Menschheit als Ganzes versteht, als ein Beitrag zur Zivilisation der Welt von paradigmatischer Bedeutung. Gerade deshalb ist es nötig, die Frage nach der nationalen Identität aufzuwerfen, wenn man eine Vorstellung von der Erziehung in Israel gewinnen will.

Die Frage nach der Identität enthält die Frage nach der Geschichte. Die jüdische Geschichte ist nicht nur eine Geschichte von Vertreibungen, Vernichtungen, Hoffnungen und neuen Aufbrüchen, sie ist auch eine Geschichte von politischen Entscheidungen, die ihre eigene Ambivalenz haben: die Aufklärung und die Emanzipation der Juden; der Schritt in die Assimilation hat vielfältigen kulturellen Reichtum über die Welt gebracht. Er hat auch bedeutende kulturelle Realisierungen den Juden gebracht, und trotzdem erscheint er unter dem Gesichtspunkt der Geschichte, der Vertreibung und der Vernichtung der Juden als falscher Weg. Für den Europäer verbinden sich trotzdem mit der Assimilation große geistige Ereignisse seiner eigenen Geschichte. Das Verströmen des jüdischen Volkes in der Assimilation und in ihren großen kulturellen Leistungen, der Wiedersammlung im Zionismus in der Gründung des Staates Israel und das neue Bewußtsein der jüdischen Diaspora, die weiß, was Israel ist, und für Israel lebt, obwohl sie nicht dorthin geht, das alles sind Faktoren, die zur jüdischen nationalen Identität gehören. Das Beispiel Israel steht in der Frage der Werte, der Frage der nationalen Identität und der Umstrittenheit der Stellung der Religion für diese nationale Identität wie ein Paradigma für die ganze Welt, die diese Probleme nicht löst, aber vielleicht ihrer Lösung näherkommen kann, wenn sie die Konzentration dieser Fragestellung auf kleinem Raum in Israel beobachtet.

Das großartigste Beispiel der Wiedergewinnung nationaler Identität in Israel ist die Belebung und Weiterentwicklung des Hebräischen als nationaler Sprache. Wenige Menschen hätten das für möglich gehalten, wenn man es ihnen als theoretische Frage vorgelegt hätte. Zur hebräischen Sprache treten Religion und Geschichte als konstitutive Elemente nationaler Identität hinzu, aber auch die Situation der offenen Festung, die dieser Staat inmitten einer seit seiner Gründung feindlichen Umwelt annehmen mußte.

Die Zehn Gebote und die Erziehung zur Toleranz gegen andere sind die Basis der ethischen Erziehung in Israel. Die Ideale von Freiheit und Sozialismus erscheinen dabei nicht als Alternativen, sondern sie stehen bereits in der zionistischen Tradition in einer ganz besonderen Verbindung: Weder die Freiheit westlicher Prägung allein, wie sie Amerika groß gemacht hat, noch der Sozialismus der kommunistischen Staaten sind die Ideale dieses Landes, sondern Freiheit und Sozialismus – nicht als gegensätzlich, sondern als voneinander abhängig empfunden – sind grundsätzliche Wertentscheidungen, die hinter diesem Staat stehen.

Der Umfang, in dem in diesem Staat ständig um den Wahrheitsgehalt dieser Werte gerungen wird, ist das, was für den Ausländer an Israel besonders aufregend ist. Die Dialektik, das Spannungsverhältnis, das innerhalb der Wertvorstellungen jüdische Religion, Aufklärung und Zionismus geschaffen haben, die Art und Weise, wie sie ständig in Zweifel gestellt und doch auf sich genommen und gelebt werden: eben das können die Menschen, die ihren eigenen Wertvorstellungen immer resignierter gegenüberstehen, von Israel lernen. Mein Eindruck ist, daß die israelische Erziehung die Wertfrage sieht, sie sich immer wieder stellt und bereit ist, die Komplexität des Wertproblems in unserer Zeit auf sich zu nehmen. Es ist eine ganz andere und für das Überleben von Israel entscheidende Frage, ob es gelingt, eine derartige Orientierung an doch wohl universalistischen Werten auch im Alltag des öffentlichen Handelns in Staat und Gesellschaft zur Geltung zu bringen.

In diesem Zusammenhang muß auf die Araberfrage hingewiesen werden. Die Frage, ob ein jüdischer Staat fähig ist, eine große Gruppe eines anderen Volkes als Mitbürger voll zu akzeptieren und ihr eine eigene und doch gleiche Stellung zu geben – diese Frage gehört mit zu den Problemen nationaler Identität. Die ständigen Kämpfe mit den Arabern außerhalb Israels haben dieses Problem nur verschoben. Es wird sich verstärkt stellen, wenn es eine Situation echten Friedens gibt. Gerade dann wird die Stellung der israelischen Araber zum Maßstab für die Fähigkeit zu einer nationalen Identität, die sich anderen Nationen nicht verschließt. Die jüdische nationale Identität hat nichts zu tun mit den Identitätsvorstellungen der europäischen Nationalstaaten des 19. Jahrhunderts. Sie hat auch nichts zu tun mit dem Neonationalismus der Entwicklungsländer, die den Weg aus dem Kolonialismus nur über einen neuen Nationalismus finden konnten, sie hat nichts zu tun mit den erneuerten Vorstellungen islamischer Gottesstaatlichkeit, wie sie von einzelnen islamischen Ländern gepflegt werden. Sie hat mehr zu tun mit dem, was Shmuel Eisenstadt „the tolerance of ambiguity" genannt hat. Ich könnte mir vorstellen, daß diese Ambiguitätstoleranz das israelische Bildungswesen in Zukunft mehr und mehr durchdringen wird und es damit auch in die Lage versetzt, die Aufgaben zu lösen, die im Frieden auf Israel zukommen werden. Dies setzt freilich voraus, daß die derzeit zu beobachtenden Polarisierungen im Verhältnis zwischen verschiedenen ethnischen, religiösen und politischen Gruppen in der Gesellschaft sowie die Versuche staatlicher Instanzen, in der Frage der Erziehung zu „jüdischen Werten" ein monopolartiges Interpretationsrecht zu beanspruchen, abgebaut werden können.

Die Juden haben sich als das auserwählte Volk verstanden, aber nicht im Sinne einer nationalen Arroganz, wie sie sich in der Formel aus dem Wilhelminischen Zeitalter in Deutschland äußerte: „Am deutschen Wesen soll die Welt genesen." Im Gegenteil, die Juden fühlten sich in besonderer Weise für die Welt als Ganzes verantwortlich; sie empfanden sich als eine Weltnation. Das Verstreutsein über die ganze Welt hat den Gedanken einer weltweiten Wirkung des Judentums notwendig verstärkt. Die Diasporasituation bis zum Kommen des Messias wurde nicht nur als schweres Schicksal, sondern auch als Aufgabe empfunden. Jüdische Denker haben jüdische Existenz in der Welt immer wieder mit der Wirkung des Salzes oder des Sauerteiges verglichen. Der in gewissem Sinne entgegen diesen Vorstellungen gegründete Staat Israel lebt nicht allein, sondern in enger Verbindung mit der Mehrheit der Juden, die außerhalb dieses Staates über die ganze Welt verstreut sind. Israel ist schon durch seine Verbindung mit den Juden in der ganzen Welt ein Staat einmaliger, eigener und besonderer Art.

Die Juden handeln im Staate Israel in dem Bewußtsein, mit ihren nationalen Werten auch universale Werte zu realisieren; sie haben andererseits ein problematisches Verhältnis zu den Organisationsformen des Universalen, wie sie sich in den Vereinten Nationen, in der UNESCO und den anderen internationalen Organisationen herausgebildet haben und die natürlich ihre Schwächen aller Art haben. Den Israelis fällt es schwer, diese Organisationen so anzuerkennen, wie es der internationalen Aufgabe Israels entsprechen würde. Wer selbst auf das Universale bezogen denkt, hat besondere Schwierigkeiten, sich mit den universalen Organisationsformen in all ihrer Enge und ihren komplexen Auseinandersetzungsprozessen abzufinden. Es ist offenbar einfacher, das Universale zu verkünden und darzustellen, als es im eigenen Kampf und Kompromiß zu realisieren. Diese Situation macht bisher auch den Austausch über die bildungspolitischen Probleme Israels schwierig.

Ich bin nach Israel gekommen, weil ich als Deutscher ein Stück deutscher Vergangenheit in Israel wiederfinden wollte, aber zugleich, weil ich die Verbindung von Entwicklungsland und modernem Industriestaat, von vieltausendjähriger Geschichte und moderner Planung in ihren bildungspolitischen Folgen kennenlernen wollte. Ich bin mit großer Offenheit aufgenommen worden; in keiner Diskussion, in keinem Gespräch hat man den Versuch gemacht, etwas vor mir zu verbergen. Ich habe die Kibbuzim kennengelernt wie die Ausbildungsstätten der Armee, die Universitäten wie die Kindergärten und Schulen, die Internate wie die Stätten der Erwachsenenbildung. Ich habe viele Diskussionen mit Erziehern und Politikern führen können – nirgends ist mir eine simple Verteidigung dessen, was in Israel geschieht, entgegengetreten, sondern man hat mich sehr offen in die Auseinandersetzungen im Lande selbst einbezogen. Die Freiheit und Intensität der pädagogischen Diskussion, die Offenheit der Kritik am Bestehenden und die Bereitschaft zum Entwurf von Neuem sind mir überall begegnet.

Es hängt gerade mit der nationalen Identität Israels zusammen, daß die Kulturen so unterschiedlicher Herkunft nicht ohne weiteres integriert werden können und daß sich europäische und orientalische Einflüsse häufig noch unversöhnt gegenüberstehen, daß aber auch die selektive europäische Schultradition und die große jüdische Tradition des Lernens um seiner selbst willen noch als harter Widerspruch nebeneinander existieren. Je länger man in Israel reist, je länger man in Israel Schulen und Universitäten besucht, um so öfter begegnen einem im Spiegel Israels die Probleme, die einem von zu Hause vertraut sind. Das geht auch Amerikanern und Engländern so, aber es begegnet dem Deutschen auf eine besondere Weise, auf eine ihn besonders bewegende Weise: In Israel ist eine Utopie realisiert worden. Und am Anfang stand Theodor Herzls unvergessener Satz: „Wenn Ihr wollt, ist es kein Märchen."

Eva G. Reichmann

Zwei Mittelpunkte
Juden in Israel – Juden in der Diaspora

„Es ist nichts Unnatürliches darin, seine Bahn mit zwei Mittelpunkten zu laufen; einige Kometen tun es und die Planeten alle.“ Der diesen Aphorismus prägte, der Dichter und Essayist Moritz Heimann, lief zeit seines Lebens seine Bahn mit zwei Mittelpunkten, um Deutschtum und Judentum. Er wurzelte tief in der jüdischen Tradition, der er entstammte; aber er war auch ein schöpferischer deutscher Schriftsteller und als Lektor des Verlags S. Fischer Entdecker und Förderer vieler deutscher Autoren. An erster Stelle unter diesen stand sein Schwager Gerhart Hauptmann, als dessen „weisesten Berater“ ihn Stefan Grossmann in einem Nachruf bezeichnete [1]. Es war kein Zufall, daß eine Lebensform, in der Generationen deutscher Juden das Geheimnis ihrer zwiefachen Zugehörigkeit gedeutet fanden, in einem Aphorismus Moritz Heimanns bezeichnet wurde. Moritz Heimann war ein Meister des Aphorismus. „Der aphoristische Einfall, immer ersten und letzten Dingen gehörig, ist sein Eigentliches“, schrieb sein Freund Oskar Loerke über ihn [2]. Und daß in diesem Falle der Aphorismus seinem eigenen „Ersten und Letzten“, dem schöpferischen Zusammenklang von Deutschtum und Judentum galt, wird nicht zuletzt dadurch deutlich, daß sein letzter Beitrag zur Zeitschrift des S. Fischer Verlages, „Neue Rundschau“, dem Erforscher der jüdischen Legendenwelt, Micha bin Gorion, gewidmet war, daß ihn aber das Schicksal der Deutschen, seines „eigenen Volkes“ [3], unablässig beschäftigte. In einem früheren Brief an S. Fischer vom 3. Januar 1922 hatte er diesem seinen Plan enthüllt, „ein Büchlein politisch, philosophisch, historischen Charakters“ zu schreiben, in dem er sagen wollte: „So ist es, so wird es. Wenn Sie wollen: mein Testament an die Deutschen. Vor Frühjahr wird es fertig ...“ [4]

Es wurde nicht fertig. Krankheit und allzu früher Tod versagten dem Vorhaben die Erfüllung. Es blieb der Aphorismus, und es blieb das Leben, das um zwei Mittelpunkte gekreist hatte, wie das Leben deutscher Juden seit ihrem Eintritt in die westliche, vor allem in die deutsche Kultur bis zu ihrer Vernichtung im Zeichen des Nationalsozialismus.

Das große kulturhistorische Ereignis der Begegnung deutschen und jüdischen Geistes ist vorüber. In einer dunklen Nacht des Grauens wurde sein Licht und Kraft ausstrahlendes Dasein vernichtet. Das Judentum wurde auf sich selbst zurückgeworfen – nicht nur am Schauplatz der Zerstörung selbst, sondern wo immer Juden in der Welt lebten in fruchtbarem Austausch mit ihrer nichtjüdischen Umwelt. Was in Deutschland hatte geschehen können, so fühlte man in tiefem Erschrecken, könne sich überall wiederholen. Ein großes Vertrauen in menschliche Erfüllung ging unter, als es sich in Deutschland, diesem Lande hoher Bestätigung und höherer Versprechung, als tragische Täuschung erwiesen hatte.

Nahezu gleichzeitig entstand aus Jahrtausenden jüdischer Hoffnung, aus jüdischer Not und jüdischer Zuversicht der jüdische Staat im Mittleren Osten: Israel. Daß die Gleichzeitigkeit kein Zufall war, ist uns Zeitgenossen hinreichend bekannt. Was die zionistischen Träume vor der Katastrophe nicht vermocht hatten, daß jüdische Menschen sich in großer Zahl aus der Umwelt lösten und eine eigenstaatliche Existenz zu bauen sich anschicken würden, das bewirkte folgerichtig die Katastrophe. Bei solchem Ursprung aus Entsetzen und Leid konnte es nicht ausbleiben, daß der Judenstaat sich mit großer Entschiedenheit von der Vergangenheit abwandte, von ihrer Realität sowohl wie von ihren ideellen Grundlagen; er forderte für sich das Monopol jüdischer Existenzberechtigung. „Es wird Israel geben, oder es wird kein jüdisches Volk mehr geben", ist auch heute noch das Ergebnis einer mit Ernst und Wahrhaftigkeit vorgenommenen Selbstanalyse des Philosophen Michael Landmann, der aus der völlig unjüdischen Atmosphäre seines Elternhauses zu einer uneingeschränkten Bejahung des Judentums zurückkehrte[5]. Seine Stellung zu Israel entspringt der Einsicht in die Polarität zwischen Diaspora und dem alt-neuen Lande. Professor Landmann ist ein enthusiastischer Bejaher der historischen Funktion der Diasporaexistenz. Das Judentum verdanke ihr „nicht nur sukzessive große geistige Leistungen, sondern seinen Fortbestand bis heute. Griechen und Römer, die seßhaften, gingen unter, das Diasporavolk der Juden bewahrte seine Identität." [6] Aber diese Funktion, so meint Professor Landmann weiter, habe sich erschöpft. Aus sich selbst heraus sei die Diaspora kaum noch erneuerungsfähig. Sie löse sich heute auf.

Diese Stimme kommt – wohlgemerkt – aus Berlin, wo Professor Landmann an der Freien Universität lehrt. Im Staate Israel ist man in den dreißig Jahren seines Bestehens vorsichtiger geworden. Der Anspruch auf die Ausschließlichkeit seiner jüdischen Legitimität besteht in weiten Kreisen fort; aber es ist eine neue Bewußtheit der Diaspora gegenüber erwacht. Das entscheidend Neue an ihr ist, daß man sie nicht mehr als ein schlechthin zu Überwindendes ansieht, auch nicht als eine bittere Notwendigkeit, auf die man aus materiellen Gründen nicht verzichten kann, sondern als eine jüdische Daseinsform, der gleichfalls eine ihr eigentümliche jüdische Legitimität innewohnt. Als ein Symbol dieser Neubesinnung mag die Gründung eines „Museums der jüdischen Diaspora" in Tel-Aviv erwähnt sein, das nach seiner eigenen Aussage dazu bestimmt ist, „zum ersten Mal das Geheimnis zu enthüllen, wie es dem jüdischen Volke möglich war, seine Identität, seinen Glauben und seine Kultur zu bewahren, nachdem es von seinen Wurzeln losgerissen und über die vier Ecken der Erde zerstreut worden war. Die Prüfungen und Triumphe einer sich endlos wandelnden Existenz" würden „in ihm in glühenden Farben zum Leben erweckt", kündet sein Programm [7].

Ein in Amerika erschienenes Buch von Hillel Halkin [8] sagt von sich selbst aus, daß es „die letzte Frage des jüdischen Schicksals" [9] anrührt. Es ist die Frage „Israel oder Diaspora?" Für den Verfasser selbst freilich scheint die Frage beantwortet zu sein. Er ist aus Amerika nach Israel eingewandert, und seine Überzeugung, daß Israel allein die Zukunft jüdischen Lebens verbürgt, widersteht allen auch ihm wieder und wieder begegnenden Anfechtungen. Bemerkenswert ist, daß er trotzdem in eine Polemik mit einem – wahrscheinlich imaginären – amerikanisch-jüdischen Freund einzutreten für notwendig hält, der nach einem zweiten Besuch Israels nach Amerika zurückgekehrt ist und dort zu bleiben gedenkt. Trotz seines – demjenigen Halkins nicht an Stärke nachstehenden – jüdischen Bewußtseins hält der Freund jüdisches Leben in der Diaspora nicht nur für möglich, sondern für jüdisch sinnvoll.

Hillel Halkins Urteil über die Diaspora gleicht dem von Professor Landmann: Sie sei zum Tode verurteilt. Der Säkularisierungsprozeß, die zunehmende Irreligiosität, die Schwächung der ethnischen Substanz durch Mischheirat und andere Erscheinungen sprächen ihre unmißverständliche Sprache. Daß die jüdische Existenz niemals gesichert gewesen ist, weder in der Ära der antiken Staatlichkeit noch während der Jahrtausende der Zerstreuung, daß gerade die ständige Gefährdung Abwehrkräfte erzeugt hat, denen wahrscheinlich das Wunder der jüdischen Erhaltung zuzuschreiben ist – eines der zahlreichen Paradoxe der jüdischen Geschichte –, derartige Reflexionen sind für Halkin nicht entscheidend. „Wenn jüdisches Leben überhaupt noch eine Zukunftschance hat, dann nur in Israel." [10] Die „letzte Frage jüdischen Schicksals", die dieser Briefwechsel anrührt [11], ist also nicht weniger als die Frage des jüdischen Überlebens. Es geht um Sein oder Nichtsein des Judentums.

Hillel, der Israeli, entstammt einer jüdisch-orthodoxen Familie in Amerika. Er kam nach Israel nach dem Sechstagekrieg. Wie zu erwarten, konnte seine religiöse Erziehung dem israelischen Säkularismus nicht standhalten. Er sagte sich von jeder Spur religiösen Dogmas los und ersetzte es durch das, was er etwas vage „Jüdischkeit" nennt und was, wie er fühlt, jeden Zug des israelischen Lebens bestimme. In ihm habe sie ihre letzte und bleibende Zuflucht gefunden. Dem amerikanischen Freund ist „Jüdischkeit" nicht genug. Zwar entspringt auch sein jüdisches Bewußtsein nicht in erster Linie der Religion; aber er ist doch unablässig auf der Suche nach religiöser

Erneuerung durch neue religiöse Erfahrungen. Vor allem aber gründet sich sein Glaube an die notwendige Erhaltung der Diaspora auf die Überzeugung, daß dem Judentum eine unersetzliche Rolle im Wechselspiel der Welt zugeschrieben sei. Ziehe man sich aus dieser Welt in einen säkularen Nationalstaat zurück, so setze man den außerordentlichen Errungenschaften der jüdisch-christlichen Begegnungen in Vergangenheit, Gegenwart und Zukunft für immer ein Ende.

Dem israelischen Hillel Halkin bedeuten diese Errungenschaften wenig. Ihm sind sie im Gegenteil Zeichen der Untreue am Judentum, Gaben an die Umwelt, die einer Verschwendung an sie gleichen. Zwar spricht auch er von den „erstaunlichen intellektuellen Ergebnissen", die aus der modernen Diaspora hervorgingen [12], zwar versteigt er sich so weit, sie als eine „intellektuelle Explosion" zu bezeichnen [13], wie sie die Welt bisher noch kaum erlebt habe und kaum wieder erleben werde. Und nachdem er in solcher Weise ins Schwärmen geraten ist, orakelt er weiter, daß diese einzigartige „Explosion . . . nicht nur auf unserm eigenen Planeten keine Parallele aufweist, sondern daß, selbst wenn es andere Welten im Universum gäbe, in denen denkende Geschöpfe wie wir selbst leben sollten, ihresgleichen nicht noch einmal stattfinden werde" [14]. Doch sogar diese irrealen Übertreibungen – vielleicht Anzeichen einer aus dem Unbewußten aufsteigenden Ambivalenz – verwirft Hillel als jeder jüdischen Bedeutung ermangelnd. „Es ist gesagt worden", hält er seinem Freund entgegen, „daß Marx, Freud und Einstein in ihren Werken erkennbare jüdische Denkweisen zum Ausdruck bringen." „Wo ist das Gute, das sie uns damit gebracht haben?" fragt er; „die Werke von Marx, Freud und Einstein haben zu unserm jüdischen Bewußtsein nichts beigetragen." [15]

Dies also ist Hillels Kriterium. Er hat der Universalität des Geistes den Rücken gekehrt. Er ist ein israelischer Partikularist geworden, ein Nationalist, dem der Fortschritt menschlicher Weisheit gleichgültig ist, wenn er nicht „mehr Juden hervorbringt". In Nichtachtung oder bedenklicher Vergessenheit des über die „intellektuelle Explosion" Gesagten nennt er es „närrisch", zu rühmen, was jüdischer Geist der Welt gegeben hat, denn „historisch gesehen", sei es ein ‚brain drain' höchsten Ausmaßes gewesen [16].

Dem amerikanischen Freund bedeutet diese Haltung Ketzerei. Nicht Ketzerei in einem allgemeinen Sinne, sondern eine spezifisch jüdische Ketzerei. Nach seiner Überzeugung sind die Gaben des jüdischen Geistes an die Umwelt Zeugnisse einer jüdischen Mission, Zeugnisse einer opfervollen Größe, einer bürdereichen Verstrickung und Erhabenheit. Er rühmt das Eintreten der Juden für soziale Ethik und Gerechtigkeit, eine Forderung, die die Bibel, die Weisungen der Propheten und der rabbinischen Literatur durchdringe und die die Juden nach ihrer Befreiung aus dem Getto in der großen Welt aufrechterhalten und ausgeübt haben. Niemals, so fühlt er, dürfe man diese dem jüdischen Volke auferlegte ethische Last einzutauschen unternehmen für die Gleichgültigkeit einer „normalen“ Existenz. Freund Hillel würde nicht zögern, den Tausch einzugehen. Ohne jedes Bedauern wünscht er, daß Israel so bald wie möglich „ein Volk wie alle Völker“ werde. „Unser ganzes Unglück heute ist, daß wir es nicht schon sind.“ [17] Auf den Einwand des Freundes, daß die amerikanischen Juden sich für ethische Verpflichtungen aufgeschlossener zeigen als die Israelis, erwidert er: „Vielleicht sind sie aus diesem Grunde bessere Menschen, aber sie sind deshalb kaum authentischere Juden. Im Gegenteil: Je mehr sie darauf bestehen, diese Verpflichtungen fälschlich für eine echte Bekundung ihres Judeseins zu halten, um so mehr befinden sie sich auf der Flucht aus ihrem Judesein ... Denn was Dir der ethische Vorzug des Lebens in der Diaspora erscheint, ihr Rand-Dasein und ihr Mangel an souveräner Macht, der die Juden empfindsamer mache für die Leiden anderer und sie vor der Sünde rette, sie zu mißhandeln, erscheint mir als das genaue Gegenteil: Wo die Möglichkeit zur Sünde nicht besteht, ist Unschuld keine Tugend ... Alles, was Du von der jüdischen Besessenheit mit Gerechtigkeit sagst (und Du hast recht darin, daß kein Volk in der Neuzeit so darin geschwelgt hat wie wir Juden), ist nichts anderes als heuchlerisches Gerede, solange Du es ablehnst, sie in unserm eigenen Staat auf die Probe zu stellen.“ [18]

„Ein Volk wie alle Völker! Das also soll die Zukunft sein, die uns erwartet?“ ruft der Freund in widerwilliger Abwehr aus. „Soll das das Ende der Jahrtausende jüdischer Geschichte sein? Ist es das, wofür wir uns geopfert haben, gelitten haben, gestorben sind? Ein anderes Albanien oder Finnland, ein anderes kleines unbedeutendes Land, von denen die Welt schon übergenug hat?“ [19]

Es bildet den Reiz der tapferen, leidenschaftlichen Diskussion zwischen den zwei Freunden, daß beide Partner dem eigenen Standpunkt gegenüber ein beträchtliches Maß an Skepsis bewahren. Auch der Israeli ist sich der Schwächen, der politischen sowohl wie der kulturellen, der neuen Heimat in leidvoller Aufrichtigkeit bewußt. Und immer wieder bricht trotz seiner gefühlsgeladenen Kritik an der Diaspora seine Bewunderung für sie durch. Daß das intellektuelle Leben in Israel viel zu wünschen übriglasse, führt er ohne Scheu darauf zurück, daß Israel „in der kleinen Ecke Asiens von der geistigen Anregung abgeschnitten ist, an die die Juden in ihren Beziehungen zu den Nichtjuden gewöhnt waren und ohne die sie in ihrer Geschichte niemals etwas von reinem intellektuellem Wert geschaffen haben würden“ [20]. Ja, er geht so weit, die geistige Abhängigkeit Israels von der Diaspora nicht nur für die Vergangenheit, sondern auch für die Gegenwart zu bejahen. Zwar bleibt er dabei, daß die Diaspora-Judenheit keine Zukunft habe; aber er gibt zu, daß „Israel unaufhörlich werde kämpfen müssen, sich am Leben zu erhalten, und daß es dazu ständig aller neuen Kräfte bedürfen würde, die die Diaspora ihm zuteil werden lassen kann"[21]. Manchmal nimmt seine Kritik an Israel Formen an, die einer Absage nahekommen. „Ist vielleicht das Ziel des Zionismus, das jüdische Leben zu normalisieren, so vollkommen erreicht worden, daß praktisch nichts Jüdisches davon mehr übriggeblieben ist? Ist vielleicht das jüdische Volk dazu verurteilt, in seinem eigenen Staat ebenso zu verschwinden wie in der Diaspora?" fragt er beängstigt. „Welch ungeheuerliche Ironie! Der Zionismus unternimmt in der letzten Minute der modernen Zeit den Versuch, das jüdische Leben vor dem Untergang zu retten, und endet als der Todeskuß. Es könnte so kommen", fährt er fort, „aber es muß nicht so kommen."[22] Neben Zeichen tödlicher Bedrohung sieht er Zeichen neuen Anfangs, neuer Hoffnung. Doch derart ist seine intellektuelle Integrität, daß jeder neue Einwand des Freundes ihn in neue Zweifel versetzt. „Es gibt Tage", schreibt er, „wie der, an dem ich Deinen letzten Brief erhielt, wenn die einfachsten Dinge in diesem Land genügen, um mich in schwärzeste Verzweiflung zu stürzen. Diese Grobheit, diese Geschmacklosigkeit, diese Roheit der Manieren! Es ist einfach nicht wahr", eifert er weiter, „daß die jüdisch-traditionelle Kultur in diesem Lande durch eine neue israelische Kultur ersetzt worden ist. Sie ist ersetzt worden durch den Mangel an jeglicher Kultur."[23]

Und doch – Kultur oder Unkultur: Israel bleibt für Hillel die Antwort auf die Frage nach Sein oder Nichtsein der Juden. Kein weiterer Grund sei notwendig. „Ich weiß nicht, ob die Welt uns braucht", gesteht er am Ende, „ich weiß nicht, ob Gott uns braucht; ich weiß nur, daß wir selbst uns brauchen, und dazu bedürfen wir keiner Beweise."[24] Aber wiederum widerspricht er sich selbst oder fühlt sich zum mindesten zu weiteren Erklärungen gezwungen. „Sind wir nicht ein wundervolles Volk?" fragt er in fast kindlichem Trotz. „Ein ganz einzigartiges, halsstarriges, merkwürdiges, verstocktes, unabsehbares, amüsantes, herzbrechendes und immer wieder erregendes Volk?"[25] In diesen gegensätzlichen Attributen bekundet sich Hillels Liebeserklärung an sein Judentum. Wo Liebe entscheidet, dürfen Beweise schweigen.

Aber der Leser dieser die „letzte Frage jüdischen Schicksals"[26] anrührenden Diskussion kann sich nicht in die Liebe flüchten. Für ihn bleiben viele Fragen offen, nicht zuletzt die der politischen Überlebenschance der israelischen Insel im drohend anstürmenden Arabischen Meer. Der Friedensschluß zwischen Israel und Ägypten mag der Problematik einen Teil ihrer Schärfe genommen haben, gelöst hat er sie nicht. Was bleibt, ist Israels fortdauernde Abhängigkeit von den Vereinigten Staaten, eine nicht zu übersehende Minderung der amerikanischen Bereitschaft, dieser Abhängigkeit Rechnung zu tragen. Es bleibt die Feindseligkeit der nichtägyptischen arabischen Welt, der Gegensatz zur Sowjetunion und seit dem Jom-Kippur-Krieg auch zu Afrika und der Dritten Welt. Aber selbst wenn das Abkommen von Camp David, dieser hoffnungsvolle Fortschritt in eine Epoche der Befriedung, es vermocht haben sollte, Israel dauernd zu sichern – was, wie wir wissen, nicht der Fall sein konnte –, er hätte die uns hier gestellte „letzte Schicksalsfrage“ nicht entschärft.

In einem seiner immer wiederkehrenden, seine Gewißheit durchbrechenden Momente fruchtbaren Zweifels gesteht Hillel: „Wir leben in einer entkultivierten Gesellschaft. Der geringste arabische Bauer, der weder lesen noch schreiben kann, hat mehr wahre Kultur in seinem Leben als der israelische Professor, eben deswegen, weil sie *in* seinem Leben ist und nicht in einer Konzerthalle oder einem Buch. Die Frage ist nicht, ob wir Israelis *oder* Juden sein werden. Die Frage ist, ob wir Israelis *und* Juden sein werden – oder nichts.“ [27] Aber hatte er nicht vorher behauptet, daß in Israel Judentum durch „Jüdischkeit“ ersetzt worden sei, die das israelische Leben durch und durch bestimme? Hin- und hergerissen zwischen Hoffnung und Verzweiflung, muß er dann selbst die Minimalforderung der „Jüdischkeit“ in Zweifel stellen und klagen: „Diese tausendundeine Rock-Gruppen und Pop-Gruppen mit ihrem dumpfen Lärm, der die Diskotheken des Landes erfüllt, die unzähligen hebräischen Chanseure und Chanteusen mit ihrem faden Geplärre . . . Ich habe nichts gegen Rock und Chansons da, wo sie hingehören. Aber was sollen uns diese scheußlichen dritt- und viertklassigen Nachahmungen, dieses seelenlose Mimikry, das nichts anderes wiedergibt als den Wunsch, jemand anderes zu sein? Zu denken, daß das die musikalische Kultur eines souveränen jüdischen Volkes in seinem Heimatland geworden ist . . . Oh, guter Gott unserer Väter!“ [28]

Hillel ist in seinen eifernden Beteuerungen sehr ungerecht, sowohl im Lob wie im Tadel. Daß Israels musikalische Leistungen die Bewunderung der Welt erregen, geht für ihn unter im Schmerz über die Verirrungen der Gegen-Kultur. Er ist trotz seiner emphatischen Bekenntnisse immer noch ein tief unsicherer, von Ängsten geplagter Mensch. Zwar wirbt er bis zum Ende des Briefwechsels in wachsender Eindringlichkeit darum, seinen Freund zur „Heimkehr“ nach Israel zu bewegen. Aber, so intensiv sich sein Bewußtsein mit Israel als dem einzigen Garanten jüdischer Zukunft identifiziert, er kann sich der tiefernsten Fragen nicht erwehren, die ihm sein ohne vollen Erfolg verdrängtes Unbewußtes immer von neuem entgegenhält.

Es sind in neuem Gewande die gleichen Fragen, die der jüdischen Eigenstaatlichkeit seit der Antike entgegenstanden.

Wie es als historische Tatsache anerkannt ist, daß der Schriftgelehrte Esra nach seiner Rückkehr aus dem babylonischen Exil nach Palästina, etwa 500

v. Chr., dort zum eigentlichen Neugründer des Judentums wurde, das somit seine Reinigung und Wiederbelebung einem Manne des Exils verdankte, so sieht auch der Klassiker der deutsch-jüdischen Geschichtsschreibung, Heinrich Graetz, die Epoche, in der achthundert Jahre später die Judenheit Palästinas wiederum eine geistige Erneuerung erfuhr, als ein Geschenk der Diaspora. Er schreibt: „Wäre der Bestand des Judentums vom Mutterlande allein bedingt gewesen, so hätte es nach menschlicher Berechnung unter den damaligen Verhältnissen seinem Untergang entgegensehen müssen . . . Von Babylonien oder Persien aus kam ein erfrischender Zug, wie zur Zeit Esras. Babylonien wurde für die judäische Nation eine zweite Mutter . . . Man sagte, es sei ein Werk der Vorsehung gewesen, daß eine große Zahl vom babylonischen Exil her hier zurückgeblieben sei . . . In den talmudischen Lehrhäusern Babyloniens hatte die Gesetzeskunde so tiefe Wurzeln geschlagen, daß diese Pflanze im fremden Erdreich noch besser gedieh als in dem heimischen Boden . . . Babylonien nahm in vielen Beziehungen den Charakter des heiligen Landes an.“ [29]

In charakteristischer Übereinstimmung mit dem jüdischen Historiker, doch schon mit der vertieften Einsicht eines jüdischen Denkers nach dem Holocaust, bestätigt diese Sicht der Philosoph Erich Kahler: „In fernen Zeiten des Altertums waren die Juden wie andere ethnische Gemeinschaften ein Volk in ihrem eigenen Land, ihrem eigenen Königreich und ihrer Religion. Das Königreich ging unter, aber das Volk und seine Religion – und hier beginnt die Anomalie – ging nicht zugleich mit dem Königreich unter, sondern überlebte es durch Tausende von Jahren. In Wirklichkeit sogar wurde, während das Königreich dahinschwand, die Religion mächtiger und mächtiger und erzeugte schließlich jene weltweite neue Religion, die zum Gipfelpunkt europäischer und westlicher Zivilisation wurde.“ [30] „Das ominöse Datum 586 B. C.“, schreibt Kahler weiter, „die Zeit der Eroberung Jerusalems durch die Babylonier, war in Wirklichkeit das geschichtliche Geburtsdatum des wahren Judentums. Jene geistige Gemeinschaft der Juden, die sich später über die ganze Welt verbreitete, hatte ihre Grundlage in dem Verlust der irdischen Gemeinschaft.“ [31] Selbstverständlich bejaht auch Kahler den Staat Israel, den er bewundert und dessen Leistungen er mit dankbarem Stolz betrachtet. „Aber ich weigere mich anzuerkennen“, fährt er fort, „daß der Staat Israel und die israelische Nation als das endgültige Ziel und Ende der jüdischen Entwicklung anzusehen sind. Wir sind für immer, glaube ich, weniger und mehr als eine Nation; wir haben andere und ältere Ursprünge und andere und höhere Ziele.“ [32]

Weder diese noch viele andere Beispiele, die immer wieder das gegenseitige Nehmen und Geben, die gegenseitige Bedingtheit von Israel und der Diaspora betonen, würden Hillel Halkin und seine Gesinnungsfreunde wahrscheinlich überzeugen, daß eine jüdisch bewußte Diaspora existenzberechtigt und existenznotwendig ist.

Moritz Heimanns Aphorismus, mit dem wir diese Betrachtung einleiteten, galt einst für die zwei Mittelpunkte Deutschtum und Judentum. Er gilt heute für die zwei Mittelpunkte Israel und die Diaspora. Auf keinen von ihnen kann verzichtet werden, wenn es gilt, an der schicksalhaften Bewahrung des Judentums, eines der ältesten historischen Völker unserer Welt, mitzuwirken.

Anmerkungen

1 Zitiert nach Mendelssohn, P. de: S. Fischer und sein Verlag. Frankfurt a. M. 1970, S. 998.
2 Ebenda, S. 999 f.
3 Ebenda, S. 994.
4 Ebenda, S. 993.
5 Schultz, H. J. (Hrsg.): Mein Judentum. Stuttgart und Berlin 1978, S. 149.
6 Ebenda, S. 148 f.
7 Museum der jüdischen Diaspora: Programmheft. Tel-Aviv, o. J.
8 Halkin, H.: Letters to an American Jewish Friend. A Zionist's Polemic. Philadelphia 1977.
9 Museum der jüdischen Diaspora, a. a. O., Schutzumschlag.
10 Halkin, H., a. a. O., S. 24.
11 Museum der jüdischen Diaspora, a. a. O., Schutzumschlag.
12 Halkin, H., a. a. O., S. 101.
13 Ebenda.
14 Ebenda, S. 102.
15 Ebenda, S. 102 f.
16 Ebenda, S. 103.
17 Ebenda, S. 197 f.
18 Ebenda, S. 97–99.
19 Ebenda, S. 227 f.
20 Ebenda, S. 111.
21 Ebenda, S. 203.
22 Ebenda, S. 159.
23 Ebenda, S. 161.
24 Ebenda, S. 240.
25 Ebenda, S. 242.
26 Museum der jüdischen Diaspora, a. a. O., Schutzumschlag.
27 Halkin, H., a. a. O., S. 161.
28 Ebenda, S. 194 f.
29 Graetz, H.: Volkstümliche Geschichte der Juden. Bd. 2, Berlin und Wien 1922, S. 111 f.
30 Kahler, E.: The Jews among the Nations. New York 1967, S. 8.
31 Ebenda, S. 19.
32 Ebenda, S. 28 f.

Gerhard Grohs

Zur Aufnahme afrikanischer Traditionen in afrikanischen Ideologien [1]

Christentum und Islam haben in ihrer Geschichte der Durchdringung des afrikanischen Kontinents miteinander gemeinsam, daß sie afrikanischen Traditionen begegneten, die sich nicht ohne weiteres mit den europäisch geprägten Vorstellungen christlicher und den von arabischen Ursprüngen bestimmten Anschauungen islamischer Missionare vereinbaren ließen. Beide gingen aus dieser Begegnung verändert hervor, das afrikanische Christentum ebenso wie der afrikanische Islam.

Vor einer ähnlichen Situation stehen Ideologien, die zwar nicht eine jahrhundertealte Geschichte hinter sich haben wie Islam und Christentum, aber doch von Menschen und sozialen Gruppen konzipiert wurden, die unter dem Einfluß nicht in Afrika entstandener Ideen standen und diese an die afrikanischen Realitäten und Traditionen anpassen mußten.

Das soll an drei Beispielen deutlich werden: an der Negritude, am „afrikanischen Sozialismus" und am Beispiel der Black-Consciousness-Bewegung in Südafrika.

1. Negritude zwischen „civilisation française" und afrikanischen Traditionen

Die Negritude-Bewegung ist deshalb ein besonders gutes Beispiel für die Auseinandersetzung zwischen europäischer Kultur und afrikanischer Tradition, weil die französische Kolonialpolitik (neben der portugiesischen) in besonders hohem Maße den Anspruch erhob, europäische „Modernität" gegen angeblich überholte und patriarchalische afrikanische Traditionen setzen zu wollen. Es gelang ihr, unter den Afrikanern eine Gruppe von Intellektuellen heranzubilden, deren vollkommenstes Beispiel der Präsident Senegals, Léopold S. Senghor, werden sollte. Er unternahm allerdings bereits als Student in Paris – zusammen mit dem Westinder Aimé Césaire und anderen – den Versuch, die Quellen der vom Kolonialismus verachteten afrikanischen Ursprünge wiederzuentdecken und für den Aufbau eines modernen afrikanischen Staates fruchtbar zu machen.

Zunächst handelte es sich um die Abwehr gegen die völlige Überfremdung durch französisches Denken und französische Kulturauffassung. „Assimiler – non être assimilé", lautete das Stichwort. Die Notwendigkeit, die französische Sprache zu benutzen, um sich gegen französischen Einfluß zu wehren, war nicht die einzige Schwierigkeit bei dem Versuch, eine afrikanische Staatsideologie zu entwickeln. Eine weitere Schwierigkeit bestand darin, daß Senghor und viele andere afrikanische Studenten christlich erzogen worden waren, aber ein Konzept entwickeln wollten und mußten, das für Afrikaner, die im Bannkreis traditionaler Religionen lebten, ebenso akzeptierbar war wie für die Christen und Mohammedaner. Im Senegal selbst sind die Christen gegenüber den Mohammedanern und den Afrikanern, die den traditionalen afrikanischen Religionen anhängen, ganz offensichtlich in der Minderheit. Senghor bemerkte dazu kürzlich: „Wir benötigen ein pluralistisches Denken und entsprechend eine pluralistische Gesellschaft ... Ich bin praktizierender Katholik, und die Masse unserer Bevölkerung ist Moslem. Natürlich führt das gelegentlich zu Differenzen, aber es war immer wieder möglich, sie zu beseitigen." [2]

Die Folge war, daß Senghor „Negritude" sehr allgemein als die „Gesamtheit der kulturellen Werte der schwarzen Welt" [3] definierte. Zu den kulturellen Werten zählte Senghor die Großfamilie, die der europäischen Kleinfamilie entgegengesetzt wurde, die Solidarität der Generationen, die er dem europäischen Individualismus gegenüberstellte, die Verehrung der Alten und der Ahnen, die den westlichen Jugendkult ablehnte, und die Bindung an Gott, die sowohl den marxistischen Atheismus als auch den westlichen Säkularismus ausschloß [4]. Das „kulturelle Afrika", das Senghor vom „traditionellen Afrika" unterschied, betonte nach der Ansicht Senghors nicht die Ratio des Descartes, sondern die Emotionalität, die Empathie, das mitmenschliche Verstehen.

Der „Sozialismus" Senghors, der von vielen afrikanischen und nichtafrikanischen Sozialisten nicht als solcher anerkannt wird, geht von vier Thesen aus:

1. Er ist nicht atheistisch, sondern kann von Christen und Mohammedanern gleicherweise vertreten werden.
2. Er ist nicht an die Dogmen des europäischen Sozialismus gebunden, sondern benutzt seine Methoden, soweit sie in Afrika verwendbar sind.
3. Er stützt sich auf Familie und ethnische Gruppen.
4. Er ist humanistisch, da er glaubt, daß die Gesellschaft für die Menschen da ist und nicht die Menschen für die Gesellschaft [5].

Kritiker der Negritude haben immer wieder darauf hingewiesen, daß diese Ideologie eine Ideologie für die Emanzipation einer französisch gebildeten Elite, aber nicht geeignet ist, den Massen die Überwindung der Auseinandersetzung zwischen moderner Technik und traditionellem Familienleben und traditioneller Religion, zwischen staatlichem Zentralismus und ethnischer Verschiedenheit zu ermöglichen.

„Negritude", schrieb Irving L. Markovitz, „sprach über Entfremdung und nicht über Ausbeutung, zum Individuum und nicht zur Masse, zum Intellektuellen und nicht zu Analphabeten, zum modernen und nicht zum traditionellen Menschen." [6]

Dennoch ist an der Negritude bemerkenswert, daß sie es bisher fertigbrachte, im Senegal ein verhältnismäßig friedliches Zusammenleben zwischen Islam, Christentum und traditioneller afrikanischer Religion zu ermöglichen. Im Senegal gibt es eine Reihe von sozialen Einrichtungen, die von Christen und Mohammedanern gemeinsam getragen werden, Entwicklungsprojekte, die vom Ökumenischen Rat und von Mohammedanischen Bruderschaften organisiert werden, und Parteien, denen Christen, Mohammedaner und Atheisten angehören. Ein Grund für diese Dialogbereitschaft dürfte in dem Willen begründet sein, die Traditionen anzuerkennen – wenigstens in der Theorie, auch wenn die Praxis der Integration der Wirtschaft Senegals in die kapitalistische Weltwirtschaft die sozialen Spannungen zwischen Städtern und Bauern, zwischen bürokratischer Elite und den Massen der Städte und des Landes verschärft [7].

Sicherlich ist die Negritude nicht auf andere afrikanische Staaten übertragbar, die entweder eigene staatliche Traditionen haben wie Äthiopien, durch die britische Kolonialpolitik beeinflußt wurden oder die dramatischen Erfahrungen der rassistischen Politik von weißen Minderheitsregierungen durchmachen wie Südafrika und Rhodesien/Zimbabwe.

Doch das Problem, auf einen einheitlichen Staat zielende Ideologien mit den praktizierten Traditionen afrikanischer Völker in Übereinstimmung zu bringen, das Senghor mit Hilfe der Negritude zu lösen versuchte, stellt sich auch in den anderen Ländern des afrikanischen Kontinents.

2. Tansanischer Sozialismus zwischen Tradition und Fortschritt

Was Senghor für die Staatwerdung Senegals bedeutet, repräsentiert Julius K. Nyerere für Tansania. Ebenso wie Senghor hat er seinen Staat zur Unabhängigkeit geführt und begleitet durch seine Reden und Direktiven die Entwicklung seines Landes. Ebenso wie Senghor versteht er sich als Sozialist. Julius Nyerere könnte auch den vier Thesen des afrikanischen Sozialismus zustimmen, die für Senghors Sozialismus zitiert wurden. Ebenso wie Senghor ist Nyerere praktizierender Christ, und ebenso wie er regiert er sein Land, in dem Christen und Mohammedaner friedlich nebeneinander leben, ein großer Teil der Bevölkerung aber noch den traditionellen afrikanischen Religionen anhängt.

Im Unterschied zu Senghor hatte sich Nyerere nicht gegen eine übermächtige europäische Kulturpolitik zu wehren, da die englische Kolonialpolitik pragmatisch verfuhr und nicht eine kulturelle Assimilation anstrebte, sondern damit rechnete, daß die Kolonialgebiete allmählich über die Selbstverwaltung zur Unabhängigkeit gelangen. Nicht die katholische Kirche dominierte, sondern eine Fülle verschiedener Missionsgesellschaften, katholische und protestantische, schufen einen religiösen Pluralismus, der auch das heutige Tansania kennzeichnet.

Auch Nyerere ging zunächst auf die Suche nach den afrikanischen Traditionen und versuchte, diese mit dem Konzept seines Sozialismus zu verbinden. Die Ergebnisse dieses Ganges in die Geschichte legte er in seiner 1962 veröffentlichten Rede, „Ujamaa – The Basis of African Socialism“, nieder[8].

In dieser Rede malte Nyerere ein Bild des alten Afrikas, in dem der Boden allen gehörte und die Nutzungsrechte von den Familien wahrgenommen wurden, in dem jeder arbeiten mußte, um seinen Lebensunterhalt zu verdienen, wo für Kranke, Alte und Kinder gesorgt wurde und wo aller Reichtum umverteilt wurde.

„Ujamaa“ oder „familyhood“, schrieb Nyerere, „beschreibt unseren Sozialismus. Er steht dem Kapitalismus entgegen, der eine glückliche Gesellschaft auf der Grundlage der Ausbeutung des Menschen bauen will; aber er setzt sich ebenso vom doktrinären Sozialismus ab, der eine glückliche Gesellschaft auf einer Philosophie des unvermeidlichen Konflikts zwischen den Menschen zu gründen sucht.“ [9] Hier ähnelt Nyerere in seiner Argumentation einem anderen afrikanischen Staatsmann, der von Anfang an skeptisch gegenüber der Negritude war und für die Entwicklung der „African personality“ plädierte: Kwame N'Krumah. N'Krumah wies in seinem Buch „Consciencism“ [10] darauf hin, daß im traditionellen Afrika die Würde des Menschen und nicht seine Sündhaftigkeit belohnt wurde. „This idea of the original value of man imposes duties of a socialist kind upon us. Therein lies the theoretical basis of African Communalism. This theoretical basis expresses itself on the social level in terms of institutions such as the clan, underlining the initial equality of all and the responsibility of many for one. In this social situation, it was impossible for classes of a Marxian kind to arise ... In the traditional African society, no sectional interest could be regarded as supreme; nor did legislative and executive power aid the interests of any particular group. The welfare of the people was supreme.“ [11]

Nyerere erkannte jedoch ebenso wie N'Krumah bald, daß es unmöglich ist, einen Staat ohne Auseinandersetzungen aufzubauen, wenn er dafür sorgen will, daß die Reichtümer einigermaßen gerecht verteilt werden. 1970 erschien in Tansania das kritische Buch eines jungen Lecturers der Universität Dar-es-Salaam, „The Silent Class Struggle in Tanzania", in dem nachgewiesen wurde, daß in den ersten Jahren nach der Unabhängigkeit eine afrikanische Bourgeoisie entstand, die durch die Verdrängung der bisher die Wirtschaft beherrschenden asiatischen Minderheit und durch die Besetzung der von den Kolonialherren verlassenen Positionen die Wirtschaft in eine Richtung drängte, die teure Importe für die Mittelschicht förderte und die Entwicklung der Landwirtschaft und die Befreiung der Bauern von drückenden Steuern und Abgaben vernachlässigte. Gegen diese Tendenzen war schon die Arusha-Deklaration von 1967 erlassen worden, die das Einkommen der Partei- und Verwaltungselite begrenzte und nur den Besitz eines Hauses erlaubte. Diese Richtlinien wurden jedoch 1971 durch die Tanu-Guidelines verschärft. Nyerere zog eine skeptische Bilanz in seiner Rede „Zehn Jahre nach der Arusha-Erklärung". „Zehn Jahre nach der Arusha-Erklärung ist Tansania ganz gewiß weder sozialistisch noch selbständig. Der Charakter der Ausbeutung hat sich geändert, aber sie ist noch längst nicht abgeschafft worden. Es gibt immer noch große, nicht zu rechtfertigende Unterschiede zwischen einzelnen Bürgern ... Unsere Demokratie ist noch nicht fertig." [12] Das sagt Nyerere, obwohl er von allen sozialistischen Staatsmännern das konsequenteste Konzept einer Erziehungsreform vorgelegt hat, das sich auf die eigenen Ziele der Ausbildung von selbstbewußten Afrikanern und modernen Bauern konzentriert [13].

Während Nyerere also in pragmatischer Auseinandersetzung mit der afrikanischen Realität erkannte, daß es nicht möglich ist, ohne Umwege von der egalitären traditionellen afrikanischen Gesellschaft zu einem modernen sozialistischen Staat zu kommen, vermeidet Senghor in seiner sehr allgemeinen Theorie diesen Bezug zu den gesellschaftlichen Widersprüchen der Gegenwart. Kwame N'Krumah ging demgegenüber davon aus, daß das traditionelle Afrika bereits durch den Kolonialismus und durch den Einfluß von Christentum und Islam so verändert wurde, daß es unmöglich ist, unmittelbar an die afrikanischen Traditionen anzuknüpfen, ohne eine neue, Christentum, Islam und afrikanische Traditionen integrierende Philosophie zu entwickeln [14].

Samora Machel, der Führer der FRELIMO, sieht von vornherein von einem solchen Rückbezug auf afrikanische Traditionen ab. Er erklärte in einem Interview im Dezember 1976: „Wir sagen, daß die Ausbeuterklassen in Moçambique in zweierlei Formen auftreten. Die erste Form: Spuren von Feudalklassen, von geringer wirtschaftlicher und politischer Kraft vor allem nach Abschaffung der Häuptlingsherrschaft, jedoch von bedeutender ideologischer und kultureller Kraft in ländlichen Gebieten ... An zweiter Stelle die Bourgeoisie, die sich unter zwei Gesichtern manifestiert: die im Verlöschen begriffene Kolonialbourgeoisie, deren Vertreter das Land verlassen, und die einheimische Bourgeoisie, vom wirtschaftlichen Standpunkt sehr schwach, aber mit starker Präsenz im Staatsapparat und in den Unternehmen." [15]

Hier erwähnt er einen Aspekt des Verhältnisses moderner afrikanischer Staatsmänner zur Tradition, der oft übersehen wird, das Verhältnis zu den traditionellen Häuptlingen. Diese waren schon in der Kolonialzeit in ihrer Stellung dadurch geschwächt worden, daß sie oft in das koloniale Verwaltungssystem als unterste Verwaltungsinstanz eingegliedert wurden und dadurch von der Zustimmung der Kolonialmacht abhängiger wurden als von der Zustimmung des Volkes.

Die Politiker des unabhängigen Afrikas schafften sie dann auch kurzerhand ab, wie Sékou Touré in Guinea, oder schalteten sie aus, wie Julius Nyerere und Samora Machel. Daß man für sie einen Platz in der Verfassung des neuen Staates fand, wie in Ghana, blieb die Ausnahme. Die Bezüge zur afrikanischen Tradition spielten dann keine große Rolle, wenn es sich um Machtauseinandersetzungen handelt, um den Kampf zwischen zentraler und regionaler Autorität.

Afrikanische Traditionen – oder das, was man dafür ausgibt – sind allerdings auch immer in der Gefahr, für politische Interessen mißbraucht zu werden, etwa dadurch, daß man behauptet, daß der Einparteienstaat Ausdruck des afrikanischen Konsensprinzips und daß eine Präsidentschaft auf Lebenszeit die konsequente Fortsetzung afrikanischen Häuptlingstums sei. Solche Behauptungen können jedoch nur so lange unwidersprochen aufgestellt werden, wie die Kenntnis afrikanischer Geschichte noch auf wenige Spezialisten beschränkt ist [16]. In einigen Ländern wie in Nigeria und Tansania kommt durch die systematische Erforschung der Geschichte des Landes durch die Historiker der Universitäten eine neue Komponente in die Diskussion. Das Staatsbewußtsein wird in Tansania durch die Erforschung des afrikanischen Widerstandes gegen die deutsche und englische Kolonialpolitik gestärkt, und der Beitrag der einzelnen Völker Tansanias zur Staatwerdung herausgestellt. Anders als im Senegal oder in Moçambique, wo keine gemeinsame afrikanische Sprache existiert, hat Swahili als Landessprache eine wichtige Funktion für die politische und kulturelle Integration der verschiedenen ethnischen Gruppen. Auch die alten islamischen Poeten und Schriftsteller und die Swahili-Kultur, die sich an der Küste und auf der Insel Sansibar entwickelt hat, werden als gemeinsame Tradition wiederentdeckt [17].

Die gründliche Beschäftigung mit der eigenen Kultur ermöglicht Differenzierungen, die einerseits das Bild vom idyllisch-friedlichen Leben des afrikanischen Dorfes zerstört – was Nyerere inzwischen selbst erkannt hat, wenn er von der Ausbeutung der Frauen in der traditionellen Gesellschaft spricht –, andererseits sucht, Brücken zwischen Völkern und Kulturen zu schlagen, die sich traditionell feindlich oder fremd gegenübergestanden haben. Nyerere ist unabhängig genug, um auch darauf aufmerksam zu machen, daß die traditionelle Großfamilie entwicklungsfeindlich sein kann, dann nämlich, wenn sie einen Beamten dazu zwingt, Familienangehörige zu bevorzugen und ihnen Posten zuzuschanzen, für die ihnen Ausbildung und Befähigung fehlen.

Er ist auch nüchtern genug, um nicht traditionelle Anleihen zu machen, die ihn persönlich als Erben der Vergangenheit stilisieren, wie es Sékou Touré, der Staatspräsident Guineas, tat, der seine Abstammung auf den Nationalhelden Samory Touré (19. Jahrhundert) zurückführt, oder Kwame N'Krumah, der eine Fülle von traditionellen Beinamen trug, wie Osagyefo, oder Präsident Mobuto, der nicht nur seinen Namen afrikanisierte, sondern auch die Namen seiner Untertanen, was ihn in Konflikte mit der katholischen Kirche brachte, die ihren Täuflingen christliche Namen gegeben hatte.

3. Black-Consciousness-Bewegung zwischen Politik und Theologie

Die im Apartheid-Staat Südafrika entstandene Black-Consciousness-Bewegung hatte sich nicht gegen französische Assimilationsversuche oder gegen britischen Kolonialismus zu wehren oder Moslems, Christen und die Anhänger von traditionalen afrikanischen Religionen zu einem gemeinsamen Staatsbewußtsein zu führen. Auch ging es ihr nicht darum, die afrikanischen Ursprünge wiederzuentdecken, die ihr die weiße Minderheit geradezu aufdrängte, sondern sie hatte das doppelte Ziel, afrikanisches Selbstbewußtsein wiederherzustellen und gleichzeitig die Befähigung zu erlangen, ein modernes industrialisiertes Staatswesen zu regieren und zu verwalten, die Macht von den weißen Herren zu übernehmen. Das Sprachproblem wurde deshalb auch von den schwarzen Afrikanern in dem Aufstand von Soweto durch ein Votum für das Englische gelöst, weil es den Protest gegen die Sprache der Buren ebenso symbolisiert wie die Überwindung der traditionellen Sprachgrenzen.

Da im Gegensatz zur auslaufenden Kolonialzeit im Senegal und in Tansania für die schwarzen Südafrikaner keine Möglichkeit besteht, sich politisch zu organisieren, waren sie darauf angewiesen, diese Ideen im Zusammenhang mit den afrikanischen Kirchen und ihnen verbundenen religiösen Gruppen auszuarbeiten, zu diskutieren und schließlich zu formulieren [18].

Die Auseinandersetzung zwischen „schwarzer Theologie", wie sie sich in Nordamerika entwickelte, um für die Schwarzen Gleichberechtigung und Beteiligung an der Macht zu erreichen, und „afrikanischer Theologie", wie sie sich in Nigeria, Uganda und anderen afrikanischen Staaten herausgebildet hat, ist nirgendwo so scharf und gründlich wie in Südafrika. Hier ist der Weg zur Rückkehr zu den Ursprüngen, den Senghor, aber auch Nyerere zunächst einschlugen, versperrt, da die weiße Minderheit sie dadurch an der Beteiligung der Macht hindert, daß sie sie in nicht von den Schwarzen selbst, sondern von weißen Historikern und Wissenschaftlern definierte „Tradition" abdrängen will. Das „Zurück-zu-den-Quellen" wird im Kontext einer Rassengesellschaft als die Unterwerfung unter eine Regierungspolitik verstanden, die den Afrikanern den freien Zugang zu den Möglichkeiten moderner Zivilisation und Technik versperrt. „Kultur ist im Westen dynamisch", formulierte einer der Vertreter der Black-Consciousness-Bewegung, Njabulo Ndebele, „deshalb müssen die Schwarzen darangehen, die alten und statischen Traditionen, die in den letzten Dekaden Afrika zum menschlichen Zoo der Welt und zu einem Museum menschlicher Entwicklung gemacht haben, zu zerstören. Wenn Traditionen nicht mehr die angemessene Entwicklung menschlichen Ausdrucks gewährleisten, sollten sie beseitigt werden. Fast alle sogenannten Stammestraditionen müssen vernichtet werden, weil sie nicht das geringste dafür tun können, um den Schwarzen das tägliche Brot zu verschaffen." [19]

Ebenso lehnen es die Vertreter der schwarzen Theologie ab, sich mit der Einführung afrikanischer Musik und Traditionen in den Gottesdienst, mit der Betonung der Spiritualität in den neben den traditionellen christlichen Kirchen stehenden unabhängigen Kirchen zu begnügen. Nyameko Pityana forderte: „Die Kirche muß zu den Wurzeln gebrochener afrikanischer Kultur zurück. Sie muß die althergebrachten afrikanischen Formen von Gottesdienst, Ehe und Opfer daraufhin prüfen, warum sie für die traditionale afrikanische Gemeinschaft sinnvoll und heilsam waren." [20] Der südafrikanische Theologe Manas Buthelezi kritisiert in seinen Heidelberger Vorlesungen scharfsinnig die Unzulänglichkeiten und Mißverständnisse dieses – wie er es nennt – „ethnographischen Ansatzes" der Theologie [21].

Auch Allan Boesak, schwarzer Theologe aus Südafrika, ist skeptisch: Theologie darf nach seiner Ansicht „nicht in unkritischer Anpassung zu einer ‚Kulturtheologie' oder ‚Kulturreligion' werden. Eine authentisch situationsgerechte Theologie ist prophetisch-kritisch; ihr Geschäft ist es nicht, gestorbene Traditionen auszugraben, sondern aus der Vergangenheit kritisch aufzunehmen, was der Humanisierung und Revolutionierung unserer gegenwärtigen Gesellschaft dienen könnte. Sie nimmt aus der Vergangenheit das, was – durch Kritik der Gegenwart und Eröffnung von Zukunftsperspektiven – positiv weiterführt." [22]

„Black Consciousness“, heißt es in der ersten öffentlichen Proklamation der Bewegung in Südafrika, „ist eine Geisteshaltung, eine Lebensweise. Die Grundthese von Black Consciousness ist, daß der Schwarze alle Wertsysteme ablehnen muß, die aus ihm einen Fremden im Lande seiner Geburt machen wollen und seine menschliche Würde beeinträchtigen ... Der Schwarze muß sich durch sich selbst definieren und nicht durch andere.“ [23] Die südafrikanischen Befreiungsbewegungen wie die SWAPO und der South African National Congress und der Pan-Africanist Congress sprechen daher wenig von den afrikanischen Traditionen. Nur der Zulu-Fürst Caka, der in all seiner Grausamkeit es verstand, verschiedene miteinander verfeindete Völker in ein großes Zulu-Reich einzubringen, wird Bestandteil einer lebendigen Tradition, Symbol der Einheit der Schwarzen Südafrikas und des Widerstandes gegen Überfremdung. Doch auch er ist nicht unumstritten, nicht nur wegen seiner Brutalität, sondern auch deshalb, weil er eher als Repräsentant der Zulus als der schwarzen Südafrikaner – auch der von ihm unterworfenen Völker – angesehen wird.

Es ist noch zu früh, das Verhältnis der südafrikanischen Befreiungsbewegungen zur Tradition zu beurteilen. Sicher ist jedoch schon jetzt, daß es kritischer sein wird als in Senegal oder Tansania – ähnlicher dem, was Samora Machel in seiner Rede über die Unabhängigkeit Moçambiques sagte. Die Schwierigkeit der Berufung auf die afrikanischen Traditionen in Südafrika beruht auf folgenden Faktoren:

1. Südafrika ist mehr als alle anderen Staaten südlich der Sahara ein Industriestaat und besitzt eine starke schwarze Arbeiterschaft, die nur noch wenige Beziehungen zu ihrer Vergangenheit hat.
2. Da die Politik der weißen Regierung darauf gerichtet ist, die Stammestraditionen dazu zu benutzen, eine Einheitsfront der Schwarzen zu verhindern, werden diese als Gefahr für die Befreiung von der Apartheid betrachtet.
3. Die weitgehende Christianisierung der Schwarzen in Südafrika fördert eine christlich beeinflußte Interpretation der afrikanischen Traditionen – aber nur derer, die sich gegen die Theologie der Weißen, insbesondere der Buren, wenden [24].

Faßt man also den kurzen Rückblick auf die Rezeption afrikanischer Traditionen in moderne Ideologien zusammen, so zeigt sich ein recht uneinheitliches Bild:

1. Auf der einen Seite findet man den Versuch, gegen die Kulturpolitik des französischen Kolonialismus afrikanische Traditionen zu setzen, die so allgemein sind, daß sie die Heterogenität der Sprach- und Volkstraditionen transzendieren.

2. Auf der anderen Seite gibt es das Bemühen, den europäischen Sozialismus so umzuformen, daß er sich auf kommunale afrikanische Rechtstraditionen zurückführen läßt, ohne jedoch die Diskriminierungen der afrikanischen Dorfstruktur und des afrikanischen Partikularismus mit zu übernehmen. Hier kommt allerdings die Schwierigkeit zum Tragen, daß der Kolonialismus praktisch alle afrikanischen Rechtstraditionen zerstört und sie durch europäische Gesetze und Gerichtsordnungen ersetzt hat. Da praktisch keine Aufzeichnungen afrikanischer Rechtstraditionen vorhanden sind – wie sie Eike von Repgow im 13. Jahrhundert für das deutsche Recht vornahm und wie sie in Frankreich durch die Sammlungen der „Coutumes" entstanden –, gibt es kaum Ansätze, das Recht von Grund auf nach alten Vorbildern zu reformieren. Hier macht sich ein Unterschied zwischen dem Islam, der in sich Rechtstraditionen enthält, und den neuen Ideologien bemerkbar, die nur rudimentäre Rechtsvorstellungen – sieht man von genossenschaftlichen Elementen ab – haben.
3. Schließlich wird das Verhältnis zu den afrikanischen Traditionen dort problematisch, wo sie von einer rassistischen Regierung manipuliert werden, um die Beteiligung der Schwarzen an der Macht, an der technischen Entwicklung und ihre Solidarität zu verhindern.

Es ist ganz offensichtlich, daß erst dann ein neues Verhältnis zur Tradition möglich wird, wenn afrikanische Historiker und Theologen – ob sie nun Christen, Mohammedaner oder Traditionalisten sind – beginnen, von den Erfahrungen des staatlichen Zusammenlebens seit dem Ende der Kolonialzeit her ihren Ursprüngen nachzugehen, die Überlieferungen kritisch zu sichten und daraus neue Formen des Umgehens mit neuer Technik und universalistischer Kultur zu entwickeln. „Wir müssen", sagte der nigerianische Historiker Onwuku Dike auf dem Afrikanisten-Kongreß 1962, „unsere ganze Vergangenheit annehmen, den Glanz der Kunst von Benin ebenso wie die Grausamkeit der Menschenopfer. So wie Europa seine ganze Vergangenheit akzeptieren muß, die Meisterwerke von El Greco ebenso wie die Schrecken der Inquisition" [25] und – so können wir hinzufügen – des Sklavenhandels und der kolonialen Ausbeutung.

Teil der Tradition Afrikas ist seine Beziehung zu Europa ebenso geworden, wie sie zu unserer Geschichte wurde. Die Korrektur des Geschichtsbildes Afrikas führt zur Veränderung unseres Selbstverständnisses.

Das alles kann aber nicht darüber hinwegtäuschen, daß nicht nur in Südafrika die Tradition manipuliert werden kann. Ideologien, die zur Staatsbildung beitragen wollen, stehen immer in der Gefahr, Geschichte zu instrumentalisieren. Für Afrika gilt ebenso wie für Europa die Warnung Theodor W. Adornos:

„Die Schwäche aller traditionellen Kultur außerhalb ihrer Tradition liefert den Vorwand, sie zu verbessern und damit barbarisch zu verschandeln." [26]

Anmerkungen

1 Überarbeitete Fassung eines Aufsatzes, der – Dietrich Goldschmidt zum 65. Geburtstag gewidmet – publiziert wurde in: Institut für Auslandsbeziehungen (Hrsg.): Der Beitrag von Christentum und Islam zum Aufbau von unabhängigen Staaten in Afrika südlich der Sahara. Stuttgart 1979 (Materialien zum internationalen Kulturaustausch, Bd. 9), S. 359–364.
2 Senghor, L. S.: „Negritude ist ein Humanismus". Interview in: Die Welt, 17. Februar 1979.
3 Senghor, L. S.: „Der senegalesische Weg zum Sozialismus". In: Internationales Afrika-Forum, 1970, H. 9/10, S. 353.
4 Senghor, L. S.: Negritude und Humanismus. Düsseldorf 1967.
5 Vgl. Kamphausen, H.: „Kritische afrikanische Stimmen zur Negritude". In: Grohs, G. (Hrsg.): Theoretische Probleme des Sozialismus in Afrika. Hamburg 1971, S. 53–74;
Thomas, L.-V.: Le socialisme et l'Afrique. 2 Bde., Paris 1966.
6 Markovitz, I. L.: Léopold Sédar Senghor and the Politics of Negritude. London 1969, S. 45 f.
7 Vgl. Amin, S.: L'Afrique de l'ouest bloquée. Paris 1969; Schumacher, W. E. O.: Politics, Bureaucracy and Rural Development in Senegal. Berkeley, Los Angeles und London 1975.
8 Vgl. Nyerere, J. K.: Freedom and Unity. London 1967; deutsche Übersetzung in: Afrikanischer Sozialismus. Aus den Reden und Schriften von Julius K. Nyerere. Stuttgart 1972 (Texte zur Arbeit von „Dienste in Übersee", Nr. 5).
9 Nyerere, J. K.: „Ujamaa – The Basis of African Socialism" (1962). In: ders.: Freedom and Unity, a. a. O., S. 170.
10 N'Krumah, K.: Consciencism. London 1964.
11 Ebenda, S. 69;
vgl. auch Chazan, N.: „Nkrumaismus: Ghanas Experiment mit dem afrikanischen Sozialismus". In: Eisenstadt, S. N., und Azmon, Y. (Hrsg.): Sozialismus und Tradition. Tübingen 1977, S. 191–212.
12 Nyerere, J. K.: Bildung und Befreiung. Frankfurt a. M. 1977, S. 79 ff.
13 Hundsdörfer, V.: Die politische Aufgabe des Bildungswesens in Tanzania. Saarbrücken 1977.
14 N'Krumah, K., a. a. O., S. 70.
15 Machel, S., in: Dokumentationsdienst Südliches Afrika, 1977, H. 6.
16 Vgl. Chazan, N.: „Mythen und Realitäten im afrikanischen Sozialismus". In: Eisenstadt, S. N., und Azmon, Y. (Hrsg.), a. a. O., S. 166;
Kopytoff, I.: „Socialism and Traditional African Society". In: Friedland, W. H., und Rosberg Jr., C. G. (Hrsg.): African Socialism. Stanford 1964, S. 53–62.
17 Vgl. Whiteley, W.: Swahili. The Rise of a National Language. London 1972;
Miehe, G.: „Politische Swahili-Dichtung von der Mazrui-Zeit bis heute". In: Zeitschrift für Kulturaustausch, 29. Jg. (1979), H. 3, S. 253–261.
18 Vgl. Grohs, G.: „Über die Schwierigkeiten kultureller Emanzipation in Afrika". In: Zeitschrift für Kulturaustausch, 24. Jg. (1974), H. 1, S. 18–25.
19 Ndebele, N.: „Black Development". In: SPROCAS (Hrsg.): Black Viewpoint. Durban 1972, S. 26.

20 Pityana, N.: „What is Black Consciousness?" In: Moore, B. (Hrsg.): Schwarze Theologie in Afrika. Göttingen 1973, S. 62.

21 Buthelezi, M.: „Ansätze afrikanischer Theologie im Kontext von Kirche in Südafrika". In: Tödt, I. (Hrsg.): Theologie im Konfliktfeld Südafrika. Stuttgart und München 1976, S. 111–121.

22 Boesak, A.: „Auszug aus der Wüste. Auf dem Weg in eine Welt der Menschen". In: Tödt, I. (Hrsg.), a. a. O., S. 148.

23 Vgl. Khoapa, B. A. (Hrsg.): Black Review 1972. Durban 1973, S. 40–42.

24 Vgl. Just, W.-D.: „Gott in Afrika. Schwarze Kritik an westlicher Theologie". In: Evangelische Kommentare, 11. Jg. (1978), H. 11, S. 664 ff.

25 Zitiert bei Bénot, Y.: Idéologies des indépendances africaines. Paris 1969, S. 436.

26 Adorno, T. W.: Minima Moralia. Frankfurt a. M. 1951, S. 430.

Hans Bosse

Innere Kolonisierung und antikolonialer Kampf
Zur ethno-hermeneutischen Interpretation von Autobiographien und zur Problematik selbstbestimmter Entwicklung

Ob Gesellschaften in der Dritten Welt zu einer „selbstbestimmten Entwicklung" kommen, hängt nicht nur von den Möglichkeiten und dem Erfolg einer partiellen ökonomischen Abtrennung vom Weltmarkt ab, wie die Senghaas-Gruppe vorschlägt, und nicht nur von einer Demokratisierung der Willensbildungs- und Entscheidungsprozesse im Zirkel lokaler und zentraler Initiativen, wie Buro herausgestellt hat [1]. Ebenso wichtig erscheinen mir Prozesse einer kulturellen Re-Orientierung, die den fortschreitenden Prozeß der „inneren Kolonisierung" der Gesellschaften in der Dritten Welt erkennen und thematisieren. Nur in der Auseinandersetzung mit dem Erbe kolonialer Unterwerfung – den verinnerlichten Verheißungen, den individuellen sozialen Aufstieg zu schaffen, während ringsherum die ehemaligen Bezugsgruppen sozial deklassiert werden – gewinnen Gesellschaften, Subgesellschaften oder Individuen Anschluß an ihre kollektive Lebensgeschichte und gelangen zu einer Gegenperspektive zur Modernisierung, einer Modernisierung, die mit Industrialisierung, Proletarisierung und Marginalisierung Hand in Hand geht. Die antikolonialen Befreiungskämpfe sind dabei Schauplatz des verborgenen Kampfes zwischen innerer Kolonisierung und kultureller Selbstbestimmung.

Im Lebenslauf des einzelnen kann die Teilnahme an Befreiungsbewegungen durchaus gegensätzliche Funktionen annehmen. Instrumentalisiert für den individuellen Aufstieg, treibt sie die innere Kolonisierung voran; integriert in die Teilnahme an der kollektiven Lebensgeschichte, dient sie neben der politischen auch einer kulturellen Selbstbestimmung, die aus den Handlungen des Individuums Realität gewinnt.

Ich interpretiere im folgenden Auszüge aus zwei Autobiographien aus Kenia, einer britischen Kolonie, die durch bewaffneten Unabhängigkeitskampf die Ablösung des Kolonialregimes erreichte [2]. Der von dem Stammesverband der Kikuyu angeführte Befreiungskampf ist in der zivilisierten Welt als Mau-Mau-Rebellion oder Mau-Mau-Terrorismus bekannt geworden. Beide Autobiographien sind von Kikuyu und Mitgliedern der Mau-Mau-Bewegung verfaßt, beide Männer sind gleichzeitig in den kapitalistischen Transformationsprozeß der Bauerngesellschaften Kenias involviert [3]. Joram Wamweya, der Bauernsohn, repräsentiert ein Übergangsschicksal in erster Generation. Als Kind verläßt er die väterliche Farm, um Arbeit zu suchen, qualifiziert sich vor seinem Eintritt in die Mau-Mau-Bewegung in verschiedenen Anstellungen als Handwerker und lebt von 1958 bis zum Zeitpunkt der Niederschrift seiner Biographie als Tischler und Klempner in einer kenianischen Firma.

Ngugi Kabiro, ebenfalls Sohn eines Kikuyu und Vorarbeiters mit Tischlerausbildung auf einer europäischen Siedlung, dessen Großvater Bauer war und dessen Land zugunsten europäischer Siedler annektiert wurde, repräsentiert ein Schicksal der Übergangsperiode und der kapitalistischen Transformationsprozesse in zweiter Generation. Er hat sich vor und während des Unabhängigkeitskampfes über verschiedene Stellungen und Kurse in Nairobi bis zur qualifizierten Schreibmaschinenkraft emporgearbeitet und ist zum Zeitpunkt der Niederschrift seiner Autobiographie, 1962, entsprechend an einem College in Nairobi beschäftigt.

1. Zur Theorie der Autobiographie und zur Methodologie der ethno-hermeneutischen Interpretation

Zum Verständnis meiner Interpretation stelle ich einige theoretische und methodologische Vorbemerkungen voran. Ethno-Hermeneutik nenne ich einen Ansatz hermeneutischer, das heißt verstehender Analyse. Er verknüpft in Makroanalysen eingebettete soziologische Verfahren der Interaktionsanalyse mit ethnopsychoanalytischen Verfahren des Zugangs zu latentem (im Sinne von unbewußt gewordenem) Material. In Erweiterung des klassischen psychoanalytischen Ansatzes verfolgt er die Soziogenese psychischer Strukturen über die familiale Kommunikationsgeschichte hinaus in deren Verbindung mit der Klassengeschichte und in die außerfamilialen Institutionserfahrungen des Individuums. Im Gegensatz zu anderen hermeneutischen soziologischen Verfahren (etwa Ethnomethodologie oder objektive Hermeneutik) bezieht die Ethno-Hermeneutik die Subjektivität des Forschers methodisch gesichert in den Verstehensprozeß mit ein. Die zwischen Forscher und Informant ablaufenden Übertragungs- und Gegenübertragungsprozesse bilden den Ausgangspunkt des wissenschaftlichen Verstehens [4]. Bei der ethno-hermeneutischen Textinterpretation sind es entsprechend die vom Interpreten ausgehenden Übertragungen auf die Personen des Textes.

Die Interpretation von Autobiographien erfordert dabei noch zusätzliche Überlegungen. Von einem Individuum, das seine Lebensgeschichte erzählt, erfahren wir zugleich auch etwas über *kollektive Lebensgeschichten,* deren Teil die Biographie des Erzählers ist (elterliche Lebenswelt, Klassenzugehörigkeit, soziale, politische und kulturelle Veränderungen des Lebensverbandes usw.). Uns interessieren jedoch nicht die objektiven Daten, sondern vielmehr die Muster, nach denen das Individuum kollektive Lebensgeschichte wahrnimmt und deutet.

In den Übergangsgesellschaften greift die kapitalistische Transformation radikal in die Familiengeschichte ein. Die Familie (darüber hinaus der Clan, das Dorf, der Stammesverband) wird zum Ort der Konkurrenz und Verdoppelung von Lebenswelten: bäuerlicher und städtischer, ökonomisch autonomer und ökonomisch abhängiger, traditionaler Bildung und europäischer Ausbildung, Stammesautorität und kolonialer beziehungsweise neokolonialer Herrschaft, Stammestradition und europäischer Kultur wie Christentum, allgemeiner Normensysteme usw. Konkurrenz und Verdoppelung widersprüchlicher familialer Lebenswelten sind Ausdruck eines kolonial verursachten Klassen- und Kulturkonflikts; für den Heranwachsenden nehmen die Konflikte die Form divergierender antizipierter eigener Lebenspläne an. So ist etwa die christliche Religion, die der Vater (in beiden Autobiographien) angenommen hat, die Kultur derer, die das Land wegnehmen – gleichzeitig jedoch auch eine Kultur, deren Annahme das eigene Überleben, nämlich den Zugang zur schulischen Ausbildung (in den Missionsschulen) und die Chance zu einer beruflichen Position erleichtert. In den elterlichen Lebensschicksalen sind dem Heranwachsenden Optionen erkennbar, mit diesen Widersprüchen auszukommen (beispielsweise ist Kabiros Vater Christ, hat aber dennoch drei Frauen). In ähnliche Dilemmata gerät der Heranwachsende, wenn er sieht, wie die Familie den Klassenkonflikt mit dem weißen Kolonialherren existentiell „löst". (Kabiros Großvater wurde zugunsten der Siedler enteignet. Sein Vater nimmt beim Klassenfeind eine Stellung als privilegierter Lohnarbeiter ein.)

Unter den vielen relevanten Aspekten von Deutungsmustern dieser gespaltenen, heterogenen eigenen und kollektiven Lebenswelt interessiert hier die Frage, inwieweit Individuen in der Lage sind, die widersprüchliche Komplexität der Lebenswelt in ihren autobiographischen Deutungen zu berücksichtigen. Nun hat das Erzählen der Lebensgeschichte, die Autobiographie, gerade nicht die psychologische Funktion, die Widersprüchlichkeit und Komplexität der beiden ineinander verwobenen, kollektiven und individuellen Lebensgeschichten herauszuarbeiten, wie Erdheim [5] gezeigt hat. Sie dient eher – psychodynamisch betrachtet – der Stilisierung der eigenen Versuche zu einer widerspruchsfreien Identifikation mit der sozial akzeptierten Rolle (oder auch mehreren Rollen); sie dient der *Stilisierung* eines widerspruchsfreien Ausgleichs von Rollenerwartungen der Umwelt und eigenen Rolleninterpretationen (role making). (Natürlich lassen sich Autobiographien auch unter anderen Gesichtspunkten sinnvoll analysieren als unter dem der Anpassung an soziale Rollen.)

Paul Parin [6] hat die Identifikation mit sozialen Rollen unter die *„Anpassungsmechanismen“* eingereiht, die dem Individuum eine relativ konfliktlose Existenz in den gesellschaftlichen Institutionen sichern sollen, gleichzeitig jedoch (dem Individuum unbemerkt) die Herrschaft dieser Institutionen über das Individuum sicherstellen; denn die Stilisierung fällt psychodynamisch mit der *Ausgrenzung* nicht integrierbarer Teile der Realität zusammen: der äußeren – im Verzicht auf weitgehende Veränderung der Rollen; der inneren – im Verzicht auf Artikulation und Realisierung von rollendyskonformen Bedürfnissen. Deshalb muß die Autobiographie *zweifach* gelesen werden. Was berichtet wird, ist ebenso wichtig wie das, was nicht berichtet wird.

2. Das Erinnerte und seine Funktion

Das *Erinnerte* ist das Identitätssichernde. Wamweya stilisiert seine Autobiographie zu einer Abfolge von Geschichten, die ihn als Volkshelden zeigen. Er tritt als Jugendlicher in die Mau-Mau-Bewegung ein, tut sich durch Mut, Tapferkeit und Aktivität hervor und erlangt von Anfang an eine führende Rolle, die er trotz Internierung, schwieriger Flucht und zweiter Internierung ungebrochen durchhält. Seine soziale Identität nicht nur als aktiver Mau-Mau-Kämpfer im Untergrund, sondern als *heldischer* Mau-Mau-Kämpfer, als Volksheld, läßt sich zurückverfolgen bis in seine früheste Kindheit und Schulzeit; in beiden Lebensperioden tut er sich bereits als Held hervor. Die Familie – genauer, die Mutter – entdeckt als erste seine heldischen Fähigkeiten: Die in der Kikuyu-Tradition hochbewertete Fähigkeit zur schriftlosen Geschichte, vermittelt über das Gedächtnis, demonstriert Wamweya schon als kleines Kind: Er kann aus eigener Beobachtung und eigenem Gedächtnis die Familiengeschichte bis in seine eigene Säuglings- oder Kleinkindzeit zurückverfolgen. Erinnert – oder zumindest geschildert – werden von Wamweya ausschließlich Episoden, die sich widerspruchslos der Rollenidentität des Helden als Beleg zuweisen lassen.

Wamweyas Autobiographie hat für den Autor die Funktion, seine erfolgreiche Integration in den Stammesverband zu beweisen. Als „Krieger“ nimmt er mit seiner persönlichen Lebensgeschichte teil an der Lebensgeschichte des Stammes.

Kabiros Autobiographie ist weniger geschlossen. Insgesamt folgt sie jedoch dem Typ der Lebensrechtfertigung. Als „ein guter Sohn“ rechtfertigt er sich damit vor dem Vater, der ihn in die Schule schickte (der Beginn seines Aufstiegs), daß aus ihm etwas geworden ist. Er rechtfertigt sich auch vor sich selbst. Daß er als Mitglied der Mau-Mau-Bewegung sich persönlich an Aktionen im Dienste des Untergrundkampfes bereicherte (an einer

Waffentransaktion), stellt Kabiro als Beispiel seines Lebenserfolges heraus. Die Episode demonstriert seine Cleverness, also seine Fähigkeit, kollektive Lebensgeschichte – den antikolonialen Kampf – für seinen individuellen Aufstieg zu instrumentalisieren. Seine Rollenidentität ist die des erfolgreichen Sohnes, der die Biographie des Vaters wiederholt und fortsetzt. Wie der Vater benutzt er den kollektiven Klassenabstieg seines Stammes (die Enteignung der Bauern in Gestalt seines Großvaters) zu einem individuellen Aufstieg. War der Vater bereits Handwerker und Vorarbeiter auf einer europäischen Farm, so schafft er den Aufstieg in die Klasse der „white-collar workers". Kabiros Opportunismus als nicht militärisch operierendes Mau-Mau-Mitglied findet über diese Episode hinaus eine weitere Erwähnung in seinem unrühmlichen Überwechseln auf die Seite der Kolonialmacht: Kabiro läßt sich als Umerziehungsbeauftragter in einem Internierungslager für Mau-Mau-Kämpfer anstellen und tritt damit seinen ehemaligen Kampfgefährten als Agent des Kolonialregimes gegenüber. Außerdem unterschreibt er später das berüchtigte „Geständnis", das die Kolonialregierung Gefangenen oder vermuteten Mau-Mau-Mitgliedern abpreßte, um sie unter Kontrolle zu bekommen. Kabiro rechtfertigt seinen Opportunismus zweifach. Zum einen muß er *an Vaters Statt* – sein Vater kommt als Mau-Mau-Kämpfer krank aus dem Gefängnis zurück – die Großfamilie versorgen. Außerdem will er sich (mit allerlei Tricks) Zugang zur Hauptstadt Nairobi verschaffen, um weiter an seiner Karriere zu arbeiten.

Am Erinnerten läßt sich Rollenidentität konstruieren. Das Erinnerte gibt bereits Aufschluß über *eine Dimension* innerer Kolonisierung, die bei Kabiro weit fortgeschritten ist, während bei Wamweya die Identität als antikolonialer Volksheld die bewußte Distanzierung von Lebensentwürfen des Kolonisierten bedeutet.

3. „Lücken" in der Autobiographie und ihre Funktion

Uns interessiert hier doch noch eine zweite, tiefere Dimension innerer Kolonisierung. Sie hängt mit dem Material zusammen, das in der Autobiographie *nicht* erzählt, nicht erinnert wird. Wir können davon ausgehen, daß in der Autobiographie das Material ausgelassen wird, das sich der sozialen und personalen Identität nicht einfügt. Unter dem erkenntnisleitenden Interesse, das Fortschreiten der inneren Kolonisierung und den dagegen gerichteten Widerstand von Individuen zu verstehen, muß interessieren, in welche Krisen die zuerst familial, dann schulisch usw. erlebte Heterogenität der Lebenswelten den Heranwachsenden stürzt und welche Bedürfnisse dabei abgewehrt, welche Erfahrungen vergessen werden müssen, um zu einem konsistenten Identitätsentwurf zu gelangen.

Diese „Lücken" in der Autobiographie [7] müssen am Text selber, an den einzelnen Sprachfiguren erschlossen werden. Theoretisch haben diese Vermutungen den Rang lebenspraktischer Vorannahmen (Lorenzer). Aus seiner Vorkenntnis der kolonialen Alltagswirklichkeit und anderer Darstellungen und Selbstdarstellungen kommt der Interpret zu Annahmen über den Leidensdruck, unter den die von ihm untersuchten Individuen in der Alltagssituation geraten. „Lücken" in der Autobiographie verweisen auf das aus dem Bewußtsein, aus der Sprache Entfernte, auf das „Abgewehrte". In Auffälligkeiten der Sprachfiguren zeigt sich das Abgewehrte in verzerrter Form. Es wird zugleich ausgedrückt und verdeckt. Es erscheint als Symptom. Vom Symptom und geleitet von den lebenspraktischen Annahmen erschließt sich der Mechanismus der Abwehr und der ursprünglichen Regung (das Abgewehrte).

Die ethno-hermeneutische Interpretation von Autobiographien zielt nicht darauf, die individuelle Pathologie in Lebensentwürfen, sondern vielmehr die individuelle Inszenierung eines kollektiven Lebensschicksals zu verstehen. Das individuell Unerträgliche, das Abgewehrte wird im Zusammenhang der sozialen und personalen Rollenidentität interpretiert. Beide werden bezogen auf die ökonomische und soziale Lebenslage des Individuums und deren Beschränkungen durch die äußere Kolonisierung [8].

4. Kolonialgeschichte als Familiengeschichte: Das Leiden an der inneren Kolonisierung des Vaters

Kabiro gibt nur Daten zur äußeren Kolonisierung seiner Familie. Sein Großvater verlor das Land, sein Vater arbeitet als „first assistant" auf einer europäischen Farm, er hat aus diesem Grund eine bedeutende Rolle im Dorf, er ist nominell Christ, hat aber drei Frauen, er nimmt am Mau-Mau-Kampf teil. In der Rollenidentität des Vaters scheint es für Kabiro keine Brüche zu geben. Wir erfahren nicht, wieweit der Vater sich mit den Europäern (zum Beispiel dem Farmbesitzer) identifiziert, warum er Christ geworden ist, was das Christentum für ihn bedeutet, wir wissen nichts über seine Beziehungen zu den anderen Arbeitern auf der europäischen Farm. Die Identifikation mit der väterlichen Rolle ist total. Die einzige Mitteilung Kabiros über sein persönliches Verhältnis, seine emotionale Beziehung zum Vater, steht im Dienste dieser Identifikation: Er erzählt, daß er bei dem Gedanken, die Schule, in die ihn der Vater schickt, nicht durchstehen zu können, Angst vor ihm bekam. Das Leiden am Vater, der weder Kikuyu noch Europäer ist, kann Kabiro nicht in der Auseinandersetzung mit dem Vater ausdrücken. Haß kann er nur abstrakt gegen die „Europäer" äußern, die dem Großvater das Land wegnahmen und die ihm in der Hauptstadt niedrige Löhne zahlen. Auch seine Aggression gegen die Bindung an die

Kikuyu-Tradition, die er nicht loswerden kann und die ihn am Aufstieg hindert, kann er nicht in der Familie, nicht am Vater abarbeiten, er kann sie nur abstrakt gegen den Stammesverband wenden.

Anders Wamweya. Er kann über sein Leiden am Vater sprechen. Besonders die Grausamkeit und Brutalität des Vaters, der ihn ungerecht behandelt und ihn damit aus dem Elternhaus treibt, kommt wortreich zum Ausdruck. Ebenso, daß der Vater ihn daran hindert, zur Schule zu gehen und einen schließlich begonnenen Schulbesuch fortzusetzen. Dieser Kritik an der Borniertheit des ignoranten Bauern als Vater tritt zur Seite eine aktive Auseinandersetzung mit der inneren Kolonisierung des Vaters. Wamweya setzt sich mit dem Christentum seines Vaters als Kind auseinander. Er übertritt das Verbot, an „heidnischen Ritualen" (einer Reinigungszeremonie im Hause eines Freundes) teilzunehmen, im Gegensatz zu seinem Bruder. Er leugnet das gegenüber seinem Vater nicht ab und findet einen Weg, sich weder an das Christentum seines Vaters noch an die alte Tradition einfach anzupassen, indem er die praktische, sinnliche Bedeutung der „heidnischen Tradition" herauskehrt und sie mit dem Familienalltag der eigenen (christlichen) Familie verbindet. Er entmythologisiert den Ritus und stellt ihn in den Dienst reziproker dörflicher Solidarität:

„Ich aß die Suppe [die als Teil der Zeremonie gereicht wurde]. Aber sie schmeckte genau wie die Suppe, die wir hier zu Hause bekommen. Ich aß sie, weil sie [die andere Familie] auch etwas zu essen bekommt, wenn sie zu uns kommt ... Vater sagte nichts. Er schwieg." [9]

Bei Kabiro ist die unbewußte Identifikation mit dem europäisierten Vater Hinweis auf seine innere Kolonisierung, die sich materiell in seinem realisierten Lebensplan als sozialer Aufsteiger äußert. Dagegen gelingt Wamweya in der familialen Auseinandersetzung mit den europäischen Anteilen des Vaters zweierlei. Er entmystifiziert die christliche Kultur (hier ihre Verbote) als Ausdruck von Ignoranz gegenüber dem sozialen Sinn von Stammestradition. Gleichzeitig entmystifiziert er auch diese Tradition selber. Er eignet sie sich kritisch an, indem er den sozialen Sinn des Rituals erkennt und nach außen vertritt.

5. Das Leiden an der Schule als kolonialer Institution

Kabiro bezeichnet die drei Internatsjahre, mit denen er seine Schulausbildung abschloß, als die glücklichsten seines Lebens.

„Sogar meine Ferien in Lagumo waren in dieser Zeit außergewöhnlich angenehm. Wenn ich nach Hause nach Kiambo zurückkehrte, behandelten mich alle meine Verwandten und Freunde wie einen Gast und machten Umstände, um mir die Ferien angenehm zu gestalten." [10]

Konkret berichtet Kabiro nur zwei Episoden aus seinem Schülerleben. Zum einen berichtet er von der strengen Internatsdisziplin, die viele – im Gegensatz zu ihm – nicht aushalten. Die Angst vor dem Vater läßt ihn durchhalten. Die andere Mitteilung geht dahin, daß er (beziehungsweise sein Dormitorium) im Schulsport erfolgreich war. Wir erfahren nichts über die täglichen Demütigungen, Kränkungen, die die „ungebildeten" Kikuyu-Jungen in der Schule erdulden müssen (wie in anderen Autobiographien). Dagegen berichtet Kabiro anschaulich davon, wie er „den längsten Monat" seines Lebens auf die Nachricht wartete, ob er das „Common Entrance Exam" bestanden hatte, das ihm erlaubte, sich über den erreichten Standard VI weiter zu qualifizieren.

„Zu Hause wartete ich ungeduldig den längsten Monat meines Lebens, und als die Tage vorbeigingen, wurden Hoffnung und Zuversichtlichkeit durch Verzweiflung und die Gewißheit abgelöst, daß ich versagt hatte. Endlich, als ich den Laden meines Vaters eines Tages betrat, sah ich meinen Vater im Gespräch mit meinem Lehrer, der den lang erwarteten Brief der Erziehungsbehörde in der Hand hatte. Stolz und erregt teilte mein Vater mit, daß ich der einzige von fünf Schülern meiner Schule war, der das Examen bestanden hatte. Mein Herz füllte sich mit Freude, und zum ersten Mal seit mehreren Monaten entspannte ich mich." [11]

Kabiro kann nur das Leiden am befürchteten Mißerfolg, am Scheitern seines Lebensplans mitteilen, nicht das tägliche Leiden am Drill der Schule, an der drückenden Überlegenheit der kolonialen Institution (die sehr sichtbar durch einen weißen Schulrektor repräsentiert wird und die die vorschulischen Fähigkeiten als hinterwäldlerische Ignoranz abwertet). Weil Kabiro das tägliche Leiden an der Schule verdrängt, kann er sich in ihr nur passiv anpassen. Er kann keine Veränderungen im Schulalltag durchsetzen. Dies ist das Thema von Wamweya, der die täglichen Demütigungen offensiv verarbeitet. Auch Wamweya stilisiert. Sein Leiden bleibt latent. Es ist nur in der Aggression erkennbar, die er kämpferisch nach außen wendet und in den Dienst einer bewußten Auseinandersetzung mit der Schule stellt. Öffentlich stellt er die Lehrer der Missionsschule als Agenten der Mission bloß (sie berichten den christlichen Eltern von Untaten ihrer Kinder), öffentlich bringt er die Lehrer als Vertreter der europäischen Kolonisatoren in Verlegenheit, indem er „politische Fragen stellt", die die Lehrer nicht beantworten können. Wamweya verändert so den Unterricht. Er entmystifiziert die „Weißen" und bringt damit zugleich die Klasse auf seine Seite, gewinnt Prestige, inszeniert sich als Held.

6. Die Identifikation mit der europäischen Bildung

Kabiros Zugang zur europäischen Bildung bleibt abstrakt und formal. Seinen Zugang zur Schule führt er in der Weise ein, daß sein Vater Christ ist und daß Christen ein großes Interesse an Ausbildung hatten: „Gemäß den

Wünschen und der Anweisung meines Vaters begann ich mit der Schule.“ [12] Weder läßt Kabiro konkrete Motivationen noch überhaupt eigene Bedürfnisse erkennen. Die Ausbildung hat weder erkennbaren Bezug zum Kikuyu-Leben noch zum Lebensplan Kabiros. Kabiros Ehrgeiz, der sich an den vielen Schilderungen seiner Schulerfolge – in Form von Noten und gemessen an anderen Schülern –, die sich durch die verschiedenen Stufen seiner Ausbildung hindurchziehen, ablesen läßt, findet keine Erklärung in konkreten Befriedigungen am Gelernten, sondern kann nur rein instrumentalistisch verstanden werden als Mittel zum sozialen Aufstieg.

Bei Wamweya steht am Anfang des hart erkämpften Zugangs zur Schule ein konkretes Bedürfnis, lesen und schreiben zu lernen. Bevor er zur Schule gehen kann, lehrt ihn ein Freund die Anfangsgründe. Nicht ein abstraktes Ziel „Bildung“ oder „Schulabschluß“ steht am Anfang seiner Alphabetisierung. Vielmehr verknüpft er (bei den ersten Worten, die er lesen und schreiben lernt) seine eigene Identität mit der seiner Familie und mit der kollektiven Lebensgeschichte:

„Während meines Aufenthaltes in Kiweta freundete ich mich mit Kaman Mwenji an, einem dort angestellten Jungen. Eines Tages kam er mit einem Buch in englischer Sprache zur Hütte. Er las mir daraus Geschichten vor, und in mir regte sich ein heißer Wunsch, lesen und schreiben zu lernen. Bald darauf brachte Kaman mir bei, meinen Namen, den meiner Eltern und die Jahreszahl des laufenden Jahres – es war 1943 – zu schreiben. Ich war besonders davon fasziniert, daß ich diese Fähigkeit, Jahre zu benennen, erlangt hatte. Denn bis jetzt hatte ich zwar Jahre nennen hören, wußte aber nicht, wie man sie zählt. Ich war erregt, daß ein Junge meines Alters englisch lesen konnte, so daß ich begann, meine Heimreise zu planen, um im folgenden Jahre zur Schule gehen zu können.“ [13]

7. Schlußfolgerungen

Anhand der Interpretation beider Autobiographien läßt sich eine Hypothese in der Richtung formulieren, daß die Individuen, deren erzählte Lebensgeschichte die Komplexität der Übergangsgesellschaft in hohem Maß in bewußter Form (als Erinnerung) wiedergibt, in ihrem politischen Handeln sich von Individuen unterscheiden, deren Autobiographie nur ein Minimum erinnerter Komplexität und Widersprüchlichkeit der kollektiven Lebensgeschichte zulassen kann. Dabei hebe ich weniger auf rein kognitive Fähigkeiten des Umgangs mit Komplexität ab als auf die Fähigkeit der Autoren, mit ihrer „inneren Natur“ umzugehen. Ich meine hier die Fähigkeit beziehungsweise Unfähigkeit, an den Widersprüchen der gesellschaftlichen Situation (wie sie sich in der Familiengeschichte reproduzieren) zu leiden, die Fähigkeit, dieses Leiden autobiographisch zu thematisieren (Erinnerung versus Vergessen), und schließlich die Fähigkeit, sich als Akteur der Veränderung der Situation im Gegensatz zur Selbstwahrnehmung als passives Opfer zu verstehen. Ich vermute, daß das als Kennzeichen von „individueller Modernität“ [14] analysierte Syndrom von politischen Tendenzen und politischem Habitus des Mitläufers einem konformistischen politischen *Verhalten* entspricht, das formale politische Beteiligung, hier am Mau-Mau-Unabhängigkeitskampf, instrumentell in den Dienst eines privatistischen Lebensplans im Sinne eines sozialen Aufstiegs stellt. Ich nehme weiter an, daß die Inhalte des politischen Handelns, nämlich Loyalität und Zugehörigkeit, beliebig und jederzeit austauschbar sind und daß diese Einstellungen beziehungsweise dieses Verhalten mit der Unfähigkeit korrespondieren, leidend, erinnernd und verändernd die Widersprüchlichkeit und Komplexität der kollektiven Lebensgeschichte am eigenen Leibe zu erfahren und zu thematisieren. Ich nehme entsprechend an, daß dem Typ des politisch Engagierten – in Industriegesellschaften der „genuine Demokrat“ [15], in Übergangsgesellschaften zum Beispiel der Unabhängigkeitskämpfer vom Schlage Wamweyas – ein politisches Verhalten entspricht, das inhaltlich konsequent, das heißt nicht korrumpierbar, ist und das persönliche Schicksal an die Verwirklichung kollektiver Ziele bindet. Ich nehme an, daß dem Typ politischen Verhaltens Fähigkeiten korrespondieren, die kollektive Lebensgeschichte am eigenen Leibe zu erleiden, zu erinnern und mit dem eigenen Leibe zu verändern.

Noch eine weitere Schlußfolgerung scheint mir angebracht: Dem Engagierten *sichert* das politische Verhalten die Kontinuität mit der traditionellen kollektiven Lebensgeschichte. Er erhält in ihr beziehungsweise erkämpft sich in ihr eine traditionelle Rolle, die Prestige verleiht, wie die des Kämpfers bei Wamweya. Individuelle Biographie und kollektive Biographie fallen bewußt zusammen. Für den Mitläufer bedeutet dagegen das politische Verhalten die Lösung aus der traditionellen kollektiven Lebensgeschichte. Der Reduktion seiner Lebensperspektive auf eine privatistische Karriere des Bildungs- und sozialen Aufstiegs entspricht eine *unbewußte* Identifikation mit den Fragmenten einer anderen, der europäischen kollektiven Lebensgeschichte, die in den „europäischen“ Anteilen des Vaters (über dessen Religion, Arbeit, soziale Position) familial vermittelt wurde. Sie ist dem Bewußtsein nicht präsent, sie ist ausgeschlossen von Kommunikation. (Kabiro hat nur seinen Vater als Kommunikationspartner, während Wamweya als Held in verschiedenen Situationen von Gruppen seines Stammes anerkannt wird.) Von aktiver Auseinandersetzung, von Modifikationen der Erwartungen an den Heranwachsenden, von Neuerungen ist der unbewußt mit dem Vater Identifizierte ausgeschlossen.

Natürlich sind die Resultate der Auswertung von zwei Autobiographien nicht quantitativ zu verallgemeinern und qualitativ nur begrenzt aussagefähig. Und dennoch scheint mir eine dritte, allerdings spekulative Schlußfolgerung angebracht. Der historische und gesellschaftliche Prozeß der inneren Kolonisierung scheint mir in der Enteignung des Bewußtseins von der Integration des Individuums in die kollektive Lebensgeschichte zu liegen. Die „individuelle Modernisierung“ im Sinne von Inkeles, von der ich hier die Aufstiegsaspirationen und die Beschränkung auf formale politische Beteiligung diskutiert habe, impliziert einen Prozeß der *zunehmenden* Verdrängung der Komplexität und Widersprüchlichkeit der kollektiven Lebensgeschichte und der Verwobenheit des Individuums in sie. Sie ist gekoppelt mit dem Verlust von vier politisch relevanten Fähigkeiten des Individuums: der Veränderung der traditionellen gesellschaftlichen Normen, der Erweiterung der Bezugsbasis der eigenen Identität (Wamweya integriert den „nationalen“ antikolonialen Kampf in die Stammestradition der Initiation), der kritischen Entmystifizierung der „modernen“ Kultur (Wamweyas Auseinandersetzung mit dem Christentum seines Vaters) und der Fähigkeit, traditionelle Rollenidentitäten (als Krieger, als Held) einzunehmen, sie aber mit Fähigkeiten zur Relativierung der gesellschaftlichen Traditionen (Adoleszenznormen, Rituale) zu verbinden.

Anmerkungen

1 Buro, A.: Entwicklung und Demokratisierung. Frankfurt a. M.: Habilitationsschrift 1979; Senghaas, D.: Weltwirtschaftsordnung und Entwicklungspolitik. Plädoyer für Dissoziation. Frankfurt a. M. 1977.

2 Wamweya, J.: Freedom Fighter. Nairobi 1971; Barnett, D. (Hrsg.): The Story of Ngugi Kabiro. Richmond, Kanada, 1973.
Wamweya hat seine Autobiographie in der Kikuyu-Sprache verfaßt, übersetzen lassen und selbst in einem ostafrikanischen Verlag herausgebracht. Die Autobiographie von Kabiro wurde von Don Barnett auf Tonband aufgenommen und im Rahmen der Serie „Life Histories from the Revolution“ in Kanada herausgegeben. Aus dem kenianischen Unabhängigkeitskampf gibt es eine Reihe von Autobiographien. Eine Verbindung von Autobiographie und kommentierter Analyse der Mau-Mau-Bewegung gibt die Arbeit von Barnett, D. L., und Njama, K.: Mau Mau from Within. London 1966.

3 Zur Einführung in die Kikuyu-Gesellschaft vgl. die Stammesmonographie von Kenyatta, J.: Facing Mount Kenya. London 1953.

4 Vgl. dazu Devereux, G.: Angst und Methode in den Sozialwissenschaften. München 1973.

5 Vgl. Erdheim, M.: Die gesellschaftliche Produktion von Unbewußtheit. Frankfurt a. M., in Vorbereitung. Ich danke Mario Erdheim, der mich in die Interpretation von Autobiographien eingeführt hat.

6 Parin, P.: Der Widerspruch im Subjekt. Ethnopsychoanalytische Studien. Frankfurt a. M. 1978.

7 Ich folge hier Erdheim, M., Leithäuser, T., und Volmberg, B.: Anleitung zur empirischen Hermeneutik. Frankfurt a. M. 1979.

8 Die Abwehrformation kann auch als kollektive psychische Struktur untersucht werden. Sie kann dann als Ausgangspunkt genommen werden, um etwa kulturelle und soziale Gegenbewegungen (zum Beispiel Formen der Verweigerung) gegen die zunehmende Klassendifferenzierung und Marginalisierung zu verstehen, die (noch)

nicht den Charakter politisch bewußter und organisierter Bewegungen angenommen haben.

Vgl. dazu Bosse, H.: Diebe, Lügner, Faulenzer. Zur Ethno-Hermeneutik von Abhängigkeit und Verweigerung in der Dritten Welt. Frankfurt a. M. 1979. Meine Methode der ethno-hermeneutischen Textinterpretation habe ich ausführlicher dargestellt in Bosse, H., u. a.: Politische Psychologie. Frankfurt a. M. 1980.

9 Wamweya, J., a. a. O., S. 6.

10 Barnett, D. (Hrsg.), a. a. O., S. 15.

11 Ebenda, S. 12 f.

12 Ebenda, S. 11.

13 Wamweya, J., a. a. O., S. 34. Eine weitere wichtige Dimension der Autobiographie wäre die des Leidens an der eigenen Stammestradition.

14 Vgl. Inkeles, A., und Smith, H.: Becoming Modern. Leiden 1974. Zur Auseinandersetzung mit diesem Konzept verweise ich auf meine Arbeit in Bosse, H., u. a.: Politische Psychologie, a. a. O.

15 Habermas, J., u. a.: Student und Politik. Frankfurt a. M. 1951.

Eva Senghaas-Knobloch

Bewußtwerdung der Frauen und Politik gegen Gewalt

Vorbemerkung

In den hochindustrialisierten Ländern des Westens und des Ostens trifft man wieder und wieder auf rhetorische und organisatorische Anstrengungen, Friedens- und Frauenpolitik kurzerhand miteinander zu identifizieren. Geschichtlichen Erfahrungen hält diese Identifizierung allerdings nicht stand. Fragen wie die folgenden drängen sich auf:

- Ist nicht die Internationale der Frauen zur Zeit des Ersten Weltkrieges ebenso auseinandergefallen wie die gleicherweise dem Frieden verpflichtete Internationale der Sozialisten?
- Haben nicht chilenische Frauen durch ihren berühmt-berüchtigten „Marsch der leeren Kochtöpfe“ und ihre provokativen Anspielungen auf den männlichen Chauvinismus der Generalität dem militärischen Vorgehen gegen die Unidad Popular und ihre politisch-soziale Perspektive den Rücken gestärkt?
- Haben sich nicht die Militärapparate in vielen Ländern einer bedingten Rekrutierung von Frauen geöffnet, und ist nicht unter Frauen ein beachtliches Interesse daran erkennbar?

Dies mögen unfaire Fragen gegenüber jenen Frauen sein, die sich bewußt einer Politik gegen Gewalt verpflichtet haben. Dennoch denke ich, daß nur eine schonungslose Aufdeckung des keineswegs eindeutigen Verhältnisses, das Frauen zum Problem kollektiver Gewalt eingenommen haben, neue Ansatzpunkte sehen lehrt, Ansatzpunkte, die Frauen nicht weiterhin auf eine Selbst- und Vortäuschung hin verpflichten. Im folgenden versuche ich zu skizzieren, in welcher Weise die zunächst nur unterstellte Verknüpfung von Frauen- und Friedensproblemen systematisch untersucht und im wechselseitigen Interesse fruchtbar gemacht werden könnte. Diese Skizze beruht auf erfahrungsvermittelter Kenntnis über gesellschaftliche Strukturen in westlich-metropolitanen Ländern. Da diese Länder aber die Hauptquelle für die ständige Fortentwicklung und globale Verbreitung immer raffinierterer Zerstörungs- und Gewaltmittel sind, könnte der hier vorgestellte analytische Zugang von allgemeiner Bedeutung sein. Dennoch kann diese Skizze bestenfalls Anstöße für analoge Analyseansätze in nichtwestlichen und nichtmetropolitanen Ländern geben. Zunächst gehe ich thesenförmig auf jene Wege zur Verknüpfung von Frauen- und Friedensproblematik ein, die ich für Sackgassen halte. In einem zweiten Schritt versuche ich jene Punkte ausfindig zu machen, in denen sich neue Frauenbewegung und kritische Friedensforschung in der Analyse des Unfriedens berühren. Und schließlich geht es mir in zwei weiteren Schritten darum, solche Berührungspunkte auch hinsichtlich strategischer Überlegungen zur Überwindung von Unfrieden zu untersuchen.

1. Sackgassen

Als erste Sackgasse bei dem Versuch, Frauen- und Friedensprobleme miteinander zu verbinden, begreife ich die These, daß die Frau eine natürliche, das heißt wesensbedingte Affinität oder Hinneigung zum Frieden habe.

Die Geschichte der tatsächlichen, millionenfachen Dienstbarmachung weiblicher Arbeitskraft für Kriegszwecke [1] macht diese These zur bloßen Wunschvorstellung oder aber zu einer vielseitig einsatzfähigen Etikette für höchst unterschiedliche politische Konzeptionen und konkrete Interessen. In einem sehr aufrichtigen Sinn hat aber diese These von der wesensbedingten Friedensliebe der Frauen in der Frauenstimmrechtsbewegung des 19. und beginnenden 20. Jahrhunderts eine wichtige Rolle gespielt. Sie war dort Teil eines größeren Argumentationszusammenhangs, dem zufolge die politisch gleichberechtigte Teilhabe der Frauen an der Staatsbürgerschaft ganz allgemein eine menschenfreundlichere Politik versprach.

Von ihrer unterschiedlichen gesellschaftspolitischen Ausrichtung war es abhängig, in welcher Weise sich die Frauen der Frauenstimmrechtsbewegung einen politischen Beitrag der Frauen erhofften. In Teilen der angelsächsischen Bewegung war der Gedanke stark, daß das Frauenstimmrecht als Teil der demokratischen Staatsform zu dessen Verwirklichung beitrage und eben damit die in der Demokratie selbst verankerten Interessen an einer Friedenspolitik verstärke. Dabei war diese Auffassung von Demokratie zutiefst von Liberalismus geprägt und fand ihren organisatorischen Ausdruck in der Gründung der Internationalen Liga der Frauen für Frieden und Freiheit [2].

In der Liga waren konsequente Pazifistinnen vereint, die als einzige aus einer völlig minoritären Position heraus zur Zeit des Ersten Weltkrieges an ihrem Internationalismus festhielten. In den Resolutionen, die sie auf dem mühsam organisierten Kongreß 1915 in Den Haag verfaßten, sowie in den unzähligen Eingaben, die die „nationalen Ausschüsse für dauerhaften Frieden" (die Vorläufer der Liga) an ihre eigenen und andere Regierungen der kriegführenden und neutralen Länder machten, lebte der alte Saint-Simonistische Gedanke, daß Freihandel, Abrüstung und internationale Schiedsgerichte auf der Grundlage demokratisch organisierter Verfassungen der Länder Krieg zumindest in den als „Kulturstaaten“ bezeichneten Industrieländern verhindern könnten [3]. Wir wissen heute, daß Freihandel nur unter bestimmten Bedingungen die nationalen Entwicklungspotentiale fördert, daß Freihandel im Interesse bestimmter Staaten höchst gewalttätig durchgesetzt wurde und Liberalismus mit Rüstungsinteressen sich eng verbünden kann.

Aber nicht so sehr diese friedensanalytischen Einsichten sollen hier gegen die mutigen pazifistischen Frauen in der Stimmrechtsbewegung eingewendet werden, sondern vielmehr die Tatsache, daß die Frauen sich eben keineswegs – wie es ihrem vermeintlichen Wesen entsprochen hätte – mehrheitlich einer Politik des konsequenten Internationalismus als Ergänzung eines vom Menschenrechtsgedanken getragenen Individualismus angeschlossen haben. Bezeichnend für die mehrheitliche Haltung der Frauen war die Auffassung von der patriotischen Pflichterfüllung, der Identifikation von Regierungspolitik und Sache des Volkes – eine Auffassung, die nicht nur in Deutschland [4], sondern, möglicherweise weniger stark ausgeprägt, auch in den anderen kriegführenden Ländern zu beobachten war. Hier klingt auch schon ein Leitmotiv an, auf das später noch einmal näher eingegangen werden soll: das von der jeweiligen gesellschaftlichen Herrschaft bestimmte Motiv, das Interesse der Frauen als Pflichterfüllung und Dienst am Allgemeinen zu definieren, ohne daß diese selbst das Allgemeine – das Volk, die nationale Kultur, aber auch die Klasse – in seiner Organisationsform und seinen Inhalten entscheidend mitgeprägt hätten [5].

Die zweite Sackgasse sehe ich dort, wo eine Beteiligung der Frauen an friedensrelevanten politischen Entscheidungen von den familialen Rollen der Frauen her begründet wird, denen besondere emotionale Bezüge zum Frieden nachgesagt werden. Wenn die Frau in erster Linie als Mutter, Gattin, Schwester beziehungsweise generell als „Lebensspenderin“ angesprochen wird, so kann man dies als eine Spielart der ersten These begreifen, die hier allerdings auf eine besondere Ausprägung reduziert wird. Hier handelt es sich nicht mehr darum, daß die gesamte Persönlichkeit von Frauen – und das heißt vor allem auch ihr politischer Verstand, ihre rationale Interessenvertretung – angesprochen wird; hier geht es im Grunde darum, möglichst viele der politisch vielleicht höchst unterschiedlich orientierten Frauen unter dem Mantel der Friedensliebe für eine Politik zu gewinnen, die sich als Friedenspolitik verkaufen will. Ich betrachte eine solche Politik als Politik der Entmündigung von Frauen, welche Zielsetzung auch immer im einzelnen hinter ihr stehen mag. Sie ist nur zu verstehen als Scheu, mit der weiblichen Bevölkerung eine ebenso ins einzelne gehende politische Auseinandersetzung zu führen wie mit der männlichen. Eine solche Politik der Entmündigung sehe ich in den großen Unterschriftskampagnen, für die Frauen zu bestimmten Propagandazwecken unter dem Vorwand friedenspolitischer Initiativen eingespannt werden. Ich sehe eine solche Entmündigung auch in der Argumentation, die Frauen um ihres Frauseins willen aus dem Militärbereich auszuschließen.

Ich werde im zweiten Punkt erläutern, warum ich eine so begründete Auffassung vom Zusammenhang zwischen Frau und Frieden für ausgesprochen friedensfeindlich halte. An dieser Stelle ist vielleicht die historische Erfahrung aus der ersten Frauenbewegung noch wichtig. Der Gedanke der Mütterlichkeit als die besondere Kulturaufgabe der Frau hat in der Mehrheitsströmung der bürgerlichen Frauenbewegung Deutschlands eine besondere Vertiefung erfahren. Helene Lange prägte das Wort von der Weiblichkeit als Kulturform [6]. In diesem Gedanken sah sie die tatsächliche Tendenz, über die „Frauenrechtlerei", wie sie abfällig die Frauenstimmrechtsbewegung charakterisierte, hinauszuwachsen. Die Programmatik der „neuen Mütterlichkeit" als Versuch, die liberal-individualistische Ausprägung der Frauenbewegung zu vermeiden, ist – ohne daß sich die führenden Frauen dieser Idee völlig bewußt wurden – auf dem Weg einer korporativistischen Gesellschaftsauffassung in die menschenfeindliche Mutterschaftsideologie der Naziherrschaft eingefädelt worden [7]. Indem man die Beteiligung von Frauen in der Öffentlichkeit von einer ihnen zugesprochenen besonderen Eigenschaft her begründete, wurde einer Politik der Entmündigung und Instrumentalisierung für Kriegszwecke der Weg bereitet.

Auch in der dritten politischen Sackgasse, die ich hier nennen möchte, spielt das Verhältnis von besonderem und allgemeinem Interesse eine bedeutende Rolle. Ich meine die These, daß die Frauen- und die Friedensproblematik als Folge siegreicher nationaler Befreiungsbewegungen gelöst würden und jede eigenständige Interessenartikulation von seiten der Frauen und hinsichtlich von Frieden und Versöhnung nicht nur überflüssig, sondern ihres ablenkenden Charakters wegen sogar schädlich sei [8]. Auch hier spricht die geschichtliche Erfahrung gegen diese These: Die allgemeine Ausdehnung der Lohnarbeit hat die besonderen Probleme der Frauen nicht gelöst, sei es unter kapitalistisch-sozialstaatlichem, sei es unter sozialistischem Vorzeichen – wie verschieden auch immer sich hier die Probleme stellen. Auch die aktive und massenhafte Beteiligung von Frauen im Rahmen nationaler Befreiungsbewegungen hat ihre gleichberechtigte politische Teilnahme im späteren unabhängigen Nationalstaat nicht gesichert und der revolutionäre Entwicklungsweg unter sozialistischem Vorzeichen Kriege zwischen Staaten mit eben diesem Anspruch nicht verhindert [9].

Wenn die soeben skizzierten Verknüpfungen von Frauenproblematik und Kriegsproblematik Sackgassen sind, die allesamt nicht geeignet sind, den Frauen zu Selbstverwirklichung zu verhelfen und bewaffnete Auseinandersetzungen zwischen den Staaten unwahrscheinlicher zu machen, dann ist es offenbar notwendig, andere Ebenen der Verknüpfung zu finden. Ich sehe sie insbesondere in der Analyse des Unfriedens, wie sie einerseits durch die kritische Friedensforschung, andererseits durch die neue Frauenbewegung vorgetragen wurde.

2. Berührungspunkte: Analyse des Unfriedens

In der Analyse des Unfriedens gibt es zwischen kritischer Friedensforschung und neuer Frauenbewegung auf zwei Ebenen Berührungspunkte: auf der Ebene der Ergebnisse oder Erkenntnisse, wie sie aus den Untersuchungen über den Unfrieden hervorgehen, und auf der Ebene der Methoden, mit Hilfe deren diese Erkenntnisse gewonnen werden.

Auf der Ebene der Erkenntnisse ist es zunächst einmal der Begriff des Unfriedens [10] selbst, der das Gemeinsame sichtbar macht. In der kritischen Friedensforschung[11] hat die ausgiebige Beschäftigung mit Kriegen dazu geführt, daß die Hauptbetonung auf die Untersuchung der zugrunde liegenden Konfliktformationen gelegt wird. Diese Betonung beruht auf der grundlegenden Erkenntnis, daß die kriegerisch ausgetragenen Konflikte das Ergebnis gesellschaftlicher Organisation des Unfriedens sind. Weder der Rückgriff auf individuelle Aggression („Kriege entsprechen der Natur des Menschen") noch auf machtpolitische Kalküle der Herrschaftseliten ist in der Lage, die kollektiven Gewalthandlungen zu erklären, die von den Handlungen des einzelnen abhängig sind, die dennoch von ihnen nicht bestimmt werden.

Die Blickrichtung kritischer Friedensforschung ist also den gesellschaftlichen Vermittlungen zugewendet, durch die Konflikte und ihre Austragungsweisen geformt werden. Offener Unfrieden oder Krieg beziehungsweise seine Vorbereitung wird also nur als eine Erscheinungsform begriffen. Das Erkenntnisinteresse richtet sich aber ebenso auf verborgene gesellschaftliche Vorgänge, die ihre Relevanz für die Friedensproblematik nicht unmittelbar offenbaren. Dazu gehören die vielfältigen Sozialisationsvorgänge, in denen sich Denkformen und der Umgang mit den eigenen Aggressionen in einer Gesellschaft beziehungsweise bestimmter gesellschaftlicher Untergruppen herausbilden. Dazu gehören ferner gesellschaftlich vermittelte Tatbestände, wie zum Beispiel unterschiedliche Lebenserwartung, Selbstmordraten, Gefängnisaufenthalte verschiedener Gruppen innerhalb einer Gesellschaft oder auch im Vergleich zwischen Gesellschaften. Dort, wo als Folgewirkung bestimmter Interaktionsstrukturen die physische und psychische Beeinträchtigung von Menschen deutlich aufgedeckt werden kann, wird in der kritischen Friedensforschung von struktureller oder indirekter im Unterschied zu personal gerichteter oder direkter Gewalt gesprochen [12].

Ich denke, daß diese Blickrichtung in der kritischen Friedensforschung eine Entsprechung in der Orientierung der neuen Frauenbewegung findet. Diese Entsprechung liegt nicht nur in deren Ursprung als Teil der antiautoritären Studentenbewegung begründet. Unaufgebbarer Bestandteil der neuen Frauenbewegung ist vielmehr ihr Interesse, Gewalt gegen Frauen auf allen Ebenen – auch in subtilen Ausdrucksformen – aufzuspüren, und zwar nicht als individuelles Problem einzelner Frauen, sondern als Folgewirkung der Zusammenhänge, in denen sie ihr Leben in der Gesellschaft verbringen. Allein schon die Aufgabe, offene Gewalttätigkeit gegen Frauen aufzudekken und zu bekämpfen, macht ein besonderes Vorgehen erforderlich. Gewalt in Form zwischenstaatlicher Kriege läßt sich dagegen heute wohl kaum noch verbergen; jedoch hinsichtlich staatlich legitimierter Gewaltanwendung im innerstaatlichen Bereich hat auch die Friedensforschung noch eine besondere Aufklärungsarbeit zu leisten.

Für die Frauenbewegung sind weitere Bereiche offener Benachteiligung und Unterdrückung der Frauen in der Gesellschaft wichtig. Immer noch muß sie in den meisten Ländern die Unterdrückung beziehungsweise Benachteiligung in rechtlicher Gestalt bekämpfen. Dort, wo die Gleichheit zwischen Mann und Frau verfassungsrechtliches Gebot ist, sind oft Benachteiligungen in Gesetzen festgeschrieben, die zusammengenommen für die Frauen eine Art Sonderrecht [13] schaffen. Verankert ist dieses Sonderrecht in der Regel innerhalb der Familiengesetzgebung, die von einer Auffassung der Ehe als Institution, nicht aber als privatrechtlichem Vertrag ausgeht. In der Ehe verschränken sich privater und öffentlicher Bereich im bürgerlichen Staat. (Über den entsprechenden Sachverhalt in nichtbürgerlichen Staaten wäre zu diskutieren.) So wie der Begriff der strukturellen Gewalt eine Art Entdeckerleistung der kritischen Friedensforschung war, die den Anstoß für neue Wahrnehmungen gegeben hat, ist für die neue Frauenbewegung die Aufdeckung der Privatsphäre als fundamental gesellschaftlich vermittelter von entscheidender Bedeutung. Die alte Frauenbewegung suchte die sexuelle Doppelmoral, die zu Lasten der Frauen ging, durch eine neue – beide Geschlechter verpflichtende – institutionelle Eheauffassung zu bekämpfen, eine Eheauffassung, die die Subjektivität von Mann und Frau dem Ethos lebenslanger Gemeinschaft unterordnete. Die neue Frauenbewegung möchte hingegen eine neue, nicht repressive Form des Zusammenlebens zwischen Mann und Frau auf der Grundlage der radikal ernstgenommenen Subjektivität. Dabei wird die Subjektivität der Frau nicht mehr vorschnell als die wesensgemäße Hütung höherer Prinzipien festgelegt. Die von der alten Frauenbewegung für unumstößliche Wesensmerkmale der Frau gehaltenen Eigenschaften, die Frauen der neuen

Frauenbewegung auch an sich selbst feststellen, werden von ihnen in erster Linie als gesellschaftlich produzierte begriffen, mit denen umzugehen sie in ihrem Interesse erst lernen müssen.

Die hier genannten Entsprechungen in der Blickrichtung von Friedensforschung und Frauenbewegung münden schon ein in die zweite Ebene, auf der sich Berührungspunkte ergeben, die Ebene der Forschungsmethoden. Die Friedensforschung hat sich ganz etablierter erfahrungswissenschaftlicher Methoden – des Dokumentenstudiums, der Simulation usw. – bedient und dabei genügend brisante Ergebnisse erzielt, um politischen Anfeindungen aller Art ausgesetzt zu sein. Das trifft insbesondere für das klassische Feld der Rüstungs- und Militärforschung zu. Zwar sind auch hier bestimmte unkonventionelle Erkundungserfahrungen von Bedeutung – ich will beispielhaft hier nur auf die Pentagon-Papiere hinweisen –, in denen das Verhältnis von wissenschaftlicher Erkenntnis und praktischem Handeln neu gestaltet wird; das eigentliche Feld neuer sozialwissenschaftlicher Methoden hat aber die Friedensforschung im Bereich der Friedenserziehung entwikkelt, genauer: im Bereich der Vermittlungsproblematik der aus Friedensforschung gewonnenen Erkenntnisse [14]. Hier haben sich zwei Richtungen herausgebildet: eine an den Erkenntnissen der Friedensforschung ausgerichtete, die ich hier die pädagogisch-didaktische nennen möchte. Bei ihr stehen die Aspekte kognitiven Lernens im Vordergrund – zum Beispiel Wissen über die Triebkräfte des Wettrüstens, genauer: der Rüstungsdynamik, oder über Probleme der Unterentwicklung. Die zweite Richtung, die ich hier als sozial-emotionale Lernorientierung bezeichne, bezieht sich auf die subjektive Erlebens- und Erfahrenswelt. Hier wird das herkömmliche Verhältnis von Forschern und Untersuchten ebenso wie das zwischen Lehrenden und Lernenden aufgebrochen.

In der Frauenbewegung drückt sich dieser Gedanke in der kollektiven Lernorganisation von Selbsterfahrungsgruppen aus. Es ist dies eine fundamentale Neuerung gegenüber den Erziehungskonzeptionen der alten Frauenbewegung, auch und gerade gegenüber der radikalen und sozialistischen. Frauen werden nicht sogleich mit ihrer „Dummheit“, ihrer „Rückständigkeit“, ihrem „falschen Bewußtsein“ konfrontiert; weder hier noch in der kritischen Friedenserziehung geht man davon aus, daß einfach Inhalt gegen Inhalt getauscht werden könnte, ähnlich dem Motto eines Waschmittelfabrikanten, der mit dem Spruch wirbt: „Zwing Grau raus, zwing Weiß rein!“ Die phänomenologisch ablesbare Haltung der an der Untersuchung Beteiligten wird vielmehr ernst genommen, indem sie in Bezug zu ihren Erfahrungen gestellt wird, ohne deren Veränderung keine neue Haltung praktisch relevant wird. Im Forschungsprozeß sind daher Handlungs- und Lernelemente sowohl auf seiten der Forscher als auch der Untersuchten enthalten.

3. Berührungspunkte: Praxisorientierte Strategien

Mit der Erörterung, daß grundsätzlich wissenschaftliche Tätigkeit in der Friedensforschung ähnlich bestimmt ist wie in der Frauenbewegung, sind wir in die Nähe jener Berührungspunkte zwischen beiden Problemkreisen gerückt, die sich auf die Frage der Überwindung von Unfriedens- beziehungsweise Unterdrückungszusammenhängen beziehen. Wieder will ich versuchen, die Entsprechungen in der Vorgehensweise herauszuarbeiten, um von da aus direkte Bezugspunkte zwischen neuem Bewußtsein der Frau und der friedenspolitischen Perspektive zu diskutieren.

Ansätze zur praktischen Überwindung von Unfriedens- und Unterdrükkungsstrukturen gehen jeweils von der genauen Untersuchung gegebener Interaktionszusammenhänge aus. Die kritische Friedensforschung hat sich von der älteren Auffassung, daß Verbindung, Assoziation, Beziehung in jedem Fall friedensfördernd seien, losgesagt. Die genaue Betrachtung von Konfliktmustern, von Konfliktformationen auf staatlicher und zwischenstaatlicher Ebene hat zu der grundlegenden Unterscheidung von Konflikten symmetrischer und asymmetrischer Art geführt. Der Ost-West-Konflikt gilt dabei beispielsweise als ein annähernd symmetrischer. Eine solche Auseinandersetzung, in der die gegnerischen Parteien gleich starke Ausdrucksmöglichkeiten ihrer Position sowie die entsprechenden Machtmittel haben, kann tatsächlich durch alle möglichen Formen der Kommunikation oder gar Kooperation auf bestimmten Gebieten einer Lösung nähergebracht werden. Ein Verzicht auf Kommunikation, auf Austausch, auf Zusammenarbeit könnte – wenn es Vorzeichen gleichrangiger Stärke gibt – dagegen einer autistischen, das heißt wirklicheitsfremden Wahrnehmung der Umwelt Vorschub leisten und damit potentiell der direkten Gewaltanwendung [15].

Ein anderer Fall liegt bei den vielfältigen Bindungen vor, die zum Beispiel zwischen Ländern der Dritten Welt und westlichen Industriestaaten bestehen. Hier gibt es bis in die Reproduktionsstruktur der Länder der Dritten Welt hinein vermittelte Abhängigkeiten, die erst durch eine kollektive Eigenbesinnung aufgebrochen werden könnten, von den meisten der bestehenden Bindungen aber verlängert und sogar vertieft werden [16].

Ähnlich besteht eine feministische Perspektive darin, daß sich Frauen zur Bearbeitung bestimmter Aufgaben von allgemeiner Bedeutung zunächst untereinander verständigen, in Versuchen kollektiver Selbsterfahrung zunächst ihre je eigenen Bedürfnisse aussprechen und damit lernen, sie öffentlich zu machen. Auch hier geht es darum, vorerst eine Stufe gleichgewichtiger Ausdrucksstärke zu erlangen, von der aus sodann Konflikte auf symmetrischer Ausgangsbasis bearbeitet werden können. Vorrangig ist die Selbstorganisation auf der Grundlage der eigenen Bedürfnisse. Dabei werden die Vorgänge der Wirklichkeitserfahrung, -erkenntnis und -bearbeitung in zeitlicher Nähe zueinander von ein und derselben Person in Angriff genommen. Die neue Bewußtwerdung der Frau meint damit Selbstbestimmung, die als solche sich auch den ständigen Fremdbestimmungen im Alltag, am Arbeitsplatz, in der Gemeinde, in nationalen Fragen bis zu Entscheidungen über Krieg und Frieden widersetzt. Hier sehe ich auch die wirkliche Bedeutung, die die zunehmende Bewußtwerdung der Frau für eine Politik gegen Gewalt, für Frieden und Versöhnung hat.

4. Prozesse der Bewußtwerdung als Prozesse der Versöhnung und des Friedens

Wenn ich den Begriff der Versöhnung in gesellschaftspolitische Einsichten übersetze, so bedeutet er die subjektive Befähigung zum Frieden als subjektive Befähigung zum Abbau objektiv gewaltträchtiger Beziehungen zwischen Menschen. In ständigen Prozessen der Reflexion und Korrektur kann so eine Balance zwischen völliger Überantwortung des Selbst an die Umwelt als Selbstaufgabe und völliger Blindheit gegenüber der Umwelt als Selbstabkapselung gefunden werden. Die zunehmende Bewußtwerdung der Frau sehe ich daher als eine der Voraussetzungen dafür, daß Gewaltstrukturen, die als gesellschaftlich verfestigtes Handeln zwischen Menschen eben auch in die Subjekte, in die innere Verfaßtheit der Menschen „eingewandert" sind, mit dem Ziel ihrer Auflösung bearbeitet werden können. „Eingewanderte Gewaltstrukturen" [17], die sich in Aggressionen, deren Ziel beliebig ist, in Apathie und vor allem in Angst umsetzen, bedürfen einer eigenen, besonderen Aufmerksamkeit, wenn sie nicht die Friedenschancen aufgrund möglicher objektiver Veränderungen vereiteln sollen.

Bewußtwerdung der Frau als ein Stück Aneignung und Wiederaneignung der eigenen Lebensgestaltung und damit als wachsende Befähigung zum verantwortlichen Handeln ist eine notwendige Voraussetzung für Friedens- und Versöhnungsprozesse. Frauen könnten in diesem Prozeß der Bewußtwerdung Anstöße von gesamtgesellschaftlicher Bedeutung geben, Anstöße, die zu einer ernsthaften Befassung mit den Folgewirkungen von Gewalt- und Unfriedensstrukturen auf der subjektiven Seite führen. In dieser – vermittelten – Weise hat die neue Bewegung der Frauen eine gar nicht zu überschätzende Bedeutung für alle Bestrebungen, die sich auf den Abbau von Gewaltstrukturen innerhalb der Gesellschaften und zwischen den Staaten bemühen.

Wenn Versöhnung also heißt, die subjektive Befähigung zum Frieden durch die Ermöglichung von Selbsterfahrung und Selbstorganisation auf immer wieder neue Weise herzustellen und zu erhalten, dann steht sie nicht im Widerspruch zu politischem – also notwendig auch machtpolitischem – Handeln. Im zwischenstaatlichen Kontext wären Prozesse der Versöhnung in Prozesse der Kommunikation zu übersetzen, deren Gestaltung jeweils von den Konfliktstrukturen vorgegeben wäre. Das heißt, es käme darauf an, die jeweils innerstaatlichen und innergesellschaftlichen Kommunikationsstrukturen so zu gestalten, daß die Kommunikation zwischen den Staaten eine konfliktangemessene Form oder Gestalt annimmt. Diese Aussage bedeutet nichts anderes, als daß die alte Einsicht, daß Außenpolitik von der Innenpolitik bestimmt wird, in einen Hebel für konfliktangemessene Kommunikationsformen übersetzt werden soll, einen Hebel, um Gewaltpolitik zu überwinden.

Wie unterscheidet sich solch ein Ansatz von der alten UNESCO-Devise, daß Krieg in den Köpfen der Menschen seinen Ursprung habe und dementsprechend Friedenserziehung der Weg der Friedensförderung sei? Der Unterschied wurde in Punkt 2 skizziert. Es geht eben nicht darum, neue Inhalte auf den alten Vermittlungswegen einfach auszutauschen, so wichtig auch die Erarbeitung neuer Inhalte, das heißt neuer Erkenntnisse, über friedenshindernde und friedensfördernde Faktoren ist. Vielmehr geht es darum, Ansatzpunkte zu finden, von denen aus die in die psychische Verfassung des Menschen „eingewanderten“ Gewaltstrukturen bearbeitet werden können. Und dies können nur Anhaltspunkte sein, in denen Elemente der Erkenntnis und der Gefühle in einem selbstbestimmten Handeln gelernt werden. Hier gibt es selbstverständlich Schwierigkeiten. Bedarf ein solcher Ansatz nicht einer therapiegerechten Umwelt, also einer Umwelt, wie sie als politischer Kontext nicht existiert – herrschaftsfrei, tolerant und unterstützend? Und sind nicht spätestens dann, wenn wir die Intimität der Kleingruppe verlassen, Machtkämpfe fällig?

Auf diese Situation müssen wir uns tatsächlich einlassen. Zur gleichen Zeit, in der wir neue Vermittlungsformen in der Kleingruppe erproben wollen, müssen wir uns mit den Verhinderungen befassen, die dagegen innerhalb der Gesellschaft aufgebaut werden, und mit den weltpolitischen Zusammenhängen, in denen sich innergesellschaftliche Gewaltpolitik äußert und die selbst in althergebrachten gewaltpolitischen Äußerungsformen münden. Mit geringerer Anstrengung ist der Prozeß gewaltüberwindender Selbstbestimmung für mich nicht denkbar.

5. Ausblick

Die zunehmende Bewußtwerdung der Frau, so denke ich, hat ihre allgemeine Bedeutung darin, daß sie mehr menschliche Bewußtwerdung verspricht, mehr selbstbewußtes Handeln, potentiell weniger Angst und weniger Aggression, die für Gewaltpolitik verfügbar sind. Die neuen Ansatzpunkte und Formen, mit denen sich Frauen zu dem Bewußtsein befreien, daß sie selbst ihre Gesellschaft mitgestalten, sind von eigenständigem Gewicht. Es bedarf keiner wesensmäßigen Festlegung der Frau auf bestimmte Eigenschaften, um diese Ansatzpunkte in ihrer Bedeutung für Frieden und Versöhnung zu erkennen. Was auch immer weibliche Eigenschaften sein mögen – erst durch selbstbewußtes und verantwortliches Handeln können sie der Gewaltminderung im innergesellschaftlichen und im zwischenstaatlichen Zusammenhang dienen.

Anmerkungen

1 Vgl. Lange, H.: Die Frauenbewegung. 3. Aufl., Leipzig 1924. Helene Lange hat diesem Kapitel in bezug auf den Ersten Weltkrieg einen positiven Stellenwert eingeräumt: Marie Elisabeth Lüders, die den Frauenhilfsdienst des deutschen Kriegsamtes koordiniert hat, schrieb darüber in ihrer Autobiographie. Einen Überblick für die Gegenwart gibt Seidler, F.: Frauen zu den Waffen? Koblenz 1978.

2 Vgl. dazu beispielsweise Flexner, E.: Century of Struggle. New York 1970; sowie Zetkin, C.: Zur Geschichte der proletarischen Frauenbewegung. Frankfurt a. M. 1971; Remme, I.: Die internationalen Beziehungen der deutschen Frauenbewegung vom Ausgang des 19. Jahrhunderts bis 1933. Berlin: Phil. Diss. 1955.

3 Vgl. die von der Internationalen Frauenliga für Frieden und Freiheit (deutscher Zweig) herausgegebene Zeitschrift „Völkerversöhnende Frauenarbeit während des Weltkrieges". Teil 1: 1914–1918, München 1920; Teil 2: 1918–1920, München 1921. Vgl. auch Heymann, L. G.: Völkerversöhnende Frauenarbeit während des Weltkrieges. München 1920.

4 Vgl. Evans, R. J.: The Feminist Movement in Germany 1894–1933. London und Beverly Hills 1976.

5 In diesem Motiv der Unterordnung sind bis in die Worte hinein die Argumentationen der politisch äußerst gegensätzlichen Frauen wie Helene Lange und Agnes von Zahn-Harnack gegenüber Clara Zetkin identisch.

6 Vgl. Lange, H., a. a. O., S. 145.

7 Der Begriff der neuen Mütterlichkeit wird in extenso behandelt bei Zahn-Harnack, A. von: Die Frauenbewegung. Berlin 1928.
Die ambivalente Haltung der Nazis gegenüber der weiblichen Arbeitskraft ist auf eindrucksvolle Weise von dem Historiker Tim Mason herausgearbeitet worden. Vgl. Mason, T.: „Zur Lage der Frauen in Deutschland 1930 bis 1940: Wohlfahrt, Arbeit und Familie". In: Backhaus, H.-G., u. a. (Hrsg.): Gesellschaft. Beiträge zur Marxschen Theorie 6. Frankfurt a. M. 1976 (edition suhrkamp), S. 118–193.

8 Clara Zetkin beispielsweise hielt die Selbstorganisation der Frauen für eine feministische Überspanntheit. Vgl. Zetkin, C., a. a. O.

9 Seit dem Krieg Vietnams gegen Kampuchea und Chinas gegen Vietnam muß man von einem Ende der Ideologie sprechen, die mit dem Zerbrechen kapitalistischer Gesellschaftsverhältnisse einen gewöhnlichen zwischenstaatlichen Krieg solcherweise neu geordneter Staaten für unmöglich erklärte.

10 Dieter Senghaas hat in seiner Kritik der Abschreckungsstrategie diesen Gedankengang unter dem Begriff der organisierten Friedlosigkeit ausgeführt. Vgl. Senghaas, D.: Abschreckung und Frieden. 3. Aufl., Frankfurt a. M. 1979 (edition suhrkamp).

11 Vgl. dazu Senghaas, D. (Hrsg.): Kritische Friedensforschung. 2. Aufl., Frankfurt a. M. 1972 (edition suhrkamp).
Der Begriff bezeichnet die Neuorientierung der Friedensforschung, die in Skandinavien insbesondere in Reaktion auf den amerikanischen Krieg in Vietnam ihren Anfang fand.

12 Vgl. Galtung, J.: Strukturelle Gewalt. Reinbek b. Hamburg 1975; vgl. auch ders.: „Violence, Peace and Peace Research". In: Journal of Peace Research, Bd. 6 (1969), S. 167–191.

13 Vgl. Gerhard, U.: Verhältnisse und Verhinderungen. Frauenarbeit, Familie und Rechte der Frauen im 19. Jahrhundert. Frankfurt a. M. 1978 (edition suhrkamp).

14 Vgl. dazu Senghaas-Knobloch: „Wiedergewinnung selbstbewußter Praxis im Forschungsprozeß?" In: Horn, K. (Hrsg.): Aktionsforschung. Frankfurt a. M. 1979, S. 379–404.

15 Unter dem Gesichtspunkt des Kommunikationsnetzes beziehungsweise von Kanälen, die in schwierigen Situationen benutzt werden können, können auch die Vorkehrungen der Rüstungskontrollpolitik der letzten Jahrzehnte – so die „roten Telephone" – positiv gewürdigt werden, während sie auf dem Gebiet der Rüstungskontrolle – das heißt der Beherrschung von Rüstungsdynamik – radikal negativ beurteilt werden muß.
Vgl. dazu Senghaas, D., Rittberger, V., und Luber, B.: „MBFR. Aufrüstung durch Rüstungskontrolle?" In: Funke, M. (Hrsg.): Friedensforschung. Entscheidungshilfe gegen Gewalt. 2. Aufl., Bonn 1978 (Schriftenreihe der Bundeszentrale für politische Bildung), S. 247–284.

16 Selbst radikal neu erscheinende Ansätze zur Gestaltung der Weltwirtschaftsordnung oder regionaler Kooperation machen bei näherer Betrachtung oft deutlich, daß sie einer tatsächlichen Umstrukturierung von Verhältnissen der Abhängigkeit hinderlich sind. Die entwicklungspolitische Debatte thematisiert zur Zeit diesen Widerspruch.

17 Vgl. dazu Horn, K.: „Gewalt und Aggression". In: Röttgers, K., und Saner, H. (Hrsg.): Gewalt. Basel 1978, S. 33–49. Vgl. auch Nicklas, H., und Ostermann, A.: Zur Friedensfähigkeit erziehen. Wien 1976.

Monika Plessner

Passion Südafrika. Der Schriftsteller Peter Abrahams

Vorspruch: Südafrika ist einer der gefährlichsten Krisenherde unserer Zeit. Die folgende Vorstellung eines farbigen Schriftstellers ist ein Versuch, auf Faktoren hinzuweisen, die zum Aufstand in Soweto, zum Mord an Steve Biko beigetragen haben.

Der 1919 geborene Romanschriftsteller Peter Abrahams ist heute schon ein Klassiker der neoafrikanischen Literatur und teilt mit älteren Klassikern das Los, oft genannt und selten gelesen zu werden. Das liegt zum Teil an dem unseligen Graben zwischen dem Romankunstwerk und der sogenannten Unterhaltungsliteratur. Abrahams' Romane sind weder das eine noch das andere. Von der Unterhaltungsliteratur trennt sie – obwohl sie spannend genug sind – die politisch-moralische Passion des Südafrikaners, vom Romankunstwerk sein Verzicht auf Stilmittel, die diese seine Passion in poetische Distanz rücken könnten.

Nadine Gordimer, die bekannte weiße Schriftstellerin aus Südafrika, hat einmal gesagt: „Alles, was Südafrikaner schreiben oder je geschrieben haben, ist durch Rassenpolitik in der Wolle gefärbt, und zwar bis hinab in die tiefste, am wenigsten kontrollierbare Schicht des Bewußtseins.“ Den damals kaum zwanzigjährigen Peter Abrahams hatte diese Rassenpolitik 1939 ins englische Exil getrieben. Im Unterschied zu manchen anderen in seiner Lage hat er dort gelernt, die Situation seines Landes nicht nur zu beklagen, sondern zu durchdenken. In fünf Romanen geht er den sozioökonomischen, psychologischen und historischen Ursachen und Folgen der Rassenpolitik auf den Grund, ohne je die Rolle des Erzählers mit der des Agitators zu verwechseln. Mit rein erzählerischen Mitteln vertritt er vielmehr seit dreißig Jahren konsequent den Standpunkt: Wenn Südafrika nicht in unabsehbarem Chaos enden soll, muß die Rassenpolitik von allen Gruppen gemeinsam überwunden werden. Einstweilen hat es den Anschein, daß er auf verlorenem Posten steht.

Der erste Roman, „Mine Boy“ (1946; deutsch: „Schwarzer Mann im weißen Dschungel“, 1961), spielt im schwarzen Getto einer Vorstadt von Johannesburg, ähnlich jener, in der Abrahams aufgewachsen ist. Hauptfigur ist Xuma, Mischling und Minenarbeiter, der im Kontrast zu vielen Nebenfiguren weder lungenkrank noch Trinker, Zuhälter oder gar Polizeispitzel wird, sondern „boss-boy“, das heißt Anführer eines Trupps von Schwarzen unter Tage. Nach einem Grubenunglück mit tödlichen Folgen feuert er die in ihren frauenlosen Baracken apathisch gewordenen Arbeitssklaven zum Streik an, der blutig niedergeschlagen wird. Gleichzeitig scheitert seine Liebesbeziehung zu einer fast weißen Lehrerin an deren – mit der Einfühlungsgabe eines Psychiaters beschriebenem – Zwiespalt zwischen Gefühl und Prestigedenken im Sinne der Farbenhierarchie. Die Gegenspielerin dieser tragischen Figur ist eine jener unzerstörbaren Urmütter, die hier wie in Schwarzamerika das elende Heim ihrer Großfamilie wie eine Trutzburg verteidigen. Xumas Mitstreiter ist Ire, sein rothaariger Vorgesetzter, nicht ohne Anzüglichkeit „der Rote" genannt. Der Zynismus der Weißen und die Lethargie der Schwarzen lassen ihn fast daran verzweifeln, daß man „zuerst Mensch, dann schwarz oder weiß ist". Xumas direkte Aktion läßt ihn wieder hoffen. Als einziger Weißer stellt er sich beim Streik auf die Seite der Schwarzen. Im Kampfgetümmel mit der Polizei kann Xuma entkommen, während der Ire verhaftet wird. Xuma läßt ihn und die Schwarzen jedoch nicht im Stich, sondern geht mit ihnen ins Gefängnis.

Abrahams' zweiter, in 25 Sprachen übersetzter Roman, „The Path of Thunder" (1948; deutsch: „Reiter der Nacht", 1957), war ein Welterfolg. Was in „Mine Boy" gestiftet wurde, ist hier bereits gegeben: ein Freundschaftsbund zwischen Männern verschiedener Hautfarbe. Drei junge Idealisten, der Farbige Lanny, der Schwarze Mako und der Weiße Isaac, bauen auf eine kommende Gemeinschaft der Rassen. Aber die Liebe des weißen Mädchens Sarie zu Lanny wird brutal vernichtet. „Reiter der Nacht", weiße Rassisten, ermorden die Liebenden. Gegenspieler der Freunde ist Saries Bruder, der zur „Reinerhaltung weißen Blutes" vor keiner Gewalt zurückscheut. Aber die beliebte Rechtfertigung für Rassenhaß trügt. Lanny ist, so stellt sich heraus, sein Halbbruder, Sarie nicht seine leibliche, sondern seine Adoptivschwester. Blutsverwandt ist er also nicht mit der Weißen, sondern mit dem Mischling. Damit entlarvt Abrahams Farbe als Tünche, Rassenhaß als Trugschluß. Allerdings ist er Realist genug, als Verbündete von Schwarzen und Farbigen Randfiguren der weißen Gruppe – in „Mine Boy" einen Iren, in „The Path of Thunder" einen Juden – auftreten zu lassen.

Nachdem er im ersten Roman auf sozioökonomische, im zweiten auf psychologische Aspekte der Apartheidsideologie hingewiesen hatte, legt er im dritten, „Wild Conquest" (1950; deutsch: „Wilder Weg", 1952), einige ihrer historischen Wurzeln bloß. 1834 hatten die Engländer im ganzen britischen Imperium die Sklaverei aufgehoben. Im Kapland, dem „Mutterland" der Buren, wo sie seit 1652 als Viehzüchter und Ackerbauern lebten, kam es daraufhin zum berühmten großen Treck nach Natal im Osten und in die späteren Provinzen Oranje-Freistaat und Transvaal im Norden. Der Roman schildert den Zusammenstoß der Vortrecker mit den Matabele, einem Zulu-Stamm, der 1814 vom Zulu-Herrscher Caka abgefallen und nach Natal gewandert war. Die Matabele verteidigten das jetzt von den Buren beanspruchte Gebiet heldenhaft, kämpften in der von Caka übernommenen Schlachtordnung und wären ohne die Feuerwaffen der Weißen unbesiegbar gewesen. Abrahams fühlt sich meisterhaft ein in die Weltuntergangsstimmung beider Lager. In der Wagenburg der Buren wächst das Gefühl, ums nackte Überleben zu kämpfen. Ihr puritanisches Erwähltheitsbewußtsein rechtfertigt den Völkermord an den „Kaffern", das heißt „Ungläubigen". Die Degeneration des Selbsterhaltungstriebes zum Rassenhaß spiegelt sich in der psychologischen Entwicklung des Buren Paul van As. Vor dem letzten Gemetzel, in dem er fällt, gesteht er seiner jungen Frau allerdings noch, daß selbst die totale Vernichtung der Schwarzen ihm die Sorge um die Zukunft seines Volkes nicht nehmen würde.

Nach dieser Reise in die Vergangenheit wendet Abrahams sich der Gegenwart zu. 1953 erscheint „Return to Goli" – so nennen die schwarzen „Mine Boys" die Goldstadt Johannesburg –, eine Sammlung von Aufsätzen für den „Observer". Obwohl im Besitz eines britischen Passes, ist der mittlerweile wohlbekannte Schriftsteller – kaum auf heimatlichem Boden angelangt – wieder der „Kaffer". Hierzu bemerkt er allerdings maliziös, daß im Sinne dieses aus dem Arabischen kommenden Schimpfnamens auch der derzeitige Präsident von Südafrika „Kaffer" sei. Nach kurzer Auflockerung unter General Smuts im Zweiten Weltkrieg hatte sich die Rassenpolitik in den 14 Jahren seiner Abwesenheit entschieden verhärtet. Die totale Kontrolle von knapp vier Millionen Weißen über eine mehr als vierfache Zahl von Nichtweißen wird jetzt durch den allgegenwärtigen Geheimdienst gesichert. Abrahams widmet jeder der durch die „Farbenschranke" streng getrennten Gruppen ein Kapitel und beginnt mit der eigenen, den „Coloureds". Inder, Schwarze und Weiße folgen. Auffällig ist, daß er gerade über die herrschenden Buren kein abfälliges Urteil fällt. Er sagt vielmehr im Gegenteil: „Wie die Schwarzen haben auch die Afrikaans sprechenden Weißen eine mystische Beziehung zur Erde . . . Europa liegt, was Zeit, biologisches und psychologisches Erbe betrifft, seit Jahrhunderten hinter ihnen. Ihre Geschicke sind unlöslich mit der afrikanischen Erde verbunden. Ihre Lyrik ist, anders als die in englischer Sprache, Spiegelung der Landschaft, in der sie leben: Gesänge des ‚Velds' und seiner Gebräuche, etwas, das hier entstanden und gewachsen ist und vielleicht dereinst zum Bestand einer mannigfaltigen und dennoch gemeinsamen südafrikanischen Kultur gehören wird." Und: „Die Afrikanisierung der Nachkommen jener Vortrecker ist zugleich eine der Ursachen und der Folgen der Tatsache, daß der Strom der ‚westlichen Zivilisation' an ihnen vorübergeflossen ist."
Das gilt in erster Linie für die Aufklärung. Die industrielle Revolution dagegen hat Südafrika so überstürzt erfaßt wie kaum ein anderes Land der Erde. Die Entdeckung der immensen Bodenschätze und die Wende zum

20. Jahrhundert hatte die Tyrannei der Weißen über alle anderen Gruppen zur Folge. Später und zögernder als in anderen Industriestaaten setzte sich jedoch auch hier das dialektische Pendel in Bewegung. Die ersten Geheimbünde entstanden. Nicht nur aus Vorsicht arbeiteten sie lange getrennt, sondern auch, weil Farbige und Asiaten ihre geringen Privilegien vor den Schwarzen nicht aufs Spiel setzen wollten. Als Abrahams nach „Goli" zurückkehrte, gab es jedoch schon eine „nichtweiße Front", mit deren Analyse er seinen Bericht abschließt. An ihrer Spitze standen damals zwei Ärzte: ein farbiger Nachfahre jenes Häuptlings, der – wie in „Wild Conquest" zu lesen – die Buren gastlich in seinem Kral aufgenommen hatte, und ein Inder, der aus Widerwillen gegen den Egoismus der reichen asiatischen Kaufleute Trotzkist geworden war. Abrahams wird ihm in seinem letzten Südafrika-Roman ein Denkmal setzen. Die Ziele der „nichtweißen Front" macht er sich – wie könnte es anders sein! – völlig zu eigen. Aber er warnt vor einer grundsätzlichen Ablehnung aller Weißen: „Ich befürchte . . ., die Weißen werden, wenn sie ganz sich selbst überlassen bleiben, jeglichem Wandel selbst um den Preis der Selbstzerstörung trotzen."

Die „Rückkehr nach Goli" bedeutet einen Einschnitt im Werk von Abrahams. Er hatte in London im Kreise afrikanischer Exilpolitiker verkehrt – darunter N'Krumah und Kenyatta –, die ungeduldig auf ihre Stunde warteten. Der Traum eines alle Afrikaner diesseits und jenseits des Ozeans vereinenden „Panafrika" – befeuert von dem genialen schwarzen Amerikaner W. E. B. Du Bois – muß auch ihn, ähnlich wie N'Krumah, eine Weile in seinen Bann gezogen haben. Die „Rückkehr nach Goli" hatte die Ernüchterung gebracht. Jetzt wußte er, daß die Probleme des Mehrvölkerstaats Südafrika anderer Lösungen bedurften als die der ehemaligen europäischen Kolonien. 1956 erscheint „A Wreath for Udomo", ein utopischer und vielleicht prophetischer Roman und die Absage an die Ideen der Freunde von gestern. Hauptfiguren sind Udomo, der brillante Präsident eines unabhängigen „Panafrika", und Mendhi, Vorkämpfer eines von weißer Herrschaft befreiten „Pluralia". Udomo ist für den wirtschaftlichen Aufbau „Panafrikas" auf technologische Hilfe aus „Pluralia" angewiesen. Der Preis der Weißen dafür ist jedoch der schwarze Rebell im heimischen Untergrund, und Udomo spielt ihn ihnen aus politischem Kalkül in die Hände. Eine geheimnisvolle Bedeutung für die beiden Kontrahenten hat eine Frau aus dem Volke, in deren Marktbude alle Fäden zwischen Stämmen und neuen Eliten, Revolutionären und Reaktionären, schwarzen „Panafrikanern" und „Pluraliern" zusammenlaufen. Als Mutter Afrika – denn die ist gemeint – von Udomos Verrat an Mendhi erfährt, wird er nach uraltem Ritus getötet. Udomo wird damit Opfer des unausrottbaren Tribalismus – personifiziert in einer Figur mit dem bedeutungsvollen Namen „Endura", die allgegenwärtig ist, aber nie in Erscheinung tritt. Mendhi fällt dem modernen afrikanischen Nationalismus zum Opfer.

Erst neun Jahre später, 1965, erscheint der letzte Südafrika-Roman: „A Night of their Own“. Das Commonwealth hatte sich in der Zwischenzeit von der Südafrikanischen Union abgewandt. 1961 war die Republik Südafrika aus der Taufe gehoben worden. An der Wiege standen Wagenburg-Psychologie und Apartheidsideologie. Der Polizeistaat war perfektioniert, die Farbenschranke bis auf die kleinste Fuge abgedichtet, der Geheimdienst allmächtig geworden. Aber auch die Unterdrückten waren nicht untätig und rückten im Untergrund zusammen. In einer Romanhandlung von atemberaubender Spannung schildert Abrahams ihr gefährliches Leben. Der unscheinbare schwarze Hauptakteur trägt den afrikanischen Allerweltsnamen Nkosi, dessen sich schon andere Kämpfer im Untergrund bedient hatten. Ein Unterseeboot setzt den kleinen, fast gesichtslosen Mann vor der Küste von Natal unweit von Durban ab. Er hat den Auftrag, der indischen Widerstandsbewegung eine große Geldsumme zu überbringen. An Land erwartet ihn ein Mittelsmann, ein Bure, dem die Hüter der Rassenreinheit unlängst den Status als Weißer abgesprochen hatten. Seither arbeitet er für den Widerstand, ohne jedoch seine atavistische Abneigung gegen „Kaffern“ und „Kulis“ verloren zu haben. Es gelingt ihm, Nkosi sicher durch eine Polizeistreife, die Verdacht geschöpft hat, zu schleusen. Aber er behält aus zwielichtigen Motiven seinen Paß. Um zu verhindern, daß er damit doppeltes Spiel treibt, läßt ihn die Untergrundorganisation ermorden. Nicht verhindern kann sie, daß Nkosis Paßbild bald im ganzen Land verbreitet wird. Eine Hetzjagd ohnegleichen nach ihm und seinen Kontaktpersonen läuft an. Das Netz des Geheimdienstes ist so eng geknüpft, daß bald niemand mehr durch die Maschen schlüpfen kann. Die mit Schwarzen und Farbigen verbündete Widerstandsbewegung der Inder wird von drei Männern repräsentiert: dem Arzt Dr. Nunkho, dem geheimen Führer der „nichtweißen Front“, seinem unerschrockenen engsten Mitarbeiter, Sammy Naidoo, einem Mann aus dem Volke, und von „Old Man Nanda“, einem reichen Kaufmann, dem sein weitverzweigtes Handelsimperium die ständige Demütigung durch die Weißen wert ist. Deshalb ist sein Haus auch das sicherste Versteck für Dr. Nunkho und Nkosi. Seinem Sohn zuliebe, der zum engsten Kreis um den Arzt gehört, verbirgt er die beiden und schafft sie schließlich sicher aus dem Lande. Hauptfigur auf der Seite der Weißen ist der örtliche Chef des Geheimdienstes, Karl van As, ein Nachkomme des im Kampf gegen die Matabele gefallenen Vortreckers. Der kultivierte Bure, vor der Isolierung Südafrikas Diplomat im Auslandsdienst, füllt seinen Posten nur mit halbem Herzen aus, zumal er seit vielen Jahren ein verbotenes Verhältnis mit einer ebenso kultivierten Farbigen hat. Die Apartheid ist ihm fremd, der Polizeistaat zuwider. Wenn er ihm dennoch dient, so nur, damit „das Land seiner Väter nicht im Chaos untergeht“. Abrahams ist jetzt resigniert genug, die Handlung in offener Tragik enden zu lassen. Nachdem Sammy Naidoo, der Mann der Tat, bei der Razzia gefangen worden war und sich das Leben genommen hatte, bleibt nur der Mythos von der Unzerstörbarkeit des Widerstandes zurück. Ein anderer Nkosi wird wiederkommen. Die Führer werden ausgetauscht. „Young Man Nanda" übernimmt die Rolle Dr. Nunkhos.

Wie ist es möglich, daß Abrahams noch in diesem Buch der Trauer tiefes Verständnis für einen Angehörigen jener Gruppe aufbringt, die ihm und vielen Millionen „Nichtweißen" bis heute die Gleichberechtigung verweigert? Nicht nur die Schwarzen, Farbigen und Inder, auch der Bure van As sind Opfer der südafrikanischen Rassenpolitik.

In „Tell Freedom" (1954; deutsch: „... dort, wo die weißen Schatten fallen", 1956) beschreibt Abrahams seinen Werdegang. Den Vater, einen schwarzen Minenarbeiter aus dem Norden, der bei einem Grubenunglück ums Leben kam, hat er kaum gekannt. Die bettelarme Mutter gehörte zu den „Cape Coloureds", Nachkommen der ersten Holländer am Kap mit Schwarzen und Asiaten. In seinem Geburtsort Vrededorp, einer Johannesburger Satellitenstadt für Nichtweiße, wurde er schon als Kind mit dem südafrikanischen Völker- und Stammesgemisch vertraut. Auf den schmutzigen Straßen zwischen den mit Wellblech bedeckten einförmigen Hütten wimmelte es von Mischlingen aller Art und von Zulus, Basutos, Hottentotten und Asiaten. Nach einem Arbeitsunfall der Mutter, von dem sie sich nie erholte, kam er zu farbigen Pflegeeltern aufs „Veld". Dort begegnete er zum erstenmal weißem Rassenhaß. Ein Bure zwang den Pflegevater – einen armen Farmarbeiter – mit vorgehaltener Waffe, den kleinen Peter einer Nichtigkeit wegen halb totzuprügeln. Bald darauf befreundete er sich mit einem jungen Zulu, der ihn fechten und schwimmen lehrte, lernte dessen Stammessprache und brachte ihm sein Afrikaans bei. Wieder in Vrededorp, trieb er sich auf dem Markt herum und balgte sich mit Gleichaltrigen darum, weißen Hausfrauen für ein kleines Trinkgeld die Einkaufstaschen zum Auto zu tragen. Einträglichere Geschäfte machte er als Häuptling einer jugendlichen Diebesbande, die indische und chinesische Kaufleute bestahl. Kaum zehnjährig, verkaufte er Brennholz an den Hintertüren der Weißen und wurde oft von deren Söhnen bespuckt und verprügelt: „Einfach weil du schwarz bist." Der Tiefpunkt war erreicht, als ihn halbwüchsige schwarze Kriminelle zwangen, für ihre Bande im weißen Johannesburg zu betteln. Aber dann ging es aufwärts. Er wurde Handlanger in einer Schmiede. Eine gutmütige Jüdin las ihm während der Mittagspause aus Lambs „Tales from Shakespeare" vor. Ganz im Bann der Welt, die sich ihm dadurch eröffnete, gab der junge Analphabet keine Ruhe, bis er in der einzigen Schule für Farbige aufgenommen wurde. Der Leiter, ein „verrückter Bure", erkannte seine Begabung und ließ ihn das Pensum der drei ersten Klassen in einem Jahr nachholen. Durch eine Zufallsbekanntschaft geriet er ins „Bantu Men's Social Center". Dort entdeckte er die Protestliteratur der schwarzen Amerikaner: Du Bois, Claude McKay, Countee

Cullen, Jean Toomer. Die Spirituals, von Paul Robeson gesungen, weckten eine Liebe zu seinem Volk, von der er nie ablassen würde. Auf einmal sah er sein Ziel klar vor sich: Er mußte Schriftsteller werden, und alle Welt sollte seine Geschichten aus Südafrika so lesen wie „Tales from Shakespeare“. Eine anglikanische Missionsschule für zukünftige nichtweiße Lehrer nahm ihn als internen Werkstudenten auf. Sein besonderer Förderer war wieder ein „verrückter Bure“. Bald druckte die von Weißen kontrollierte, aber von Schwarzen redigierte Zeitung „Bantu World“ seine ersten Gedichte. Da er nicht Lehrer werden wollte, kehrte er nach zwei Jahren zurück nach Johannesburg und wurde wieder Handlanger. Nebenbei besuchte er das „Institute for Race Relations“ und wurde von weißen Marxisten mit offenen Armen aufgenommen. Aber ihre Fraktionskämpfe stießen ihn ab: „Wo in ihrem Weltbild ist Raum für Poesie und Musik und die Wärme uneigennütziger Freundschaft?“ 1938 erschien im Londoner „Daily Express“ eine Reportage über den „Coloured Boy Poet“. Im weißen Johannesburg fand er daraufhin keine Arbeit mehr. Kapstadt war von jeher liberaler gewesen. Dort schloß er sich oppositionellen politischen Kreisen an, die keine Farb- und Rassenunterschiede machten. Doch die endlosen theoretischen Auseinandersetzungen waren ihm auch hier zuwider. So folgte er einer Aufforderung, die erste schwarze Schule in einer der damals elendsten Regionen, den „Cape Flats“, zu gründen. Schon nach kurzer Zeit zwangen ihn jedoch Hunger und Krankheit zurück in die Stadt. Eines Artikels über die empörenden Zustände in den „Cape Flats“ wegen fand er wieder keine Arbeit. Jetzt war sein Entschluß gefaßt. Wenn er schreiben und gelesen werden wollte, mußte er das Land verlassen. Da man ihm in Kapstadt die Ausreisepapiere verweigerte, wanderte er zu Fuß mehrere Monate lang bis Natal. In Durban arbeitete er unter Pseudonym für den indischen Widerstand. Kurz nach Ausbruch des Zweiten Weltkrieges bekam er durch Bestechung einen Platz als Kohlenschipper auf einem Frachter. Nach drei Jahren auf See landete er 1942 in England.

Noch einmal: Wie ist es möglich, daß ein Farbiger mit solchem Werdegang sich in den Dienst der Versöhnung aller Gruppen in Südafrika stellt? Von Erziehung in unserem Sinne war bis zum zehnten Lebensjahr keine Rede. Religiöse Eindrücke empfing er erst in einem Alter, in dem er schon kritikfähig war. In der Missionsschule fragt er sich: „Die Kirche lehrt uns, daß wir alle Brüder sind. Die Gleichung geht nicht auf. Wo liegt der Fehler? Bei der Religion? Bei den Weißen? Bei uns? Bei Gott oder den Menschen?“

Vielleicht ist es entscheidend, daß die prägenden Eindrücke von Außenseitern kamen: jenen „verrückten Buren“ vor allem, die der eigenen Gruppe trotzten. Hinzu kommt, daß ästhetische Eindrücke ihn besonders prägten, daß christlich-aufklärerische Moral durch große Literatur wie Shakespeare,

Keats, Shelley, die schwarzen Amerikaner vermittelt wurde. Das literarische Entzücken an Toomers „Cane“, dem Hohenlied Schwarzamerikas, an Cullens ergreifendem Versepos „The Black Christ“ hat zugleich mit der Empörung über Verfolgung und unverdientes Leid auch den Sinn für die Schicksalsverstrickungen geweckt, die sie verursachen und zur Folge haben. Nicht aus dem Religionsunterricht, sondern von den „namenlosen Barden“ der Spirituals hat der junge Farbige in Südafrika die Lehre empfangen, daß der schwarze Gekreuzigte kein anderer ist als der weiße auf Golgatha.

Für den Weg des Schriftstellers war sicher auch das Leben im Exil von Bedeutung. Gewiß hat Abrahams in England allmählich den Kontakt zur psychologischen Wirklichkeit, zur situationsbedingten Vielschichtigkeit und Gebrochenheit südafrikanischer Menschen verloren. Aber der Blick durch das Fernrohr hatte auch Vorteile. Im täglichen Nahkampf hätte Abrahams die südafrikanischen Probleme schwerlich so systematisch durchdenken können wie im sicheren England. Hinzu kommt, daß er sich spätestens seit Gründung der Republik zu politischer Tatenlosigkeit verurteilt empfunden haben muß. Welche unerfüllbaren Wünsche mögen sich hinter Gestalten wie „Mendhi“, „Udomo“ oder „Nkosi“ verbergen? Aber auch welche Sorge, daß „das Land seiner Väter im Chaos untergeht“? Ohne das Heimweh des Verbannten hätte er sich schwerlich zu der moralisch-politischen Größe seiner Passion für Südafrika durchringen können. „Wenn der Wind bläst, wenn der Ast bricht, wird die Wiege fallen.“ Mit dem alten englischen Kinderreim, den er „A Night of their Own“ voranstellt, weiß er sich einig mit Jean Toomer, der dem Vers weltumspannende Bedeutung gegeben hat. In „Cane“ lautet er:

„Black mother sways, holding a white child on her bosom.
When the bough bends . . .
Her breath hums through pine-cones,
cradle will fall . . .
Teet moon-children at your breasts,
Down will come baby . . .
Black mother.“

Schwarz-weiße Zusammengehörigkeit also, in deren Sinne einer ihrer großen Verfechter, Richter Wright, über Peter Abrahams sagt, er sei einer jener Schriftsteller, „deren Passion es ist, von unser aller Menschsein Zeugnis abzulegen“.

Fünfter Teil

Kulturbeziehungen im Nord-Süd-Dialog

Urs Müller-Plantenberg

Probleme der Chancengleichheit – weltweit

Daß extreme Armut, Hunger und Unterernährung in den letzten Jahrzehnten in den Ländern der Dritten und Vierten Welt zugenommen haben und noch immer zunehmen, ist – spätestens seit die Weltbank den Kampf gegen Armut und Hunger auf ihre Fahnen geschrieben hat – kein Geheimnis mehr. Noch stärker zugenommen hat die Flut der Publikationen zu diesem Thema und vor allem die Zahl der internationalen Konferenzen, Kommissionen und Workshops, bei denen Vertreter internationaler Organisationen, Regierungsdelegationen aus aller Herren Länder, Experten und Wissenschaftler über Problemlösungen diskutieren und verhandeln.

Angesichts der offenbaren Ergebnislosigkeit und Unfruchtbarkeit der meisten dieser Konferenzen und Workshops sind viele Beobachter und Kritiker dazu übergegangen, den skandalös erscheinenden Kontrast zwischen dem äußeren Rahmen dieser Debatten und ihrem Gegenstand hervorzuheben. Da sitzen gutgenährte, wohlerzogene und – wegen der Gefahr eines Herzinfarkts – sportlich trainierte Vertreter des Welt-Establishments in luxuriös ausgestatteten Tagungspalästen auf bequemen Sesseln bei wohltemperierter Luftzufuhr, um über Armut und Hunger zu diskutieren, bis die Zeit gekommen ist, sich bei glanzvollen Empfängen einem reichhaltigen Buffet und ausgesucht guten Getränken zuzuwenden oder bei anderen Vergnügungen zu entspannen. Noch skandalöser erscheint der Kontrast, wenn sich der Tagungsort in der Dritten Welt selbst befindet und die Elendssiedlungen der städtischen Slums oder die armen Hütten der Landarbeiter und Bauern in wenigen Minuten zu erreichen sind.

Wenn die offiziellen Vertreter der Entwicklungsländer überhaupt auf solche Art moralischer Kritik eingehen, dann tun sie es mit dem Argument, daß durch solche Kritik den Entwicklungsländern kein Gefallen getan werde, weil dadurch ihre Verhandlungsposition geschwächt werde, wo es doch darauf ankomme, sie zu stärken. Dieses Argument hat durchaus eine innere Logik. Wer mit Aussicht auf Erfolg in Verhandlungen den Vertretern der mächtigen Industrieländer, der multinationalen Konzerne und der internationalen Institutionen gegenübertreten will, muß gut darauf vorbereitet und auf der Höhe der Zeit sein. Er darf nicht hungrig und unterernährt sein; seine Aufgabe verlangt vielmehr den Vollbesitz seiner Kräfte. Damit ihm nichts entgeht, muß er die Weltsprachen beherrschen. Noch mehr: Er wird seiner Sache am ehesten gewachsen sein, wenn er – wie seine „Partner" – über eine ausgezeichnete Ausbildung verfügt, am besten ein Diplom aus Harvard, Yale oder Cambridge. Zu seinem notwendigen Handwerkszeug gehört eine einschlägige Fachbibliothek ebenso wie eine Anzahl technischer Geräte. Um auf der Höhe der Zeit zu sein, muß er außerdem die Weltpresse verfolgen und auf Reisen die wichtigsten Zentren der politischen und wirtschaftlichen Macht in der Welt kennengelernt haben. Um dieses von ihm geforderte angespannte Leben überhaupt ertragen zu können, bedarf er hin und wieder einer Zeit der Entspannung, Muße und fröhlichen Unterhaltung.

Aus der von den kritischen Beobachtern übernommenen Optik der armen und elenden Slumbewohner, Landarbeiter und Kleinbauern muß das Leben und Treiben ihrer Repräsentanten, die da über den Hunger und die Armut reden, als ein Leben des Überflusses und des skandalösen Luxus erscheinen. Aus der Sicht der Diplomaten, Experten und Wissenschaftler aus den Entwicklungsländern hingegen muß es als eine ihre Arbeit erschwerende Diskriminierung gelten, wenn an sie – und nicht auch an ihre Kollegen und Partner aus den reichen Industrieländern – die moralische Aufforderung ergeht, ihren Lebens- und Arbeitsstil zu ändern und ihre Einkünfte und Ausgaben den knappen Ressourcen eines armen Entwicklungslandes anzupassen.

Beide Sichtweisen verdienen ernst genommen zu werden, gehen sie doch beide von der als gerecht empfundenen Forderung nach mehr Gleichheit aus. Im einen Fall wird mehr *nationale* Gleichheit der Einkommen gefordert, im anderen Fall mehr *internationale* Gleichheit der Lebens- und Arbeitsbedingungen der jeweiligen Eliten. Wer aber beide Forderungen ernst nehmen will, gerät notwendig in ein politisch-moralisches Dilemma. Die aus diesem Dilemma resultierende Unsicherheit wird beispielsweise deutlich, wenn Studenten aus den Entwicklungsländern an Universitäten der Industrieländer von ihren Kommilitonen abwechselnd als Repräsentanten ihrer armen Heimatländer solidarisch unterstützt und als zukünftige Privilegierte und Ausbeuter ihrer Länder beschimpft werden.

Dieses Dilemma, das zunächst unlösbar erscheint, hat seinen Ursprung darin, daß nicht nur in der gängigen entwicklungspolitischen Diskussion, sondern auch in den wesentlichen wissenschaftlichen Arbeiten über Entwicklung und Ungleichheit zwei Arten der Betrachtung von Einkommensdisparitäten unverbunden nebeneinandergestellt werden: Zuerst werden die internationalen Unterschiede der nationalen Durchschnittseinkommen betrachtet und danach die nationalen Einkommensunterschiede zwischen den verschiedenen Einkommensgruppen und Klassen.

Die Gründe für dieses Vorgehen liegen auf der Hand: Erstens sind die genannten Daten relativ einfach und relativ zuverlässig statistisch zu erfassen. Und zweitens sind die sichtbar handelnden und an diesen Daten interessierten Akteure im internationalen Maßstab die Regierungen der einzelnen Länder, im nationalen Maßstab die Vertreter der verschiedenen Einkommensgruppen und Klassen.

Die Schlußfolgerungen für den Kampf gegen die Armut sind aus diesen Statistiken leicht zu ziehen und jedermann geläufig: Da es reiche und arme Länder gibt, muß den armen Ländern geholfen werden. Da aber die Einkommensunterschiede in den armen Ländern viel größer sind als in den reichen Ländern, muß der erste Schritt im Kampf gegen die Armut die Umverteilung der Einkommen in den armen Ländern selbst sein.

Die Weltbank, deren jährlich herausgegebene Atlanten vor allem die Unterschiede zwischen den nationalen Durchschnittseinkommen hervorheben, beschränkt sich denn auch in ihren Strategien gegen Hunger und Armut auf den Ausgleich zwischen reichen und armen Ländern: Ohne die Strukturen wirtschaftlicher und politischer Macht in den armen Ländern anzutasten, sollen Hunger und Armut unter Ausnutzung von Marktmechanismen durch Steigerung der Produktion und Kommerzialisierung von agrarischen Produkten bekämpft werden.

Eine Vielzahl von kritischen Untersuchungen hat inzwischen längst ergeben, daß eine unter den bestehenden Marktstrukturen operierende Strategie der Steigerung von Produktion und Kommerzialisierung die Zahl der Armen und Hungernden eher steigert als senkt. Für die Teilnahme an den Hilfsprogrammen der Weltbank und an der sogenannten „Grünen Revolution" sind Mindestbetriebsgrößen und Mittel für Maschinen, Saatgut und Düngemittel erforderlich, über die die meisten Kleinbauern und Landarbeiter auch trotz Hilfe nicht verfügen können. Sie werden daher durch die Programme eher vom Zugang zum Boden und zum Markt vertrieben und sehen keine andere Wahl, als das Heer der Arbeitsuchenden in den Elendsvierteln der Städte zu vergrößern. Da die Kommerzialisierung der zusätzlichen Produktion eine kaufkräftige Nachfrage voraussetzt, zielt die Produktion von vornherein stärker auf den Weltmarkt und auf die Bedürfnisse der Reichen als auf die Befriedigung der Grundbedürfnisse der hungernden Armen in Stadt und Land.

Die Schlußfolgerung dieser kritischen Untersuchungen ist deshalb in der Regel eindeutig: Steigerungen der landwirtschaftlichen Produktion zeigen nur dann eine Wirkung im Kampf gegen Hunger und Armut, wenn sie von einer effektiven Einkommensverteilung zugunsten der Armen und auf Kosten der Reichen im jeweiligen Entwicklungsland begleitet werden. Ob eine solche effektive Einkommensverteilung nur in der Folge revolutionärer Umwälzungen der gesamten wirtschaftlichen und politischen Machtstruktur in dem jeweiligen Entwicklungsland erreicht werden kann (Beispiel Kuba) oder ob der gute Wille und die Einsicht eines Teils der herrschenden Klassen und eine geeignete Veränderung der Hilfsprogramme der internationalen Institutionen ausreichen, wird dann meistens nicht weiter diskutiert.

Diese Frage soll auch hier nicht beantwortet werden, wohl aber kann ein Hinweis darauf gegeben werden, warum eine drastische Einkommensumverteilung in kapitalistisch orientierten Entwicklungsländern auf außerordentliche politische, wirtschaftliche und psychologische Schwierigkeiten stoßen muß.

Ausgangspunkt der Betrachtung ist zunächst die Beobachtung der integrierten Welteinkommensstruktur. Es sollen also nicht die einzelnen Einkommenspyramiden der verschiedenen Länder ins Auge gefaßt werden, sondern die Einkommenspyramide der gesamten (kapitalistischen) Welt.

Diese Welteinkommensstruktur ist wegen des Mangels an Daten und der Schwierigkeiten bei der Berechnung der realen Kaufkraft der einzelnen Währungen sicherlich statistisch viel schwerer zu erfassen als ein Vergleich der nationalen Durchschnittseinkommen. Hier geht es aber nicht um Schwierigkeiten der Statistik, sondern um die Veränderung des Blickwinkels, eine Veränderung, die im übrigen in bezug auf bestimmte Berufsgruppen längst jedem Illustriertenleser vertraut ist: Fußballspieler und Filmschauspieler mit internationalem Ruf haben längst einen internationalen Marktwert, der nicht mehr an dem nationalen Durchschnittseinkommen der Herkunftsländer gemessen wird, sondern nur noch am internationalen Marktwert der Konkurrenz.

Untersucht man nun diese integrierte Welteinkommenspyramide im Hinblick auf den Beitrag der einzelnen Länder, so wird man leicht feststellen können, daß im obersten und oberen Teil der Pyramide praktisch alle Länder – wenn auch mit einem sehr unterschiedlichen Prozentsatz ihrer Bevölkerung – vertreten sind: Die reichsten Inder sind nicht weniger reich als die reichsten Schweden, wohl aber bilden sie eine verschwindende Minderheit gegenüber den Massen der armen Inder, während die vergleichbare Gruppe in Schweden schon einen größeren Teil der Bevölkerung ausmacht und überdies von einer Gruppe gefolgt wird, die Einkommen hat, welche in Schweden als mittlere, im Weltmaßstab als sehr hohe gelten müssen.

Je mehr man sich nun der Basis der Pyramide nähert, desto weniger Länder sind darin noch vertreten, bis am Ende nur noch die sogenannten „least developed countries“ mit ihren Hunderten von Millionen von Armen übrigbleiben.

Bei dieser Art der Betrachtung erscheinen die höheren Einkommensschichten aus den Entwicklungsländern jetzt als das, was sie sind und als was sie sich in der Regel auch fühlen: als teilhabender, mitbestimmender, integrierter Bestandteil der (kapitalistischen) Weltgesellschaft. Insofern ist das oben bezeichnete politisch-moralische Dilemma ein scheinbares: Sie haben so viel Verachtung (oder Mitleid) verdient wie ihre Konkurrenten und Kollegen aus den Industrieländern.

Der Grund für die Existenz hoher Einkommen in den Entwicklungsländern – extrem hoch, gemessen am nationalen Maßstab, relativ normal im Weltmaßstab – ist nicht allein in der Konzentration wirtschaftlicher und politischer Macht zu sehen, die mit äußerster Zähigkeit verteidigt wird – mit derselben Zähigkeit, mit der die Industrieländer ihr hohes Lohnniveau zu verteidigen suchen. Der entscheidende Grund ist vielmehr auch und vor allem zu sehen in der internationalen Konkurrenz um Kapital und qualifizierte Arbeitskräfte. Am Beispiel der oben schon genannten Diplomaten, Experten und Wissenschaftler mag deutlich werden, was gemeint ist. Sie können gegenüber ihren Regierungen zur Rechtfertigung ihrer hohen Einkünfte nicht nur auf historisch gewachsene Bedürfnisse der Lebenshaltung und auf wachsende Erfordernisse technischer Ausrüstung verweisen, sie können darüber hinaus auch verlangen, ihren Gegenspielern ebenbürtig gegenüberzutreten, und sie haben vor allen Dingen Zugang zum Weltarbeitsmarkt für hochqualifizierte Fachkräfte. Ist die Regierung von ihrer Tätigkeit überzeugt, so wird sie den auf diesem Markt üblichen Preis zu zahlen haben. Der Kampf gegen den sogenannten „brain drain“ kann nur mit hohen Gehältern geführt werden. Unter internationalen Experten ist es heute üblich, den Entwicklungsstand eines Landes danach zu beurteilen, ob es fähig und willens ist, Fachleuten „kompetitive“ (das heißt die in den Industrieländern üblichen) Gehälter zu zahlen.

Im allgemeinen gilt: Je höher und breiter die Qualifikation ist, desto größer ist auch die Chance des Zugangs zum Weltarbeitsmarkt und damit auch die Chance, das international bei der gegebenen Qualifikation übliche Einkommen zu erreichen. Diese Chance reicht in geringerem Maße auch hin bis zu den qualifizierten Facharbeitern in den großen Bergbau- und Industriebetrieben der Dritten Welt, denen von rechten Demagogen und linken Romantikern der reinen Bauernrevolution häufig der Vorwurf gemacht wird, sie würden durch ihre relativ privilegierte Lohnsituation an der Ausbeutung der Armen in Stadt und Land teilnehmen. Abgesehen davon, daß sie nur ihre Chance nutzen und dabei immer noch schlechter dastehen als ihre Kollegen in den Industrieländern, würde ein freiwilliger Lohnverzicht niemals den Armen zugute kommen, sondern nur die Profite der Konzerne steigern.

Was bisher für die abhängig Beschäftigten ausgeführt wurde, gilt in ähnlicher Weise auch für die kapitalistischen Unternehmer. Sollen sie sich gegen die ausländische Konkurrenz und gegen die im Inland produzierenden multinationalen Konzerne dauerhaft behaupten können, so muß ihnen die Chance eingeräumt werden, die international übliche Profitrate zu erreichen. Ihr Mittel, das im Zweifelsfall zu erzwingen, ist die Drohung mit der Kapitalflucht.

Die einzige Gruppe, die vom Weltarbeitsmarkt völlig ausgeschlossen ist oder bestenfalls in bestimmten Kontingenten für befristete Zeit zur Verrichtung von Dreckarbeit in anderen Ländern herangezogen wird, ist die große Masse derjenigen, die nur über eine geringe, eine veraltete oder gar keine Qualifikation verfügt. In den Industrieländern wird dieser Gruppe durch das im Lauf der Jahrzehnte geknüpfte „Netz sozialer Sicherheit" häufig ein mehr oder weniger dürftiges Überleben gesichert. In den Entwicklungsländern dagegen ist diese Gruppe fast völlig identisch mit den Armen und Hungernden. Der fehlende Zugang zum Weltarbeitsmarkt beraubt sie jeder Möglichkeit, über Marktmechanismen einen größeren Anteil am Bruttosozialprodukt ihrer Gesellschaften zu erkämpfen. Das macht ihren wesentlichen Unterschied zu den übrigen Gruppen und Klassen ihres jeweiligen Landes aus, und das macht es deshalb auch so unwahrscheinlich, wenn nicht unmöglich, unter den gegebenen Bedingungen eine wesentliche Veränderung der Einkommensstruktur in den Entwicklungsländern zu ihren Gunsten ohne eine grundsätzliche Umwälzung der wirtschaftlichen und politischen Machtverhältnisse zu erreichen.

Hunger und Armut sind in der Geschichte des Kapitalismus keine neuen Erscheinungen. Industrialisierung und Kapitalisierung der Landwirtschaft haben auch im Europa des 18. und 19. Jahrhunderts und sogar bis ins 20. Jahrhundert hinein große Massen von Armen und Elenden produziert. Aber diese Armen aus England, Irland, Deutschland, Italien und Polen hatten noch einen Ausweg: die Auswanderung nach Übersee.

Heute dagegen sind die Grenzen der Länder, in denen noch ein zum Überleben ausreichendes Einkommen zu erreichen wäre, für alle unqualifizierten Auswanderungswilligen aus den Entwicklungsländern absolut gesperrt. Zur Sicherung des Netzes sozialer Sicherheit werden in den reichen Ländern bei der Formulierung und Verschärfung der Ausländergesetzgebung alle Register gezogen, um die unerwünschten Armen ab- und auszuweisen.

Trotzdem wächst die Flut der illegalen Einwanderer in reiche Länder: aus Mexiko in die USA, aus Kolumbien nach Venezuela, aus Algerien nach Frankreich, aus Ägypten, Jemen und Pakistan in die Ölstaaten am Persischen Golf und sogar nach West-Berlin. Überall, wo die Grenzen zwischen armen und reichen Ländern nicht vollständig kontrolliert werden können, quillt es hindurch. Die illegalen Einwanderer kennen das Risiko. Sie wissen, was sie erwartet: Rechtlosigkeit, Zurücksetzung, Diskriminierung, Prügel, Verfolgung, Ausweisung, Abtransport. Aber sie kommen. Und sie kommen immer wieder, weil sie wissen, was sie hinter sich lassen.

An der Grenze zwischen den USA und Mexiko wächst eine Mauer, hinter der die modernsten, im Vietnam-Krieg erprobten Geräte zur Aufspürung von Menschen eingesetzt werden. Diese Mauer wird als Monument des Kampfes gegen die Armen und Hungernden in die Geschichte eingehen. Schon jetzt ist sie ein Symbol der Niederlage im Kampf gegen Armut und Hunger.

Traugott Schöfthaler

Über die Mehrdeutigkeit von Ethnozentrik in der Weltgesellschaft

"Does the racial self-conception of the African really exclude the process of intellection? ... Let us respond, very simply, as I imagine our mythical brother innocent would respond in his virginal village, pursuing his innocent sports, suddenly confronted by the figure of Descartes in his pith-helmet, engaged in the mission of piercing the jungle of the black pre-logical mentality with his intellectual canoe. As our Cartesian ghost introduces himself by scribbling on our black brother's – naturally – *tabula rasa* the famous proposition, 'I think, therefore I am', we should not respond, as the Negritudinists did, with 'I feel, therefore I am', for that is to accept the arrogance of a philosophical certitude that has no foundation in the provable, one which reduces the cosmic logic of being to a functional particularism of being. I cannot imagine that our 'authentic black innocent' would ever have permitted himself to be manipulated into the false position of countering one pernicious Manicheism with another. He would sooner, I suspect, reduce our white explorer to syntactical proportions by responding: 'You think, therefore you are a thinker. You are one-who-thinks, white-creature-in-pith-helmet-in-African-jungle-who-thinks and, finally, white-man-who-has-problems-believing-in-his-own-existence.' And I cannot believe that he would arrive at that observation solely by intuition." [1]

1. Eurozentrische Sozialwissenschaft?

Das Interview eines weißen Sozialforschers mit einem afrikanischen Dorfbewohner, das der nigerianische Professor für vergleichende Literaturstudien Wole Soyinka stilisiert hat, ist ein keineswegs nur satirisch gemeinter Vorwurf an die Adresse europäischer Wissenschaft. Soyinka meint, liberale und kosmopolitische europäische Denker der Gegenwart blieben ohne ihr Wissen und Zutun in den Gleisen kolonialistischer Schwarzweiß-Malerei. Er nennt deshalb Jean-Paul Sartres Versuch „eurozentrisch", die Unterschiede zwischen afrikanischem und europäischem Denken mit dem Begriffspaar „Verstehen" und „Einsicht" zu fassen. Sartre sei den Protagonisten der Negritude auf den Leim gegangen, denen im Kontakt mit europäischer Bildung kulturelle Selbstverständlichkeiten abhanden gekommen seien, deren sie nun im Banne europäischer Dialektik mühsam wieder habhaft zu werden trachteten.

Sartre wollte Vorurteile über das wiedererwachende Selbstbewußtsein der Afrikaner abbauen, indem er die Negritude-Bewegung als Vorreiter einer Gesellschaft ohne Rassenschranken deutete und sie damit politisch an die Seite europäischer Vorkämpfer gegen Klassenschranken stellte [2]. Dieser universalistische Gedanke, dem Ethnozentrik im geläufigen Sinne fremd ist, spiegelt jedoch – so Soyinka – ein eurozentrisches Weltbild. Eurozentrische Sozialwissenschaft sei der fortwährende Versuch, alle möglichen menschlichen Handlungsweisen und Gewohnheiten anhand *eines* Kriteriums zu erforschen. Die europäische Wissenschaftsgeschichte sei voll von solchen Monokriterien, die alle ihre eigene Mikrowelt hierarchisch geordneter Theorien begründeten. Europäische Denkgewohnheiten seien darin Prüfstein für den Rest der Welt.

Soyinka lenkt unsere Aufmerksamkeit auf ein Problem, das gegenwärtig unter den Stichworten „Kulturimperialismus" und „Wissenschaftsimperialismus" diskutiert, aber dabei meist auf den Herrschaftsaspekt eingeschränkt wird: Sind der Liberalismus und der Universalismus, von dem unsere modernen Sozialwissenschaften überwiegend getragen werden, so weit Ideologie, daß sie den Blick für die kulturelle Relativität von Forschungsmethoden und Erkenntnissen trüben? Europäische Sozialwissenschaft ist sicherlich nicht durchweg eurozentrisch. Aber sie sollte sich, je mehr sie im Begriff ist, sich als Theorie einer werdenden Weltgesellschaft zu verstehen, der Frage stellen, um welche soziale Bezugsgruppe sie wirklich zentriert ist.

2. Die Ethnozentrik der „autoritären Persönlichkeit"

Die vor knapp dreißig Jahren in den USA veröffentlichte Untersuchung der „Autoritären Persönlichkeit" von T. W. Adorno, E. Frenkel-Brunswik, D. J. Levinson und R. N. Sanford ging der Anfälligkeit für faschistische Ideologie nach, indem sie die Wurzeln sozialer Vorurteile in der amerikanischen Bevölkerung ergründete. Um die Begrenztheit des Vorurteilsbegriffs – der immer auf bestimmte soziale Gruppen bezogen ist – zu überwinden, griffen die Autoren auf den in der Kulturanthropologie entwickelten Begriff der Ethnozentrik zurück. In seinen „Folkways" von 1906 hatte W. G. Sumner erstmals diesen Terminus verwendet, um ein Weltbild zu kennzeichnen, in dem die eigene Sippe den Mittelpunkt bildet. Für Sumner und viele Ethnologen nach ihm galt ein solches Denkschema als Merkmal kulturell rückständiger oder isolierter Völker [3].

Adorno und seine Kollegen provozierten die amerikanische Öffentlichkeit mit der Feststellung, in dem Land, das eben den europäischen Faschismus besiegen half, sei ethnozentrisches Denken verbreitet. Als „Studie zur Vorurteilsforschung" lieferten sie eine Deutung von Interviews mit über 2000 vorwiegend kalifornischen Bürgern, die sich nicht mit der Interpretation einzelner sozialer Vorurteile zufriedengab, sondern diese als Manifestationen einer in Form von konzentrischen Kreisen konstruierten sozialen Welt sah: „Whites, Americans, native-born Americans, Christians,

Protestants, Californians, my family, and finally – I". Damit war ein neuer Ethnozentrik-Begriff geprägt. Als ethnozentrisch gilt ein binäres Schema in der Motivstruktur der autoritären Persönlichkeit, das unabhängig von objektiven Gruppenzugehörigkeiten „ingroup" und „outgroup" rigide trennt. Ein ethnozentrisches Denkmuster liegt dann vor, wenn ein Individuum sich mit verschiedenen sozialen Gruppen identifiziert (ingroups) und gleichzeitig die jeweils nicht darin eingeschlossenen Gruppierungen abwertet und ablehnt (outgroups). In den verschiedenen Ethnozentrismus-Skalen finden sich Items zu fremden Ideen und Lebensgewohnheiten, zu Minderheiten und zum amerikanischen Patriotismus.

Die innere Konsistenz dieser Skalen – die Inter-Item-Korrelationen liegen durchweg bei .90 – bestätigt die Annahme der Autoren, daß die Motivstruktur der autoritären Persönlichkeit mit dem Ethnozentrik-Begriff besser erfaßt sei als mit der Interpretation einzelner Vorurteile. Im Sample ist zwar nur eine – wenn auch starke – Minderheit als hoch ethnozentrisch einzustufen; doch sind die Trends zur Dominanz dieses Denkschemas insgesamt genauso zahlreich vertreten wie die Gegenkräfte. Besondere Bedeutung als „outgroups" haben Juden, Neger, untere soziale Klassen, Gewerkschaften, politisch Radikale, häufig aber auch Katholiken, Künstler, Intellektuelle, Indianer, Japaner, Pazifisten, Mexikaner, Homosexuelle. Wer einige dieser Gruppen ablehnt, grenzt sich auch von den meisten anderen ab. Damit hat die Studie ein Syndrom aus Minderheiten-Vorurteil, überzogenem Patriotismus und politisch-ökonomischem Konservativismus aufgedeckt, dessen Trennschärfe späteren Forschungen zur Motivation sozialen Handelns zugute kam. So konnte D. J. Levinson resümieren: „The ethnocentric ‚need for an outgroup' prevents that identification with humanity as a whole which is found in anti-ethnocentrism." [4]

Dieser Gegensatz von liberal-kosmopolitischem und konservativ-provinziellem Denken ist heute gebrochen. Es gibt neue Denkmuster, die in ihrer Funktion ethnozentrisch sind, jedoch mit dem von Adorno und seinen Mitarbeitern entwickelten Instrumentarium nicht mehr zu fassen sind, weil sie liberal und humanistisch zu sein scheinen. Im Zeitalter der Weltgesellschaftsideologie gibt es ein neues, evolutionistisches Ingroup-Outgroup-Denken. Und umgekehrt: Der alte Provinzialismus hat sich gemausert. Es gibt gegenwärtig viele Manifestationen enger emotionaler Bindung an die eigene ethnisch-kulturelle Gruppierung, die vordergründig hoch ethnozentrisch sind, funktional jedoch eher Abwehrmechanismen gegen Tendenzen eines weltumfassenden Kulturimperialismus sind, als daß sie inhuman wirkten. Die vor dreißig Jahren gegebene Konsistenz ethnozentrischer Weltbilder dürfte geringer geworden sein, weil Bindungen an die eigene kulturelle Gruppe ambivalent geworden sind. Solche Bindungen können Abwehrmechanismen gegen erfahrene Diskriminierung sein oder eine solche

Diskriminierung stützen; eine anti-ethnozentrisch erscheinende Orientierung am Weltganzen kann Ausdruck einer Offenheit gegenüber fremden Kulturen sein oder kulturimperialistische Tendenzen verbergen.

3. Humanismus und Ethnozentrik als Gegensatz?

Die Hoffnungen auf einen wissenschaftlich angeleiteten Fortschritt der gesamten Menschheit, von denen nach dem Zweiten Weltkrieg ein großer Teil der expandierenden sozialwissenschaftlichen Forschung getragen wurde, verdeckten lange Zeit die strukturelle Ähnlichkeit zwischen manchem Fortschrittsoptimismus und dem rigiden Ingroup-Outgroup-Denken des Ethnozentrikers. Das von Soyinka als eurozentrisch gedeutete Denken in den Welten von Monokriterien plant sozialen Wandel, indem es entwickelte und rückständige Gesellschaften unterscheidet. Das geschieht bis heute überwiegend nach folgendem Schema: Es wird ein Kriterium für hohen Entwicklungsstand (von Individuen oder Gesellschaften) festgelegt, nach dem in der Regel die Manifestationen europäisch-amerikanischer Kultur als hoch entwickelt, die des Restes der Welt dagegen als zurückgeblieben gewertet werden können. Die Suche nach anderen Fortschrittskriterien erübrigt sich, ja sie wird gänzlich unmöglich, wenn die Kriterien selbst zum evolutionären Maßstab der menschlichen Gattung aufgewertet sind. Kommt dann noch eine humanistische Komponente hinzu, die – in bewußtem Gegensatz zu reaktionären Vererbungslehren – behauptet, jedes Mitglied der menschlichen Spezies und jede Gesellschaft könne, wenn die äußeren Bedingungen gegeben seien, das formulierte Entwicklungsziel erreichen, dann erscheint Kritik an einem solchen Schema selbst als rückständig oder gar anti-humanistisch. In den Jahrzehnten nach dem Krieg wurde eine Fülle von Monokriterien des Fortschritts formuliert. Nahezu alle erheben den Anspruch, die Conditio humana zu repräsentieren. Für die Ebene der Einzelpersönlichkeit sind die Versuche, den Denkstil der „Feldunabhängigkeit“ zum Entwicklungsziel zu erklären, ebenso bekannt geworden wie die unterschiedlichen Konzeptionen von „Modernisierung“ für die Ebene von Gesellschaften. Die Zentrierung der damit verbundenen Theorien und Forschungen um die europäisch-amerikanische Kultur ist offensichtlich. Schwieriger ist die Frage nach der kulturellen Zentrierung solcher wissenschaftlichen Konzepte zu beantworten, deren unbestreitbar humanistische Grundlage eine Orientierung an universellen Menschheitsproblemen vermuten läßt.

Beispiel 1: Jean Piagets Werk in den dreißiger und vierziger Jahren ist Ausdruck eines tiefen Bemühens, die Quellen kriegerischer Konflikte einer rationalen Erkenntnis zugänglich zu machen. 1932 fordert Piaget eine „neue Erziehung“, deren Leitmotive Selbstbestimmung und Kooperation sein sollten. Damit könne einer irrationalen – weil um die eigene Lebenswelt zentrierten – Erkenntnistätigkeit und einer freiheitsfeindlichen – weil aus Zwang geborenen – Moralität entgegengetreten werden. Piaget beschreibt, wie der Rückfall in Ego- und Soziozentrik und in zwischenmenschlichen Zwang in der Geschichte immer wieder die evolutionär gewachsenen Möglichkeiten zu rationaler Welterkenntnis und ausgewogener Moral zunichte gemacht hat. Schon in dieser durchweg von humanistischem Gedankengut geprägten frühen Schrift zeigen sich jedoch eurozentrische Trends, die für Piagets späteres Werk bestimmend bleiben sollten: Die Entwicklung von Rationalität und Moralität wird nach je einem Ablaufschema gedeutet, das eine Parallelisierung von Entwicklung des Einzelwesens und gesellschaftlicher Evolution voraussetzt. Faktische Beschränkungen von Vernunft und Moral sucht Piaget oft nicht zu erklären, sondern ordnet sie als unnötigen Rückfall in „primitive" Mentalität ein [5]. Das verstellt ihm den Blick dafür, daß er mit seinem evolutionären Schema eben jener Gesellschaftsformation, die neue Dimensionen von Irrationalität und Amoralität erreicht hat, die Fahne des historischen Fortschritts zu Vernunft und Gerechtigkeit anheftet. Eine solche Eurozentrik der Theorie ist von Piaget sicher nicht gewollt. Sie ist aber unausweichlich, weil Piaget den Antrieb zu einer Kritik europäischer Sozialstrukturen zwar aufnimmt, ihn aber umlenkt und damit entschärft. Seine Umwege sind evolutionäre Konstrukte und die „De-Sozialisierung" von Vernunft.

So beschreibt Piaget 1947 im Auftrag der UNESCO „primitive" Sozialisation als Weg von kindlicher Freiheit in die Unfreiheit ritualisierten Erwachsenenlebens, wogegen die moderne Sozialisation als fortschreitende Aufhebung des Zwanges zu interpretieren sei, unter dem das Kind stehe [6]. Damit ist Piagets Forderung nach Aufhebung von Zwang indirekt reduziert auf die Beseitigung jener Hemmnisse für Selbstbestimmung, die das europäische Kind im Gegensatz zum europäischen Erwachsenen erfährt. In seiner Beurteilung des „Primitiven" stützt Piaget die Legitimations- und Harmoniebedürfnisse der historisch siegreichen Gesellschaftsform.

In seinen neueren Schriften ist für Piaget die Beherrschung logisch-mathematischer Denkoperationen der Maßstab für rationale Welterkenntnis. Piaget interessiert sich immer mehr für „allgemeinste Formen des Denkens, die von ihrem Inhalt losgelöst werden können (und) deshalb Formen des kognitiven Austauschs und der interindividuellen Regulierung sind". Dennoch hält Piaget an seiner ursprünglichen Motivation fest: an der Beseitigung von Hindernissen für rationale Welterkenntnis. Er erklärt nun jegliche Zentrierung des Denkens um ein Ego, eine soziale oder auch nur anthropologische Bezugsgröße zur Fessel für die Suche nach Wahrheit und konstruiert einen „biozentrischen" Austauschmodus zwischen Organismus und Umwelt [7]. Damit ist die Theorie desozialisiert. Die Frage nach den

Hemmnissen für die volle Entwicklung von Vernunft ist mit der Entkopplung von sozialem Handeln und zweckfreier Wahrheitssuche aufgehoben und dem Plädoyer für eine computerisierte Welt gewichen. Einer Kritik an den materialen Implikationen jener abstrakten Formen von Rationalität, die dem Austauschmodus der Warengesellschaft entsprechen, ist damit die Grundlage entzogen. Die Formkraft des von Max Weber beschriebenen Typus bürokratischer Herrschaft, der sich auf die Unpersönlichkeit rationalen Entscheidens gründet, hat auch den Humanisten Jean Piaget geprägt.

Beispiel 2: Neuere Schulbücher räumen der Information über die Dritte Welt deutlich mehr Platz ein als ihre Vorläufer. Inhaltsanalytische Studien lassen den Schluß zu, daß damit mehr Wissen als früher über gegenseitige Abhängigkeiten im Weltmaßstab vermittelt wird. Vor kurzem wurde jedoch eine Untersuchung vorgelegt, die am Beispiel von 33 neueren deutschen evangelischen Religionsbüchern zeigt, wie grundlegend eurozentrisch gerade humanistisch motivierte Einblicke in Probleme der Dritten Welt gefärbt sein können. Den Schülern wird die Dritte Welt als Welt der Armut vorgeführt. Armut – das bedeutet im Kontext einen Mangel an Produkten, Institutionen und Werten, wie sie in den westlichen Industriegesellschaften üblich sind. Christliche Verantwortung wird interpretiert als Appell an die „reichen" Staaten, sich ihrer Verantwortung gegenüber der „armen" Welt nicht zu entziehen. Die einzige eröffnete Handlungsperspektive ist jedoch Wohltätigkeit und wissenschaftlich-technische „Hilfe". Zusammenhänge zwischen Problemen der Dritten Welt und Krisenerscheinungen in den Industriestaaten werden vernachlässigt. Eines der wichtigsten Stilmittel dazu ist die Verwendung von Generalisierung wie „Menschen", „Welt" und „alle", „obwohl die damit verknüpften Aussagen nur im eigenen sozialen Bereich gelten". Damit wird – so die Autoren der Untersuchung – zweierlei erreicht: „eine Entwicklung und Bestätigung der Überlegenheit westlicher Kultur und Zivilisation" und die Festigung eines „harmonistischen Selbstbildes der eigenen Gesellschaft" [8]. Wiederum wird humanistische Motivation zwar aufgenommen, aber in ein einliniges Entwicklungsschema gepreßt, das einer Legitimation der eigenen Gesellschaft dient.
Diese beiden Beispiele zeigen: Humanismus findet dort seine Grenzen, wo Monokriterien des Fortschritts und die Überzeugung zusammenfinden, europäisch-amerikanische Kulturen seien die Avantgarde der Menschheitsentwicklung.

4. Zur Funktion ethnischer Bindungen

Noch in den sechziger Jahren herrschte in den internationalen Organisationen die Erwartung vor, mit wachsender gesellschaftlicher Entwicklung würde die Bedeutung ethnischer Faktoren zurücktreten. Diese Erwartungen wurden in den jungen Nationalstaaten vielfach widerlegt, und auch in den Industriestaaten wuchsen neue politische Bewegungen auf der Grundlage ethnischer Zusammengehörigkeit. Würde man die Ethnozentrismus-Skala heute in einer jeweils adaptierten Form weltweit zur Grundlage von Untersuchungen machen, ließe sich ein Ergebnis vorhersehen: Neben die Gruppe der konservativen Patrioten träte eine neue Gruppe von Ethnozentrikern, bei denen sich Identifikation mit der eigenen Kultur und Aufbegehren gegen soziale Diskriminierung mischen. Vermutlich würde der defensive Charakter dieser neuen Ethnozentrik nicht in vollem Umfang erkannt, weil die Fragestellung eine negative Wertung ethnischer Bindungen einzuschließen scheint. Um das zu vermeiden, müßte Ethnozentrik-Forschung heute mehr als die Studie zur „Autoritären Persönlichkeit" Ursachen für Ingroup-Outgroup-Unterscheidungen aufspüren. Milton Rokeachs Unterscheidung von „open" und „closed mind", die sich als Weiterentwicklung der Ethnozentrik-Forschung begreift, schneidet dieses Problem völlig ab. Rokeach macht aus der Suche nach verborgenen Motivstrukturen eine vordergründige Trennung von liberaler und dogmatischer Geisteshaltung [9]. Um Licht in die gegenwärtigen Ambivalenzen von Ethnozentrik zu bringen, ließe sich ein Weg beschreiten, der schon in den Studien zur „Autoritären Persönlichkeit" vorgezeichnet ist: eine doppelgleisige Interpretation, die sowohl die Motive der „high scorers" als auch die der „low scorers" zu ergründen sucht. Dabei wurde deutlich, wie wenig eine einfache Entgegensetzung von Ethnozentrik und Anti-Ethnozentrik insgesamt zu erklären vermag. So erwies sich stereotypes „ticket-thinking" nicht als charakteristisches Merkmal von Ethnozentrikern, sondern war in besonderem Maße bei einer Gruppe von Vertretern liberaler Attitüde verbreitet, die ihre soziale Welt in Übereinstimmung mit Schmelztiegel-Ideologie und dem vorherrschenden Demokratieverständnis konstruiert hatten [10].

Eine solche Mehrgleisigkeit der Untersuchungsanlage wäre unter heutigen Verhältnissen besonders nötig. Sie hätte sowohl den traditionellen wie den neuen Typus von Ethnozentrik auch aus den Motivstrukturen seines Gegenstücks zu interpretieren. Dies ließe Raum für die Prüfung einer Vermutung, die sich in vielen neueren Studien über „ethnicity" – die sich in besonderem Maße um eine Analyse der ethnisch-rassischen Beziehungen in den USA bemühen – aufdrängt: die Vermutung, daß der neue defensive Typus ethnischer Bindung weniger mit der Motivlage des traditionellen Ethnozentrikers gemeinsam hat als sein direktes Gegenstück: das liberale Weltbild des Vertreters der herrschenden Kultur. Wenn – wie viele Ethnicity-Forscher meinen – das Wiederaufleben ethnischer Bindungen ein Ausdruck verzweifelter Suche nach Identität von politisch, ökonomisch und kulturell diskriminierten Gruppen ist, dann liegt die Annahme nahe, daß diese Ethnozentrik Antwort auf eine Herrschaftsform ist, die sich universalistischer Normen zur Durchsetzung partikularer Interessen bedient. Unter der

Voraussetzung ungleicher Verteilung von Interpretationsmacht wäre es für diskriminierte Gruppen wenig erfolgversprechend, über eine Diskussion demokratisch-universeller Normen ihr Recht einzufordern. Die Erfahrungen der amerikanischen Bürgerrechtsbewegung sind nicht sehr ermutigend. Chancenreicher scheint der Versuch zu sein, die Werte der eigenen ethnisch-kulturellen Gruppe in den Mittelpunkt zu rücken und damit die Spielregeln formal-demokratischer Legitimationsdebatten bewußt zu verletzen [11]. Diese Strategie, die an Erfahrungen aus der Geschichte der Arbeiterbewegung anknüpft, vermag ideologische Paradoxien aufzudecken: Die Einforderung universaler Menschenrechte in einer Gesellschaft, die Ungleichheit demokratisch zu legitimieren vermag, bedarf der Ethnozentrik. Ähnlich wie die Motivlage diskriminierter Minderheiten in den USA ließe sich die Neubesinnung vieler Völker in der Dritten Welt auf ihre kulturelle Identität interpretieren. Es wäre weit gefehlt und entspräche der von Soyinka charakterisierten Eurozentrik, dies als evolutionäre Rückständigkeit zu begreifen. Völker und Staaten, denen eine Weltgesellschaft nicht mehr als den Status diskriminierter Minderheiten bieten kann, suchen ihre bedrohte Identität durch Isolation und Selbstzentrierung zu retten, auch wenn das von der in den westlichen Industriestaaten veröffentlichten Meinung spöttisch kommentiert wird.

5. Ethnozentrik und Rationalität

Der westliche Kosmopolit von heute hat sich noch lange nicht aus dem Schatten des Ethnozentrikers der vierziger Jahre gelöst. Die Gleise aufzuspüren, auf denen auch unter Bedingungen einer entstehenden Weltgesellschaft wissenschaftliches Denken um eine kulturelle Bezugsgruppe kreist, ist eine Aufgabe, vor der eine Neubestimmung von Ethnozentrik steht. Eine andere Aufgabe hat Sartre mit seiner Wertung der Negritude-Bewegung umrissen. Ethnische Bindungen im engeren Sinne können heute nur sinnvoll vor dem Hintergrund der in ihnen verborgenen Motivstrukturen und ihrer politischen Funktionen beurteilt werden. Wenn die hier zusammengetragenen Belege richtig interpretiert sind, kann ethnozentrisches Denken heute in vielen Fällen ein Mittel zur Beseitigung von Ungerechtigkeiten sein, und umgekehrt kann humanistisches Denken die politische Funktion von Ethnozentrik auf höherer Stufe erfüllen.

Soyinkas Kritik an Sartre verweist noch auf eine andere Ebene des Problems. Der Vorwurf eurozentrischen Denkens richtet sich nicht gegen mangelnde Differenziertheit der Fragestellung, sondern gegen die Rationalität europäischer Wissenschaft, in der eigene Wahrheitskriterien auch zum Maßstab der Rationalität des Gegenstandes gemacht werden. Die Frage nach Ethnozentrik unter den Bedingungen der Weltgesellschaft ist eine doppelte Aufforderung, die kulturellen Zentren sowohl der praktischen Vernunft, über die geurteilt wird, als auch der reinen Vernunft, die solches Urteil leitet, zu bestimmen. Die ihrer Struktur nach nie abschließend zu beantwortende Frage nach Ethnozentrik ist eine zeitgemäße Form jener Rationalitätskritik, die – weil sie nach ihrer Auflösung in der Logik der Wissenschaft strebt – schon für Max Weber programmatisch bleiben mußte:

„Man kann eben – dieser einfache Satz, der oft vergessen wird, sollte an der Spitze jeder Studie stehen, die sich mit ‚Rationalismus' befaßt – das Leben unter höchst verschiedenen letzten Gesichtspunkten und nach sehr verschiedenen Richtungen hin ‚rationalisieren'. Der ‚Rationalismus' ist ein historischer Begriff, der eine Welt von Gegensätzen in sich schließt . . ." [12]

Anmerkungen

1 Soyinka, W.: Myth, Literature and the African World. Cambridge, London, New York und Melbourne 1976, S. 137–139.
2 Sartre, J.-P.: „Orphée Noir". In: Senghor, L. S. (Hrsg.): Anthologie de la nouvelle poésie nègre et malgache d'expression française. Paris 1948 (zitiert nach Soyinka).
3 Diese Ansicht vertritt noch Mühlmann, W. E.: „Erfahrung und Denken in der Sicht des Kulturanthropologen". In: ders. und Müller, E. W. (Hrsg.): Kulturanthropologie. Köln und Berlin 1966, S. 154–166, insbesondere S. 157.
4 Adorno, T. W., u. a.: The Authoritarian Personality. New York, Evanston und London 1950, S. 102–150, S. 266 und S. 971 ff.; Definition: S. 103 f.; Zitat: S. 148.
5 Piaget, J.: Social Evolution and the New Education. London 1932.
6 Piaget, J.: The Moral Development of the Adolescent in Two Types of Society: Primitive and „Modern". Paris: UNESCO 1947, S. 2.
7 Piaget, J.: „Biologie und Erkenntnis" (Kurzfassung). In: Inhelder, B., und Chipman, H. (Hrsg.): Von der Kinderwelt zur Erkenntnis der Welt. Wiesbaden 1978, S. 40–61, insbesondere S. 53 ff.
8 Lüpke, R.: „Rassismus in deutschen Religionsbüchern". In: Der Überblick, Bd. 15 (1979), H. 2, S. 28–31.
9 Rokeach, M.: The Open and Closed Mind. New York 1960, S. 1 ff. und S. 101 ff.
10 Adorno, T. W., u. a., a. a. O., S. 663 ff.
11 Einen Überblick über neuere Ethnicity-Forschung bieten Swartz, J. D., und Rhodes, C.: „What Directions for Race/Ethnic Relations? A Kaleidoscope of Options". In: American Anthropologist, Bd. 81 (1979), H. 2, S. 320–324.
12 Weber, M.: „Die protestantische Ethik und der Geist des Kapitalismus" (1904). In: ders.: Die Protestantische Ethik I. 3. Aufl., Hamburg 1973, S. 65.

J. Roger Carter

Der Entwicklungshelfer in der Dritten Welt *

Für die Anwesenheit von Fremden im Ausland, die dort „technische Hilfe" anbieten, gibt es viele respektable historische Präzedenzfälle, von den Lombarden, die das Bankwesen in die Londoner City brachten, bis hin zu den holländischen Ingenieuren, die die Fenne in East Anglia trockenlegten. Aber die gezielte Einstellung von Ausländern in großer Zahl als eine regierungspolitische Maßnahme ist alles in allem ein neues Phänomen, das mit der ersten nachkolonialen Periode in der Dritten Welt zusammenhängt. Im Rahmen der Entwicklungsstrategie wurden Ausländer im Wege einstweiliger Regelungen in den verschiedensten Berufszweigen eingesetzt, worin sich das echte Verlangen zeigt, auf allen Gebieten des nationalen Lebens so schnell wie möglich den Standard der ehemaligen Mutterländer zu erreichen. Da die in den Entwicklungsprogrammen vorgesehenen neuen Unternehmen oft die Anwendung fremder Technologien erforderten und im Betriebsführungs- wie im technischen Bereich Aufgaben stellten, die von den Entwicklungsländern selbst noch nicht bewältigt werden konnten, war der entsprechende Personalbedarf nur durch Anstellung von Ausländern zu decken. Ferner konnte der geplante Ausbau des Schul- und Ausbildungswesens in einem dem neuen und zukünftigen Bedarf an Fachkräften entsprechenden Umfang nur mit der zeitweiligen Hilfe ausländischer Professoren, Ausbilder und Lehrer durchgeführt werden. Selbst die Staatsmaschinerie ließ sich zeitweilig nur dadurch in Gang halten, daß man bestimmte Schlüsselstellungen vorübergehend Ausländern anvertraute.
So hat sich der Einsatz ausländischer Mitarbeiter als Notbehelf zu einer durchaus respektablen Maßnahme entwickelt. Auf diesem Wege konnten Länder sozusagen per Bocksprung über die erste Zeit des kritischen Personalmangels hinwegkommen und Entwicklungen anlaufen lassen, die mit eigenen Kräften in Angriff zu nehmen erst nach einem langwierigen und schwierigen Prozeß der Aneignung der erforderlichen Fähigkeiten möglich geworden wäre. Ausländische Regierungen und internationale Organisationen haben frühzeitig erkannt, daß eine beschleunigte Entwicklung nicht nur Kapitalspritzen erforderte, sondern ebenso davon abhing, daß im gleichen Maße für die Bereitstellung von Fachkräften Sorge getragen wurde – durch Unterstützung beim Ausbau des Schul- und Ausbildungswesens und durch Erleichterung der Einstellung ausländischen Personals für die lange Vorbereitungszeit, die es zu überbrücken galt, bis das Land selbst qualifizierte Leute stellen konnte. So entstand die Tendenz, die Bereitstellung

* The Expatriate in the Third World. Übersetzt von Thomas M. Höpfner.

ausländischen Könnens und ausländischer Erfahrung auf vorläufiger Basis als einen Bestandteil eines jeden angebotenen Bündels von Hilfsmaßnahmen zu betrachten, mit dem Regierungen und zwischenstaatliche Organisationen ihrerseits neue Entwicklungen unterstützen wollten.

Allerdings haben manche der für internationale oder bilaterale Hilfe zuständigen Organisationen den Arbeitskräftebedarf bisweilen in einer subjektiven Weise interpretiert, die zu Verschwendung und Ineffizienz führte. Zum Beispiel hat man für die Gewährung von Weltbank-Krediten die Verwendung beträchtlicher Teile dieser Mittel für technische Hilfe zur Bedingung gemacht, und zwar in der deutlichen Annahme, daß das Projekt nur unter Mitwirkung von ausländischen Arbeitskräften zu realisieren sei, und tatsächlich als eine Vorsichtsmaßnahme, die die sachgerechte Verwendung von Weltbank-Mitteln sicherstellen soll. Doch neigte man oft dazu, den Ausländeranteil zu hoch, ja manchmal viel zu hoch, anzusetzen, das örtliche Arbeitskräftereservoir zu unterschätzen und nicht zu überlegen, wie ausländische „Experten“ nun wirklich in nützlicher Weise einzusetzen wären. Diese Fehler haben nicht selten Widerstand gegen solche Maßnahmen hervorgerufen – eine Stimmung, die der Sache kaum nützt. Da solches Personal sehr teuer ist, häufig nach einem viel höheren Lebensstandard trachtet, als ihn einheimische Kräfte im Gastland haben, und da der Kredit – den das Gastland mit Zinsen zurückzuzahlen hat – entsprechend aufgestockt werden muß, hat das System als Ganzes Argwohn und Mißtrauen erregt. Es kann kaum überraschen, daß derlei unwillkommene Gäste oft auf unendliche Hindernisse gestoßen sind oder in irgendeinen Winkel abgeschoben wurden, wo sie ihre Verträge nun als gutbezahlte Müßiggänger abbummeln konnten. Dem Bestehen auf technischer Hilfe als einem Teil des Pakets liegt zudem die naive Annahme zugrunde, daß geeignete Fachkräfte zu finden seien, was nachweislich nicht immer der Fall ist. Man weiß inzwischen aus Erfahrung, daß einem Projekt durch den Einsatz fachlich qualifizierter, aber in anderer Hinsicht ungeeigneter Leute mehr Schaden zugefügt werden kann als dadurch, daß sie erst gar nicht eingesetzt werden. Wie ich noch dartun werde, bedarf es hier besonderer Qualitäten, die sich keineswegs mit denjenigen decken, die man für eine Anstellung im Inland für wichtig erachten würde.

Generell müßten die Hilfsorganisationen wohl folgendes beherzigen: Die Entsendung technischen Personals für Hilfe im Rahmen von Unterstützungsabkommen sollte mit Zurückhaltung gehandhabt werden und auch nur mit uneingeschränkter, ausdrücklicher Zustimmung oder – besser noch – auf Ersuchen des Empfängerlandes erfolgen. Eine Maßnahme, die dazu beitragen könnte, daß ausländische Experten richtig eingesetzt werden, wäre das Einbauen von finanziellen Reserven in ein Unterstützungsabkommen, von denen das Empfängerland dann – und nur dann – Gebrauch macht, wenn es die Einschaltung ausländischer Arbeitskräfte für notwendig hält. Eine solche freiwillige Regelung mag dem Anschein nach keine formelle Garantie jener Art bieten, die die internationale Bürokratie so attraktiv findet, aber sie würde die Aussichten auf eine erfolgreiche Verwirklichung des Projekts de facto verbessern können, nicht verringern. Denn die Hilfe eines ausländischen Experten kann sich nur rentieren, wenn er erstens die richtige Person für die Aufgabe ist und zweitens von seinen Arbeitgebern in der Dritten Welt wirklich gewünscht wird und volle Unterstützung erhält.

Daß außer beruflichen oder fachlichen Qualitäten auch andere Eigenschaften höchst wesentlich sind, wird immer klarer. Bei der Einstellung sind die erforderlichen Eigenschaften oft schwierig zu identifizieren, da man nicht genau voraussehen kann, wie ein ausländischer „Experte" auf die neuen Umstände in dem Entwicklungsland reagieren wird. Aber das sorgfältige Beachten der nichtberuflichen Aspekte einer Kandidatur ist wichtig und kann schwere Fehler vermeiden helfen. Dr. Peter Temu trug der Bedeutung solcher Aspekte Rechnung, als er einen „expatriate leadership code" vorschlug. Einen derartigen Kodex müßten alle ausländischen Berater anerkennen, vor allem, wenn sie eine wirtschaftliche oder politische Rolle zu spielen haben. Der Kodex würde dazu verpflichten, die wirtschaftlichen und politischen Ziele des Landes zu akzeptieren und gegebenenfalls Eigentum in dem Lande anzugeben; er würde zudem eine eidliche Erklärung vorsehen, daß kein Interessenkonflikt besteht oder bestand, und die Zusicherung verlangen, Geheiminformationen vertraulich zu behandeln [1]. Dr. Temus Anliegen hat zwar einiges für sich, aber die von ihm vorgeschlagene Methode mit ihren McCarthy-Obertönen würde dem eigentlichen Ziel entgegenarbeiten und dazu führen, daß nur noch die idealistischsten, die gewinnsüchtigsten und die gedankenlosesten Bewerber durchkämen. Überdies würde Dr. Temus Rezept keine Möglichkeit bieten, kulturelle und persönliche Merkmale zu bestimmen, die für den Dienst in der Entwicklungshilfe für die Dritte Welt größte Bedeutung haben.

Der Kulturtransfer ist ein Teil der Rechtfertigung dafür, daß überhaupt Ausländer verpflichtet werden. Das Empfängerland möchte an den materiellen Errungenschaften der Industrieländer teilhaben, und dazu gehört nicht nur das Erwerben von technischem „know-how", sondern auch die Aneignung neuer Einstellungen, Arbeitsgewohnheiten und Denkweisen. Das Ergebnis ist dann keine Frucht der bodenständigen Kultur, auch keine einer existierenden industriellen Zivilisation, sondern eine neue Synthese, zu der beide verschmelzen [2]. Zu allen Zeiten in der Geschichte sind Kulturen miteinander in Berührung gekommen und in verschiedenem Maße sowie mit verschiedenen Resultaten Verflechtungen eingegangen. Aus dem Zusammenströmen von lateinischer und angelsächsischer Kultur entstand die Umwelt, aus der sodann die Werke Shakespeares erwuchsen, und hätten die Zivilisationen der Araber und der Bantu einander nicht beeinflußt, so würde es keine Kisuaheli-Sprache und -Kultur geben. Es geht nicht um die Tatsache der kulturellen Durchdringung – es geht darum, aus welchem Motiv heraus und in welcher Weise sie zustande kommt.

In einem Vortrag vor der Konferenz französischer Universitätspräsidenten stellte der Präsident des Konferenzausschusses für Auslandsbeziehungen den Beitrag der Universitäten zum Nord-Süd-Dialog mit folgenden Äußerungen zur Diskussion:

„Es ist heute genauso, wie es früher war: Das Nationalinteresse gebietet eine starke französische Auslandspräsenz. In der gegenwärtigen Wirtschaftslage sehen es Firmen als notwendig an, nicht nur zu exportieren, sondern auch Auslandsniederlassungen einzurichten. Die Nord-Süd-Kooperation macht es uns zur Pflicht, an der Ausbildung von ausländischem Personal für Entwicklungszwecke mitzuarbeiten. Die französische Kultur soll gegenwärtig sein und ihren Teil zur Gestaltung der kulturellen Werte der Welt von morgen beitragen.“ [3]

Einen ähnlichen Gedanken formulierte William Clark, damals Direktor des Overseas Development Institute in London, als er sagte: „Britannien wird jetzt nicht von seinen Statthaltern repräsentiert werden, sondern von seinen Geschäftsleuten und Technikern, seinen *Lehrern* und Handeltreibenden“, und „es wäre tragisch, wenn diese Form des Einflusses, wie es wahrscheinlich ist, mit der politischen Kontrolle dahinschwinden würde“ [4]. In dem Vorwort des amerikanischen Professors Walter Goldschmidt zu dem Buch „The United States and Africa“ lesen wir:

„Der amerikanische Einfluß auf die afrikanische Szene erfolgt durch viele Kanäle ... nicht nur durch das State Department und die Vereinten Nationen, sondern auch durch Privatunternehmen, die in Afrika tätig sind, durch die Arbeiterbewegung, durch *afrikanische Universitätscolleges und amerikanisches akademisches Lehrpersonal,* durch die Kirchen, philanthropische Organisationen und die amerikanische Presse.“ [5]

Chango Machyo zitiert diese letzten Sätze in einem Artikel über „The University – its Role in Africa“ und kommt zu dem Schluß:

„... die Rolle mancher ausländischer Lehrer an den afrikanischen Universitäten besteht darin, Studenten und Hochschulangelegenheiten zugunsten ihrer nationalen Interessen zu lenken und zu beeinflussen. Mit anderen Worten, sie sind die akademischen Wachhunde ihrer nationalen kulturellen und sonstigen Interessen in Afrika. Sie sind die Nachhut des Kolonialismus und die Betreiber des Neokolonialismus.“ [6]

Was ist schiefgegangen? Daß die Welt die besten Elemente der französischen, britischen und amerikanischen – übrigens auch der russischen und chinesischen – technologischen Zivilisationen braucht, darüber kann kein Zweifel bestehen. Daß die Anwesenheit ausländischer Techniker, Missionare, Ärzte und anderer Akademiker von der Vermittlung ausländischen Kulturguts nicht zu trennen ist, scheint auch selbstverständlich zu sein. Wenn sie dies nicht beisteuern könnten, bäte man sie nicht ins Land.

Chango Machyos Reaktion hat vielleicht zwei Gründe, die beide wichtig sind. Erstens: Obwohl die Menschen in Ländern der Dritten Welt redliche Hilfe von Ausländern an und für sich betrachtet akzeptieren und begrüßen, sind sie äußerst mißtrauisch und aufgebracht, sobald sie einen verkappten Einfluß vermuten, der von externen und nicht offengelegten Loyalitäten herrührt. Wenn sie in solchen Dingen bisweilen überempfindlich zu sein scheinen, so hat das zum Teil mit unseligen Erfahrungen von Loyalitätskonflikten zu tun [7] und zum Teil mit einem Mißtrauen, das nur allzu leicht entstehen kann, wenn sich eine relativ statische, traditionelle Zivilisation den dynamischen und unruhigen Kulturen der Industriestaaten konfrontiert sieht. Ausländer sind gut beraten, wenn sie über dieses Verhältnis nachdenken und seiner Brisanz in ihrer Einstellung zu ihrer Arbeit Rechnung tragen. Gleichwohl besteht kein Grund zu übertriebener Ängstlichkeit. Führer in Ländern der Dritten Welt wissen ihre ausländischen Mitarbeiter meist ganz richtig einzuschätzen und sind – außer vielleicht in Zeiten sozialer Spannungen – im allgemeinen durchaus imstande, die Spreu vom Weizen zu scheiden. Daß die amerikanische Central Intelligence Agency sich insgeheim Lehrer, Missionare und Angehöriger des Peace Corps bedient haben soll, hat dem Ruf Amerikas in der Dritten Welt fraglos unerhört geschadet, doch arbeiten in der Hilfe für die Dritte Welt auch Amerikaner, denen man ohne weiteres vertraut und deren loyalen, redlichen Beitrag man schätzt [8].

Zweitens ermuntert die in diesen Zitaten enthaltene Behauptung, es gebe kulturelle Einflußnahme, zu einem nicht wünschenswerten, unbescheidenen Propagandistenverhalten, das sich auf Vorstellungen von kultureller Überlegenheit stützt und den wirklichen Auftrag des Ausländers vernebelt. Er wird als das akzeptiert, was er ist, nicht als das, was er repräsentiert, und unaufhörliche Hinweise auf die ihm vertrauten, heimatlichen Musterfälle für annehmbare Verhaltens- oder Leistungsnormen lassen darauf schließen, daß seine wirkliche Funktion nicht erkannt wird. Diese Funktion ist aber die, an der Seite seiner eingeborenen Kollegen sein Wissen, sein Können und seine Urteilskraft als einen Beitrag zu einer neuen Synthese von Vorstellungen und Ausführung anzubieten, die den Bedürfnissen und den Verhältnissen des Landes angemessen ist. Kein ausländischer Fachmann, der etwas taugt, würde sich selber als einen einzigartigen Born der Weisheit auf seinem Gebiet betrachten, und die Ergebnisse seiner Bemühungen sind nicht ihm allein als Verdienst anzurechnen, sondern als die Früchte einer kreativen Verschmelzung ausländischer und inländischer Erfahrung aufzufassen. Wenn Auswahlkommissionen es mit einem Kandidaten zu tun haben, der darauf erpicht ist, „loszuziehen und es denen mal zu zeigen", sollten sie seiner Eignung sogleich mißtrauen. Aber wenn ein Kandidat nach bestem Wissen und Können zu dem Ganzen beitragen will, das verwirklicht werden soll, ist ihr Interesse an seiner Bewerbung gerechtfertigt.

Nötig ist eine gewisse Bescheidenheit der Ausländer hinsichtlich ihres eigenen Beitrags, auch wenn sie noch so qualifiziert sind. Daß man sie allesamt als „Experten" bezeichnet, ist bedauerlich, weil damit ihr angebliches Spezialwissen oder -können hervorgehoben wird, wo doch die Fähigkeit, die eigene Erfahrung mit der Erfahrung des eingeborenen Kollegen zu verbinden, eine mindestens ebenso wichtige Vorbedingung für den in Rede stehenden Dienst ist. Daraus ergibt sich, daß ein erfolgreiches und willkommenes Wirken des Entwicklungshelfers in entscheidendem Maße auf der Qualität der persönlichen Beziehungen zu eingeborenen Kollegen beruht. Solche Beziehungen hängen ab von einer gewissen Sensibilität für die Gefühle und Ängste des Einheimischen sowie für die Gründe, aus denen er unsicher sein kann. Trotz politischer Unabhängigkeit sind Entwicklungsländer in einem wirtschaftlichen Sinne zutiefst abhängig geblieben und den politischen Pressionen preisgegeben, die Hilfsprogramme bisweilen mit sich bringen. Wie Ali Mazrui betonte, neigen sie auch zu einer gewissen „kulturellen Abhängigkeit" [9], die Philip Altbach mit folgendem Beispiel veranschaulicht:

„Die Dritte Welt leidet unter einer ‚ungünstigen intellektuellen Zahlungsbilanz' ... Die Dritte Welt ist den Industrieländern verpflichtet in bezug auf Bücher und Zeitschriften sowie auch Kenntnisse in den meisten wissenschaftlichen und technischen Bereichen, sie ist es in bezug auf Ergebnisse der angewandten Forschung, und sie ist es oft auch in bezug auf die Resultate von Forschungen über die Dritte Welt selber. Zudem durchlaufen Wissen und Informationen im allgemeinen die Industrieländer und passieren deren Verlage, Zeitschriften und akademische Institutionen, bevor sie ein Publikum in der Dritten Welt erreichen. Kurzum, die Dritte Welt befindet sich den Industrieländern gegenüber in einem klassischen Abhängigkeitsverhältnis.
Demnach ist für die Dritte Welt, sobald sie der Kolonialknechtschaft entronnen war, ein Zeitalter der neokolonialen Abhängigkeit angebrochen." [10]

Der einzelne ausländische „Experte" kann nur wenig oder gar nichts tun, um diesen Zustand der Abhängigkeit zu ändern; die Länder der Dritten Welt müssen damit leben, so gut sie können. Aber ein Ausländer sollte sich darüber klar sein, welchen zerstörerischen Einfluß ein Verhältnis, in dem ständig der eine gibt, der andere nimmt, auf beide Seiten hat. Er muß wissen, daß die Einstellung in den Empfängerländern zu der Unterstützung aus dem Ausland keineswegs die Geisteshaltung der reinen Dankbarkeit ist, sondern eine schizophrene Verfassung, ein Schwanken zwischen der Genugtuung darüber, daß einem dringenden Mangel abgeholfen wird, und dem starken Widerwillen dagegen, daß man auf Wohltätigkeit angewiesen ist. Identifiziert sich ein Entwicklungshelfer für seine Person mit denjenigen in den Geberländern, die Dankbarkeit erwarten, so zeigt sich darin nicht nur seine Unkenntnis der Ungerechtigkeiten der Weltwirtschaftslage, sondern auch, daß er keine Antenne für die Gefühle der Einheimischen hat und unfähig ist, befriedigende Beziehungen zu einheimischen Kollegen im Gastland anzuknüpfen.

Bevor ich das Gebiet der äußeren Einflüsse verlasse, muß ich auf das Thema Politik zu sprechen kommen. Wahrscheinlich ist es so, daß die meisten ausländischen Helfer keine ausgeprägten politischen Interessen haben, auch daheim nicht, und daß es ihnen nur darum geht, ihre berufliche Pflicht zu tun. Zweifellos gibt es welche, die glauben, daß das Fehlen eines politischen Engagements der im Empfängerland bevorzugten Art als ein Grund zum Ausschluß bewertet werden sollte, aber das ist eine viel zu ängstliche und zudem unproduktive Betrachtungsweise. Sie geht von der Annahme aus, daß politische Motivation der wichtigste und massivste aller Einflüsse sei, die sich im Charakter und im Handeln geltend machen können, und räumt der Wahrnehmung angenommener Interessen einen Vorrang ein, der zu ihrer Bedeutung meist in keinem Verhältnis steht. Gleichwohl sei hier ein warnendes Wort gesprochen.

Erstens ist der Ausländer für eine bestimmte Arbeit engagiert worden und nicht dazu, sich in das politische Leben seines Gastlandes einzumischen. Zu letzterem hat er als Ausländer nicht das Recht. Gleichgültig, wie sich liberale Ideen in einer Idealwelt mögen realisieren lassen – in einem System von Nationalstaaten ist die politische Einmischung von Ausländern im Gastland unwillkommen und kann besonders in Ländern, die sich erst vor kurzem von einer Kolonialmacht politisch unabhängig gemacht haben, sehr schnell Mißfallen erregen. Zweitens aber gibt es einige berufliche Tätigkeiten, in denen sich ein Ausländer gelegentlich genötigt sehen wird, Entscheidungen mit politischen Konsequenzen zu fällen, wie es vor allem in leitenden Stellungen des Managements vorkommt. Er wird dann nicht nur unternehmerisches und diplomatisches Geschick brauchen, sondern auch die Fähigkeit, regierungspolitischen Gegebenheiten wohlwollendes Verständnis und Respekt entgegenzubringen, und er wird bereit sein müssen, höhere Stellen zu konsultieren. Das industrielle Management ist mithin für den Ausländer ein Tätigkeitsfeld, auf dem seine politischen Vorlieben von erheblicher Bedeutung sein können.

Politisch gesehen, ist die exponierteste Tätigkeit vielleicht die des Universitätslehrers, vor allem wohl auf dem Gebiet der Sozialwissenschaften. Diese besonderen Risiken haben zwei miteinander zusammenhängende Gründe – die Gefahr eines Konflikts zwischen den Befunden aus wissenschaftlicher Arbeit und der von Regierungsseite vertretenen Meinung und die Tatsache, daß ein Universitätslektor für Sozialwissenschaften sich von Zeit zu Zeit mit strittigen Gegenwartsproblemen auseinandersetzen muß, will er sich nicht mit einem Platz im Elfenbeinturm bescheiden. Ferner haben Reaktionen des Lehrkörpers auf Studentenunruhen gelegentlich die Versuchung verstärkt, sich politisch zu engagieren. Da die Ersetzung ausländischer Kräfte durch Einheimische im universitären Bereich aus verschiedenen Gründen langsamer vonstatten gegangen ist als in jeder anderen

Institution der Dritten Welt, ist es schwierig, dieses Problem durch beschleunigte „Nationalisierung“ aus der Welt zu schaffen.

Das ist ein sehr komplexes Problem, und zweifellos gibt es keine einzelne Lösung, die den Verhältnissen in jedem Lande der Dritten Welt völlig gerecht werden könnte. Die größte Gefahr besteht nicht etwa darin, daß einzelne Professoren ihrer Neigung zu politischer Agitation nachgeben und sich dadurch in Schwierigkeiten bringen, sondern darin, daß die Universität selbst allmählich zugrunde gerichtet wird durch die Verzerrung ihres Lehrauftrags unter politischem Druck oder durch eine Art von vorbeugender Selbstzensur aus Rücksicht auf herrschende politische Stimmungen [11]. Die letztgenannten Konsequenzen könnten sich natürlich genausogut ergeben, wenn keine Ausländer mitwirkten, aber die Mittel, mit denen Ausländer unter Druck gesetzt werden können, sind andere, und die Handlungsfreiheit des Ausländers ist geringer. Angesichts solcher Probleme kann das Prinzip der Nichteinmischung des Ausländers in Fragen der nationalen und der Lokalpolitik ein brauchbarer Ausgangspunkt sein. Keine Nation der Dritten Welt möchte gern nach der Pfeife ihrer ausländischen Gäste tanzen. In Tansania beispielsweise machte sich in den frühen siebziger Jahren eine Gruppe von fähigen ausländischen Gelehrten für gewisse Interpretationen des Sozialismus mit marxistischem Anstrich stark. Die ungünstige Aufnahme, die dieses Drängen fand, hatte weniger mit dem bestimmenden Einfluß gegnerischer politischer Interessen zu tun als vielmehr mit einem allgemeinen Widerwillen gegen politische Ideen, die man nicht als einheimisches Produkt, sondern als importiertes Gedankengut empfand. Die eigentliche Triebfeder war dabei der Wunsch, Herr im eigenen Hause zu sein, nicht spezifische politische Gegnerschaft. Unter diesen Umständen stellt sich die Frage, ob wissenschaftliche Integrität in der Politologie und ihr verwandten Fächern mit dem Prinzip der Nichteinmischung vereinbar ist. Zweifellos kann man eine solche Vereinbarkeit nicht immer voraussetzen, hängt sie doch schließlich davon ab, wie die Herrschenden „Nichteinmischung“ beurteilen. Daß Klugheit, Mäßigung und gute persönliche Beziehungen eine Rolle spielen, steht fest. Der Unterschied zwischen Lehrer und Prediger muß sorgfältig analysiert und konsequent beachtet werden. Vielleicht sind hier auch die Ansichten von Präsident Julius Nyerere ganz aufschlußreich.

„Ich akzeptiere völlig“, sagte Nyerere, „daß die Aufgabe einer Universität die Suche nach Wahrheit ist und daß ihre Mitglieder die Wahrheit sagen sollen, wie sie sie sehen, ohne Rücksicht auf die Folgen für sie selbst. Man achte hier aber auf die Worte ‚für sie selbst‘; ich glaube nicht, daß sie dies ohne Rücksicht auf die Gesellschaft tun sollten. Eine Universität, die versucht, ihren Professoren und Studenten Scheuklappen anzulegen, wird weder der Wissenschaft dienen noch den Interessen der Gesellschaft, in der sie existiert ... Was wir von unserer Universität erwarten, ist sowohl vollständige Objektivität in der Suche nach Wahrheit als auch, daß sie sich unserer Gesellschaft verpflichtet fühlt, daß sie den Wunsch hat, ihr zu dienen ... Ich meine, daß diese doppelte Verpflichtung, objektiv zu sein und zu dienen, nicht unerfüllbar ist.“ [12]

Somit scheinen Redlichkeit in der Suche nach Wahrheit, Zurückhaltung und Mäßigung in der Kontroverse über politische Themen von aktueller Bedeutung und ein aufrichtiger Wunsch, dem Staatsinteresse zu dienen, die Formel für ein gutes Verhalten des Ausländers zu sein. Doch leider haben nicht alle Ausländer in ihrem Aufenthaltsland einen Nyerere als Staatspräsidenten und Universitätskanzler.

Es dürfte deutlich geworden sein, daß individuelle Wesensmerkmale für ein erfolgreiches und willkommenes Wirken von Ausländern im Dienste der Dritten Welt sehr wichtig sind. Achtung vor der Autorität, Bescheidenheit in der Einschätzung des eigenen Beitrags und umsichtige Zurückhaltung gegenüber Angelegenheiten des Staates sind offensichtlich von Vorteil, wie ich schon vorher sagte. Der ehrliche Wunsch, aus den Ausländerkreisen auszubrechen und vielerlei persönliche Beziehungen zu Einheimischen anzuknüpfen, ist eine wesentliche Voraussetzung für ein wirkliches Verständnis der örtlichen Situation sowie der darin liegenden Chancen und Hindernisse. Bei solchen Kontakten ist das Zuhören mindestens so wichtig wie das, was man selber beiträgt. Achtung vor den Einstellungen und Meinungen Einheimischer – nicht zu verwechseln mit genereller Zustimmung! – ist unbedingt erforderlich, wenn ein gegenseitiges Vertrauen entstehen soll. Wie einige Fehlbesetzungen durch internationale Organisationen gezeigt haben, kommt solchen Persönlichkeitsmerkmalen große Bedeutung zu, unabhängig von Sachkenntnis und fachmännischem Können. In solchen Wesenszügen manifestiert sich das Bedürfnis nach jener persönlichen Integrität, die eine Parteinahme für auswärtige Interessen, ob nationaler oder wirtschaftlicher Art, garantiert ausschließt. Es ist dies im Grunde eine Frage des Charakters, nicht der Herkunft; das müssen Auswahlkommissionen stets bedenken. Niemand kann sich von seinen eigenen Klassenvorurteilen völlig lösen oder von dem Einfluß seiner eigenen kulturellen Vorstellungen befreien, aber die Einsicht, daß das so ist, und die damit verbundene Selbstkritik sind die wichtigsten Grundlagen selbstlosen Dienens.

Diese speziellen Vorbedingungen sollen nicht als hinderliche Einschränkungen aufgefaßt werden, sondern als eine Basis, auf der sich ganz außerordentliche Gelegenheiten zu einem nützlichen Wirken in der Entwicklungshilfe bieten. Lord Ashby hat das so formuliert:

„Ausländische Experten sind im tropischen Afrika gern gesehen, wenn sie die richtige Einstellung mitbringen. In Privatgesprächen appellieren afrikanische Führer ganz freimütig an Europäer, nach Afrika zu kommen, um zu lehren, Straßen zu bauen, ihre Kenntnisse als Fachleute für Wirtschaftsprüfung, Kostenplanung, Statistik und ähnliches zur Verfügung zu stellen. Afrikaner behandeln den Ausländer, der bei ihnen für sie tätig sein will, mit liebenswürdiger Höflichkeit und erweisen ihm eine umsichtige Gastfreundschaft, sie erbitten offen seinen Rat und sind sogar auch für seine Kritik empfänglich. Mit vollem Recht wollen sie sich die Gestaltung der Politik in ihrem Lande selbst vorbehalten. Aus diesem Grunde möchten sie in Positionen, wo wichtige Entscheidungen zu treffen sind, Afrikaner sehen, aber auch von vielen solcher Positionen möchten sie Ausländer nicht ausschließen, jedenfalls nicht auf Kosten von Qualität oder Effizienz.“ [13]

Diese Worte enthalten sowohl einen Willkommensgruß als auch eine Herausforderung, aber am wichtigsten ist doch der Hinweis auf die richtige Einstellung, die es mitzubringen gilt.

Anmerkungen

1 Temu, P. E.: „The Employment of Foreign Consultants in Tanzania: Its Value and Limitations“. In: The African Review, Bd. 3 (1973), H. 1, S. 69–84.

2 Vgl. Ashby, E.: African Universities and Western Tradition. Cambridge, Mass., 1964 (The Godkin Lectures). Dort heißt es:
„Können Afrikaner sich aussuchen, was sie von der europäischen Zivilisation übernehmen möchten, und das übrige ablehnen? Oder tritt die europäische Zivilisation in Afrika wie ein dominantes Erbmerkmal auf, das die rezessiven, bodenständigen afrikanischen Zivilisationen überdeckt?
Meines Erachtens ist die Antwort ziemlich klar. Die europäische Zivilisation *ist* dominant. Unter ihrem Einfluß werden traditionelle afrikanische Lebensformen erst überdeckt und möglicherweise letztlich zerstört. Aber gerade der Prozeß, daß sie im Einströmen in die Städte und Dörfer Afrikas ihren dominierenden Einfluß ausübt, verändert die europäische Zivilisation selbst, und das gilt auch für ihre Instrumente“ (S. 94).
Diese Auffassung unterschätzt vielleicht doch die Vitalität wichtiger Elemente in den afrikanischen Kulturen; das Fortleben dieser Kulturen könnte sich gerade in der veränderten europäischen Zivilisation zeigen, von der Ashby spricht.

3 Guillou, M.: „Pour une nouvelle politique de coopération universitaire. I. Une attente majeure du dialogue Nord-Sud“. In: Le Monde, Nr. 10627, 31. März 1979, S. 25 (Übersetzung).

4 Clark, W.: After Independence in East Africa. London: Overseas Development Institute 1962; zitiert in: Machyo, C.: „The University – its Role in Africa“. In: East Africa Journal, Bd. 6 (1969), H. 2, S. 21.

5 Goldschmidt, W. (Hrsg.): The United States and Africa. New York 1958, S. XII; zitiert in: Machyo, C., a. a. O., S. 21.

6 Machyo, C., a. a. O., S. 21.
Experten dieser Firma bevorrechtigten Zutritt bekommt. Dieser Gefahr auszuwei-

7 Eine der Gefahren besteht darin, daß eine Firma im Wege der Anwerbung von chen ist besonders schwierig, wenn die benötigten Sachkenntnisse nur in dem betreffenden Industriesektor vorhanden sind. In solchen Fällen könnte eine gleich zu Anfang herbeigeführte, ganz präzise Verständigung über die Rolle des Experten diese Schwierigkeit verringern.

8 Vgl. Ashby, E., a. a. O. Über den natürlichen Wunsch, nach langwierigen Jahren demütigender beruflicher Benachteiligung endlich die Europäer durch Afrikaner zu ersetzen, schreibt Lord Ashby:
„Aber die meisten afrikanischen Führer sind viel zu intelligent und viel zu sehr darauf bedacht, daß ihre Völker sich westliches ‚know-how‘ aneignen, als daß sie eine Behinderung des Fortschritts durch diese Politik dulden würden. Sie können ohne Schwierigkeiten unterscheiden zwischen dem Europäer, der in Afrika ist, um herauszuholen, was er kriegen kann – oder der mit der väterlichen Attitüde des

Neokolonialisten auftritt –, und dem Europäer, der in Afrika ist, weil er Afrikaner mag und den Wunsch hat, ihnen wirklich zu helfen und die Probleme kennenzulernen" (S. 53).

9 Mazrui, A. A.: „The African University as a Multinational Corporation: Problems of Penetration and Dependency". In: Altbach, P. G., und Kelly, G. P. (Hrsg.): Education and Colonialism. New York 1978, S. 331–351 (nachgedruckt aus Harvard Educational Review, Bd. 45 [1975], H. 2, S. 191–210).

10 Altbach, P. G.: „The Distribution of Knowledge in the Third World: A Case Study in Neocolonialism". In: ders. und Kelly, G. P. (Hrsg.), a. a. O., S. 302.

11 Vgl. Ward, J. C.: „The Expatriate Academic and the African University". In: East Africa Journal, Bd. 7 (1970), H. 10, S. 12–16.

12 Nyerere, J. K.: „The Role of Universities". Opening address to the General Assembly of the World University Service, 27. Juni 1966.

13 Ashby, E., a. a. O., S. 51 f.

Peter von Mitschke-Collande

Ingenieuraufgaben in einem Entwicklungsland

1. Einleitung

Die ökonomische Entwicklung der Industrieländer ist stark geprägt durch die Ingenieurwissenschaften und eine fortgeschrittene technologische Basis der Produktion. Es ist die Aufgabe der Ingenieure, Werkzeuge zu entwerfen, Energieträger zum Antrieb von Arbeitsmaschinen zu erschließen, die den Menschen in seiner Arbeit physisch entlasten. Mit den Mikroprozessoren tritt neben die Maschine und das Werkzeug das „Denkzeug"; die möglichen sozialen Folgen sind als reale Utopie bereits vorstellbar.

Hiermit wird sichtbar, wie sehr der Ingenieur mit der Gestaltung der Arbeitsmittel auf die Veränderung der technologischen und organisatorischen Arbeitsbedingungen sowie auf die inhaltlichen Tätigkeitsanforderungen – und damit auf die gesellschaftliche Entwicklung – Einfluß nimmt. Es soll hier die Frage verfolgt werden, in welcher Weise diese Zusammenhänge die Industrialisierung in einem Entwicklungsland berühren.

2. Industrialisierung durch Technologietransfer

Die Wirtschaft eines Entwicklungslandes ist durch einen Industriesektor gekennzeichnet, der in der Regel nicht mehr als zehn Prozent zum Bruttosozialprodukt beiträgt; da es innerhalb des Industriesektors so gut wie keine Investitionsgüterfertigung gibt, geschieht Industrialisierung durch Technologietransfer, durch Import technischer Anlagen auf der Basis ausländischen Kapitals.

Produktionstechniken lassen sich unterscheiden in ihrem Mechanisierungsgrad. Die „Wahl von Technologien" – ein Aspekt der Industrialisierungspolitik eines Entwicklungslandes – hat somit erheblichen Einfluß auf die Arbeitsproduktivität, die Tätigkeitsstruktur und den Beschäftigungsumfang eines Wirtschaftssektors. Die folgende Matrix erlaubt es, einige dieser Problemstellungen auf der Ebene des Betriebes in Abhängigkeit von der Wahl der Produktionstechnik zu beschreiben.

Matrix: *Einfluß der Wahl von Produktionstechniken auf die Entwicklung technologischer Fertigkeiten in einem Entwicklungsland*

Automatisierung der Fertigung / Tätigkeiten in der Fertigung	Alternative Produktionstechniken (steigender Automatisierungsgrad) → a Handwerkzeuge	b Universalmaschinen	c Spezialmaschinen	d Halbautomaten	e Automaten	f Computergesteuerte Fertigung
1 Entwicklung von Werkzeugen und Maschinen	F	I	I	I	I	I
2 Produktentwicklung	F	F	I	I	I	I
3 Fertigungsplanung	F	F	I	I	I	I
4 Fertigungskontrolle	F	F	I	I	I	I
5 Bedienung von Werkzeugen und Maschinen	F	F	F	I	I	I
6 Qualitätskontrolle	F	F	F	F	I	I
7 Wartungsarbeiten	F	F	F	F	F	F
8 Einrichten und Reparaturarbeiten	F	F	F	F	F	F

Anmerkung: F = Facharbeiter; I = Ingenieur, Planer

Quelle: Die Klassifizierung der Produktionstechniken ist entnommen Buffa, E. S.: Basic Production Management. Chichester, N. Y., 1971, S. 171.

Durch die Korrelation der zwei Faktoren „Tätigkeiten in der Fertigung" in Abhängigkeit vom „Grad der Automatisierung der Produktionstechnik" lassen sich zwei Theoreme illustrieren, die für die Industrialisierung in Entwicklungsländern relevant sind.

2.1 Trennung von Hand- und Kopfarbeit in Entwicklungsländern

Die Wahl von Großbetrieben und komplexen Technologien führt zur verstärkten Trennung von Hand- und Kopfarbeit, was sich mit der Aufgabenstellung zwischen Ingenieuren (I) und Facharbeitern (F) darstellen läßt. Die Wahl komplexer Technologien stimuliert die Spezialisierung von Aufgaben; die Vielfalt der beim Facharbeiter verbleibenden Tätigkeiten verringert sich (siehe unterhalb der unterbrochenen Linien); zugleich werden Montagearbeit und Maschinenbedienung repetitiv; alle Aufgaben wie Planung und Koordinierung einschließlich der Arbeitsorganisation am unmittelbaren Arbeitsplatz des Facharbeiters werden vom Ingenieur wahrgenommen. Folglich ist bei steigendem Mechanisierungsgrad ein relativ geringerer Grad an formaler technischer Ausbildung für den Arbeiter erforderlich.

Auf der anderen Seite erhöht die Wahl von Großbetrieben und komplexen Technologien die Vielfalt der Aufgaben von Planern und Ingenieuren (siehe oberhalb der unterbrochenen Linien); diese werden jedoch nicht notwendig in dem betreffenden Entwicklungsland ausgeführt. Sofern die Produktion in einem multinationalen Konzern geschieht, antizipieren Planer und Ingenieure in den Industrieländern Fertigungsabläufe, gestalten die Fertigungstechnologien und -programme für den Vollzug in dem betreffenden Entwicklungsland.

2.2 Verfestigung der internationalen Arbeitsteilung

Der Import von komplexen Technologien verstärkt die internationale Teilung zwischen den Ländern, die Investitionsgüter produzieren, und solchen Ländern, die vorwiegend Primargüter exportieren. Mit steigender Komplexität der importierten Technologie wächst der Grad der technologischen und ökonomischen Abhängigkeit bezüglich der Beschaffung von Rohstoffen, Werkzeugen und Ersatzteilen, die gewöhnlich für die spezifischen Maschinen und Anlagen entwickelt und patentiert sind.

Die Wahl von komplexen Technologien führt darüber hinaus zur „Nicht-Entwicklung" von technischen Fertigkeiten in dem entsprechenden Entwicklungsland, was sich in der Matrix anhand der Doppellinie darstellen läßt: Technische Aufgaben, die in dem Entwicklungsland durchgeführt werden, sind links, diejenigen, die in Industrieländern ausgeführt werden, sind rechts von der Doppellinie. Das heißt, je komplexer die gewählte Technologie, desto geringer ist die Zahl der qualifizierten Aufgaben – sowohl für

Ingenieure als auch für Facharbeiter –, die innerhalb des Entwicklungslandes vollzogen werden müssen. Die Produktion im Entwicklungsland wird zunehmend vorstrukturiert durch die Technologie der Lieferfirma.

Damit führt letztlich die Wahl und der Transfer der Technologien zum Ausschluß wichtiger Ingenieuraufgaben aus Entwicklungsländern; dies bedeutet „Nicht-Entwicklung" und zunehmende Unterentwicklung von Fertigkeiten, die zur wissenschaftlichen Forschung und zur technologischen Entwicklung nötig sind.

Darüber hinaus sind komplexe Technologien selten „arbeitsintensiv" und somit höchst ungeeignet zur Schaffung von Arbeitsplätzen. In Industrieländern führt technologischer Fortschritt zur Freisetzung und zur strukturellen Arbeitslosigkeit; der Transfer solcher Technologien in Entwicklungsländer schafft weder eine Vielzahl von Arbeitsplätzen noch einen Bedarf an qualifizierten Arbeitskräften.

Es gibt keinen Zweifel daran, daß zur ökonomischen Entwicklung der Entwicklungsländer die Nutzung aller Errungenschaften von Wissenschaft und Technik erforderlich ist. In einem Entwicklungsland kann deshalb auch die Wahl kapitalintensiver Technologien „angemessen" sein, sofern der damit geschaffene Mehrwert im Lande reinvestiert wird – auch wenn dies zu relativ wenigen Arbeitsplätzen führt. Um Arbeitsplätze und damit die Kaufkraft eines Entwicklungslandes zu vermehren, ist es wichtig, neben kapitalintensiven Großbetrieben auch arbeitsintensive Mittel- und Kleinbetriebe zu errichten, die bei einer Vielzahl von Arbeitnehmern technologische Qualifikationen fördern.

Eine solche Entwicklungsstrategie erlaubt das „Laufen auf zwei Beinen" in der ersten Phase der Industrialisierung; kapital- und arbeitsintensive Techniken werden in Klein- und Großbetrieben eingesetzt und führen zu einer Steigerung der Arbeitsproduktivität. Technologien können also jeweils dann als „angepaßt" gelten, wenn sie die Abhängigkeit von ausländischen Investitionen, Handel und technischem „know-how" nicht vertiefen und sofern sie zur Akkumulation im Lande beitragen und die Entwicklung eigenständiger Produktivkräfte fördern.

Ohne eine Unterscheidung von Konsum- und Investitionsgütersektoren wird jedoch nicht deutlich, daß der Aufbau des Maschinenbausektors hinsichtlich des Technologietransfers Priorität haben muß. Der Maschinenbausektor ist der Schlüsselbereich, mit dessen Hilfe sich technologische und ökonomische Abhängigkeiten reduzieren lassen. Nur durch ein sorgfältiges Gleichgewicht in der Entwicklung von Konsum- und Investitionsgütersektoren innerhalb des Entwicklungslandes wird der dynamische Austauschprozeß zwischen beiden beginnen können, der zu Innovation und eigenständiger Industrialisierung führt.

Sofern also die Regierung eines Entwicklungslandes die politische und wirtschaftliche Macht besitzt, sollte – um das Maß an technologischer Unabhängigkeit zu erhöhen – zunächst und mit Vorrang der Maschinenbausektor errichtet werden. Technologie-, Forschungs- und Ausbildungspolitik müssen als integrale Bestandteile der Industrialisierungsstrategie gesehen werden.

3. Aufgaben des Ingenieurs in einem Entwicklungsland

Sofern die Industrialisierung am Nullpunkt beginnt, muß auch die Entwicklung der Ingenieuraufgaben in einem Entwicklungsland als ein historischer Prozeß gesehen werden; die Arbeitsbedingungen lassen sich wie folgt beschreiben: Innerhalb eines Industriezweigs kann es gleichzeitig extrem einfache und komplexe Produktionstechniken geben. Darüber hinaus besteht ein genereller Mangel an technischen Fachkräften, die den Ingenieur im Betrieb unterstützen könnten; er selbst mag der erste technische Experte mit formaler Ausbildung sein.

Der Ingenieur in einem Entwicklungsland benötigt heute vorrangig:

- technische und Managementfähigkeiten zur Betreuung bestehender Produktions- und Dienstleistungsbetriebe sowie zur Wartung und Reparatur von Maschinen und Anlagen (Betriebsingenieur);
- Informationen und Industrieerfahrung, die ihn befähigen, alternative Produkt- und Produktionstechniken zu vergleichen und anhand von technischen, ökonomischen und sozialen Kriterien die angemessene Auswahl zu treffen (Technologiewahl);
- analytische, technische und erzieherische Fähigkeiten zur Modifizierung und Anpassung importierter Technologien sowie zur Entwicklung und Beschreibung der nötigen Arbeitsplätze und Tätigkeiten sowie zur entsprechenden Unterrichtung und Ausbildung von Technikern und Facharbeitern (Adaptation von Technologien).

Nach einer Übergangsperiode der Industrialisierung, die auf dem Import von Technologien beruhte, wird sich das Schwergewicht der Ingenieuraufgaben auf die Technologieentwicklung am Ort verlagern.

- Innovation wird abhängen von den wissenschaftlichen Fähigkeiten, industrielle Bedürfnisse zu identifizieren und zu analysieren, technische Lösungen zu suchen und Technologien zur besseren Nutzung und weiteren Entwicklung örtlicher Ressourcen wie Manpower, Rohstoffe und Energien zu entwickeln (Innovation).

- Wo immer der Ingenieur schwerpunktmäßig tätig ist – in der Fertigung oder in der Forschung –, muß er Fähigkeiten und Einstellungen aufweisen, seine Arbeit auf die politischen, ökonomischen und sozialen Entwicklungsziele seines Landes auszurichten. Eine der wichtigsten Aufgaben technischer Kader in einem Entwicklungsland ist deshalb die Beratungstätigkeit hinsichtlich der industriellen Entwicklung gegenüber Unternehmensleitung und Regierung (Beratung).
- Schließlich faßt Francisco R. Sagasti die Planungsaufgaben des Ingenieurs wie folgt zusammen:

„Scientific and technological planning can thus be defined as the process of making anticipatory decisions about the development of science and technology, as well as their insertion into the socio-economic development process. The criteria for making such decisions are derived from science and technology policies, which in turn reflect, either explicitly or implicitly, the political will of government and the groups in power.“ [1] (Wissenschaftlich-technische Planung)

4. Ingenieurausbildung innerhalb eines Entwicklungslandes

Die Ausbildung von Ingenieuren, die in Entwicklungsländern tätig sein werden, ist in Industrie- oder Entwicklungsländern denkbar.

Das größte Problem bei der Ingenieurausbildung in Industrieländern ist die Tatsache, daß die Curricula der Universitäten die industriellen Bedürfnisse der Entwicklungsländer nicht berücksichtigen. Die Spezialisierung der Universitäten korrespondiert mit der fortgeschrittenen Arbeitsteilung in den Unternehmen der Industriegesellschaften. Dies hat zur Folge, daß Ingenieure aus der Dritten Welt, die in Industrieländern studiert haben, große Schwierigkeiten haben, sich praktisch an die gegenwärtige technologische Realität der Industrie ihres Heimatlandes anzupassen und diese zu verändern.

Als Ergebnis dieser Erfahrung hat die Regierung Tansanias die folgende bildungspolitische Entscheidung getroffen: Bevor ein Student in einem Industrieland studiert, sollte er generell sein erstes „degree“ zu Hause erlangt haben, verbunden mit der notwendigen Praxiserfahrung in der Industrie des eigenen Landes. Das Studium in Industrieländern wird letztlich als die Ausnahme für den Fall angesehen, daß bestimmte Spezialisierungsfelder im eigenen Bildungssystem nicht angeboten werden können.

Es ist daher die langfristige Politik Tansanias, die Hochschulausbildung im Lande aufzubauen – unabhängig von den Schwierigkeiten der Übergangszeit. Es sollen nun einige Elemente der Ingenieurausbildung an der Universität Dar-es-Salaam dargestellt werden [2].

Obgleich die Industrie in Tansania gegenwärtig kaum innovativ ist, wird angestrebt, daß alle Bildungs- und Produktionsbereiche ihren Beitrag leisten, dies zu verändern. Das heißt, insbesondere die Institutionen technischer Bildung sollen zukünftige Qualifikationsanforderungen in der Ausbildung von Ingenieuren schon heute vorwegnehmen – ohne aber die gegenwärtigen Anforderungen zu vernachlässigen. Die Curricula der Ingenieurausbildung eines Entwicklungslandes müssen also sowohl einfachste praktische Aufgaben der gegenwärtigen Industrie erfüllen als auch einen hohen wissenschaftlich-technischen Standard für innovative Aufgaben anstreben. Wie wird dieses Problem an der Ingenieurfakultät der Universität Dar-es-Salaam praktisch gelöst?

Ausgehend von der Tatsache, daß die Primar- und Sekundarschulerziehung in Tansania bisher nicht genügend polytechnisch und problemorientiert angelegt ist, wird an der Universität selbst während des ersten Studienjahres eine technologisch-praktische Grundausbildung neben dem akademischen Studium durchgeführt. Jeder Student der Ingenieurwissenschaften durchläuft obligatorisch – unabhängig von seiner späteren Spezialisierung – mehrere Ausbildungsstätten, in denen er mit den Grundfertigkeiten in den Bereichen Holz- und Metallverarbeitung, Bauhandwerk und Elektrotechnik vertraut gemacht wird. Dieses Prinzip war insbesondere so lange wichtig, wie die Studenten direkt von den Sekundarschulen in die Universität eintraten.

Im Jahre 1974 traf die Regierung Tansanias eine weitere bildungspolitische Entscheidung: Nach Abschluß der Sekundarschule werden Studenten automatisch in der Landwirtschaft, Industrie oder Verwaltung beschäftigt; erst nach zwei Jahren kann der Betrieb seine Mitarbeiter zum Studium vorschlagen.

Eine solche Betriebserfahrung stellt jedoch nur dann eine solide Grundlage für das Ingenieurstudium dar, wenn sie auf einer systematischen praktischen Ausbildung beruht. Solange aber das betriebliche Ausbildungswesen in der Industrie nur wenig entwickelt ist, wie in Tansania, wird die technologische Grundausbildung innerhalb der Universität auch weiterhin ein wichtiges Element zur Entwicklung von Fertigkeiten und Einstellungen im Rahmen der Ingenieurausbildung bleiben.

Ein weiteres wichtiges Element des Curriculums der Ingenieurausbildung an der Universität Dar-es-Salaam ist das Ingenieurpraktikum, das jedes Jahr für die Dauer von zwei Monaten Erfahrungen in der industriellen Produktion vermittelt. Die Studenten werden während des Praktikums von den Dozenten der Universität betreut, was den Dozenten wiederum Gelegenheit bietet, die Probleme der industriellen Wirklichkeit im Detail kennenzulernen und ihren akademischen Unterricht entsprechend zu gestalten. Dieses Vorgehen hat sich besonders bei ausländischen Dozenten bewährt, die zuvor nur auf ihre Erfahrungen mit den Produktionsbedingungen in Industriegesellschaften zurückgreifen konnten.

Das zentrale Element der Ingenieurausbildung ist das Projektstudium. Jeder Student absolviert zwei Projekte während seines vierjährigen Studiums.

Das erste Projekt ist in der Regel eine Aufgabenstellung, die der Student aus einem vorgegebenen Katalog von Themen auswählen kann. Dabei schlagen die Fachbereiche nur solche Projekte vor, die mit den verfügbaren Mitteln des Landes entwickelt und hergestellt werden können. Ein Maschinenbaustudent beispielsweise kann die Entwicklung einer Wasserpumpe wählen; er muß dazu alle technischen und wirtschaftlichen Randbedingungen analysieren und durch Feldforschung und Literaturstudium alternative Lösungsmöglichkeiten erarbeiten. Der nächste Schritt besteht in der Auswahl von Werkstoffen unter Berücksichtigung vorhandener Fertigungsverfahren. Er führt die Zeichnungsentwürfe aus, die der Kommunikation mit den Technikern in den Universitätswerkstätten dienen, mit denen er den Prototyp fertigt.

Das zweite Projekt, das der Student absolviert, ist zugleich die Abschlußarbeit für die Erlangung des Bachelor Degree. Im Vergleich zum ersten Projekt setzt dieses aber direkt in der industriellen Praxis an; der Student selbst muß während seines letzten Industriepraktikums in dem Betrieb, in dem er nach seinem Studium seine erste Anstellung findet, ein technisches oder organisatorisches Problem aufgreifen und analysieren. Während seines letzten Studienjahres hat er dann Gelegenheit, dieses Problem an der Universität zum Gegenstand seiner Abschlußarbeit zu machen. Es ist beabsichtigt, daß er mit seiner Anstellung als Jungingenieur in seinem Betrieb zugleich einen ersten technologischen Beitrag einbringt.

Das wichtigste Prinzip der Projektarbeiten besteht darin, daß der Student alle Stadien des technologischen Entwicklungsprozesses in theoretischer und in praktischer Hinsicht selbst durchläuft. Nur auf einer solchen Basis lassen sich die methodisch-didaktischen Prinzipien der Problemorientierung und der Integration von Theorie und Praxis in Fähigkeiten und Einstellungen umsetzen.

5. Schlußfolgerungen

Selbst wenn der Vorwurf erhoben werden sollte, daß eine so strukturierte Ingenieurausbildung wiederum nur eine Anpassung an die schlechte industrielle Wirklichkeit eines Entwicklungslandes bedeute, so wird hierbei verkannt, daß bei dieser Ausbildung das Prinzip problemorientierten Lernens im Vordergrund steht, das zur Entwicklung von Fähigkeiten und Einstellungen führen kann – unabhängig vom gewählten Gegenstand.

Bei der wichtigen Funktion, die Ingenieure im Aufbau eines Entwicklungslandes wahrnehmen, muß die Ausbildung darüber hinaus aber sicherstellen, daß die kulturellen Besonderheiten des Entwicklungslandes nicht durch die korrumpierenden Seiten der „industriellen Zivilisation" erdrückt werden. Die folgende Bemerkung, die ein Afrikaner während der Kolonialzeit zum Ausbildungssystem machte, sollte auch heute noch nachdenklich stimmen:

> „It will be of no use to fight against the wave of civilization. People can say what they like, but the African mind is to imitate Europeans' civilization. I cannot explain the reason why, but there it is. And I believe, as far as my little knowledge of history goes, there is no colony in the British Empire, where they have convinced their subjects otherwise." [3]

Es scheint somit von entscheidender Bedeutung zu sein, daß der Student in Verbindung mit seiner wissenschaftlich-technischen Ausbildung auch die gesellschaftspolitischen Prioritäten seines Landes studiert; denn das Beispiel des Iran zeigt, daß technologische Innovation die soziale Innovation nicht ersetzen kann, sondern diese vielmehr zur Grundlage haben muß.

Anmerkungen

1 Sagasti, F. R.: „Science and Technology Planning in Less Developed Countries". In: Goldschmidt, D. (Hrsg.): Technologie in Entwicklungsländern. Möglichkeiten eigenständiger Entwicklung, Probleme des Transfers, neue Wege der Ausbildung, Chancen wirtschaftlicher Zusammenarbeit. München 1978 (Weltwirtschaft und internationale Beziehungen, Diskussionsbeiträge, Bd. 13), S. 37.

2 Siehe Bieger, K. W., Goldschmidt, D., und Kreuser, W.: Die Errichtung einer Ingenieurfakultät an der Universität Dar-es-Salaam unter Mitwirkung der Bundesrepublik Deutschland. Gutachten. Hannover, Berlin und Köln 1970 (hektographiertes Manuskript).

3 Diskussionsbeitrag von Samuel Shiponde, einem der beiden Afrikaner, die 1925 eine Konferenz von Regierungsvertretern, Missionaren und Vertretern privater Firmen in Tanganjika besuchten. Siehe: Report of the Conference between Government and Missions, Dar-es-Salaam 12th–15th October, 1925.

Klaus Hüfner
Jens Naumann

UNO-Forschung in der Bundesrepublik Deutschland

In diesem Aufsatz wird ein kurzer Überblick über die Themenschwerpunkte der neueren deutschsprachigen/bundesdeutschen Forschung über das UNO-System und seine Tätigkeiten gegeben. Grundlage der Darstellung ist einerseits die umfassende Forschungsdokumentation des Informationszentrums für sozialwissenschaftliche Forschung [1], andererseits eine größere internationale Bibliographie über UNO-System-bezogene sozialwissenschaftliche Sekundärliteratur [2]. Der Aufsatz soll ferner einen Diskussionsbeitrag für die Identifizierung von forschungsmäßig relativ vernachlässigten Bereichen leisten.

1. Die Forschungslandschaft 1976/77: Eine Projektübersicht

Die Leitstelle Politische Dokumentation an der Freien Universität Berlin veröffentlicht jährlich eine (sehr breit definierte) politikwissenschaftliche Auswahl aus allen dem Informationszentrum für sozialwissenschaftliche Forschung jährlich gemeldeten Projekten. Auf diese Auswahl von insgesamt 2478 im Jahre 1976 laufenden oder gerade abgeschlossenen Projekten bezieht sich die folgende erste Auswertung.

Der für die Erhebung verwendete Projektbegriff deckt ein breites Spektrum wissenschaftlicher Arbeiten ab; es reicht von Arbeitsvorhaben, die von einem Wissenschaftler „eigenfinanziert" innerhalb weniger Monate abgeschlossen werden sollen, bis hin zu Arbeitsvorhaben, die mehrere Wissenschaftler über mehrere Jahre beschäftigen und von Stiftungen oder Ministerien teilweise oder insgesamt finanziert werden. Für die Zwecke dieser Auswertung wurde nur grob unterschieden zwischen „Einzelarbeiten" und „größeren Projekten", wobei innerhalb der ersten Kategorie noch die als solche gekennzeichneten Dissertationen/Habilitationen ausgewählt wurden.

Die inhaltlich-thematische Zuordnung der ausgewiesenen Projekte mußte sich auf die Informationen beziehen, die aus dem Namen des Projekts hervorgehen beziehungsweise aus den häufig zusätzlich gegebenen, aber nur wenige Zeilen umfassenden Erläuterungen. Diese dürftige Informationsbasis verbietet es, differenzierte inhaltlich-thematische Zuordnungskategorien vorzugeben. Gleichzeitig bedeutet dies, daß nicht nur solche Projekte berücksichtigt werden dürfen, die in ihrem Namen oder der Projekterläuterung den institutionellen Bezug zum UNO-System explizit erwähnen, sondern auch solche, deren Namen oder Erläuterung ohne institutionellen Bezug Themen oder Probleme bezeichnen, bei deren wissenschaftlicher Behandlung die Berücksichtigung relevanter Teile des UNO-Systems erwartet werden kann. Gleichzeitig entsteht aber durch die Vorgabe solcher funktionaler Zuordnungskategorien auch die Gefahr des Ausuferns: Das Kategoriennetz wird so groß, daß möglicherweise viele Projekte eingefangen werden, die die Rolle des UNO-Systems kaum berücksichtigen. Um dieser Gefahr zu begegnen, wurden Studien über spezielle Regionen, Branchen, Probleme in einzelnen Entwicklungsländern (ohne expliziten UNO-Bezug) grundsätzlich nicht mitgezählt, während Studien zu übergreifenden Problemen von Entwicklungsländern berücksichtigt wurden. Eine anders gelagerte „Grauzone" betrifft die Vielzahl von Projekten über „Multis"; diese wurden in den meisten Fällen nicht mitgezählt [3].

Die nachgewiesenen Projekte scheinen in dem uns hier interessierenden Forschungsbereich keine insgesamt gravierenden disziplinären Verzerrungen aufzuweisen (etwa der Art, daß eine Disziplin sehr stark überrepräsentiert, eine andere sehr stark unterrepräsentiert ist). Gleichwohl sind zwei „institutionelle Lücken" anzuzeigen, die mit Sicherheit das disziplinäre und thematische Gesamtbild beeinflussen: Offensichtlich haben sich die Mitarbeiter des Instituts für Internationales Recht, Kiel, und die des Max-Planck-Instituts für ausländisches öffentliches Recht und Völkerrecht, Heidelberg, nicht an den Erhebungen beteiligt.

Von den insgesamt nachgewiesenen 2478 „politikwissenschaftlichen" Projekten beziehen sich (bei insgesamt großzügiger Zuordnung) 99 Projekte oder rund 4 Prozent direkt oder indirekt auf das UNO-System. 54 Projekte – deutlich mehr als die Hälfte – sind „Einzelarbeiten", von denen wiederum 32 explizit als Dissertationen oder Habilitationen ausgewiesen sind. (Tatsächlich dürfte diese Zahl höher liegen, da anzunehmen ist, daß die meisten „betreuten Einzelprojekte" – auch wenn sie nicht über Stipendien, sondern über institutionelle Mittel oder über Projektmittel finanziert werden – diese Qualifikationsfunktion „nebenbei" erfüllen.)

Von den insgesamt 99 Projekten haben 12 einen expliziten Bezug zur UNO selbst, zu ihren Organen oder Körperschaften, und 7 beziehen sich direkt auf Sonderorganisationen. *Damit haben weniger als 1 Prozent aller nachgewiesenen rund 2500 Forschungsprojekte einen expliziten Bezug zum UNO-System.* Die restlichen 80 Projekte wenden sich Themenbereichen zu, von denen mit großer Wahrscheinlichkeit eine Darstellung und Diskussion der Rolle des UNO-Systems erwartet werden kann, ohne daß dies in den Projektnamen oder der Erläuterung explizit erwähnt wird.

Die 99 Projekte verteilen sich insgesamt wie folgt auf die vorgegebenen zwei institutionellen Kategorien und fünf verschiedenen Themenbereiche (die 99 Projekte werden grundsätzlich nur einer der Kategorien beziehungsweise einem der Themenbereiche zugeordnet):

Projekte mit	
– expliziten Bezug zur UNO beziehungsweise zu ihren Organen und Körperschaften	12
– explizitem Bezug zu UN-Sonderorganisationen	7
– keinem expliziten Bezug zum UNO-System, aber „unmittelbarer thematischer Nähe"	80
	99
davon mit thematischem Schwerpunkt im Bereich	
– Rüstung, Abrüstung, Sicherheit	11
– Entwicklungsländerproblematik	20
– internationale Handels-/Wirtschaftsbeziehungen	23
– politische Krisengebiete	9
– Sonstiges	17

Bemerkenswert ist, daß sich von allen 99 Projekten nur drei speziell mit der Seerechtsproblematik beschäftigen, während andererseits mehr als ein Drittel der Projekte sich mit allgemeinen oder speziellen Fragen der Neuen Internationalen Weltwirtschaftsordnung beschäftigen.

2. Die Forschungslandschaft in der ersten Hälfte der siebziger Jahre im Spiegel deutsch-, französisch- und englischsprachiger Veröffentlichungen

Die zweite uns zur Verfügung stehende Quelle zur Einschätzung des UNO-System-bezogenen Forschungsprofils sind die beiden auf die fünf Jahre 1971 bis 1975 bezogenen Teilbände einer internationalen Bibliographie.

Der Band 2 B enthält Artikel aus 62 wissenschaftlichen Zeitschriften, von denen 11 aus dem deutschsprachigen Raum stammen (davon 2 aus der DDR, 1 aus Österreich). Die von den Bearbeitern einzeln durchgesehenen Artikel wurden einer Systematik mit rund 110 Kategorien, die teilweise noch weiter untergliedert sind, zugeordnet[4]. 50 dieser 110 Kategorien haben einen direkten institutionellen Bezug, die anderen Kategorien folgen theoretischen und thematischen Kriterien[5]. Die Artikel wurden in der Regel mehreren Kategorien zugeordnet; bei einer Gesamtmenge von 2646 Titeln und einer durchschnittlichen Mehrfachzuordnung von knapp 2 enthält der Band insgesamt 5097 Titelnennungen. Für die hier vorgelegte Analyse wurde die Zahl der Titelnennungen in den 50 institutionellen Kategorien durch einfache Addition (der Titelnennungen in den jeweiligen Unterkategorien) gewonnen, das heißt, es sind auch in diesem institutionellen Teil Mehrfachzuordnungen einzelner Titel enthalten.

Der Band 3 B enthält Buchtitel und Beiträge aus Sammelbänden für denselben Fünfjahreszeitraum 1971 bis 1975. Das zugrunde gelegte Kategorienschema ist dasselbe; die durchschnittliche Mehrfachzuordnung ist mit etwa 2,4 etwas höher als beim Zeitschriftenband; insgesamt wurden etwa 2200 Monographien und etwa 1200 Beiträge in Sammelbänden aufgenommen; wegen der Mehrfachzuordnungen ergibt sich eine Gesamtzahl von 8072 Titelnennungen. Für die hier vorgelegte Analyse wurde wiederum die Gesamtzahl der Titelnennungen in den 50 institutionellen Kategorien ermittelt.

Bevor wir die Ergebnisse unserer Analyse darstellen, wenden wir uns unter drei Gesichtspunkten den Grenzen der Aussagefähigkeit der Daten zu:

a) Gesamtzahl der Titelnennungen / Zahl der deutschsprachigen Titelnennungen

In gewisser Weise sind sowohl die absoluten Zahlen als auch die darauf bezogenen Verhältniszahlen notwendigerweise ein Artefakt – abhängig davon, wie viele deutschsprachige, wie viele fremdsprachige Zeitschriften berücksichtigt werden, wie viele Spezialbibliographien, Kataloge und dergleichen für welche Sprachräume und – innerhalb dieser – für welche Staaten zur Verfügung stehen, wie gleichgewichtig sie berücksichtigt werden usw. Dieses Argument trifft selbstverständlich auch für die ausgewertete Bibliographie zu. Gleichzeitig gilt es aber festzuhalten, daß diese Bibliographie den bisher systematischsten Versuch darstellt, die wissenschaftliche Sekundärliteratur in den drei Sprachen Englisch, Französisch, Deutsch nach (halbwegs) einheitlichen Kriterien zu erfassen [6]. Mit anderen Worten: Solange man Aussagen über die Forschungslage zum UNO-System insgesamt machen will, sich auf die genannten drei Sprachen beschränkt und die Zahlenangaben nicht als absolute Größen interpretiert, sondern als Hinweise auf die Größenordnungen und Grobstrukturen der verfügbaren Literatur [7], so lange gibt es keine verläßlichere Basis als die ausgewertete Bibliographie.

b) Veröffentlichungen als Indikator für Richtung und Intensität von Forschungsvorhaben?

Kann man an der Zahl der publizierten Artikel/Bücher die Produktivität eines Projekts ablesen? Kann man von der Zahl der Veröffentlichungen rückschließen auf die Seriosität und Kreativität wissenschaftlichen Arbeitens? Wo liegen die Grenzen zwischen „Journalismus“, „bloßer Deskription“, „theoriegeleiteter Analyse und Systematisierung“, „Kreativität“ und

„bloßer Spinnerei"? Sind nicht Zeitschriftenpublikationen ein verläßlicherer Indikator für ernst zu nehmende Wissenschaft als so manche Buchpublikation – angesichts der weitverbreiteten Praxis professioneller Kontrolle in Form von „Referees" oder Herausgebergremien? Ist es aber andererseits nicht häufig einfacher, ein Thema – mehr oder weniger seriös – auf 20 oder 30 Seiten anzudiskutieren, als es auf 300 oder 400 Seiten auszubreiten oder in einen umfassenderen Kontext zu stellen? Wiederum, sind nicht Buchpublikationen (vor allem in Selbstverlagen, bei kleineren Verlagen), sind nicht vor allem auch Beiträge in Sammelbänden die „institutionalisierte Chance" der zweit- und drittklassigen Wissenschaft(ler) ... und derjenigen, die dem Immobilismus der Profession voraus sind? Diese widersprüchlichen Fragen und Hypothesen beleuchten die Schwierigkeiten, Publikationszahlen als verläßliche Indikatoren für die Beschreibung des Wissenschaftsbetriebs zu verwenden. Im Zusammenhang mit unserer Fragestellung sollte darauf hingewiesen werden, daß

- Gesellen- und Meisterstücke (Diplomarbeiten, Dissertationen, Habilitationen) in der Bibliographie nur enthalten sind, wenn sie „ordentlich veröffentlicht" wurden;
- die erwähnten Bedenken und Einwände für jeden der drei Sprachräume (und innerhalb dieser für die verschiedenen Länder) gelten und insofern berechtigter Grund für die Annahme besteht, daß es zwischen den Sprachräumen keine oder nur geringfügige systematische Verzerrungen gibt.

c) „Deutsche" Forschung – „Deutsche" Wissenschaft – „Weltniveau"?

Hinter dieser Frage verbirgt sich das Problem, inwiefern die beobachteten Häufigkeitsverteilungen der gesamten oder der nichtdeutschen Titelnennungen so etwas wie eine „weltweite Norm" der UNO-System-bezogenen Forschung darstellen, die als „anzustrebendes" Profil akzeptiert werden sollte [8]. Dazu folgende kurze Anmerkungen und Überlegungen:

- Die nichtdeutschen – englischsprachigen, französischsprachigen – Titel spiegeln inzwischen den (noch immer geringen, aber verglichen mit den fünfziger und sechziger Jahren zumindest deutlich spürbaren) Einfluß der Dritten Welt wider; es gilt anzuerkennen, daß vor allem Englisch und teilweise auch Französisch heute stärker als vor zehn, zwanzig oder dreißig Jahren Welt-(Publikations-)Sprachen sind, was vom Deutschen nicht behauptet werden kann.
- Es wird immer (mehr oder weniger berechtigte) nationale Schwerpunkte und Präokkupationen geben, die selbst noch auf der hier zugrunde gelegten, vergleichsweise hochabstrakten und „interessenfreien" Ebene der Kategorisierung bemerkbar sind. Deshalb sollte die internationale Häufigkeitsverteilung von Titelnennungen durchaus ihrerseits kritisch be-

trachtet werden. Solange man andererseits davon ausgeht, daß es auch in den Sozialwissenschaften so etwas wie professionelle Standards gibt, die über politische und sprachliche Grenzen hinaus gültig sind, kommt dem festgestellten Profil doch eine gewisse normative Orientierungsfunktion zu.

- Der Hinweis auf das Ideal der universalistischen Gültigkeit sozialwissenschaftlicher Standards bedeutet gleichzeitig, daß nationale Unterschiede in Publikationsprofilen nicht ohne weiteres als Hinweise auf Einseitigkeiten des Wissenschaftsbetriebes interpretiert werden dürfen, weil zumindest für westliche Industriestaaten davon ausgegangen werden kann, daß fremdsprachige Publikationen (zumindest in der Weltsprache Englisch) zugänglich sind und wahrgenommen werden. Dies betrifft viele Teilbereiche des Forschungsbetriebes. Gleichwohl bleibt die Sprachbarriere vor allem für den akademischen Lehrbetrieb und das Verhältnis zwischen Wissenschaftsbetrieb und interessierter Öffentlichkeit (unter anderem Journalismus, Politik) ein ernst zu nehmendes Hindernis.

Die folgenden Ausführungen beziehen sich auf das in Abbildung 1 ausgebreitete Material. Zu jeder Kategorie gehören zwei Balken, deren Länge die absolute Zahl der dazugehörigen Titelnennungen symbolisiert; der dunkle Teilbalken zeigt die jeweilige Zahl der deutschsprachigen Titelnennungen an. Der obere Balken einer jeden Kategorie bezieht sich auf die Gesamtzahl / die Zahl der deutschsprachigen Titelnennungen aus Band 3 B (Monographien und Beiträge in Sammelbänden; die dazugehörigen Zahlenwerte stehen rechts vom jeweiligen Balken in Kursivschrift); der untere Balken bezieht sich auf die Gesamtzahl / die Zahl der deutschsprachigen Titelnennungen aus Band 2 B (Artikel in wissenschaftlichen Zeitschriften; die dazugehörigen Zahlenwerte stehen rechts vom Balken).

Eine erste Gesamtbetrachtung der Häufigkeitsverteilung zeigt eine verblüffende Gleichartigkeit der Gesamtzahl und der deutschsprachigen Titelnennungen, wenn man die Werte für den Band 3 B mit denen für Band 2 B vergleicht (die jeweils zusammengehörenden zwei Balken einer jeden Kategorie): Im großen und ganzen weisen Kategorien, die hohe (niedrige) Band-3B-Werte auf sich vereinigen, auch hohe (niedrige) Band-2B-Werte auf. Dies ist insofern bemerkenswert, als im Falle von Band 3 B rund 3400 Titel, im Falle von Band 2 B etwa 2650 Titel den insgesamt mehr als 110 Kategorien zugeordnet wurden und die Such-/Zuordnungsprozesse über mehrere Kalenderjahre verteilt waren. Mit anderen Worten, die globale Ähnlichkeit zwischen den Profilen der beiden Bände deutet an, daß das jeweilige Profil nicht das zufällige Ergebnis einer „unrepräsentativen Auswahl“ ist, sondern – bei vorgegebenem Kategorienschema – die Struktur des Materials abbildet.

Abbildung 1: *Das Forschungsprofil im Überblick* *

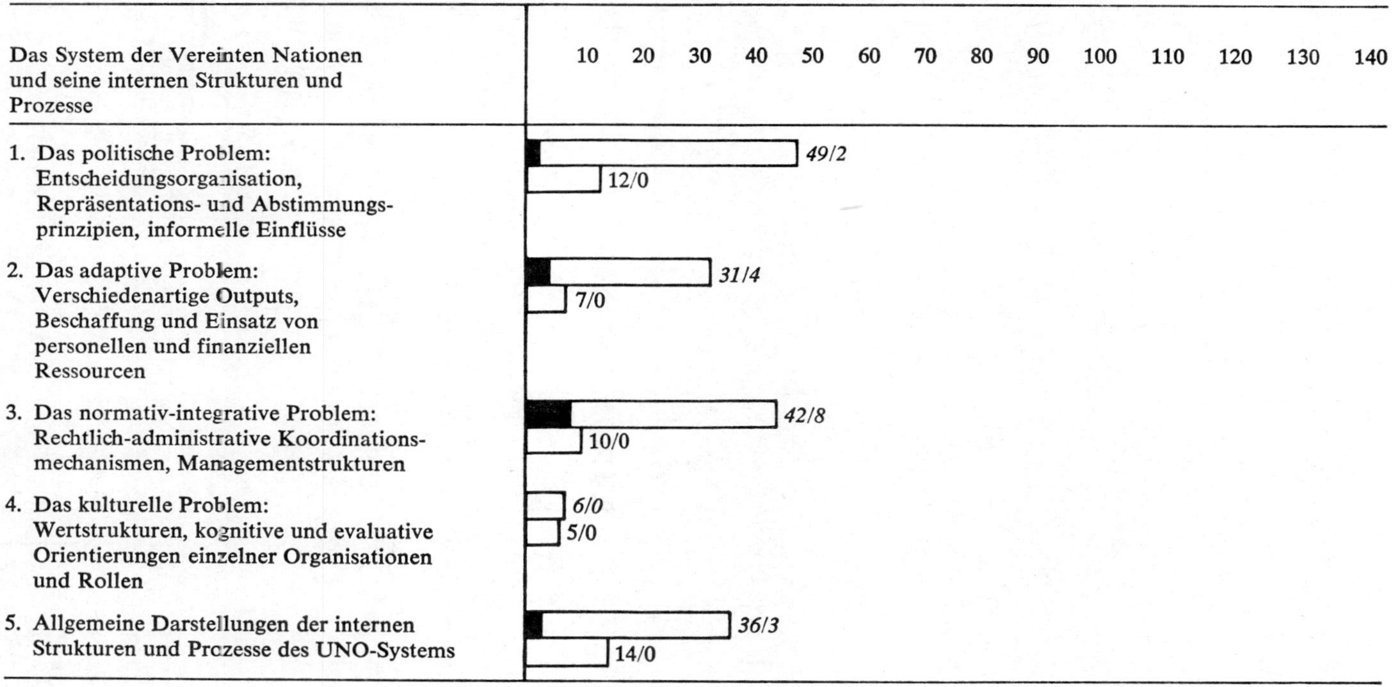

* Die Abkürzungen werden entweder im Text oder in den Tabellen 1 und 2 erläutert.

Abbildung 1 (Fortsetzung): *Das Forschungsprofil im Überblick*

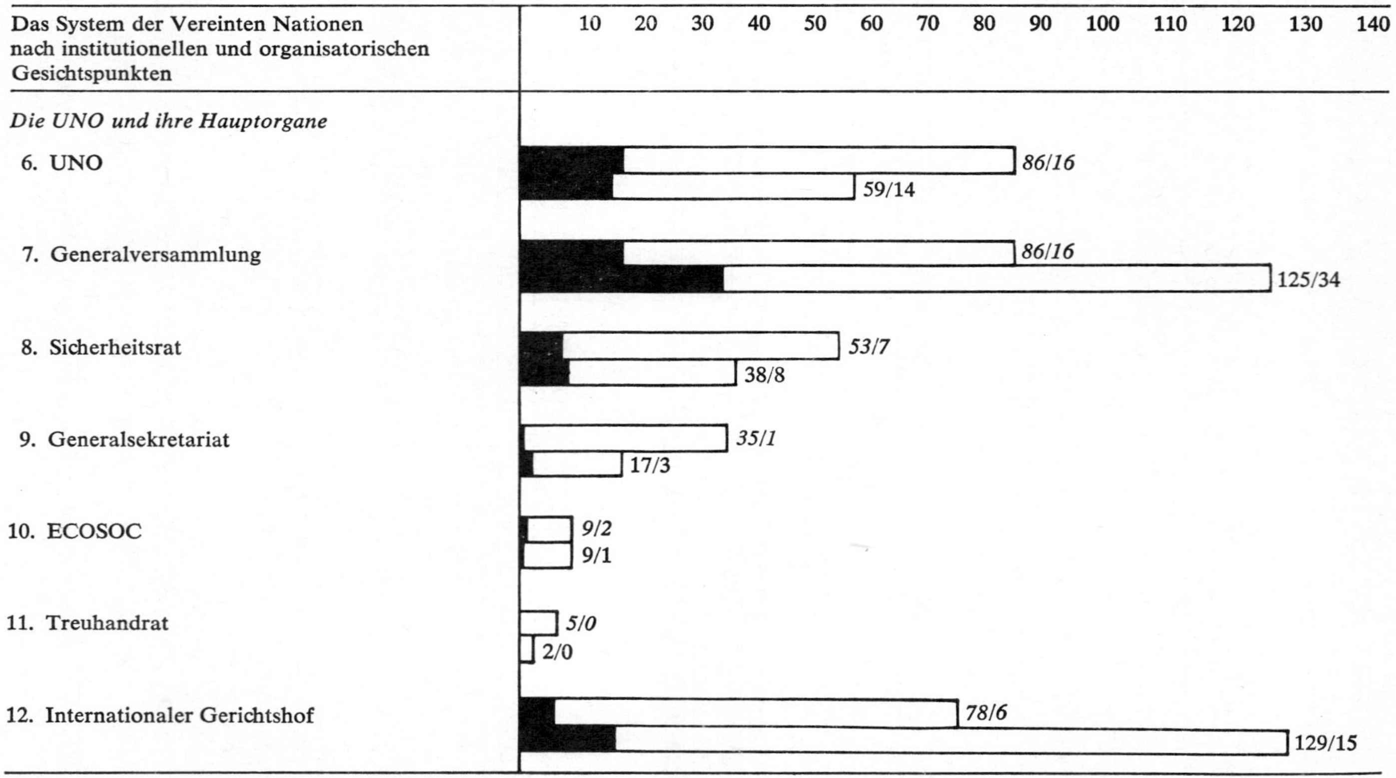

Abbildung 1 (Fortsetzung): *Das Forschungsprofil im Überblick*

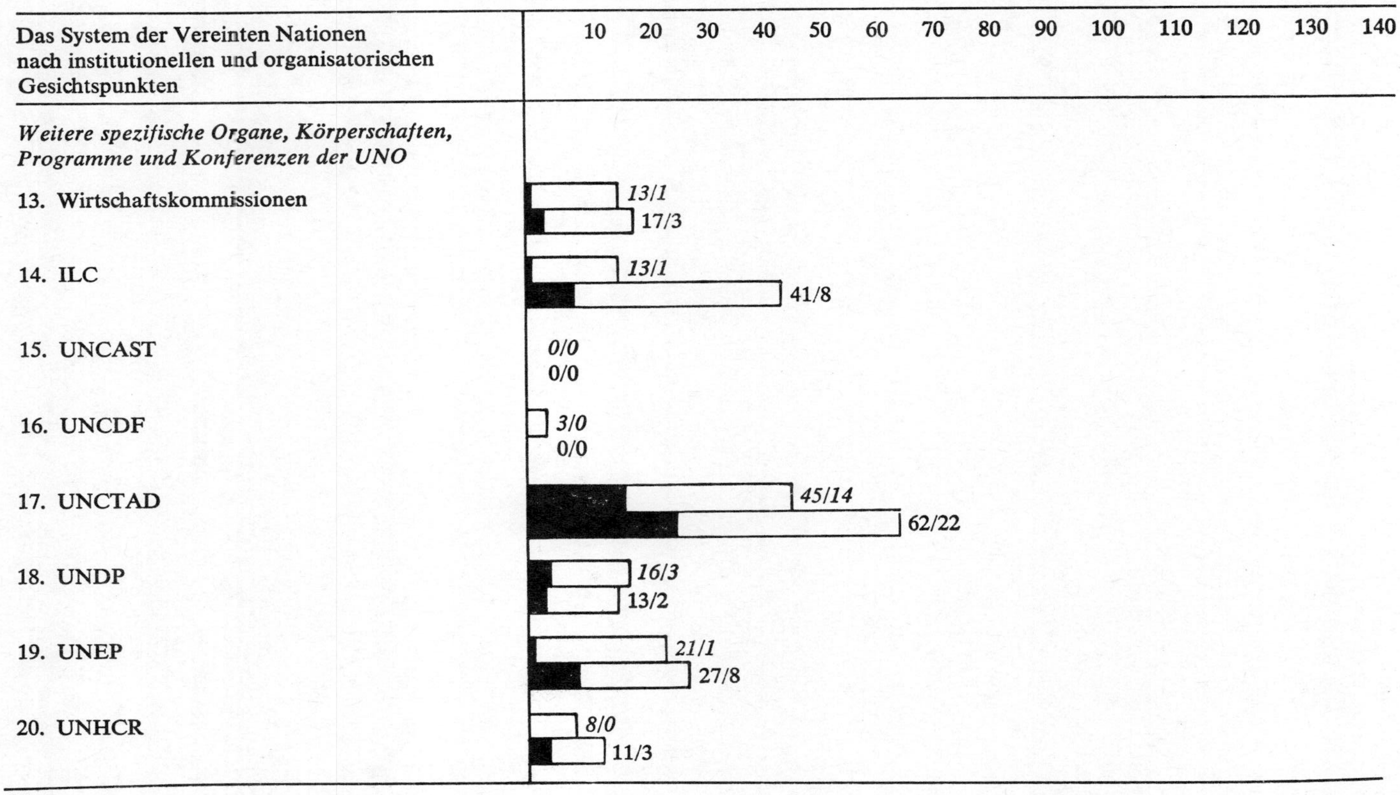

Abbildung 1 (Fortsetzung): *Das Forschungsprofil im Überblick*

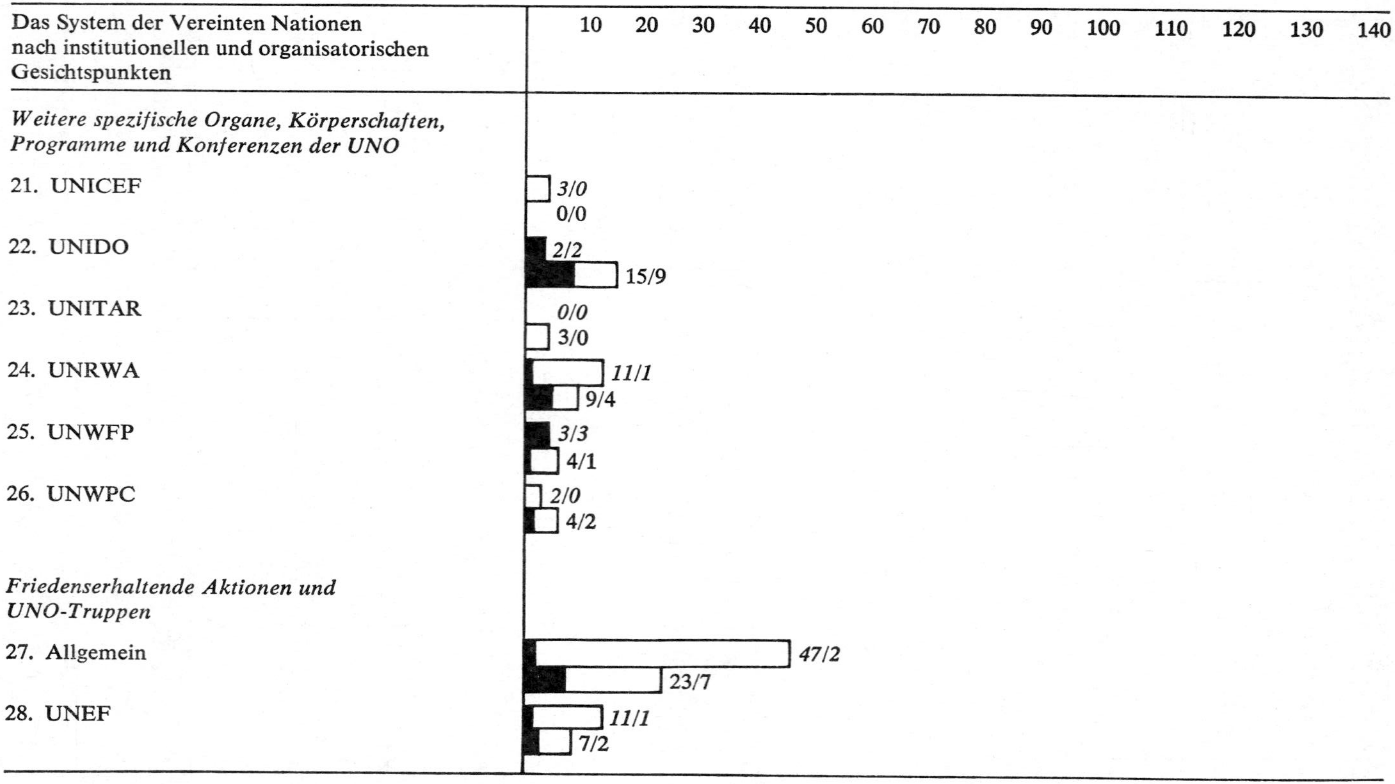

Abbildung 1 (Fortsetzung): *Das Forschungsprofil im Überblick*

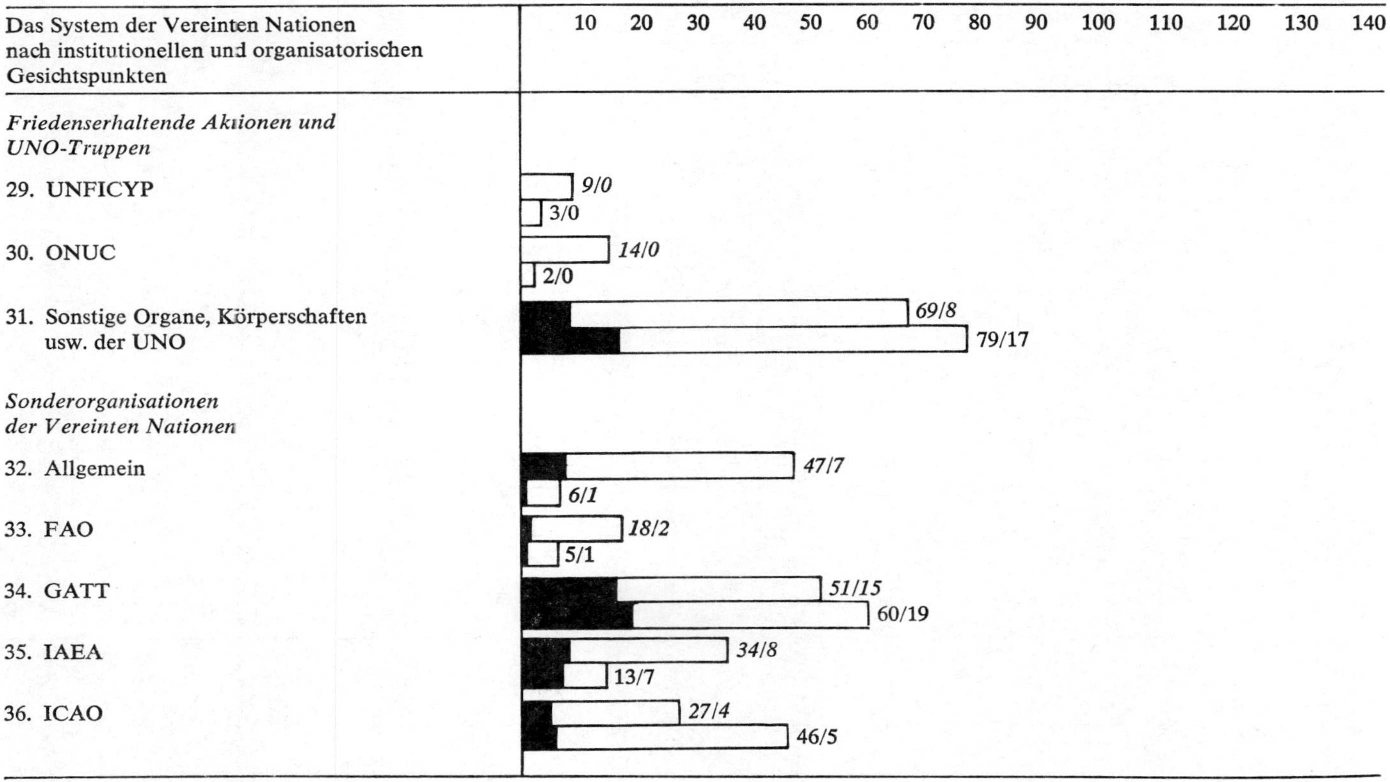

Abbildung 1 (Fortsetzung): *Das Forschungsprofil im Überblick*

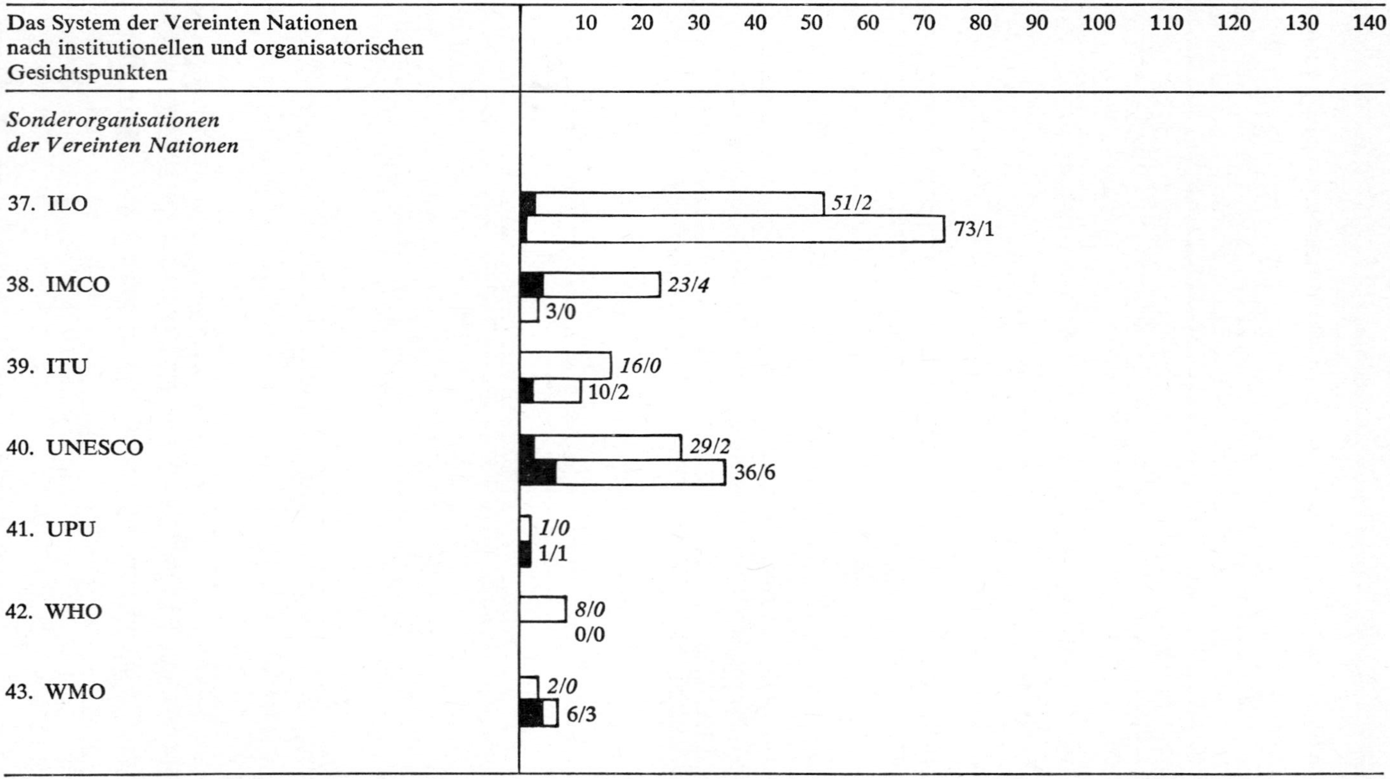

Abbildung 1 (Fortsetzung): *Das Forschungsprofil im Überblick*

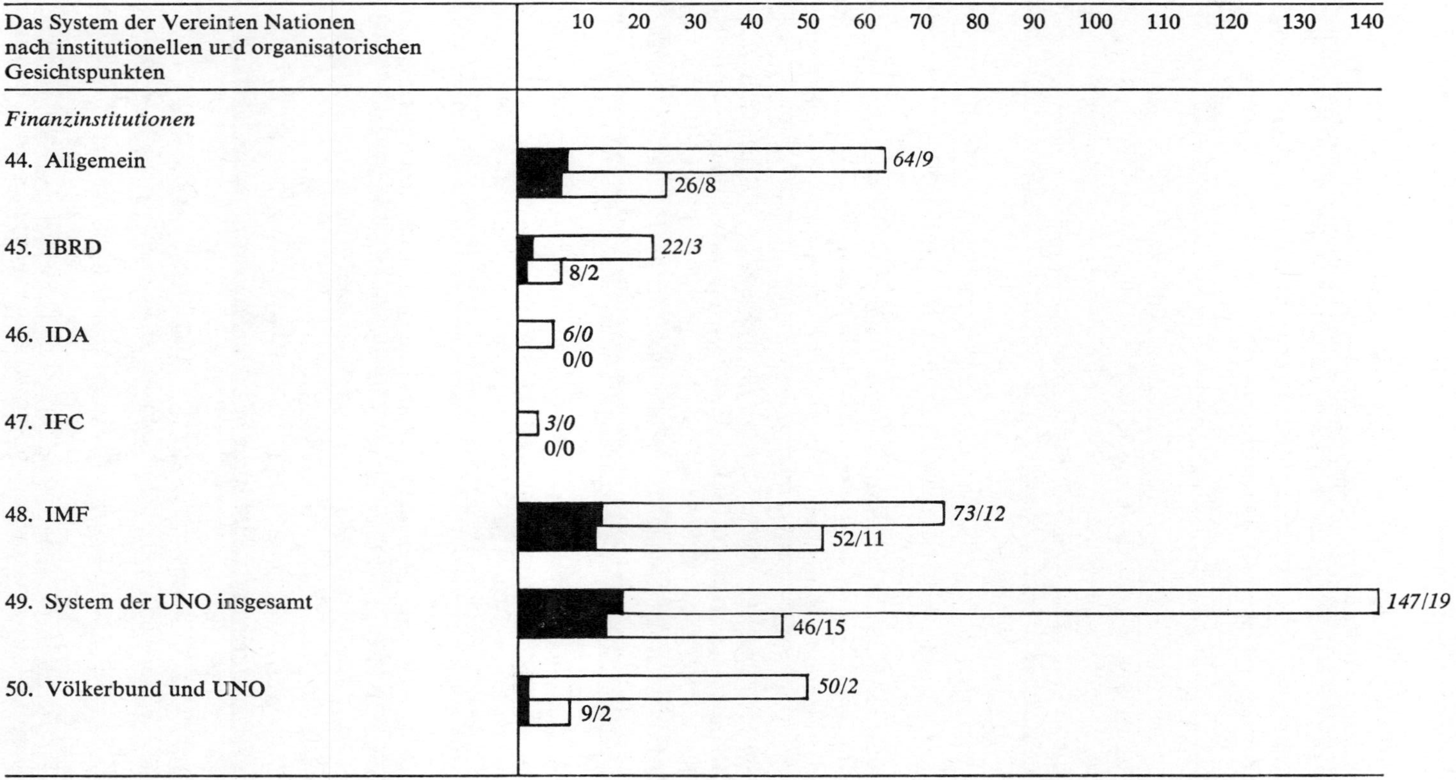

In Tabelle 1 sind die 15 am stärksten besetzten Kategorien geordnet nach der Anzahl der Titelnennungen aufgeführt. 12 der 15 am stärksten besetzten Kategorien des Bandes 2 B (Zeitschriftenartikel) gehören auch zu den 15 am stärksten besetzten Kategorien des Bandes 3 B (Monographien und Beiträge in Sammelbänden).

Die drei Kategorien „ICAO" (Internationale Zivilluftfahrt-Organisation), „ILC" (Kommission für Völkerrecht), „UNESCO" (UN-Organisation für Erziehung, Wissenschaft und Kultur) mit den Rangplätzen 10, 11 und 13 auf der 2B-Seite sind auf der 3B-Seite nicht enthalten; umgekehrt gilt dies für die drei Kategorien „Völkerbund und UNO", „Politisches Problem" und „Sonderorganisationen, allgemein" mit den Rangplätzen 11, 12 und 13 auf der 3 B-Seite.

Die hohen Besetzungszahlen der Kategorien „Internationaler Gerichtshof", „Generalversammlung", „Sonstige Organe, Körperschaften..." sind wesentlich darauf zurückzuführen, daß in den ersten beiden Fällen Berichte und Kommentare über einzelne Fälle beziehungsweise über die Tagungen der Generalversammlung, im dritten Fall Berichte und Kommentare über die Verhandlungen der Dritten Seerechtskonferenz zu Buche schlagen. Bemerkenswert ist ferner, daß sowohl in Band 2 B als auch in Band 3 B der Komplex der handels- und finanzpolitischen Institutionen großes Gewicht hat („UNCTAD": UN-Konferenz für Handel und Entwicklung; „GATT": Allgemeines Zoll- und Handelsabkommen; „IMF": Internationaler Währungsfonds; „Finanzinstitutionen, allgemein"; nicht jedoch die Kategorie „IBRD": Internationale Bank für Wiederaufbau und Entwicklung, Weltbank). Ebenfalls großes Gewicht haben in beiden Fällen die Kategorien „Sicherheitsrat" und „Friedenserhaltende Aktionen, allgemein". Das starke Gewicht der „ICAO" ist insofern untypisch, als sich hier zeitlich konzentriert die Diskussionen um die Luftpiraterie niederschlagen. Von den anderen Sonderorganisationen und Körperschaften spielen lediglich die „ILO" (Internationale Arbeitsorganisation) – in beiden Fällen – und die „UNESCO" im Fall von 2 B eine bedeutende Rolle.

Tabelle 2 kontrastiert diese Auswertung mit den am wenigsten besetzten Kategorien (weniger als 10 Titelnennungen) beider Bände [9]. Von den sehr schwach oder überhaupt nicht besetzten 24 Kategorien von Band 2 B gehören 15 auch zu den sehr schwach oder nicht besetzten Kategorien von Band 3B. Besonders prominente Beispiele für diese „doppelt schwachen" Kategorien sind „ECOSOC" (Wirtschafts- und Sozialrat), „WMO" (Weltorganisation für Meteorologie), „UPU" (Weltpostverein), „WHO" (Weltgesundheitsorganisation) und „UNICEF" (UN-Weltkinderhilfswerk). Dagegen sind die auf der 2B-Seite enthaltenen schwachen Kategorien „IMCO" (Internationale Schiffahrtsorganisation), „FAO" (UN-Organisation für Ernährung und Landwirtschaft) und „IBRD“ im Band 3B mittelmäßig besetzt (und erscheinen folglich nicht auf der 3B-Seite von Tabelle 2). Das Umgekehrte gilt für die schwache Kategorie „UNIDO“ (UN-Organisation für industrielle Entwicklung) auf der 3B-Seite von Tabelle 2. Die beiden schwachen Kategorien „Völkerbund und UNO“ sowie „Sonderorganisationen, allgemein“ auf der 2B-Seite gehören – wie Tabelle 1 zeigt – mit zu den am stärksten besetzten Kategorien von 3B.

Im nächsten Analyseschritt wenden wir uns der Frage zu, ob die deutschsprachigen Titelnennungen in den einzelnen Kategorien „überrepräsentiert“ oder „unterrepräsentiert“ sind. Hier entsteht nun die Frage, wie und welche Grenzwerte festgelegt werden sollten, um die Abweichungen zu identifizieren. Angesichts des Umstandes, daß weniger als 20 Prozent aller ausgewerteten Zeitschriften aus dem deutschen Sprachraum stammen, legten wir folgende Kriterien zugrunde: *Überrepräsentiert (unterrepräsentiert)* sind die deutschsprachigen Titelnennungen, wenn ihr Anteil an der Gesamtzahl über 25 Prozent (unter 10 Prozent) liegt *und* die Gesamtzahl der Titelnennungen absolut mindestens 20 beträgt.

Mit der Einführung der absoluten Gesamtzahl von mindestens 20 als Teil des Kriteriums entfallen mehr als die Hälfte aller Kategorien. Gleichwohl erscheint uns dieses Vorgehen sinnvoll, weil bei so niedrigen absoluten Besetzungszahlen Zufälligkeiten (etwa kleine Unterschiede in der Praxis der Mehrfachzuordnung einzelner Titel, die „zufällige“ Auswertung eines einzigen spezialisierten Sammelbandes) ein so großes Gewicht erhalten, daß ein Schluß auf Strukturunterschiede unvertretbar erscheint. So werden also Kategorien wie „UNIDO“ (Gesamtzahl / Zahl der deutschsprachigen Titelnennungen: *2/2,* 15/9) oder „UNRWA“ (*11/1,* 9/4) in diesem Auswertungsschritt nicht mit einbezogen. Das Ergebnis der Analyse ist in Tabelle 3 zusammengefaßt; sie akzentuiert folgende zwei Punkte:

1. Der überproportionale Anteil an den Kategorien „Generalversammlung“, „GATT“, „UNCTAD“, die alle drei zu den am stärksten besetzten Kategorien zählen, signalisiert eine hohe Sensibilität für die allgemeinpolitische Diskussion (Generalversammlung) und handelspolitische (nicht entwicklungspolitische) Probleme. Der Umstand, daß es sich bei 4 der 5 überproportional besetzten Kategorien um Zeitschriftenartikel handelt und die einzige überproportional besetzte Kategorie in Band 3B (Monographien und Beiträge in Sammelbänden) das „GATT“ betrifft, verdeutlicht, daß es sich in erster Linie um Berichte und Kommentare zur laufenden („tagespolitischen“) internationalen Diskussion handelt, wobei sich offensichtlich handelspolitische Fragen wegen ihrer potentiellen Bedeutung für die Bundesrepublik Deutschland besonderen Interesses erfreuen. Überspitzt formuliert: Eine eher tagespolitisch-ober-

Tabelle 1: *Die 15 am stärksten besetzten Kategorien* *

Beiträge in Zeitschriften (Band 2 B)			Monographien und Beiträge in Sammelbänden (Band 3 B)		
Rangplatz	Kategorie (Nummer der Kategorie)	Zahl der Titelnennungen	Rangplatz	Kategorie (Nummer der Kategorie)	Zahl der Titelnennungen
1	Internationaler Gerichtshof (12)	129	1	System der UNO insgesamt (49)	147
2	Generalversammlung (7)	125	2	UNO (6)	86
3	Sonstige Organe, Körperschaften usw. der UNO (31)	79	3	Generalversammlung (7)	79
4	System der UNO insgesamt (49)	76	4	Internationaler Gerichtshof (12)	78
5	ILO (37)	73	5	IMF (48)	73
6	UNCTAD (17)	62	6	Sonstige Organe, Körperschaften usw. der UNO (31)	69
7	GATT (34)	60	7	Finanzinstitutionen, allgemein (44)	64
8	UNO (6)	59	8	Sicherheitsrat (8)	53
9	IMF (48)	52	9	ILO (37)	51
10	ICAO (36)	46	10	GATT (34)	51
11	ILC (14)	41	11	Völkerbund und UNO (50)	50
12	Sicherheitsrat (8)	38	12	Politisches Problem (1)	49
13	UNESCO (40)	36	13	Friedenserhaltende Aktionen, allgemein (27)	47
14	Finanzinstitutionen, allgemein (44)	26	14	Sonderorganisationen, allgemein (32)	47
15	Friedenserhaltende Aktionen, allgemein (27)	23	15	UNCTAD (17)	45

* Die Abkürzungen werden im Text erklärt.

Tabelle 2: *Die am wenigsten besetzten Kategorien (weniger als 10 Titelnennungen)* *

Beiträge in Zeitschriften (Band 2 B)			Monographien und Beiträge in Sammelbänden (Band 3 B)		
Rangplatz	Kategorie (Nummer der Kategorie)	Zahl der Titelnennungen	Rangplatz	Kategorie (Nummer der Kategorie)	Zahl der Titelnennungen
1	ECOSOC (10)	9	1	ECOSOC (10)	9
	UNRWA (24)	9			
	Völkerbund und UNO (50)	9	2	UNHCR (20)	8
				WHO (42)	8
4	IBRD (45)	8			
5	UNEF (28)	7	4	IDA (46)	6
	Adaptives Problem (2)	7		Kulturelles Problem (4)	6
7	Sonderorganisationen, allgemein (32)	6			
	WMO	6	6	Treuhandrat (11)	5
9	Kulturelles Problem (4)	5			
	FAO (33)	5	7	IFC (47)	3
				UNCDF (16)	3
11	UNWFP (25)	4		UNICEF (21)	3
	UNWPC (26)	4		UNFICYP (29)	3
13	UNFICYP (29)	3		UNWDP (25)	3
	IMCO (38)	3			
	UNITAR (23)	3			
			12	UNWPC (26)	2
16	Treuhandrat (11)	2		WMO (43)	2
	ONUC (30)	2		UNIDO (22)	2
18	UPU (41)	1			
19	WHO (42)	0	15	UPU (41)	1
	UNCAST (15)	0			
	UNCDF (16)	0	16	UNITAR (23)	0
	UNICEF (21)	0		UNCAST (15)	0
	IDA (46)	0			
	IFC (47)	0			

* Die Abkürzungen werden – sofern sie im Text nicht erläutert sind – auf der folgen Seite erklärt.

Zu Tabelle 2: Erklärung der Abkürzungen

UNRWA:	UN-Hilfswerk für Palästina-Flüchtlinge im Nahen Osten
UNEF:	UN-Notstandstruppe
UNWFP:	UN-Welternährungsprogramm
UNWPC:	UN-Weltbevölkerungskonferenz
UNFICYP:	UN-Truppe auf Zypern
UNITAR:	UN-Institut für Ausbildung und Forschung
ONUC:	UN-Truppe im Kongo
UNCAST:	UN-Konferenz über die Anwendung von Wissenschaft und Technologie
UNCDF:	UN-Kapitalentwicklungsfonds
IDA:	Internationale Entwicklungsgesellschaft
IFC:	Internationale Finanzkorporation
UNHCR:	UN-Hochkommissar für Flüchtlinge

Tabelle 3: *Kategorien mit überproportional hohem und unterproportional niedrigem Anteil an deutschsprachigen Titelnennungen*

Kategorien-nummer	Kategorie	Gesamtzahl / Zahl der deutschsprachigen Titel
Überproportional hoher Anteil		
Band 2 B (Zeitschriften)		
7	Generalversammlung	125/34
17	UNCTAD	66/22
19	UNEP (UN-Umweltprogramm)	27/8
34	GATT	60/19
Band 3 B (Monographien und Beiträge in Sammelbänden)		
34	GATT	51/15
Unterproportional niedriger Anteil		
Band 2 B (Zeitschriften)		
37	ILO	73/1
Band 3 B (Monographien und Beiträge in Sammelbänden)		
1	Das politische Problem: Entscheidungs-organisation . . .	49/2
5	Allgemeine Darstellungen der internen Strukturen und Prozesse des UNO-Systems	36/3
9	Generalsekretariat	35/1
12	Internationaler Gerichtshof	78/6
19	UNEP	21/1
27	Friedenserhaltende Aktionen, allgemein	47/2
37	ILO	51/2
40	UNESCO	29/2
50	Völkerbund und UNO	50/2

flächliche Beschäftigung mit dem UNO-System aus eigener wirtschaftlicher Interessenlage hat ein erhebliches Gewicht.

2. Gestützt wird diese Interpretation durch die unterproportional besetzten Kategorien, bei denen zunächst einmal bemerkenswert ist, daß 9 von den 10 Kategorien den Band 3B betreffen (und sich damit auf Arbeiten beziehen, die tendenziell weniger aktualitätsbezogen sind und eher die Chance einer vertiefenden und systematischen Darstellung bieten). Das deutschsprachige Titeldefizit an den beiden theoretisch-organisationssoziologisch orientierten Kategorien „Das politische Problem: Entscheidungsorganisation...", „Allgemeine Darstellungen der internen Strukturen und Prozesse des UNO-Systems" sowie an der Kategorie „Generalsekretariat" unterstreicht, daß im deutschsprachigen Raum das UNO-System noch nicht als organisatorisch-institutioneller Komplex mit einem gewissen Eigengewicht wahrgenommen wird (eine Ex-negativo-Bestätigung der oben bemerkten Tendenz zur Überrepräsentierung bei der Beschreibung und Kommentierung tagespolitischer Diskussionsverläufe). Das Titeldefizit in den Kategorien „ILO" und „UNESCO" ist ein weiteres Steinchen im Begründungsmosaik für die These der handelspolitischen Einseitigkeit und der Vernachlässigung entwicklungspolitischer Probleme. (Für diese These sprechen auch die Besetzungszahlen in den Kategorien 33, 45, 48 – „FAO", „IBRD", „IMF" – in der Abbildung, die in unserer formalen Abweichungsanalyse deswegen nicht auftauchen, weil sie teilweise gerade noch innerhalb des normalen Spektrums liegen und, teilweise, weil ihre Daten „zu weich" sind.)

3. Schlußfolgerungen

Die Analyse der Projektdokumentation und der Bibliographie hat verdeutlicht,

- daß ein sehr geringer Teil der dokumentierten Projekte sich direkt oder indirekt mit der Struktur, den Aufgaben und den Problemen des UNO-Systems beschäftigt;
- daß das internationale wissenschaftliche Schrifttum zum UNO-System insgesamt gesehen eine bemerkenswerte thematisch-institutionelle Unausgewogenheit aufweist: Wie aus Tabelle 1 hervorgeht, haben großes Gewicht die allgemeinpolitisch orientierte Kategorie „Generalversammlung", die militärisch-sicherheitspolitischen Kategorien (8, 27), die auf die Anwendung und die Entwicklung/Kodifizierung von Völkerrecht verweisenden Kategorien (12, 14) sowie die wirtschaftspolitischen Kategorien. Wie Tabelle 2 zeigt, werden deutlich vernachlässigt alle Organe und Organisationen, die funktional spezialisierten (nicht primär wirtschaftlichen, nicht primär allgemeinpolitischen) Bereichen gewidmet sind.

Innerhalb der wirtschaftspolitischen Kategorien besteht ein deutliches Gefälle zwischen den (stärker besetzten) allgemein handels-/finanzpolitischen Organen/Organisationen und den (weniger stark besetzten) entwicklungspolitischen;

- daß dieser allgemeine Trend im deutschsprachigen Schrifttum deutlich verstärkt wird; dies betrifft offensichtlich die verschiedenen Disziplinen in unterschiedlicher Weise;
- daß selbst die absoluten Größenordnungen der Titelnennungen (beziehungsweise dahinterstehend: die wegen der Mehrfachzuordnungen noch geringere Zahl der Bücher, Artikel, Beiträge in Sammelbänden) eher bescheiden sind.

Die Gründe für diese Situation sind vielfältig und können hier nur angedeutet werden. Teilweise sind sie wissenschaftsimmanenter Art in dem Sinne, daß Theoriegebäude, Begriffssysteme und Methoden der einzelnen wissenschaftlichen Disziplinen den Zugang und die Beschäftigung mit internationalen Organisationen und transnationalen Prozessen und Strukturen manchmal eher fördern und manchmal eher behindern. In diesem Sinne hat die Etablierung und Stabilisierung der Sozialwissenschaften in den letzten zwei oder drei Jahrzehnten durchaus ambivalente Folgen gehabt, und dies vor allem für die Disziplinen Soziologie und Ökonomie: Zunehmendes Methodenbewußtsein („empirische Wende"!) und immer differenziertere Theorien haben Spezial-Soziologien und Spezial-Ökonomien geboren, für deren Mehrzahl eines gemeinsam ist: Sie sind abgeschottet gegen transnationale Prozesse. In gewisser Weise ist damit das Verhältnis dieser Disziplinen zur Politologie und zum Völkerrecht schwieriger geworden.

Ein erhebliches Gewicht für die Situation der UNO-bezogenen Forschung haben natürlich auch wissenschaftsexterne Gründe, besser: Einflüsse, die das Verhältnis zwischen Wissenschaftssystem und sozialer Umwelt prägen. So spielt natürlich das alte Motto „Wes Brot ich ess', des Lied ich pfeif'" eine erhebliche Rolle; und dies sowohl auf der Ebene möglicher akademischer und außerakademischer Berufskarrieren als auch bei Umfang und Art der Nachfrage nach Gutachten, Analysen und Empfehlungen, bis schließlich hin zur Ebene der Relevanzeinschätzungen von Themen und Problemen nicht nur bei Studenten, sondern auch bei Forschungsförderungs- und Forschungsträgerinstitutionen: „Sozial relevante Probleme" sind in erster Linie Probleme, die „uns" betreffen . . ., und zu „uns" gehören nicht „die", die im fernen New York oder Genf die Stimmenmehrheit haben.

Anmerkungen

1 Informationszentrum für sozialwissenschaftliche Forschung: Forschungsarbeiten in den Sozialwissenschaften 1976. Ergebnisse der Erhebung Oktober 1976 bis Dezember 1976. Stuttgart, Berlin, Köln und Mainz 1977.
Der eigentlichen Auswertung liegt folgende Teildokumentation zugrunde: Leitstelle Politische Dokumentation an der Freien Universität Berlin (Hrsg.): Politikwissenschaftliche Forschung 1977. München 1977.

2 Hüfner, K., und Naumann, J.: The United Nations System. An International Bibliography on the United Nations and the Specialized Agencies, their Internal Structures and Activities, 1965–1975. Bd. 2 A: Learned Journals 1965–1970; Bd. 2 B: Learned Journals 1971–1975; Bd. 3 A: Monographs and Articles in Collective Volumes 1965–1970; Bd. 3 B: Monographs and Articles in Collective Volumes 1971–1975. München 1977, 1978 und 1979.
Diese Analyse stützt sich auf die Auswertung der institutionellen Kategorien der Bände 2 B und 3 B.

3 So wurden zum Beispiel die entsprechenden Projekte des Wissenschaftszentrums, Berlin, nicht mitgezählt.

4 Insgesamt weist die Systematik 217 Kategorien auf; für eine ausführliche Erläuterung und Begründung dieser Systematik vgl. S. LXXVII ff. in den Teilbänden 2 A und 3 A.

5 Die anderen in dieser Analyse nicht berücksichtigten Kategorien beziehen sich auf unterschiedliche empirische oder theoretische Problem-/Themenbereiche (so zum Beispiel „Zur Ersten und Zweiten Entwicklungsdekade", „Krisengebiete: Naher Osten", „Sowjetunion und Vereinte Nationen"). Dasjenige Schrifttum, das inhaltlich zu diesen Kategorien gehört, aber keinen ausführlicheren Bezug zum UNO-System oder zu Teilen davon hat, wurde nur diesen nichtinstitutionellen Kategorien zugeordnet; Beiträge hingegen, die einen ausführlicheren Bezug zum UNO-System oder zu Teilen davon hatten, wurden sowohl den angemessenen nichtinstitutionellen Kategorien als auch den entsprechenden, für die vorliegende Analyse näher untersuchten institutionellen Kategorien zugeordnet.

6 Die prozentuale Verteilung der aufgenommenen Titel (ohne Mehrfach-Vercodung) nach Sprachgruppen wies für den Zeitraum 1965–1970 folgende Werte auf: Englisch 74 Prozent; Französisch 11 Prozent; Deutsch 15 Prozent. Für den Zeitraum 1971–1975 ergaben sich die folgenden Werte: Englisch 72 Prozent; Französisch 11,5 Prozent; Deutsch 16,5 Prozent.

7 Das Verhältnis der Anzahl der Titel zur Anzahl der Vercodungen betrug bei den Zeitschriftenbänden 1 : 1,6 (2 A) und 1 : 1,9 (2 B); bei den Bänden für Monographien und Sammelwerke lagen die Werte höher, nämlich bei 1 : 2,6 (3 A) und 1 : 2,4 (3 B); darin spiegelt sich die in umfangreicheren Abhandlungen mögliche Behandlung breiterer Themenstellungen.

8 Es sei noch einmal ausdrücklich darauf hingewiesen, daß die deutschsprachigen Titel zum Teil auch aus Österreich, der Schweiz und vor allem der DDR kommen. Da der weit überwiegende Teil der Titel jedoch aus der Bundesrepublik Deutschland stammt, dürfte es erlaubt sein, das Ergebnis unserer Analyse in erster Linie auf die Forschungslandschaft der Bundesrepublik Deutschland zu beziehen.

9 Hier sollte erwähnt werden, daß die organisatorisch-institutionellen Kategorien der Bibliographie – also zum Beispiel „ECOSOC", „FAO", „UNESCO" – in sich in folgende Unterkategorien unterteilt sind:
1. Allgemeines über Aufgaben und Arbeitsweise,
2. Probleme der internen Organisation,
3. spezifische Tätigkeitsbereiche und Aktivitäten.

Die mittlere Unterkategorie ist generell entweder leer oder sehr schwach besetzt und spiegelt damit zweierlei wider: erstens forschungspraktische Schwierigkeiten des Zugangs zu Organisationsinterna, zweitens die praktische Inexistenz einer „Organisationssoziologie“ internationaler Organisationen beziehungsweise eine wenig ausgeprägte Sensibilität für diese Fragestellungen in der politikwissenschaftlichen und völkerrechtlichen Forschungstradition.

Norman Birnbaum

Eine neue Politik in einem neuen Jahrzehnt? *

Nichts beunruhigt amerikanische politische Kommentatoren so sehr wie die Ansicht, daß unsere Politik sich in den nächsten zehn Jahren zu einem offenen Konflikt zwischen Links und Rechts zuspitzen werde. Beobachter, deren einzige Methode die Extrapolation ist, Historiker, deren Vorstellung von Vergangenheit die Eisenhower-Epoche ist, Denker, die neue Ideen nicht so ganz begreifen können, die meisten, die sich herausnehmen, uns zu belehren, sie alle suchen selbst verzweifelt nach beruhigenden Anhaltspunkten. Anscheinend ist es für sie ein unerträglicher Gedanke, daß unsere Gesellschaft vielleicht nur dadurch erhalten werden kann, daß man sie verändert: Unermüdlich sagen sie uns, was wir bereits wissen, nämlich, daß die Dinge komplex sind. Sie bestätigen Komplexität im Prinzip und stellen sie in der Praxis in Abrede. Ihre Entschlossenheit, mit den Ereignissen Schritt zu halten, hindert sie an einem tieferen Eindringen. Was immer in der Tiefe am Werke sein mag, es entgeht ihnen. Merkwürdig, daß Leute, die einerseits ihre Verachtung für utopische Vorstellungen zu Protokoll geben, andererseits derart entschlossen eine Utopie verfolgen, der sowohl Hoffnung als auch Leidenschaft fehlt – die Ansicht vertreten, daß die Verhältnisse nun einmal so sind, wie sie sind, und sich höchstwahrscheinlich kaum wesentlich ändern werden. Aber wenn uns die Geschichte etwas lehren kann, dann dieses: Manchmal bestehen Übereinstimmung und Konflikt nebeneinander, manchmal alternieren sie. Auf jeden Fall gibt es kein wirklich klares, umfangreiches Beweismaterial für die Auffassung, die Vereinigten Staaten seien in eine Epoche des konservativen Konsensus eingetreten, wie immer man den definieren will. Die Eindringlichkeit, mit der die Meinung verkündet wird, legt den Schluß nahe, daß politische Beschreibungen dieser Art genau den Zustand befürworten sollen, den sie zu schildern vorgeben. Wenn der größte Teil der amerikanischen Wählerschaft sich auf die Dinge, so wie sie sind, festgelegt hat, dann ist das Bestreben, sie zu ändern, sicherlich bestenfalls verfrüht, schlimmstenfalls sektiererisch oder töricht.

Kein Zweifel, Wandel kann in unserer Gesellschaft gefährlich sein. Nach den Reaktionen auf das *Equal Rights Amendment* zu urteilen, sind weite Bereiche unserer Kultur brüchig. Wenn wir zu diesen kulturellen Konflikten ein offenes Bestreben hinzurechnen, die Macht des Großkapitals zu zügeln, können wir einen allgemeinen Gegenangriff erwarten, der die Sachfragen komplizieren und verknäueln wird. Wenn genug Angst freigesetzt wird, können unsere reichlichen nationalen Reserven an Zorn, Habsucht und mörderischer Selbstgerechtigkeit mobilisiert werden. Das von konser-

* A New Politics in a New Decade. Übersetzt von Thomas M. Höpfner.

vativer Seite hervorgebrachte Argument, man solle weniger erwarten und langsam vorgehen, ist durchaus einleuchtend. Im Vergleich zu vielen anderen Völkern sollten wir dankbar sein, daß bei uns der Terror nicht in allen Straßen umgeht, unser Hader sich in Grenzen hält. Eine Schwierigkeit besteht jedoch darin, daß der Zustand der Nation, unsere unlösbaren Verknüpfungen mit einer Welt, die wir nicht mehr beherrschen können, ernste Konflikte verursacht, in denen wenig Platz bleibt für die Tröstungen oder die Methoden des Konservatismus. Ein realistischer Pessimismus hinsichtlich Menschheit und Gesellschaft ist niemals unangebracht, doch wurde er in letzter Zeit etwas zu freudig vorgetragen. Zu unserer nationalen Tradition gehören auch hohe Forderungen nach persönlicher Autonomie, eine großzügige Lehre von der Gleichheit aller und ein konsequentes Mißtrauen gegen Machtkonzentration und geballten Reichtum. Nie ist in Amerika eine Vision der Gemeinschaft gänzlich verweltlicht worden. Vielleicht kann nur eine religiöse Vision dieser Art einem Glauben an die Transzendenz der Gegenwart so viel Kraft geben, daß er viele Millionen Amerikaner dazu inspiriert, anders über unsere gemeinsame Zukunft zu denken.

Der neue amerikanische Konservatismus ermangelt auf jeden Fall des Pathos Burkes oder Burckhardts. Ihm fehlt moralische Eleganz – drängt er doch ohne offensichtliche Zurückhaltung auf eine Verstärkung der gegenwärtigen strukturellen Ungleichheit. Askese scheint unseren neuen Calvinisten für alle gut zu sein außer für sie selber. Ausgaben für den öffentlichen Dienst, für Künste und Bildung, mit denen wir zeigen könnten, daß wir eine Nation mit Herz und Geist sind, werden als wertlos betrachtet. Man könne sich darauf verlassen, heißt es, daß der private Sektor das Gemeinwohl aufs Höchstmaß bringen werde – Eingriffe müßten fast immer schädliche Folgen haben. Erstaunlich ist an diesen Auffassungen weder ihr Appell an eine krude Eigennutzdoktrin noch, daß sie sozialwirtschaftliche Theorien wieder auffrischen, deren Richtigkeit zu beweisen die Ereignisse sich hartnäckig weigern. Was beunruhigt, ist, daß diese Vorstellungen zwar nicht durch eine systematische Beweisführung, aber doch in anderer Weise mit einer statischen und sich selbst beglückwünschenden Sicht der amerikanischen Geschichte verknüpft sind. Unsere Geschichte – nicht, wie eine neue Historikergeneration sie nacherzählt, sondern so, wie gewisse Ideologien sie auslegen – wird uns als eine Moralität oder auch als ein geistliches Drama präsentiert. Es ist eine Geschichte, die jetzt aufhört, da es nicht beweisbar – ja, sogar unmöglich – ist, daß sie noch überboten werden könnte. Von einer Geistigkeit dieser Sorte durchdrungen, beansprucht der neue Konservatismus für seine Sicht der Gesellschaft das (nicht anerkannte) Äquivalent für gnostischen Status. Außer als Teile eines theologischen Textes sind seine empirischen Forderungen irrelevant. Wie sonst sollte man den einzigartigen Mangel an Zweifel erklären, den seine Anhänger erkennen lassen? Ein großer Teil unserer Bevölkerung wird sich wahrscheinlich nicht bereit finden – und zumindest nicht durch die gegenwärtigen Argumente dazu gebracht werden können –, ein unaufhörliches Sinken seines Lebensstandards hinzunehmen. Warnungen vor den zersetzenden Wirkungen des Nachdenkens werden die Entwicklung von Ansichten über alternative Sozialeinrichtungen nicht aufhalten. Die Welt jenseits unserer Grenzen wird auf Beschwörungen nicht ansprechen. Der neue Konservatismus ist nicht wie der alte ein umsichtiges Bemühen, Klippen und Untiefen im stürmischen Meer der Geschichte zu umfahren. Er stellt vielmehr einen Freibrief für Unbeweglichkeit dar. Jetzt ist klar, warum so viele Kommentare heute so stark auf den Augenblick fixiert sind. Bei einer ernsthaften Betrachtung der Vergangenheit und bei kritischem Nachdenken über die Zukunft würde sich zeigen, daß die konservative Interpretation der Gegenwart weitgehend wirklichkeitsfremd ist. (Peter Steinfels kommt in seinem ausgezeichneten und vernünftigen Buch „The New Conservatives" auf diese verstümmelte Geschichtsauffassung kurz zu sprechen, geht ihr aber nicht weiter nach.)

Ist es wirklich noch keine zwanzig Jahre her, daß Präsident John Kennedy in einem Vortrag an der Yale-Universität erklärte, unsere Wirtschaftsprobleme seien nunmehr technische? Was das Verfassen von Präsidentenreden betrifft, legen die Volkswirtschaftler heute eine bescheidene Zurückhaltung an den Tag. Schon geraume Zeit vor dem Rohölpreisanstieg 1973, jener bequemen (und falschen) Erklärung für eine sich verstärkende Krise, hatte unsere Wirtschaft schwer zu kämpfen. Eine gigantische Vergrößerung des Kreditvolumens besonders im Konsumtivkreditbereich hat eine drastische Schrumpfung unserer Produktion verhütet. Mit dieser Vergrößerung kann nicht beliebig lange fortgefahren werden. Inflatorisch wirkend, lädt sie einem größeren Teil der Bevölkerung eine immer schwerer werdende Schuldenlast auf und muß letztlich die sozialen Gegensätze verschärfen, die sie verringern soll. Mittlerweile sieht sich unsere Wirtschaft in ein weltumspannendes System verstrickt, welches sie einmal beherrscht hat. Ein Drittel unserer landwirtschaftlichen Produkte, ein Sechstel unserer Industriewaren gehen ins Ausland. Wohlstand im Inland und bis zu einem gewissen Grade der soziale Frieden hängen trotz unseres großen Inlandsmarktes davon ab, daß unser Anteil am Welthandel gesichert bleibt und wächst.

Die Westeuropäer und die Japaner haben selber eine Menge Schwierigkeiten, kommen aber nicht mehr als Bittsteller nach Washington. Das Steigen und Fallen des Dollars ist ein komprimierter Ausdruck unserer ganzen globalen Position. (Gott mag ein Strukturalist sein oder nicht, ein internationaler Bankier ist er wohl sicherlich.) Als die Vereinigten Staaten die dominierende Weltmacht waren, kauften amerikanische Firmen gegen Dollars im Ausland Rohstoffe und Fabriken. Die amerikanischen multinationalen Unternehmen exportierten Produktion und Arbeitsplätze und transferierten (bisweilen) die Gewinne zurück. Um unsere Exportartikel konkurrenzfähig zu machen, werteten wir den Dollar ab, aber dadurch stiegen die Preise für Rohstoffe (vor allem für Rohöl). Für einen Versuch, uns wirtschaftlich im Weltmaßstab schadlos zu halten, gibt es zwei Möglichkeiten.

Der eine Weg wäre der, in Afrika, Asien, Lateinamerika und im Mittleren Osten mehr Truppen als je zuvor zu stationieren, um uns den Zugang zu Rohstoffen zu sichern und unsere Verbündeten zu beschützen. Der wirtschaftliche Aufwand dafür könnte die Inflation verstärken und unsere nutzbaren Reserven noch mehr dezimieren. Vielleicht erweist es sich als unmöglich, die politische Rechnung daheim und im Ausland zu bezahlen. Der zweite Weg wäre folgender. Wir setzen die Westeuropäer und die Japaner davon in Kenntnis, daß wir sie militärisch nicht länger beschützen werden. Wir werden auf diese Weise enorme Summen einsparen und sie veranlassen, vom zivilen Sektor Ressourcen für die Rüstungsproduktion abzuzweigen. Doch angenommen, sie würden ein langfristiges Abkommen mit der Sowjetunion aushandeln und im Endeffekt ihre Wettbewerbsfähigkeit steigern?

Für diese Dilemmata gibt es keine einfache oder auf der Hand liegende Lösung. Die Binnenwirtschaft ist an eine Weltwirtschaft gebunden, die zu einem labilen militärischen und politischen Globalsystem gehört. Der Sowjetblock ist auch ein Teil dieses Systems, denn hat er nicht bei amerikanischen und westeuropäischen Banken Schulden in Höhe von sechzig Milliarden Dollar? Zahlungsverzug könnte der Beginn der entscheidenden Krise des Kapitalismus werden – aber wo würde der Sowjetblock in diesem Falle Technologie kaufen? Zweifellos könnten wir unsere Abhängigkeit vom Öl verringern – durch umfangreiche Investitionen in öffentliche Massenverkehrsmittel und durch Wiederansiedlung unserer Bevölkerung in Großstädten (Entleerung der Vororte). Man sieht, warum das bei der Carter-Administration am stärksten favorisierte Untergrundbahnsystem jenes groteske Grabensystem für die Interkontinentalraketen „MX“ ist. Auf jeden Fall ist klar, daß wir eine neue Art der Wirtschaftsplanung entwickeln müssen, falls wir anfangen wollen, diese Probleme zu bewältigen. Wenn das mit der Erhaltung der amerikanischen Demokratie vereinbar sein soll, brauchen wir die staatliche Produktionskontrolle. Die Vereinfachungen derjenigen, die den Markt für die höchste Stufe der menschlichen sozialen Entwicklung halten, beginnen in der Tat sehr einfach auszusehen.

Vereinfachungen sind im Überfluß vorhanden. Henry Kissinger erlaubte sich, als seine Macht schwand, unsere Geschäftsleute mit Worten zu brandmarken, die er sich normalerweise für diejenigen seiner Kritiker aufsparte, welche eine außergewöhnliche Abneigung dagegen hatten, daß Amerika seine schützende Hand über Diktatur und Terror hält. Für die Geschäftsleute, klagte er, habe der Handel den Vorrang vor den nationalen Belangen. Schlimmer noch: Sie machten sich seine Definition dieser Belange nicht zu eigen. Jetzt, da die amerikanischen Mitglieder der Trilateralen Kommission die der Carter-Administration sind, mögen wir uns daran erinnern, daß die Kommission ursprünglich für die geistig differenzierteren Elemente in der Elite der amerikanischen Geschäftswelt sprach. Sie mißbilligten die Einflußnahme Nixons, Kissingers und Connallys – mit der einleuchtenden Begründung, daß Leute, die entschieden hatten Federn lassen müssen, sich nicht mehr derartig aufspielen sollten. Ihre neue Weltstrategie für die Vereinigten Staaten hat Kooperation mit den Westeuropäern und den Japanern sowie Verständigung mit allen anderen zur Folge. Nach dem Zusammenbruch Vietnams, aber noch vor dem Sturz des Schahs, sah die von Vance angeführte Gruppe, daß es uns bestenfalls gelingen könnte, ziemlich viele potentielle Gegner von der Breschnew-Clique bis hin zu Castro und einem ganzen Sortiment von Revolutionären zu kaufen. Mit ihrer Vernichtung konnten wir kaum noch rechnen. Die metahistorische Frage, ob das amerikanische Volk der Brüder Rostow würdig sei, überließen die Trilateralisten anderen.

Die gegenwärtige außenpolitische Debatte ist eine bestürzende Mischung aus einander widersprechenden Analysen, systematischen Verfälschungen, verzweifeltem Idealismus und gehetzter Habgier. Die wirklichen Absichten und die wirkliche Stärke der Sowjetunion, das Wesen der Kräfte, mit denen wir in einer widerspruchsvollen Welt zu kämpfen haben – dies alles scheint manche der lautesten Schreier nicht zu interessieren. Ihre Hauptsorge ist unser Verlust an nationaler Substanz. Die traditionellen Befürworter amerikanischer militärischer Überlegenheit, die Falken im Kongreß und die Pentagon-Lobby, wiederholen die traditionellen Argumente. Man erinnert sich an Eisenhowers Bemerkung des Inhalts, der Führungsstab der US-Streitkräfte würde den Mond befestigen, wenn er dazu Gelegenheit bekäme. (Militärisch-politische Notstandsplanung ist zweifellos vorhanden.) Die neuen Fürsprecher uneingeschränkter amerikanischer Macht sind ziemlich anders; in die „Coalition for a Democratic Majority“ eingefügt, verteidigen sie eine Vorstellung von der Nation, die noch nicht so ganz offen ausgesprochen ist. Einer von ihnen hat mit hemdsärmliger Deutlichkeit erklärt: „Wir sind Nummer eins.“ Ihr Verlangen nach einer aggressiven amerikanischen Politik erwuchs jedoch aus der bangen Ahnung, daß diese Ausdrucksweise im internationalen Gespräch nicht mehr zeitgemäß ist. Neuer Ideen bar, haben sie zu einem präemptiven ideologischen Schlag gegen jedes Ziel in ihrem Blickfeld angesetzt. Aus einem (nicht immer unbegründeten) Gefühl der kulturellen Unterlegenheit heraus werfen manche von ihnen den Westeuropäern vor, ihr antisowjetischer Eifer lasse zu wünschen übrig. Andere meinen, daß Israels Weizen blühen werde, wenn die Spannungen zwischen den Supermächten zunehmen. Sie verdächtigen die Trilateralisten (aber auch so ziemlich alle anderen) des Antisemitismus. Ihr eigener Beitrag zum Abbau des Antisemitismus ist beachtlich: Sie haben gezeigt, daß beunruhigende moralische Größe nicht unbedingt die Pflicht jüdischer Intellektueller ist. Wieder andere halten Reden über schwarze Revolutionäre in Afrika und hoffen, daß weißen Wählern in Queens ein Licht aufgeht. Im Gegensatz zu den primitiveren Falken haben sie Taiwan den Gehorsam aufgekündigt und sich auf die Seite Pekings geschlagen, ist doch der Leumund der Chinesen in puncto Menschenrechte nicht schlechter als der mancher anderer Verbündeter von uns. Und hat nicht die neue Führung die Kulturrevolution verworfen – womit sie andersdenkenden Studenten allenthalben einen Schlag versetzte? Zweifellos stützte sich Teng in seinen amerikanischen Reden auf die Gedanken der *Commentary*-Mandarine. Rhetorische Löwen im Ausland, sind die neuen Falken daheim Hasenfüße. Sie verachten und fürchten die Schwachen. Ihre Opposition gegen affirmative Aktion, gegen Frauenrechte, hat einen Unterton von rachsüchtiger Selbstbelobigung. Sie sind praktisch bis zu den amerikanischen Machtzentren vorgedrungen; diejenigen, die noch draußen vor der Tür stehen, können nun den Erfolgreichen nacheifern, und wenn sie es nicht tun, ist es ihre eigene Schuld.

Ich sagte, daß die *Coalition for a Democratic Majority* für jene spricht, die die amerikanischen Machtzentren erreicht haben. Sie sind tatsächlich mit maßgebenden Kreisen der amerikanischen Gewerkschaftsbewegung verbündet, vor allen Dingen mit der Meany-Kirkland-Gruppe des AFL-CIO. Diese Gruppe ist mißtrauisch betreffs der Aufrichtigkeit des Trilateralisten in Wirtschaftsangelegenheiten und vertritt – was ihr zum Lobe gereicht – nicht die Meinung, daß unsere nationale Mission sich darin erschöpft, die Welt für multinationale amerikanische Unternehmen zu einem sicheren Terrain zu machen. Das Problem besteht darin, daß das Programm dieser Gruppe anscheinend 1968 zum Stillstand gebracht worden ist. Sie vertritt energisch die Interessen gewerkschaftlich organisierter Arbeitskräfte und gewöhnlich auch die unorganisierter Amerikaner. Sie hat keinen Entwurf für die Auseinandersetzung mit der veränderten internationalen Position des amerikanischen Kapitalismus, den sie so wirkungsvoll verteidigt hat – oft genug gegen die Kurzsichtigkeit der Kapitalisten selber. Der Rückgriff auf eine aggressive Außenpolitik ist unter den obwaltenden Umständen abwegig. Sie wird die Probleme der Inflation und der Arbeitslosigkeit nicht lösen, aber sie könnte einige davon vergrößern. Zudem hat die Freiheit des AFL-CIO, Bündnisse zu schließen, ihre Grenzen. John Connally spricht für die protektionistischen Kreise der amerikanischen Industrie und hat in Kommentaren zu Verhandlungen mit Japan über Handelsfragen an rassistische Vorstellungen angeknüpft. Connally scheidet für die Gewerkschaften als Bundesgenosse aus; er und seine Unterstützer haben sich wie viele Republikaner darauf festgelegt, die Macht der Gewerkschaften zu brechen.

Es gibt, und das ist noch wichtiger, keine Beweise dafür, daß der sorgsam kultivierte Chauvinismus der alten wie der neuen Falken die Mehrheit der amerikanischen Bevölkerung anspricht. In den Umfrageergebnissen wurde eine beträchtliche Unterstützung für das Salt-II-Abkommen sichtbar sowie eine starke Abneigung dagegen, amerikanische Streitkräfte im Ausland intervenieren zu lassen. Die Öffentlichkeit findet die militärische Stärke der Sowjetunion beunruhigend, scheint aber Carter, Brown und Vance zu glauben, wenn sie Amerikas Stärke als adäquat bezeichnen. Die „MX"-Rakete hat eine Umstellung auf eine neue amerikanische Kernwaffenstrategie zur Folge und macht den Ausbruch eines Krieges im Fall einer Krise wahrscheinlicher, da sie beide Seiten zu einem ersten Schlag ermutigt. Aber diese Probleme beschäftigen nur die Experten. In der Tat scheint der gesamte Fragenkomplex, der mit der Weltwirtschaftslage und den neuen militärischen und politischen Gewichtsverlagerungen zusammenhängt, die Öffentlichkeit nicht sonderlich aufzuregen. Die langfristigen Folgen dieser Bewegungslosigkeit für die amerikanische Demokratie sind beunruhigend. Aber im Augenblick kann man sagen, daß diese Situation auf kurze Sicht auch ihr Gutes hat. Keiner wird von der Woge der Volksgunst über die Pennsylvania Avenue direkt ins Weiße Haus getragen. Bei der nächsten Wahl werden ökonomische Probleme – und darüber hinaus vielleicht die Fragen, die die Zukunft unserer Institutionen betreffen – eine für das Wahlergebnis ausschlaggebende Bedeutung haben.

Die Öffentlichkeit ist nicht der unwissende und träge Koloß, für den man sie gern hält – sie hat begonnen, unsere Einrichtungen in Zweifel zu ziehen. Vietnam und Watergate, möglicherweise auch die Ideen jener Intellektuellen, die nicht an ideologischem Kiefernkrampf leiden, haben Folgen gehabt. Ein immer gegenwärtiges und wachsendes Mißtrauen gegen die größeren Institutionen unserer Gesellschaft – die Großunternehmen, die Regierungen, die Medien, die akademischen Berufe (mitsamt der Erziehungswissenschaft) – spricht aus den Wahl-Daten der letzten Jahrzehnte. Die Daten legen auch den Schluß nahe, daß es keine Verschiebung nach rechts gibt. Vielmehr ist die Zahl derjenigen, die eine amerikanische Version des Wohlfahrtsstaates und der staatlichen Lenkung des privaten Sektors bevorzugen, in den letzten zwanzig Jahren gestiegen. Diese Gruppe umfaßt sogar den größeren Teil der Wählerschaft.

Es ist jedoch eine Wählerschaft, die nicht wählt: Bei uns war die Wahlbeteiligung, wie die Unterlagen zeigen, viel geringer als in den anderen demokratischen Industriestaaten. (60 Prozent stimmten bei der Kennedy-Nixon-Wahl 1960 ab, 51 Prozent bei der Carter-Ford-Wahl 1976, 39 Prozent bei den letzten Kongreßwahlen. In Italien dagegen betrug die Wahlbeteiligung im Juni 90 Prozent.) Die Geschichte verabscheut ein politisches Vakuum. Das unsere haben für den Augenblick die Kräfte eines neuen Sozialdarwinismus gefüllt. Hobbes, würde er wieder lebendig, könnte in unserem gegenwärtigen Staat ein Beispiel für sein *Bellum omnium contra omnes* erblicken: Präsident gegen Kongreß, Experten gegen die Allgemeinheit, Männer gegen Frauen, Städte gegen die Vororte, Facharbeiter gegen ungelernte Arbeiter, gewerkschaftlich organisierte Arbeitskräfte gegen die übrigen, der absteigende Nordosten gegen den aufsteigenden Südwesten, Schwarz gegen Weiß, Kulturerneuerer gegen Bewahrer der Überlieferung, Staatsbeamte gegen Steuerzahler, Exportindustrie gegen Inlandserzeuger, Großunternehmen gegen kleine Geschäftsleute. Die Zersplitterung des Lebens ist groß; die einzelnen Elemente des Volkes vermögen sich nicht zu vereinigen, um die entschwundene Idee des Gemeinwohls wieder zu beleben. Ziemlich viele unserer Sozialkritiker (und die Presse) beschränken sich auf ein nörgelndes Moralisieren. Sehr viele Intellektuelle haben anscheinend nichts davon erfahren, daß sie als Mitglieder einer „neuen Klasse" oppositionelle Meinungen propagieren sollten. Statt dessen begnügen sie sich damit, Leuten mit Geld und Macht zu dienen. Stimmenthaltung ist in dieser Situation auch ein politischer Akt.

Wer und was wird das nächste Mal das Vakuum ausfüllen? Konservative weisen uns warnend darauf hin, daß Inflation die soziale Struktur zerstört. Es bestürzt sie, daß so viele Millionen Menschen über ihre Verhältnisse leben – als ob die einzige wohlgeordnete Gesellschaft eine wäre, in der die Reichen über die Verhältnisse aller anderen leben. Bei Millionen von Industriearbeitern und Büroangestellten hat der Inflationsdruck eine Reaktion hervorgerufen. Der „backlash" von Teilen der weißen Bevölkerung dagegen, daß Schwarze wirtschaftlich und sozial Boden gewannen, bis zum Überdruß angeführt, als wäre er ein Naturereignis gewesen, fiel mit der ersten Wirkung der Vietnam-Inflation unter Johnson zusammen, einer Wirkung, unter der an erster Stelle schlechter bezahlte Arbeiter zu leiden hatten. Es ist gefährlich, die Macht des Rassismus in Amerika zu unterschätzen, aber es ist schwierig, die Flamme der Entrüstung über Wohlfahrtsempfänger am Brennen zu halten, wenn Millionen jetzt selbst um ihre Arbeitsplätze bangen. Die Bewegungen, die sich vom Erfolg der *Proposition 13* in Kalifornien inspirieren ließen, haben sich nicht eindeutig auf die Verteidigung von Großgrund- und Hausbesitz festgelegt. In Kalifornien haben die neuen Steuervorteile für Hausbesitzer zu einer Kampagne für Mietkontrollen geführt. In Kalifornien und anderswo ist der Öffentlichkeit bekannt geworden, daß Grundstückseigentümer mit umfangreichem Besitz unverhältnismäßig großen Nutzen aus den Steuersystemen ziehen. Bemühungen um eine Verlagerung der Vermögenssteuerlast von einzelnen Hausinhabern auf Eigentümer mit umfangreichem Besitz stehen in mehreren Staaten, Ohio eingeschlossen, auf der politischen Tagesordnung. Zudem sieht sich die Bevölkerung von der Ölknappheit in dem Glauben bestärkt, die Verfahrensweise der Ölgesellschaften bestehe in skrupelloser Preistreiberei und gewohnheitsmäßigem Lügen. Diese Schwalben machen nun noch keinen antikapitalistischen amerikanischen Sommer. Sie sind aber ein nicht zu übersehendes Indiz dafür, daß die Öffentlichkeit von unserem Wirtschaftssystem nicht besonders begeistert ist. Zeichnet sich irgendwo eine Alternative ab?

Die reformistische Tradition in der amerikanischen Politik in unserem Jahrhundert war bestrebt, die sonst unerbittliche Macht des Marktes zu regulieren. Die Umstände (zu denen die zweckvolle Politik derjenigen gehört, die viel zu gewinnen haben) bewirken jetzt die Auflösung des Systems der sozialen Fürsorge, das in Jahrzehnten mühsam aufgebaut worden ist. Das Steuersystem ist in zunehmendem Maße regressiv, und den Preis für die Sozialversicherung bezahlen die Leistungsberechtigten. Wir haben keine Berechnungsmethode für die immer weniger veränderbare Verteilung des Sozialprodukts. Da die Wirtschaft viel langsamer wächst, haben Schwarze, „Hispanics", ungelernte Arbeitskräfte und Jugendliche (sogar auch die gut ausgebildeten Jugendlichen) Schwierigkeiten, Arbeit zu finden. Mit fortschreitender Inflation suchen mehr Frauen Arbeit – und landen in schlechter bezahlten Beschäftigungen. Die Großunternehmen verhandeln mit den Gewerkschaften, wenn sie es müssen, und verlegen die Produktion in gewerkschaftsfreie Gegenden, wenn sie können. Die Gewerkschaften befinden sich sowieso in der Defensive; stärker werden sie nur noch in einem öffentlichen Sektor mit örtlicher Knappheit an Ressourcen. Eine potentielle sozialwirtschaftliche Oppositionsbewegung erleidet die Zersplitterung, die auch anderswo in unserer Politik evident ist. Manche Reformbewegungen machen, wie die Geschichte zeigt, in Perioden des Wohlstands rasche Fortschritte, andere in Krisenzeiten. Das erratische Auftreten von Inflation und Arbeitslosigkeit in unserer Zeit erschwert eine neue Koalitionspolitik.

Niemand kennt diese Schwierigkeiten besser als diejenigen, die diese Politik wagen. Douglas Fraser, der Präsident der *United Auto Workers,* hat eine neue Progressive Allianz zusammengerufen, der Gewerkschaften, Bürgerinitiativen, Verfechter des Verbraucherschutz-Gedankens und Umweltschützer, Staatsbeamte und städtische Beamte, Organisationen auf ethnischer und solche auf rassischer Basis, die Frauenbewegung und ein paar politisch aktive Intellektuelle angehören. Fraser geht mit Bedacht vor. Außenpolitische Fragen entzweien einige der in der Allianz vertretenen Gewerkschaften und die übrigen Komponenten der Allianz. Zudem ist zwischen ihnen eine gewisse kulturelle Distanz vorhanden. Frauenrechte und der damit zusammenhängende Komplex von Problemen (Abtreibung und die Frage der Kindertagesstätten), Homosexualität, ethnische und religiöse Sonderbestrebungen bieten viel Stoff für kulturelle Meinungsverschiedenheiten. In einer wirtschaftlich schwierigen Zeit können diese Streitfragen vorübergehend in den Hintergrund treten. Wenn als Generalnenner einer neuen Politik eine Alternativvorstellung von der amerikanischen Gesellschaft entwickelt werden soll, wird eine rein quantitative Betrachtungsweise nicht ausreichen. Wenn es im nächsten Jahrzehnt eine neue Politik geben soll, wird sie kulturelle Hilfsquellen in Anspruch nehmen müssen, die anscheinend nicht gerade in Hülle und Fülle verfügbar sind. Freilich haben wir möglicherweise ein Übermaß an einander widersprechenden Werten, die partielle Wertsysteme ausmachen, von denen keines so beschaffen ist, daß es allein unsere Nation definieren kann.

Der *New Deal* war aus drei Jahrzehnten der Reformen und der Sozialkritik hervorgegangen. Damals wirkten sogar die Anwälte der Regierung gütig. Es gab ein Bündnis von Regierung und Geschäftswelt, dessen Nutzen letztere aber erst nach einiger Zeit sah. Wesentlicher war, daß der *New Deal* eine integrative und nicht bloß additive Konzeption unserer Gesellschaft hatte. Die *Progressive Alliance* und die unruhigen Elemente in der Demokratischen Partei sowie die kritischen Köpfe unter unseren Politikern können mit neuem Leben erfüllte Vorstellungen von lokaler Autonomie, stärker werdende Bemühungen um eine neue Definition des Allgemeininteresses in einer technologischen Gesellschaft, Ansichten über die Organisation von Arbeit, denen eine kritische Einstellung zu den gegenwärtigen Konventionen im Hinblick auf Disziplin und Hierarchie zugrunde liegt, in Anspruch nehmen. Noch fehlt uns eine neue Auffassung von der Gesellschaft, und in den Begriffen Mißtrauen gegen Autorität, Lokalpatriotismus und Kultivierung des Selbst, leider auch des imperialen Selbst, treten eine ganze Reihe wohlbekannter amerikanischer Themen in Erscheinung. Man würde es sich zu leicht machen, wenn man diesen Komplex von Anliegen als eine neue Version dessen abtäte, was Leo Marx Pastoralismus nennt. In ihren neueren Formen stehen sie in logischem Zusammenhang mit einer (unter anderen von Wissenschaftlern vorgebrachten) ernsten Kritik an der gegenwärtigen gesellschaftlichen Anwendung von Wissen. Vieles davon scheint wenig zu tun zu haben mit dem, was die moderne Sozialreform gewöhnlich in der Hauptsache beschäftigt – die Regulierung, wenn nicht die Verdrängung, des freien Marktes. Proteste gegen den gesellschaftlichen Preis der Kernkraft, besonders die nach der Beinahe-Katastrophe von „Three Miles Island", zeigen uns, wie schnell diese Anliegen eins werden können.

Während ich dies schreibe (Mitte Juni 1979), wird eine neue politische Partei diskutiert, die Barry Commoner und Ralph Nader als Kandidaten für das Amt des Präsidenten und des Vizepräsidenten aufstellen würde. Die Namen deuten auf das Problem der politischen Kontrolle einer gemäß den Kriterien des Marktes produzierten Technologie hin. Die Namen deuten auch auf die Anliegen von Sozialkritikern des Mittelstands hin. Ein struktureller Wandel in unserer Politik hat allerdings keine Chance, sofern nicht die Gewerkschaften und viele Millionen Arbeiter und Angestellte mobilisiert werden können. Was auch immer sie sonst tun mögen – es ist unwahrscheinlich, daß sie in der nahen Zukunft eine Bewegung unterstützen werden, die praktisch eine viel modernere und ernster zu nehmende Version der 1968er Protestkampagne Senator Eugene McCarthys ist.

Die Nachdenklicheren unter den Gewerkschaftsführern wissen das sehr wohl. Mehr noch: Fraser, William Winpisinger *(Machinists)* und Jerry Wurf *(Public Service Union)* glauben, daß sie die größeren politischen Dimensionen des amerikanischen Gewerkschaftswesens wieder aktivieren müssen. Die Unternehmen führen einen Klassenkampf gegen das amerikanische Volk, hat Fraser gesagt, und er hat einen Gegenangriff vorgeschlagen. Amerikanische größere Firmen in Westeuropa müssen Vertreter der Arbeitnehmerseite im Aufsichtsrat akzeptieren und können Fabriken nicht nach Belieben schließen und dadurch ganze Ortschaften und Regionen zugrunde richten. Fraser, dessen Gewerkschaft auch eifrig für eine soziale Krankenversicherung geworben hat, sieht keinen Grund, warum amerikanische Firmen nicht dazu gebracht werden sollten, sich daheim ebenso zivilisiert zu betragen. Vorstöße dieser Art würden allerdings im Kontext eines neuen allgemeinen politischen Programms erfolgen müssen.

Ist es ausgeschlossen, daß wir in der nahen Zukunft eine starke amerikanische Administration erleben werden, die es ernst meint mit einer strengen Kontrolle der Großunternehmen einschließlich systematischer, genauer Prüfung der Fusionen und Übernahmen, mit denen sie sich gegen das Wirken des Marktes verteidigen? Stellen wir uns ein Gesetzgebungsprogramm vor, das die Einführung einer umfassenden sozialen Krankenversicherung und die Verschärfung von Umweltschutzmaßnahmen einschlösse. Erwägen wir zudem die Möglichkeit, wichtige Aspekte der Energiepolitik in den öffentlichen Sektor zu übernehmen, und eine großangelegte Städteerneuerung. Fügen wir eine gründliche Reform unseres ineffizienten und ungerechten Steuersystems hinzu. Ein Präsidentschaftskandidat, der diese Gedanken vorbrächte, wäre zweifellos kein Unterpfand für die Ansicht, daß unsere Politik zwangsläufig nach rechts driften müsse. Wenn ein solcher Kandidat ein wenig Enthusiasmus hervorzurufen vermöchte, könnten wir vielleicht sogar zu dem Schluß kommen, die Öffentlichkeit sei für einigermaßen ernst zu nehmende Modifikationen unseres Systems empfänglich. Ich schreibe dies Mitte Juni, nicht eben hingerissen vor Bewunderung für die dialektische Geschicklichkeit jener Kommentatoren, die argumentieren, die amerikanische Öffentlichkeit wünsche nichts dergleichen, sondern wolle immer noch Edward Kennedy als Präsidenten sehen. Man würde denken, daß der Senator (der nicht nur Vorsitzender des *Judiciary Committee* des Senats ist, sondern auch Vorsitzender des Ausschusses, der das *Congressional Office of Technology Assessment* überwacht) seine Ansichten sorgsam geheimgehalten habe.

Ein derartiges Programm würde gewiß eine Verringerung der Rüstungsausgaben erfordern. Das wiederum würde die Ausarbeitung eines umfassenden Programms für eine neue globale Rolle Amerikas zur Folge haben, das sozialen Investitionen im eigenen Land mehr Bedeutung beimißt als dem Verkauf von Waffen an die südliche Hemisphäre. Eine konsequente Menschenrechtspolitik könnte die Vereinbarungen von Helsinki zu der einzigen Art von Kriegführung benutzen, die im Sowjetblock Erfolg haben könnte – ernsthaftes Drängen auf mehr politische Autonomie für die dortige Bevölkerung. Die Bemühungen um Abkommen über Nuklearwaffenbeschränkungen und über die Reduzierung der Waffenarsenale in Europa und anderswo brauchen die Wirksamkeit eines solchen politischen Drucks nicht zu verringern, sondern könnten sie erhöhen. Senator Kennedy ist ein erfahrener Politiker und kein neuer Manichäer. Er scheint zu denken, daß auch diese Politik für die amerikanische Öffentlichkeit akzeptabel ist.

Kennedy hat seine Kandidatur noch nicht offiziell bekanntgegeben, aber er ist im Rennen. Ich glaube fast, daß er einen knappen Sieg erringen und Präsident werden wird. Sein Programm wird starke legislatorische Unterstützung und viel organisierten Druck benötigen. Eine Präsidentschaft Kennedys würde unsere Nation keineswegs automatisch nach links schieben. Sie würde Erwartungen wecken und Enttäuschungen bereiten, die Millionen von Wählern und Zehntausende von Aktivisten mobilisieren könnten, die jetzt das Gefühl haben, daß das Weiße Haus relativ unzugänglich ist – oder außerstande, Beistand zu leisten. Eine Präsidentschaft Kennedys würde etwas relativ Neues darstellen, nämlich eine Verknüpfung von Elementen der gewohnten Koalitionspolitik der Demokratischen Partei mit neueren Programmen und politischen Techniken, die für eine Krisenepoche des Kapitalismus vorgesehen sind. Sie würde auch sehr viel internationale Zusammenarbeit in Wirtschaftsdingen verlangen und könnte die Demokratische Partei näher an die europäischen Sozialdemokraten und Sozialisten heranführen.

In dieser optimistischen Deutung ist freilich Platz für Korrekturen. Eine Kandidatur Kennedys wird eine wilde Gegenkampagne hervorrufen. Sicher würde Kennedy für noch mehr Wähler attraktiv werden müssen. Im Amt könnte ihm ein veritabler Streik des Kapitals und ein sich beschleunigender Konjunkturrückgang zu schaffen machen (obschon letzterer vielleicht ohnedies auf uns zukommt). Möglicherweise wird er nicht umhinkönnen, wie Franklin Roosevelt ein Sozialprogramm mit auf eine Belebung des Kapitalismus abzielenden Maßnahmen zu koppeln, welches er dann aufgibt, wenn eine Besserung eingetreten ist.

Sollte ein amerikanischer Präsident wirklich unter Beweis stellen, daß er das Großkapital allen Ernstes an die Kandarre legen will, könnten wir an den Rand eines Bürgerkrieges geraten. Die geistige Widerlichkeit der neuen Konservativen impliziert ja auch die Gefahr, zu Gewalttätigkeit auf der Straße anzustacheln, wofür die Ära Nixon viele Präzedenzfälle geschaffen hat. Millionen unserer Mitbürger würden tiefgreifende institutionale Veränderungen unterstützen, wenn sie das Gefühl hätten, daß diese mit ihren eigenen Rechten und ihrer Selbsteinschätzung vereinbar seien. Leider haben diejenigen, die nach Veränderungen in unserer Gesellschaft trachten, es bis jetzt versäumt, eine neue Vorstellung von einer amerikanischen demokratischen Kultur zu entwickeln, die mit einer neuen Politik in logischem Zusammenhang stehen würde. Was auch immer sich 1980 ereignen mag – wenn das Weiße Haus kein Programm ins Leben ruft, wird eines von weiter unten entwickelt werden. Das wird Geduld verlangen – und die Fähigkeit, bittere Feindschaft zu ertragen, auch wenn die Macht des Staates Rückendeckung gibt. Auf jeden Fall liegt ein turbulentes Jahrzehnt vor uns.

Erhard Eppler

Kulturbeziehungen und Entwicklung
Die vernachlässigte Nord-Süd-Problematik in der auswärtigen Kulturpolitik *

1. Entwicklung und Kultur

Die deutsche Geistesgeschichte kennt – im Gegensatz zu der Westeuropas – die strenge Trennung zwischen Kultur und Zivilisation. Kultur, das sei – so meinte das deutsche Bildungsbürgertum in der ersten Hälfte unseres Jahrhunderts und wohl auch teilweise in der zweiten – die Pflege des Wahren, Schönen und Guten, von Literatur, Philosophie, Musik, bildender Kunst und allenfalls noch der diversen Wissenschaften.

Ob und wie man Mietskasernen in die Landschaft stellte oder später Städte durch Betonpisten zerschnitt, wie man Proletariern ihr Recht verschaffte, wie eine durchschnittliche Kleinbürgerwohnung aussah oder gar, wie man politisch miteinander umging, das hatte – allenfalls – etwas mit Zivilisation zu tun. Die Trennung von Kultur und Alltag ging dann bekanntlich so weit, daß der Chef der SS keinen Zwiespalt darin sah, sich vom Ankurbeln einer perfekten Mordmaschine bei Johann Sebastian Bach zu erholen.

Kultur (lateinisch: colere, das heißt „pflegen") ist die Art, wie wir mit Menschen, Tieren und Dingen umgehen. Die Agrikultur ist die Art, wie wir mit dem Acker umgehen, die literarische Kultur die Art, wie wir mit Geschriebenem umgehen. Kultur, das ist also ein umfassender Begriff, der keine menschliche Tätigkeit aussparen kann, nicht die Arbeit, nicht das Essen, nicht das Wohnen, nicht das Lieben, nicht den Umgang mit Kindern, Alten, Kranken, nicht das Verhältnis zur Natur, nicht das Verhalten der Generationen oder Geschlechter, nicht einmal die Politik. Auch in der Politik gibt es Kultur und Unkultur, aber keinen kulturfreien Raum.

Fragen wir, ausgehend von einem nicht ästhetisch-elitär verengten Kulturbegriff, nach Entwicklung, so beginnt schon unsere große Verlegenheit. Denn Entwicklung kann doch nur eines sein: Entfaltung einer umfassenden Kultur, einer Arbeits- und Lebensweise. Und so war das Wort Ent-wickelung

* Festvortrag anläßlich des 65. Geburtstags von Dietrich Goldschmidt, gehalten im Max-Planck-Institut für Bildungsforschung, Berlin, am 2. November 1979.

auch gemeint, als Hamann und Herder es in die deutsche Literatursprache einführten. Vielleicht erinnern Sie sich daran, daß noch Gustav Heinemann nicht „Entwicklung“, sondern „Entwickelung“ gesagt hat. Jedes Volk entfalte seine Kräfte, durchlebe Kindheit, Jugend, Erwachsenheit, Alter – so wie aus der Knospe sich die Blüte, aus der Blüte sich der Samen entwickelt.

Die slawischen Völker waren nach Herder – und das danken sie ihm heute noch – nicht weniger wert als die Westeuropäer, sie waren nur jünger, in einem früheren Stadium ihrer Ent-wickelung.

Wenden wir diesen Begriff der Entwicklung auf die Länder der südlichen Halbkugel an, so bleibt uns bei den meisten nur ein Gefühl der Scham: Was wir – der „weiße Mann“ – dort in Gang gesetzt haben, war meist das Gegenteil von Entwicklung, da wurde nicht Vorhandenes entfaltet, sondern zerstört, und Neues aufgepfropft: die kapitalintensive zentralisierte Massenproduktion der dezentralisiert-handwerklichen, die Schulmedizin des letzten Jahrhunderts einer naturhaft-magischen Heilkunst, das Leben in Großstädten dem Leben in Stämmen, die landwirtschaftliche Monokultur der herkömmlichen Subsistenzwirtschaft, Coca-Cola den traditionellen Säften und Rauschmitteln, das Englische oder Französische – glücklicherweise nur selten das Deutsche – den Stammessprachen, das Christentum in vielfältiger Gestalt den hergebrachten Kulten.

Es geht mir nicht darum, diesen Prozeß nur negativ zu sehen, es geht mir darum, deutlich zu machen: Mit Ent-wickelung hatte er nichts zu tun.

Wir haben es in der Dritten Welt mit Gesellschaften zu tun, die wir aus ihrem alten Gleichgewicht gestoßen haben, ohne ihnen – noch nicht einmal demographisch – zu einem neuen verhelfen zu können. Der junge Westafrikaner, der nach dem Abitur vom Sonnenkönig und von Versailles mehr weiß als über sein anglophones Nachbarland, der bolivianische Indio, der auf spanisch die Pronunciamentos der neuesten Junta im Transistorradio hört, der Inder, der das gegen jedes soziale Mitgefühl immune Demokratie-Spielen seiner Eliten als grotesk empfindet, der Peruaner, der in den trostlosesten Slums von Lima auf einem riesigen Plakat die tröstliche Botschaft findet, die Flüge nach Japan würden billiger – sie alle sind nicht Ergebnisse einer Entwicklung von Kultur, sondern Opfer eines Vorgangs, dessen Objekte – nicht Subjekte – ihre Gesellschaften wurden.

Das war uns so lange nicht ganz klar, wie wir – allen Ernstes – Entwicklung definierten als ein Aufholen, ein Einholen auf dem Wege zu uns, zu unserer technisch-industriellen Kultur. Ich entsinne mich noch sehr genau, wie ich mit den Mitarbeitern des Bundesministeriums für wirtschaftliche Zusammenarbeit im Herbst 1968 – vor elf Jahren – über eine Formel sprach, die man für Entwicklungspolitik finden könnte, und wie überwiegend vorgeschlagen wurde, „die Lücke zu schließen" oder „aufzuholen". Ich habe damals nicht genau gewußt, warum ich dem widersprochen habe, aber ich bin froh, *daß* ich es getan habe. Nun, da wir bescheidener geworden sind, da wir uns fragen, ob wir das Recht hätten, anderen unseren Weg zu empfehlen, wird offenkundig, daß Entwicklung kein einfaches „Aufholen", kein „Lückenschließen" sein kann. Das bedeutet also auch, daß unsere multinationalen Konzerne, die anderen ihre Produktionsweisen, ihr Wirtschaftssystem und unsere Bedürfnisse aufzwingen, ungleich stärker auf die Kulturen der Dritten Welt wirken als alle Kulturbeziehungen.

Wir treten da in Beziehungen zu Gesellschaften, denen wir – und dies schließlich noch nicht einmal aus Heuchelei – erklären, ihr Weg zum Überleben sei der Nachvollzug unseres Weges. Sie müßten, wollten sie bestehen, so rational denken und so rationell arbeiten wie wir, sie müßten so mit Natur und Menschen umgehen wie wir, unsere Wissenschaft erlernen, unsere Technik übernehmen. Das heißt, es gibt zu den Ländern der Dritten Welt bislang keine gleichgewichtigen Kulturbeziehungen, keine Zusammenarbeit (gleich) starker Partner, und dies gilt, ob wir nun Kultur in ihrem umfassenden oder ihrem speziellen und verengten Sinne verstehen.

2. Auswärtige Kulturpolitik und Entwicklungspolitik

Unter dem Begriff der „Auswärtigen Kulturpolitik" wird bis in unsere Tage hinein überwiegend die Darstellung und Verbreitung des eigenen kulturellen Erbes (und natürlich der deutschen Sprache) im Ausland verstanden. Organisatorisch läuft dieses Bemühen vor allem über die Goethe-Institute und die Kulturabteilungen der Deutschen Botschaften. Wichtige Zielvorstellung der auswärtigen Kulturpolitik war stets, das „gute Deutschland", das „andere Deutschland" darzustellen – im Gegensatz zur nationalsozialistischen Vergangenheit und zur DDR, wobei dies für mich keine Gleichstellung der beiden bedeutet; ich halte diese Art von Gleichstellung für eine fatale Sache. – Die regionalen Schwerpunkte waren und sind vor allem die westeuropäischen Nachbarländer und die USA, sehr viel später gefolgt von den kommunistischen Industrieländern. Gleichwertigen Austausch gibt es mit Westeuropa und den Vereinigten Staaten, die mit ähnlichen Programmen und Organisationen in der Bundesrepublik tätig sind.

Die Kulturbeziehungen zu Ländern der Dritten Welt sind dünner und einseitiger.

Die allgemeinen Jugendaustauschprogramme und speziell die Programme für Praktikanten-, Studenten-, Wissenschaftleraustausch bestätigen im ganzen die Muster solcher Austauschbeziehungen: Am intensivsten und relativ ausgeglichen in beiden Richtungen sind die Austauschbeziehungen zu den westeuropäischen Nachbarländern und den USA, eine mittlere Position nehmen die Beziehungen zu den kommunistischen Industrieländern ein, und quantitativ sehr gering und darüber hinaus sehr einseitig sind die Beziehungen zu Ländern der Dritten Welt. Sie kommen als „Lernende“ zu uns, wir gehen als „Lehrende“ zu ihnen.

Dies gilt auch für die Wissenschafts- und Forschungspolitik: Bis in die sechziger Jahre hinein sollten die Kriegswunden geheilt und der Wiederanschluß an das wissenschaftliche Weltniveau gesichert werden. Anfang der sechziger Jahre kam ein wirtschaftlich-technologisches und politisch-ideologisches Konkurrenzargument hinzu. Im Kampf zwischen dem westlichen und dem östlichen System käme es entscheidend auf die Quantität und Qualität des jeweiligen wissenschaftlich-technologischen Potentials an. Es ging um die Bewahrung von Spitzenpositionen, und diese hingen – so sagte man – von den nationalen Investitionen in Wissenschaft, Technologie und Bildung ab. Während sich die Bildungspolitik im Lande selbst bald von dieser Argumentationsfigur löste und Bildung als Bürgerrecht verstand und forderte, kam die Wissenschafts- und Forschungspolitik von dem Argument der internationalen Konkurrenz nicht los.

Aber für beide, Bildungspolitik und Forschungspolitik, kam die Dritte Welt bestenfalls am Rande vor. Das gilt für die zuständigen Ministerien in Bund und Ländern ebenso wie für die Max-Planck-Gesellschaft und die Stiftungen. Die Nord-Süd-Dimension fehlte. Diese Dimension war weit weg von unseren zentralen politischen Aufgaben, man überließ sie den internationalen Organisationen, und hier speziell der UNESCO.

Was hier über Bildung und Forschung gesagt wurde, spiegelt nur die Misere unserer Entwicklungspolitik. Wenn ich das verfolge, was man in Deutschland – etwas vollmundig – entwicklungspolitische Diskussion nennt, so ist mir bis zum Ende dieses Jahrzehnts, an dem wir jetzt angekommen sind, kein Gedanke begegnet, der nicht schon zu dessen Beginn in den Gesprächen mit Jan Pronk, Maurice Strong und Robert MacNamara vorgekommen wäre. Wir treten da auf der Stelle, und es ist ja bekannt, was dies bedeutet.

Es geht in der Entwicklungspolitik offenbar nicht mehr darum, herauszufinden, was richtig wäre, es geht darum, das als richtig Erkannte gegen ökonomische und publizistische, gelegentlich auch administrative Macht durchzusetzen. Was hilft es, wenn wir von der Strategie der Grundbedürfnisse reden, wenn unsere Industrie eben nicht an Aufforstungen in der Sahelzone oder ländlicher Regionalentwicklung in Tansania interessiert ist, sondern an Atomkraftwerken für den Iran, westlich-perfekten Krankenhäusern für

Saudi-Arabien oder Autostraßen für Nigeria? Was hilft es, wenn wir längst wissen, daß Entwicklungspolitik nur wirksam sein kann als eine Dimension jeder Politik – der Verkehrspolitik, der Energiepolitik, der Arbeitsmarktpolitik, der Forschungspolitik, der Bildungspolitik, der wirtschaftlichen Strukturpolitik –, wenn dieses Wissen dann nur dazu führt, daß Politiker, wenn sie innenpolitisch in die Klemme kommen, an irgendeinem beliebigen Punkt – etwa in der Begründung für neue Atomkraftwerke – unvermittelt die Interessen der armen Länder entdecken?

Man wird eines Tages die Haltung unserer UNCTAD-Delegationen beklagenswert finden, aber noch schlimmer wohl die Art, wie sie in der Öffentlichkeit dargestellt wird: Wenn nämlich Vorwürfe gegen unsere Haltung bei diesen Konferenzen kommen, etwa von der Opposition im Bundestag oder der Rechtspresse, dann nur, weil die Regierung die Grundsätze der Marktwirtschaft nicht kompromißlos genug vertreten habe. Der eigentliche Skandal dessen, was hier geschieht, wird gar nicht beim Namen genannt.

Nachdem nun auch die Kirchen, die in anderen Fragen ziemlich laut sein können, in der Entwicklungspolitik ziemlich leise auftreten, bleiben noch einige, möglicherweise wachsende Jugendgruppen als Stachel für die Politiker übrig.

Es fehlt eine tragfähige politische Basis für eine konstruktive Nord-Süd-Politik. Während die Konservativen – hier nicht parteipolitisch verstanden – immer auf nationale Belange konzentriert sind, sehen linke Gruppen in jeder Entwicklungspolitik nur schlecht kaschierte Handlangerdienste für unsere multinationalen Unternehmen. Der Versuch einer Entwicklungspolitik, die sich an den Bedürfnissen des jeweiligen Entwicklungslandes orientiert – und zwar der Massen dieses Landes –, war und ist für die Rechte eine Art Landesverrat, bestenfalls eine idealistische Verirrung, für große Teile der Linken ist sie vergebliche Liebesmüh oder gar infame Heuchelei.

Und was dazwischen liegt, die linke Mitte, die liberale Linke, das reicht nicht aus, es ist nicht ansatzweise mehrheitsfähig. Wenn ich eine persönliche Bemerkung machen darf: Ich wundere mich heute nicht mehr, daß ich nach sechs Jahren im Bundesministerium für wirtschaftliche Zusammenarbeit aufgab, ich wundere mich, wie ich mich – auf so schmale Basis gestützt – so lange halten konnte.

Es kann übrigens nicht überraschen, daß bei der APO-Generation, die ja auch der Ausbeutung der Dritten Welt ein Ende setzen wollte, der Marsch durch die Institutionen und damit die politische Integration im wesentlichen wiederum zu einer Orientierung auf nationale Belange geführt hat. Dies ist die Kehrseite der praktisch-politischen Basisorientierung, auch des Versuchs, die klassische Position der Arbeiterbewegung aufzuarbeiten. Der anti-kapitalistische und anti-imperialistische Grundtenor der Vietnam-Generation hat gewissermaßen ein Urmißtrauen gegen internationale Beziehungen und ihre organisatorischen Träger geschaffen und kultiviert, und zwar gerade bei den Teilen der Vietnam-Generation, die weiterhin politisch interessiert und aktiv sind. Die praktische Allianz zwischen den eher Konservativ-Nationalen und Realpolitikern einerseits und andererseits weiten Bereichen der engagierten Linken – eine Allianz, die mir das Leben schwer- und schließlich unmöglich gemacht hat – wird dadurch noch deutlicher.

3. Akzentverschiebungen bei den Ländern der Dritten Welt

Die Schulen und Hochschulen sind in allen Ländern der Dritten Welt seit 1960 erheblich ausgebaut worden, wenn es auch heute noch – vor allem unter den „least developed countries“ – viele Länder gibt, in denen der Primarschulbesuch unter fünfzig Prozent der Altersgruppe liegt und der Sekundarschulbesuch häufig zwanzig Prozent nicht überschreitet, in vielen Fällen sogar unter zehn Prozent bleibt.

Die Aufbruchsstimmung, die Anfang der sechziger Jahre vor dem Hintergrund der politischen Entkolonialisierungswelle gerade Bildung und Wissenschaft als entscheidenden Motor des Modernisierungsprozesses sah, ist inzwischen einer nüchterneren und teilweise skeptischen Einschätzung gewichen. Die Hoffnung auf relativ schnelle und problemlose „Modernisierung“ – wie man damals sagte –, die vor allem vom modernen, „westlichen“ Teilsektor ausgehen und schrittweise – gleichsam in Form konzentrischer Kreise – immer weitere Gesellschaftskreise erfassen, umformen und integrieren sollte, wurde aufgegeben oder doch gedämpft. Theoretisch haben alle in den siebziger Jahren gelernt, daß entwicklungspolitische Bemühungen sich nicht auf den modernen Sektor konzentrieren dürfen, daß es nötig ist, am traditionellen Sektor, am historisch Gewordenen anzuknüpfen, primär die Grundbedürfnisse der Mehrheit der Bevölkerung zu befriedigen.

Auch in den Entwicklungsländern selbst ist davon vieles Programm geblieben, schließlich wirken dort ähnliche Interessen wie bei uns, und häufig sind die dortigen Eliten nichts anderes als Funktionäre von Interessen, die es hier gibt. Gleichwohl weist dieses Programm in die richtige Richtung: Entwicklungspolitik als kapitalintensive Industrialisierungspolitik, häufig im Blick auf Absatzmärkte in den Industrieländern oder für die Industrieländer betrieben, führt in iranische Sackgassen. Und ich fürchte, der Iran ist vielleicht das erste große Beispiel für eine solche Sackgasse, aber ganz sicherlich nicht das letzte. Entwicklungspolitik muß die Mehrheit der Bevölkerungen erreichen und einbeziehen. Das erfordert einen breiten Fächer von Infrastrukturmaßnahmen – Ausbau auch regionaler Verkehrswege, Verbesserung der Trink- und Nutzwasserversorgung und -entsorgung, Wiederaufforstung, Erschließung von lokalen Energiequellen, Verwendung auch der Sonnenenergie zur Stromerzeugung (was für die nächsten Jahre ein höchst interessantes Thema werden wird, weil hier kein großes Verteilernetz nötig ist, weil hier dezentralisiert Energie gewonnen und verwendet werden kann) –, die administrativ und logistisch schwierig zu bewältigen sind, da es sich nicht um einzelne Großprojekte mit Großtechnologie, sondern um Hunderte oder Tausende von ineinander verflochtenen, aufeinander abgestimmten Einzelmaßnahmen mit angepaßten Technologien handelt.

Darf ich hier eine etwas ketzerische, sehr unwissenschaftliche Zwischenbemerkung machen? Die Entwicklungspolitik hat lange Zeit darunter gelitten, daß für einen Botschafter draußen nur interessant ist, was unter Abspielen der Nationalhymne und Hissen der Flagge übergebbar ist. Und das sind normalerweise natürlich nur Großprojekte; nur dort kann man eine Gedenktafel anbringen, auf der vermerkt ist, wer hier wann wem welche Wohltat gnädig erwiesen hat.

Sicherlich sind an den Grundbedürfnissen orientierte Projekte auf lokale und nationale Mitarbeit angewiesen; dies kann aber nicht heißen, daß damit öffentliche Entwicklungshilfe überflüssig wäre. Gerade in den „least developed countries“ reichen die nationalen Kräfte für diesen Typ von Infrastrukturentwicklung nicht aus. Weder die Weltbank noch die Internationale Entwicklungsgesellschaft (IDA) können in ausreichendem Maße dafür Kredite zur Verfügung stellen, und die üblichen kommerziellen Kanäle der Banken führen dieses Wasser nicht. Hier bleibt ein originäres Aufgabengebiet für bilaterale und multilaterale öffentliche Entwicklungshilfe zu nichtkommerziellen Bedingungen, ja, in vielen Fällen ohne realistische Hoffnung auf meßbaren und fühlbaren Rückfluß zu den Kapitalgebern. Nebenbei, es ist heute schon offenkundig, daß ein großer Teil der Entwicklungskredite, die die Bundesrepublik Deutschland im Lauf der letzten zwanzig Jahre gegeben hat, nicht wird zurückbezahlt werden können. Ich fürchte aber, daß die Streichung dieser Schulden in den meisten Ländern erst dann erfolgen wird, wenn es politisch völlig uninteressant geworden ist. Die Fähigkeit, so etwas rechtzeitig zu machen, so daß es auch noch politisch einen Effekt hat und von diesen Ländern anerkannt wird, ist dem deutschen administrativen System offenkundig nicht eigen.

Dies muß auch in einem Land wie der Bundesrepublik Deutschland, das seit vielen Jahren seine Verpflichtungen zur öffentlichen Entwicklungshilfe zu weniger als fünfzig Prozent erfüllt und wo für innenpolitische Zwecke wieder mit der Formel vom unmittelbaren ökonomischen Nutzen für die eigene Wirtschaft argumentiert wird, ohne Umschweife zugegeben werden. Diese Entwicklungspolitik liegt nicht in unserem unmittelbaren, kurzfristig-ökonomischen Interesse. Wir haben unmittelbar nichts davon, wenn wir um Onagadougou einen Waldgürtel aufbauen – eines der letzten Projekte, die ich seinerzeit unterzeichnet habe –; ob es nicht mittelbar für unsere Nachkommen interessant sein könnte, was noch an Wald in Afrika übrig ist, steht auf einem anderen Blatt. Regierung und Öffentlichkeit in der Bundesrepublik Deutschland müssen noch immer lernen, daß es im Verhältnis zur Dritten Welt nicht nur simple Kaufmannslogik geben kann. Dies gilt natürlich noch mehr für den Bereich der Kulturpolitik.

Kulturpolitik gegenüber der Dritten Welt bestand lange Zeit vor allem in der Kopie beziehungsweise der Übernahme von Organisationsformen und Lehrplänen der (westlichen) Industrieländer. Diese Orientierung dominierte in den fünfziger Jahren und verstärkte sich noch nach dem Entkolonialisierungsschub der sechziger Jahre. Hinweise auf die Fragwürdigkeit einer solchen Strategie wurden damals in der Regel als neokolonialistischer Versuch abgewertet, die Entwicklungsländer weiterhin auf ein zweitklassiges Bildungs- und Wissenschaftssystem festzunageln, sie durch „Buschschulen" und „Eingeborenenuniversitäten" weiterhin in Abhängigkeit zu halten. Inzwischen hat sich die kritische Argumentationskette fast in ihr Gegenteil verkehrt: Seit einigen Jahren wird die Übernahme der Organisationsmuster und Inhalte des industriestaatlichen Bildungs- und Wissenschaftssystems als Beleg post-kolonialer Abhängigkeit gewertet. Radikale Kritiker wie Ivan Illich folgern daraus sogar einen Abbau der Institutionen („Entschulung") und einen Rückzug auf die nationale Kultur. Das sind Gedanken, die in Entwicklungsländern entstanden sind und dann erst auf Industrieländer übertragen wurden.

Ich glaube nicht, daß dieser Rückzug möglich ist. Aber wir müssen begreifen, daß am westlich-industriellen Wesen die Dritte Welt nicht genesen wird. Daher brauchen wir eine gemischte Strategie, die diesen Ländern hilft, ihren eigenen Weg zu finden, ohne den Kontakt mit der übrigen Welt zu verlieren. Manchmal wünschte ich mir sogar, diese Länder könnten einmal für ein paar Jahrzehnte den Kontakt zu uns abbrechen und ihren eigenen Weg finden. Nur: Sie können es nicht. Ein riesiges Land wie China hat es mit einigem Erfolg versucht, aber für kleine Länder wie Nicaragua oder Guinea wäre ein solcher Versuch aussichtslos.

Nötig sind also:

- ein institutionelles und personelles Potential, das „landzugewandte" und insofern „angepaßte" Forschung betreibt, Technologien entwickelt und entsprechendes Personal ausbildet, daneben ein Minimalbestand an Einrichtungen und Personal, das in der Lage ist, wissenschaftliche und technologische Entwicklungen in den Industriestaaten aufzunehmen, kritisch zu beurteilen und zu verarbeiten;

- eine „ruralisierte“, an den Grundbedürfnissen der Bevölkerungsmehrheit orientierte minimale Allgemeinbildung als Priorität vor dem westlich orientierten selektiven Bildungssystem – dieses westliche System muß nicht abgeschafft, aber schrittweise transformiert werden (ich entsinne mich an einen Besuch des nigerischen Präsidenten Hamani Diari, der für seine Oberschulen – wo man eben lernte, wie Cäsar nach Gallien kam und Frankreich und die französische Nation entstand – Geld haben wollte; und er war tief enttäuscht, als ich ihm erklärte, dafür hätten wir wirklich keinen Pfennig);
- verstärkte Berücksichtigung lokaler Sprachen vor allem im Primarbereich, was noch nicht das Lernen übergreifender nationaler Verkehrssprachen bis hin zu den ursprünglich „westlichen“ Weltsprachen ersetzen kann.

Sicher, es gibt auch Nationalismus in der Dritten Welt – auch im Bereich der Kulturpolitik –, aber ihren Nationalismus haben die meisten Völker dort aus Europa importiert. Wir sollten die Folgen solchen Imports gelassener hinnehmen, auch wo sie uns lästig sind.

Die Praxis, Forschungsaktivitäten von einzelnen Wissenschaftlern und wissenschaftlichen Einrichtungen der Industrieländer einem Genehmigungsverfahren zu unterwerfen, die Erteilung der Forschungserlaubnis von der Beteiligung nationalen Personals abhängig zu machen, Ansprüche auf den Zugang zu Ergebnissen der Satellitenfernerkundung von organischen und anorganischen Ressourcen, die Beschränkung der „Freiheit der Meeresforschung“ durch Ausdehnung der Wirtschaftszonen – alle diese Äußerungen nationaler kulturpolitischer Souveränität – manchmal auch nationalistischer Impulse – sind weniger Vorboten eines wachsenden kulturellen Nationalismus als überfälliger Nachholbedarf. Langfristig können sie sogar dem universalistischen Ethos des modernen westlichen Wissenschafts- und Kulturverständnisses auf die Beine helfen. Denn nur so werden die bisher wirksamen Zugangsbarrieren, Rangordnungen und Privilegien, die uns so selbstverständlich erscheinen, in ihrer Einseitigkeit sichtbar.

4. Vorschläge für neue Akzente

Lassen Sie mich nun einige Beispiele für inhaltliche und organisatorische Akzentverschiebungen in der Nord-Süd-bezogenen auswärtigen Kulturpolitik der Bundesrepublik skizzieren:

a) Verstärkte Berücksichtigung der Nord-Süd-Problematik in Schule und Hochschule

Ich gehöre nicht zu denen, die der Meinung sind, daß alle ungelösten Probleme der Gesellschaft der Schule zugeschoben gehören und daß die Schule dann das in Ordnung zu bringen habe, was wir nicht bewältigen. Es hat noch nie eine Gesellschaft gegeben, die sich am Schopfe ihres Bildungssystems aus dem Sumpf ihrer Probleme gezogen hätte. Trotzdem: Wir brauchen eine verstärkte Berücksichtigung der Nord-Süd-Problematik in Schule und Hochschule.

In der Schule betrifft dies in erster Linie die Fächer Sozialkunde, Geschichte, Geographie, Politische Weltkunde (oder wie immer dieses Fach gelegentlich heißen mag). Es soll hier durchaus nicht behauptet werden, daß es in den letzten 10 bis 15 Jahren keine erheblichen Fortschritte in dieser Richtung gegeben hätte, sogar der Religionsunterricht hat sich diesem Thema sehr häufig geöffnet. Dennoch hat die Nord-Süd-Problematik in der hiesigen Fachdidaktik und den Lehrwerken noch immer etwas Aufgestülptes, wenig Integriertes an sich. Daher läuft sie ständig Gefahr, von anderen Themen wieder verdrängt zu werden. Die Gründe dafür sind sicherlich vielschichtig.

So hat sich beispielsweise das Georg-Eckert-Institut in Braunschweig (früher: Internationales Schulbuch-Institut) in seinen Arbeiten stets historisch, also nach rückwärts orientiert und vorrangig bilateral, zunächst mit den westlichen Nachbarländern, sehr viel später mit den östlichen Nachbarn, strittige Fragen der deutschen und europäischen Geschichtsinterpretation aufgegriffen. Als jüngstes kontroverses Beispiel dieser Arbeit seien die deutsch-polnischen Schulbuchverhandlungen genannt. Die Nord-Süd-Problematik paßt nicht in das Länderraster dieses Ansatzes, und weltweite internationale Organisationen, wie etwa die UNESCO, sind bisher weder als Gegenstand noch als Verhandlungs- und Vertragspartner vom Schulbuch-Institut ernstgenommen worden. Ein Vergleich mit entsprechenden französischen Lehrwerken zeigt, daß die deutsche Tradition einer selbständigen Didaktik des politischen Unterrichts offensichtlich zu Abschottungserscheinungen gegenüber den anderen Sozialwissenschaften geführt hat, was wiederum einer nationalen und eurozentrischen Sichtweise Vorschub leistet.

Mir käme es in erster Linie darauf an, daß im Unterricht, vor allem auch in Geographie, unsere jungen Menschen lernen, die Welt mit den Augen eines Indio-Mädchens in den peruanischen Anden, eines Jungen in den Slums von Bombay, eines heranwachsenden Burschen am Südrande der Sahara zu sehen. Welche Lebenschancen haben sie? Wovon leben sie? Welchen Beruf können sie erlernen? Dies führt dann dazu, daß auch die Dimension Zukunft in den Blick gerät, vielleicht sogar das Bewußtsein einer gemeinsamen Zukunft. Ich finde, daß in fast allen einschlägigen Unterrichtsfächern – etwa in der Geographie – häufig die Dimension Zeit fehlt, weil einfach eine Momentaufnahme beschrieben wird. Und wenn nicht die Dimension Zeit fehlt, dann fehlt mindestens die Dimension Zukunft. Wenn aber über Dritte Welt gesprochen werden soll, dann sind die Dimensionen Zeit und Zukunft das Dramatischste, was man sich vorstellen kann.

Schwieriger und gleichzeitig wichtiger erscheinen mir Strategien zur Universalisierung des Curriculums an den Hochschulen. Was kann man darunter verstehen angesichts einer Studienorganisation, die sich durchgängig als fachwissenschaftlich, nicht allgemeinbildend orientiert versteht? Bei genauerer Überlegung lassen sich für fast jeden Fachbereich, fast jeden Studiengang sinnvolle Anknüpfungspunkte für die Entwicklungsländerproblematik finden, vom Maschinenbau bis zur Musikwissenschaft, von der Volkswirtschaft bis zur romanischen oder angelsächsischen Literatur. Dieser Bezug könnte von der Anwendung einzelner Wissenschaften her erreicht werden oder durch Erweiterung des akademischen Gegenstandes.

Mir schwebt in diesem Zusammenhang ein massiver Ausbau von Auslandsstudien und Informationsprogrammen für Studenten und Hochschullehrer, im Prinzip für möglichst alle Fachrichtungen, an Universitäten in Ländern der Dritten Welt vor. In letzter Zeit wurde das seit Jahren abnehmende Interesse deutscher Studenten am Auslandsstudium häufig beklagt. Hochschulverwaltungen und Gesetzgeber beginnen sich zu fragen, ob nicht auch die Förderungsbestimmungen des Bundesausbildungsförderungsgesetzes und die Regelstudienzeiten und Studienordnungen etwas mit dieser eigentümlichen Erscheinung zu tun haben. Das trifft sicherlich zu – wie stark, beginnt man realistisch einzuschätzen, wenn man nach den Gründen dafür fragt, daß so verschwindend wenige deutsche Studenten und Hochschullehrer an Studien- und Informationsprogrammen in Entwicklungsländern teilnehmen. Deutsche Studenten und Hochschullehrer kommen, wenn sie nicht vom Fach her mit Entwicklungsländern zu tun haben, natürlicherweise nicht auf den Gedanken, nun gerade an Universitäten der Dritten Welt ihr Auslandsjahr zu verbringen.

Genau hier liegt nun eine kulturpolitische Herausforderung: Wir brauchen eine Fulbright-Kommission der achtziger Jahre. Ihre Aufgabe bestünde darin, auf seiten der Entwicklungsländer und auf seiten der Industrieländer, hier speziell der Bundesrepublik Deutschland, die Voraussetzungen für ein derartiges Programm zu schaffen. Um sofort einzugrenzen: Es geht nicht darum, daß die Freie Universität Berlin oder die Universität Heidelberg unter Palmen am Pazifik einen Auslandscampus aufmacht, an dem deutsche Lehrkräfte deutschen Studenten in deutscher Sprache ihre Heidelberger oder Berliner Vorlesungen vortragen. Viele Länder oder Universitäten der Dritten Welt sind nach 15 bis 20 Jahren Hochschulexpansion heute personell durchaus in der Lage, solche Programme weitgehend selbständig aufzubauen und durchzuführen; dies natürlich nicht von heute auf morgen und nur unter der Voraussetzung, daß in der Regel die Personal- und Sachkosten für solche Programme von den entsendenden Industrieländern getragen werden. Wollte man ein solches Programm von Auslandsstudienaufenthalten deutscher Studenten und Hochschullehrer in Ländern der Dritten Welt aufbauen, das in 5 bis 10 Jahren in die Nähe der Größenordnung der Aufenthaltszahlen in England und den USA kommen soll, müßten erhebliche Mittel aufgewendet werden.

b) Akzentverschiebung in den fachlichen Schwerpunkten der Forschungs- und Wissenschaftsförderung: Verstärkte Förderung von Geistes- und Sozialwissenschaften

Die Praxis der Forschungs- und Wissenschaftsförderung im Nord-Süd-Verhältnis konzentrierte sich bisher weitgehend auf Wissenschaften, die von instrumenteller Bedeutung sind, also zu Sach- und Sozialtechnologien führen, zum Beispiel Veterinärmedizin, Forstwissenschaft, Agrarwissenschaft oder Maschinenbau. Dies war im Prinzip nicht falsch, fragwürdig war die Einseitigkeit der Beziehungen und häufig auch die Wirkung der Resultate. Dabei geriet allerdings in Vergessenheit, daß eine der vornehmsten Aufgaben von Hochschulen und Universitäten darin besteht, daß Kulturen über sich selbst Rechenschaft ablegen, mit sich selbst ins reine kommen. Dies gilt für Künste, Ethiken und Normensysteme, religiöse Systeme und ihre gesellschaftlichen Hintergründe. Gerade auf diesem Gebiet haben die meisten Länder der Dritten Welt einen Nachholbedarf.

Insofern meine ich, daß die Geistes-, Kultur- und Sozialwissenschaften an den Hochschulen der Dritten Welt stärker von den Industrieländern gefördert werden sollten. Dies bedeutet nicht unbedingt den Aufbau der entsprechenden wissenschaftlichen Kapazitäten an Hochschulen der Industrieländer, hier speziell der deutschen Hochschulen – etwa im Bereich der abschätzig so genannten „Orchideenfächer" –, sondern langfristige finanzielle und sachlich-technische Hilfe beim Auf- und Ausbau entsprechender Fachrichtungen an Hochschulen der Dritten Welt. Dazu würden unter anderem Kulturanthropologie, Musikethnologie, Geschichte, Sprach- und Literaturwissenschaften gehören. Gerade die letzteren könnten helfen bei der Rekonstruktion der Grammatik und Transkription von Sprachen, die bisher keine Schriftform haben, bei der Erschließung von „mündlicher Geschichte", „mündlicher Literatur", die in diesen Sprachen oder in der übernommenen Schriftform anderer Verkehrssprachen – etwa in Arabisch – existieren.

Dies wäre ein Beitrag zu dem, was der afrikanische Soziologe Ali Mazrui kürzlich als Programm der Entkolonialisierung der afrikanischen Universität skizziert hat, wobei er übrigens auf die finanzielle Unterstützung der

OPEC-Staaten setzt und eine Rückbesinnung auf die nichtwestlichen Elemente des kulturellen Erbes der Menschheit an den westlichen Universitäten nur auf sehr lange Sicht zu erhoffen wagt. Vielleicht hat er recht.

c) Rundfunk und Fernsehen

Was wir Entwicklung nennen, führt unaufhaltsam zur Veränderung, oft auch nur zur Verwirrung und Zerstörung der kulturellen Orientierung zuerst kleiner und schließlich umfassender Teile der Gesellschaft. Die Frage bleibt offen, ob die immateriellen Kosten dieses Prozesses, also die kulturelle Entwurzelung einzelner Menschen und die Zerstörung ganzer Kulturen, nicht zumindest teilweise vermeidbar sind. Besonders in den Ländern, in denen die einheimischen Kulturen nicht – wie etwa in Indien – abgesichert und aufgehoben sind in starken, auch institutionell gefestigten Religionen, stellt sich die Frage nach der Funktion der modernen Massenkommunikationsmedien Rundfunk und Fernsehen. Sie können entweder – und das ist heute meistens der Fall – zu Kommunikationsmaschinen werden, die politische Berichterstattung und westliche Trivialunterhaltung vom Typ „Kojak“, „Hawaii 005“ usw. verbreiten (wobei sie bisher sogar die politische Berichterstattung weithin aus der westlichen Welt geholt haben). Erst jetzt versuchen ja die Länder der Dritten Welt, ihr eigenes Informationssystem aufzubauen, damit sie nicht die ganze Welt immer nur aus dem Blick der westlichen Länder zu sehen bekommen. Sie könnten aber auch zu Medien werden, die jene großen Bevölkerungsteile erreichen, die nicht westliche oder lokale Verkehrssprachen sprechen, und sie könnten überdies die Funktion von Stützpfeilern erfüllen, von denen aus die regionalen Kulturtraditionen – Sprachen, Musik, Tanz usw. – erhalten oder sogar weiterentwickelt werden. Dazu brauchte man Archive und Museen, Zentren der Ausübung und Lehre von Musik, Tanz und bildender Kunst im Umfeld von Rundfunk- und Fernsehanstalten. Bisher haben die Industriestaaten – und auch die Bundesrepublik Deutschland – zwar den Absatz ihrer Sender- und Empfängertechnologien gefördert, sie haben auch über Landfunk Bauern informiert – ob immer richtig, ist eine andere Frage –, sie haben aber sehr, sehr wenig dazu beigetragen, daß heimische Kulturen leben können.

Da die nationalen Kulturtraditionen in den Augen einer westlich geprägten und oft auch westlich korrumpierten Neu-Bourgeoisie in den Entwicklungsländern selbst häufig abgetan werden als Vagantentum und Rückständigkeit, dürfte die verstärkte Verankerung nationaler Kulturen im akademischen Bereich, wie sie im vorhergehenden Punkt gefordert wurde, besonders wichtig sein.

d) Internationalisierung bestehender Wissenschaftsförderungsinstitutionen

Betrachtet man die Förderungsrichtlinien und Entscheidungsmechanismen der großen deutschen öffentlichen und privaten Forschungs- und Wissenschaftsförderungseinrichtungen aus der Nähe, so wird ein offener oder doch zumindest impliziter Nationalismus erkennbar. Antragsberechtigt sind in aller Regel deutsche Staatsangehörige. Über Förderungsschwerpunkte, auch über einzelne Anträge wird im allgemeinen von Deutschen entschieden. Die Auflockerung dieses Prinzips in den letzten Jahren betrifft so gut wie vollständig die Kooperation mit ausländischen Partnern aus westlichen Industrieländern. Zwar ist – mehr nolens als volens – inzwischen auch eine Reihe von kooperativen Projekten mit wissenschaftlichen Einrichtungen aus Entwicklungsländern durchgeführt worden, sie sind aber immer noch die Ausnahme: Die Förderungsorganisationen sind auf diesen Aufgabentyp bisher nicht eingestellt.

Das kürzlich beschlossene Kooperationsabkommen zwischen der Deutschen Forschungsgemeinschaft und dem Bundesministerium für wirtschaftliche Zusammenarbeit – an und für sich begrüßenswert – beleuchtet diese Schwierigkeit mehr, als daß es sie behebt. Etwas anders sieht es inzwischen offenbar bei einigen großen amerikanischen Stiftungen aus. Sie haben damit begonnen, ihre Organisation und ihre Aktivitäten in der Form zu internationalisieren, daß Experten aus Entwicklungsländern Förderungsschwerpunkte für Projekte aus und in Entwicklungsländern identifizieren und entsprechende Entscheidungsverfahren erarbeiten.

Die regierungsamtlichen Stellen der Bundesrepublik Deutschland, aber auch die nichtstaatlichen kulturpolitischen Instanzen der Bundesrepublik zeigten in dieser Beziehung bisher größte Zurückhaltung. Dieselben wirtschafts- und technologiepolitischen Interessen, die etwa bei der UNCTAD und der Seerechtskonferenz die Bundesrepublik Deutschland auf die Anklagebank führten, haben offensichtlich auch kultur- und wissenschaftspolitische Aktivitäten gelähmt. Und wirklich bemerkenswerte kultur- oder wissenschaftspolitische Initiativen, wie etwa die großzügige Unterstützung der UN-Universität oder aber das Ausloben von Stiftungskapital, mit dem man sich gemeinsam mit amerikanischen Stiftungen und vielleicht einigen OPEC-Staaten am Aufbau einer afrikanischen Kulturstiftung beteiligen könnte, all dies wären größere, längerfristige Verpflichtungen. Und ich weiß aus Erfahrung, welche Widerstände sich dagegen mobilisieren lassen.

e) Die Unzulänglichkeit des Konzepts der Projektförderung im Bereich der auswärtigen Kulturpolitik

Im nationalen Bereich sind vielfältige, meist komplizierte institutionelle Abschirmvorrichtungen entwickelt worden, die die Autonomie kultureller Institutionen gegen private, meist ökonomische Partikularinteressen, aber auch gegen Detaileingriffe der politischen Instanzen absichern sollen. Auf solchen Schutzmechanismen beruht die Autonomie eines großen Teils unserer Wissenschafts- und Forschungseinrichtungen. Die staatlichen Instanzen sind hier meist einsichtig und wirken an der Konstruktion solcher Abschirmvorrichtungen selbst mit.

Anders im Bereich der internationalen Beziehungen und damit auch der auswärtigen Kulturpolitik. Dort bestehen sie auf weitreichenden politischen Kontroll- und Interventionsrechten. Dies äußert sich in der Ablehnung von regelmäßigen Zahlungen, die in Höhe und Verwendung dem nationalen Einfluß entzogen sein könnten, aber auch im Mißtrauen gegen internationale Organisationen. Man hält beispielsweise die Pflichtbeiträge möglichst gering und plädiert für freiwillig finanzierte Programme. Dies führt zu einer Präferenz für bilaterale Kooperationsformen in der Form kurzfristiger, wohldefinierter und abgegrenzter Projekte. Diese projektbezogene und insofern punktuelle Zusammenarbeit ist bisher typisch für die bescheidenen Teile der Entwicklungshilfe der Bundesrepublik Deutschland, die mit auswärtiger Kulturpolitik zu tun haben. Die Vorzüge einer projektübergreifenden, sektorbezogenen und insofern allgemeinen Kulturförderung erscheinen in dieser Optik belanglos. Sicherlich darf es nicht dazu kommen, daß über allgemeine Haushaltszuschüsse das, was als französischer oder britischer Kulturimperialismus kritisiert wurde (und wohl auch noch wird), um eine deutsche Variante bereichert wird. Ich befürchte aber andererseits, daß der Organisationsmodus des Einzelobjekts, wie er aus der wirtschaftlichen und technischen Zusammenarbeit bekannt ist und auch dort inzwischen nicht mehr genügt, in der auswärtigen Kulturpolitik unzureichend ist. Der wichtigste Grund dafür ist, daß dabei die kulturelle Autonomie der Entwicklungsländer nicht klar genug zur Kenntnis genommen wird. An diese Autonomie werden wir uns zu gewöhnen haben.

Wir brauchen also Organisations- und Finanzierungsformen, die verstärkte kulturelle Nord-Süd-Beziehungen bei vollem Respekt vor der kulturellen Autonomie des Südens möglich machen.

Dies waren einige Anregungen. Ich weiß, daß ich hier nur ein paar Steine ins Wasser geworfen habe, und ich weiß noch nicht einmal, ob sie Ringe bilden. Auch wenn alle Vorschläge realisiert würden, wäre damit die heile Welt einer aus vielfältigen Quellen gespeisten Weltkultur nicht herbeigezaubert. Es wäre nichts daran geändert, daß wir – vor allem unsere Wirtschaft – allein aufgrund unseres Gewichts und unserer Macht Tag für Tag in einer Weise Einfluß nehmen auf die Kultur von Entwicklungsländern, die alles marginal erscheinen läßt, was wir in den auswärtigen Kulturbeziehungen im engeren Sinn tun können. Ob Länder des Südens zu kultureller Identität finden oder zurückfinden können, entscheidet sich weder allein noch vorwiegend in dem Feld, das heute unser Thema war. Trotzdem oder gerade deshalb sind wir aufgefordert, zu tun, was wir tun können.

Die Autoren

BECKER, Heinz, Oberkirchenrat i. R., geb. 1914, bis 1979 Abteilungsleiter in der Kirchenkanzlei der EKD, Hannover.
Religionspädagogik; Bildungsfragen der evangelischen Kirche.
Weichselstraße 65, D-7730 Villingen.

BECKER, Hellmut, Prof. Dr. h. c., geb. 1912, Direktor des Max-Planck-Instituts für Bildungsforschung, Berlin; Honorarprofessor an der Freien Universität Berlin.
Bildungspolitik; Schulforschung und internationaler Schulvergleich.
Lentzeallee 94, D-1000 Berlin 33.

BIRNBAUM, Norman, Dr. phil., geb. 1926, Professor am Department of Anthropology and Sociology, Amherst College.
Allgemeine und Religionssoziologie; Kulturanthropologie.
P. O. B. 7, Station 2, Amherst, Mass. 01002, USA.

BOSSE, Hans, Dr. theol.; Dr. phil., geb. 1938, Professor für Soziologie im Fachbereich Gesellschaftswissenschaften der Universität Frankfurt a. M.
Allgemeine Soziologie; Soziologie der Entwicklungsländer; Religionssoziologie.
Senckenberganlage 13–17, D-6000 Frankfurt a. M.

CARTER, James Roger, M. A. (Cantab.), geb. 1911, in Ruhestand; früher Beauftragter der Ford Foundation bei der tansanischen Regierung für die Planung des Erziehungswesens.
Erziehungsplanung; Entwicklungsfragen in der Dritten Welt.
Battle Hill, Austwick, Lancaster LA2 8BW, England.

DITTMANN-KOHLI, Freya, Dr. phil., geb. 1942, wissenschaftliche Mitarbeiterin am Max-Planck-Institut für Bildungsforschung Berlin.
Kulturelle und pädagogische Psychologie; Jugendforschung.
Lentzeallee 94, D-1000 Berlin 33.

EDDING, Friedrich, Dr. phil., Professor em., geb. 1909, Bildungsökonomie und Bildungsplanung.
Beerenstraße 49 b, D-1000 Berlin 37.

EDELSTEIN, Wolfgang, Dr. phil., geb. 1929, Wissenschaftliches Mitglied des Max-Planck-Instituts für Bildungsforschung, Berlin.
Bildungsforschung; Sozialisations- und Entwicklungstheorie.
Schwendenerstraße 37, D-1000 Berlin 33.

EPPLER, Erhard, Dr. phil., geb. 1926, Bundesminister a. D.; Landesvorsitzender der SPD in Baden-Württemberg.
Silcherstraße 23, D-7295 Dornstetten.

GOLLWITZER, Helmut, D., Professor em., geb. 1908, Freie Universität Berlin.
Systematische Theologie; Sozialethik.
Nebingerstraße 11, D-1000 Berlin 33.

GROHS, Gerhard, Dipl.-Soziologe, Prof. Dr. iur., geb. 1929, Direktor des Instituts für Ethnologie und Afrika-Studien der Johannes-Gutenberg-Universität Mainz.
Soziologie Afrikas; Ethno-Soziologie; Soziologie der bildenden Kunst.
Am Hechenberg 38, D-6500 Mainz-Hechtsheim.

HUBER, Wolfgang, Dr. theol., geb. 1942, apl. Professor für Systematische Theologie und Sozialethik; stellvertretender Leiter der Forschungsstätte der Evangelischen Studiengemeinschaft (FEST), Heidelberg.
Sozialethik – Ekklesiologie; Kirchenrecht und Friedensforschung.
Schmeilweg 5, D-6900 Heidelberg.

HÜBNER-FUNK, Sibylle, Dipl.-Soziologe, geb. 1943, wissenschaftliche Mitarbeiterin am Deutschen Jugendinstitut, München; Leiterin eines DFG-Projekts „Sozialisation und Umwelt. Jugendliche im sozialökologischen Kontext".
Jugendsoziologie; Sozialisations- und Bildungsforschung; Wissenssoziologie.
Saarstraße 7, D-8000 München 40.

HÜFNER, Klaus, Dipl.-Volkswirt, Dr. rer. pol., geb. 1939, Professor für Ökonomie und Planung an der Pädagogischen Hochschule Berlin.
Bildungsforschung; Internationale Beziehungen und das UNO-System.
Bei den Wörden 42, D-1000 Berlin 26.

HUSÉN, Torsten, Prof. Dr., geb. 1916, Direktor des Instituts für internationale pädagogische Forschung, Universität Stockholm; Präsident der Direktion des International Institute for Educational Planning, Paris.
Differentielle Psychologie; Vergleichende Erziehungswissenschaft.
Armfeltsgatan 10, S-115 34 Stockholm, Schweden.

JOAS, Hans, Dr. phil., Dipl.-Soziologe, geb. 1948, wissenschaftlicher Mitarbeiter am Max-Planck-Institut für Bildungsforschung, Berlin.
Handlungstheorie und Sozialisationsforschung.
Kantstraße 125, D-1000 Berlin 12.

KAUFMANN, Hans Bernhard, Prof. Dr., geb. 1926, Direktor am Comenius-Institut, Münster; Honorarprofessor für Religionspädagogik an der Universität Münster.
Allgemeine Didaktik; Religionspädagogik.
Görresstraße 34, D-4400 Münster.

KOHLER, Werner, Dr. theol., geb. 1920, Professor für Religions- und Missionswissenschaft im Fachbereich Evangelische Theologie der Universität Mainz.
Theologie der Religionen und der Mission; Nachkriegsreligionen in Japan.
Am Gonsenheimer Spiess 1, D-6500 Mainz.

KRAPPMANN, Lothar, Dr. phil., geb. 1936, Mitarbeiter des Max-Planck-Instituts für Bildungsforschung, Berlin.
Sozialisation und Identität.
Lützelsteiner Weg 43, D-1000 Berlin 33.

KRATZERT, Hans, Pfarrer, geb. 1944, Gemeindepfarrer und Religionslehrer.
Bildungspolitik.
Mönchweiler Straße 4, D-7730 Villingen-Schwenningen.

LEVINSON, Nathan Peter, Rabbiner; D.D., M.H.L., B.H.L., B.A., geb. 1921, Landesrabbiner von Baden.
Judaistik.
Kühler Grund 62, D-6900 Heidelberg.

MITSCHKE-COLLANDE, Peter von, Ing. grad., Dipl.-Soziologe, Dr. rer. pol., geb. 1942, Projektleiter des Modellversuchs „Weiterbildungsstudium Arbeitswissenschaft", Universität Hannover.
Industrialisierung und technische Ausbildung in Entwicklungsländern.
Seestraße 7, D-3000 Hannover 1.

MÜLLER-PLANTENBERG, Urs, Dr. phil., geb. 1937, wissenschaftlicher Angestellter am Lateinamerika-Institut der Freien Universität Berlin.
Entwicklungssoziologie; Entwicklungsökonomie; Politische Soziologie.
Cosimaplatz 8, D-1000 Berlin 41.

NAUMANN, Jens, M. A., Dr. rer. pol., geb. 1943, wissenschaftlicher Mitarbeiter am Max-Planck-Institut für Bildungsforschung, Berlin.
Bildungsforschung; Internationale Beziehungen und das UNO-System.
Tile-Brügge-Weg 17, D-1000 Berlin 27.

PLESSNER, Monika, Dr. phil., geb. 1913, freiberufliche Tätigkeit als Schriftstellerin und Übersetzerin.
Literatur und Kultur Schwarzamerikas; schwarzafrikanische Literatur; neuere deutsche Literatur beziehungsweise Literaturkritik; wissenschaftliche und künstlerische Übersetzungen aus dem Amerikanischen.
Charlottenburger Straße 19, D-3400 Göttingen.

REICHMANN, Eva Gabriele, Dr. phil., Ph. D., Soziologie; geb. 1897, Forschungsdirektor a. D. der „Wiener Library“, London.
Judenfrage; Antisemitismus; Minderheitenprobleme.
2 Strathray Gardens, London NW3 4NY.

ROEDER, Peter Martin, Dr. phil., geb. 1927, Wissenschaftliches Mitglied am Max-Planck-Institut für Bildungsforschung, Berlin; apl. Professor für Erziehungswissenschaft an der Freien Universität Berlin.
Geschichte der Erziehung und des Bildungswesens; empirische Schul- und Unterrichtsforschung; allgemeine Didaktik; Bildungssoziologie.
Quastenhornweg 15, D-1000 Berlin 22.

SCHÖFTHALER, Traugott, Dipl.-Soziologe, geb. 1949, wissenschaftlicher Assistent am Fachbereich Erziehungswissenschaft der Freien Universität Berlin; freier wissenschaftlicher Mitarbeiter am Max-Planck-Institut für Bildungsforschung, Berlin.
Vergleichende Bildungsforschung; Religionssoziologie.
Ringbahnstraße 65, D-1000 Berlin 42.

SCHWERDTFEGER, Johannes, Dipl.-Soziologe; Dr. rer. pol., geb. 1924, Professor an der Pädagogischen Hochschule Ludwigsburg; Mitarbeiter der Forschungsstätte der Evangelischen Studiengemeinschaft, Heidelberg.
Pädagogische Soziologie; Religions- und Kirchensoziologie; Friedensforschung.
Korntaler Straße 27, D-7000 Stuttgart 40.

SENGHAAS-KNOBLOCH, Eva, Dipl.-Soziologin, Dr., geb. 1942, wissenschaftliche Mitarbeiterin.
Friedens- und Konfliktforschung; Internationale Organisation; Frau und Gesellschaft.
Freiligrathstraße 4, D-2800 Bremen 1.

SOMMERKORN, Ingrid N., Dipl.-Soziologin; Dr. phil.; Ph. D., geb. 1936, Professor für Hochschuldidaktik und Soziologie der Bildung am Interdisziplinären Zentrum für Hochschuldidaktik der Universität Hamburg.
Bildungsforschung mit dem Schwerpunkt Hochschule und Sozialisation; Familien- und Jugendsoziologie.
Ludolfstraße 42, D-2000 Hamburg 20.

STROHM, Theodor, Dr. phil., Dr. theol., geb. 1933, Professor für systematische Theologie und Sozialethik; Direktor des Instituts für Sozialethik der Universität Zürich.
Sozial- und Wirtschaftsethik; Politische Ethik; Sozialarbeit und Gemeinwesenarbeit.
Weinmanngasse 88, CH-8700 Küsnacht/Zürich.

TEICHLER, Ulrich, Dr. phil., Dipl.-Soziologe, geb. 1942, Geschäftsführender Direktor des Wissenschaftlichen Zentrums für Berufs- und Hochschulforschung; Professor im Fachbereich Angewandte Sozialwissenschaften der Gesamthochschule Kassel.
Verhältnis von Bildungs- und Beschäftigungssystem; Hochschulwesen; vergleichende bildungssoziologische Studien.
Lilienweg 7 b, D-3500 Kassel.

TÖDT, Heinz-Eduard, Dr. theol. geb. 1917, Professor für Systematische Theologie und Sozialethik; Theologischer Leiter der Forschungsstätte der Evangelischen Studiengemeinschaft (FEST), Heidelberg.
Theorie und Geschichte der christlichen Ethik; Friedensforschung; Umweltethik.
Schloßwolfsbrunnenweg 20, D-6900 Heidelberg.

WAGEMANN, Carl-Hellmut, Prof. Dr. Ing., geb. 1935, Institut für Hochschuldidaktik der Technischen Universität Berlin.
Statik; Hochschuldidaktik.
Hogenestweg 16 a, D-1000 Berlin 47.